바로 쓰는
포토샵 &
일러스트레이터
CC 2025

머리말

디자인의 매력에 빠져 다양한 교육 플랫폼과 기업에서 온·오프라인 수업을 진행한 지 어느덧 11년이 되었습니다. 포토샵과 일러스트레이터를 처음 접하는 분들을 대상으로 수업을 진행하면서 더 쉽고 효과적으로 배울 수 있는 방법을 늘 고민해 왔고, 그 과정에서 초보자분들께 조금이라도 도움을 드리고자 포토샵과 일러스트레이터를 한 권에 담은 입문서를 출간하게 되었습니다.

그동안 수천 명의 수강생을 만나며 그들의 니즈를 파악해 온 결과, 공통적으로 원하는 것은 실무에 바로 적용 가능한 내용이었습니다. 포토샵과 일러스트레이터를 단순 취미 목적으로 배우는 분들도 있었지만, 대부분 자격증을 취득하거나 취업을 목적으로 두 프로그램의 전반적인 기능을 빠르게 마스터하길 원했습니다. 때문에 책을 집필할 때에도 어떻게 하면 실무에서 진짜 사용하는 기능만 선별할 수 있을지 고민하며 한 챕터, 한 챕터 구성하였습니다.

포토샵과 일러스트레이터를 처음 접하는 분들은 두 프로그램의 인터페이스가 어렵고 복잡하게 느껴질 수 있습니다. 하지만 실제로는 자주 사용하는 기능이 정해져 있기 때문에 몇 가지 기능만 익혀도 실무에서 충분히 활용 가능합니다. 포토샵과 일러스트레이터 배우기를 숙제처럼 미뤄 두었거나, 온라인 강의를 보며 독학하려 했지만 좀처럼 진도가 나가지 않았던 분들이라면 현직 디자이너가 엄선한 '진짜 쓰는 기능'을 바탕으로 포토샵과 일러스트레이터를 빠르게 마스터해 보세요.

이 책은 포토샵과 일러스트레이터의 주요 기능 및 생성형 AI의 활용법을 소개합니다. 특히 초보자들이 공통적으로 어려워하는 부분에 중점을 두어, 예제를 따라 하면서 자연스럽게 이론과 기능을 습득할 수 있도록 구성하였습니다. [Part 01 포토샵 마스터하기]와 [Part 02 일러스트레이터 마스터하기]에서는 포토샵과 일러스트레이터의 기본기와 필수 기능을 배우고, [Appendix 포토샵 & 일러스트레이터로 완성하는 콘텐츠 디자인]에서는 실용적인 디자인 예제를 통해 작업에 따른 두 프로그램의 활용 방안을 학습합니다.

입문자분들이 포토샵과 일러스트레이터를 한 권으로 마스터할 수 있도록 디자인 작업에 필수적인 그래픽 기초 지식부터 실무에 바로 써먹을 수 있는 활용 예제까지 알차게 구성해 놓았습니다. 또한, 최근 업데이트된 CC 2025 버전의 신기능으로 디자인의 효율을 극대화하는 필자만의 꿀팁도 모두 공개합니다.

아직도 포토샵과 일러스트레이터 배우기를 망설이고 있다면, 지금 바로 책을 펼쳐 하루에 30분씩 부담 없이 시작해 보세요! 처음에는 익숙하지 않아 시간이 걸리겠지만, 차근차근 배우다 보면 어느새 여러분의 창의적인 아이디어를 실현해 주는 가장 강력한 도구가 되어 있을 것입니다. 이 책이 포토샵과 일러스트레이터의 기능 습득을 넘어 여러분의 표현의 자유를 확장하는 과정이 되기를 바라며, 디자인 여정의 든든한 길잡이가 되기를 바랍니다.

언컬러드 대표
전하린(하디)

이 책의 구성

이 책은 Photoshop CC 2025와 Illustrator CC 2025 버전을 기반으로 하는 포토샵 & 일러스트레이터 입문서입니다. 상세한 이론 설명을 최대한 간략히 마치고 예제를 따라 하면서 포토샵과 일러스트레이터의 '진짜 사용하는 기능'을 빠르게 학습할 수 있도록 구성했습니다.

QR 코드
QR 코드를 스캔하면 저자의 유튜브 채널에서 동영상 강의를 시청할 수 있습니다.

도입
본격적인 학습에 들어가기 전 각 섹션에서 다루는 내용을 소개합니다.

설정 사항
작업 과정의 설정 사항을 정확하고, 빠르게 확인할 수 있습니다.

알아두기
알아두면 좋을 포토샵, 일러스트레이터의 메뉴와 기능을 자세하게 설명합니다.

TIP
실습 예제와 관련된 다양한 팁과 부연 설명, 저자의 노하우가 담겨 있습니다.

책에서는 포토샵과 일러스트레이터의 영문판을 기준으로 작업을 진행합니다. 예제를 따라 하기 위해서는 Photoshop CC 2024, Illustrator CC 2024 이상의 버전을 사용하길 권장합니다. 스마트폰으로 QR 코드를 스캔하면 예제의 작업 과정을 확인할 수 있습니다.

미리보기
실습 예제의 완성 결과를 미리 확인할 수 있습니다.

실습 기본 정보
작업 사이즈, 해상도, 색상 모드 등 실습 예제를 따라 하는 데 필요한 기본 정보를 확인할 수 있습니다.

준비 파일
실습 예제에 필요한 준비 파일의 위치를 확인할 수 있습니다.

친절한 과정 설명
단계별 설명과 지시선으로 초보자도 쉽게 따라 할 수 있습니다.

목차

Intro 만나서 반가워! 포토샵 & 일러스트레이터　　014

01 포토샵 & 일러스트레이터 빠르게 살펴보기　　016
포토샵과 일러스트레이터는 어떤 프로그램일까?　　016
두 프로그램 중 어떤 것을 선택해야 할까?　　017
비트맵과 벡터의 차이　　018
웹용과 인쇄용의 차이　　019
포토샵과 일러스트레이터 설치하고 언어 설정하기　　021

02 Photoshop CC 2025의 새로운 기능 맛보기　　024
Distraction Removal　　024
Generate Background　　026
Generate Similar & Enhance Detail　　027

03 Illustrator CC 2025의 새로운 기능 맛보기　　029
Objects on Path　　029
Enhanced Image Trace　　032
Generative Shape Fill　　034

Part 01 포토샵 마스터하기　　035

Chapter 01 포토샵 시작하기　　036

01 포토샵은 어떻게 생겼을까?　　038
포토샵 UI 살펴보기　　038
도구 상자 한눈에 보기　　039
작업 영역 설정하기　　046
나만의 작업 영역 저장하기　　049

02 새 문서 만들기와 파일 포맷 알아보기　　051
작업 용도에 따라 새 문서 설정하기　　051
포토샵으로 불러올 수 있는 포맷 알아보기　　053

03 작업의 기본, 레이어 정복하기　　054
레이어란 무엇일까?　　054
Layers 패널의 요소와 기능 살펴보기　　057
레이어를 관리하는 방법과 꿀팁 알아보기　　058

레이어의 종류 알아보기	060
래스터화 알아보기	061

04 포토샵의 변형 기본 동작 알아보기 · 064
Move Tool로 선택하고 이동하기	064
이미지 파일 전체를 변형하기	066

05 캔버스를 손쉽게 확대/축소/스크롤하기 · 069
캔버스를 확대/축소하는 방법	069
캔버스를 빠르게 스크롤하는 방법	071

06 저장하기 · 072
파일 저장 방법과 파일 포맷별 특징 알아보기	072

Chapter 02 포토샵 기초 기능 마스터하기 · 076

01 영역을 선택하는 다양한 방법 · 078
간단한 도형으로 선택하는 Marquee Tool	078
자유로운 모양으로 선택하는 Lasso Tool과 Selection Brush Tool	084
복잡한 도형으로 선택하는 Polygonal Lasso Tool	086

02 브러시 활용의 모든 것 · 087
Brush Settings 패널의 모든 것	087
나만의 브러시 등록하고 삭제하기	093
이미지를 브러시로 만드는 방법	094

03 펜 도구와 모양 도구 완전 정복하기 · 097
반듯한 직선과 부드러운 곡선 그리기	097
Path Selection Tool과 Direct Selection Tool로 수정하기	101
사각형, 타원, 다각형 그리기	103

Chapter 03 이미지에 따른 누끼 따는 방법 · 110

01 윤곽이 또렷한 이미지일 때 · 112
인공지능이 선택하는 Object Selection Tool	112
덩어리를 한 번에 선택하는 Quick Selection Tool	113
비슷한 색상만 선택하는 Magic Wand Tool	114

02 윤곽이 또렷하지 않은 이미지일 때 · 116
Pen Tool과 Path로 깔끔하게 누끼 따기	116

03 동물의 털, 머리카락이 있는 이미지일 때 · 119
Select and Mask로 섬세하게 선택하여 누끼 따기	119

Chapter 04 전문가처럼 이미지 보정하기 — 124

01 불필요한 부분을 깔끔하게 없애는 방법 — 126
- Spot Healing Brush Tool로 간단하게 잡티 없애기 — 126
- Healing Brush Tool로 복잡한 잡티 없애기 — 128
- Clone Stamp Tool로 흔적 없이 깔끔하게 지우기 — 131

02 이미지를 자유롭게 변형하고 왜곡하기 — 133
- Liquify로 몸매 보정 및 성형하기 — 133
- Warp으로 이미지와 문자 왜곡하기 — 136

Chapter 05 색감 보정과 필터 정복하기 — 138

01 밝기를 조정하는 메뉴 알아보기 — 140
- Brightness/Contrast로 간단하게 밝기 조정하기 — 140
- Levels를 사용해 극단적으로 밝기 조정하기 — 142
- Curves로 자연스럽게 색감 보정하기 — 144

02 색상과 채도를 조정하는 메뉴 알아보기 — 149
- Hue/Saturation을 사용해 색상과 채도 조정하기 — 149
- Color Balance로 색상 조정하기 — 152
- Selective Color로 자연스럽게 색상 변경하기 — 153
- Gradient Map으로 전체 톤을 일정하게 보정하기 — 154

03 인공지능을 사용하는 Neural Filters — 156
- Neural Filters 사용 방법 — 156

04 화질을 조정하는 흐림 효과와 선명 효과 — 158
- 기본 흐림 효과를 모아 놓은 Blur 메뉴 살펴보기 — 158
- Sharpen으로 흐린 이미지 선명하게 만들기 — 162

05 이미지를 다양하게 왜곡하는 필터 알아보기 — 164
- Displace로 굴곡진 표면에 합성하기 — 164
- Mosaic로 네모난 모자이크 만들기 — 167

Chapter 06 다양한 이미지 합성 방법 — 170

01 합성의 기본, 이미지와 문자 배치하기 — 172
- Layer Mask를 이용한 이미지 합성하기 — 172
- Clipping Mask로 도형에 이미지 합성하기 — 177

02 자연스럽게 합성하고, 세밀하게 보정하기 — 184
- Blend Mode로 자연스럽게 합성하기 — 184
- Adjustment Layer로 세밀하고 정확하게 보정하기 — 187

03 밋밋한 이미지에 입체감 넣기   194
그림자를 만들어 입체감 넣기   194
그라데이션을 활용해 입체감 넣기   200

Chapter 07   생성형 AI로 이미지 보정하기   204

01 Generative Fill로 이미지 바꾸기   206
이미지의 일부를 생성하고 스타일 변경하기   206

02 Generative Expand로 배경 확장하기   209
이미지를 확장한 후 배경 생성하기   209

Part 02   일러스트레이터 마스터하기   211

Chapter 08   일러스트레이터 시작하기   212

01 일러스트레이터는 어떻게 생겼을까?   214
일러스트레이터 UI 살펴보기   214
도구 상자 한눈에 보기   215

02 일러스트레이터 기본 개념 마스터하기   220
작업 용도에 따라 새 문서 설정하기   220
아트보드 정복하기   223
패스와 레이어의 개념 알아보기   226
일러스트레이터에서 열 수 있는 포맷 알아보기   227

03 기본 도형, 선택 도구, 펜 도구 정복하기   228
기본 도형을 Selection Tool로 변형하기   228
Pen Tool 정복하기   239
패스 수정 도구 살펴보기   245

04 색상 설정 방법과 관리 방법 알아보기   248
칠과 획의 색을 설정하는 여러 가지 방법   248
그레이디언트 종류 알아보기   252
색상 팔레트 Swatches 관리하는 법   260

05 저장하기   266
파일 저장 방법과 파일 포맷별 특징 살펴보기   266

Chapter 09 기본 도형과 브러시 활용법 알아보기　　270

01 도형을 조합해 캐릭터 만들기　　272
Pathfinder로 캐릭터 만들기　　272
Shape Builder Tool로 캐릭터 이목구비 만들기　　284
직관적으로 도형을 분리해 디테일한 요소 만들기　　288
배경 만들기　　293

02 꽃 모양의 패턴을 만들어 등록하기　　295
패턴 등록하기　　295
패턴을 수정하고 관리하기　　301

03 브러시를 활용해 낙서 같은 그림 그리기　　304
Paintbrush Tool과 Blob Brush Tool의 차이점 알아보기　　304

Chapter 10 여러 가지 효과 활용하기　　310

01 심플한 디자인의 여섯 가지 아이콘 만들기　　312
별과 꽃 아이콘 만들기　　312
책과 톱니바퀴 아이콘 만들기　　317
하트와 확성기 아이콘 만들기　　321

02 래스터 이미지를 벡터 도형으로 바꾸기　　328
자동으로 이미지를 추적해 주는 Image Trace　　328
Recolor와 인공지능으로 색상 테마 한 번에 바꾸기　　332

03 도형을 섞는 Blend 정복하기　　335
Blend 메뉴와 도구 사용하기　　335
3D 문자 만들기　　341

04 알록달록 캐주얼한 느낌의 디자인하기　　347
크레파스로 그린 것 같이 연출하기　　347
Envelop Distort로 문자 왜곡하기　　351

05 다양한 3D 그래픽 아트워크 만들기　　360
두 가지 유형의 3D 기능 비교하기　　360
Extrude로 아이소메트릭 디자인하기　　364
Revolve로 제품 목업 제작하기　　374
Inflate로 통통 튀는 타이포그래피 만들기　　383

06 2.5D 그래픽 아트워크 만들기　　387
Intertwine으로 이미지와 교차하는 타이포그래피 만들기　　387
Perspective Grid로 건물 그래픽의 원근감 맞추기　　395

Chapter 11 생성형 AI로 이미지를 생성하고 수정하기   404

01 Generate Vectors로 다양한 벡터 이미지 생성하기   406
- Scene으로 배경이 있는 벡터 이미지 생성하기   406
- Subject로 배경이 없는 벡터 이미지 생성하기   408
- Icon으로 깔끔한 아이콘 이미지 생성하기   410

02 Generate Patterns로 패턴 생성하고 수정하기   411
- 패턴 생성하고 수정하기   411

03 Gen Shape Fill로 스케치 업그레이드하기   416
- 대충 그린 스케치를 업그레이드하는 방법   416

Appendix 포토샵 & 일러스트레이터로 완성하는 콘텐츠 디자인   420

01 트렌디한 디자인의 SNS 콘텐츠 만들기   422
- 포토샵에서 SNS 콘텐츠 작업 사이즈 설정하기   423
- 일러스트레이터에서 포인트 그래픽 제작하기   430
- 포토샵에서 이미지 보정하고 저장하기   442

02 감각적인 포스터 만들기   446
- 일러스트레이터에서 인쇄용 포스터 작업 사이즈 설정하기   447
- 포토샵에서 포스터의 메인 이미지 보정하기   452
- 일러스트레이터에서 타이포그래피 수정하기   459
- 인쇄용 파일 설정 방법   469

03 포토샵 & 일러스트레이터 단축키 마스터하기   473
- 포토샵 필수 단축키 리스트   473
- 일러스트레이터 필수 단축키 리스트   476
- 단축키를 쉽게 외우는 방법   479

예제 파일 다운로드

01 시대인 홈페이지(www.sdedu.co.kr/book)에 접속하여 회원 가입한 후 로그인합니다.

02 상단 메뉴의 [프로그램]을 클릭하고 '바로 쓰는 포토샵 & 일러스트레이터'를 검색한 후 예제 준비 파일을 다운로드합니다.

일러두기

- 이 책은 Photoshop CC 2025와 Illustrator CC 2025 버전을 기준으로 작업하였습니다. 버전에 따라 UI(사용자 인터페이스)가 책의 이미지와 다를 수 있습니다.

- 실습 예제에서 생성형 AI로 만든 이미지는 Firefly의 업데이트 상황에 따라 같은 명령어를 입력해도 책에 수록된 이미지와 다르게 생성될 수 있습니다.

- 예제에서 사용하는 폰트는 Adobe 제품 구독 시 무료로 제공되는 Adobe Fonts입니다.

- 예제의 지문에서 '마우스 오른쪽 버튼으로 클릭'하는 명령을 지시선에서는 '우클릭'으로 표기했습니다.

학습 계획표

"하루 1시간씩 20회 만에 포토샵 & 일러스트레이터 마스터하기!"

아래 계획표에 목표 날짜를 적어 학습 진도를 계획해 보세요.

구분	주제	파트	챕터	페이지	학습일
1회 차	그래픽 기초 지식 및 신기능	Intro	-	p. 14~34	___월 ___일
2회 차	포토샵 기초	Part 01	Ch 01	p. 36~75	___월 ___일
3회 차					___월 ___일
4회 차			Ch 02	p. 76~109	___월 ___일
5회 차	포토샵 활용		Ch 03~Ch 04	p. 110~137	___월 ___일
6회 차			Ch 05	p. 138~169	___월 ___일
7회 차					___월 ___일
8회 차			Ch 06	p. 170~203	___월 ___일
9회 차					___월 ___일
10회 차	포토샵 AI		Ch 07	p. 204~210	___월 ___일
11회 차	일러스트레이터 기초	Part 02	Ch 08	p. 212~269	___월 ___일
12회 차					___월 ___일
13회 차	일러스트레이터 활용		Ch09	p. 270~309	___월 ___일
14회 차					___월 ___일
15회 차			Ch 10	p. 310~403	___월 ___일
16회 차					___월 ___일
17회 차					___월 ___일
18회 차	일러스트레이터 AI		Ch 11	p. 404~419	___월 ___일
19회 차	포토샵 & 일러스트레이터 콘텐츠 디자인 예제	Appendix	-	p. 420~479	___월 ___일
20회 차					___월 ___일

Intro

만나서 반가워!
포토샵 & 일러스트레이터

본격적인 작업에 앞서, 그래픽 기초 지식을 빠르게 익힌 후 포토샵과 일러스트레이터의 무료 체험판 이용 방법을 알아보겠습니다. 더불어 CC 2025 버전에 추가된 새로운 기능을 간단히 살펴보겠습니다.

- **01** 포토샵 & 일러스트레이터 빠르게 살펴보기
- **02** Photoshop CC 2025의 새로운 기능 맛보기
- **03** Illustrator CC 2025의 새로운 기능 맛보기

01 포토샵 & 일러스트레이터 빠르게 살펴보기

먼저 꼭 알아 둬야 할 그래픽 기초 지식을 살펴보고, 포토샵과 일러스트레이터를 무료로 사용하는 방법을 알아보겠습니다.

포토샵과 일러스트레이터는 어떤 프로그램일까?

포토샵은 Adobe의 소프트웨어 중 대중들에게 가장 잘 알려진 비트맵 그래픽 프로그램입니다. 이미지를 편집하거나 그래픽 디자인 작업을 할 수 있고 웹툰, 이모티콘, 상세 페이지, 섬네일, 카드뉴스 등의 콘텐츠를 제작할 수 있습니다.

일러스트레이터는 해상도를 자유롭게 바꿀 수 있는 벡터 그래픽 프로그램입니다. 디지털 드로잉이나 인쇄용 콘텐츠를 작업할 때 주로 사용되고 로고, 캐릭터, 벡터 드로잉, 대형 인쇄물, 간단한 3D 아트워크 등의 콘텐츠를 제작할 수 있습니다.

포토샵과 일러스트레이터는 계속해서 새로운 기능이 추가되고 있기 때문에, Adobe에서는 매년 이를 반영한 최신 튜토리얼을 제공하고 있습니다. 포토샵은 Ctrl + F를 눌러 Discover 창에서 튜토리얼을 확인할 수 있고, 일러스트레이터는 [Help 〉 Illustrator Help]를 클릭하면 됩니다.

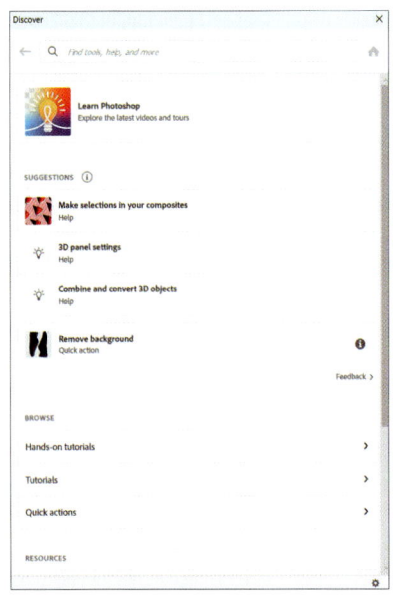
▲ 포토샵의 Discover 창

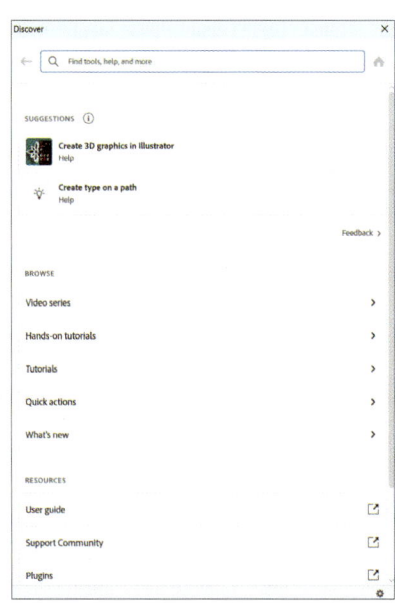
▲ 일러스트레이터의 Discover 창

두 프로그램 중 어떤 것을 선택해야 할까?

포토샵은 비트맵(래스터) 프로그램으로, 이미지가 네모난 색상 점인 '픽셀(Pixel)'로 이루어져 있습니다. 비트맵 방식의 이미지는 크기를 과도하게 늘리면 해상도가 손상되는 특징이 있기 때문에 포토샵은 이미지 보정과 같이 자연스러운 그래픽 작업에는 적합하지만, 대형 인쇄물 제작이나 정교한 그래픽 작업을 하기에는 한계가 있습니다.

▲ 포토샵의 이미지 보정 예시

▲ 포토샵의 그림 그리기 예시

일러스트레이터는 벡터 프로그램으로, 이미지가 점, 선, 면으로 이루어져 있습니다. 벡터 방식의 이미지는 크기를 과하게 변경해도 화질이 손상되지 않기 때문에 인쇄 후에 박, 코팅, 엠보싱 등을 넣는 후가공 작업을 할 수 있습니다. 일러스트레이터로 작업한 디자인이 지나치게 깔끔해 인위적이면 포토샵에서 후보정을 거치기도 합니다.

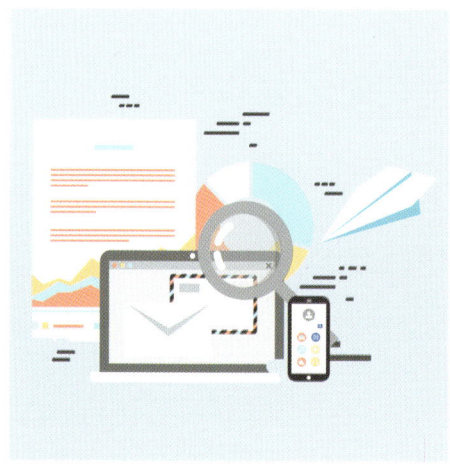
▲ 일러스트레이터의 벡터 그래픽 예시

▲ 일러스트레이터의 금박 후가공 예시

비트맵과 벡터의 차이

'비트맵(래스터)'과 '벡터'는 그래픽 디자인의 핵심 개념이므로, 각각의 특징을 이해하는 것이 중요합니다. 아래 표를 통해 비트맵과 벡터 그래픽의 특징과 차이점을 살펴보겠습니다. 포토샵은 문자나 도형 등의 벡터 요소까지 모두 픽셀로 이루어져 있습니다.

구분	비트맵	벡터
이미지	(픽셀로 표현된 원)	(매끄러운 원)
특징	• 픽셀로 이루어진 자연스러운 그래픽 • 사진, 회화 등의 사실적인 표현 가능 • 크기 변동, 필터, 보정 정도에 따라 이미지의 해상도가 크게 영향 받음	• 점, 선, 면으로 이루어진 깔끔한 그래픽 • 아이콘, 로고 등의 인공적인 표현 가능 • 크기 변동, 필터, 보정 정도에 따라 이미지의 해상도가 크게 영향 받지 않음

> **TIP!**
> 책에서 말하는 '비트맵'과 '래스터'는 같은 의미입니다. 어떠한 레이어가 본래의 속성을 잃고 픽셀 레이어로 변환되는 '래스터화(Rasterize)'에 대한 자세한 설명은 [Part 01 포토샵 마스터하기 ▶ Chapter 01 포토샵 시작하기 ▶ 03 작업의 기본, 레이어 정복하기 ▶ 래스터화 알아보기(p. 61)]를 참고합니다.

> **알아두기**
> 일러스트레이터에서 작업한 '벡터' 이미지는 포토샵에서 '비트맵' 이미지로 자동 변환됩니다. 포토샵에서 작업한 '비트맵' 이미지는 일러스트레이터에서 Image Trace 작업을 거쳐야 '벡터' 이미지로 변환할 수 있습니다.
>
> **작업별 유리한 그래픽 방식**
> • 인쇄물(명함, 대형 포스터, 책자 디자인) → 벡터가 유리
> • 웹 · SNS 콘텐츠(배너, 섬네일, 이미지 편집) → 비트맵이 유리
> • 일러스트레이션(아이콘, 캐릭터, 인포그래픽) → 벡터가 유리, 질감 표현 시 비트맵 활용 가능

웹용과 인쇄용의 차이

그래픽 디자인 작업을 하기 위해서는 웹용과 인쇄용의 특징을 미리 알고 있어야 합니다. 아래 표를 통해 쓰임, 단위, 해상도, 색상 모드를 기준으로 웹용과 인쇄용의 특징과 차이점을 살펴보겠습니다.

구분	웹용	인쇄용
쓰임	스마트폰, 컴퓨터, 태블릿, TV, 모니터 등 모든 디바이스의 스크린으로 출력되는 것	포스터, 명함, 리플릿, 스티커 등을 종이, 플라스틱, 유리 등에 인쇄 및 출력하는 것
단위	Pixels	Millimeters, Centimeters, Inches
해상도	72 ppi(Pixels/Inch) 등	100, 150, 300, 600 dpi(Dots/Inch) 등
색상 모드	RGB • Red(빨간색), Green(초록색), Blue(파란색) 세 가지의 빛을 섞는 색상 모드 • 가산 혼합(빛의 혼합) • 형광색, 원색 등 표현 가능	CMYK • Cyan(녹청색), Magenta(자주색), Yellow(노란색), Black(검은색) 네 가지의 잉크를 섞는 색상 모드 • 감산 혼합(물감 혼합) • 형광색, 원색 등 표현 불가능

> **TIP!**
> 우리나라의 인쇄소는 대부분 'Millimeters'를 기본 단위로 사용합니다. 인쇄소에서 특정 단위를 요구하지 않는다면 모두 'Millimeters'라고 생각해도 무방합니다.

웹용과 인쇄용의 최소 단위는 각각 'Pixel'과 'Dot'로 다르지만, 포토샵과 일러스트레이터에서 해상도(Resolution)를 설정할 때에는 모두 'ppi'를 사용합니다. 인쇄용 데이터는 잉크로 색상을 촘촘하게 찍어야 선명하게 보이기 때문에 보통 '300 ppi'로 작업하며, '300 ppi' 이상의 해상도는 특수 인쇄일 때 사용합니다. 불필요하게 해상도를 높이면 파일의 용량이 커지고, 잉크가 지나치게 많이 사용될 수 있으므로 주의합니다.

색상 모드(Color Mode)를 설정할 때는 'RGB'와 'CMYK'를 구분해야 합니다. 빛은 섞일수록 밝아지기 때문에 RGB가 CMYK보다 더 넓은 색상(원색, 형광색 등)을 표현할 수 있습니다. 반면에 잉크는 섞일수록 어둡고 탁해지기 때문에 CMYK가 표현할 수 있는 색에는 물리적인 한계가 있습니다.

RGB의 이미지를 인쇄하면 스크린보다 색이 어둡게 보이는데, 특히 파란색과 초록색 계열에서 차이가 크게 나타납니다. RGB와 CMYK는 표현할 수 있는 색의 영역이 다르기 때문에 동일한 콘텐츠를 웹용과 인쇄용으로 사용할 경우, 각각 별도의 파일로 작업하는 것이 좋습니다.

> **TIP!**
>
>
>
> ▲ PANTONE 컬러
>
> 전시회, 페스티벌, 브랜드 홍보물 등에서 형광색이나 금색과 같이 눈에 띄는 색상이 사용된 디자인 작업물을 본 적이 있을 것입니다. 형광색이나 금색과 같은 색상은 CMYK 잉크가 아닌 별도로 조색된 잉크를 사용하며, 이를 '별색(Spot Color)'이라고 합니다. 별색은 CMYK를 배합하는 것이 아닌 별도의 잉크를 제조하는 것이기 때문에 CMYK 인쇄보다 가격이 비싼 편입니다. 하지만 CMYK로 구현하기 어려운 색상을 정확하게 표현할 수 있어 패키지 디자인이나 고급 인쇄물 등에 자주 사용됩니다. 별색을 정의하는 대표적인 기준으로는 PANTONE 컬러 시스템이 있습니다.

포토샵과 일러스트레이터 설치하고 언어 설정하기

Adobe는 2013년부터 구독 방식으로 프로그램을 제공하고 있습니다. Adobe 홈페이지에 접속해 포토샵과 일러스트레이터의 무료 체험판 이용 방법과 정품 설치 방법에 대해 알아보겠습니다.

01 인터넷 주소창에 ❶ 'adobe.com/kr'을 입력한 후 Enter 를 눌러 Adobe 홈페이지에 접속합니다. 오른쪽 상단의 ❷ [로그인]을 클릭하여 회원가입 및 로그인을 진행합니다.

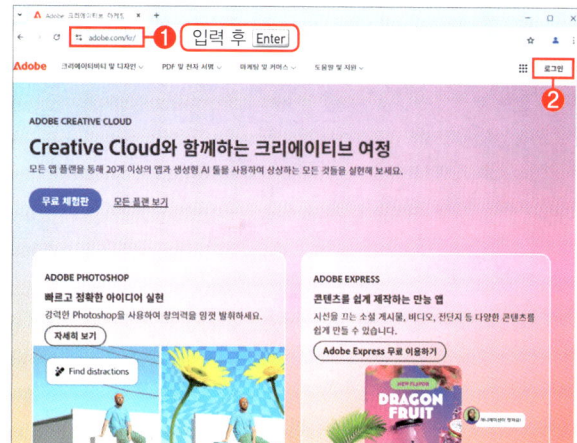

02 화면 오른쪽 상단의 ❶ [플랜 및 제품] – ❷ [모든 제품 보기]를 클릭합니다.

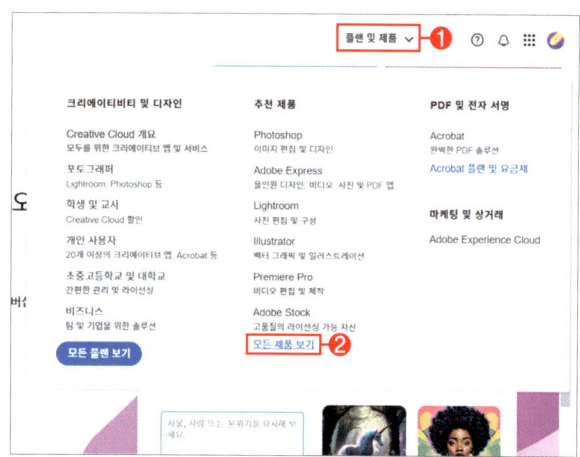

03 'Creative Cloud 모든 앱'의 [무료 체험판]을 클릭합니다.

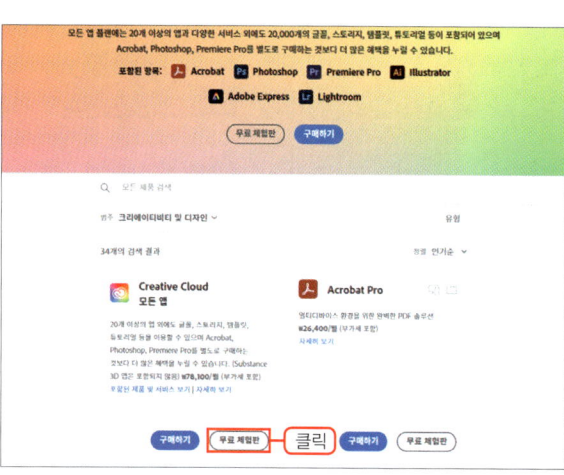

> **TIP!**
> 'Photoshop'이나 'Illustrator'의 [무료 체험판]을 클릭하면 한글판으로 설치되기 때문에 설치 전 언어를 설정하기 위해서는 'Creative Cloud 모든 앱'을 설치하는 것이 좋습니다.

04 '개인', '기업', '학생 및 교사' 중 ❶ 해당되는 플랜을 선택하고 ❷ [계속]을 클릭합니다. 이어서 ❸ 구독 플랜을 선택하고 ❹ [계속]을 클릭합니다.

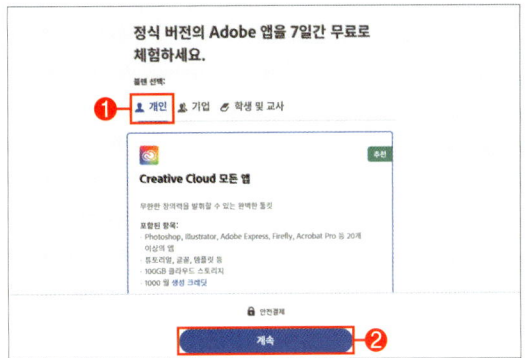
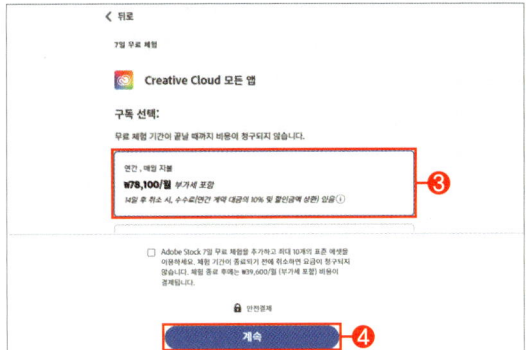

> **TIP!**
> '학생 및 교사' 플랜을 선택하면 비교적 합리적인 가격에 정식 버전을 이용할 수 있습니다. 구독 플랜은 '연간 구독권'을 선택하는 것이 비용을 절약하는 방법이며, 매년 11월에 블랙 프라이데이 이벤트로 연간 구독권을 할인된 가격에 제공하고 있으니 참고합니다.

05 하단의 ❶ [계속]을 클릭합니다. ❷ 결제 카드 정보를 입력하고 ❸ [동의 및 구독]을 클릭합니다.

06 하단의 ❶ [시작하기]를 클릭합니다. 다시 **03**의 화면으로 돌아가 ❷ 'Creative Cloud 모든 앱'의 [다운로드]를 클릭합니다.

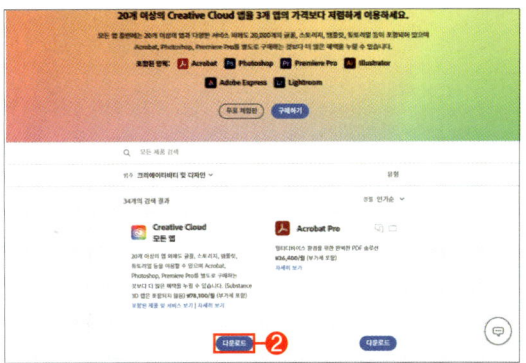

07 다운로드된 Creative Cloud 앱을 실행한 후 오른쪽 상단의 ❶ [프로필]을 클릭하고 ❷ [환경 설정]을 선택합니다.

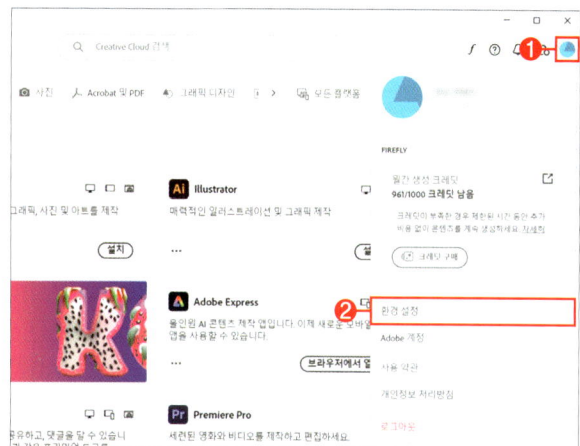

08 팝업 창 왼쪽의 ❶ [앱] 탭을 클릭하고 ❷ 기본 설치 언어를 'English (International)'로 설정한 후 ❸ [완료]를 클릭합니다.

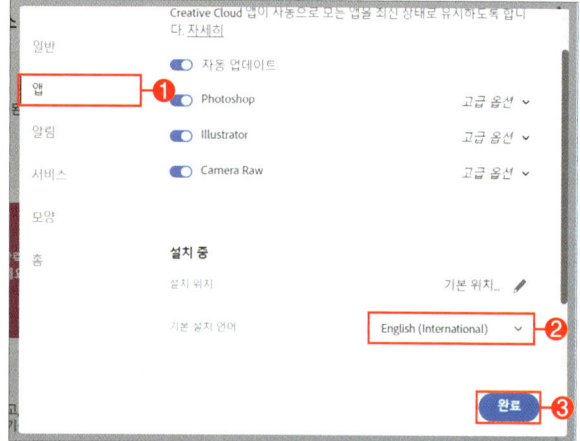

> **TIP!**
> 한글판은 메뉴명이나 도구명이 종종 오역되어 있으므로, 작업의 정확성을 위해 영문판의 사용을 권장합니다.

09 '내 플랜의 필수 요소'에서 ❶ 'Photoshop'과 ❷ 'Illustrator'의 [설치]를 각각 클릭합니다.

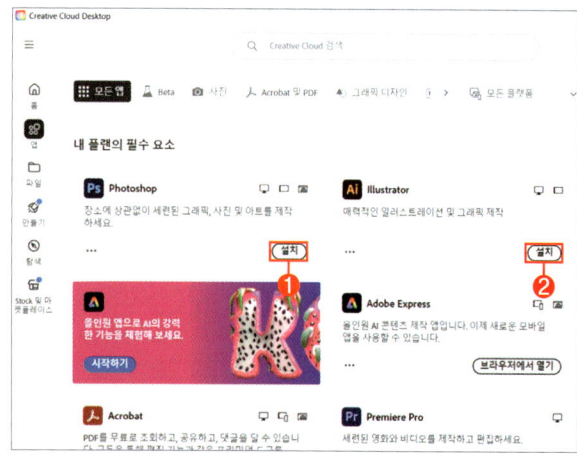

23

02 Photoshop CC 2025의 새로운 기능 맛보기

포토샵과 일러스트레이터의 설치를 마쳤다면 먼저 Photoshop CC 2025의 새로운 기능을 살펴보겠습니다. 단순한 기능 개선과 Beta 버전의 업데이트를 제외한 주요 업데이트 사항을 위주로 소개합니다.

Distraction Removal

📁 준비 파일 Intro\새로운 기능-Distraction Removal.jpg

Distraction Removal(산만한 요소 제거)은 이미지에서 불필요한 오브젝트를 인식하여 한 번에 제거하는 기능입니다. 인물의 경우 주요 피사체를 제외한 주변 인물만 인식하여 제거합니다.

01 ❶ [File] – ❷ [Open]을 클릭해 ❸ '새로운 기능-Distraction Removal.jpg'를 불러옵니다.

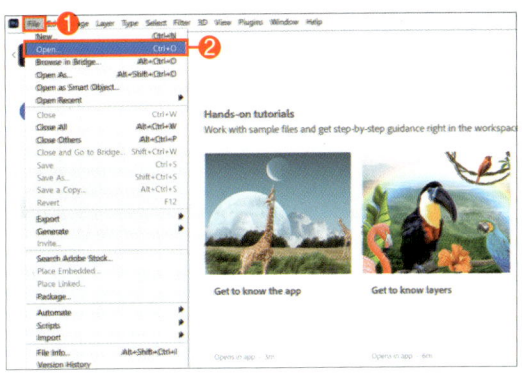

02 ❶ Spot Healing Brush Tool(🩹)을 마우스 오른쪽 버튼으로 클릭하고 ❷ Remove Tool(🩹)을 클릭합니다. 옵션바의 ❸ [Find distractions] – ❹ [Wires and cables]를 클릭하면 인공지능이 이미지의 전선과 케이블을 자동으로 인식하여 제거합니다.

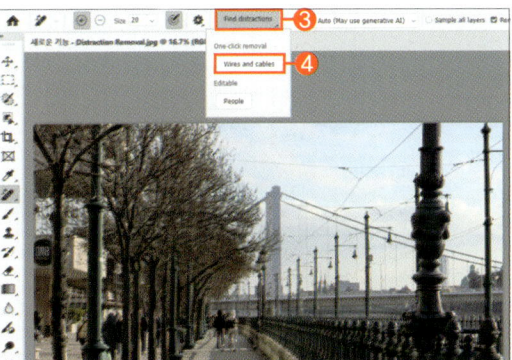

03 옵션바의 ❶ [Find distractions] – ❷ [People]을 클릭하면 ❸ 인공지능이 주요 피사체를 제외한 주변 인물을 인식하여 분홍색으로 표시합니다.

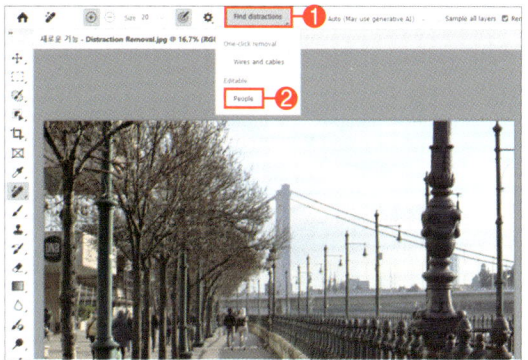

04 옵션바의 ❶ ⊕을 클릭하고 ❷ 인식되지 않은 사람을 클릭 & 드래그하여 추가합니다.

05 옵션바의 ❶ ⊖을 클릭하고 ❷ 잘못 인식된 부분을 클릭 & 드래그하여 제외합니다. ❸ Enter 를 눌러 선택한 부분을 모두 제거합니다.

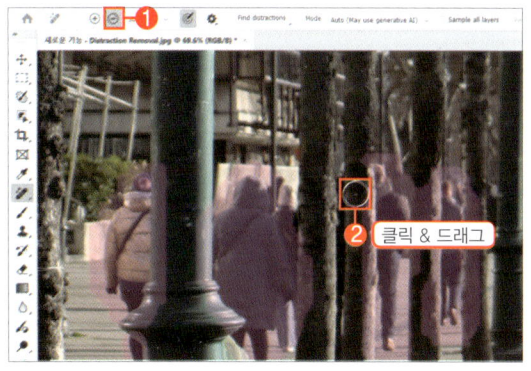

Generate Background

📁 준비 파일 Intro\새로운 기능-Generate Background.jpg

Generate Background(배경 생성)는 이미지의 기존 배경을 제거한 후 어울리는 배경을 새로 생성하는 기능입니다.

01 ❶ [File] – ❷ [Open]을 클릭해 ❸ '새로운 기능-Generate Background.jpg'를 불러옵니다.

02 Contextual Task Bar의 ❶ [Remove background]를 클릭하면 배경이 자동으로 제거됩니다. Contextual Task Bar의 ❷ [Generate background]를 클릭합니다.

03 ❶ '나무 가구, 화분, 따뜻한 조명이 있는 현대적인 카페 인테리어'를 입력한 후 ❷ [Generate]를 클릭합니다. Properties 패널에서 ❸ 마음에 드는 이미지를 고릅니다.

Generate Similar & Enhance Detail

📁 준비 파일 Intro\새로운 기능-Generate Similar.jpg

Generate Similar(비슷하게 생성)는 AI로 생성한 이미지와 비슷한 이미지를 추가로 생성하는 기능이며, Enhance Detail(세부 사항 향상)은 이미지의 화질을 개선하는 기능입니다.

01 ❶ [File] – ❷ [Open]을 클릭해 ❸ '새로운 기능-Generate Similar.jpg'를 불러옵니다.

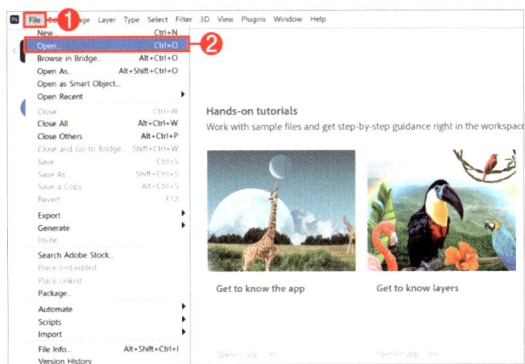 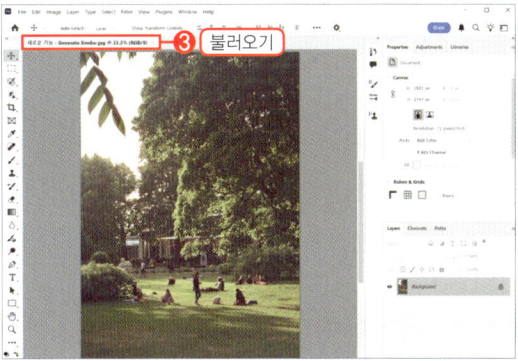

02 ❶ Selection Brush Tool(🖌)을 클릭하고 ❷ 그림과 같이 클릭 & 드래그하여 이미지를 생성할 영역을 선택합니다. Contextual Task Bar의 ❸ [Generative Fill]을 클릭합니다.

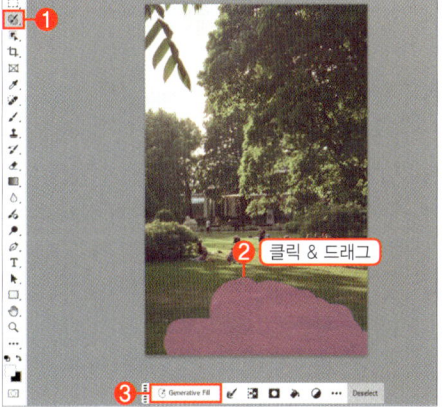

03 ❶ '뛰어다니는 강아지 한 마리'를 입력한 후 ❷ [Generate]를 클릭합니다. Properties 패널에서 ❸ 마음에 드는 이미지를 고릅니다.

 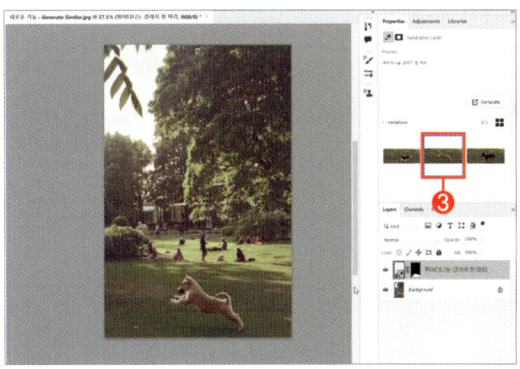

04 Properties 패널에서 마음에 드는 이미지에 마우스를 오버하고 ❶ ⋯ – ❷ [Generate similar]를 클릭하면 비슷한 이미지가 세 개 더 생성됩니다.

05 Properties 패널에서 ❶ 추가로 생성된 이미지 중 마음에 드는 것을 선택합니다. 마음에 드는 이미지에 마우스를 오버한 후 ❷ ▥을 클릭하면 이미지의 화질을 개선할 수 있습니다.

Illustrator CC 2025의 새로운 기능 맛보기

다음은 Illustrator CC 2025의 새로운 기능을 살펴보겠습니다. 단순한 기능 개선과 Beta 버전의 업데이트를 제외한 주요 업데이트 사항을 위주로 소개합니다.

Objects on Path

■ 준비 파일 Intro\새로운 기능-Objects on Path.ai

Objects on Path(경로상의 개체)는 하나의 패스를 기준으로 여러 개의 오브젝트를 정렬하는 기능입니다.

01 ❶ [File] – ❷ [Open]을 클릭해 ❸ '새로운 기능-Objects on Path.ai'를 불러옵니다.

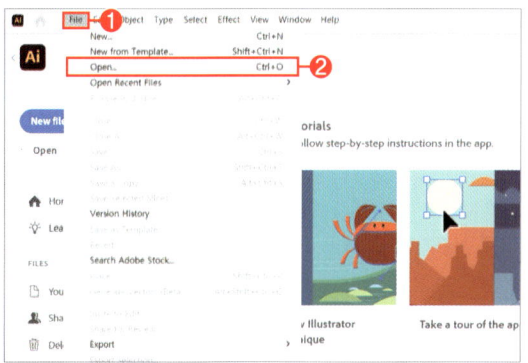
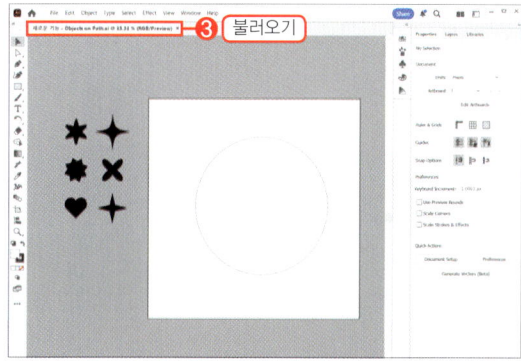

02 ❶ Selection Tool(▶)을 클릭하고 ❷ 그림과 같이 클릭 & 드래그하여 정렬할 오브젝트를 선택합니다.

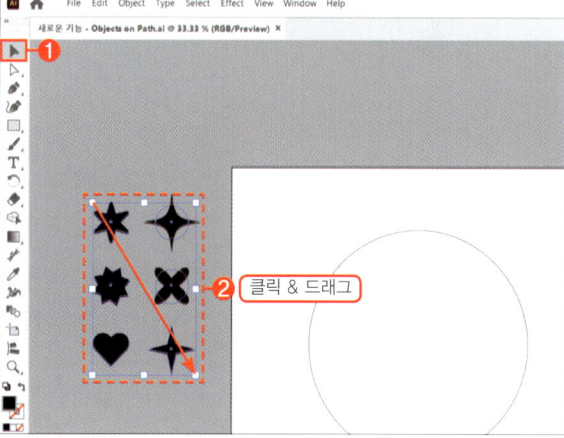

03 ❶ Objects on Path Tool(　)을 클릭하고 ❷ 타겟이 될 패스를 클릭합니다.

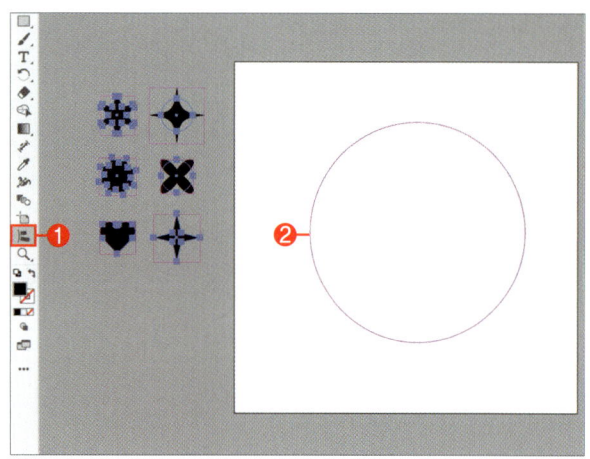

04 상단의 ◎을 좌우로 클릭 & 드래그하면 오브젝트 사이의 간격을 조절할 수 있습니다.

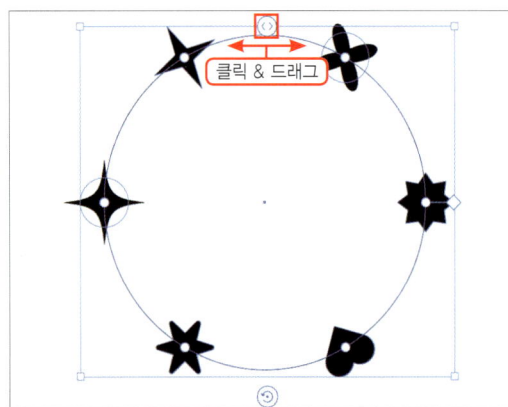 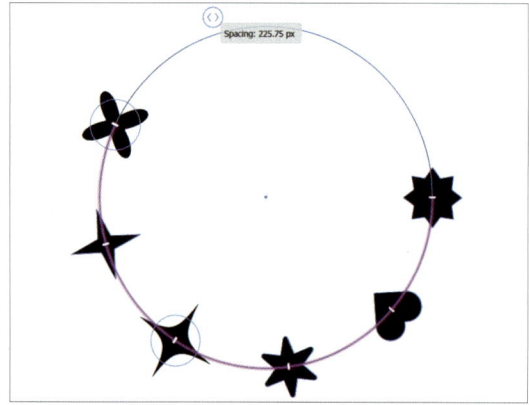

05 하단의 ◎을 둥글게 클릭 & 드래그하면 오브젝트의 회전 각도를 각각 조절할 수 있습니다.

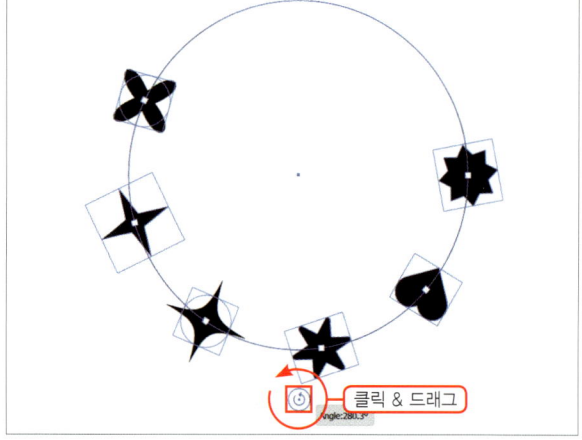

06 오른쪽 하단의 다이아몬드를 클릭 & 드래그하면 전체 오브젝트의 회전 각도를 조절할 수 있습니다.

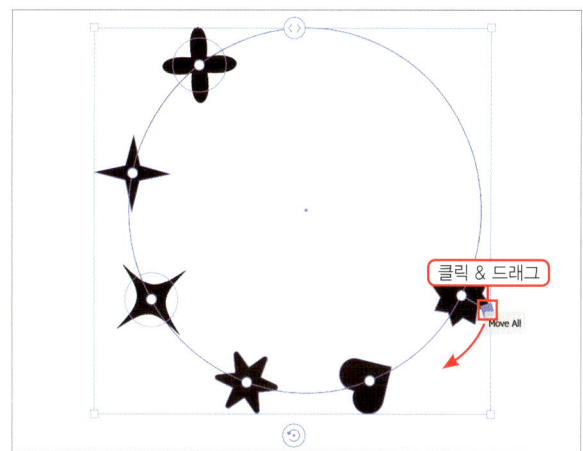

07 각 오브젝트의 원 부분을 클릭 & 드래그하면 위치를 조절할 수 있습니다.

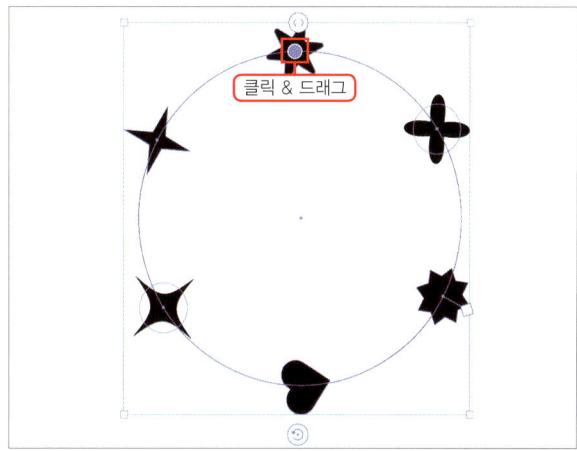

Enhanced Image Trace

준비 파일 Intro\새로운 기능-Enhanced Image Trace.ai

Enhanced Image Trace(향상된 이미지 추적)는 그레이디언트를 추적하는 기능입니다.

01 ❶ [File] – ❷ [Open]을 클릭해 ❸ '새로운 기능-Enhanced Image Trace.ai'를 불러옵니다.

02 ❶ Selection Tool(▶)을 클릭하고 ❷ 이미지를 클릭합니다. Properties 패널의 ❸ [Image Trace] – ❹ [High Fidelity Photo]를 클릭합니다.

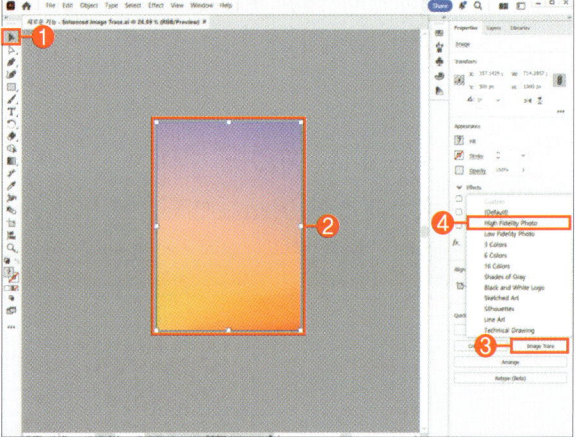

03 Properties 패널의 아이콘을 클릭하여 Image Trace 패널을 열어 줍니다.

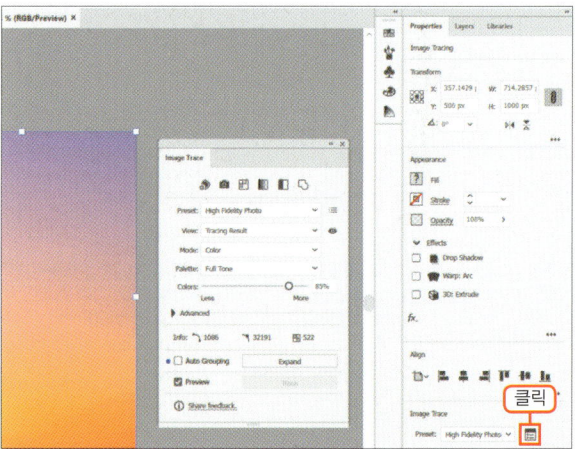

04 ❶ ▶을 클릭하여 Advanced 메뉴를 열고 ❷ 'Gradients'를 체크합니다. ❸ Smooth를 'Max' 쪽으로 클릭 & 드래그해 자연스러운 그레이디언트를 만든 후 ❹ [Expand]를 클릭해 도형으로 변환합니다.

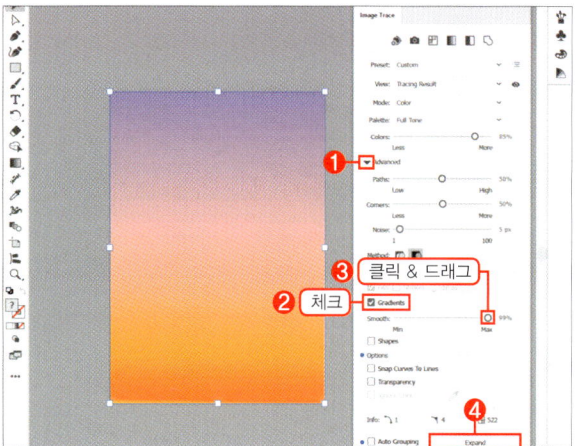

TIP!

Image Trace 패널 하단 'Info'에 있는 첫 번째 아이콘(↰)은 패스의 개수입니다. '1'로 표시되어 있으면 하나의 오브젝트를 추적한 것이고, 추적한 모든 색을 Gradient Tool(▫)로 수정할 수 있다는 뜻입니다.

05 ❶ Gradient Tool(▫)을 클릭하고 ❷ 각각의 색상 점을 클릭 & 드래그하여 위치를 바꾸거나 ❸ 더블 클릭하여 색상을 수정할 수 있습니다.

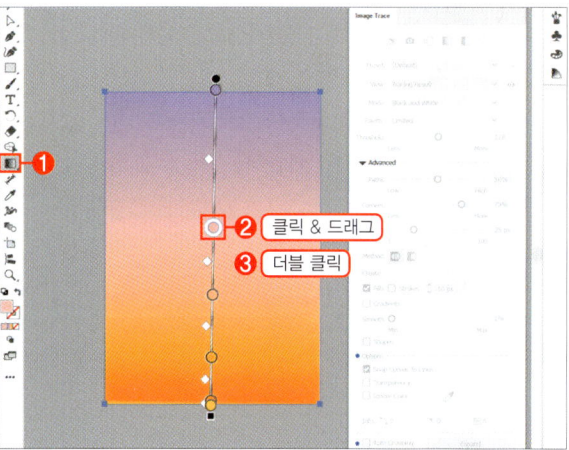

Generative Shape Fill

■ 준비 파일 Intro\새로운 기능-Generative Shape Fill.ai

Generative Shape Fill(생성형 모양 채우기)은 프롬프트에 명령어를 입력해 스케치 내부에 그래픽을 생성하는 기능입니다.

01 ❶ [File] – ❷ [Open]을 클릭해 ❸ '새로운 기능-Generative Shape Fill.ai'를 불러옵니다.

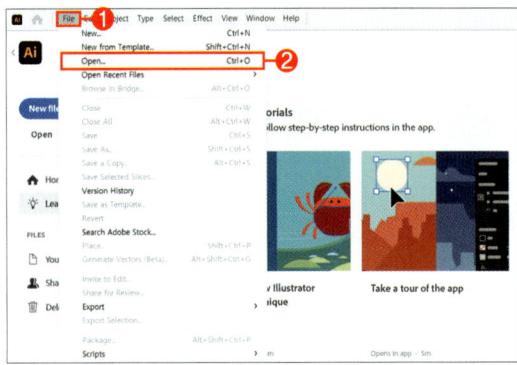
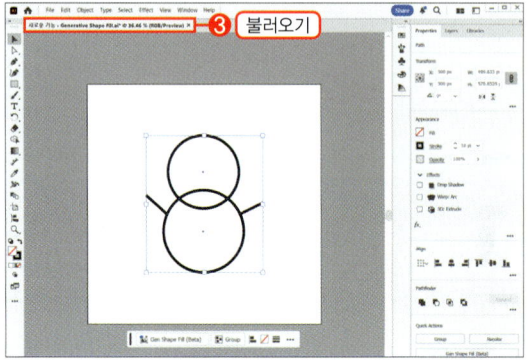

02 ❶ Ctrl + A 를 눌러 전체 오브젝트를 선택하고, Contextual Task Bar의 ❷ [Gen Shape Fill (Beta)]을 클릭합니다.

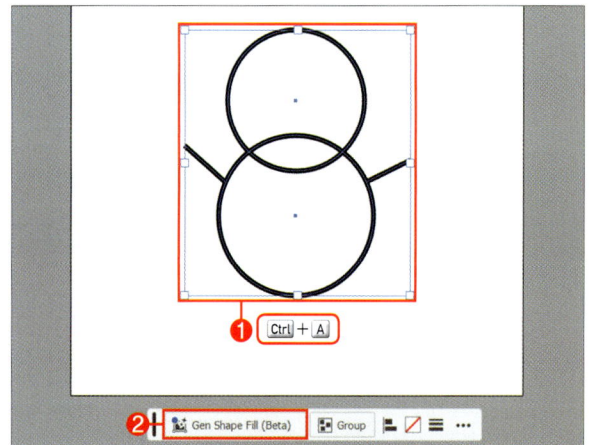

03 ❶ '당근 코를 가진 하늘색 눈사람, 플랫 디자인'을 입력한 후 ❷ [Generate]를 클릭합니다. Properties 패널에서 ❸ 마음에 드는 이미지를 선택합니다.

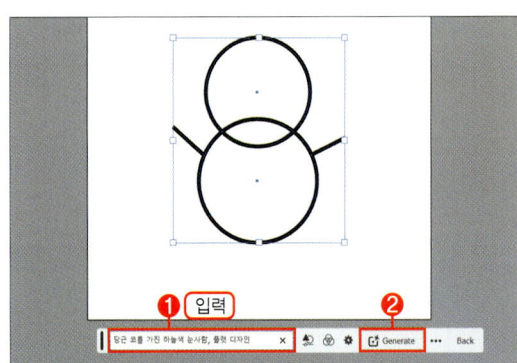
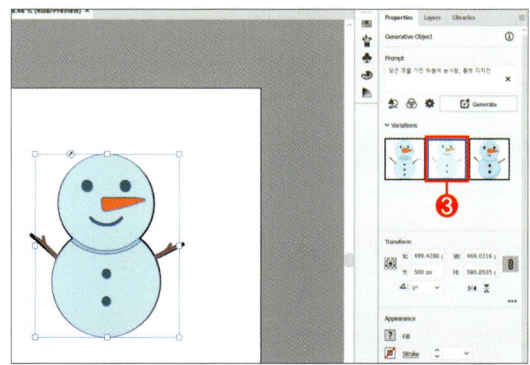

Part

01

포토샵 마스터하기

Chapter 01	포토샵 시작하기
Chapter 02	포토샵 기초 기능 마스터하기
Chapter 03	이미지에 따른 누끼 따는 방법
Chapter 04	전문가처럼 이미지 보정하기
Chapter 05	색감 보정과 필터 정복하기
Chapter 06	다양한 이미지 합성 방법
Chapter 07	생성형 AI로 이미지 보정하기

Chapter

01

포토샵 시작하기

이번 챕터에서는 포토샵의 인터페이스와 메뉴를 차례대로 하나씩 살펴보고, 작업 용도에 따른 문서 설정 방법과 레이어의 개념, 포토샵의 변형 기본 동작, 파일 저장 방법 등에 대해 자세히 알아보겠습니다.

- 01 포토샵은 어떻게 생겼을까?
- 02 새 문서 만들기와 파일 포맷 알아보기
- 03 작업의 기본, 레이어 정복하기
- 04 포토샵의 변형 기본 동작 알아보기
- 05 캔버스를 손쉽게 확대/축소/스크롤하기
- 06 저장하기

01 포토샵은 어떻게 생겼을까?

먼저 포토샵의 전체적인 UI를 살펴보며 각 도구의 핵심 기능을 익히고, 작업 영역을 나에게 맞게 수정하는 방법을 알아보겠습니다.

포토샵 UI 살펴보기

포토샵을 실행한 후 왼쪽 상단의 포토샵 아이콘(Ps)을 클릭하면 아래 그림과 같이 포토샵의 전체 UI(사용자 인터페이스)가 나타납니다.

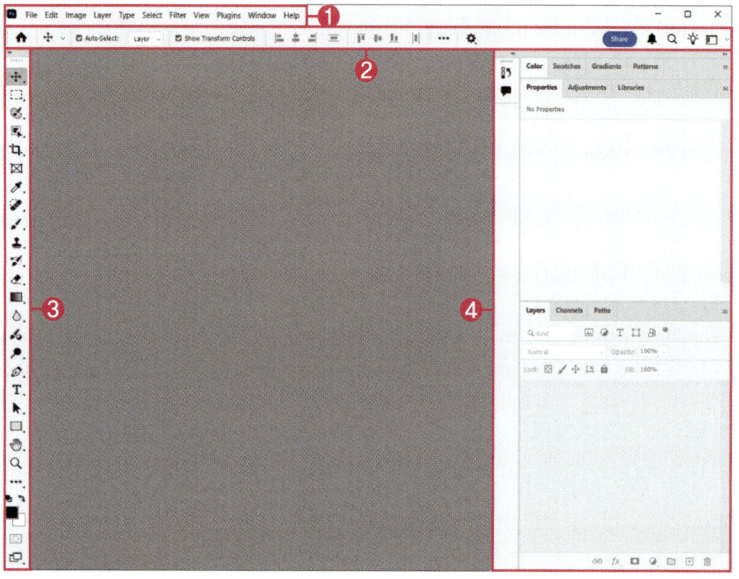

❶ **메뉴바** 포토샵의 메뉴를 탭별로 모아 놓은 곳입니다. 자주 사용하는 메뉴로는 File(파일), View(보기), Window(창)가 있습니다.
- **File** 만들기, 열기, 닫기, 저장하기, 가져오기 등 파일을 관리하는 모든 메뉴가 모여 있습니다.
- **View** 눈금자, 안내선, 격자, 스크린 모드 등 보조 역할을 하는 설정 메뉴가 모여 있습니다.
- **Window** 패널, 옵션바, 도구 상자의 표시 여부를 설정할 수 있습니다.

❷ **옵션바** 선택한 도구의 다양한 설정을 변경하는 곳입니다.

❸ **도구 상자** 도구 아이콘 오른쪽 하단에 작은 삼각형은 도구 그룹이 숨어 있다는 뜻입니다. 작은 삼각형 표시가 있는 도구를 마우스 오른쪽 버튼으로 클릭하면 도구 그룹을 펼칠 수 있습니다.

❹ **패널** 보통 화면 오른쪽에 있는 창을 패널이라고 하고, 옵션바와 도구 상자도 패널이라고 볼 수 있습니다. 모든 패널은 메뉴바의 Window 메뉴에서 표시 여부를 설정할 수 있습니다.

도구 상자 한눈에 보기

도구 상자는 작업할 때 필요한 도구를 모아 놓은 곳으로 포토샵을 처음 배운다면 도구 상자의 기능을 알아두는 것이 좋습니다. 지금부터 도구 상자의 기능을 하나씩 살펴보겠습니다.

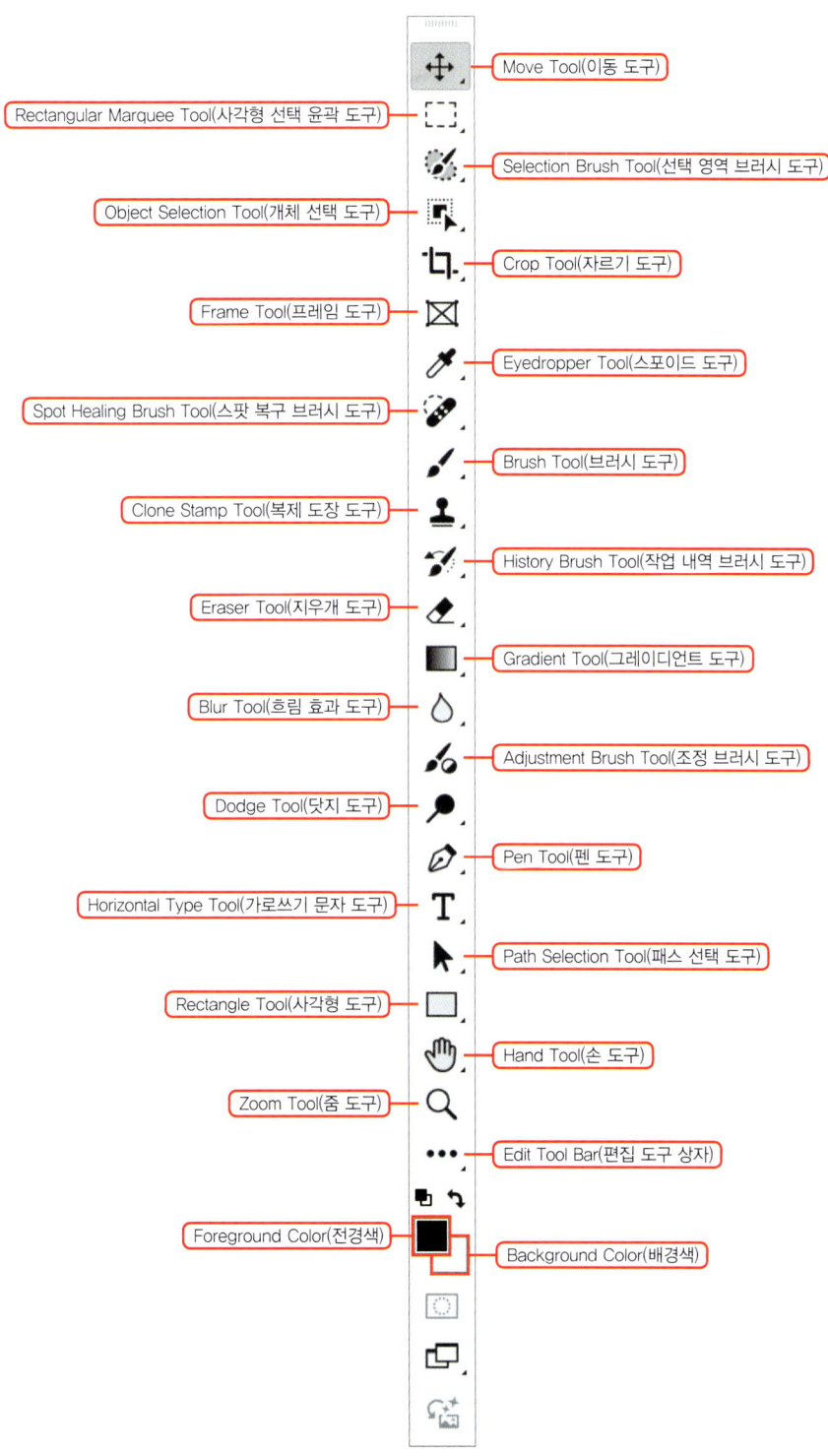

[1] 이동 도구

❶ Move Tool(이동 도구) 레이어나 선택 영역을 이동할 수 있습니다.

❷ Artboard Tool(대지 도구) 대지의 크기를 조절하거나 추가 또는 삭제할 수 있습니다.

[2] 선택 영역 설정 도구

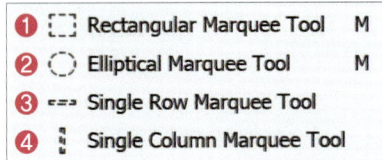

❶ Rectangular Marquee Tool(사각형 선택 윤곽 도구) 직사각형 형태로 선택할 수 있습니다.

❷ Elliptical Marquee Tool(원형 선택 윤곽 도구) 타원 형태로 선택할 수 있습니다.

❸ Single Row Marquee Tool(단일 행 선택 윤곽 도구) 가로로 '1 픽셀'만 선택할 수 있습니다.

❹ Single Column Marquee Tool(단일 열 선택 윤곽 도구) 세로로 '1 픽셀'만 선택할 수 있습니다.

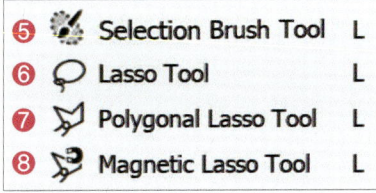

❺ Selection Brush Tool(선택 영역 브러시 도구) 클릭 & 드래그한 모양대로 선택할 수 있습니다.

❻ Lasso Tool(올가미 도구) 클릭 & 드래그한 모양대로 선택할 수 있습니다.

❼ Polygonal Lasso Tool(다각형 올가미 도구) 세 번 이상 클릭하여 다각형 형태로 선택할 수 있습니다.

❽ Magnetic Lasso Tool(자석 올가미 도구) 개체의 외곽선을 따라 클릭 & 드래그하여 선택할 수 있습니다.

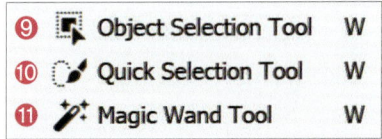

❾ Object Selection Tool(개체 선택 도구) 인공지능이 개체를 인식하여 자동으로 선택합니다.

❿ Quick Selection Tool(빠른 선택 도구) 덩어리 형태의 개체를 빠르게 선택할 수 있습니다.

⓫ Magic Wand Tool(자동 선택 도구) Tolerance에 따라 클릭한 부분과 비슷한 색의 영역을 선택할 수 있습니다.

[3] 자르기 도구

❶ Crop Tool(자르기 도구) 캔버스의 크기, 위치, 회전값을 변경할 수 있습니다.
❷ Perspective Crop Tool(원근 자르기 도구) 이미지를 원근에 맞춰 잘라낼 수 있습니다.
❸ Slice Tool(분할 영역 도구) 이미지를 여러 개로 분할한 후 별도로 저장할 수 있습니다.
❹ Slice Select Tool(분할 영역 선택 도구) 분할된 영역을 각각 선택할 수 있습니다.

[4] 프레임 도구

❶ Frame Tool(프레임 도구) 클릭 & 드래그하여 직사각형 또는 원형으로 프레임을 씌울 수 있습니다.

[5] 색상 추출 및 기타 도구

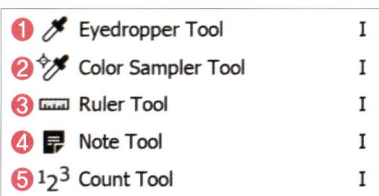

❶ Eyedropper Tool(스포이드 도구) 클릭한 부분의 색상을 추출할 수 있습니다.
❷ Color Sampler Tool(색상 샘플러 도구) 여러 개의 색상 점을 만들어 Info 패널에서 비교할 수 있습니다.
❸ Ruler Tool(눈금자 도구) 클릭 & 드래그하여 캔버스에 있는 대상의 위치, 폭, 높이, 길이, 각도를 잴 수 있습니다.
❹ Note Tool(메모 도구) 원하는 위치에 메모를 입력한 후 Notes 패널에서 확인할 수 있습니다.
❺ Count Tool(카운트 도구) 클릭하여 이미지 안에 있는 요소의 개수를 셀 수 있습니다.

[6] 이미지 복구 및 보정 도구

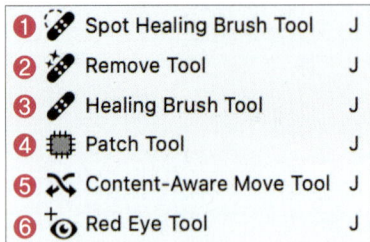

❶ Spot Healing Brush Tool(스팟 복구 브러시 도구) 클릭 또는 드래그하여 잡티를 없앨 수 있습니다.
❷ Remove Tool(제거 도구) 클릭 또는 드래그하여 불필요한 부분을 없앨 수 있고, AI 사용 여부를 선택할 수 있습니다.
❸ Healing Brush Tool(복구 브러시 도구) 복사할 부분을 Alt + 클릭한 후 보정할 곳에 클릭 또는 드래그하여 자연스럽게 합성할 수 있습니다.
❹ Patch Tool(패치 도구) 보정할 부분을 클릭 & 드래그하여 선택한 후 다른 곳으로 이동하여 부분적으로 합성할 수 있습니다.
❺ Content-Aware Move Tool(내용 인식 이동 도구) 보정할 부분을 클릭 & 드래그하여 선택한 후 다른 곳으로 이동하여 크기, 위치, 회전값을 조절할 수 있습니다.
❻ Red Eye Tool(적목 현상 도구) 클릭하여 적목 현상을 없앨 수 있습니다.

[7] 브러시 도구

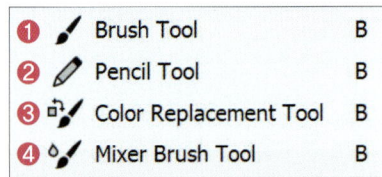

❶ Brush Tool(브러시 도구) Brush Tool은 윤곽선이 매끄럽게 그려집니다.
❷ Pencil Tool(연필 도구) Pencil Tool은 윤곽선이 계단 모양처럼 울퉁불퉁하게 그려집니다.
❸ Color Replacement Tool(색상 대체 도구) 이미지의 색을 전경색으로 자연스럽게 바꿔 줍니다.
❹ Mixer Brush Tool(혼합 브러시 도구) 이미지를 번지게 만들어 예술적인 느낌을 낼 수 있습니다.

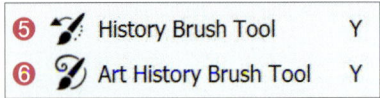

❺ History Brush Tool(작업 내역 브러시 도구) History 패널에서 설정한 상태로 돌아갑니다.
❻ Art History Brush Tool(미술 작업 내역 브러시 도구) 회화 스타일의 브러시를 사용해 History 패널에서 설정한 상태로 돌아갑니다.

[8] 스탬프 도구

❶ Clone Stamp Tool(복제 도장 도구) 복사할 부분을 Alt + 클릭한 후 보정할 곳에 클릭 또는 드래그하여 선명하게 합성할 수 있습니다.
❷ Pattern Stamp Tool(패턴 도장 도구) 반복되는 패턴을 칠할 수 있습니다.

[9] 지우개 도구

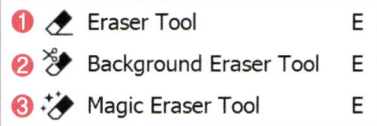

❶ Eraser Tool(지우개 도구) 클릭 또는 드래그하여 지울 수 있습니다.
❷ Background Eraser Tool(배경 지우개 도구) 배경을 인식하여 지울 수 있습니다.
❸ Magic Eraser Tool(자동 지우개 도구) Tolerance에 따라 클릭한 부분과 비슷한 색의 영역을 지울 수 있습니다.

[10] 그레이디언트 도구

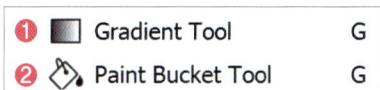

❶ Gradient Tool(그레이디언트 도구) 그레이디언트를 만들 수 있습니다.
❷ Paint Bucket Tool(페인트 통 도구) 전경색이나 반복되는 패턴을 채울 수 있습니다.

[11] 블러 및 밝기 조정 도구

❶ Blur Tool(흐림 효과 도구) 이미지를 흐리게 만들 수 있습니다.
❷ Sharpen Tool(선명 효과 도구) 이미지를 선명하게 만들 수 있습니다.
❸ Smudge Tool(손가락 도구) 이미지에 번짐 효과를 만들 수 있습니다.
❹ Dodge Tool(닷지 도구) 이미지를 밝게 만들 수 있습니다.
❺ Burn Tool(번 도구) 이미지를 어둡게 만들 수 있습니다.
❻ Sponge Tool(스폰지 도구) 이미지의 채도를 높이거나 낮출 수 있습니다.

[12] 조정 브러시 도구

❶ Adjustment Brush Tool(조정 브러시 도구) 조정 레이어를 빠르게 생성하거나 수정할 수 있습니다.

[13] 펜 도구

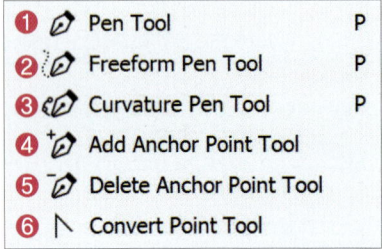

❶ Pen Tool(펜 도구) 직선 혹은 곡선 형태의 패스를 그릴 수 있습니다.
❷ Freeform Pen Tool(자유 형태 펜 도구) 클릭 & 드래그하는 모양대로 직관적인 패스를 그릴 수 있습니다.
❸ Curvature Pen Tool(곡률 펜 도구) 곡선 형태의 패스를 그릴 수 있습니다.
❹ Add Anchor Point Tool(기준점 추가 도구) 패스를 클릭해 기준점을 추가할 수 있습니다.
❺ Delete Anchor Point Tool(기준점 삭제 도구) 기준점을 클릭해 삭제할 수 있습니다.
❻ Convert Point Tool(기준점 변환 도구) 직선점과 곡선점을 서로 바꾸거나 핸들을 끊을 수 있습니다.

[14] 문자 도구

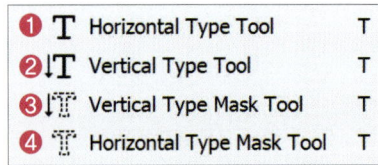

❶ Horizontal Type Tool(가로쓰기 문자 도구) 문자를 가로로 입력할 수 있습니다.
❷ Vertical Type Tool(수직 문자 도구) 문자를 세로로 입력할 수 있습니다.
❸ Vertical Type Mask Tool(가로쓰기 문자 마스크 도구) 문자 모양대로 마스크를 만들 수 있습니다.
❹ Horizontal Type Mask Tool(수직 문자 마스크 도구) 문자 모양대로 마스크를 만들 수 있습니다.

[15] 패스 선택 도구

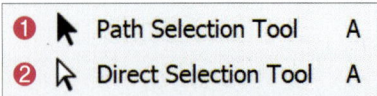

❶ Path Selection Tool(패스 선택 도구) 패스 전체를 선택하거나 수정할 수 있습니다.
❷ Direct Selection Tool(직접 선택 도구) 패스의 일부, 기준점, 핸들을 선택하거나 수정할 수 있습니다.

[16] 모양 도구

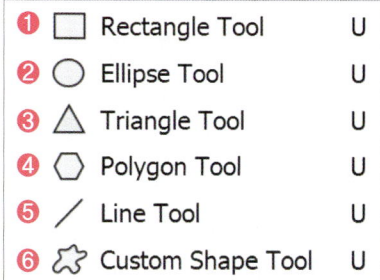

❶ Rectangle Tool(사각형 도구) 직사각형 또는 모서리가 둥근 직사각형을 그릴 수 있습니다.
❷ Ellipse Tool(타원 도구) 타원을 그릴 수 있습니다.
❸ Triangle Tool(삼각형 도구) 삼각형을 그릴 수 있습니다.
❹ Polygon Tool(다각형 도구) 다각형이나 별 모양을 그릴 수 있습니다.
❺ Line Tool(선 도구) 직선 혹은 화살표를 그릴 수 있습니다.
❻ Custom Shape Tool(사용자 정의 모양 도구) 직접 그린 도형을 등록하여 사용할 수 있습니다.

[17] 화면 조정 도구

❶ Hand Tool(손 도구) 캔버스를 빠르게 스크롤할 수 있습니다.
❷ Rotate View Tool(회전 보기 도구) 캔버스를 회전해서 볼 수 있습니다.

[18] 돋보기 도구

❶ Zoom Tool(돋보기 도구) 캔버스를 확대하거나 축소할 수 있습니다.

[19] 전경색 · 배경색

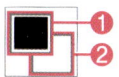

❶ Foreground Color(전경색) 브러시, 문자, 모양 도구 등의 색상으로 설정됩니다.
❷ Background Color(배경색) 지우개, 자르기 도구 등의 배경 색상으로 설정됩니다.

작업 영역 설정하기

포토샵의 작업 영역을 나에게 맞게 설정하는 방법을 알아보겠습니다. 일러스트레이터의 작업 영역 설정 방법도 포토샵과 동일합니다.

- 도구 상자의 >>을 클릭하면 도구 상자를 2열로 펼칠 수 있습니다.

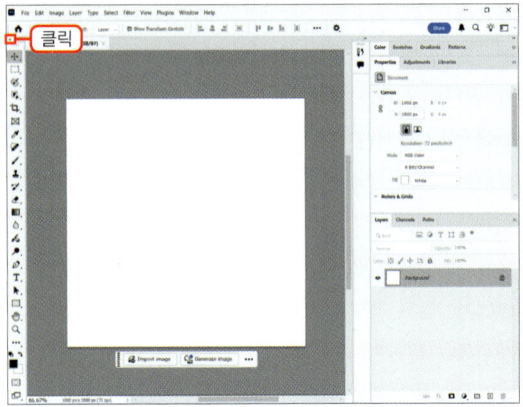 

- 도구 상자의 윗부분을 클릭 & 드래그하면 위치를 바꿀 수 있습니다. 다른 패널에 붙일 경우 파란색으로 표시됩니다.

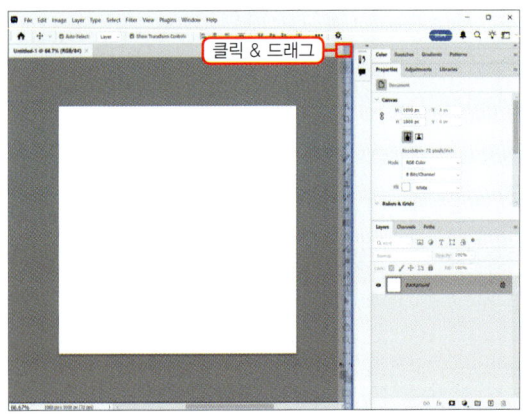 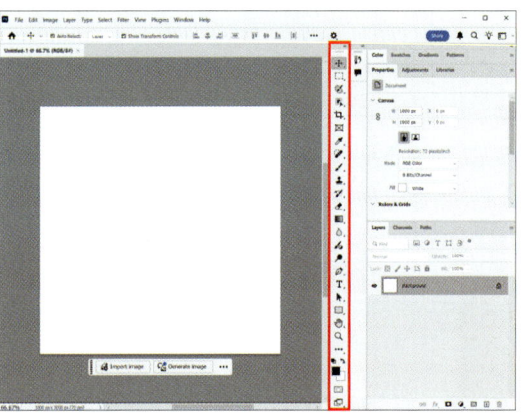

- 옵션바의 왼쪽 부분을 클릭 & 드래그하면 위치를 바꿀 수 있습니다.

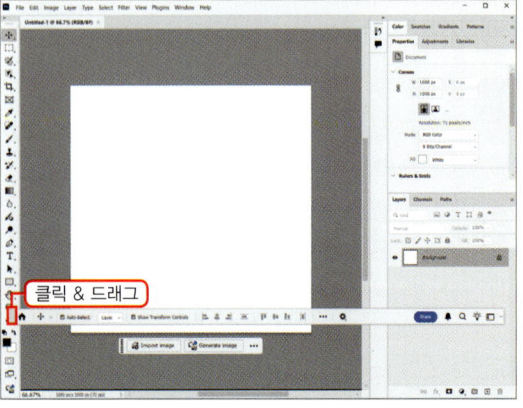

- 패널의 이름 부분을 클릭 & 드래그하면 선택한 패널의 위치를 바꿀 수 있습니다. 다른 패널에 붙일 경우 파란색으로 표시됩니다.

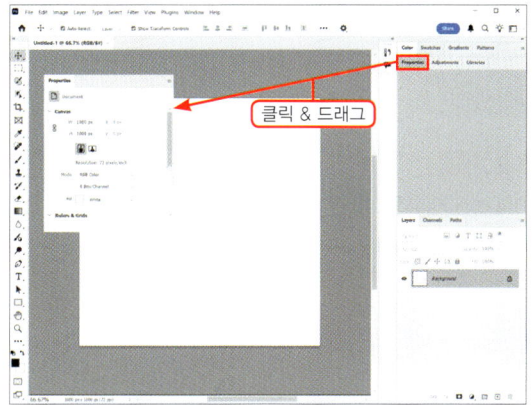 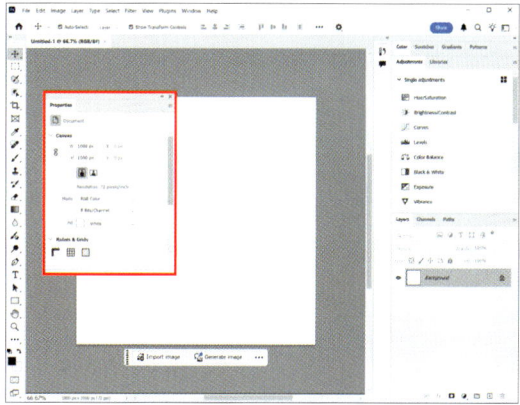

- 그룹 패널의 빈 공간을 클릭 & 드래그하면 그룹 패널의 위치를 바꿀 수 있습니다. 다른 패널에 붙일 경우 파란색으로 표시됩니다.

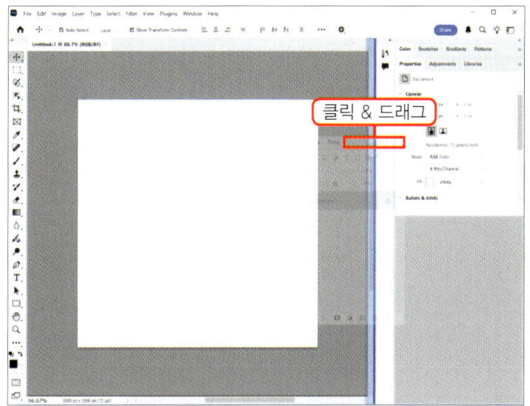 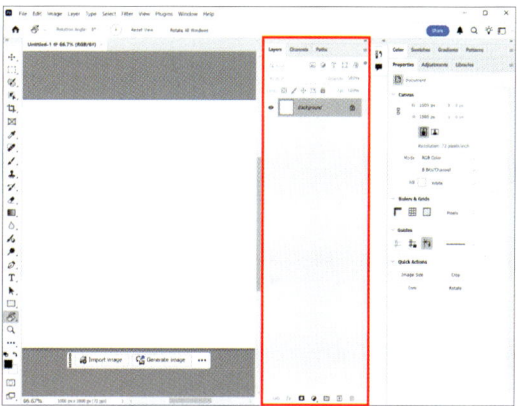

- 분리된 패널의 «을 클릭하면 패널을 아이콘 형태로 볼 수 있습니다.

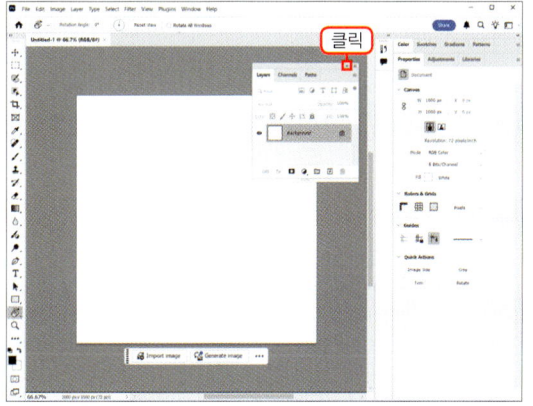 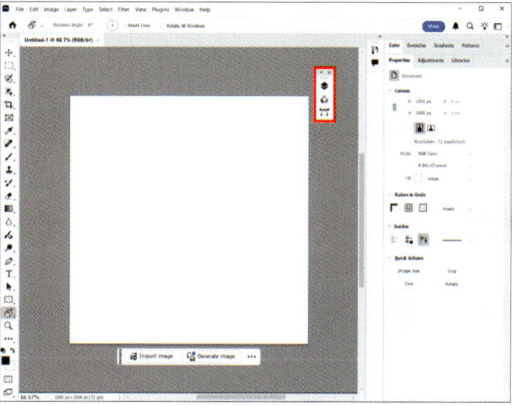

- 패널 사이를 클릭 & 드래그하면 패널의 영역을 조절할 수 있습니다.

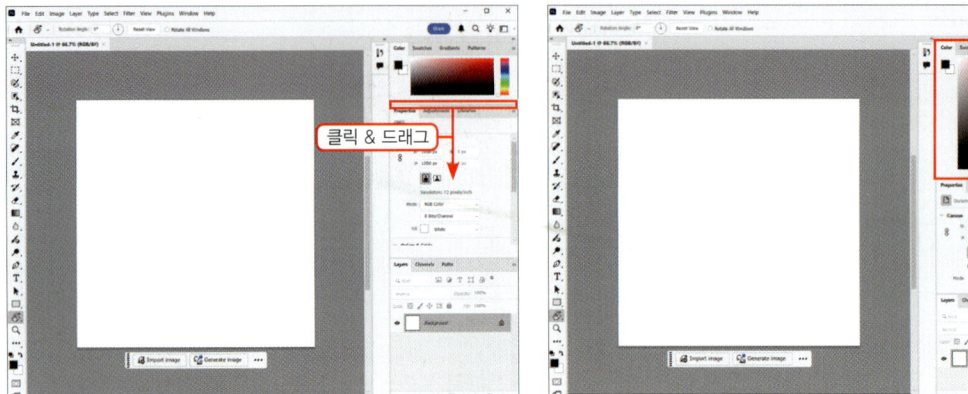

- 패널의 이름 더블 클릭하면 패널을 접거나 펼칠 수 있습니다.

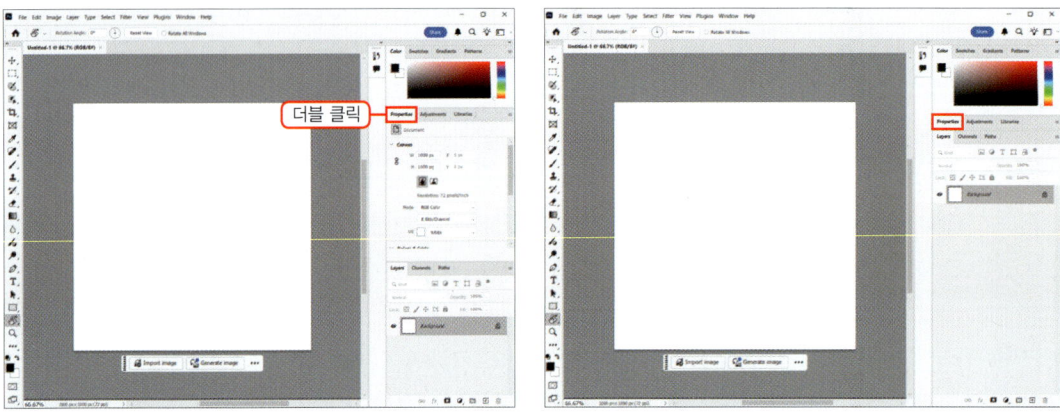

- 패널의 ≡ – [Close] 또는 [Close Tap Group]을 클릭하면 패널이나 그룹 패널을 닫을 수 있습니다.

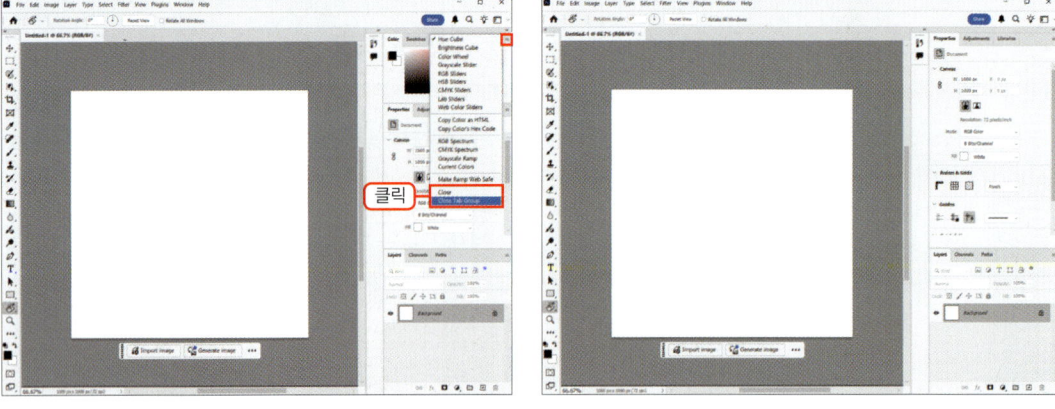

나만의 작업 영역 저장하기

나에게 맞게 수정한 작업 영역을 저장하는 방법을 알아보겠습니다. 일러스트레이터의 작업 영역 저장 방법도 포토샵과 동일합니다.

01 옵션바의 ❶ 작업 영역 아이콘(▣) - ❷ [New Workspace]를 클릭합니다.

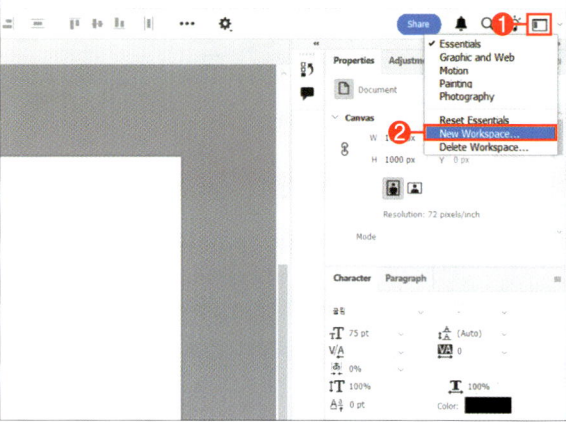

> **TIP!**
> 옵션바에 작업 영역 아이콘(▣)이 없는 경우 [Window > Workspace > New Workspace]를 클릭합니다.

02 ❶ '나의 작업 영역'을 입력하고 ❷ [Save]를 클릭합니다.

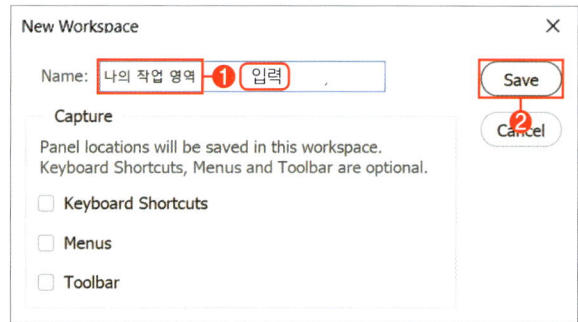

03 옵션바의 ❶ 작업 영역 아이콘(▣)을 클릭하면 ❷ 저장한 작업 영역을 확인할 수 있습니다.

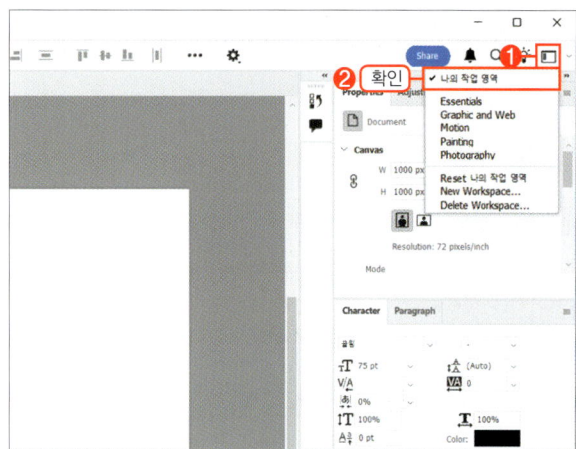

04 이어서 작업 영역을 변경했을 때 초기 상태로 돌아가는 방법을 알아보겠습니다. Layers 패널의 이름을 클릭 & 드래그하여 위치를 변경해 봅니다.

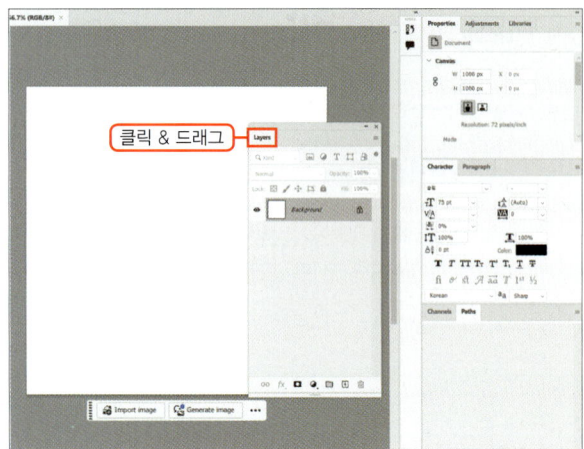

05 작업 영역의 초기 상태로 돌아가기 위해 옵션바의 ❶ 작업 영역 아이콘(▣) - ❷ [Reset 나의 작업 영역]을 클릭합니다.

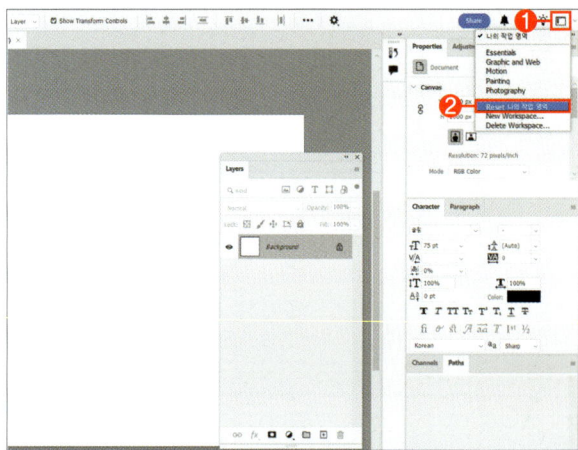

06 작업 영역이 초기 상태로 돌아옵니다.

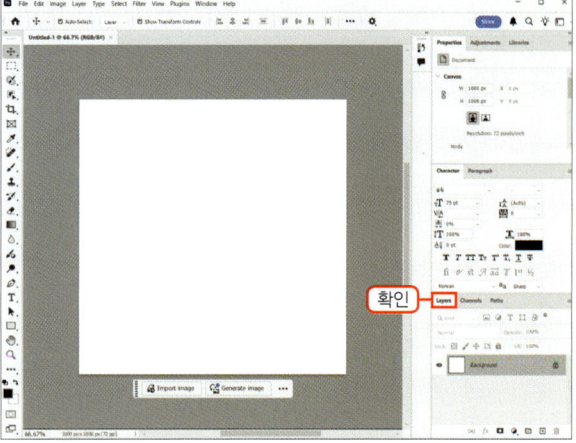

02 새 문서 만들기와 파일 포맷 알아보기

포토샵의 모든 작업은 새 문서를 만들거나 파일을 불러오는 것으로 시작합니다. 앞에서 언급한 그래픽 기초 지식을 바탕으로 작업 용도에 따른 문서 설정 방법과 포토샵에서 수정할 수 있는 파일 포맷에 대해 알아보겠습니다.

작업 용도에 따라 새 문서 설정하기

포토샵은 작업 용도에 따라 문서를 다르게 설정해야 합니다. 웹용과 인쇄용을 구분해 용도에 따른 문서 설정 방법을 알아보겠습니다.

정방형 SNS 이미지를 만들어야 하는 경우

01 ❶ [File] – ❷ [New]를 클릭합니다.

02 ❶~❹ 새 문서를 그림과 같이 설정한 후 ❺ [Create]를 클릭합니다.

- Width: 1080 Pixels
- Height: 1080 Pixels
- Resolution: 72 Pixels/Inch
- Color Mode: RGB Color

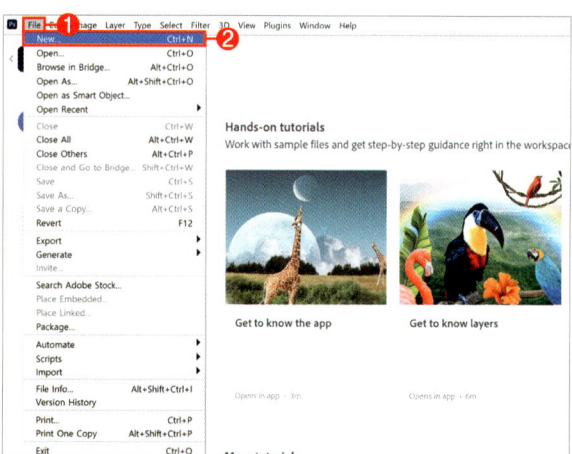

Chapter 01 · 포토샵 시작하기 51

03 Color 패널의 ❶ 옵션 아이콘(≡)을 클릭하고 ❷ [RGB Sliders]와 ❸ [RGB Spectrum]을 각각 클릭합니다.

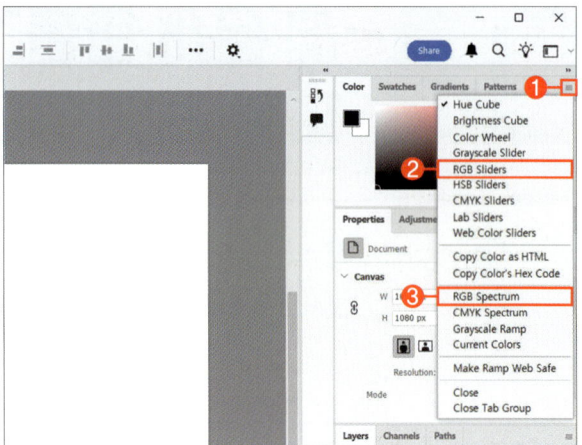

A4 크기의 인쇄물을 만들어야 하는 경우

01 [File 〉 New]를 클릭해 ❶~❹ 새 문서를 그림과 같이 설정한 후 ❺ [Create]를 클릭합니다.

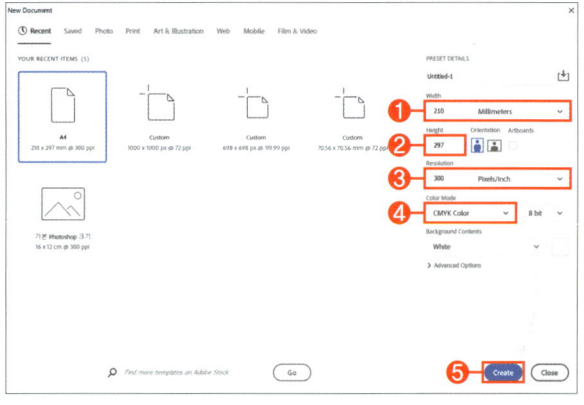

- **Width**: 210 Millimeters
- **Height**: 297 Millimeters
- **Resolution**: 300 Pixels/Inch
- **Color Mode**: CMYK Color

02 Color 패널의 ❶ 옵션 아이콘(≡)을 클릭하고 ❷ [CMYK Sliders]와 ❸ [CMYK Spectrum]을 각각 클릭합니다.

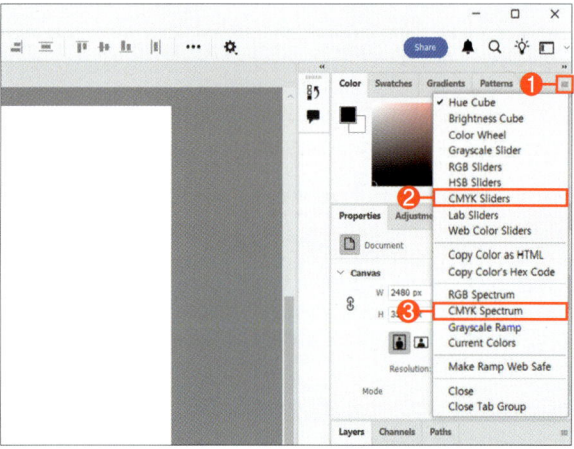

포토샵으로 불러올 수 있는 포맷 알아보기

아래 정리된 표를 보며 포토샵으로 불러와 수정할 수 있는 포맷에 대해 알아보겠습니다.

포토샵 포맷	PSD PSDC PSB PDD
인쇄용 포맷	EPS PDF
이미지 포맷	JPEG PNG GIF RAW TIFF BMP DCM TGA DNG HDR HEIC Cineon
기타 포맷	IFF MPO PCX PICT PXR PBM SCT EXR WBMP FPX FRM

TIP!

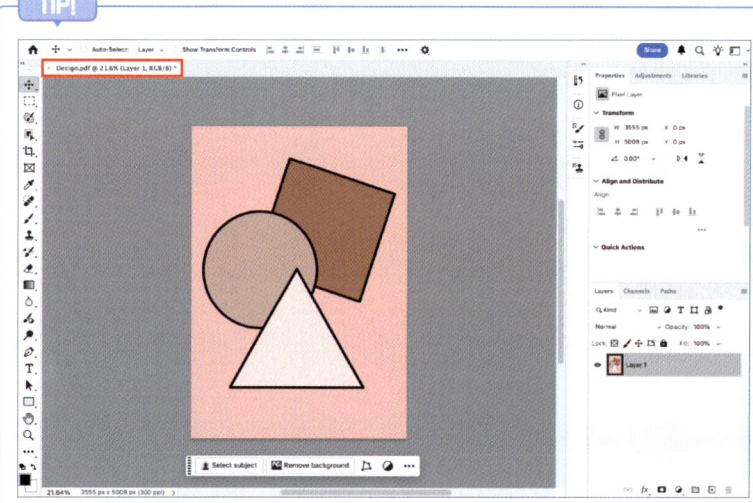

▲ 인쇄용 포맷(PDF)을 포토샵에서 열었을 때

포토샵으로 불러온 파일의 확장자는 파일 이름 탭에서 확인할 수 있습니다. 포토샵에서 작업한 파일을 인쇄용 포맷, 이미지 포맷, 기타 포맷으로 공유하면 레이어를 수정하기 어렵거나 제약이 따를 수 있으므로, 레이어를 수정할 수 있는 포토샵 포맷으로 공유하는 것이 좋습니다. 실무에서 자주 사용하는 중요한 포맷별 특징은 [Part 01 포토샵 마스터하기 ▶ Chapter 01 포토샵 시작하기 ▶ 06 저장하기(p. 72)]를 참고하고, 각 포맷별 특징은 아래 링크를 참고합니다.

링크 https://helpx.adobe.com/kr/photoshop/using/file-formats.html

03 작업의 기본, 레이어 정복하기

레이어의 개념과 포토샵의 Layers 패널을 자세히 살펴보고, 레이어가 본래의 속성을 잃고 픽셀 레이어로 변환되는 '래스터화(Rasterize)'에 대해 알아보겠습니다.

레이어란 무엇일까?

'레이어(Layer)'는 '층'이란 뜻으로, 포토샵에서 레이어는 밑에서부터 층층이 쌓여 있는 작업의 기본 단위입니다. 따라서 작업할 때 Layers 패널을 항상 꺼내 놓는 것이 좋습니다.

01 [File 〉 New]를 클릭해 ❶~❹ 새 문서를 그림과 같이 설정한 후 ❺ [Create]를 클릭합니다.

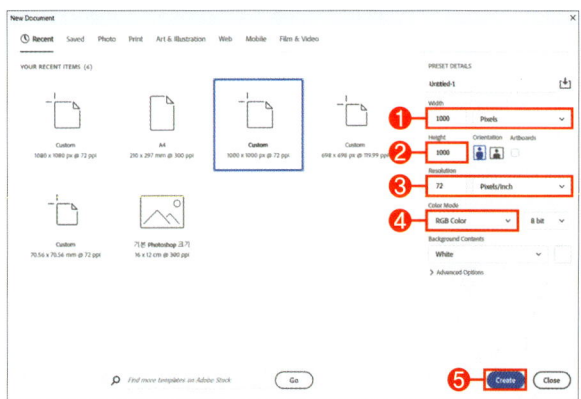

- Width: 1000 Pixels
- Height: 1000 Pixels
- Resolution: 72 Pixels/Inch
- Color Mode: RGB Color

02 Layers 패널의 새 레이어 아이콘()을 클릭합니다.

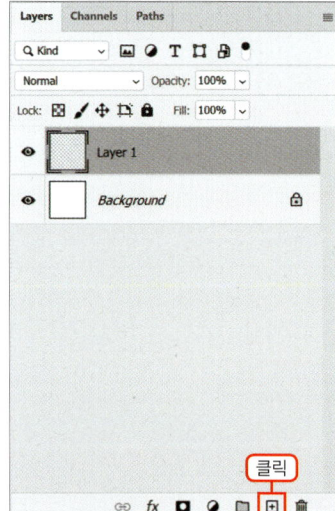

TIP!
Layers 패널이 없다면 [Window 〉 Layers]를 클릭해 꺼내 줍니다.

54　Part 01 • 포토샵 마스터하기

03 ❶ Brush Tool(🖌)을 클릭하고 ❷ [전경색]을 클릭합니다. ❸ '#ff706b'를 입력한 후 ❹ [OK]를 클릭합니다.

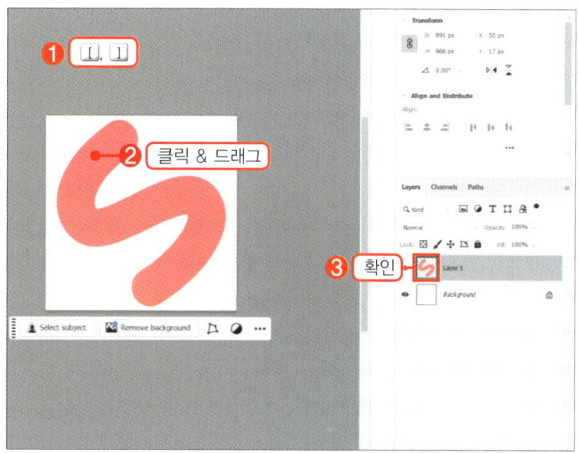

> **TIP!**
> '#' 뒤에 여섯 자리의 색상 코드를 'HEX 코드'라고 합니다. RGB 색상 모드에서 HEX 코드를 따라 입력하면 같은 색을 만들 수 있습니다.

04 ❶ 키보드의 [와] 를 눌러 브러시의 크기를 조절하고 ❷ 캔버스를 클릭 & 드래그해 그림과 같이 칠한 후 Layers 패널에서 ❸ 'Layer 1' 레이어의 섬네일이 브러시를 칠한 모습으로 바뀐 것을 확인합니다.

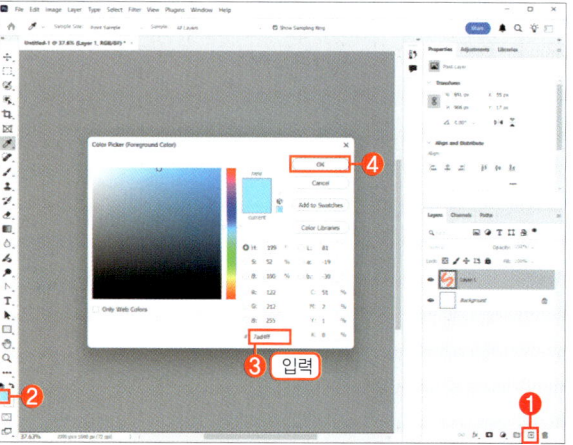

05 Layers 패널의 ❶ 새 레이어 아이콘(□)을 클릭합니다. ❷ [전경색]을 클릭하고 ❸ '#7ad4ff'를 입력한 후 ❹ [OK]를 클릭합니다.

06 ❶ 캔버스를 클릭 & 드래그해 그림과 같이 칠하고 Layers 패널에서 ❷ 'Layer 2' 레이어의 섬네일이 바뀐 것을 확인합니다.

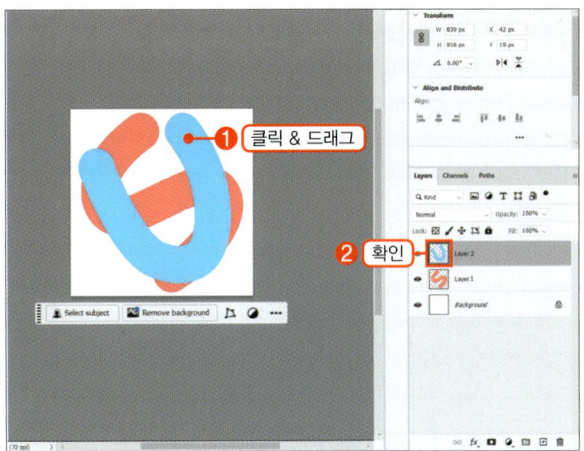

07 Layers 패널에서 ❶ 'Layer 1' 레이어를 클릭 & 드래그해 'Layer 2' 레이어 위에 배치합니다. ❷ 캔버스에서도 쌓여 있는 순서가 바뀐 것을 확인할 수 있습니다.

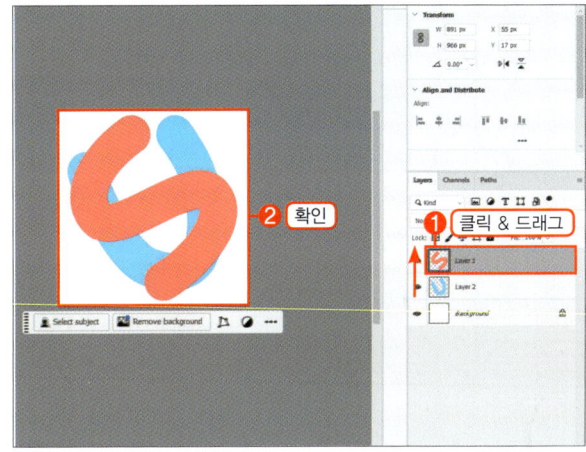

08 ❶ Eraser Tool(🩹)을 클릭하고 ❷ 키보드의 []와 []를 눌러 지우개의 크기를 조절합니다. ❸ 캔버스를 클릭 & 드래그하면 ❹ 선택된 레이어만 지워지는 것을 확인할 수 있습니다.

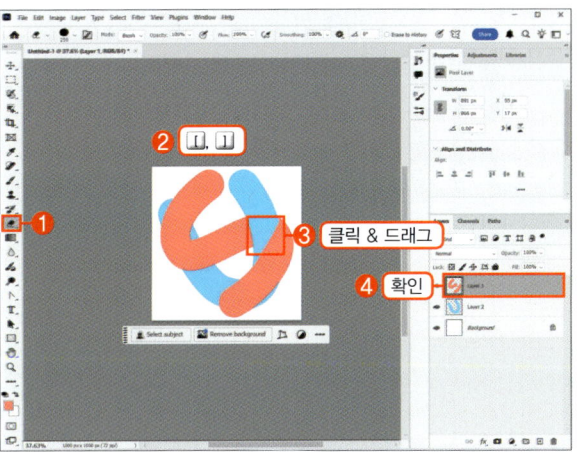

Layers 패널의 요소와 기능 살펴보기

📁 준비 파일 P01\Ch01\레이어 정복하기.psd, Clouds.mp4

레이어의 개념을 알아보았다면 Layers 패널의 요소와 기능을 살펴보겠습니다.

01 [File 〉 Open]을 클릭해 '레이어 정복하기.psd'를 불러옵니다.

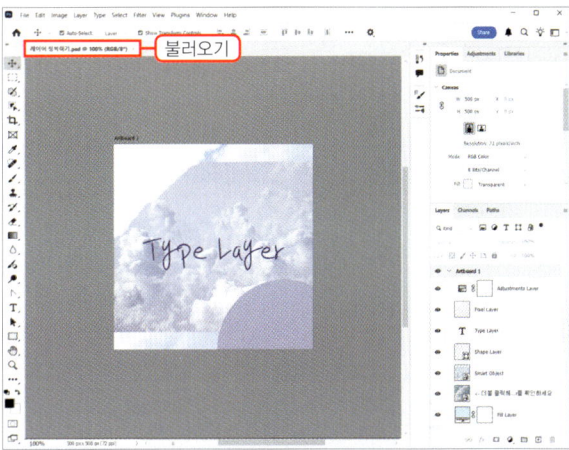

02 Layers 패널의 요소와 기능을 살펴보겠습니다.

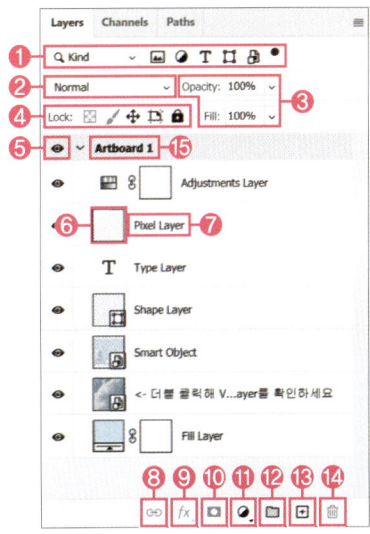

❶ 레이어 검색 및 필터링
❷ Blend Mode(혼합 모드)
❸ Opacity(불투명도)와 Fill(칠)
❹ Lock(잠금)
❺ 눈 아이콘(레이어 가시성)
❻ 섬네일(레이어 축소판)
❼ Layer Name(레이어 이름)
❽ Link Layers(레이어 연결)

❾ Layer Style(레이어 스타일)
❿ Layer Mask(레이어 마스크)
⓫ Adjustmnets Layer(조정 레이어)
 & Fill Layer(칠 레이어)
⓬ Create a New Group(새 그룹)
⓭ Create a New Layer(새 레이어)
⓮ Delete Layer(레이어 삭제)
⓯ Artboard(대지)

> **TIP!**
> Opacity는 레이어와 효과의 투명도를 모두 조절하고, Fill은 효과를 제외한 레이어의 투명도만 조절하는 메뉴입니다. Artboard는 그룹 레이어보다 큰 개념으로, 하나의 파일 안에 여러 개의 캔버스를 만들 때 사용합니다.

레이어를 관리하는 방법과 꿀팁 알아보기

📁 준비 파일 P01\Ch01\레이어 정복하기.psd, Clouds.mp4

레이어 이름 바꾸기, 레이어 중복 선택하기, 레이어 그룹화하기 등 레이어를 관리하는 방법을 알아보겠습니다.

레이어 이름 바꾸기

레이어의 이름을 더블 클릭하면 수정할 수 있습니다.

레이어 중복 선택하기

Ctrl을 누른 채 레이어를 클릭하면 개별 레이어를 중복 선택할 수 있습니다. 레이어 하나를 클릭하고 Shift를 누른 채 다른 레이어를 클릭하면 연속된 레이어를 중복 선택할 수 있습니다.

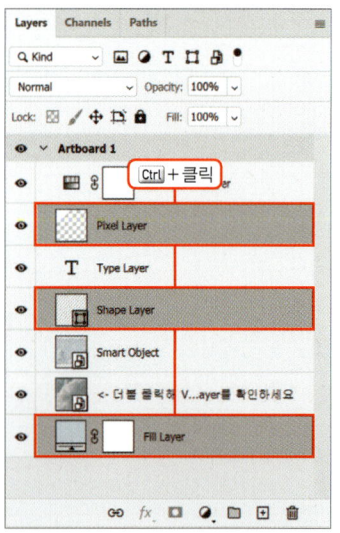
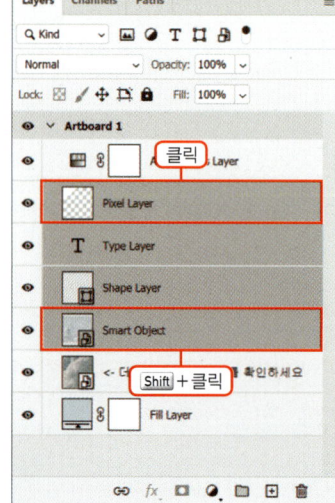

레이어 그룹화하기

Ctrl + G를 누르면 선택한 레이어를 하나의 그룹으로 묶을 수 있습니다.

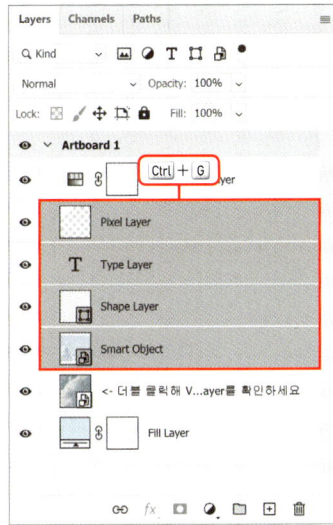 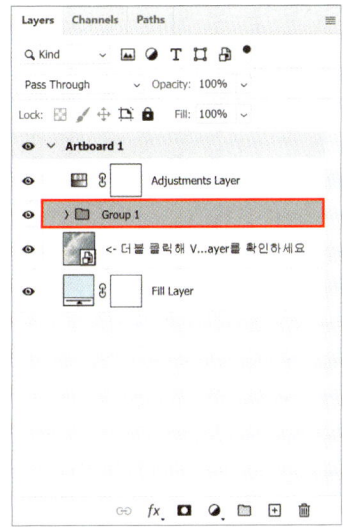

레이어 복제하기

Ctrl + J를 누르면 선택한 레이어를 제자리에 복제할 수 있습니다. 이때 영역이 선택되어 있으면 선택한 영역만 복제됩니다.

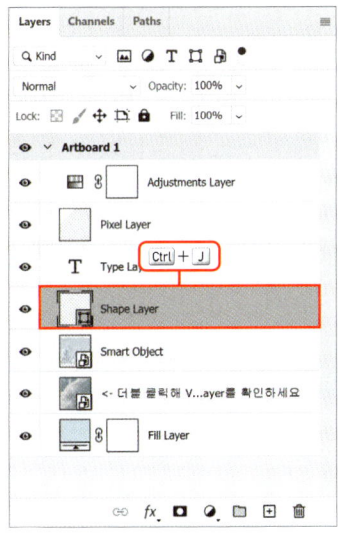 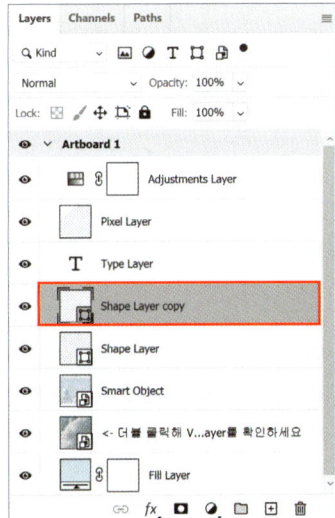

레이어의 종류 알아보기

📁 준비 파일 P01\Ch01\레이어 정복하기.psd, Clouds.mp4

레이어의 눈 아이콘(👁)을 클릭해 각각의 레이어가 캔버스에서 어떤 역할을 하는지 확인합니다. 레이어의 종류는 섬네일의 아이콘으로 구분할 수 있습니다.

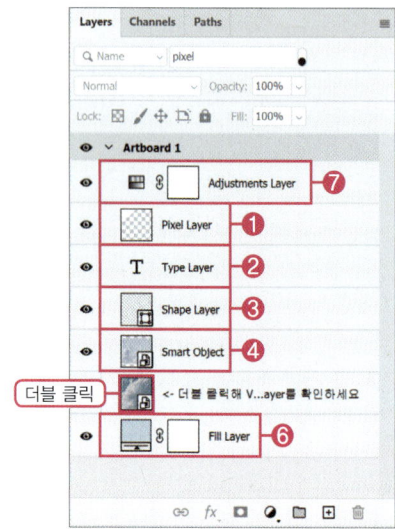 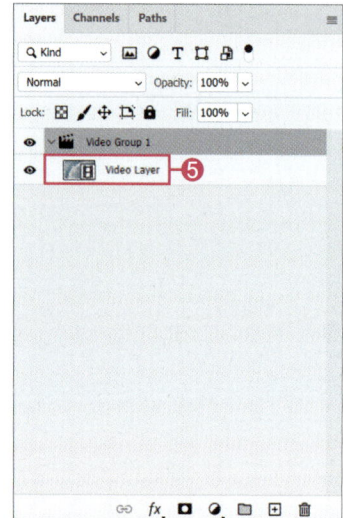

❶ **Pixel Layer(픽셀 레이어)** 포토샵의 기본 레이어로 Brush Tool(🖌), Eraser Tool(🧽), Dodge Tool(🔍) 등 브러시의 속성을 가진 도구를 사용할 수 있습니다. 보정과 변형이 자유로운 레이어이지만 크기를 지나치게 변동하거나 여러 번 수정하면 화질이 손상될 수 있습니다.

❷ **Type Layer(문자 레이어)** Type Tool(T)을 사용한 레이어로 옵션바에서 폰트, 크기, 색상, 정렬 등을 설정할 수 있습니다.

❸ **Shape Layer(모양 레이어)** 모양 도구 또는 펜 도구를 사용한 레이어로 옵션바에서 칠과 획의 색상, 두께 등을 설정할 수 있습니다.

❹ **Smart Object(고급 개체)** 원본 파일의 모든 속성(화질, 크기, 효과 등)을 그대로 유지하고 있는 레이어입니다. 고급 개체 레이어의 섬네일을 더블 클릭하면 원본 파일이 실행되고, 원본 파일을 수정한 후에 Ctrl + S를 누르면 고급 개체 레이어에 수정 사항이 동일하게 반영됩니다.

❺ **Video Layer(비디오 레이어)** 포토샵에서 영상 파일을 불러오면 비디오 레이어가 생성됩니다. Timeline 패널과 함께 '움짤'을 만들 때 사용합니다.

❻ **Fill Layer(칠 레이어)** 단색, 그레이디언트, 패턴 등으로 채색 작업을 할 수 있는 레이어입니다. 섬네일을 더블 클릭하면 레이어를 수정할 수 있습니다.

❼ **Adjustments Layer(조정 레이어)** 한 개 이상의 레이어의 색을 조정할 때 사용하며, Properties 패널에서 값을 설정합니다. 조정 레이어는 메뉴에 따라 섬네일의 모양이 달라집니다.

래스터화 알아보기

래스터화(Rasterize)란 어떤 레이어가 본래의 속성을 잃고 픽셀 레이어로 변환되는 것을 말합니다.

01 [File 〉 New]를 클릭해 ❶~❹ 새 문서를 그림과 같이 설정한 후 ❺ [Create]를 클릭합니다.

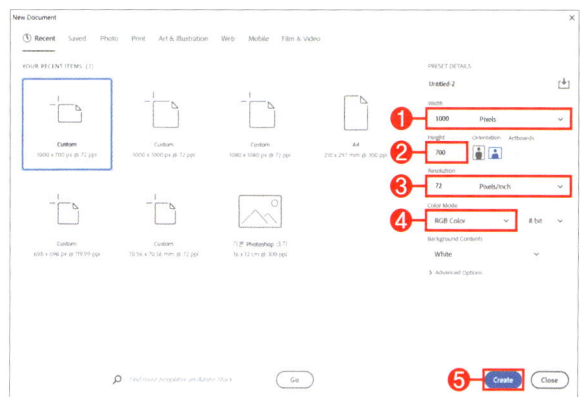

- Width: 1000 Pixels
- Height: 700 Pixels
- Resolution: 72 Pixels/Inch
- Color Mode: RGB Color

02 ❶ Horizontal Type Tool()을 클릭하고 ❷~❹ 옵션바를 그림과 같이 설정합니다.

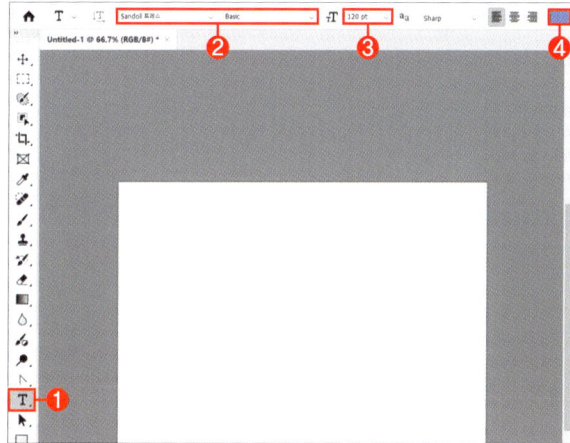

- 폰트: Sandoll 프레스 Basic
- 크기: 120 pt
- 색상: #7595ff

03 ❶ 캔버스를 클릭해 'BLUE SKY'를 입력하고 ❷ Ctrl + Enter를 누릅니다. ❸ 문자 레이어의 이름이 'BLUE SKY'로 바뀐 것을 확인합니다.

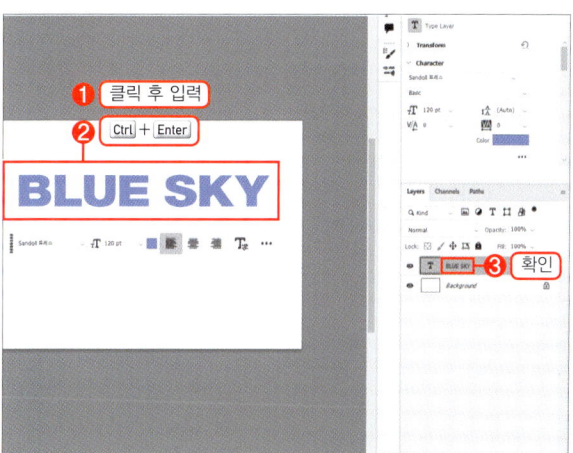

04 Ctrl + J를 눌러 'BLUE SKY' 레이어를 복제합니다.

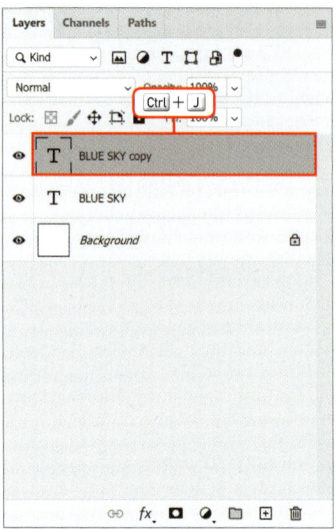

05 ❶ Move Tool(✥)을 클릭하고 ❷ 캔버스를 클릭 & 드래그해 문자가 서로 겹치지 않게 이동합니다.

06 ❶ 'BLUE SKY copy' 레이어를 마우스 오른쪽 버튼으로 클릭하고 ❷ [Rasterize Type]을 클릭합니다. 문자 레이어를 픽셀 레이어로 변환했습니다.

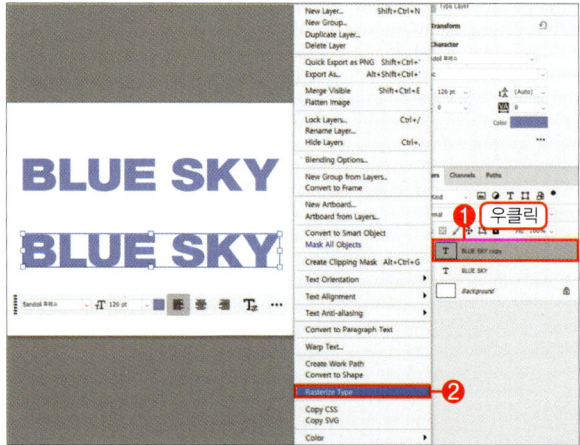

07 ❶ 'BLUE SKY' 레이어 클릭한 후 ❷ 'BLUE SKY copy' 레이어를 Ctrl + 클릭하여 중복 선택합니다.

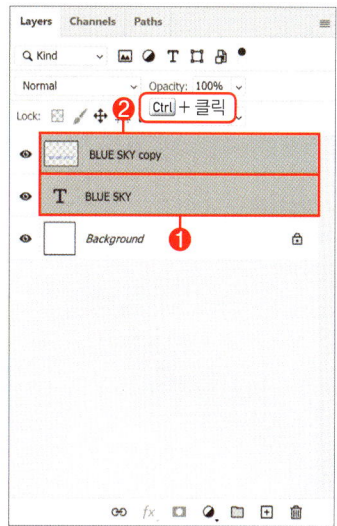

08 ❶ 변형 상자의 모서리를 안쪽으로 클릭 & 드래그해 크기를 작게 줄인 후 ❷ Enter 를 누릅니다.

 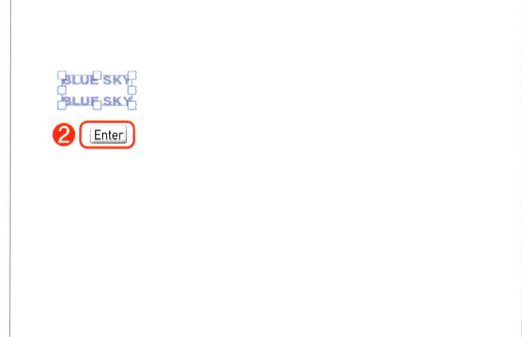

09 다시 ❶ 변형 상자의 모서리를 바깥쪽으로 클릭 & 드래그해 크기를 크게 키운 후 ❷ Enter 를 누릅니다. 픽셀 레이어로 변환한 ❸ 'BLUE SKY copy' 레이어의 화질이 깨진 것을 확인할 수 있습니다.

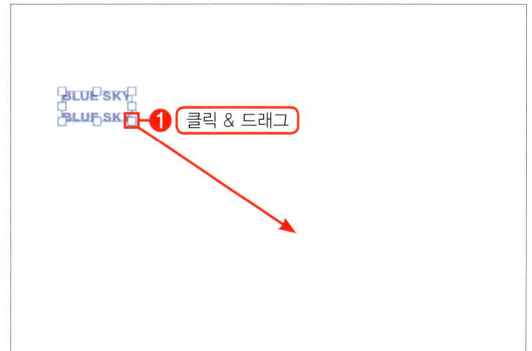 

> **TIP!**
> 포토샵에서 작은 이미지의 크기를 억지로 키우면 픽셀 레이어처럼 화질이 깨지게 되므로, 용량이 허용되는 범위 내에서 크기가 큰 이미지를 사용하는 것이 좋습니다.

04 포토샵의 변형 기본 동작 알아보기

포토샵에서 '변형'이란 이동, 크기 조절, 회전, 뒤집기 등의 작업을 의미합니다. 이번 섹션에서는 디자인 작업의 기본이 되는 다양한 변형 기본 동작에 대해 알아보겠습니다.

Move Tool로 선택하고 이동하기

▶ 준비 파일 P01\Ch01\Move Tool.psd

먼저 작업할 때 기본으로 사용하는 Move Tool(이동 도구)과 옵션바의 Auto-Select(자동 선택) 기능을 살펴보겠습니다.

옵션바의 Auto-Select 기능 알아보기

01 [File 〉 Open]을 클릭해 ❶ 'Move Tool.psd'를 불러옵니다. ❷ Move Tool(✣)을 클릭하고 옵션바의 ❸ 'Auto-Select'와 ❹ 'Show Transform Controls'를 체크 해제합니다.

> **TIP!**
> 사용하는 컴퓨터나 노트북의 해상도가 낮으면 'Auto-Select'가 ▣ 아이콘으로 나타납니다.

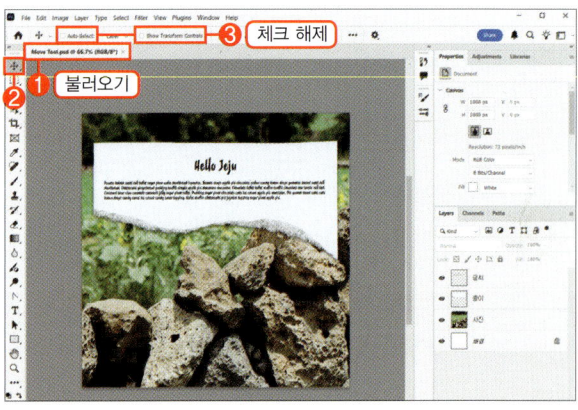

02 Layers 패널에서 ❶ '종이' 레이어를 클릭하고 ❷ 캔버스를 클릭 & 드래그해 봅니다. Layers 패널에서 선택한 ❸ '종이' 레이어만 이동하는 것을 확인할 수 있습니다.

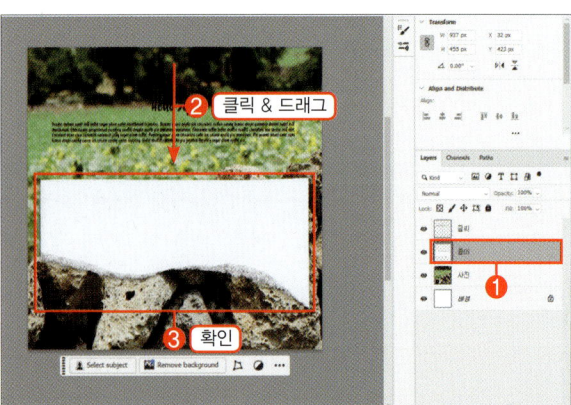

03 옵션바의 ❶ 'Auto-Select'를 체크하고 캔버스에서 ❷ 이미지와 ❸ 문자를 각각 클릭 & 드래그해 봅니다. Layers 패널에서 선택한 레이어와 상관없이 가장 위에 있는 레이어만 이동할 수 있습니다.

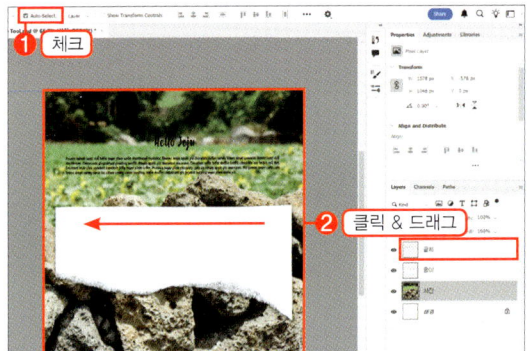 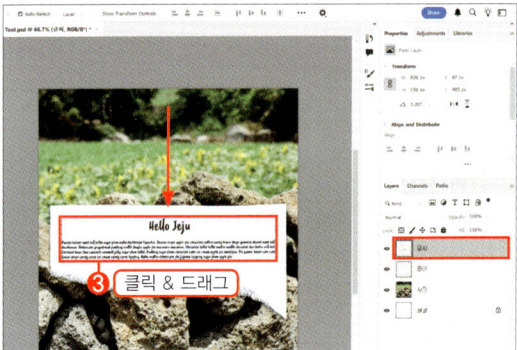

> **TIP!**
> 보통은 'Auto-Select'를 체크 해제한 후에 작업하지만, 레이어가 많을 때에는 'Auto-Select'를 체크해 직관적으로 사용합니다.

Ctrl + 클릭 & 드래그 기능 알아보기

Move Tool(✣)이 선택되어 있을 때 Ctrl + 클릭 & 드래그하면 'Auto-Select'의 체크 여부가 변환됩니다.

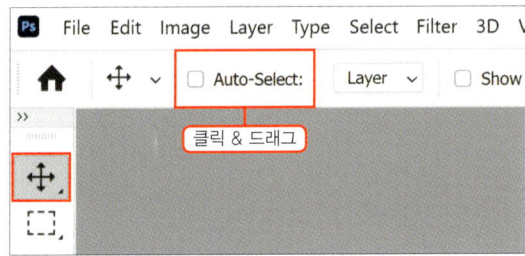 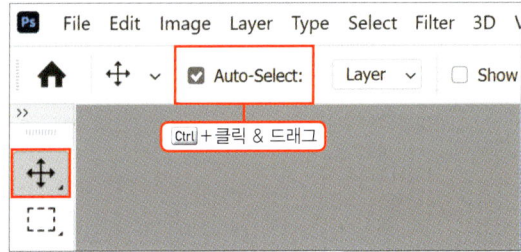

▲ 'Auto-Select'가 비활성화 상태일 때   ▲ Ctrl + 클릭 & 드래그했을 때

Move Tool(✣)이 아닌 다른 도구가 선택되어 있을 때 Ctrl + 클릭 & 드래그하면 마우스가 Move Tool(✣)로 잠시 변환됩니다.

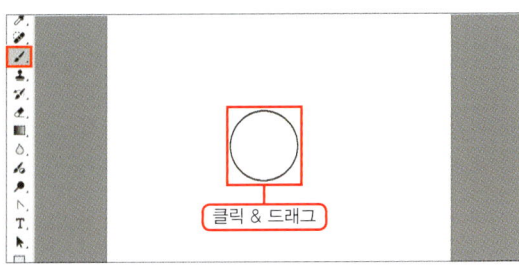 

▲ Brush Tool(✎)을 선택했을 때   ▲ Ctrl + 클릭 & 드래그했을 때

> **TIP!**
> 펜 도구나 모양 도구 그룹이 선택된 상태에서 Ctrl + 클릭 또는 드래그하면 패스를 이동하거나 수정할 수 있는 패스 선택 도구로 변환됩니다.

이미지 파일 전체를 변형하기

📁 준비 파일 P01\Ch01\이미지 파일 전체를 변형하기.psd

캔버스를 자르거나 덧붙이고 싶을 때 또는 이미지 자체의 크기나 해상도를 조절하고 싶을 때 활용할 수 있는 방법을 알아보겠습니다.

캔버스를 자르거나 덧붙이기

01 [File 〉 Open]을 클릭해 ❶ '이미지 파일 전체를 변형하기.psd'를 불러옵니다. 직관적으로 변형하기 위해 ❷ Crop Tool(🔲)을 클릭합니다.

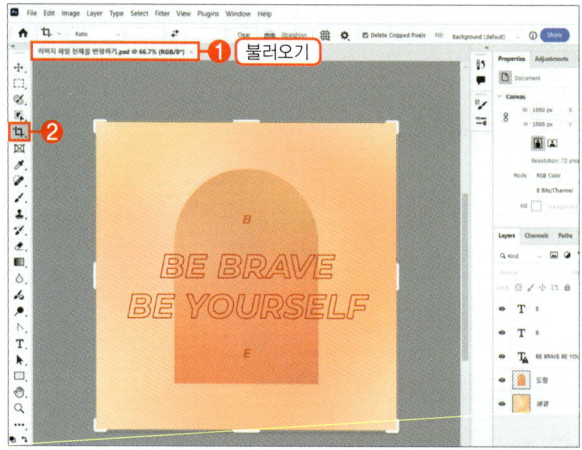

> **TIP!**
> 옵션바의 'Delete Cropped Pixels'를 체크하면 캔버스 바깥의 픽셀 이미지가 삭제되고, 체크 해제하면 삭제되지 않습니다.

02 ❶ 캔버스의 모서리를 클릭 & 드래그하여 크기를 작게 조절하고 ❷ Enter를 눌러 마무리합니다.

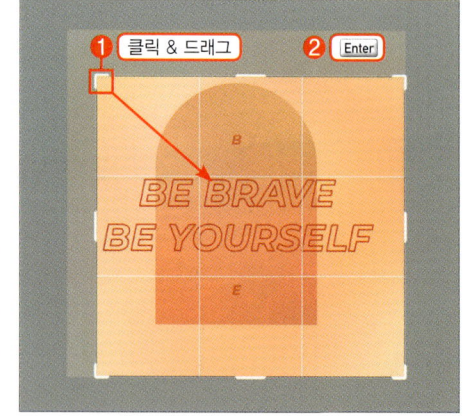

> **TIP!**
> Crop Tool(🔲)을 사용하면 Ctrl + T로 자유롭게 변형하는 것처럼 캔버스의 크기와 회전값을 조절할 수 있습니다. Shift + 클릭 & 드래그하면 비율이 고정되고, Alt + 클릭 & 드래그하면 중심이 고정됩니다. 캔버스의 크기를 늘리면 늘어난 부분이 도구 상자의 배경색으로 채워집니다.

03 화면 왼쪽 하단의 ❶ 〉 - ❷ [Document Dimensions]를 클릭하면 파일의 규격과 해상도를 확인할 수 있습니다.

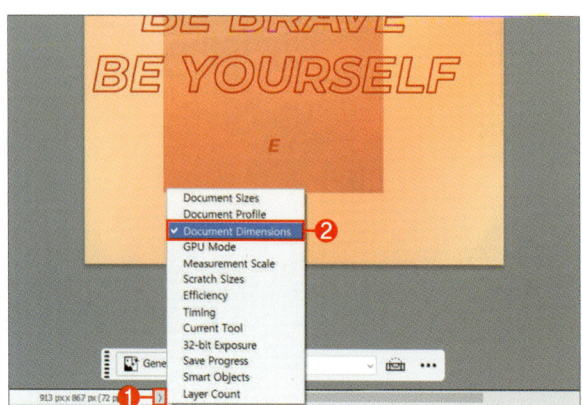

04 만약 정확한 수치를 입력해 캔버스를 자르고 싶다면 ❶ [Image] – ❷ [Canvas Size]를 클릭합니다.

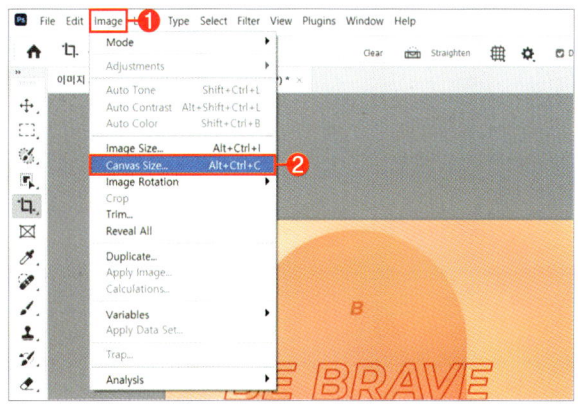

05 ❶~❸ 그림과 같이 설정하고 ❹ [OK]를 클릭합니다. Crop Tool(┼.)과 Canvas Size 메뉴는 사용 방법에 차이가 있을 뿐, 결과는 동일합니다. 캔버스의 크기를 직관적으로 조절하고 싶다면 Crop Tool(┼.)을 사용하고, 정확한 수치로 조절하고 싶다면 Canva Size 메뉴를 사용합니다.

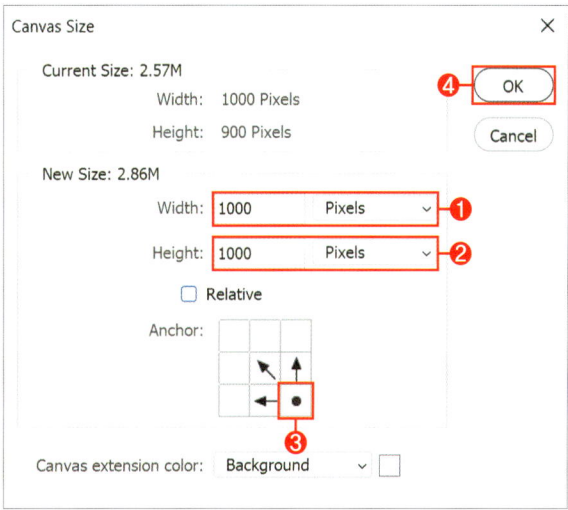

- Width: 1000 Pixels
- Height: 1000 Pixels
- Anchor: 오른쪽 아래 화살표 클릭

06 Anchor에서 클릭한 화살표의 반대 방향으로 캔버스가 늘어나거나 잘리며, 늘어나는 부분은 도구 상자의 배경색으로 채워집니다.

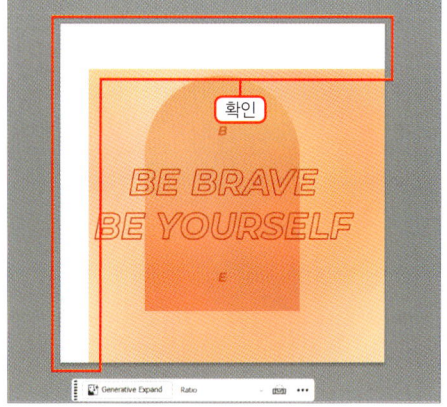

이미지 자체의 크기와 해상도 조절하기

01 ❶ [Image] – ❷ [Image Size]를 클릭합니다.

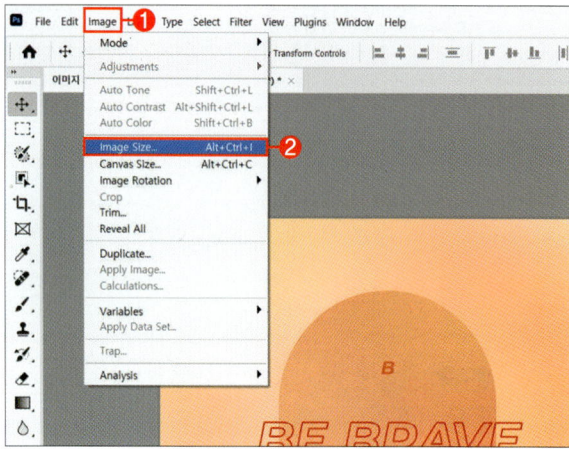

02 ❶~❷ 그림과 같이 설정하고 ❸ [OK]를 클릭합니다.

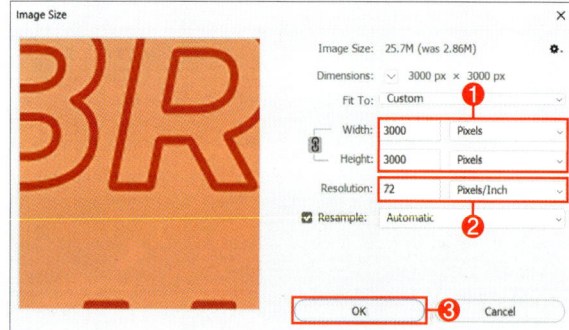

- Width: 3000 Pixels
- Height: 3000 Pixels
- Resolutions: 72 Pixles/Inch

TIP!
Image Size 메뉴를 이용해 이미지의 크기를 키우면 색상 정보가 임의로 늘어나 화질이 깨질 수 있습니다. 따라서 처음부터 최대한 큰 이미지로 작업하는 것이 좋습니다.

03 이미지 자체의 크기와 해상도를 조절하였습니다.

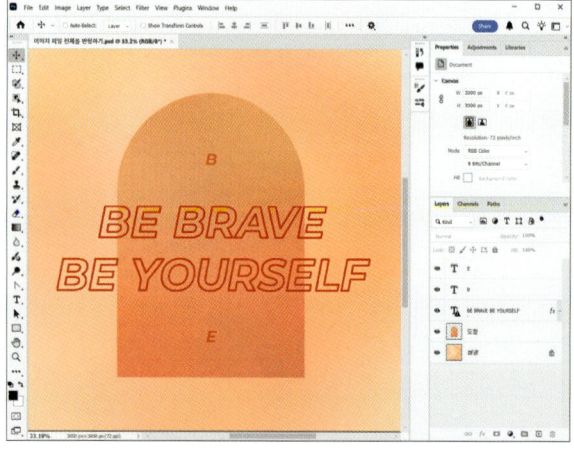

05 캔버스를 손쉽게 확대/축소/스크롤하기

포토샵에서 작업을 하다 보면 캔버스를 확대, 축소하거나 상하좌우로 스크롤해야 할 때가 많이 있습니다. 이번 섹션에서는 캔버스를 손쉽게 확대, 축소, 스크롤할 수 있는 방법을 알아보겠습니다.

캔버스를 확대/축소하는 방법

▶ 준비 파일 P01\Ch01\확대 축소 스크롤 손쉽게 하기.psd

캔버스를 손쉽게 확대하거나 축소하는 방법을 알아보겠습니다. 캔버스의 확대, 축소 비율은 화면 오른쪽 하단의 '%'로 확인할 수 있습니다.

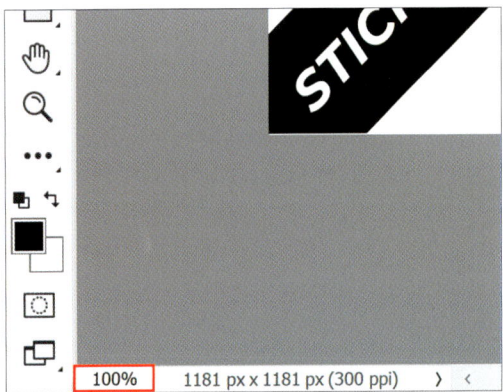

준비 단계

01 [File 〉 Open]을 클릭해 '확대 축소 스크롤 손쉽게 하기.psd'를 불러옵니다.

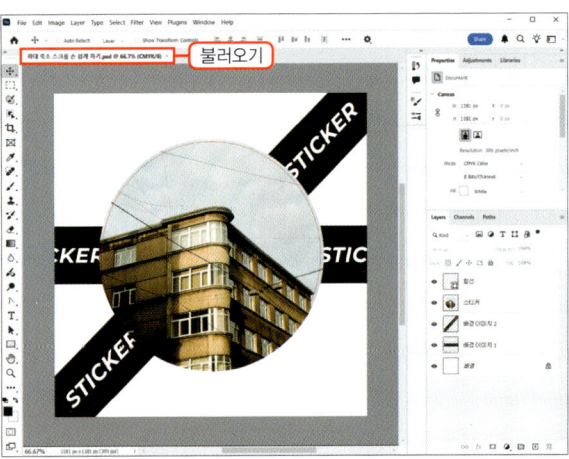

Chapter 01 · 포토샵 시작하기 **69**

[방법1] Alt + 마우스 휠 이용하기

먼저 가장 기본적인 확대/축소 방법입니다. Alt 를 누른 채로 마우스 휠을 올리거나 내리면 마우스가 있는 곳을 기준으로 캔버스를 확대하거나 축소할 수 있습니다.

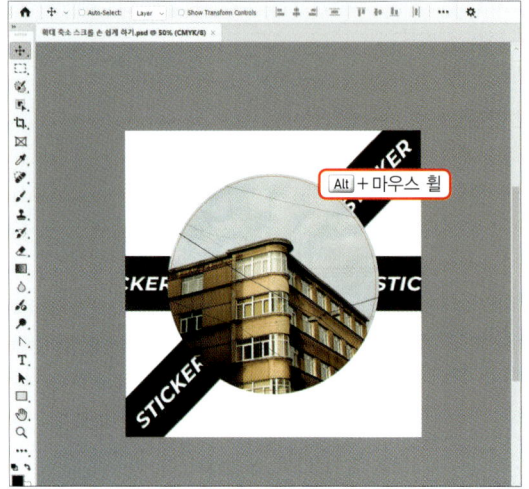
▲ 기본 화면

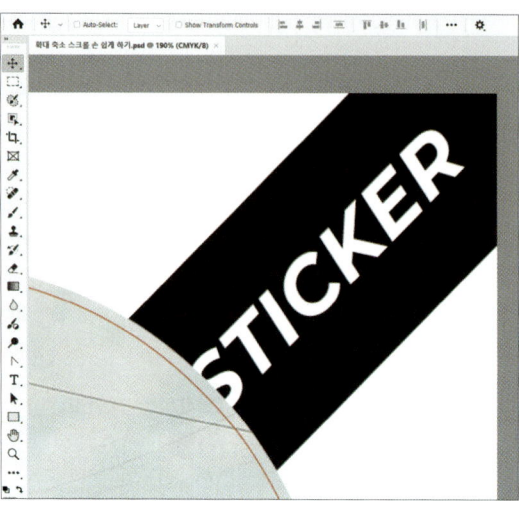
▲ Alt + 마우스 휠로 확대했을 때

> **TIP!**
> Mac에서는 트랙패드를 두 손가락으로 핀치하여 손쉽게 확대하거나 축소할 수 있습니다.

[방법2] 단축키 Ctrl + + / - 사용하기

마우스가 없을 때 사용하는 방법입니다. Ctrl + + 를 누르거나 Ctrl + - 를 누르면 캔버스의 정가운데를 기준으로 확대하거나 축소할 수 있습니다.

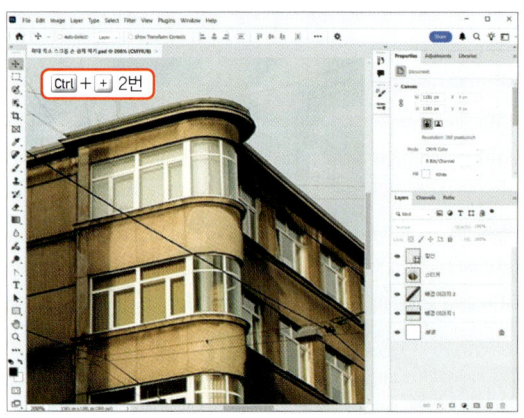
▲ Ctrl + + 두 번 눌렀을 때

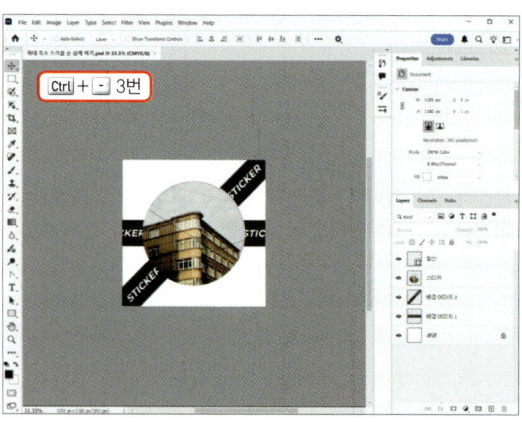
▲ Ctrl + - 세 번 눌렀을 때

캔버스를 빠르게 스크롤하는 방법

■ 준비 파일 P01\Ch01\확대 축소 스크롤 손쉽게 하기.psd

Space Bar 를 누른 채로 캔버스를 클릭 & 드래그하면 스크롤바를 사용하는 것보다 훨씬 빠르게 캔버스를 스크롤할 수 있습니다. 캔버스의 크기가 크거나, 많이 확대된 경우에 사용합니다.

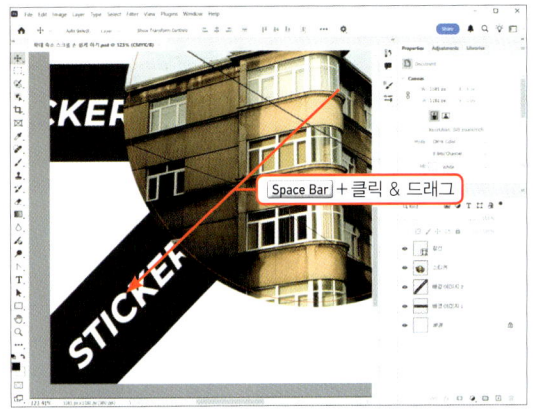 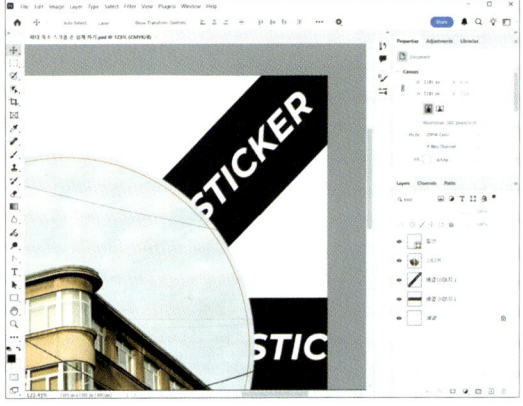

> **TIP!**
>
> Space Bar 를 누른 채 캔버스를 클릭 & 드래그하는 것은 Hand Tool(✋)을 사용하는 것과 같습니다. 작업하다 보면 캔버스를 빠르게 스크롤할 일이 많기 때문에 Space Bar + 클릭 & 드래그하는 방법을 꼭 기억해 둡니다. Mac의 경우 트랙패드를 두 손가락으로 밀면 빠르게 스크롤할 수 있습니다.

[Window > Navigator]를 클릭하여 Navigator 패널을 꺼내면 캔버스의 어느 부분을 보고 있는지 확인할 수 있습니다.

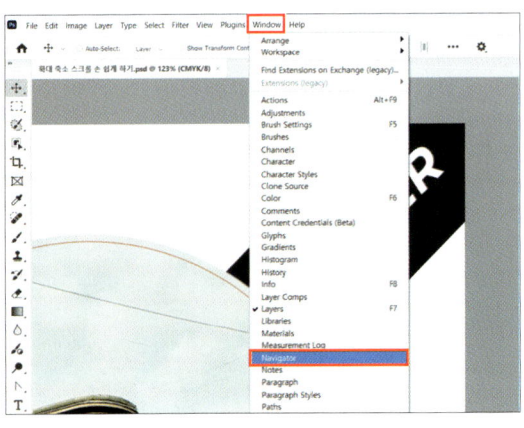 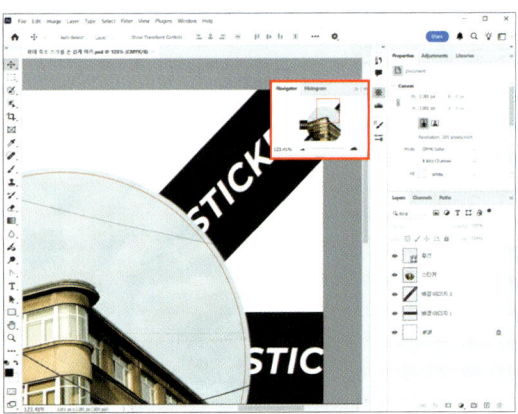

06 저장하기

다양한 포맷으로 파일을 저장하는 방법과 포토샵 클라우드에 파일을 저장하는 방법을 알아본 후 각 파일의 포맷별 특징을 살펴보겠습니다.

파일 저장 방법과 파일 포맷별 특징 알아보기

■ 준비 파일 P01\Ch01\저장하기.psd

포토샵에서 파일을 저장하는 방법을 알아보고, 파일의 포맷별 특징을 살펴보겠습니다.

다양한 문서 파일과 포토샵 클라우드 파일로 저장하기

01 [File 〉 Open]을 클릭해 '저장하기.psd'를 불러옵니다.

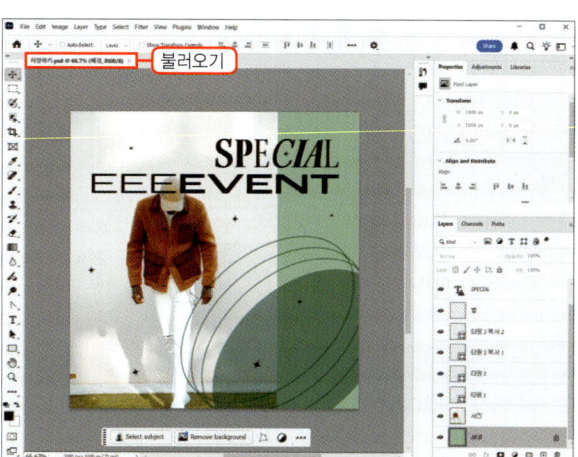

02 ❶ [File] – ❷ [Save As]를 클릭합니다. ❸ [Save on your computer]를 클릭합니다.

 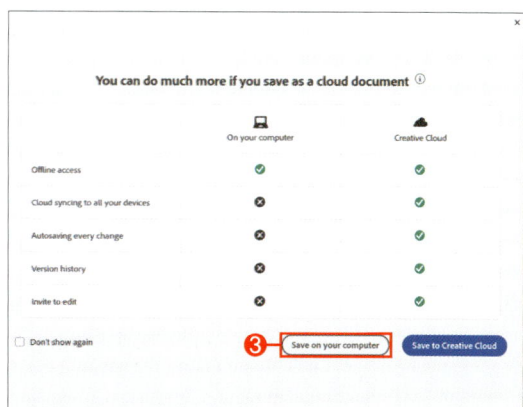

03 ❶ 경로를 설정하고 ❷ 파일의 이름을 입력합니다. ❸ 저장할 파일의 형식을 선택한 후 ❹ [저장]을 클릭합니다.

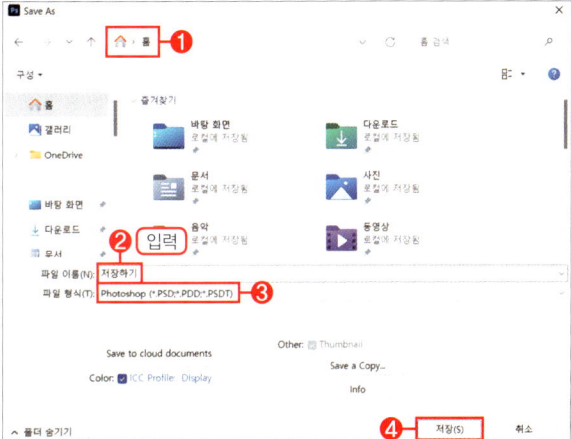

> **알아두기**
> - PSD: 레이어나 효과 등을 자유롭게 수정할 수 있는 원본 용도의 파일입니다.
> - PDF: 호환성이 높은 문서 형식으로 인쇄 업체 등에 발주할 때 사용합니다.
> - TIF: 고품질의 무손실 압축 이미지 형식으로 화질이 좋고 용량이 큽니다.

04 이번에는 포토샵 클라우드에 파일을 저장하기 위해 ❶ [File] – ❷ [Save As]를 클릭합니다. ❸ [Save to Creative Cloud]를 클릭합니다. 이렇게 하면 Adobe Creative Cloud에 PSDC 형식으로 파일을 저장할 수 있습니다.

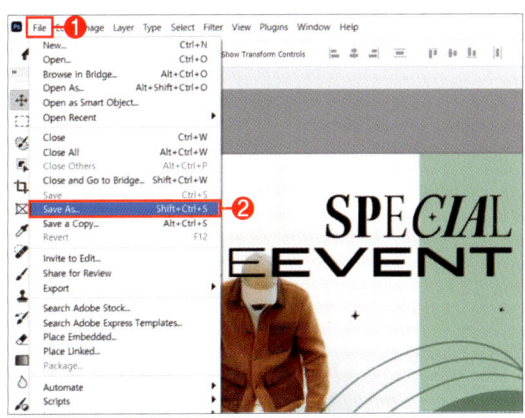
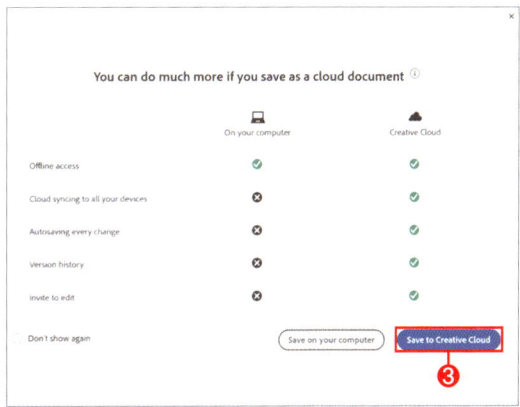

> **알아두기**
>
>
>
> ▲ PSDC 파일 형식
>
> PSDC는 포토샵의 클라우드 파일 형식으로 Adobe Creative Cloud 시스템에 저장되며, 다른 사람과 손쉽게 공유할 수 있습니다. PSD 파일처럼 레이어와 효과 등을 자유롭게 수정할 수 있는 원본 용도의 파일입니다. 오류로 인해 프로그램이 비정상적으로 종료되더라도 PSDC 파일은 자동으로 저장되는 장점이 있습니다. 파일 이름 탭에 표시되어 있는 구름 아이콘으로 PSDC 파일인지 확인할 수 있습니다.

이미지 파일로 저장하기

01 이번에는 이미지로 파일을 저장하기 위해 ❶ [File] – ❷ [Save a Copy]를 클릭합니다. ❸ [Save on your computer]를 클릭합니다.

 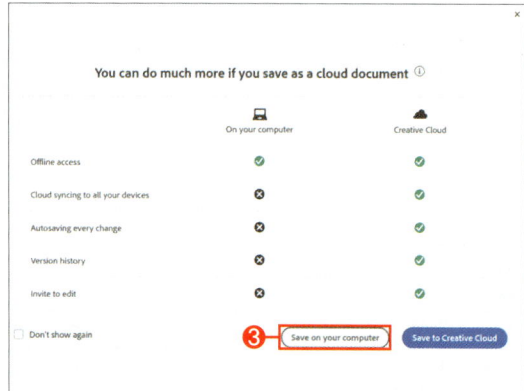

02 ❶ 경로를 설정하고 ❷ 이름을 입력합니다. ❸ 저장할 파일의 형식을 'JPEG'로 설정한 후 ❹ [저장]을 클릭합니다.

알아두기

- JPEG

압축률이 뛰어나 무난하게 사용되는 이미지 파일 형식입니다. 1,680만 가지의 색상을 표현할 수 있어 웹용이나 인쇄용으로 모두 사용됩니다. 손실 압축으로 저장되어 여러 번 수정하면 화질이 손상될 수 있기 때문에 수정용이 아닌 배포용으로 사용하는 것이 가장 좋습니다.

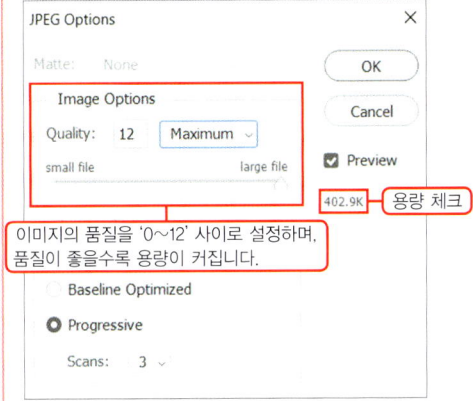

- PNG

JPEG와 함께 많이 사용되는 이미지 파일 형식입니다. 1,680만 가지의 색상과 256단계의 투명도를 표현할 수 있으며, 색상 모드가 RGB일 때만 저장이 가능한 웹용 파일입니다. 무손실 압축으로 저장되어 JPEG보다 품질이 좋지만, 압축률이 좋지 않아 용량이 몇 배로 커질 수 있습니다.

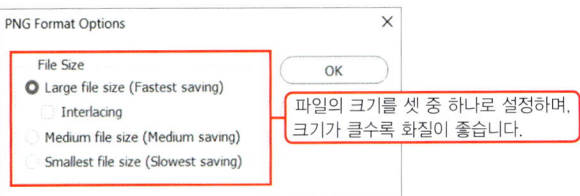

- GIF

움직이는 이미지나 가벼운 웹용 이미지를 만들 때 사용합니다. 표현할 수 있는 색상이 256가지로 매우 적기 때문에, 아이콘과 같이 단순한 이미지를 저장하기에 적합합니다. 2단계의 투명도(완전 투명, 완전 불투명)만 표현할 수 있습니다.

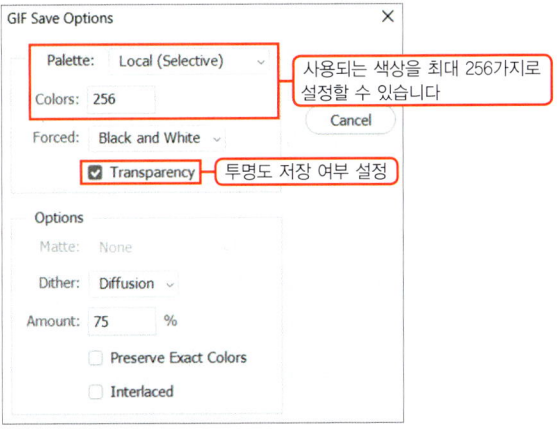

Chapter

02

포토샵 기초 기능
마스터하기

이번 챕터에서는 다양한 선택 도구로 원하는 영역을 선택하고, 저장하는 방법을 알아보겠습니다. 나아가 브러시, 펜, 모양 도구의 사용법을 간단히 살펴보며 포토샵의 기초 기능을 마스터해 보겠습니다.

- **01** 영역을 선택하는 다양한 방법
- **02** 브러시 활용의 모든 것
- **03** 펜 도구와 모양 도구 완전 정복하기

01 영역을 선택하는 다양한 방법

모든 작업의 기본 단위는 '레이어'이지만, 레이어 안에서 일부분만 작업하고 싶을 때는 영역을 선택해야 합니다. 이번 섹션에서는 영역을 선택하는 다양한 방법을 알아보겠습니다.

간단한 도형으로 선택하는 Marquee Tool

📁 준비 파일 P01\Ch02\Marquee Tool.jpg

Rectangular Marquee Tool(사각형 선택 윤곽 도구)은 직사각형 형태로 영역을 선택할 수 있고, Elliptical Marquee Tool(원형 선택 윤곽 도구)은 타원 형태로 영역을 선택할 수 있습니다.

01 [File 〉 Open]을 클릭해 'Marquee Tool.jpg'를 불러옵니다.

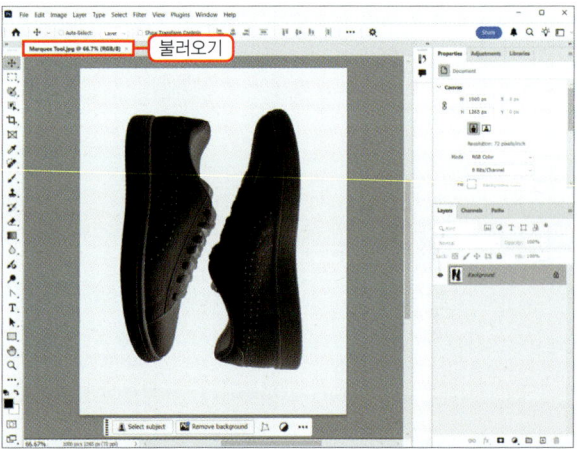

02 신발을 사각형 모양으로 선택하기 위해 ❶ Rectangular Marquee Tool(▭)을 클릭한 후 ❷ 캔버스를 클릭 & 드래그 합니다.

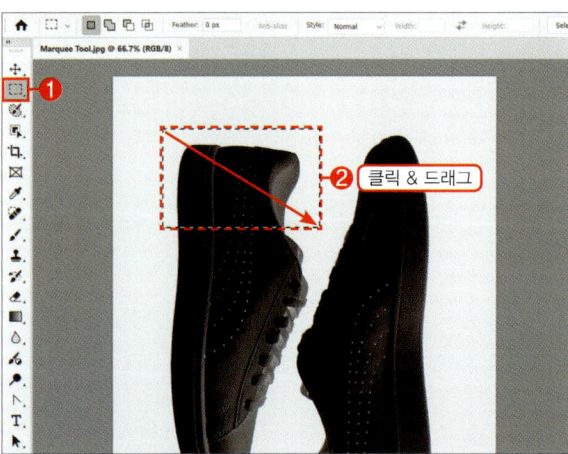

> **TIP!**
> 선택 영역이 안 보이면 Ctrl + H를 누릅니다. [View 〉 Hide Edge] 기능으로 선택 영역을 숨기거나 표시할 수 있습니다.

03 클릭 & 드래그하면서 Shift 를 누르면 정사각형 모양으로 선택할 수 있습니다.

TIP!
먼저 클릭 & 드래그한 후에 Shift 를 누르는 순서에 유의합니다.

04 클릭 & 드래그하면서 Alt 를 누르면 클릭한 곳을 중심으로 선택할 수 있습니다.

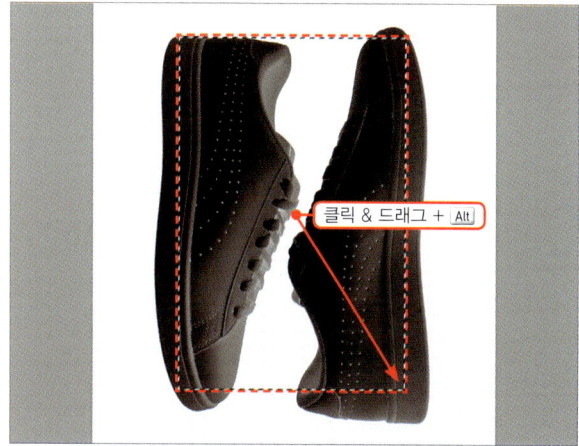

TIP!
먼저 클릭 & 드래그한 후에 Alt 를 누르는 순서에 유의합니다.

05 옵션바의 ❶ Add to selection(⬜)을 클릭하고 ❷ 마우스가 그림과 같이 변하면 ❸ 클릭 & 드래그하여 기존 선택 영역에 새로운 영역을 추가합니다.

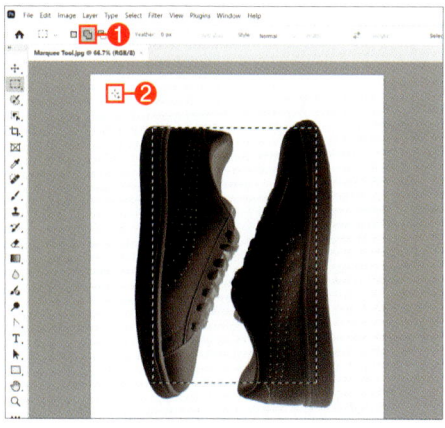 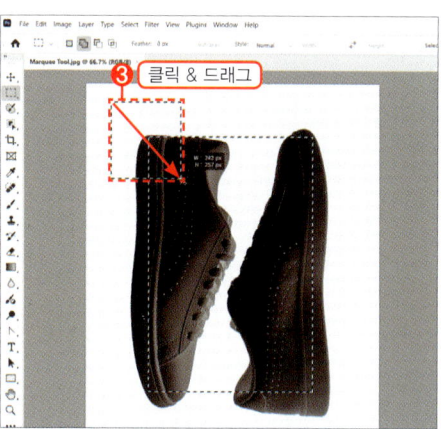

06 옵션바의 ❶ Subtract from selction(　)을 클릭하고 ❷ 마우스가 그림과 같이 변하면 ❸ 기존의 영역에서 제외하고 싶은 부분을 클릭 & 드래그합니다.

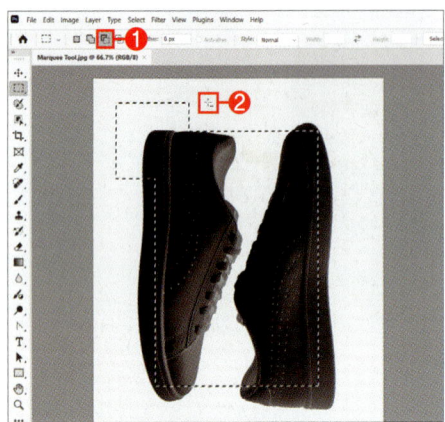
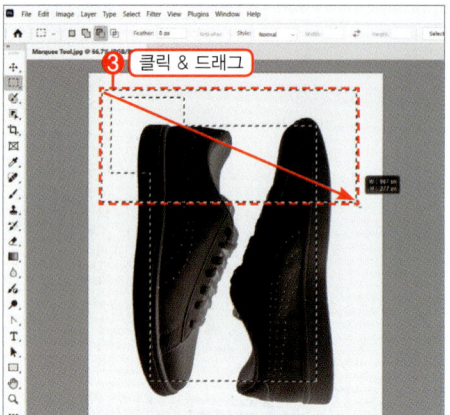

07 옵션바의 ❶ Intersect with selection(　)을 클릭하고 ❷ 마우스가 그림과 같이 변하면 ❸ 기존의 영역과 겹치는 부분이 생기도록 그림과 같이 클릭 & 드래그합니다.

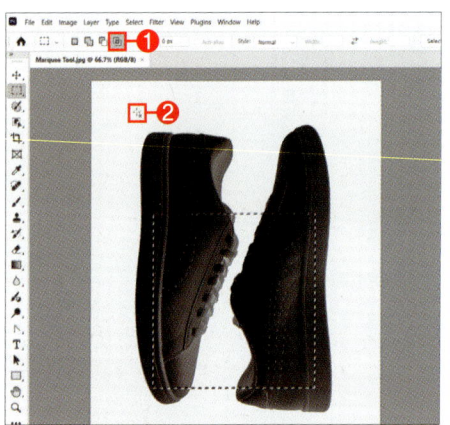
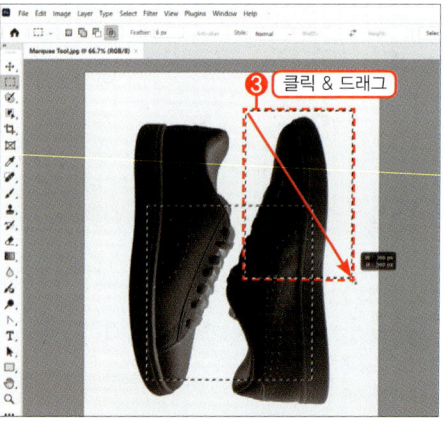

08 완전히 새로운 영역을 선택하기 위해 옵션바의 ❶ New selection(　)을 클릭하고 ❷ 캔버스를 클릭 & 드래그하여 영역을 선택합니다.

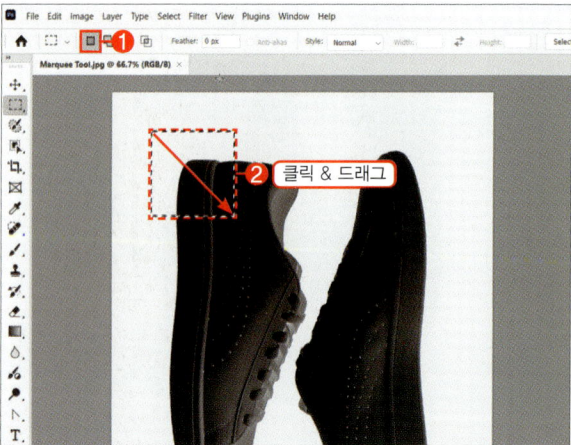

09 ❶ [전경색]을 클릭하고 ❷ '#2f34e6'을 입력한 후 ❸ [OK]를 클릭합니다.

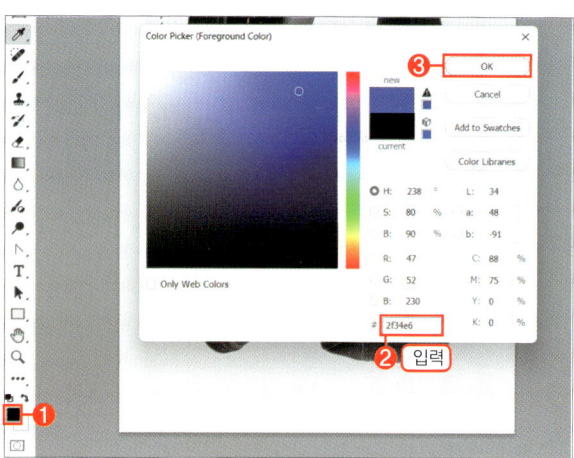

10 ❶ Brush Tool(✏)을 클릭하고 ❷ ⬜와 ⬜를 눌러 브러시의 크기를 조절합니다. ❸ 캔버스를 클릭해 영역이 선택된 부분만 칠해지는 것을 확인한 후 ❹ Ctrl + D를 눌러 선택 영역을 해제합니다.

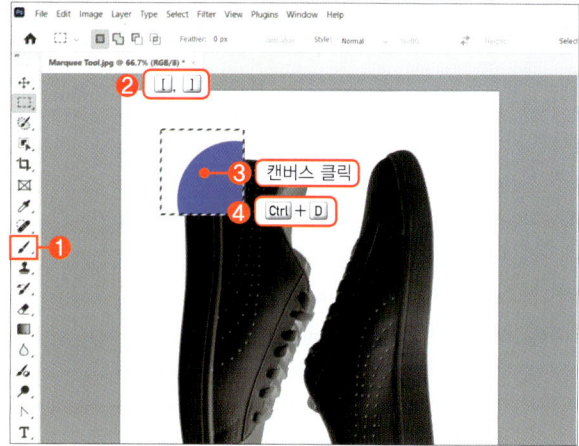

11 08~10의 작업을 한 번 더 반복합니다.

Chapter 02 · 포토샵 기초 기능 마스터하기   81

12 이번에는 신발을 원 모양으로 선택하기 위해 ❶ Rectangular Marquee Tool(▭)을 마우스 오른쪽 버튼으로 클릭하고 ❷ Elliptical Marquee Tool(○)을 클릭합니다.

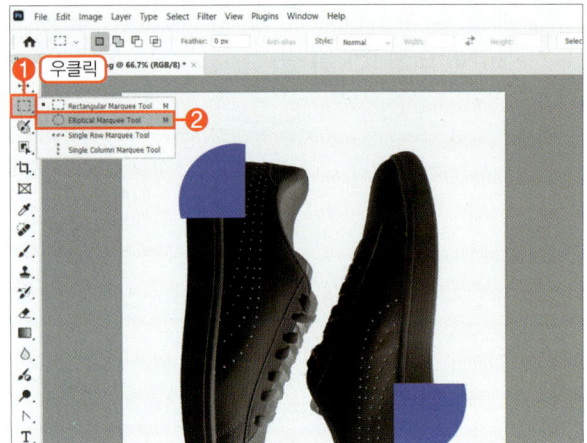

13 ❶ [배경색]을 클릭하고 ❷ '#ea4639'를 입력한 후 ❸ [OK]를 클릭합니다.

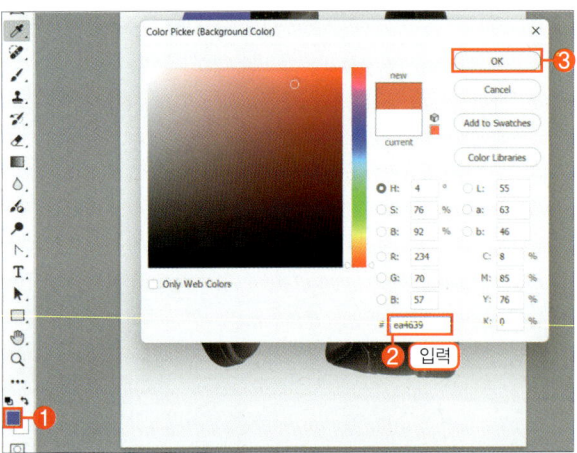

14 클릭 & 드래그하면서 Shift를 눌러 정원형으로 선택합니다.

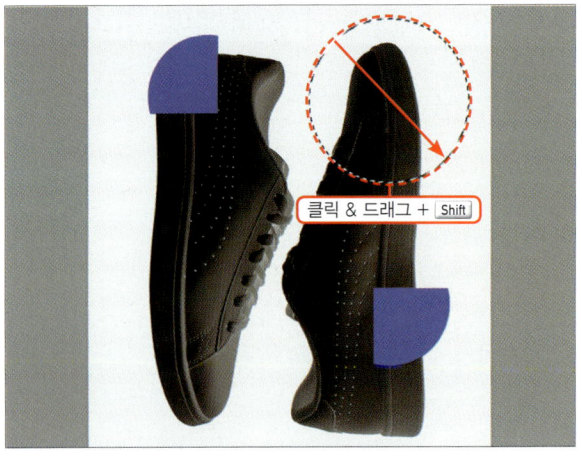

> **TIP!**
> Rectangular Marquee Tool(▭)과 마찬가지로 클릭 & 드래그하면서 Alt를 누르면 클릭한 곳을 중심으로 선택할 수 있습니다.

15 ❶ Ctrl을 누른 채 드래그하여 선택 영역을 이동하고 ❷ Ctrl + D를 눌러 선택 영역을 해제합니다.

16 14~15의 작업을 한 번 더 반복해 줍니다.

자유로운 모양으로 선택하는 Lasso Tool과 Selection Brush Tool

📁 준비 파일 **P01\Ch02\Lasso Tool.png**

Lasso Tool(올가미 도구)과 Selection Brush Tool(선택 영역 브러시 도구)은 자유롭게 영역을 선택하고 싶을 때 사용하는 도구입니다.

01 [File 〉 Open]을 클릭해 'Lasso Tool.png'를 불러옵니다.

02 ❶ Selection Brush Tool(🖌)을 클릭하고 ❷ 키보드의 [를 와]를 눌러 브러시의 크기를 조절합니다. ❸ 캔버스를 클릭 & 드래그하여 그림과 같이 개체를 선택합니다.

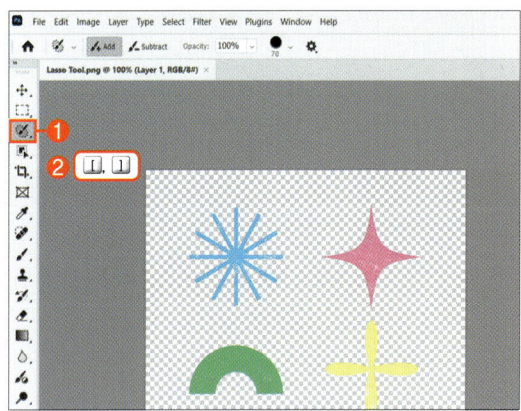 

> **TIP!**
> Selection Brush Tool(🖌)로 선택한 부분은 그림과 같이 분홍색으로 영역이 표시됩니다.

03 ❶ Selection Brush Tool(🖌)을 마우스 오른쪽 버튼으로 클릭하고 ❷ Lasso Tool(⌀)을 클릭합니다.

04 옵션바의 ❶ Add to selection(🗇)을 클릭하고 ❷ 캔버스를 클릭 & 드래그해 그림과 같이 선택 영역을 추가합니다.

> **TIP!**
> 옵션바에 있는 네 가지 아이콘은 Marquee Tool 종류의 도구를 사용할 때와 마찬가지로 선택 영역을 수정하고 싶을 때 사용합니다.

05 ❶ 선택한 부분을 Ctrl을 누른 채 오른쪽으로 클릭 & 드래그하면 선택한 부분만 이동할 수 있습니다. ❷ Ctrl + D를 눌러 선택을 해제합니다.

복잡한 도형으로 선택하는 Polygonal Lasso Tool

■ 준비 파일 P01\Ch02\Lasso Tool.png

Polygonal Lasso Tool(다각형 올가미 도구)은 다각형 형태로 영역을 선택하고 싶을 때 사용하는 도구입니다. 세 번 이상 클릭하면 영역이 선택됩니다.

01 ❶ Lasso Tool(◯)을 마우스 오른쪽 버튼으로 클릭하고 ❷ Polygonal Lasso Tool(▽)을 클릭합니다.

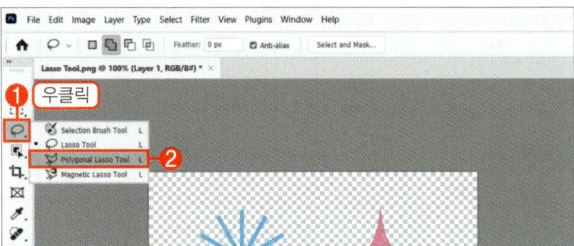

02 ❶~❺ 캔버스를 세 번 이상 클릭하여 그림과 같이 다각형 모양으로 영역을 선택합니다. 처음 클릭한 곳에 마우스를 오버한 후 ❻ 그림과 같이 동그라미 표시가 나올 때 클릭하여 선택을 완료합니다.

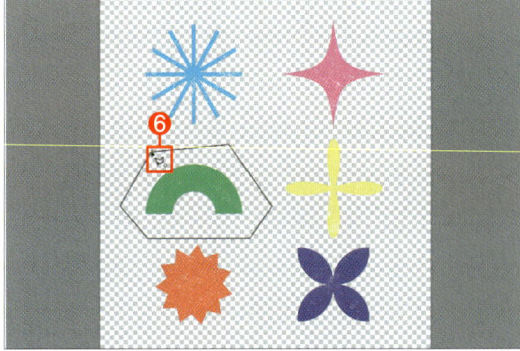

TIP!
중간에 잘못 클릭한 지점이 있을 때 Delete를 누르면 직전 단계만 지워지고, Esc를 누르면 클릭한 부분이 모두 지워집니다. Enter를 누르면 처음 클릭한 곳에 자동으로 연결됩니다.

03 ❶ 선택한 부분을 Ctrl을 누른 채 왼쪽으로 클릭 & 드래그하면 선택한 부분만 이동할 수 있습니다. ❷ Ctrl + D를 눌러 선택을 해제합니다.

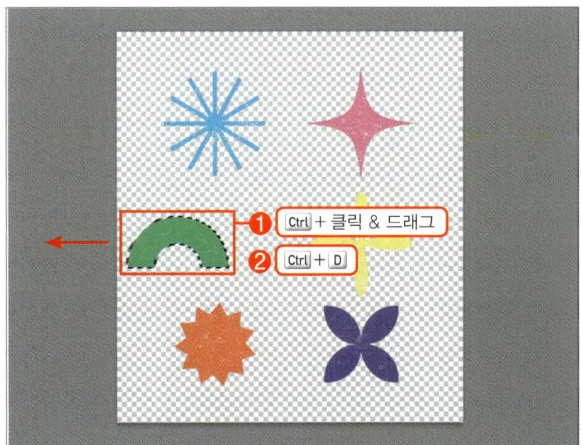

02 브러시 활용의 모든 것

브러시는 포토샵에서 가장 많이 사용하는 도구 중 하나입니다. 특히 포토샵은 브러시에서 파생된 도구가 많기 때문에 브러시의 사용 방법을 숙지해 놓으면 전체적인 도구의 활용도를 높일 수 있습니다.

Brush Settings 패널의 모든 것

Brush Settings(브러시 설정) 패널은 Brush Tool(브러시 도구), Eraser Tool(지우개 도구), Dodge Tool(닷지 도구) 등의 도구에서 사용할 수 있습니다.

01 [File 〉 New]를 클릭해 새 문서를 ❶~❹와 같이 설정한 후 ❺ [Create]를 클릭합니다.

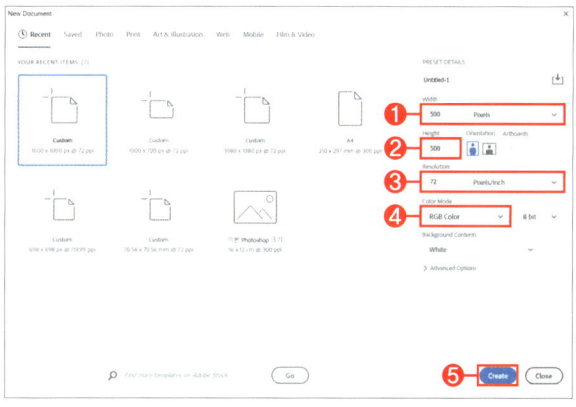

- Width: 500 Pixels
- Height: 500 Pixels
- Resolution: 72 Pixels/Inch
- Color Mode: RGB Color

02 ❶ [전경색]을 클릭하고 ❷ '#000000'을 입력한 후 ❸ [OK]를 클릭합니다.

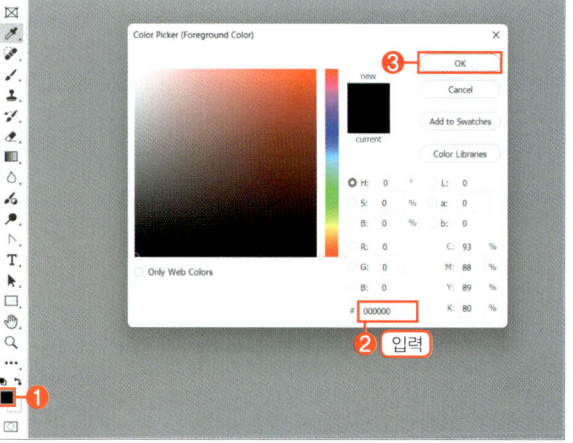

Chapter 02 · 포토샵 기초 기능 마스터하기   87

03 ❶ Brush Tool(🖌)을 클릭합니다. 옵션바의 ❷ 브러시 모양 아이콘(●)을 클릭하고 ❸ [General Brushes] – ❹ [Hard Round]를 클릭합니다.

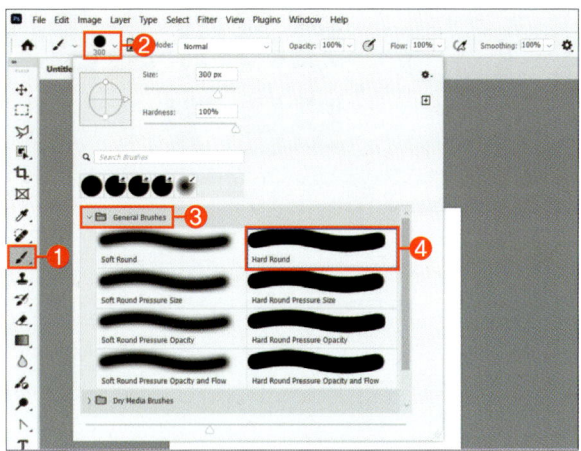

> **알아두기**
> • Size: 브러시의 크기를 설정합니다. 키보드의 [ ]와 [ ]를 눌러 간편하게 조절할 수 있습니다.
> • Hardness: 브러시 외곽의 부드러운 정도를 설정합니다. Hardness의 값이 작으면 Size도 작아 보이기 때문에 항상 같이 조절합니다.

04 옵션바의 브러시 설정 아이콘(📄)을 클릭해 Brush Settings 패널을 꺼내 줍니다.

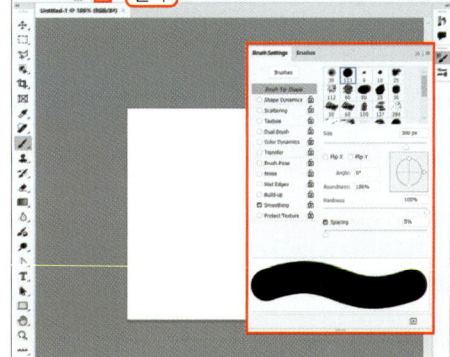

> **TIP!**
> Photoshop CC 2018 이후 버전에서는 [Window 〉 Brush Settings]를, Photoshop CC 2017 이전 버전에서는 [Window 〉 Brushes]를 클릭해 패널을 꺼내 줍니다. Brush Settings 패널의 아이콘(📄)을 클릭하면 패널을 접었다 펼칠 수 있습니다.

05 [Brush Tip Shape] 탭에서 ❶ Size는 '123 px', ❷ Angle은 '60°', Roundness는 '80%', ❸ Spacing은 '50%'로 설정합니다.

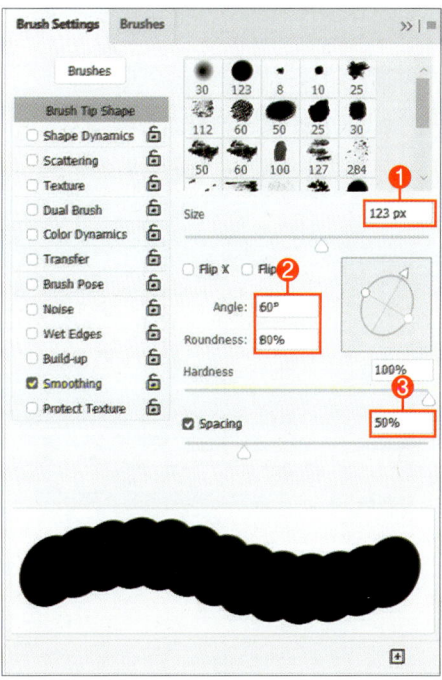

> **알아두기**
> • Angle: 브러시의 회전 각도입니다. 조절바를 클릭 & 드래그해 '-180°~180°'로 설정할 수 있습니다.
> • Roundness: 브러시의 납작하고 둥근 정도입니다. 오른쪽의 작은 원을 클릭 & 드래그해 '0%~100%'로 설정할 수 있습니다.
> • Spacing: 브러시 팁 사이사이의 간격으로 '1%~1000%'로 설정할 수 있습니다.

06 옵션바의 ❶ Opacity를 '50%', ❷ Flow를 '100%'로 설정합니다. ❸ 캔버스를 클릭 & 드래그하면서 Shift를 눌러 일직선으로 칠해 봅니다.

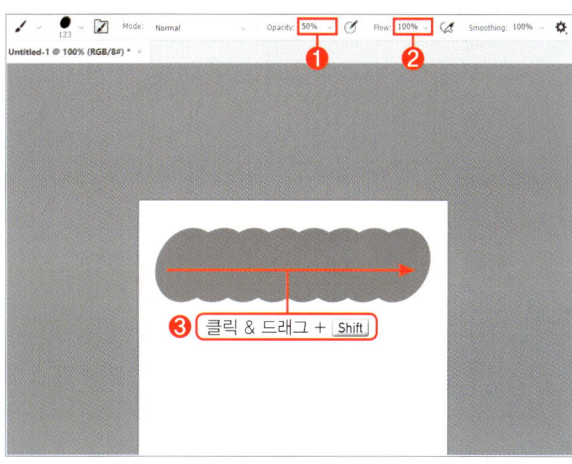

> **알아두기**
> - Opacity: 브러시를 한 번 클릭 & 드래그했을 때의 진한 정도이며, '0%~100%'로 설정할 수 있습니다.
> - Flow: 브러시 팁 하나하나의 진한 정도이며, '0%~100%'로 설정할 수 있습니다

07 옵션바의 ❶ Opacity를 '100%', ❷ Flow를 '50%'로 설정합니다. ❸ 캔버스를 클릭 & 드래그하면서 Shift를 눌러 일직선으로 칠한 후 **06**에서 그린 것과 비교해 봅니다.

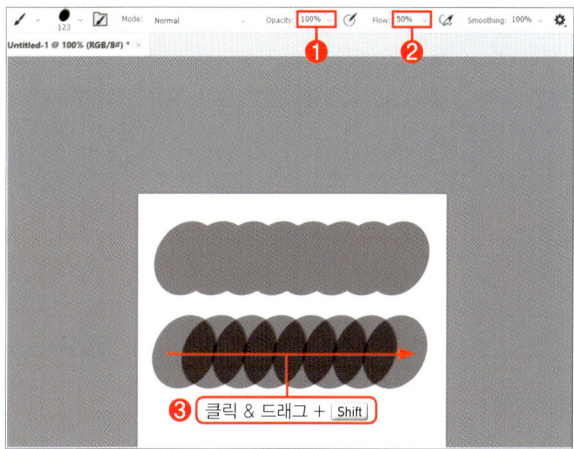

08 옵션바의 ❶ Opacity를 '50%', ❷ Flow를 '50%'로 설정합니다. ❸ 캔버스를 클릭 & 드래그하면서 Shift를 눌러 일직선으로 칠한 후 **06**~**07**에서 그린 것과 비교해 봅니다.

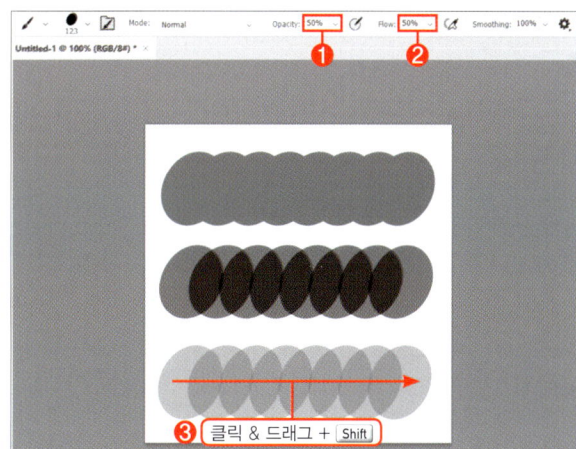

09 브러시를 지우기 위해 ❶ [배경색]을 클릭하고 ❷ '#ffffff'를 입력한 후 ❸ [OK]를 클릭합니다.

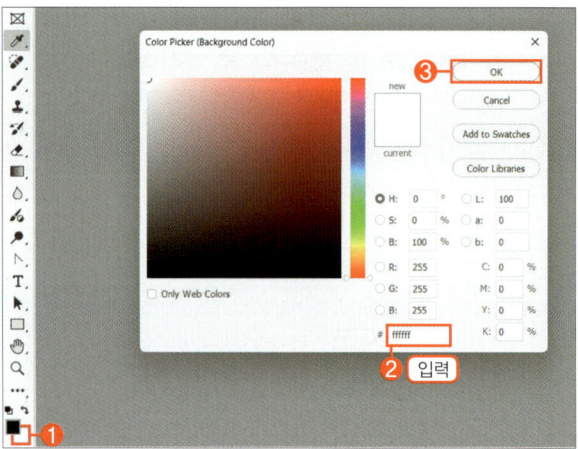

10 ❶ Ctrl + Delete 를 눌러 'Background' 레이어를 흰색으로 채우고, 옵션바의 ❷ Opacity를 '100%', ❸ Flow를 '100%'로 재설정합니다.

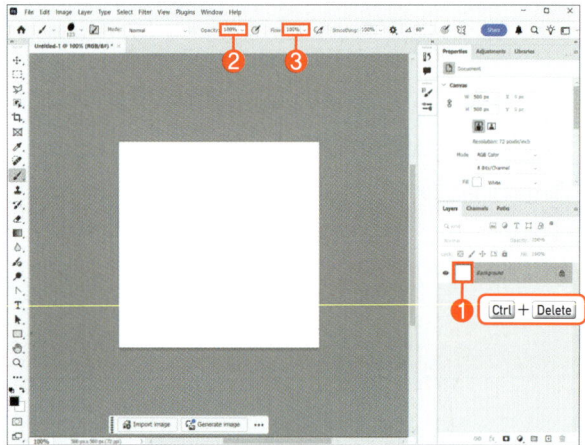

11 ❶ Brush Settings 패널의 아이콘(🖉)을 클릭한 후 ❷ [Shape Dynamics] 탭을 클릭합니다.

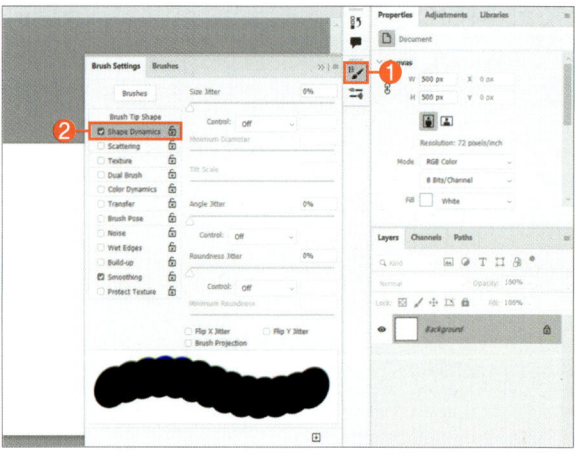

> **TIP!**
> [Shape Dynamics], [Scattering] 등 왼쪽에 있는 탭을 선택할 때에는 각 탭의 체크 박스가 아닌 탭의 이름을 클릭합니다.

12 ❶ Size Jitter는 '70%', ❷ Angle Jitter는 '10%', ❸ Roundness Jitter는 '5%'로 설정하고 ❹ 캔버스를 클릭 & 드래그하면 브러시가 랜덤하게 그려집니다.

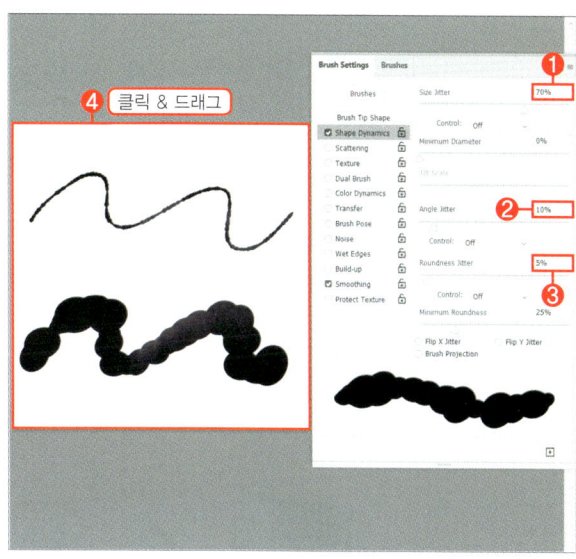

> **알아두기**
>
> 'Jitter'란 랜덤한 값을 의미합니다.
> - Size Jitter: 크기가 랜덤으로 나오는 정도이며, '0%~100%'로 설정할 수 있습니다.
> - Angle Jitter: 각도가 랜덤으로 나오는 정도이며, '0%~100%'로 설정할 수 있습니다.
> - Roundness Jitter: 원형율이 랜덤으로 나오는 정도이며, '0%~100%'로 설정할 수 있습니다.

13 다시 Ctrl + Delete 를 눌러 'Background' 레이어를 흰색으로 채워 줍니다.

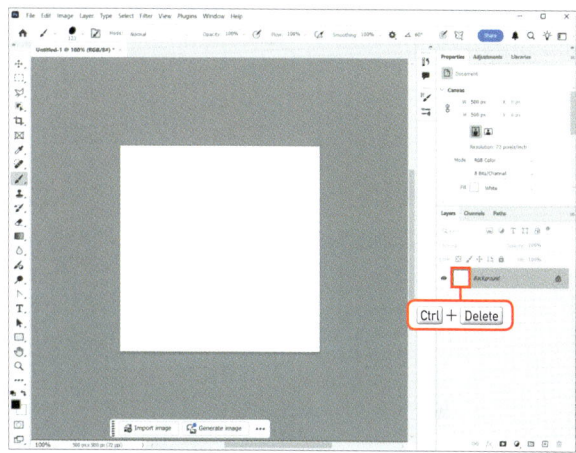

14 Brush Settings 패널의 ❶ [Scattering] 탭을 클릭하고 ❷ Scatter를 '300%', ❸ Count를 '1', ❹ Count Jitter를 '0%'로 설정한 후 ❺ 캔버스를 클릭 & 드래그하면 브러시가 흩날리는 모양으로 그려집니다.

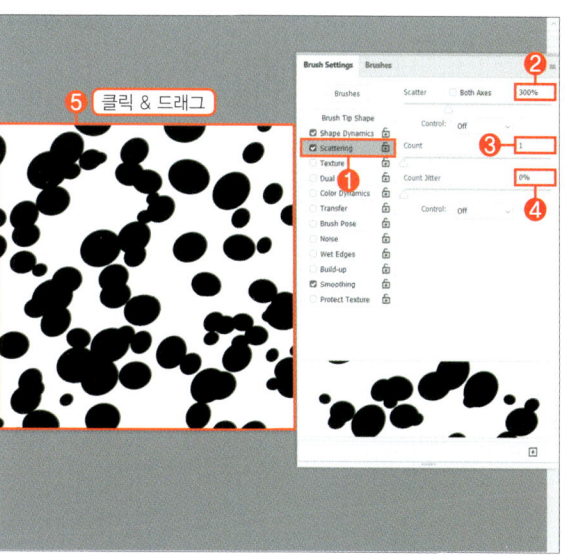

> **알아두기**
>
> - Scatter: 브러시 획이 위아래로 퍼지는 정도이며, '0%~1000%'로 설정할 수 있습니다.
> - Count: 단위 길이당 브러시 팁이 그려지는 개수이며, '1~16'으로 설정할 수 있습니다.
> - Count Jitter: 개수가 랜덤으로 나오는 정도이며, '0%~100%'로 설정할 수 있습니다.

15 다시 Ctrl + Delete 를 눌러 'Background' 레이어를 흰색으로 채워 줍니다.

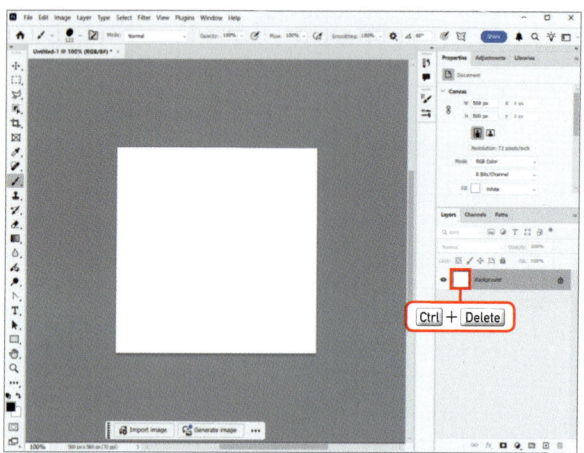

16 Brush Settings 패널의 ❶ [Transfer] 탭을 클릭하고 ❷ Opacity Jitter를 '60%', ❸ Flow Jitter를 '30%'로 설정한 후 ❹ 캔버스를 클릭 & 드래그해 그려 봅니다. 투명한 수채화같은 느낌을 낼 수 있습니다.

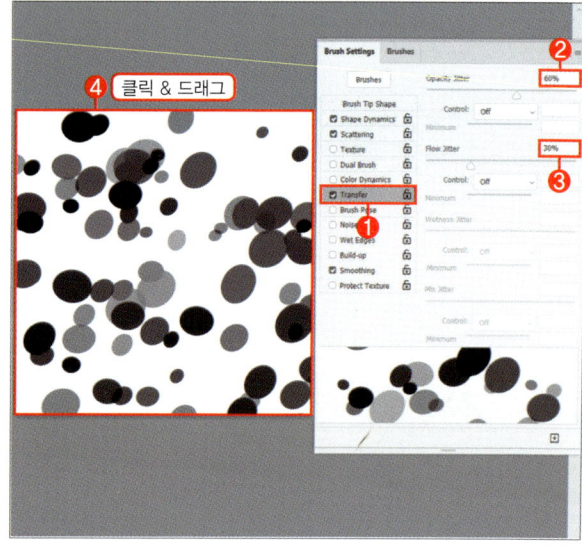

알아두기

- Opacity Jitter: 불투명도가 랜덤으로 나오는 정도이며, '0%~100%'로 설정할 수 있습니다.
- Flow Jitter: 플로우가 랜덤으로 나오는 정도이며, '0%~100%'로 설정할 수 있습니다.

TIP!
Control을 'Pen Pressure'로 설정하고 태블릿을 연결하면, 펜의 압력에 따라 불투명도를 조절할 수 있습니다.

나만의 브러시 등록하고 삭제하기

브러시 설정 방법에 대해 알아보았다면, 이어서 내가 만든 브러시를 등록하는 방법과 삭제하는 방법을 알아보겠습니다.

01 Brush Settings 패널 오른쪽 하단의 ❶ 새 브러시 아이콘(□)을 클릭합니다. ❷ '나의 브러시'를 입력한 후 ❸ [OK]를 클릭합니다.

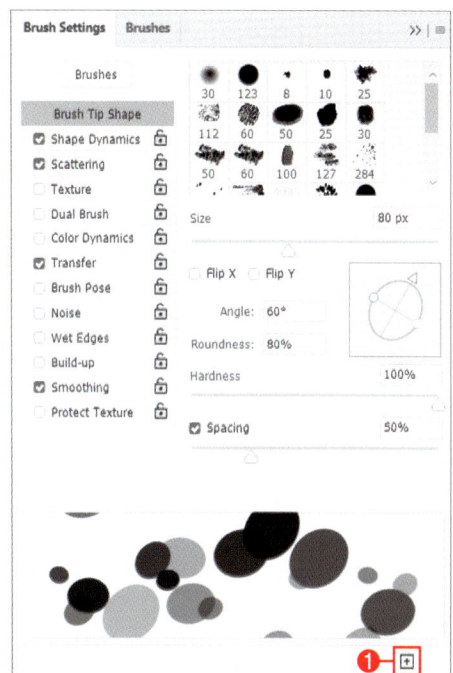

> **TIP!**
> 브러시의 크기를 함께 저장하려면 'Capture Brush Size in Preset'을 체크합니다.

02 옵션바의 ❶ 브러시 모양 아이콘(●)을 클릭하고 맨 아래에 내가 만든 브러시가 있는 것을 확인합니다. ❷ '나의 브러시'를 마우스 오른쪽 버튼으로 클릭하고 ❸ [Delete Brush]를 클릭해 삭제할 수 있습니다.

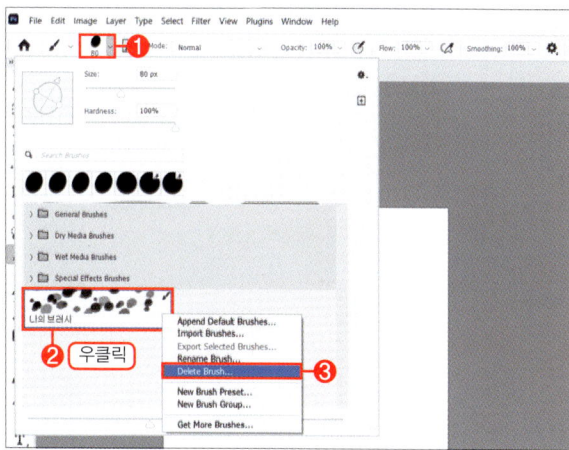

이미지를 브러시로 만드는 방법

■ 준비 파일 P01\Ch02\이미지로 브러시 만들기.jpg

직접 그린 그림이나 마음에 드는 이미지를 브러시로 등록할 수 있습니다. 이미지에서 브러시로 등록할 부분을 추출하여 나만의 개성 있는 브러시를 만들어 보겠습니다.

01 [File 〉 Open]을 클릭해 '이미지로 브러시 만들기.jpg'를 불러옵니다.

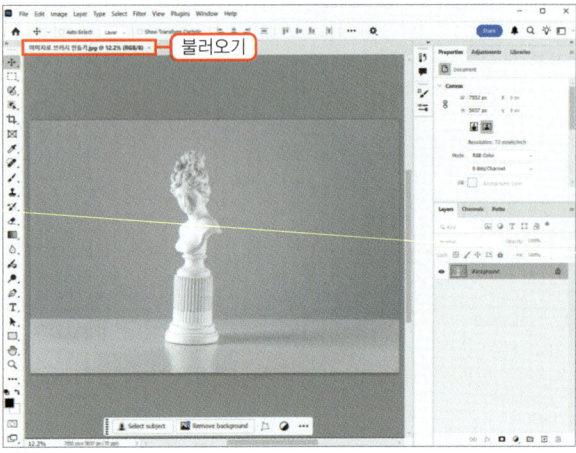

02 ❶ [Image] – ❷ [Adjustments] – ❸ [Levels]를 클릭합니다.

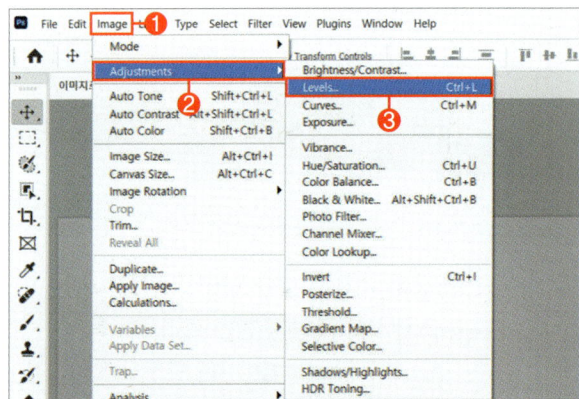

03 ❶ 그림과 같이 화살표를 클릭 & 드래그한 후 ❷ [OK]를 클릭합니다.

- Shadow Input: 105
- Midtone Input: 0.65
- Highlight Input: 255

TIP!
어두운 부분만 브러시로 등록되기 때문에 이미지의 밝기를 필수로 조정해야 합니다.

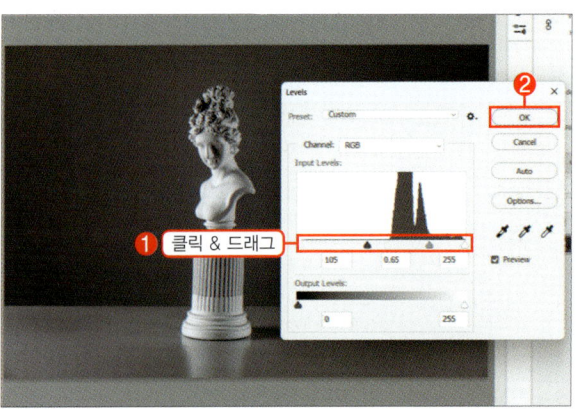

04 ❶ Object Selection Tool( )을 클릭하고 ❷ 조각상 주변을 클릭 & 드래그해 선택합니다.

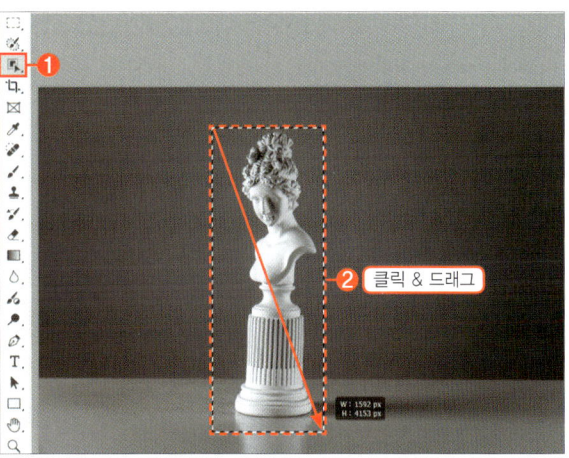

05 ❶ [Edit] – ❷ [Define Brush Preset]을 클릭합니다. ❸ 이름을 '조각상 브러시'로 입력하고 ❹ [OK]를 클릭합니다.

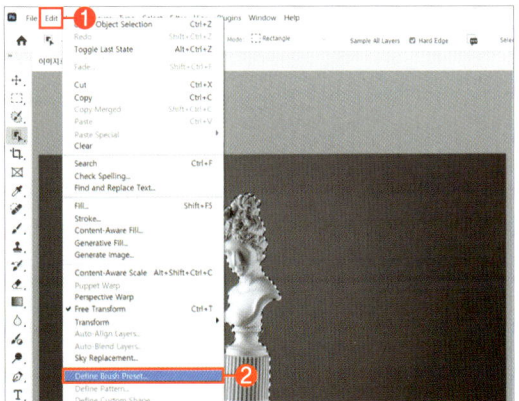
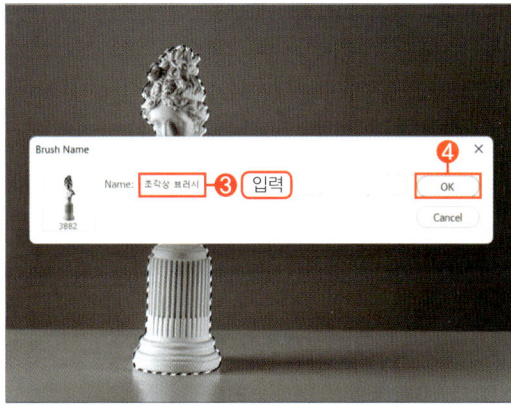

06 ❶ Ctrl + D 를 눌러 선택 영역을 해제합니다. Layers 패널의 ❷ 칠 레이어 아이콘( ) – ❸ [Solid Color]를 클릭합니다. ❹ '#ffffff'를 입력하고 ❺ [OK]를 클릭합니다.

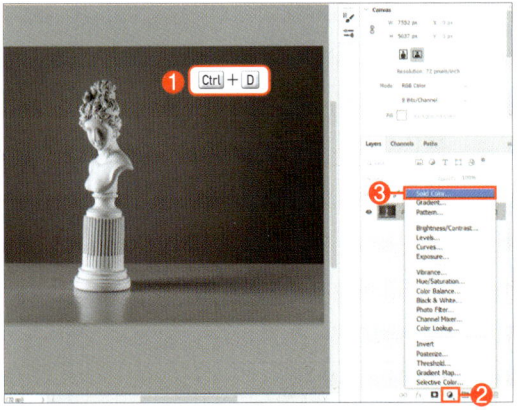
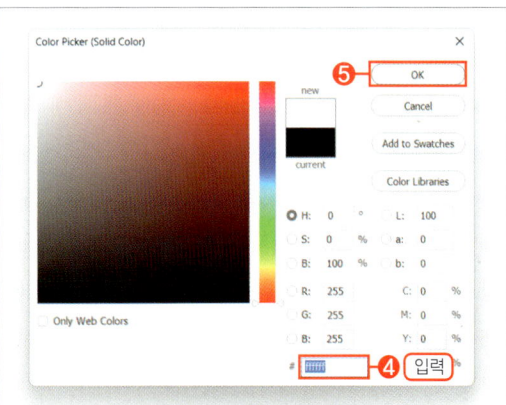

Chapter 02 · 포토샵 기초 기능 마스터하기 95

07 Layers 패널의 새 레이어 아이콘(□)을 클릭합니다.

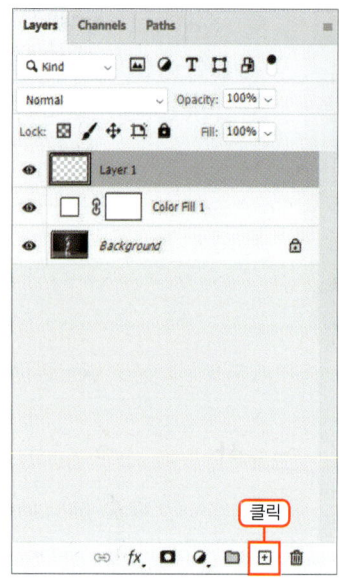

08 ❶ [전경색]을 클릭해 ❷ '#9e22de'를 입력한 후 ❸ [OK]를 클릭합니다. ❹ 키보드의 []와 []를 눌러 브러시의 크기를 조절합니다.

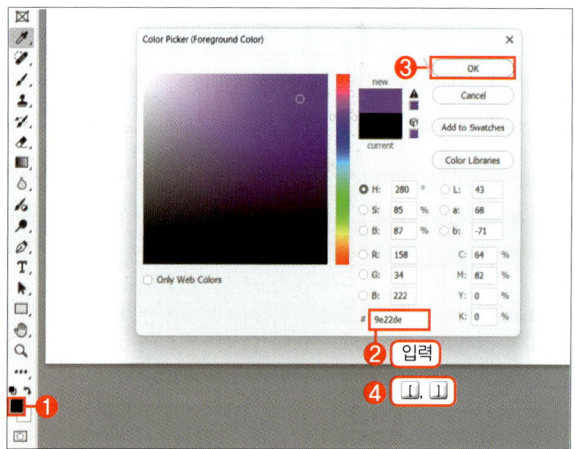

09 캔버스를 클릭 또는 드래그하면 추출한 이미지가 브러시로 등록된 것을 확인할 수 있습니다.

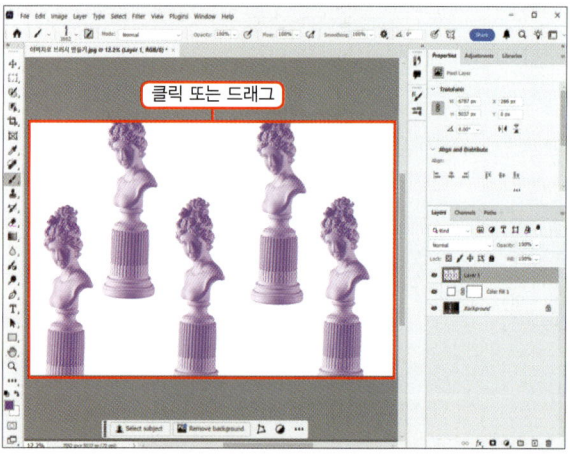

03 펜 도구와 모양 도구 완전 정복하기

어떤 것을 직접 그리거나 모양을 만들 때 자주 사용하는 펜 도구와 모양 도구에 대해 알아보겠습니다. 펜 도구는 패스를 그릴 수 있는 대표 도구입니다. 초보자는 펜 도구의 사용법이 익숙해질 때까지 이번 섹션을 반복해서 연습하는 것을 추천합니다.

반듯한 직선과 부드러운 곡선 그리기

▣ 준비 파일 P01\Ch02\Pen Tool 마스터하기.jpg

Pen Tool(펜 도구)이 손에 익도록 먼저 반듯한 직선과 부드러운 곡선을 그려 봅니다.

01 [File 〉 Open]을 클릭해 ❶ 'Pen Tool 마스터하기.jpg'를 불러오고 ❷ Pen Tool(✐)을 클릭한 후 옵션바의 ❸ 도구 모드를 'Shape'으로 설정합니다.

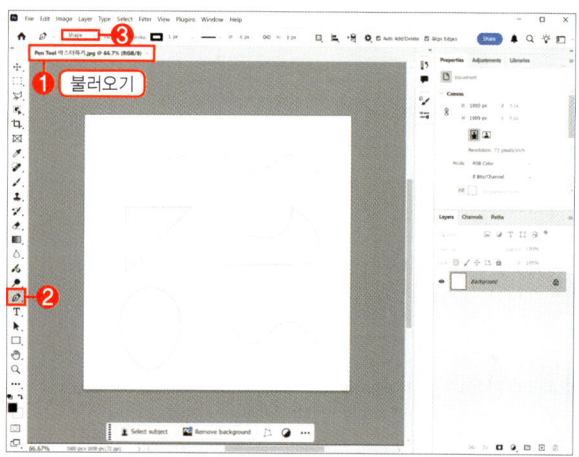

02 옵션바의 ❶ [Fill] – ❷ ☐을 클릭합니다. ❸ [Stroke] – ❹ ☐을 클릭하고 ❺ '#ffc000'을 입력한 후 ❻ [OK]를 클릭합니다. ❼ 획 두께는 '10 px'로 설정합니다.

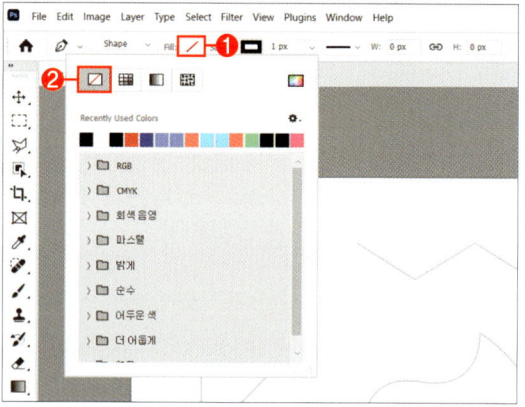
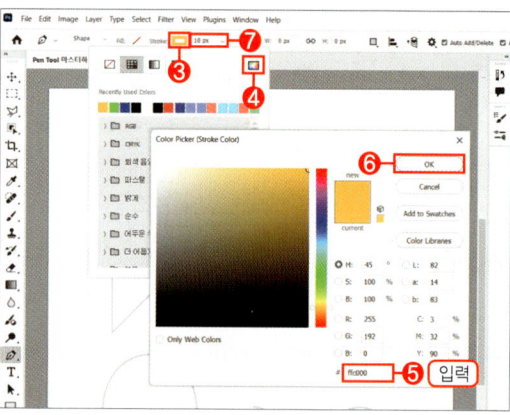

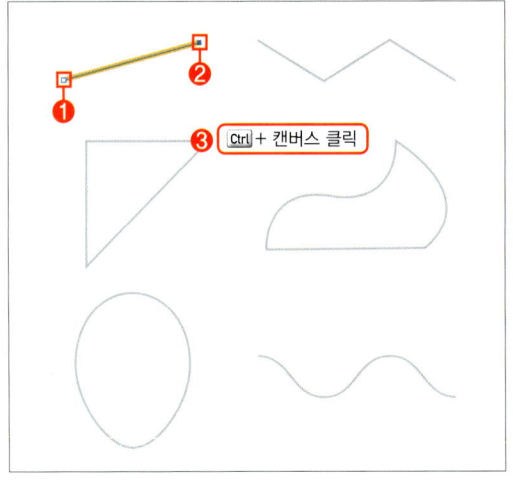

03 첫 번째 직선의 ❶ 시작점을 클릭하고 ❷ 끝나는 지점을 클릭한 후 ❸ Ctrl을 누른 채 캔버스를 클릭해 모양을 완성합니다.

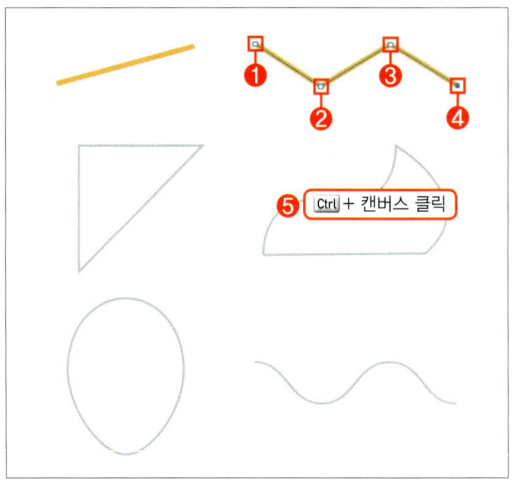

04 두 번째 직선의 ❶ 시작점을 클릭하고 ❷ 꺾이는 곳을 클릭합니다. ❸~❹ 나머지도 같은 방법으로 클릭한 후 ❺ Ctrl을 누른 채 캔버스를 클릭해 모양을 완성합니다.

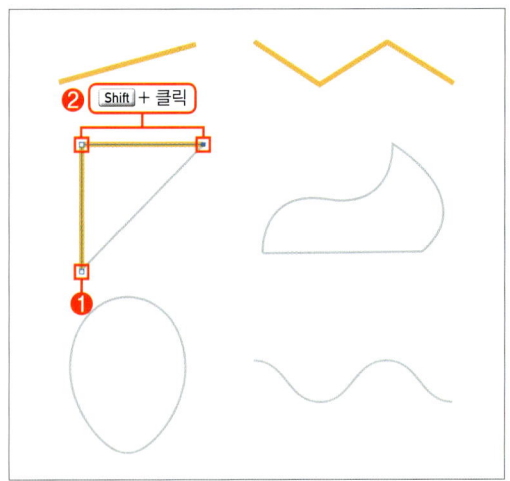

05 세 번째 직선의 ❶ 시작점을 클릭하고 ❷ Shift 를 누른 채 윗부분의 고정점 두 개를 클릭합니다. Shift + 클릭하면 45° 단위로 이어지는 고정점을 만들 수 있습니다.

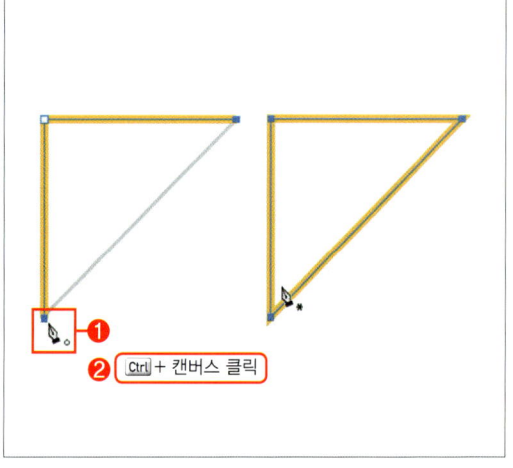

06 시작점에 마우스를 오버하고 ❶ 커서에 동그라미 표시가 나올 때 클릭한 후 ❷ Ctrl을 누른 채 캔버스를 클릭합니다.

> **TIP!**
> Pen Tool( )인 상태에서 Ctrl + 클릭 또는 드래그하면 Direct Selection Tool( )로 잠시 바꿀 수 있습니다.

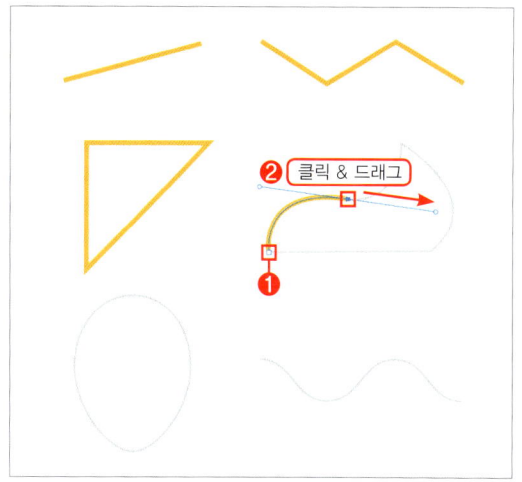
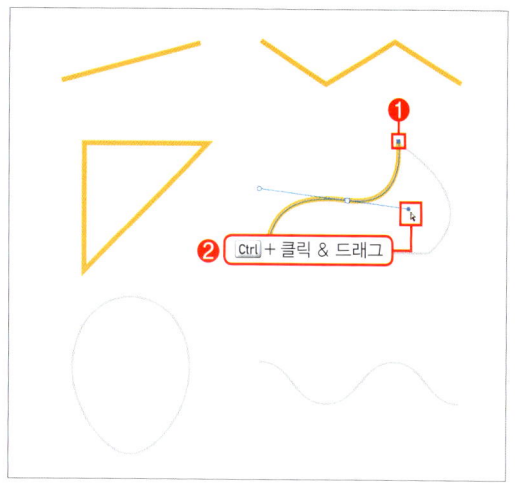

07 네 번째 곡선의 ❶ 시작점을 클릭하고 ❷ 곡선의 모양이 변하는 지점에서 곡선의 반대 방향으로 클릭 & 드래그합니다.

08 ❶ 곡선이 꺾이는 지점을 클릭하고 ❷ 핸들을 Ctrl + 클릭 & 드래그하여 곡선의 모양을 조정합니다. 핸들은 곡선의 길이와 방향을 조정하는 손잡이 역할을 합니다.

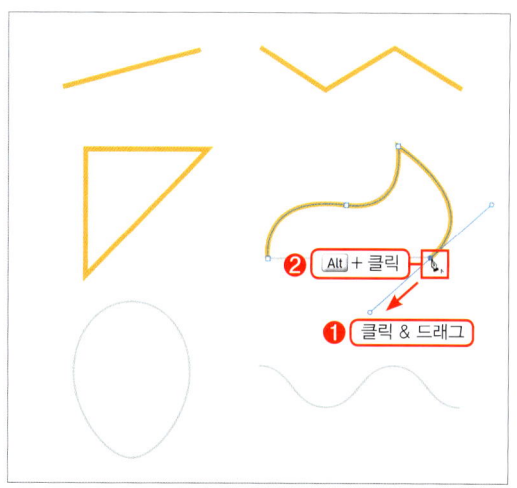
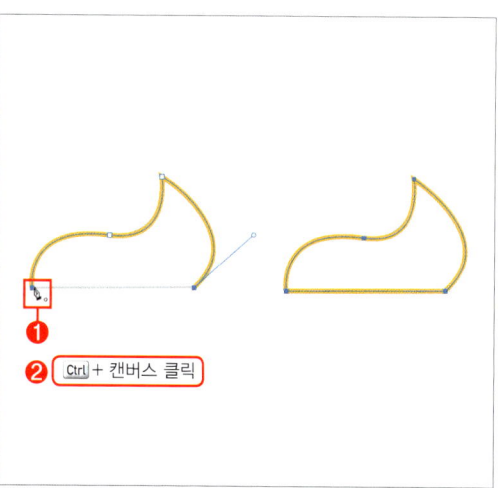

09 ❶ 곡선이 끝나는 지점을 왼쪽 대각선 방향으로 클릭 & 드래그한 후 ❷ 커서에 뾰족한 표시가 나올 때 곡선점을 Alt + 클릭합니다.

10 시작점에 마우스를 오버하고 ❶ 커서에 동그라미 표시가 나올 때 클릭한 후 ❷ Ctrl을 누른 채 캔버스를 클릭합니다.

> **TIP!**
> 곡선점을 Alt + 클릭하면 필요 없는 핸들을 끊고, 직선이나 곡선을 자유롭게 그릴 수 있습니다.

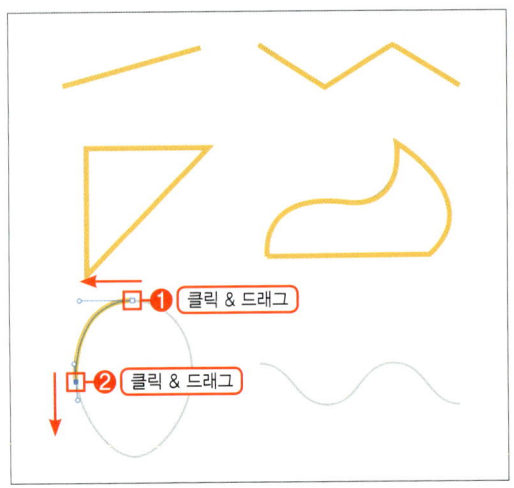

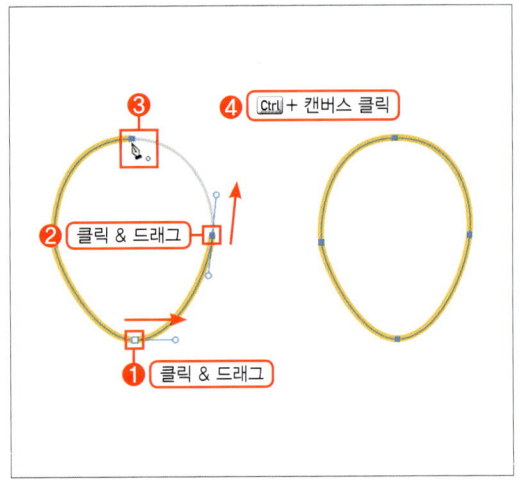

11 다섯 번째 곡선의 ❶ 윗부분을 왼쪽으로 클릭 & 드래그하고 ❷ 왼쪽 곡선 부분을 아래로 클릭 & 드래그합니다.

12 ❶~❷ 나머지 부분을 그림과 같이 클릭 & 드래그하고 시작점에 마우스를 오버한 후 ❸ 커서에 동그라미 표시가 나올 때 클릭합니다. ❹ Ctrl을 누른 채 캔버스를 클릭해 모양을 완성합니다.

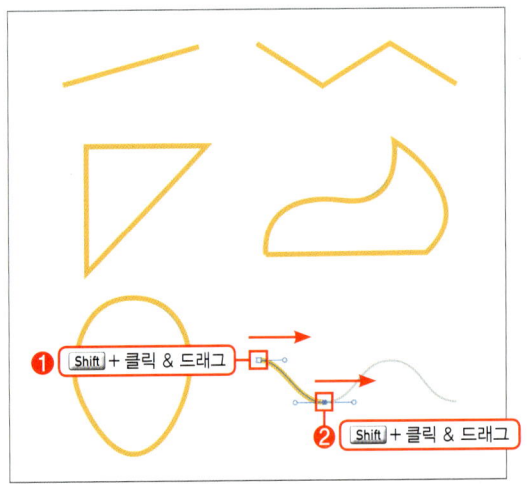

13 여섯 번째 곡선의 ❶ 시작점을 오른쪽으로 Shift + 클릭 & 드래그하고 ❷ 아랫부분을 오른쪽으로 Shift + 클릭 & 드래그합니다.

14 ❶~❷ 나머지 부분을 그림과 같이 오른쪽으로 Shift + 클릭 & 드래그하고 ❸ Ctrl을 누른 채 캔버스를 클릭해 모양을 완성합니다.

> **TIP!**
> Shift + 클릭 & 드래그하면 핸들의 각도를 45° 단위로 맞출 수 있습니다.

Path Selection Tool과 Direct Selection Tool로 수정하기

이어서 패스를 수정하는 방법을 알아보겠습니다.

01 Layers 패널에서 ❶ 'Shape 3' 레이어를 클릭하고 ❷ 'Shape 4' 레이어를 Ctrl + 클릭하여 중복 선택합니다. ❸ Ctrl + E 를 눌러 레이어를 병합합니다. 하나의 레이어에 두 개의 패스가 있는 상태입니다.

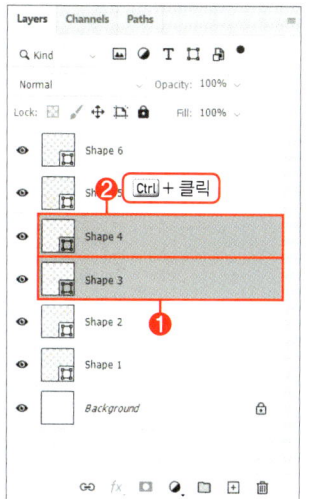
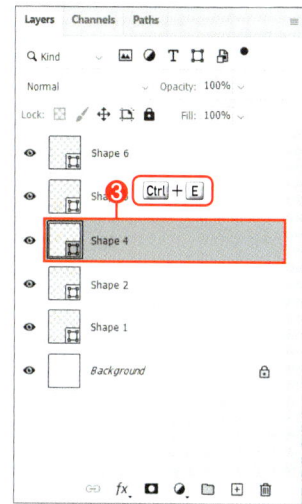

02 ❶ Path Selection Tool(▶)을 클릭하고 옵션바의 ❷ Select를 'All Layers'로 설정합니다. 이렇게 하면 레이어를 선택하지 않아도 패스를 선택하고, 변형할 수 있습니다.

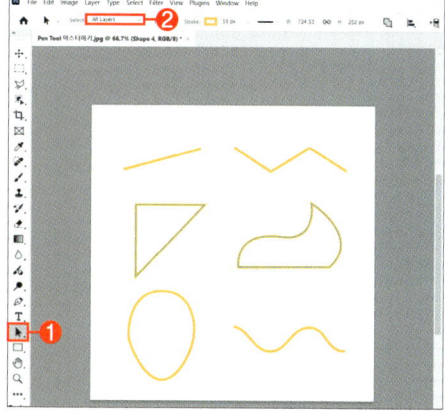

03 ❶ 바깥쪽부터 패스가 포함되게 그림과 같이 클릭 & 드래그하여 선택합니다. ❷ 패스를 클릭 & 드래그하면 이동할 수 있습니다.

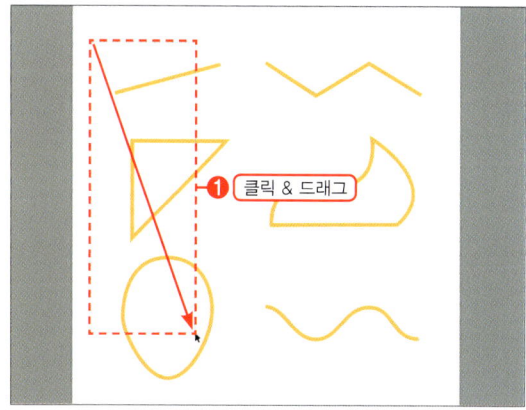
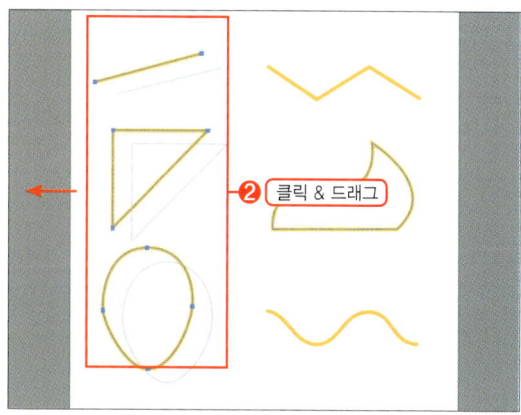

04 ❶ Path Selection Tool(▶)을 마우스 오른쪽 버튼으로 클릭하고 ❷ Direct Selection Tool(▶)을 클릭합니다.

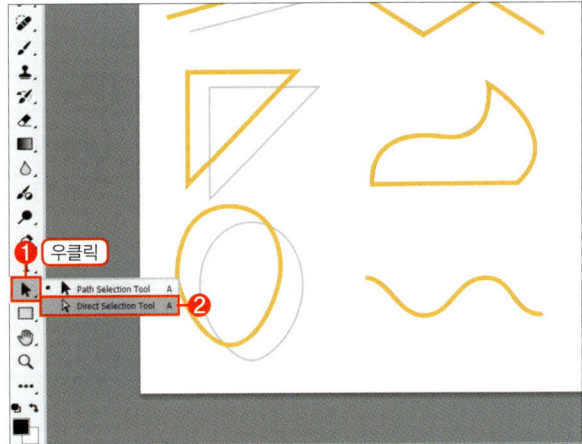

> **TIP!**
> Path Selection Tool(▶)과 Direct Selection Tool(▶)은 Ctrl + 클릭 또는 드래그로 교차하여 사용할 수 있습니다.

05 ❶ 바깥쪽부터 패스가 포함되게 그림과 같이 클릭 & 드래그하여 선택합니다. ❷ 표시된 패스를 클릭 & 드래그하면 모양을 바꿀 수 있습니다.

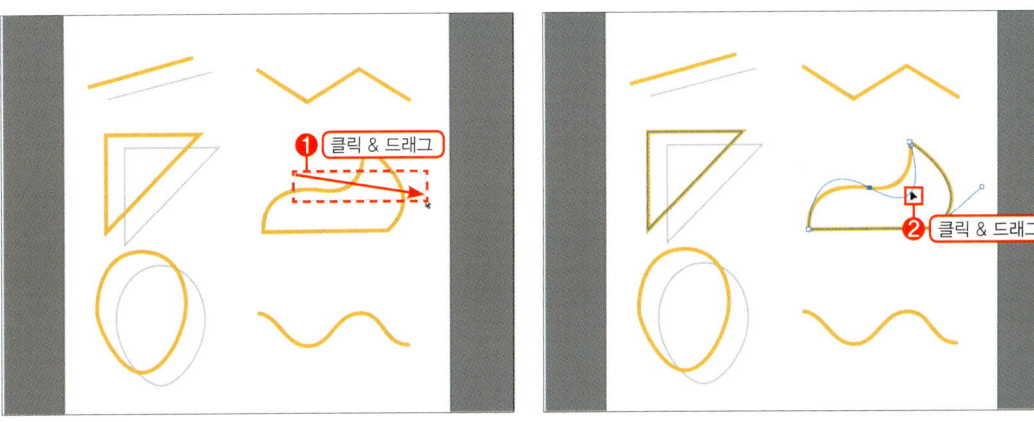

06 ❶ 네모 모양의 고정점을 클릭 & 드래그하면 고정점의 위치를 바꿀 수 있습니다. ❷ 원 모양의 핸들을 클릭 & 드래그하면 곡선의 길이와 방향을 바꿀 수 있습니다.

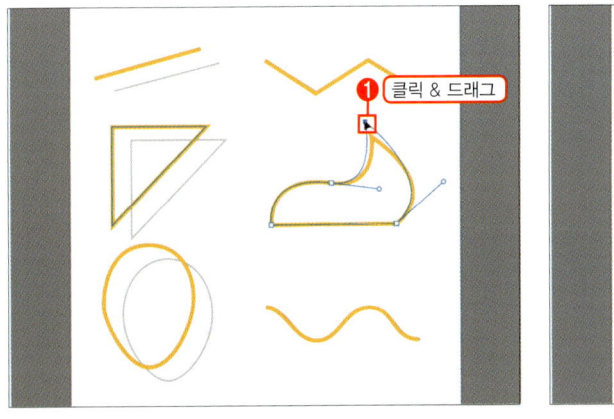
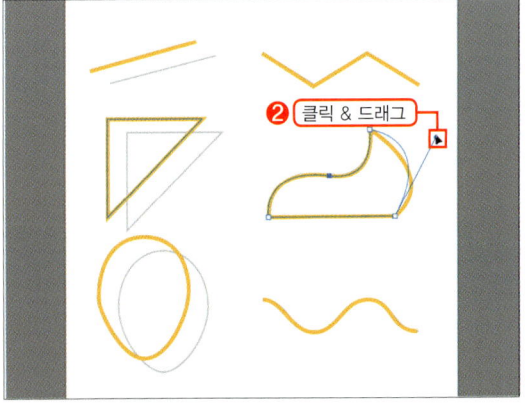

사각형, 타원, 다각형 그리기

모양 도구에서 자주 사용하는 Rectangle Tool(사각형 도구), Ellipse Tool(타원 도구), Polygon Tool(다각형 도구)의 사용 방법을 알아보겠습니다.

01 [File 〉 New]를 클릭하고 새 문서를 ❶~❹와 같이 설정한 후 ❺ [Create]를 클릭합니다.

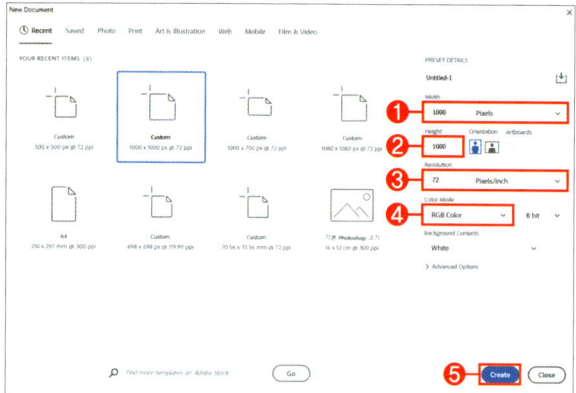

- Width: 1000 Pixels
- Height: 1000 Pixels
- Resolution: 72 Pixels/Inch
- Color Mode: RGB Color

02 ❶ Rectangle Tool()을 클릭하고 옵션바의 ❷ 도구 모드를 'Shape'으로 설정합니다.

03 옵션바의 ❶ [Fill] – ❷ ▨을 클릭한 후 ❸ '#082ebd'를 입력하고 ❹ [OK]를 클릭합니다. ❺ [Stroke] – ❻ ▨을 클릭합니다.

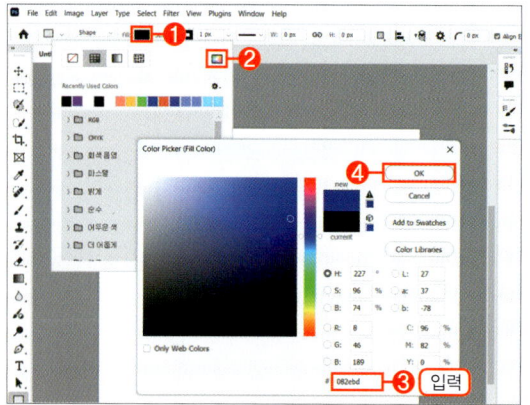 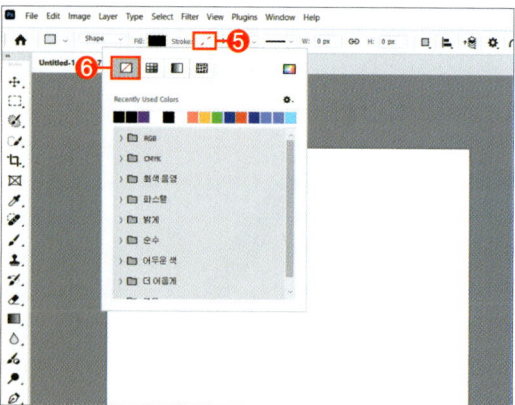

Chapter 02 · 포토샵 기초 기능 마스터하기 103

04 ❶ 클릭 & 드래그하면서 Shift 를 눌러 정사각형을 그린 후 ❷ 바깥쪽을 클릭 & 드래그하여 회전합니다.

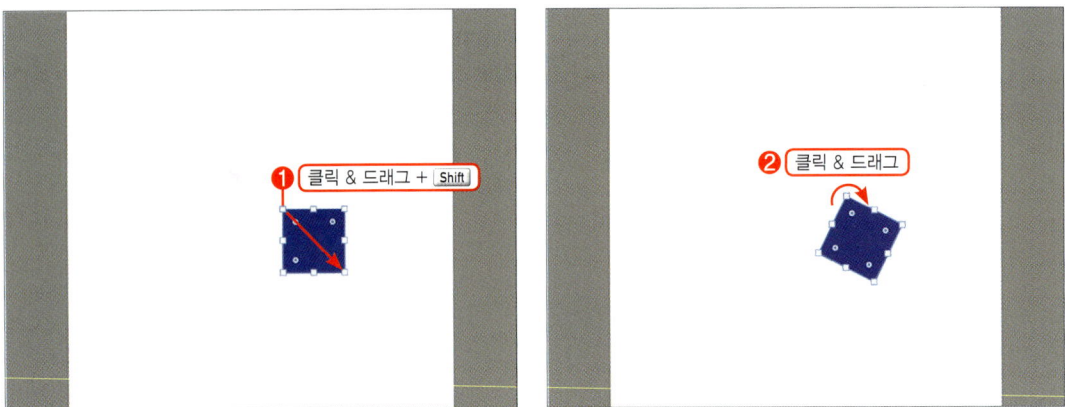

05 ❶ 클릭 & 드래그해 직사각형을 그린 후 ❷ 바깥쪽을 클릭 & 드래그하여 회전합니다.

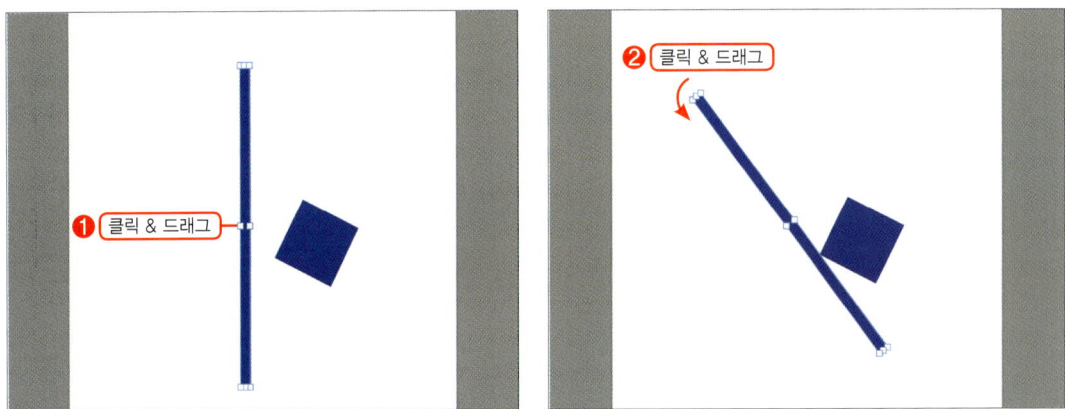

06 ❶ Alt 를 누른 채로 마우스 휠을 올려 캔버스를 확대합니다. ❷ 모서리의 눈을 안쪽으로 클릭 & 드래그해 둥글게 만듭니다.

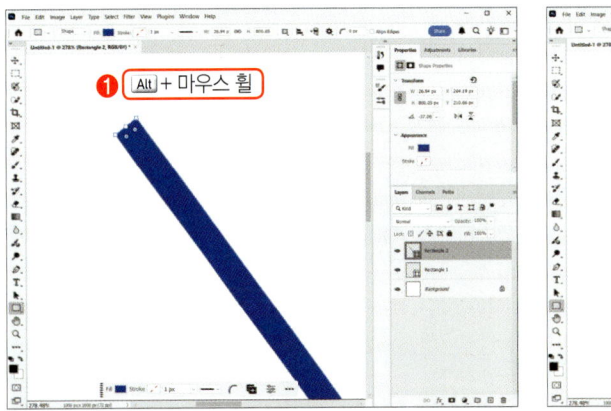 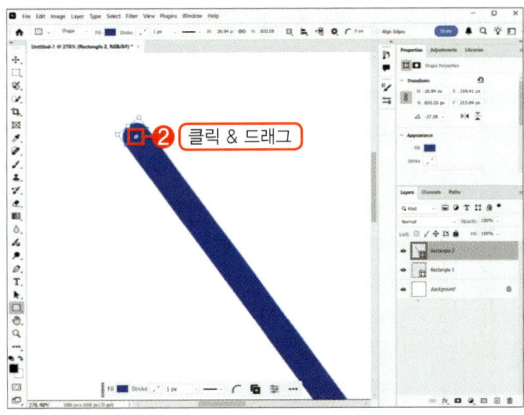

07 옵션바의 ❶ [Fill] – ❷ ▢을 클릭합니다. ❸ '#e6263d'를 입력한 후 ❹ [OK]를 클릭합니다.

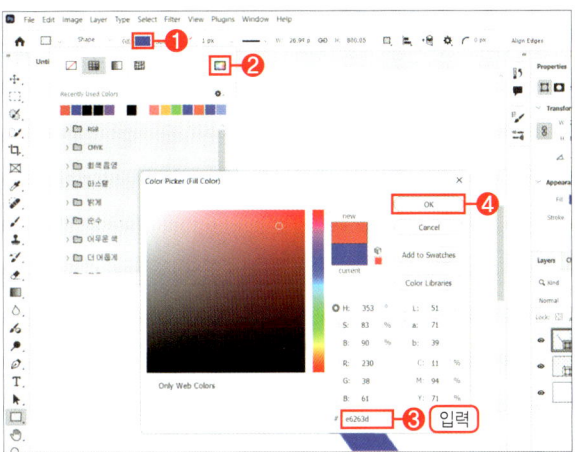

08 사각형의 폭과 높이를 미리 설정하고 싶다면 ❶ 캔버스를 클릭하고 ❷ Width를 '200 px', Height를 '300 px'로 설정한 후 ❸ [OK]를 클릭합니다.

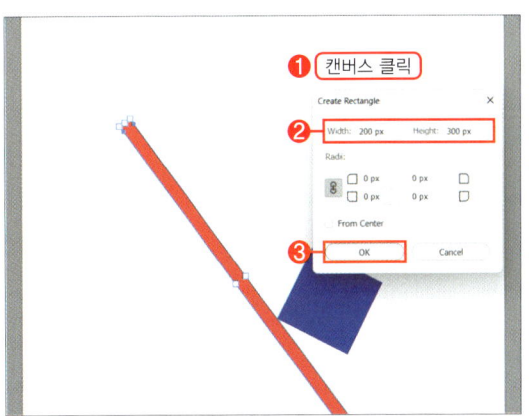
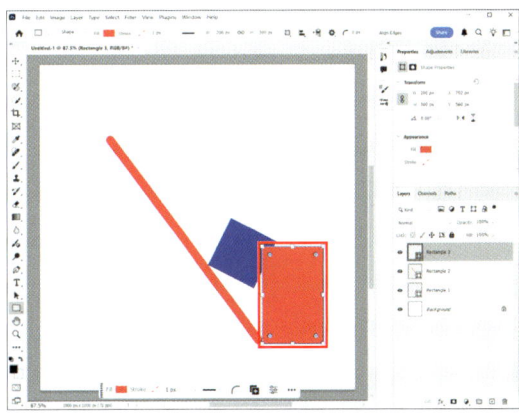

09 네 개의 반경을 각각 수정하기 위해 Properties 패널에서 ❶ 링크 아이콘(⑧)을 클릭하고 ❷ 상단의 반경 두 개를 모두 '100 px'로 설정합니다.

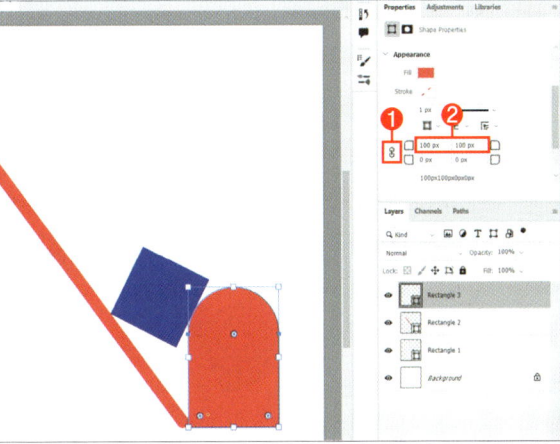

TIP!

옵션바의 Radius에서도 반경을 설정할 수 있으며, Photoshop CC 2020 이전 버전은 해당 기능이 지원되지 않기 때문에 Rounded Rectangle Tool(▢)을 클릭해 설정합니다.

10 ❶ Rectangle Tool(□)을 마우스 오른쪽 버튼으로 클릭하고 ❷ Ellipse Tool(○)을 클릭합니다. ❸ 캔버스를 클릭 & 드래그하면서 Shift를 눌러 정원형을 그립니다.

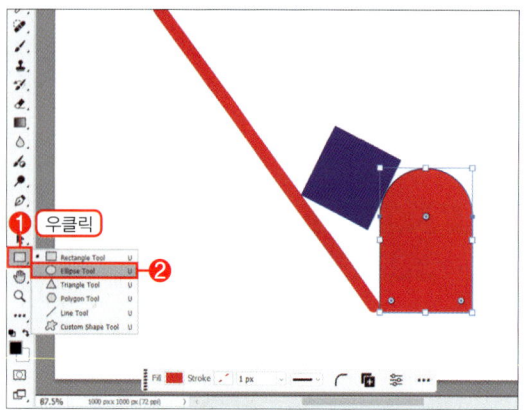
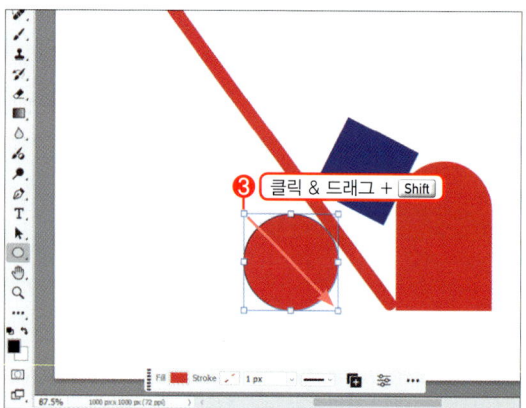

11 옵션바의 ❶ [Fill] – ❷ □을 클릭합니다. ❸ '#cbef21'을 입력한 후 ❹ [OK]를 클릭합니다.

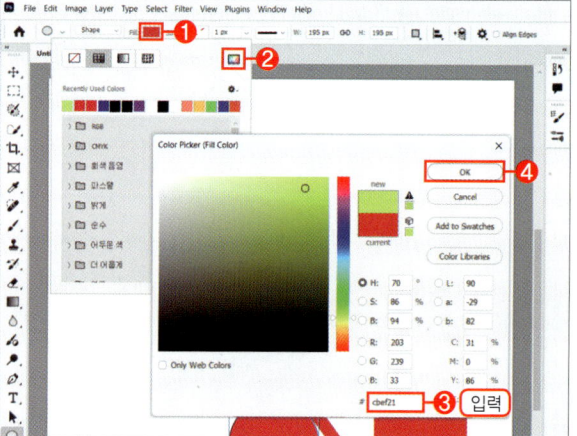

12 원의 폭과 높이를 미리 설정하고 싶다면 ❶ 캔버스를 클릭하고 ❷ Width를 '300 px', Height를 '250 px'로 설정한 후 ❸ [OK]를 클릭합니다.

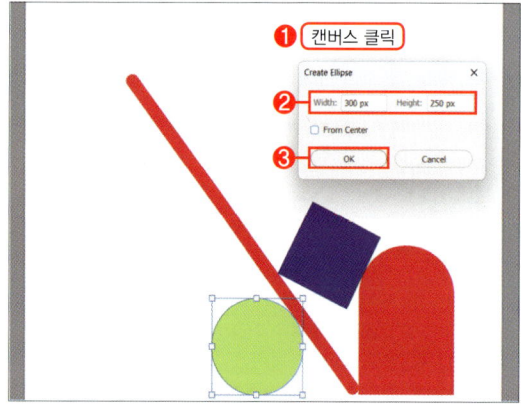
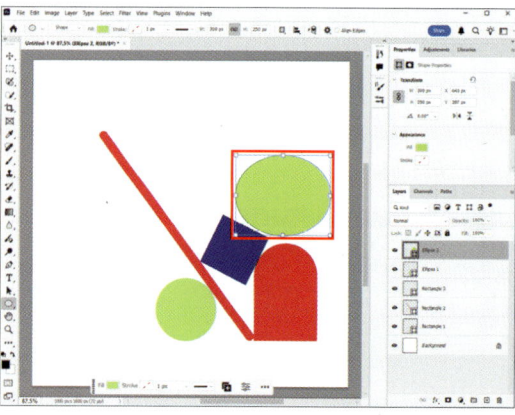

13 ① 도형의 바깥쪽을 클릭 & 드래그하여 회전합니다. 이번에는 반원을 그리기 위해 ② 클릭 & 드래그 하면서 Shift 를 눌러 정원형을 그립니다.

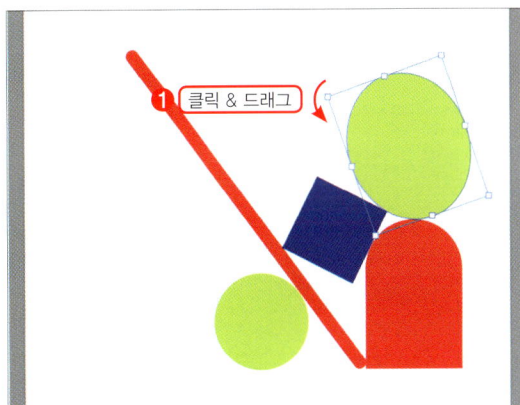 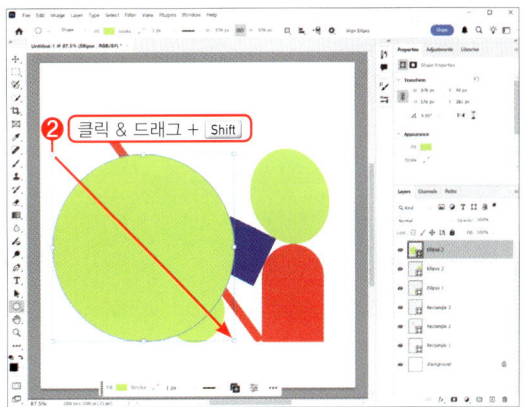

14 Layers 패널에서 ① 'Ellipse 3' 레이어의 섬네일을 더블 클릭하고 ② 파란색 사각형을 클릭하여 색을 추출한 후 ③ [OK]를 클릭합니다.

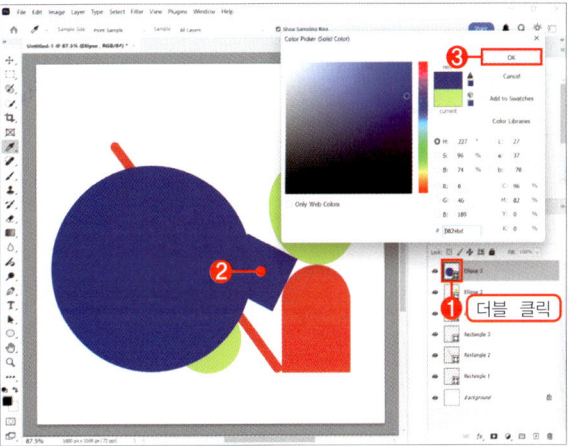

15 ① Path Selection Tool( )을 마우스 오른쪽 버튼으로 클릭하고 ② Direct Selection Tool( )을 클릭합니다.

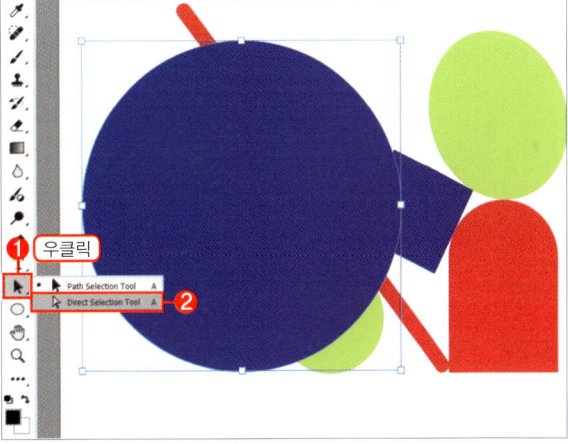

16 ❶ 원의 오른쪽 고정점을 클릭하고 Delete를 눌러 삭제합니다. 팝업창의 ❷ [Yes]를 클릭합니다.

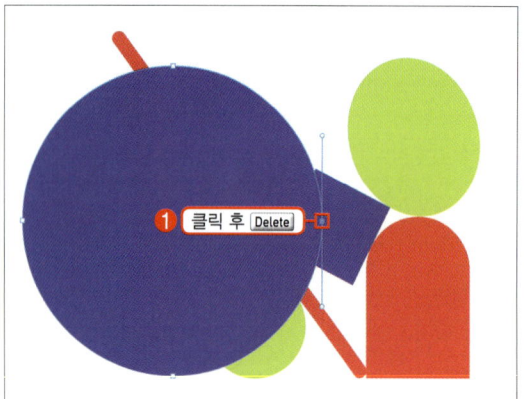
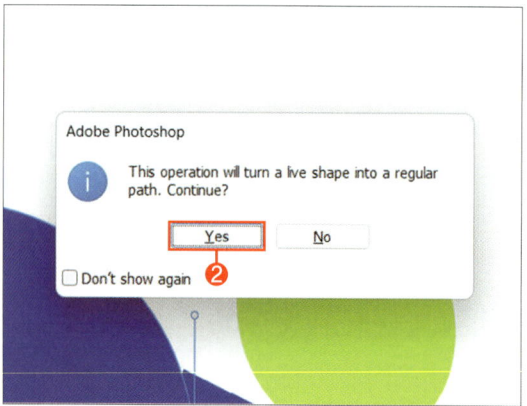

17 ❶ Ctrl + T를 눌러 줍니다. ❷ 바깥쪽을 클릭 & 드래그하여 회전하고 ❸ Enter를 눌러 마무리합니다.

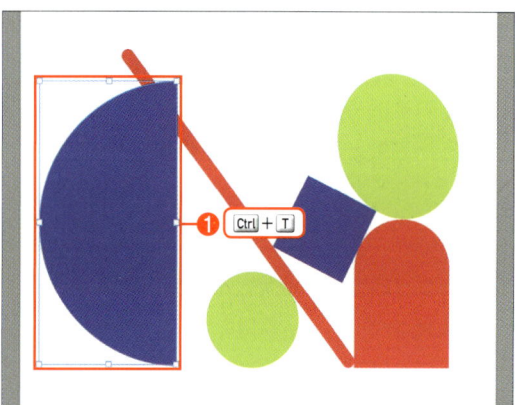
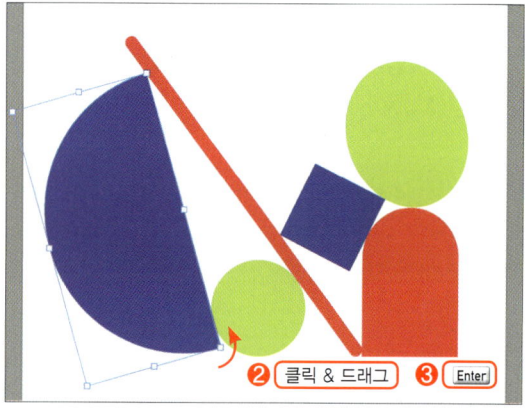

> **TIP!**
> 도형의 고정점을 삭제하면 기본 도형의 성질을 잃어버리게 되어 다른 개체와 마찬가지로 Ctrl + T를 눌러 변형할 수 있습니다.

18 ❶ Ellipse Tool(⬭)을 마우스 오른쪽 버튼으로 클릭하고 ❷ Polygon Tool(⬡)을 클릭합니다. 옵션바의 ❸ Sides(＃)를 '6'으로 설정하고 ❹ 클릭 & 드래그하면서 Shift를 눌러 정육각형을 그립니다.

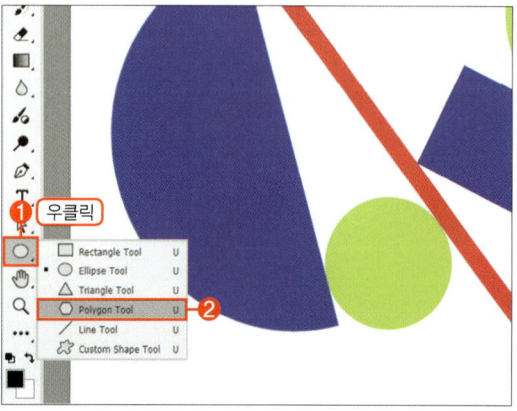
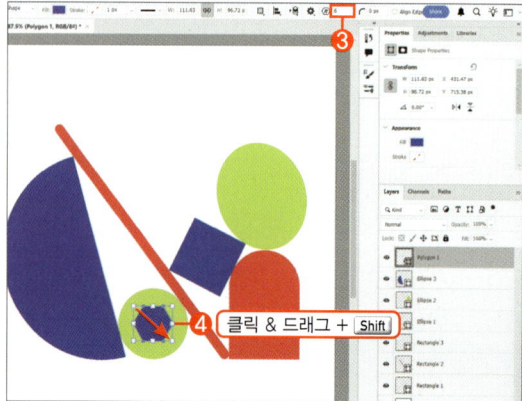

108   Part 01 · 포토샵 마스터하기

19 옵션바의 ❶ [Fill] – ❷ ▢을 클릭합니다. ❸ '#ffffff'를 입력한 후 ❹ [OK]를 클릭합니다.

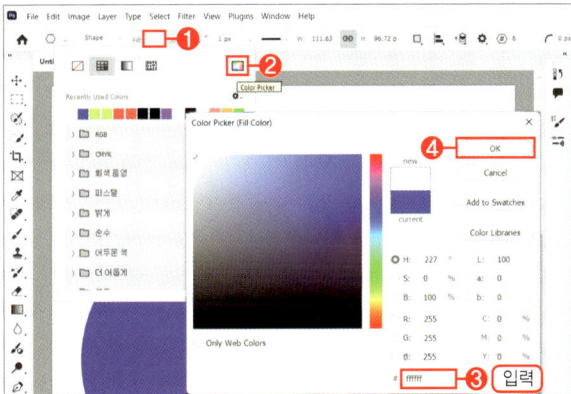

20 옵션바의 ❶ Sides(⊕)를 '4'로 설정하고 ❷ ⚙ – ❸ Star Ratio를 '50%'로 설정합니다. ❹ 캔버스를 클릭 & 드래그하면서 Shift 를 눌러 별 모양을 그립니다.

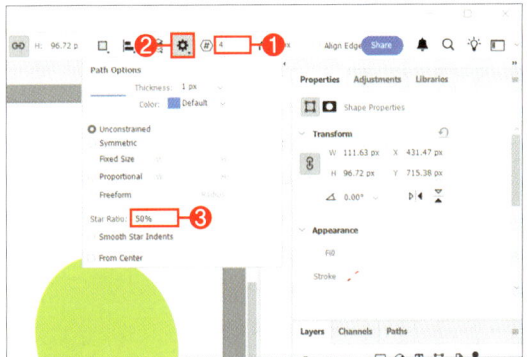 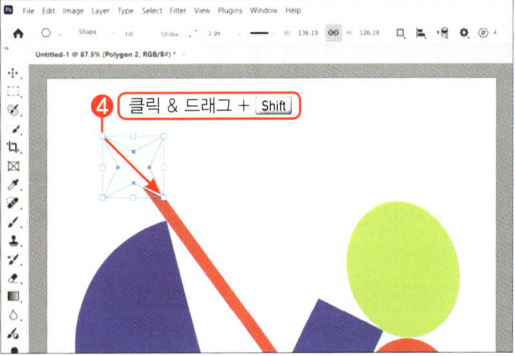

> **TIP!**
> Star Ratio의 값이 작을수록 날카로운 형태의 별을 만들 수 있고, 'Smooth Star Indents'를 체크하면 별 내부의 각을 둥글게 만들 수 있습니다.

21 옵션바의 ❶ [Fill] – ❷ ▢을 클릭합니다. ❸ '#333333'을 입력한 후 ❹ [OK]를 클릭합니다. 모양 도구의 활용 연습을 완료했습니다.

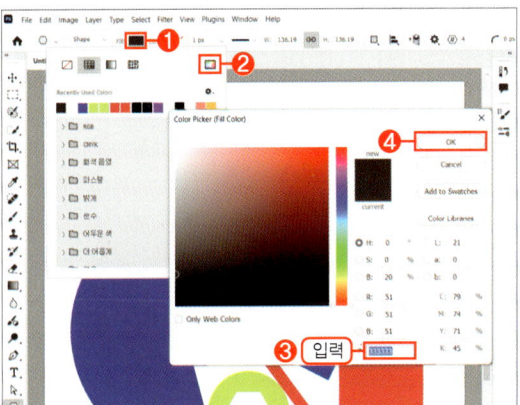 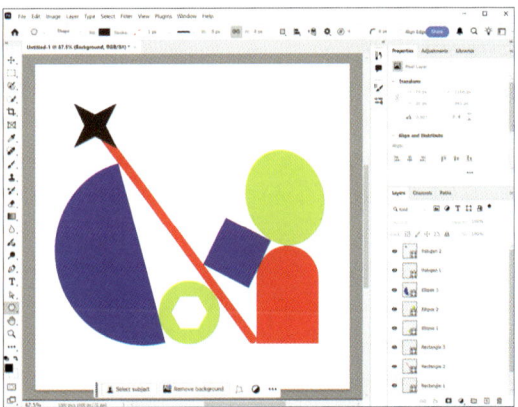

Chapter

03

이미지에 따른
누끼 따는 방법

'누끼 따기'란 이미지의 외곽을 따고, 배경을 없애는 작업을 의미합니다. '외곽 따기'나 '배경 없애기' 등으로 순화해서 표현할 수도 있지만, 실무에서는 '누끼 따기'라는 표현을 더 많이 사용하고 있습니다. 이번 챕터에서는 이미지에 따라 달라지는 여러 가지 누끼 따는 방법에 대해 알아보겠습니다.

01	윤곽이 또렷한 이미지일 때
02	윤곽이 또렷하지 않은 이미지일 때
03	동물의 털, 머리카락이 있는 이미지일 때

01 윤곽이 또렷한 이미지일 때

피사체와 배경의 색상이 잘 분리되어 있는 이미지는 누끼를 비교적 쉽게 딸 수 있습니다. 포토샵에 인공지능 기술이 더해지면서 어떤 이미지는 1초 만에 누끼를 따기도 합니다. 이번 섹션에서는 윤곽이 또렷한 이미지일 때 누끼를 따는 방법에 대해 알아보겠습니다.

인공지능이 선택하는 Object Selection Tool

■ 준비 파일 P01\Ch03\누끼-Object Selection Tool.jpg

먼저 Object Selection Tool(개체 선택 도구)을 이용해 누끼를 따는 방법을 알아보겠습니다.

01 [File 〉 Open]을 클릭해 ❶ '누끼-Object Selection Tool.jpg'를 불러옵니다. ❷ Object Selection Tool(￼)을 클릭하고 옵션바의 ❸ Mode를 'Rectangle'로 설정합니다.

02 ❶ 건물 부근을 클릭 & 드래그하면 인공지능이 개체를 인식하여 건물만 깔끔하게 선택해 줍니다. ❷ Ctrl + J를 눌러 레이어를 복제하고 ❸ 'Background' 레이어의 눈 아이콘(￼)을 클릭해 끄면 완성!

> **TIP!**
> Photoshop CC 2022 이후 버전부터는 개체가 자동으로 인식되지만, 정확성을 위해 대략적인 영역을 지정하는 것이 좋습니다.

덩어리를 한 번에 선택하는 Quick Selection Tool

📁 준비 파일 **P01\Ch03\누끼-Quick Selection Tool.jpg**

이번에는 Quick Selection Tool(빠른 선택 도구)을 이용해 누끼를 따는 방법을 알아보겠습니다.

01 [File 〉 Open]을 클릭해 '누끼-Quick Selection Tool .jpg'를 불러옵니다.

02 보라색 띠를 선택하기 위해 ❶ Object Selection Tool( )을 마우스 오른쪽 버튼으로 클릭하고 ❷ Quick Selection Tool( )을 클릭합니다. ❸ ①와 ①를 눌러 마우스의 크기를 조절합니다. 이때 마우스의 크기는 선택하려는 범위보다 조금 작아야 합니다.

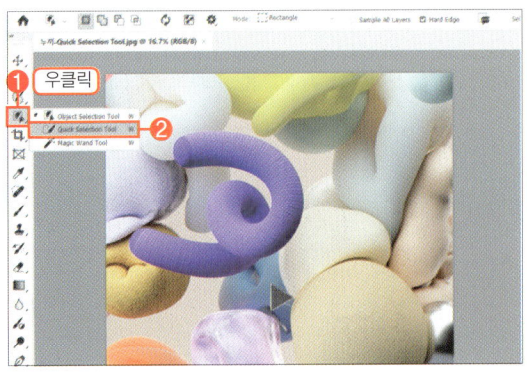
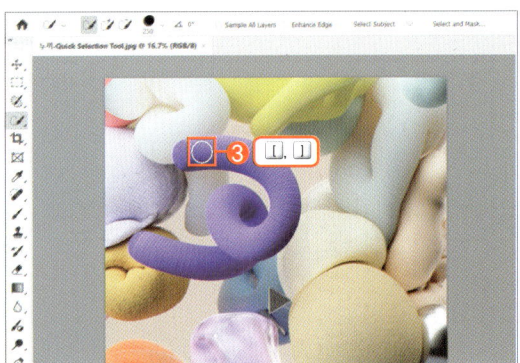

03 옵션바의 ❶ Add to selection( )을 클릭하고 ❷ 보라색 띠 영역을 클릭 & 드래그하여 선택합니다. ❸ Ctrl + J를 눌러 레이어를 복제하고 ❹ 'Background' 레이어의 눈 아이콘( )을 클릭해 끄면 완성!

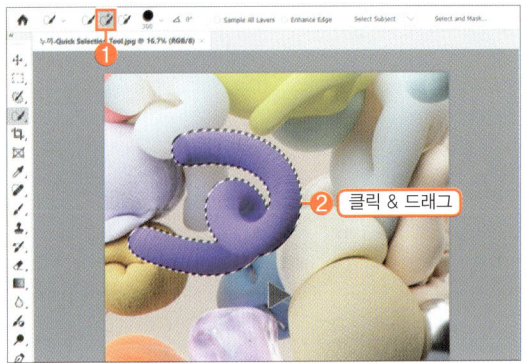
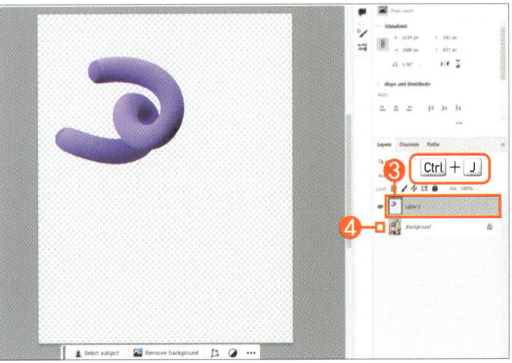

비슷한 색상만 선택하는 Magic Wand Tool

📁 준비 파일 P01\Ch03\누끼-Magic Wand Tool.jpg

이어서 비슷한 색상만 선택해 주는 Magic Wand Tool(자동 선택 도구)로 누끼를 따보겠습니다.

01 [File 〉 Open]을 클릭해 ❶ '누끼-Magic Wand Tool.jpg'를 불러옵니다. ❷ Quick Selection Tool( )을 마우스 오른쪽 버튼으로 클릭하고 ❸ Magic Wand Tool( )을 클릭합니다.

02 옵션바의 ❶ Tolerance를 '60'으로 설정하고 ❷ 'Contiguous'을 체크 해제합니다.

> **TIP!**
> Tolerance는 '0~255'의 정수로 설정할 수 있습니다. 숫자가 작을수록 클릭한 부분과 비슷한 색을 선택하고, 숫자가 클수록 비슷하지 않은 색까지 선택합니다. 'Contiguous'를 체크하면 클릭한 영역과 맞닿아 있는 부분에서 비슷한 색상을 선택하고, 체크 해제하면 이미지에서 클릭한 부분과 비슷한 색상을 모두 선택합니다.

03 하늘 부분을 클릭하여 선택합니다.

> **TIP!**
> 이미지의 하늘 부분에는 다양한 농도의 하늘색이 있으므로 위치를 다르게 클릭해 보며 적절한 선택 영역을 잡아 줍니다.

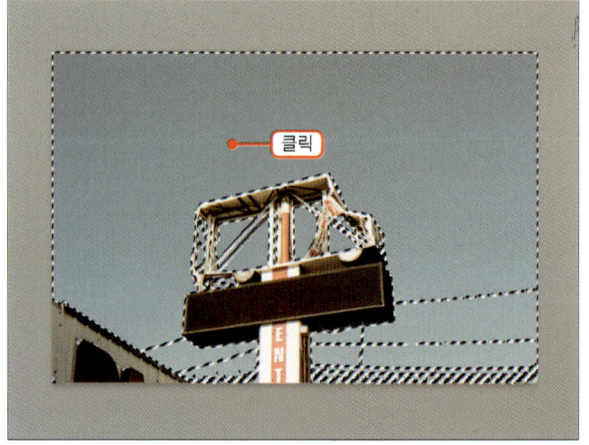

04 ❶ [Select] – ❷ [Inverse]를 클릭하여 선택 영역을 반전시킵니다.

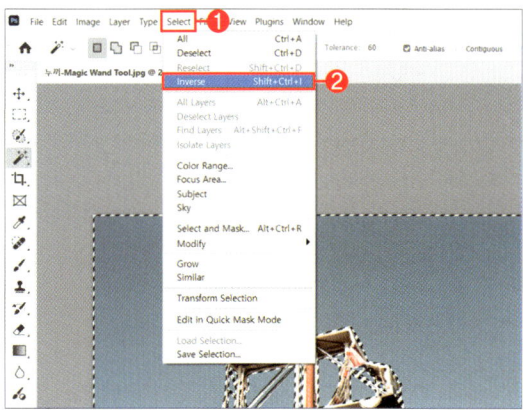 

05 ❶ Ctrl + J 를 눌러 레이어를 복제하고 ❷ 'Background' 레이어의 눈 아이콘(👁)을 클릭해 끕니다.

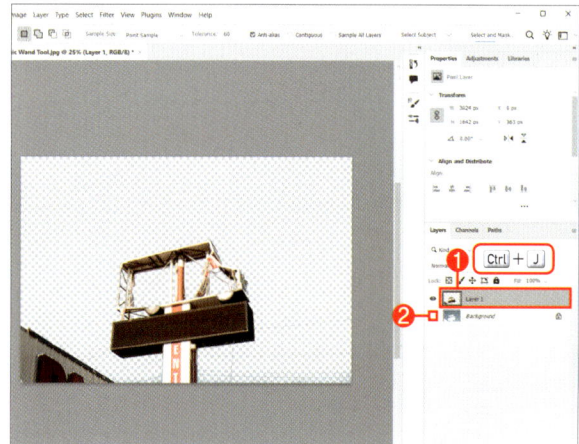

06 Magic Wand Tool(🪄)을 사용한 누끼 따기를 완성했습니다.

02 윤곽이 또렷하지 않은 이미지일 때

이번에는 피사체의 윤곽이 또렷하지 않은 이미지의 누끼를 따고 싶을 때 사용할 수 있는 방법을 알아보겠습니다. 피사체와 배경의 색상이 비슷한 이미지이거나, 배경이 복잡해 피사체와 잘 분리되지 않는 이미지에 응용할 수 있습니다.

Pen Tool과 Path로 깔끔하게 누끼 따기

■ 준비 파일 P01\Ch03\누끼-Pen Tool.jpg

먼저 윤곽이 또렷하지 않은 이미지일 때 Pen Tool(펜 도구)과 Path(패스)를 이용해 깔끔하게 누끼를 따는 방법을 알아보겠습니다.

01 [File 〉 Open]을 클릭해 '누끼-Pen Tool.jpg'를 불러옵니다.

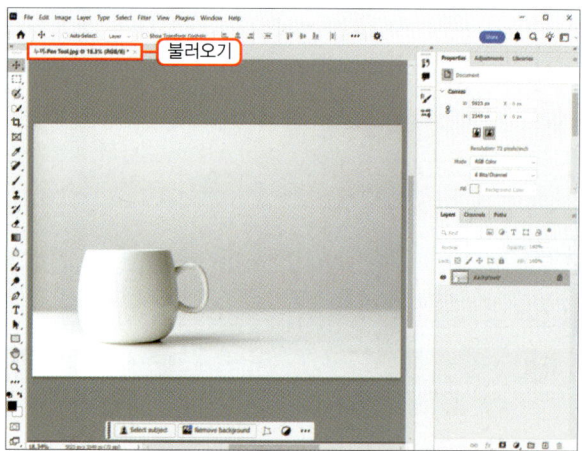

02 ❶ Pen Tool(펜)을 클릭하고 옵션바의 ❷ 도구 모드는 'Path', ❸ 패스 작업은 'Combine Shapes(🗔)'로 설정합니다. ❹ Alt를 누른 채로 마우스 휠을 올려 컵 부근으로 확대합니다.

03 ❶ 패스를 시작할 곳을 클릭하고 ❷ 둥근 부분을 클릭 & 드래그해 곡선을 만듭니다. 적당한 간격을 두면서 ❸ 컵의 밑부분을 클릭 & 드래그, ❹ 클릭, ❺ 클릭 & 드래그하여 곡선을 그립니다.

04 ❶ 컵의 손잡이 부분을 Alt + 클릭하여 핸들을 끊어 줍니다. ❷~❸ 손잡이의 바깥쪽을 따라 클릭 & 드래그하여 곡선을 만듭니다.

05 ❶ 핸들을 Ctrl + 드래그하여 패스를 손잡이에 맞춰 줍니다. ❷ 손잡이가 끝나는 부분을 Alt + 클릭하여 핸들을 끊어 줍니다.

06 ❶ 나머지 외곽을 마저 그린 후 ❷ 시작점을 클릭하여 닫힌 패스를 완성합니다.

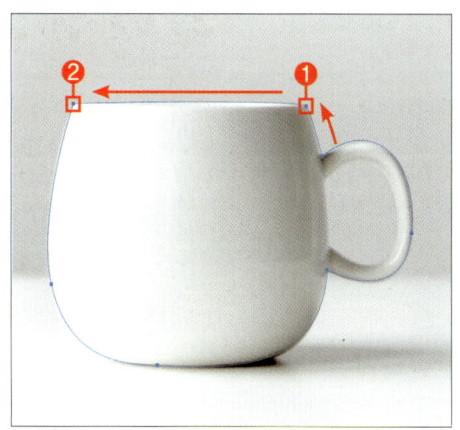

07 ❶ 손잡이 안쪽 영역을 따라 클릭 & 드래그하여 닫힌 패스를 만든 후 옵션바의 ❷ 패스 작업 아이콘( )을 클릭하고 패스 작업을 'Subtract Front Shape( )' 으로 설정합니다.

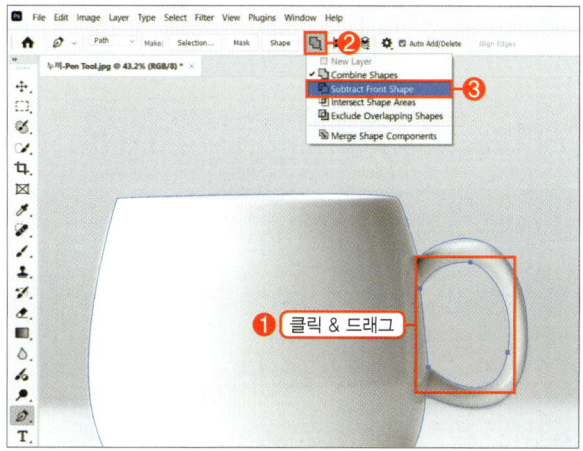

08 ❶ Ctrl + Enter 를 눌러 패스를 선택합니다. ❷ Ctrl + J 를 눌러 레이어를 복제하고 ❸ 'Background' 레이어의 눈 아이콘( )을 클릭해 끄면 완성입니다!

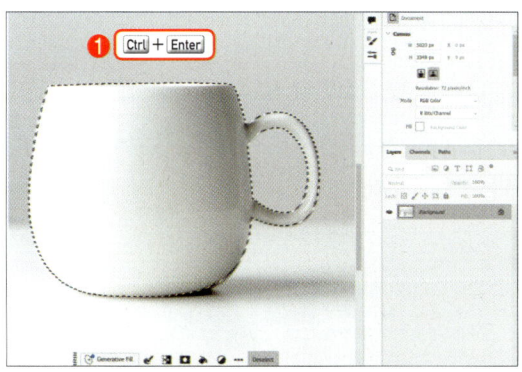 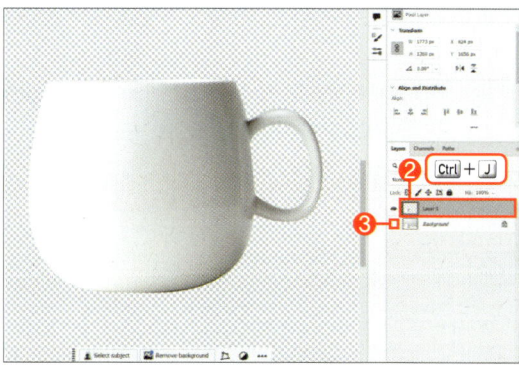

03 동물의 털, 머리카락이 있는 이미지일 때

동물의 털이나 머리카락이 있는 이미지는 다양한 속성값을 조절해 누끼를 따야 합니다. Photoshop CC 2020 이후 버전부터 인공지능이 털이나 머리카락의 외곽을 대략 잡아 주고 있기 때문에 인공지능의 기능과 다양한 속성값을 조절하여 고양이 이미지의 누끼를 따보겠습니다.

Select and Mask로 섬세하게 선택하여 누끼 따기

준비 파일 P01\Ch03\누끼-Select and Mask.jpg

가장 섬세하게 누끼를 딸 수 있는 Select and Mask(선택 및 마스크)에 대해 알아보겠습니다.

01 [File 〉 Open]을 클릭해 ❶ '누끼-Select and Mask.jpg'를 불러오고 ❷ Object Selection Tool(　)을 클릭합니다.

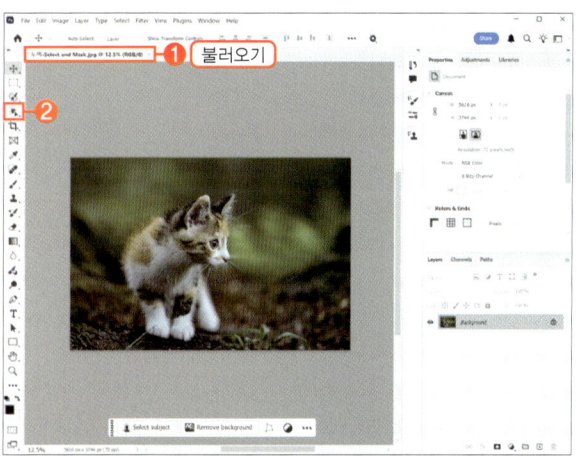

02 옵션바의 ❶ [Select Subject]를 클릭하면 인공지능이 개체를 자동으로 선택해 줍니다. ❷ [Select and Mask]를 클릭합니다.

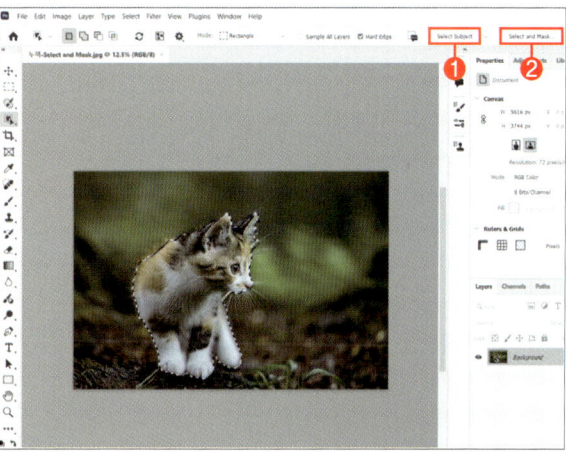

03 View를 'Overlay'로 설정합니다. 빨간색으로 표시되는 영역이 최종 선택에서 제외되는 부분입니다. View는 이미지에 따라 보기 편한 것으로 선택해도 됩니다.

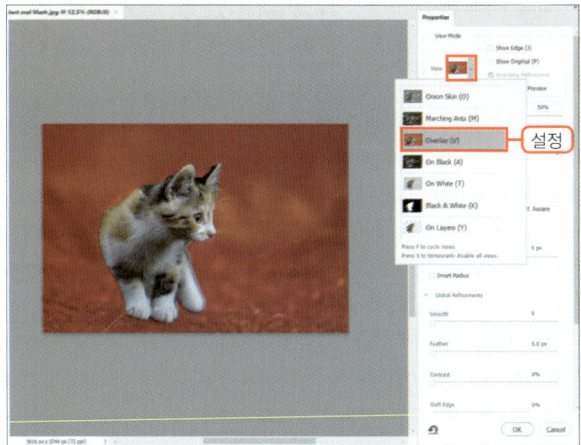

04 옵션바의 [Refine Hair]를 클릭합니다. 인공지능이 가장자리의 털과 수염을 자연스럽게 추적해 줍니다.

05 ❶ Alt 를 누른 채로 마우스 휠을 올려 고양이의 얼굴 부분으로 확대합니다. 귀와 입의 일부분이 선택 영역에서 제외되어 있으므로 ❷ Brush Tool( )을 클릭하고 ❸ [와] 를 눌러 크기를 조절합니다.

> **TIP!**
> 왼쪽 도구 상자의 Quick Selection Tool( ), Object Selection Tool( ), Lasso Tool( ) 등의 도구는 기존의 사용 방법과 동일합니다.

06 옵션바의 ❶ 🖌을 클릭하고 ❷ 선택되지 않은 부분을 클릭 & 드래그하여 칠해 줍니다. 이때 View의 Opacity를 낮추면 원본 이미지를 보면서 수정할 수 있습니다.

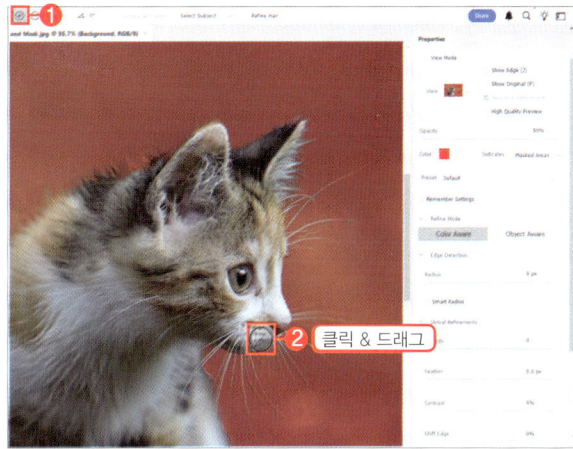

07 가장자리를 디테일하게 다듬기 위해 ❶ Refine Edge Brush Tool(🖌)을 클릭하고 ❷ 키보드의 []와 []를 눌러 크기를 조절합니다. 이때 마우스의 크기는 털의 가장자리만 포함되도록 작게 설정합니다.

08 오른쪽 다리와 두 앞 발의 테두리를 따라 클릭 & 드래그해서 가장자리를 다듬어 줍니다.

09 View를 'Black & White'로 설정합니다. 흰색 부분은 최종 선택 영역에 포함되고, 검은색 부분은 포함되지 않으며, 회색 부분은 반투명하게 포함됩니다. 극세사나 털의 외곽은 반투명하게 선택되는 것이 자연스럽습니다.

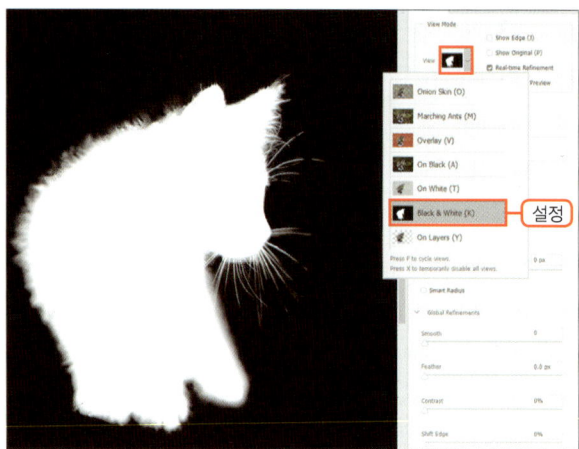

10 오른쪽의 메뉴를 ❶~❹ 그림과 같이 설정합니다.

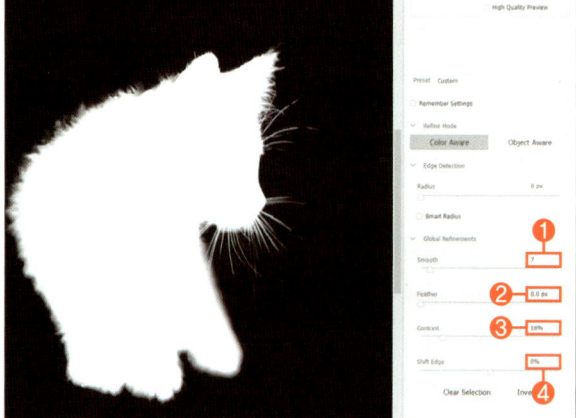

- Smooth: 7
- Feather: 0.0 px
- Contrast: 16%
- Shift Edge: 0%

> **알아두기**
>
> Edge Detection(가장자리 감지)
> - Radius: Refine Edge Brush Tool(☑)로 클릭 & 드래그한 영역의 반경을 조절할 수 있습니다.
>
> Global Refinements(전역 다듬기)
> - Smooth: 울퉁불퉁한 외곽을 매끄럽게 만들어 줍니다.
> - Feather: 블러 효과를 준 듯이 가장자리를 부드럽게 만들 수 있습니다.
> - Contrast: 흰색과 검은색의 대비를 높여 반투명한 영역을 없앨 수 있습니다.
> - Shift Edge: 외곽을 현재보다 더 좁게(-) 혹은 넓게(+) 만들 수 있습니다.

11 ❶ Output To를 'New Layer'로 설정하고 ❷ [OK]를 클릭합니다.

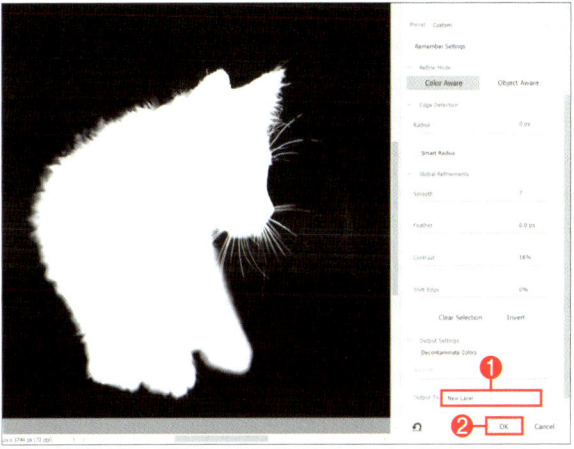

12 선택 영역만큼 새 레이어가 자동으로 생성된 것을 확인할 수 있습니다.

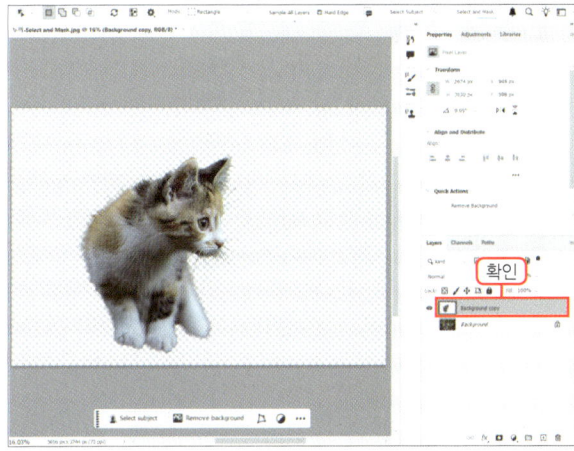

13 Select and Mask를 이용한 누끼 따기를 완성하였습니다.

▲ 원본 이미지

▲ 배경을 제거한 이미지

Chapter

04

전문가처럼
이미지 보정하기

이번 챕터에서는 이미지의 잡티나 불필요한 피사체를 제거하는 방법과, 몸매를 보정하거나 이미지를 왜곡하는 데 활용할 수 있는 도구의 사용법을 함께 알아보겠습니다.

- 01 불필요한 부분을 깔끔하게 없애는 방법
- 02 이미지를 자유롭게 변형하고 왜곡하기

01 불필요한 부분을 깔끔하게 없애는 방법

이번 섹션에서는 얼굴의 점이나 주름, 배경의 행인이나 불필요한 물체를 깔끔하게 제거하는 다양한 방법을 알아보겠습니다.

Spot Healing Brush Tool로 간단하게 잡티 없애기

■ 준비 파일 P01\Ch04\잡티-Spot Healing Brush Tool.jpeg

Spot Healing Brush Tool(스팟 복구 브러시 도구)을 사용하면 얼굴에 있는 잡티를 간단하게 지울 수 있습니다.

01 [File 〉 Open]을 클릭해 '잡티-Spot Healing Brush Tool.jpeg'를 불러옵니다.

02 피부에 있는 잡티를 없애기 위해 ❶ Spot Healing Brush Tool(　)을 클릭하고 ❷ [와]를 눌러 브러시의 크기를 조절합니다. 브러시의 크기는 잡티보다 조금 더 크게 설정합니다.

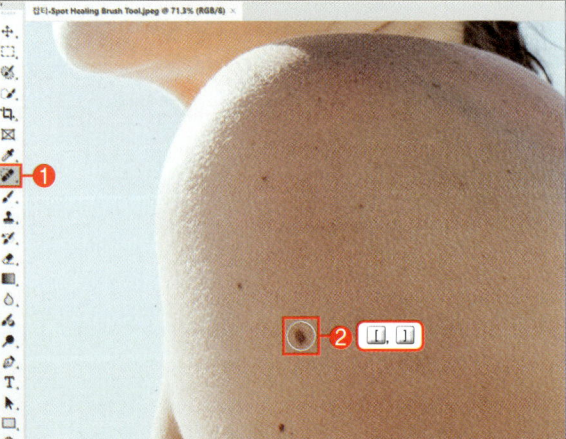

03 잡티를 클릭해 삭제합니다. Spot Healing Brush Tool(🩹)은 클릭한 부분의 주변 색상을 가져와 자연스럽게 합성하는 도구입니다.

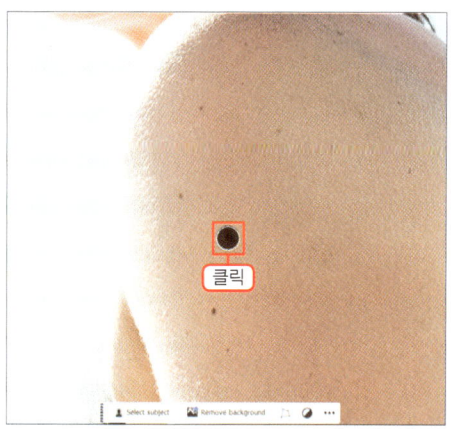 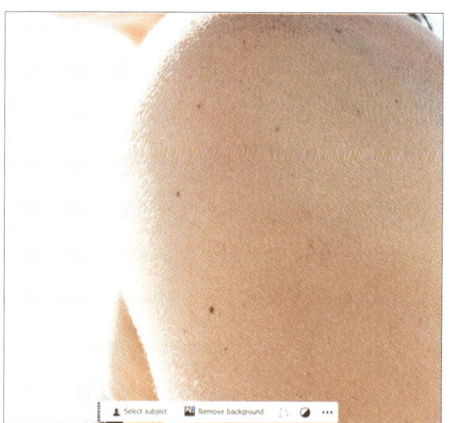

TIP!

브러시의 크기를 너무 크게 설정하거나 광범위하게 클릭 & 드래그하면 그림과 같이 이미지가 왜곡될 수 있습니다.

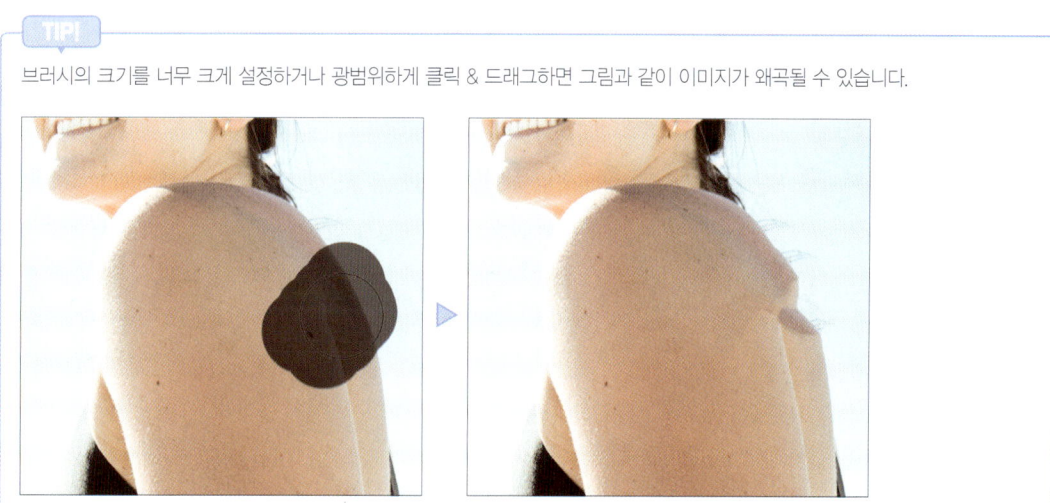

04 마우스 커서의 크기와 범위를 조절한 후 필요한 부분만 클릭해 얼굴과 팔의 잡티를 모두 제거합니다.

 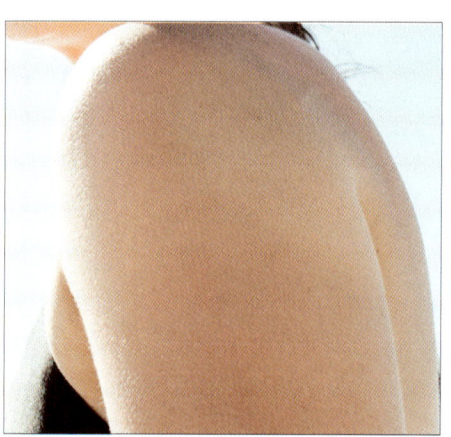

▲ 얼굴 보정 후 ▲ 팔 보정 후

Healing Brush Tool로 복잡한 잡티 없애기

📁 준비 파일 **P01\Ch04\잡티-Healing Brush Tool.jeg**

Healing Brush Tool(복구 브러시 도구)을 사용하면 복잡한 잡티를 깔끔하게 지울 수 있습니다.

01 [File > Open]을 클릭해 '잡티-Healing Brush Tool.jpeg'를 불러옵니다.

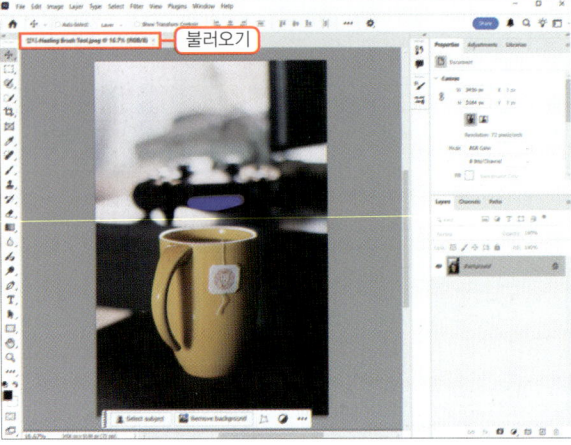

02 ❶ Spot Healing Brush Tool(🖌)을 마우스 오른쪽 버튼으로 클릭하고 ❷ Healing Brush Tool(🖌)을 클릭한 후 ❸ [와]를 눌러 브러시의 크기를 조절합니다.

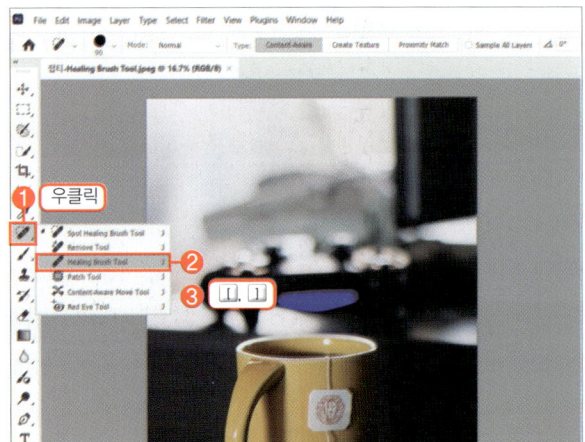

03 티백을 없애기 위해 컵 부분을 Alt + 클릭하여 추출합니다.

04 티백 부분에 마우스 커서를 올린 후 아래에서 위로 마우스를 굴리면서 클릭 & 드래그하여 합성합니다. 밝기가 비슷한 부분을 합성하는 것이 좋습니다.

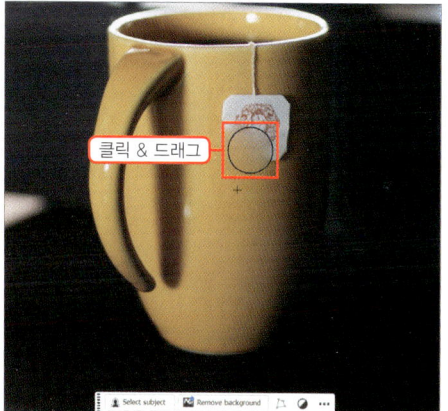

> **TIP!**
> 클릭 & 드래그할 때 복제되고 있는 부분이 십자(+) 표시로 나타납니다. 제대로 복제되고 있는지 확인하면서 합성합니다.

05 합성 작업을 하다가 티백이 나타나면 티백이 없는 부분을 다시 Alt + 클릭하여 새로 추출합니다.

06 클릭 & 드래그하여 새로 추출한 부분을 합성합니다.

07 컵 입구 부분에 있는 실을 없애기 위해 실이 없는 부분을 Alt + 클릭하여 추출합니다.

08 옵션바의 ❶ Clone Source(□)를 클릭해 Clone Source 패널을 열고 ❷ 각도를 '–0.6°'로 설정합니다.

09 실이 있는 부분을 클릭하여 합성합니다.

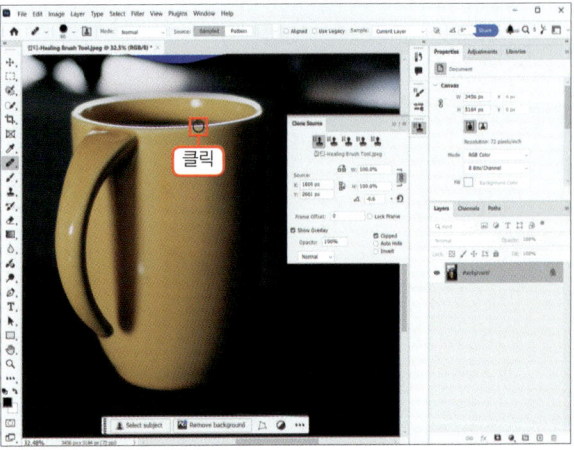

Clone Stamp Tool로 흔적 없이 깔끔하게 지우기

📂 준비 파일 P01\Ch04\잡티-Clone Stamp Tool.jpeg

어떤 것이든 흔적 없이 깔끔하게 지울 수 있는 Clone Stamp Tool(복제 도장 도구)에 대해 알아보겠습니다.

01 [File 〉 Open]을 클릭해 ❶ '잡티-Clone Stamp Tool.jpeg'를 불러옵니다. ❷ Clone Stamp Tool(🖌)을 클릭하고 ❸ [와]를 눌러 브러시의 크기를 조절합니다.

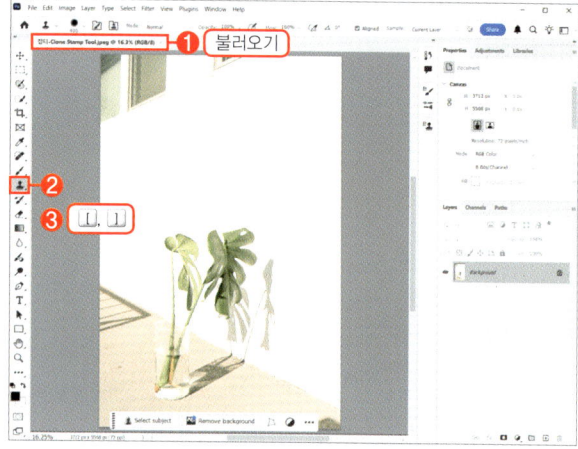

02 화분과 그림자를 지우기 위해 ❶ 그림자가 없는 경계를 Alt + 클릭하여 추출합니다. ❷ 그림자가 있는 경계를 클릭 & 드래그하여 합성합니다.

> **TIP!**
> Clone Stamp Tool(🖌)은 추출한 부분을 그대로 합성하여 흔적 없이 깔끔하게 지울 수 있는 도구이고, Healing Brush Tool(🖌)은 자연스럽게 합성할 수 있는 도구입니다.

03 ❶ 아무것도 없는 벽 부분을 Alt + 클릭하여 추출하고 ❷ 잎사귀와 그림자가 있는 벽 부분을 클릭 & 드래그하여 합성합니다.

04 합성하다가 잎사귀와 그림자가 나타나면 ❶ 아무것도 없는 벽 부분을 다시 Alt + 클릭하여 새로 추출하고 ❷ 클릭 & 드래그하여 추출한 부분을 합성합니다.

05 ❶ 아무것도 없는 바닥을 Alt + 클릭하여 추출하고 ❷ 화분과 그림자가 있는 바닥에 클릭 & 드래그하여 합성합니다.

 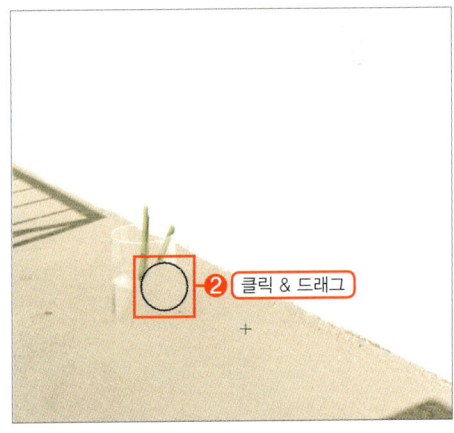

06 남은 부분을 모두 지우기 위해 ❶ 그림자가 없는 경계 부분을 Alt + 클릭하여 추출한 후 ❷ 화분이 남아 있는 부분을 클릭 & 드래그하여 합성합니다.

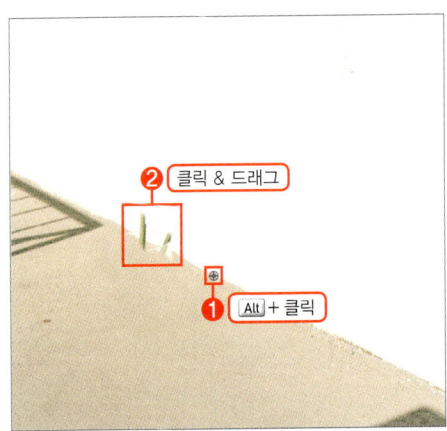 

02 이미지를 자유롭게 변형하고 왜곡하기

이어서 몸매를 보정하거나 이미지를 왜곡하고 싶을 때 유용한 Liquify와 Warp의 사용법을 추가로 알아보겠습니다.

Liquify로 몸매 보정 및 성형하기

■ 준비 파일 **P01\Ch04\성형 및 왜곡-Liquify.jpeg**

Spot Healing Brush Tool(스팟 복구 브러시 도구)을 사용해 간단하게 잡티를 없애는 방법을 알아보겠습니다.

01 [File 〉 Open]을 클릭하고 ❶ '성형 및 왜곡-Liquify.jpeg'를 불러옵니다. ❷ [Filter] - ❸ [Liquify]를 클릭합니다.

 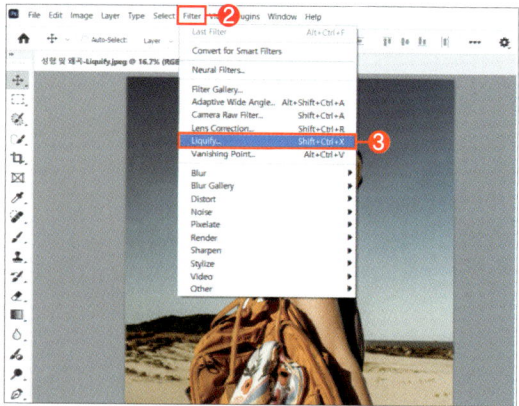

02 얼굴을 보정하기 위해 왼쪽 도구 상자의 ❶ Face Tool(오)을 클릭합니다. 오른쪽 메뉴에서 ❷ Face Aware Liquify의 ▶을 클릭하여 메뉴를 펼칩니다.

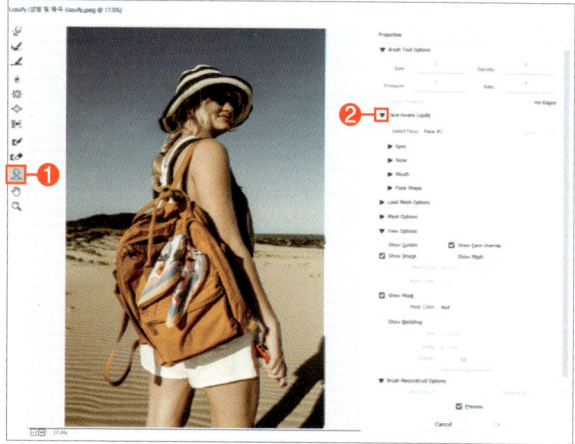

03 ❶ 인물의 눈, 코, 입, 얼굴 모양을 클릭 & 드래그하면 얼굴을 성형하거나, 표정을 바꿀 수 있습니다. 이미지를 수정하면 오른쪽에 있는 ❷ Eyes, ❸ Nose, ❹ Mouth, ❺ Face Shape 메뉴에 바로 반영됩니다.

> **TIP!**
> Alt + 마우스 휠로 이미지를 확대하거나 축소할 수 있으며, 오른쪽 하단의 'Preview'를 체크하면 전후 차이를 비교할 수 있습니다.

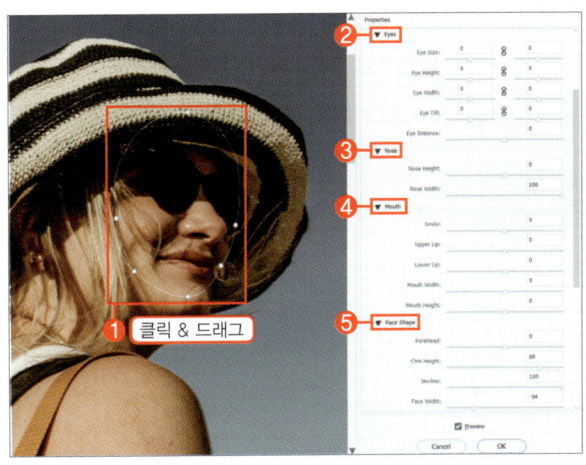

04 몸매를 보정하기 위해 왼쪽 도구 상자의 ❶ Forward Warp Tool()을 클릭합니다. 오른쪽 메뉴의 ❷ Pressure을 '40', ❸ Density를 '30'으로 설정하고 ❹ [와]를 눌러 마우스의 크기를 조절합니다.

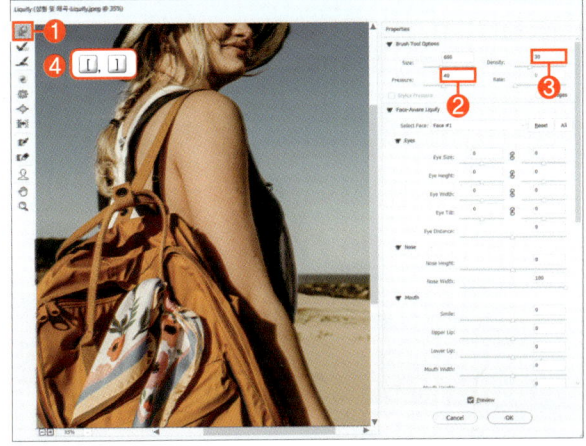

05 ❶ 겨드랑이 부분과 ❷ 팔 앞쪽 라인을 클릭 & 드래그하여 팔의 두께를 조절합니다. 그림과 같이 마우스 커서의 중심부가 왜곡할 부분의 경계선에 닿는 것이 좋습니다.

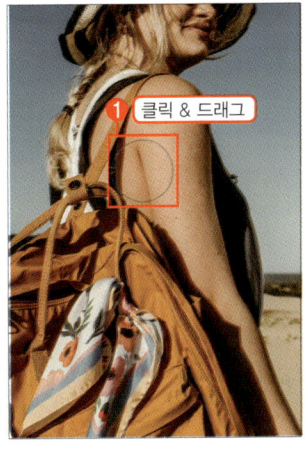 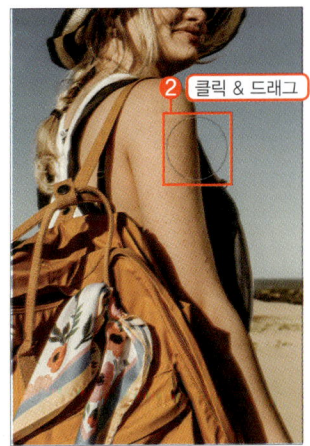

06 허벅지에서 보정하지 않을 부분을 고정하기 위해 ❶ Freeze Mask Tool( )을 클릭하고 ❷   와   를 눌러 마우스의 크기를 조절합니다. ❸ 핸드폰을 들고 있는 손과 왼쪽 허벅지 앞부분을 클릭 & 드래그합니다.

07 마스크를 잘못 칠한 부분이 있다면 ❶ Thaw Mask Tool( )을 클릭해 ❷   와   를 눌러 마우스의 크기를 조절하고 ❸ 클릭 & 드래그하여 지워 줍니다.

08 ❶ Forward Warp Tool( )을 클릭하고 ❷   와   를 눌러 마우스의 크기를 조절합니다. ❸ 허벅지를 클릭 & 드래그하여 몸매 보정을 완료한 후 ❹ [OK]를 클릭하면 완성!

Warp으로 이미지와 문자 왜곡하기

■ 준비 파일 P01\Ch04\성형 및 왜곡-Warp 1.jpeg, 성형 및 왜곡-Warp 2.png

Warp(뒤틀기)을 이용해 이미지와 문자를 왜곡하는 방법을 알아보겠습니다.

01 [File 〉 Open]을 클릭해 ❶ '성형 및 왜곡-Warp 1.jpeg'를 불러옵니다. ❷ Horizontal Type Tool(T.)을 클릭하고 ❸ ~❻ 옵션바를 그림과 같이 설정합니다.

- 폰트: Termina Bold
- 크기: 150 pt
- 정렬:
- 색상: #000000

02 ❶ 캔버스를 클릭하고 'BOTTLE'을 입력한 후 ❷ Ctrl + Enter를 눌러 마무리합니다. ❸ Ctrl + T를 누르고 ❹ 마우스 오른쪽 버튼을 클릭한 후 ❺ [Warp]을 클릭합니다.

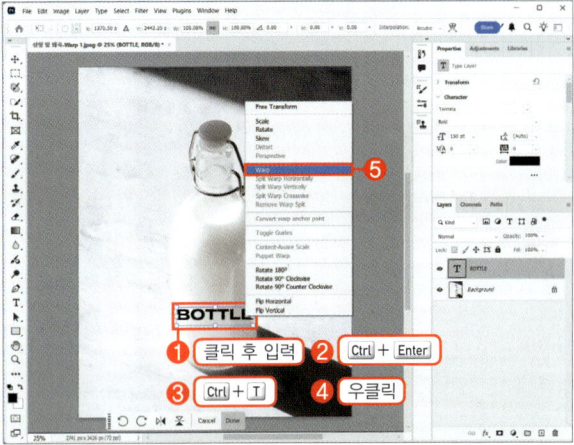

03 옵션바의 ❶ Warp을 'Arch'로 설정하고 ❷ 변형 상자의 네모난 점을 아래로 클릭 & 드래그하여 그림과 같은 모양으로 만든 후 ❸ Enter를 누릅니다.

TIP!
옵션바의 'Bend'에 숫자를 입력하면 왜곡의 정도를 정확하게 설정할 수 있습니다.

04 ❶ [File] – ❷ [Place Embedded]를 클릭합니다. ❸ '성형 및 왜곡—Warp 2.png'를 가져와 ❹ 이미지의 크기와 위치를 조절합니다.

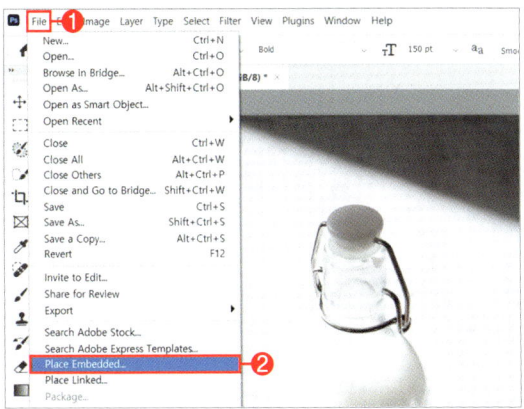 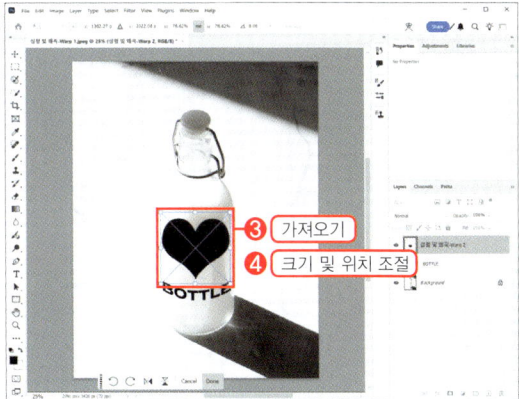

05 ❶ 이미지를 마우스 오른쪽 버튼으로 클릭하고 ❷ [Warp]을 클릭합니다. ❸ 모서리에 있는 고정점과 ❹ 핸들을 클릭 & 드래그하여 볼록한 하트 모양을 만든 후 ❺ Enter 를 누릅니다.

 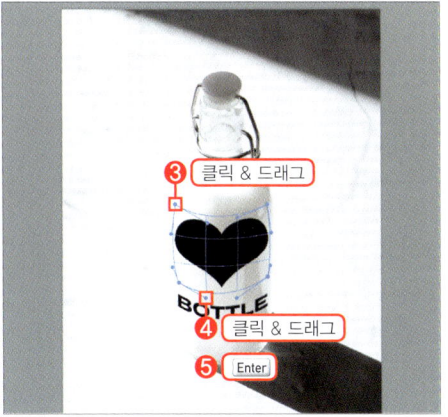

06 자연스럽게 합성하기 위해 Layers 패널에서 ❶ 'BOTTLE' 레이어를 클릭하고 ❷ '성형 및 왜곡—Warp 2' 레이어를 Ctrl + 클릭하여 중복 선택합니다. ❸ 혼합 모드를 'Color Burn'으로, ❹ Fill을 '76%'으로 설정하면 완성입니다.

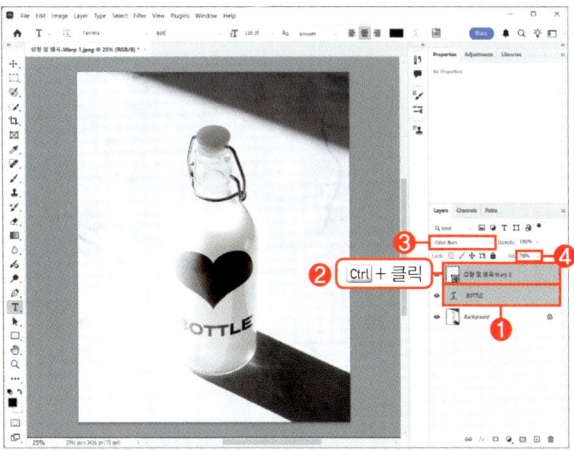

Chapter

05

색감 보정과
필터 정복하기

이번 챕터에서는 포토샵의 핵심 기능인 이미지의 색감 보정 방법을 소개합니다. 다양한 보정 메뉴와 필터 메뉴를 살펴보고, 이를 자연스럽게 조합하는 방법에 대해 알아보겠습니다.

- 01 밝기를 조정하는 메뉴 알아보기
- 02 색상과 채도를 조정하는 메뉴 알아보기
- 03 인공지능을 사용하는 Neural Filters
- 04 화질을 조정하는 흐림 효과와 선명 효과
- 05 이미지를 다양하게 왜곡하는 필터 알아보기

01 밝기를 조정하는 메뉴 알아보기

이미지의 밝기를 조정하는 세 가지 대표 메뉴인 Brightness/Contrast, Levels, Curves에 대해 알아보겠습니다. 이번 섹션에서는 '밝기 조정.jpeg' 파일을 공통으로 열어 놓고 실습합니다.

Brightness/Contrast로 간단하게 밝기 조정하기

■ 준비 파일 P01\Ch05\밝기 조정.jpeg

먼저 Brightness/Contrast(명도/대비)로 간단하게 이미지의 밝기를 조정해 보겠습니다.

01 [File 〉 Open]을 클릭하고 '밝기 조정.jpeg'를 불러옵니다.

02 ❶ [Image] – ❷ [Adjustments] – ❸ [Brightness/Contrast]를 클릭합니다.

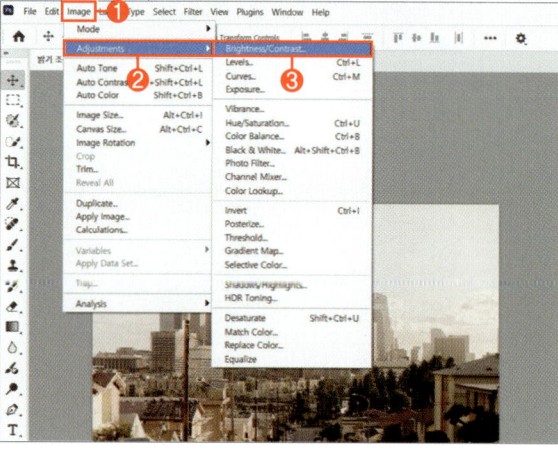

> **TIP!**
> 대비의 종류에는 색의 3요소에 따른 색상 대비, 채도 대비, 명도 대비가 있습니다.

03 Brightness는 이미지의 밝기를 전체적으로 조정하는 메뉴입니다. 숫자가 클수록 이미지의 밝기가 밝아지고, 작을수록 어두워집니다. 디테일한 밝기는 보정할 수 없습니다.

 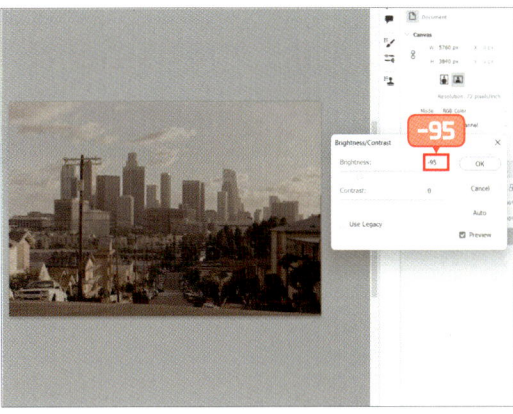

▲ 숫자가 클 때 ▲ 숫자가 작을 때

04 Contrast는 명도의 대비를 조정하는 메뉴입니다. 숫자가 클수록 밝은 부분은 밝아지고, 어두운 부분은 어두워져 이미지가 또렷하고 선명해집니다. 반대로 숫자가 작을수록 밝은 부분은 어두워지고, 어두운 부분은 밝아져 이미지가 은은하고 차분해집니다.

▲ 숫자가 클 때 ▲ 숫자가 작을 때

05 ❶ [Auto]를 클릭하면 포토샵이 이미지에 따라 적절한 명도와 대비값을 설정해 줍니다. 모든 조정을 완료한 후 ❷ [OK]를 클릭합니다.

> **TIP!**
> 모든 메뉴창의 [Cancel]을 Alt + 클릭하면 [Reset]으로 변환되어 초기값으로 돌아옵니다.

Levels를 사용해 극단적으로 밝기 조정하기

■ 준비 파일 P01\Ch05\밝기 조정.jpeg

Levels(레벨)는 이미지의 밝기를 극단적으로 조정하는 메뉴로 디테일한 밝기 보정은 할 수 없습니다.

01 ❶ [Image] – ❷ [Adjustments] – ❸ [Levels]를 클릭합니다.

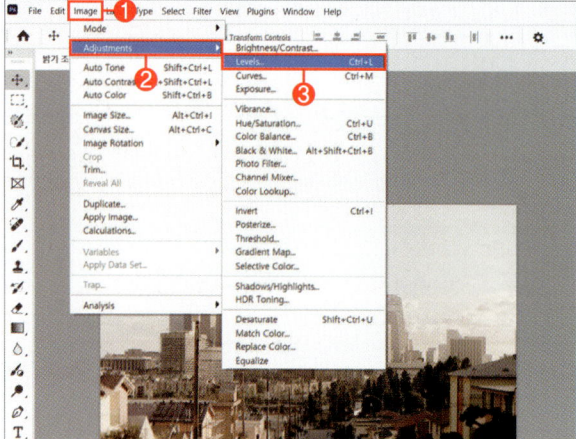

02 Input Levels의 진한 회색 화살표는 이미지의 어두운 부분을 담당합니다. ❶ 오른쪽으로 클릭 & 드래그하거나 ❷ '0~253' 사이의 숫자를 입력하면 어두운 부분이 극단적으로 어둡게 변하면서 디테일이 사라집니다.

03 Input Levels의 연한 회색 화살표는 이미지의 밝기를 담당합니다. ❶ 왼쪽으로 클릭 & 드래그하면 이미지가 밝아지고, ❷ 오른쪽으로 클릭 & 드래그하면 이미지가 어두워집니다. ❸~❹ '0.01~9.99' 사이의 숫자를 입력해 밝기를 조정할 수도 있습니다.

04 Input Levels의 흰색 화살표는 이미지의 밝은 부분을 담당합니다. ❶ 왼쪽으로 클릭 & 드래그하거나 ❷ '2~255' 사이의 숫자를 입력하면 밝은 부분이 극단적으로 밝게 변하면서 디테일이 사라집니다.

05 Output Levels의 진한 회색 화살표는 이미지의 어두운 부분을 담당합니다. ❶ 오른쪽으로 클릭 & 드래그하거나 ❷ '0~255' 사이의 숫자를 입력하면 어두운 부분이 밝아지면서 이미지에서 완전한 검은색이 사라집니다.

06 Output Levels의 흰색 화살표는 이미지의 밝은 부분을 담당합니다. ❶ 왼쪽으로 클릭 & 드래그하거나 ❷ '0~255' 사이의 숫자를 입력하면 밝은 부분이 어두워지면서 이미지에서 완전한 흰색이 사라집니다. ❸ [OK]를 클릭해 창을 닫아 줍니다.

Curves로 자연스럽게 색감 보정하기

■ 준비 파일 P01\Ch05\밝기 조정.jpeg

Curves(곡선)는 이미지의 밝기와 색감을 세밀하게 조정할 수 있는 메뉴입니다.

01 ❶ [Image] - ❷ [Adjustments] - ❸ [Curves]를 클릭합니다.

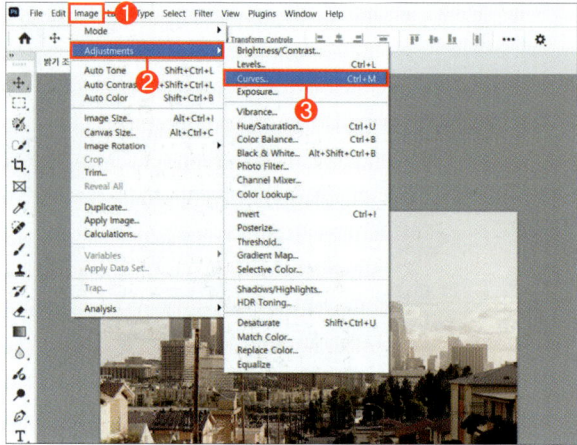

02 그래프의 ❶ 오른쪽 상단 부분은 밝은 영역을, ❷ 왼쪽 하단 부분은 어두운 영역을 담당합니다. ❸ 중간 부분은 아주 어둡거나 밝은 부분을 제외한 전체적인 영역을 담당합니다. ❹ 그래프를 위로 올리면 이미지가 밝아지고, ❺ 아래로 내리면 어두워집니다.

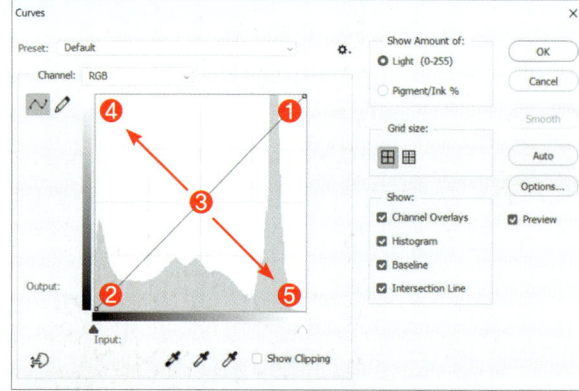

03 ❶~❷ 그래프를 클릭 & 드래그하면 새로운 점이 추가되어 그래프의 모양을 변경할 수 있습니다. ❸ 그래프의 점을 바깥쪽으로 클릭 & 드래그하면 삭제할 수 있습니다.

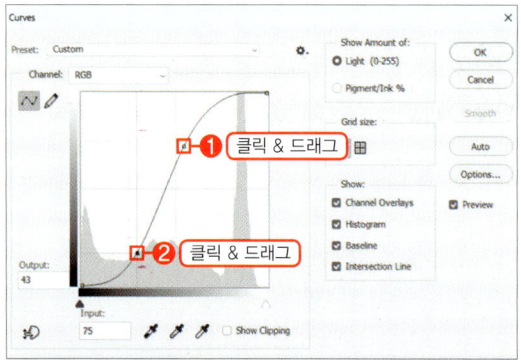
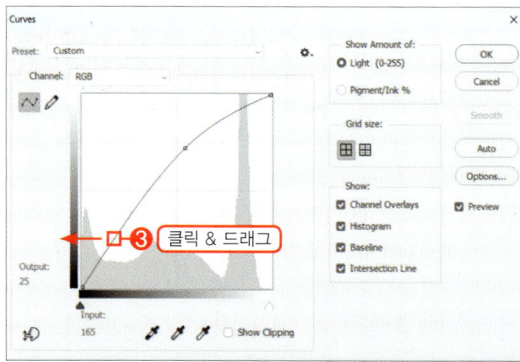

04 ❶ Channel을 'Red'로 설정합니다. 그래프의 ❷ 오른쪽 상단 부분은 밝은 영역을, ❸ 왼쪽 하단 부분은 어두운 영역을 담당합니다. ❹ 중간 부분은 아주 어둡거나 밝은 부분을 제외한 전체적인 영역을 담당합니다.

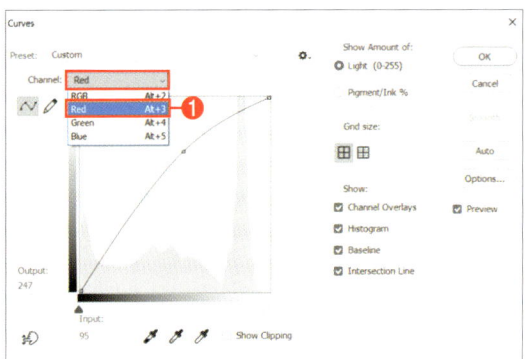 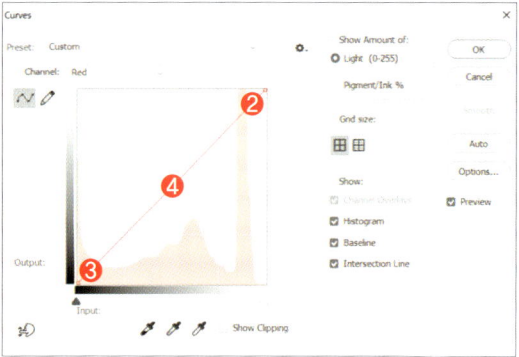

05 그래프를 위로 올리면 이미지에 밝은 빨간색이 더해지고, 아래로 내리면 이미지에 어두운 하늘색이 더해집니다.

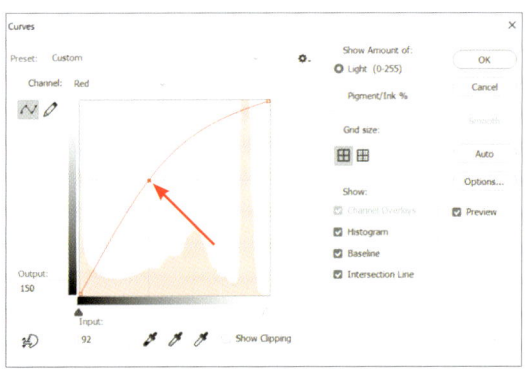 

▲ 그래프를 위로 올렸을 때

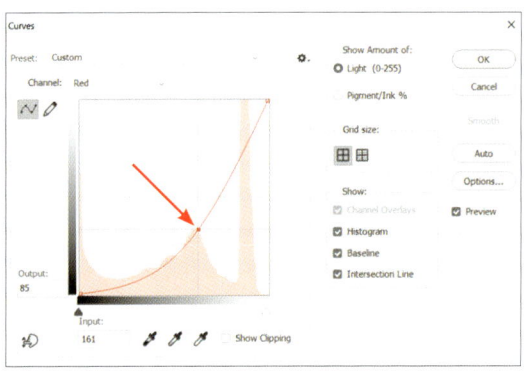 

▲ 그래프를 아래로 내렸을 때

06 ❶ Channel을 'Green'으로 설정합니다. 그래프의 ❷ 오른쪽 상단 부분은 밝은 영역을, ❸ 왼쪽 하단 부분은 어두운 영역을 담당합니다. ❹ 중간 부분은 아주 어둡거나 밝은 부분을 제외한 전체적인 영역을 담당합니다.

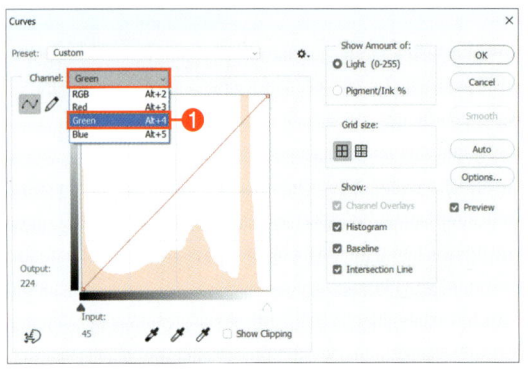
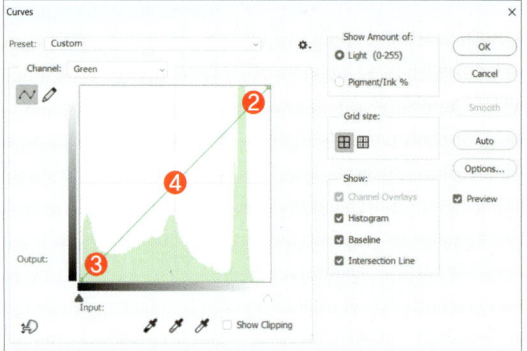

07 그래프를 위로 올리면 이미지에 밝은 초록색이 더해지고, 아래로 내리면 이미지에 어두운 자주색이 더해집니다.

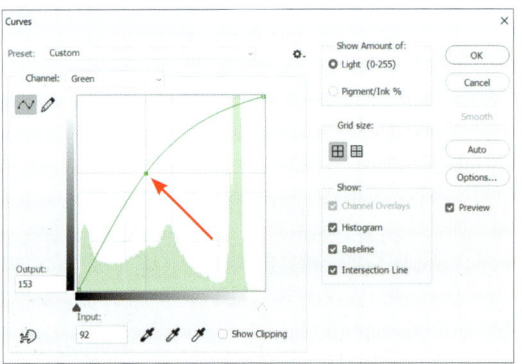

▲ 그래프를 위로 올렸을 때

▲ 그래프를 아래로 내렸을 때

08 ❶ Channel을 'Blue'로 설정합니다. 그래프의 ❷ 오른쪽 상단 부분은 밝은 영역을, ❸ 왼쪽 하단 부분은 어두운 영역을 담당합니다. ❹ 중간 부분은 아주 어둡거나 밝은 부분을 제외한 전체적인 영역을 담당합니다.

 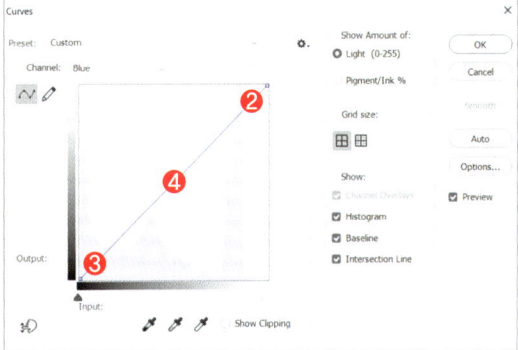

09 그래프를 위로 올리면 이미지에 밝은 파란색이 더해지고, 아래로 내리면 이미지에 어두운 노란색이 더해집니다. [OK]를 클릭해 창을 닫아 줍니다.

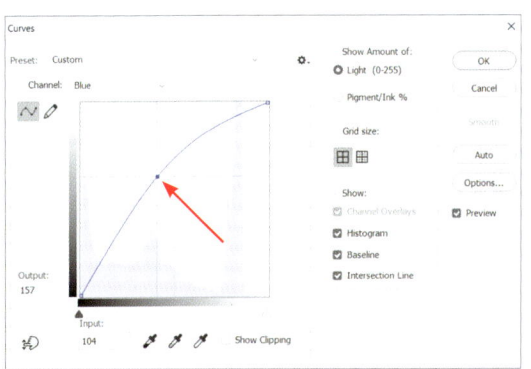 

▲ 그래프를 위로 올렸을 때

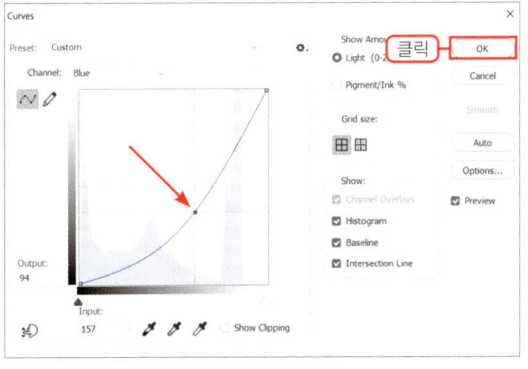 

▲ 그래프를 아래로 내렸을 때

TIP!

감산 혼합인 CMYK 색상 모드에서는 Curves가 반대로 작동합니다. 그래프를 위로 올리면 어두워지고 아래로 내리면 밝아집니다.

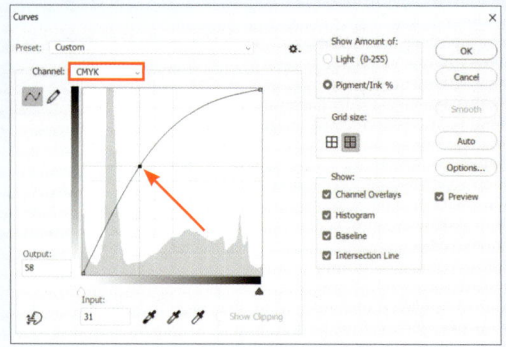 

▲ CMYK 색상 모드에서 그래프를 위로 올렸을 때

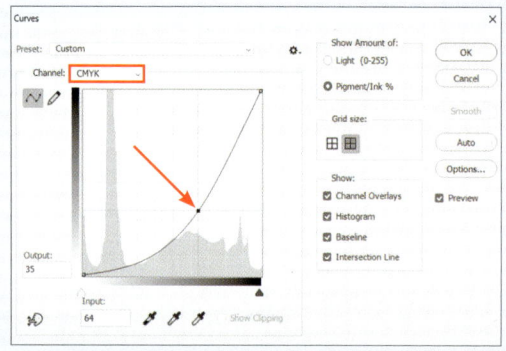 

▲ CMYK 색상 모드에서 그래프를 아래로 내렸을 때

02 색상과 채도를 조정하는 메뉴 알아보기

이미지의 색상과 채도를 조정할 수 있는 다섯 가지의 보정 메뉴를 알아보겠습니다. 이번 섹션에서는 '색상과 채도 조정.jpeg' 파일을 공통으로 열어 놓고 실습합니다.

Hue/Saturation을 사용해 색상과 채도 조정하기

■ 준비 파일 P01\Ch05\색상과 채도 조정.jpeg

먼저 Hue/Saturation(색조/채도)으로 이미지의 색상과 채도를 직관적으로 조정해 봅니다. Hue는 전체적인 색상을 제어하는 메뉴이고, Saturation은 색상의 강도를 조정하는 메뉴입니다.

01 [File 〉 Open]을 클릭하고 '색상과 채도 조정.jpeg'를 불러옵니다.

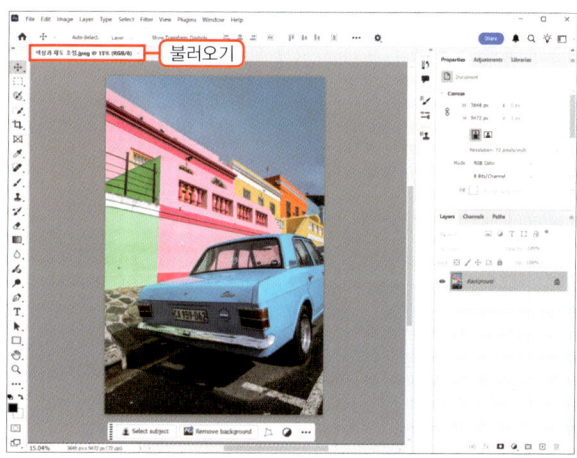

02 ❶ [Image] - ❷ [Adjustments] - ❸ [Hue/Saturation]을 클릭합니다.

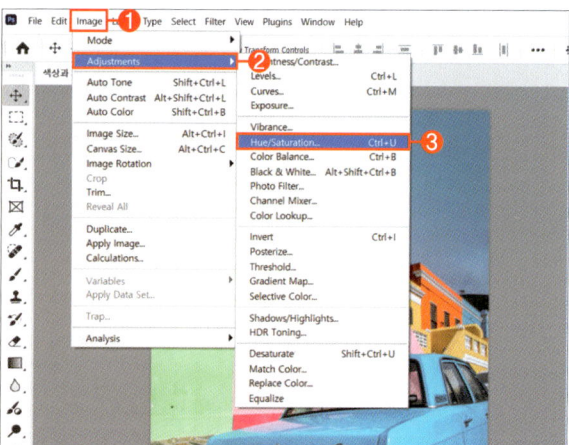

03

❶ Hue의 화살표를 클릭 & 드래그하거나 ❷ '-180~+180' 사이의 숫자를 입력하면 이미지의 색감을 바꿀 수 있습니다.

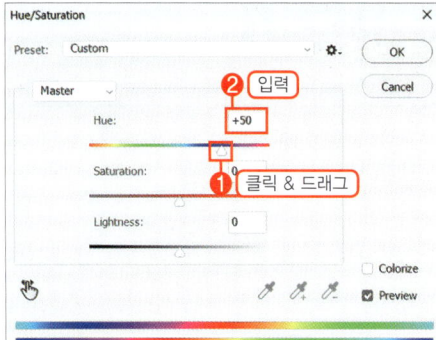 

> **TIP!**
> Hue의 화살표를 양끝으로 클릭 & 드래그하면 조절바와 반대 색상인 '보색'으로 설정됩니다.

04

❶ Saturation의 화살표를 클릭 & 드래그하거나 ❷ '-100~+100' 사이의 숫자를 입력하면 이미지의 채도를 높이거나 낮출 수 있습니다.

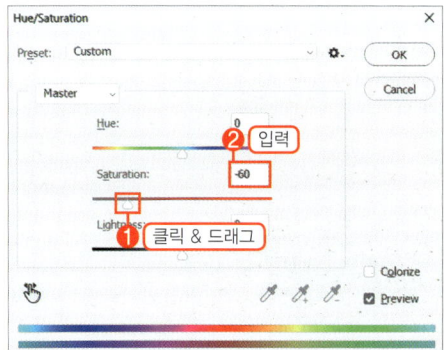 

> **TIP!**
> Saturation을 '-100'으로 설정하면 흑백 이미지를 만들 수 있습니다.

05

❶ Lightness의 화살표를 클릭 & 드래그하거나 ❷ '-100~+100' 사이의 숫자를 입력하면 이미지에 흰색 또는 검은색을 추가할 수 있습니다.

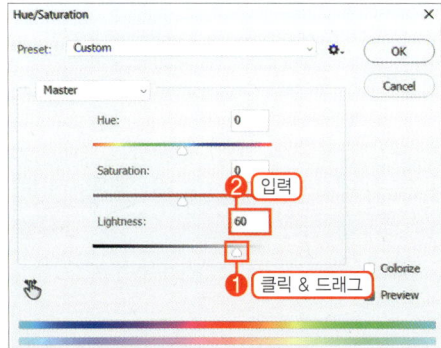 

06 'Colorize'를 체크하면 단색의 이미지를 만들 수 있습니다. Hue, Saturation, Lightness 메뉴에서 설정한 색상이 이미지에 직관적으로 나타납니다.

07 ❶ 'Colorize'를 체크 해제하고 ❷ Master를 'Cyans'로 설정합니다.

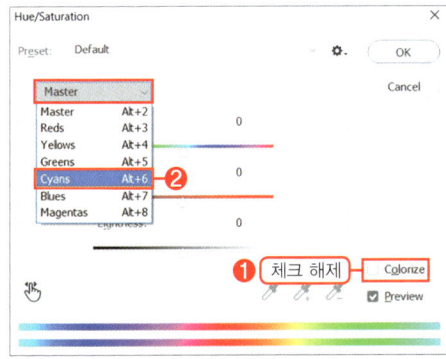

08 ❶ Hue, ❷ Saturation, ❸ Lightness를 그림과 같이 설정하여 녹청색 부분의 색을 변경합니다. 이미지의 녹청색 부분이 Hue에서 설정한 색으로 바뀌고, Lightness에서 녹청색 부분의 밝기를 조정할 수 있습니다. ❹ [OK]를 클릭해 창을 닫아 줍니다.

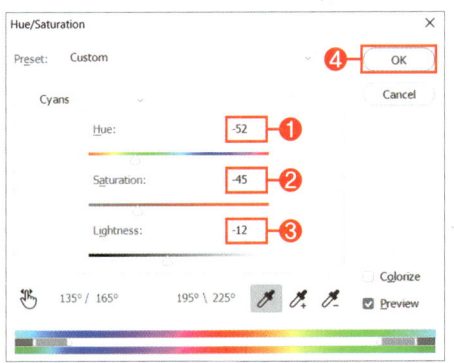 

> **TIP!**
> 하단의 색상바에서 회색 부분을 클릭 & 드래그하면 녹청색의 범위를 조절할 수 있습니다.

Color Balance로 색상 조정하기

■ 준비 파일 **P01\Ch05\색상과 채도 조정.jpeg**

Color Balance(색상 균형)는 밝기에 영향을 받지 않고 이미지에 색상을 추가할 수 있는 메뉴입니다.

01 ❶ [Image] – ❷ [Adjustments] – ❸ [Color Balance]를 클릭합니다.

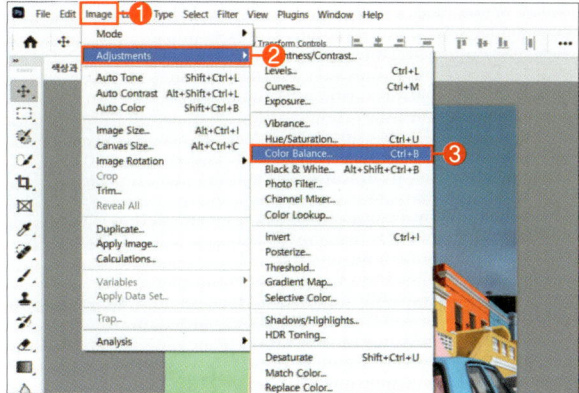

02 Color Balance 창에서 '녹청색–빨간색', '자주색–초록색', '노란색–파란색'의 색상 균형을 조절할 수 있습니다. 예를 들어 Magenta–Green의 화살표를 'Green' 쪽으로 클릭 & 드래그하면 이미지에 초록색을 추가하고 자주색을 뺄 수 있습니다.

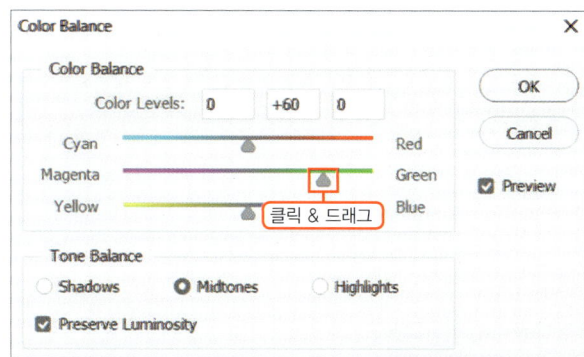 

03 ❶ 'Red'와 'Yellow' 쪽으로 화살표를 클릭 & 드래그해 이미지에 주황색을 추가하는 등 색을 혼합하는 용도로 사용하기도 합니다. ❷ [OK]를 클릭해 창을 닫아 줍니다.

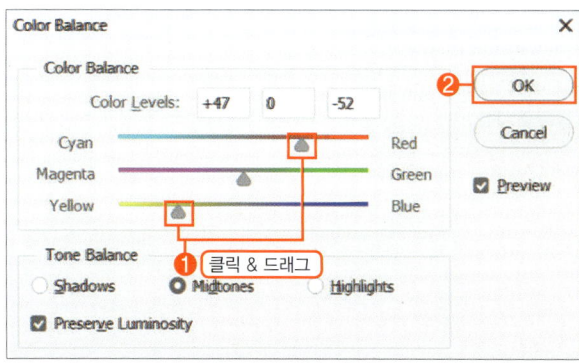 

Selective Color로 자연스럽게 색상 변경하기

📁 준비 파일 P01\Ch05\색상과 채도 조정.jpeg

Selective Color(선택 색상)는 이미지 본연의 색상을 자연스럽게 바꿀 때 사용하는 메뉴입니다.

01 ❶ [Image] – ❷ [Adjustments] – ❸ [Selective Color]를 클릭합니다.

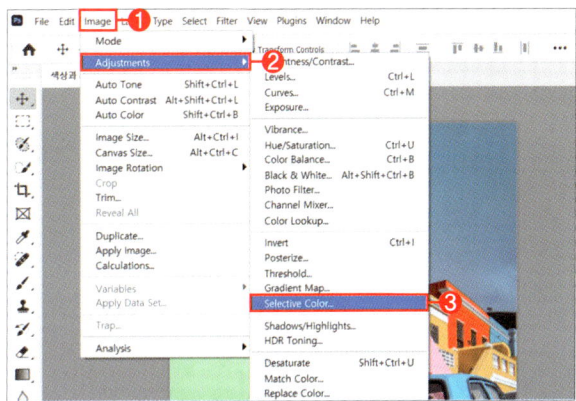

02 Selective Color 창에서는 특정 색상 계열에 '녹청색', '자주색', '노란색', '검은색'을 더하거나 뺄 수 있습니다. 예를 들어 ❶ Colors를 'Magentas'로 설정한 후 ❷ Yellow를 '+100%'로 설정하면 이미지의 자주색을 빨간색에 가깝게 만들 수 있습니다.

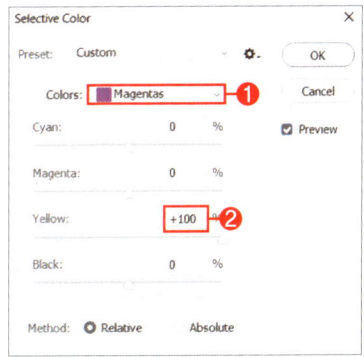 

> **TIP!**
> 색상환을 생각하면 색을 쉽게 만들 수 있습니다. 자주색에 노란색을 섞으면 그 사이에 있는 빨간색 계열이 나오게 됩니다.

03 ❶ Colors를 'Greens'로 설정하고 ❷ Cyan을 '+70%', ❸ Yellow를 '-100%', ❹ Black을 '+100%'로 설정하면 짙은 녹청색을 만들 수 있습니다. ❺ [OK]를 클릭해 창을 닫아 줍니다.

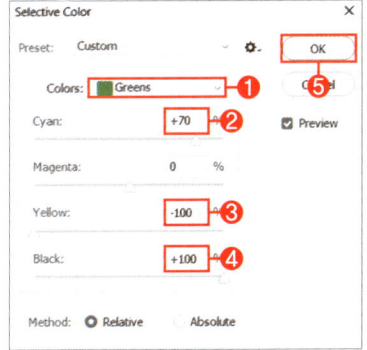 

> **TIP!**
> Black은 밝기를 조정하는 용도입니다. 숫자가 클수록 이미지가 어두워지고, 작을수록 밝아집니다.

Gradient Map으로 전체 톤을 일정하게 보정하기

■ 준비 파일 P01\Ch05\색상과 채도 조정.jpeg

Gradient Map(그레이디언트 맵)은 특정 색상을 이미지 전체에 덮어씌워 감각적인 이미지를 만들 수 있는 메뉴입니다. Gradient Map의 사용 방법을 알아보겠습니다.

01 ❶ [Image] – ❷ [Adjustments] – ❸ [Gradient Map]을 클릭합니다.

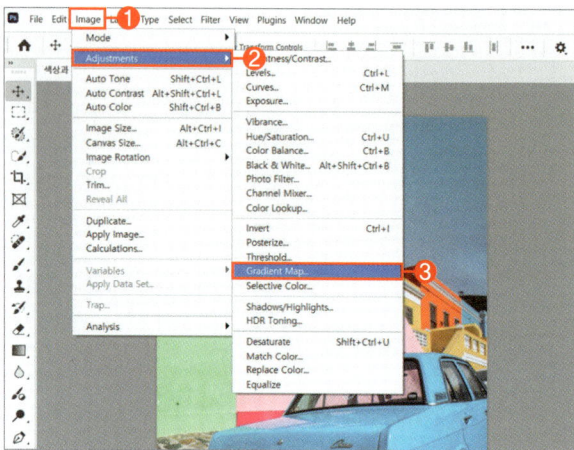

02 그레이디언트 조절바의 왼쪽 색상이 이미지의 어두운 부분에, 오른쪽 색상이 이미지의 밝은 부분에 덮어씌워집니다. [그레이디언트 조절바]를 클릭합니다.

03 ❶ 그레이디언트 왼쪽 하단의 색연필을 클릭하고 ❷ [Color]를 클릭합니다. ❸ 이미지의 어두운 부분에 적용할 색상을 선택하고 ❹ [OK]를 클릭합니다.

04 ❶ 그레이디언트 오른쪽 하단의 색연필을 클릭하고 ❷ [Color]을 클릭합니다. ❸ 이미지의 밝은 부분에 적용할 색상을 선택하고 ❹ [OK]를 클릭합니다.

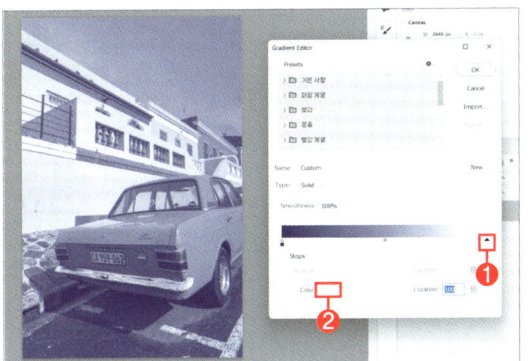 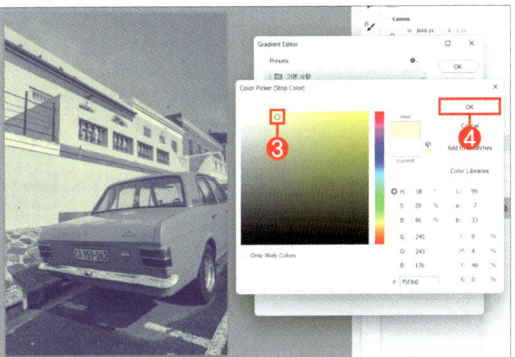

TIP!
왼쪽 색연필에는 어두운 색상을, 오른쪽 색연필에는 밝은 색상을 넣는 것이 자연스럽습니다. 반대로 넣으면 낯설지만 예술적인 느낌의 이미지를 만들 수 있습니다.

05 그레이디언트 중간에 색상을 추가하기 위해 ❶ 그레이디언트 중간을 클릭한 후 ❷ [Color]를 클릭합니다. ❸ 중간 밝기로 적용할 색상을 선택하고 ❹ [OK]를 클릭합니다.

06 ❶ [OK]를 클릭해 창을 닫아 줍니다. 이때 색을 반전시키고 싶다면 ❷ 'Reverse'를 체크하고 ❸ [OK]를 클릭합니다.

03 인공지능을 사용하는 Neural Filters

Neural Filters는 인공지능을 사용해 이미지를 변형하거나 합성하는 필터 메뉴입니다. 인공지능이 자동으로 개체를 인식하기 때문에 사용 방법만 익히면 초보자도 쉽게 활용할 수 있습니다.

Neural Filters 사용 방법

■ 준비 파일 P01\Ch05\Neural Filters.jpeg

Neural Filters(Neural 필터)가 무엇인지 사용 방법을 알아보겠습니다.

01 [File 〉 Open]을 클릭하고 'Neural Filters.jpeg'를 불러옵니다.

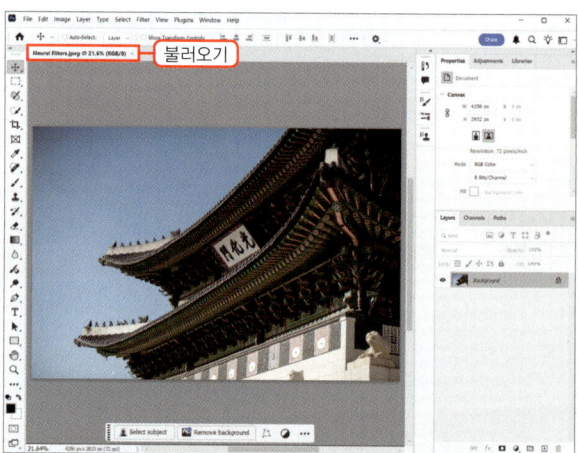

02 ❶ [Filter] – ❷ [Neural Filters]를 클릭합니다.

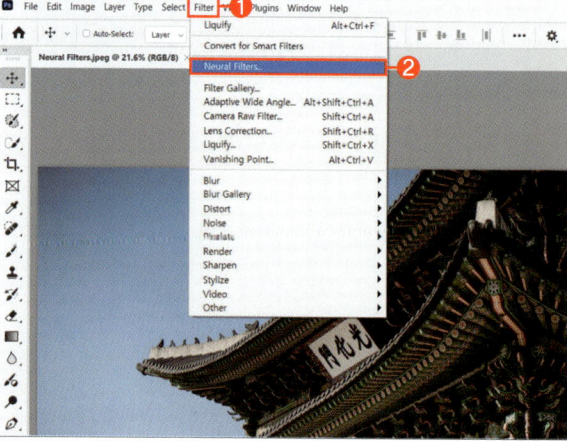

03 각 필터의 ❶ 을 클릭하고 ❷ [Download]를 클릭하면 해당 필터를 클라우드에 다운로드할 수 있습니다.

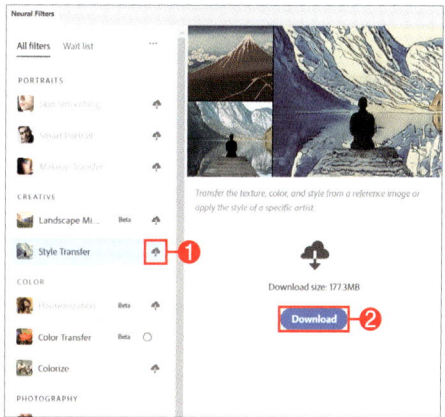

> **TIP!**
> 'PORTRAITS' 카테고리의 세 가지 필터 메뉴는 얼굴이 인식되는 이미지에만 적용할 수 있습니다. 'Beta' 표시는 개선 중에 있는 테스트 필터임을 의미합니다. 실행할 수는 있지만 다른 필터에 비해 완전한 모델은 아니므로 참고합니다.

04 다운로드된 필터는 ❶ 아이콘이 으로 변하고 ❷ 이를 클릭하여 활성화하면 ❸ 왼쪽 화면에서 필터가 적용된 모습을 확인하고 이를 수정할 수 있습니다.

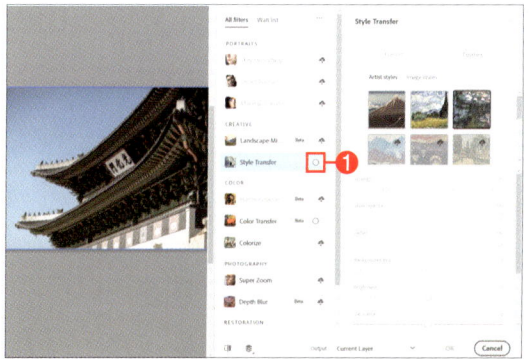 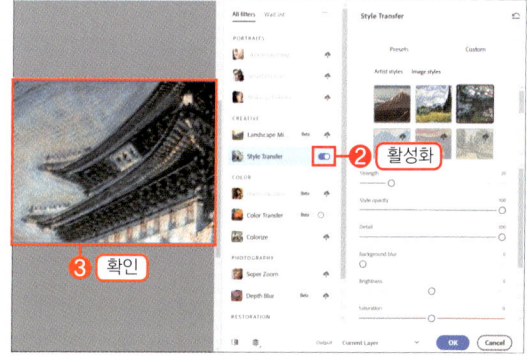

05 상단의 ❶ [Wait list] 탭을 클릭하면 Adobe에서 개발 중인 필터를 미리 확인할 수 있고, ❷ [I'm interested]를 클릭해 마음에 드는 필터에 투표할 수 있습니다. 필터 적용을 마친 후 ❸ [OK]를 클릭합니다.

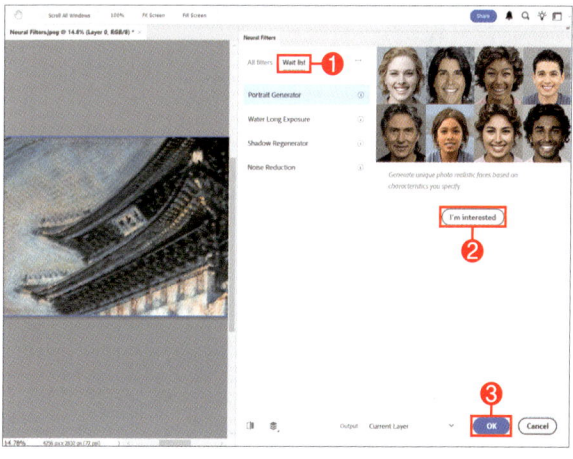

04 화질을 조정하는 흐림 효과와 선명 효과

Blur와 Sharpen은 포토샵에서 가장 자주 사용하는 필터로 서로 상반된 효과를 적용할 수 있습니다. 질감의 강도를 조절하거나, 속도감을 나타내거나, 카메라 심도 효과를 주고 싶을 때 사용합니다.

기본 흐림 효과를 모아 놓은 Blur 메뉴 살펴보기

📁 준비 파일 P01\Ch05\Blur.jpeg

먼저 여러 가지 Blur(흐림) 효과를 적용해 보며 다양한 Blur 메뉴를 살펴보겠습니다.

01 [File 〉 Open]을 클릭해 ❶ 'Blur.jpeg'를 불러옵니다. ❷ Rectangular Marquee Tool(▱)을 클릭하고 ❸ 클릭 & 드래그하면서 Shift를 눌러 흐림 효과를 넣을 영역을 선택합니다.

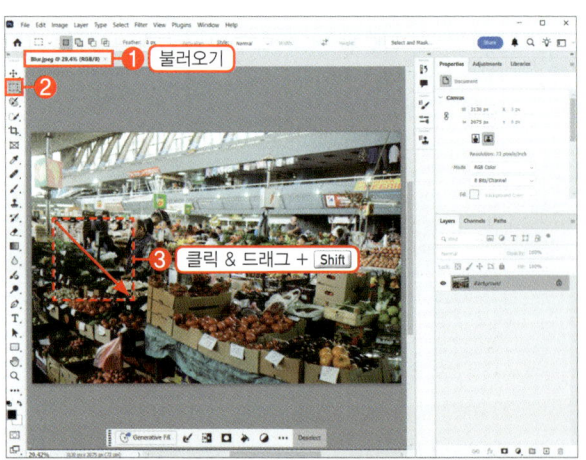

02 ❶ [Filter] – ❷ [Blur] – ❸ [Gaussian Blur]를 클릭합니다.

03 ❶ Radius를 '20 Pixels'로 설정한 후 ❷ [OK]를 클릭합니다.

04 선택 영역을 오른쪽으로 클릭 & 드래그 하면서 Shift 를 눌러 이동해 두 번째 흐림 효과를 넣을 영역을 선택합니다.

05 ❶ [Filter] – ❷ [Blur] – ❸ [Motion Blur]를 클릭합니다.

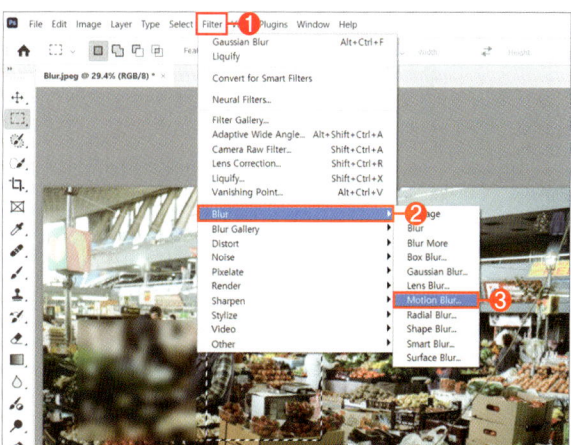

06 ❶ Angle은 '0°', ❷ Distance는 '200 Pixels'로 설정한 후 ❸ [OK]를 클릭합니다.

07 선택 영역을 오른쪽으로 클릭 & 드래그 하면서 Shift를 눌러 이동해 세 번째 흐림 효과를 넣을 영역을 선택합니다.

08 ❶ [Filter] – ❷ [Blur] – ❸ [Radial Blur]를 클릭합니다.

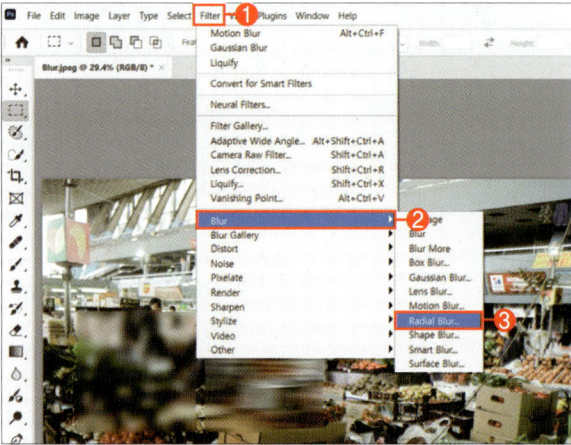

09 ❶ Amount를 '20', ❷ Blur Method를 'Spin', ❸ Quality를 'Good'으로 설정한 후 ❹ [OK]를 클릭합니다.

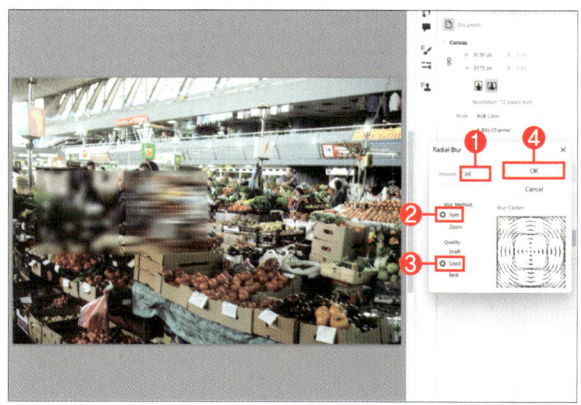

10 선택 영역을 오른쪽으로 클릭 & 드래그하면서 Shift 를 눌러 이동해 마지막 흐림 효과를 넣을 영역을 선택합니다.

11 ❶ [Filter] – ❷ [Blur] – ❸ [Radial Blur]를 클릭합니다. ❹ Amount를 '50', ❺ Blur Method를 'Zoom', ❻ Quality를 'Good'으로 설정한 후 ❼ [OK]를 클릭합니다. ❽ Ctrl + D 를 눌러 선택 영역을 해제합니다.

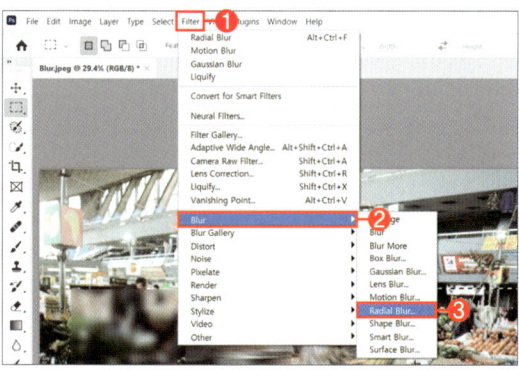 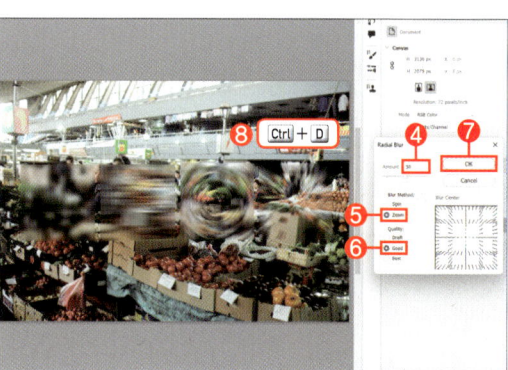

Chapter 05 · 색감 보정과 필터 정복하기   161

Sharpen으로 흐린 이미지 선명하게 만들기

■ 준비 파일 P01\Ch05\Sharpen.jpeg

다음은 흐린 이미지를 선명하게 만드는 Sharpen(선명 효과)에 대해 알아보겠습니다.

01 [File 〉 Open]을 클릭해 'Sharpen.jpeg'를 불러옵니다.

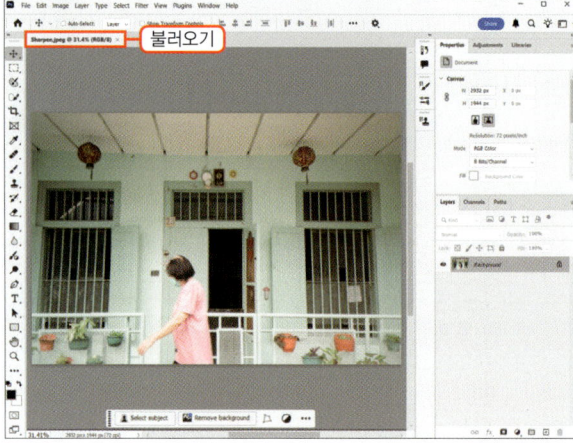

02 ❶ [Filter] – ❷ [Sharpen] – ❸ [Smart Sharpen]을 클릭합니다.

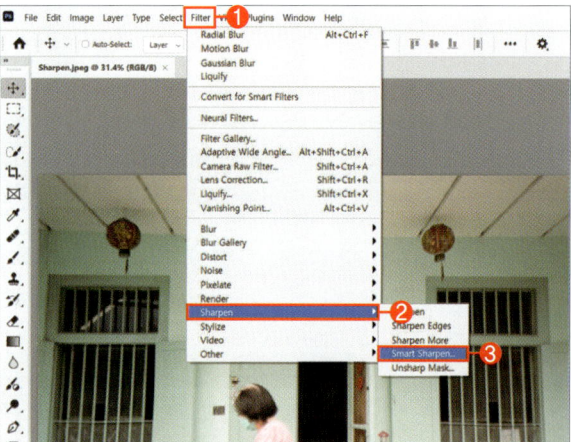

03 Remove를 'Motion Blur'로 설정합니다.

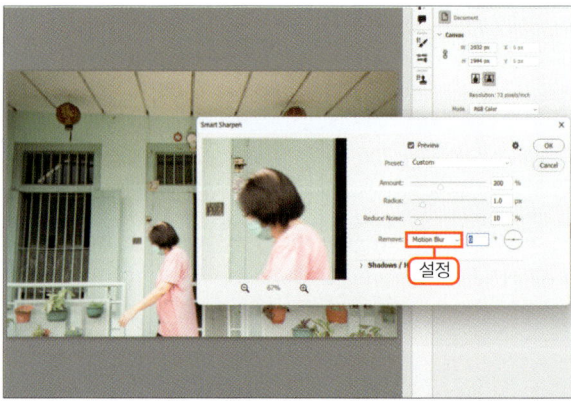

TIP!
Smart Sharpen 창에서 선명 효과를 선택할 수 있습니다. 그림과 같이 피사체가 살짝 흔들린 이미지에는 'Motion Blur'를 적용합니다.

04 ❶ Amount와 Radius를 모두 최대한 높게 설정한 후 ❷ Radius의 화살표를 조금씩 내리면서 후광 효과가 사라지는 지점을 찾습니다.

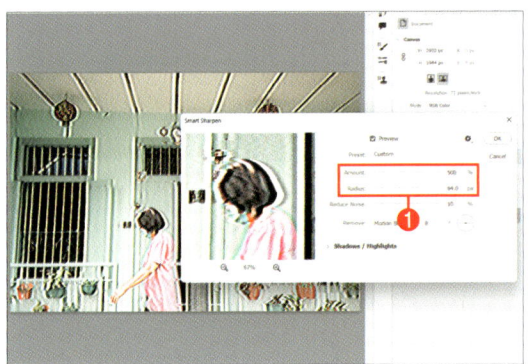 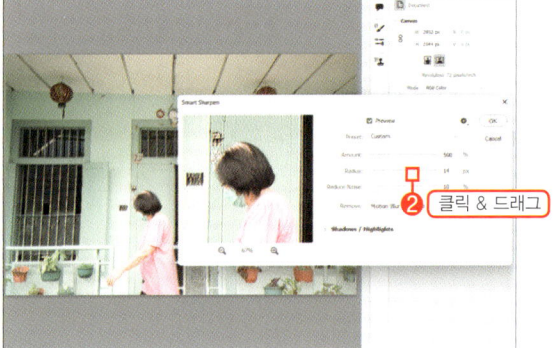

> **알아두기**
> - Amount: 선명함의 정도를 조절합니다.
> - Radius: 흐리게 보정할 부분의 반경을 설정합니다.
> - Reduce Noise: 선명 효과를 적용하면서 생긴 노이즈를 제거합니다.

05 Amount의 화살표를 조금씩 내리면서 선명함의 정도를 조절합니다.

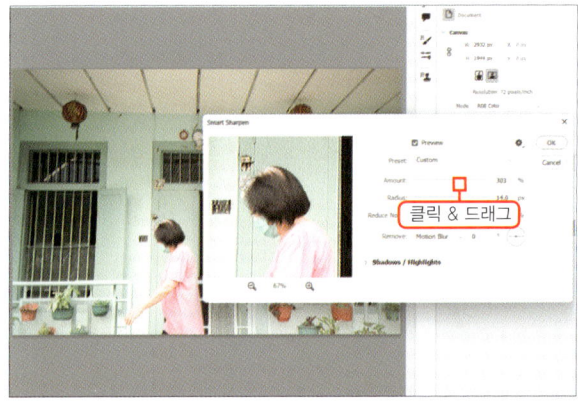

06 ❶ Reduce Noise의 화살표를 조금 올려 생성된 노이즈를 제거한 후 ❷ [OK]를 클릭합니다.

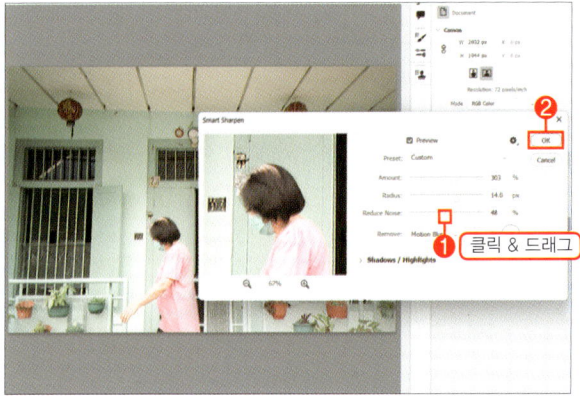

05 이미지를 다양하게 왜곡하는 필터 알아보기

이번에는 두 가지의 왜곡 필터를 사용해 극단적인 왜곡부터 비교적 잔잔한 왜곡을 이미지에 적용해 보겠습니다.

Displace로 굴곡진 표면에 합성하기

■ 준비 파일 P01\Ch05\왜곡-displace 1.jpeg, 왜곡-displace 2.jpeg

먼저 Displace(변위)를 사용해 구겨진 종이 이미지에 일러스트를 합성하는 방법을 알아보겠습니다.

01 [File 〉 Open]을 클릭해 '왜곡-displace 1.jpeg'를 불러옵니다.

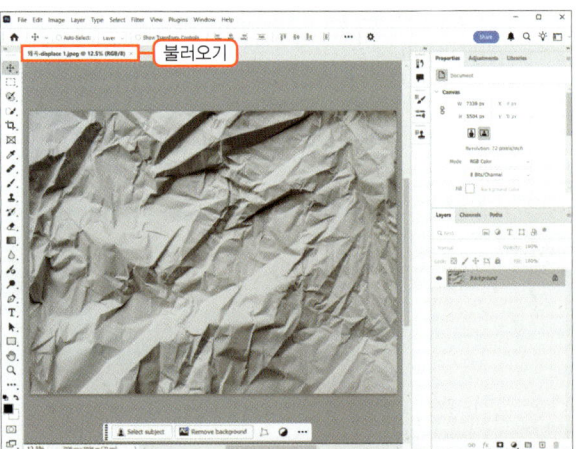

02 Displace 효과를 사용하기 위해 높이의 정보를 가지고 있는 PSD 파일을 생성하겠습니다. ❶ [File] – ❷ [Save As]를 클릭합니다.

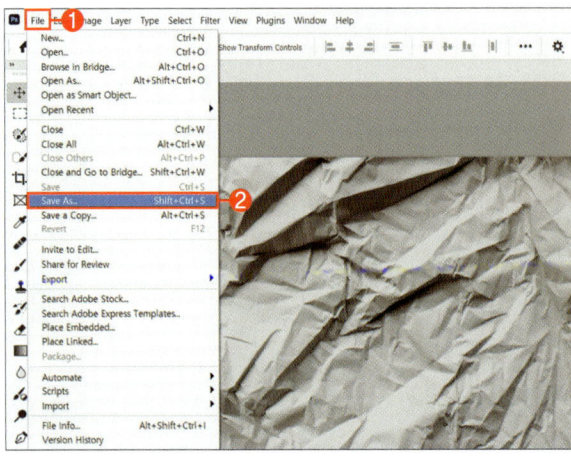

> **TIP!**
> 포토샵은 이미지의 밝은 부분을 높은 것으로, 어두운 부분을 낮은 것으로 인식합니다.

03 ❶ 파일 형식을 'PSD'로 설정한 후 ❷ [저장]을 클릭합니다.

04 [File > Place Embedded]를 클릭해 ❶ '왜곡-displace 2.jpeg'를 가져옵니다. ❷ 이미지의 크기와 회전값을 조절한 후 ❸ Enter 를 누릅니다.

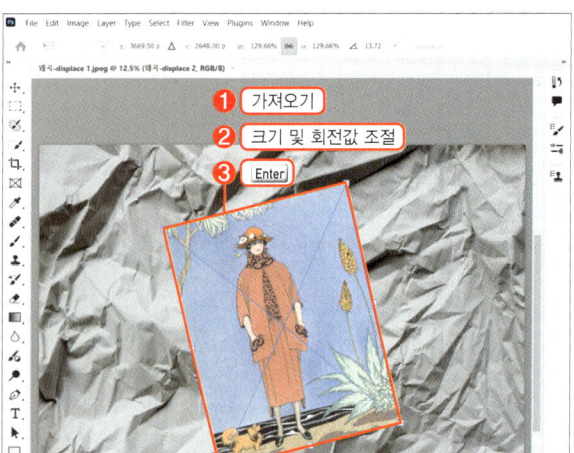

05 상단의 ❶ [Filter] – ❷ [Distort] – ❸ [Displace]를 클릭합니다.

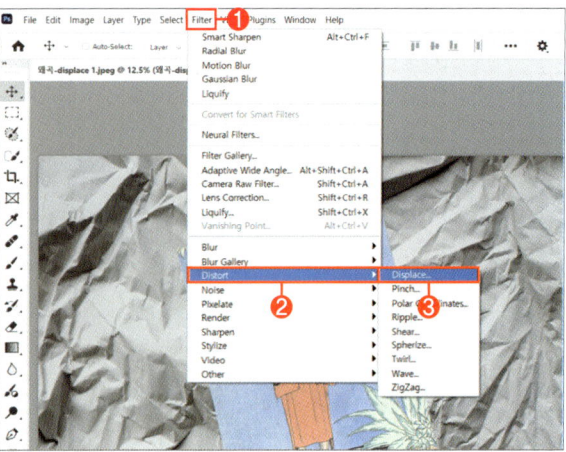

06 Displace 창에서 ❶~❹ 그림과 같이 설정하고 ❺ [OK]를 클릭합니다.

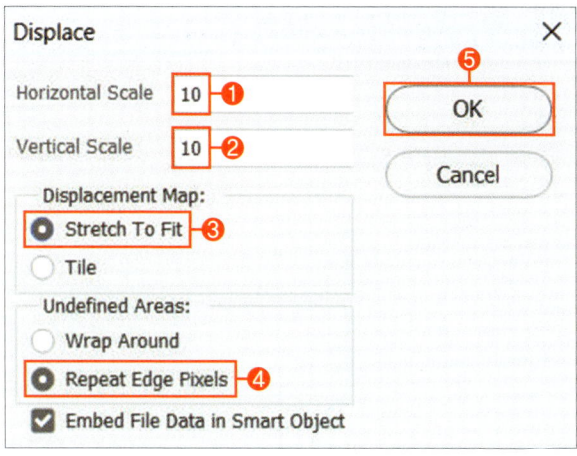

- Horizontal Scale: 10
- Vertical Scale: 10
- Displacement Map: Stretch To Fit
- Undefined Areas: Repeat Edge Pixels

07 ❶ **03**에서 저장한 파일을 선택하고 ❷ [열기]를 클릭합니다.

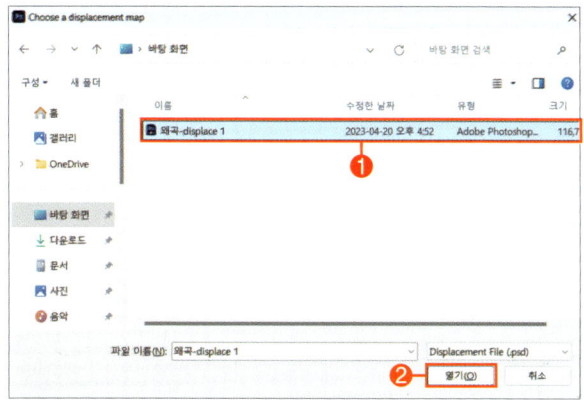

08 이미지의 밝은 부분은 일러스트가 앞으로 돌출된 것처럼, 어두운 부분은 뒤로 들어간 것처럼 굴곡지게 보입니다. 조금 더 자연스럽게 합성하기 위해 Layers 패널에서 혼합 모드를 'Linear Burn'으로 설정합니다.

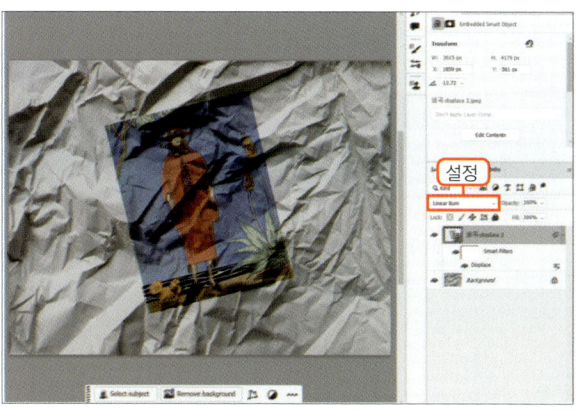

Mosaic로 네모난 모자이크 만들기

📁 준비 파일 P01\Ch05\왜곡-Mozaic.jpeg

이어서 이미지 일부분을 모자이크 처리하는 방법에 대해 알아보겠습니다.

01 [File 〉 Open]을 클릭해 '왜곡-Mozaic.jpeg'를 불러옵니다.

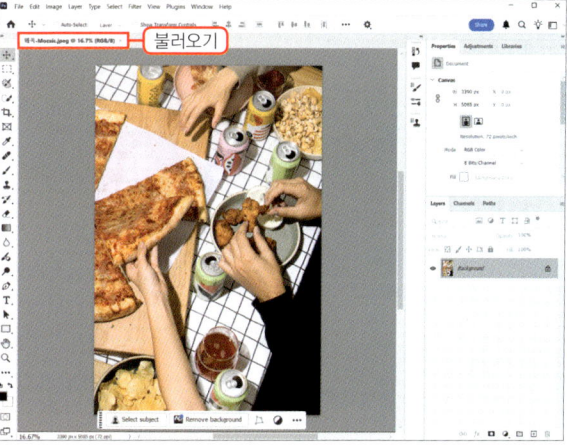

02 ❶ Ctrl + J 를 눌러 레이어를 복제하고 ❷ [Filter] - ❸ [Pixelate] - ❹ [Mosaic]를 클릭합니다.

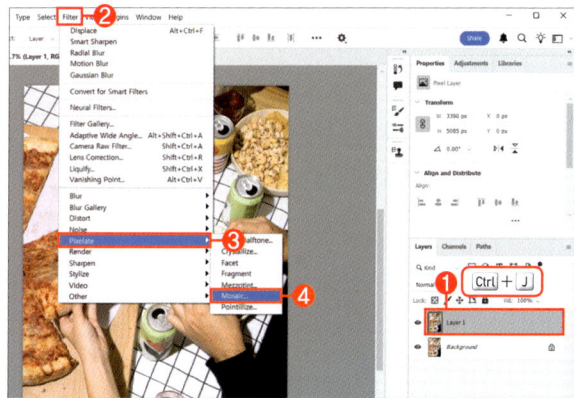

03 ❶ Cell Size를 '150 square'로 설정한 후 ❷ [OK]를 클릭합니다.

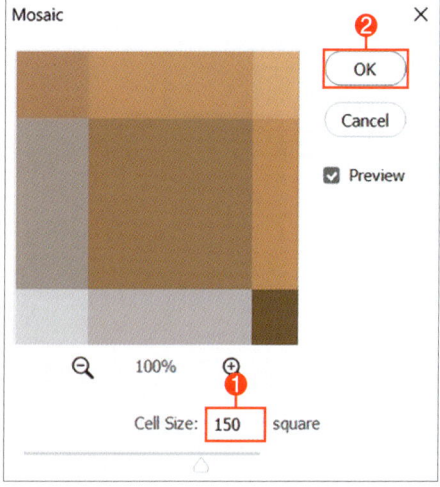

Chapter 05 · 색감 보정과 필터 정복하기   **167**

04 ❶ Rectangular Marquee Tool(▭)을 클릭하고 ❷ 캔버스를 클릭 & 드래그하여 모자이크할 부분을 직사각형으로 선택합니다. ❸ 레이어 마스크 아이콘(▢)을 클릭합니다.

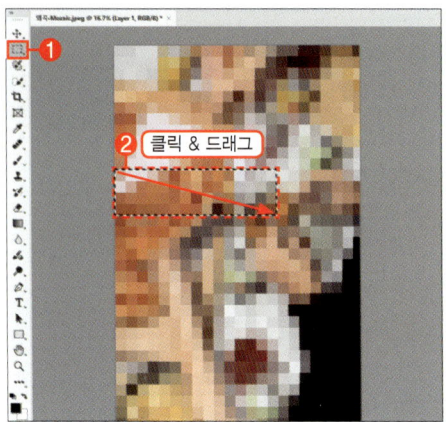 

> **TIP!**
> 영역을 선택한 상태에서 레이어 마스크 아이콘(▢)을 클릭하면 선택한 영역만 보이도록 마스크가 적용됩니다.

05 모자이크의 위치를 수정하기 위해 ❶ 링크 아이콘(🔗)을 클릭해 해제하고 'Layer 1' 레이어의 ❷ [레이어 마스크]를 클릭합니다.

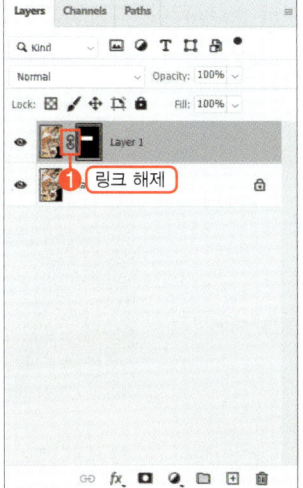 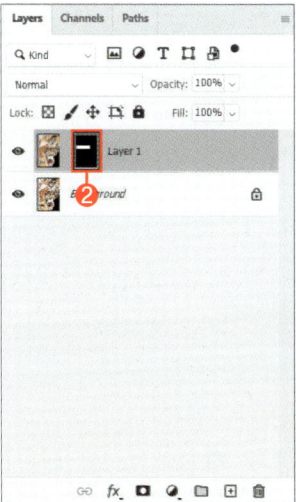

06 ❶ Ctrl + T를 눌러 ❷ 모자이크의 크기와 위치를 조절한 후 ❸ Enter를 눌러 마무리합니다.

07 모자이크를 추가하기 위해 캔버스를 그림과 같이 클릭 & 드래그합니다.

08 도구 상자의 ❶ [전경색]을 클릭하여 ❷ '#ffffff'를 입력하고 ❸ [OK]를 클릭합니다.

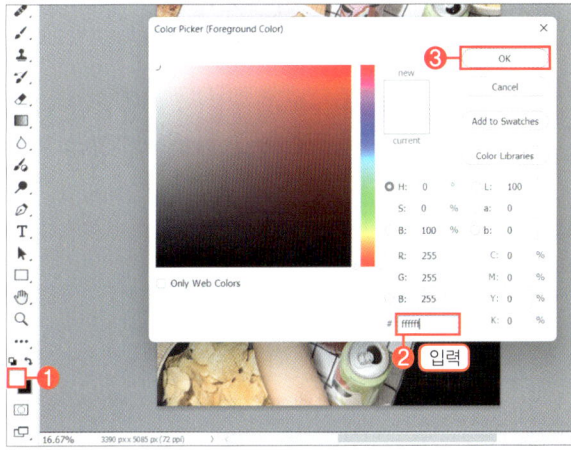

09 ❶ Alt + Delete 를 눌러 전경색을 채우고 ❷ Ctrl + D 를 눌러 선택 영역을 해제하면 완성!

Chapter

06

다양한 이미지 합성 방법

이번 챕터에서는 두 장 이상의 이미지를 합성하는 방법과 밋밋한 이미지에 입체감을 넣는 방법을 알아보겠습니다. 이미지 합성은 실무에서 많이 하는 작업이기 때문에 예제를 차례대로 따라 하며 과정을 이해하는 것이 중요합니다.

- **01** 합성의 기본, 이미지와 문자 배치하기
- **02** 자연스럽게 합성하고, 세밀하게 보정하기
- **03** 밋밋한 이미지에 입체감 넣기

01 합성의 기본, 이미지와 문자 배치하기

Layer Mask와 Clipping Mask로 이미지를 합성하는 방법과 Guide를 이용해 여러 장의 이미지와 문자를 깔끔하게 배치하는 방법을 알아보겠습니다.

Layer Mask를 이용한 이미지 합성하기

■ 준비 파일 P01\Ch06\배치-Layer Mask.jpeg

Layer Mask(레이어 마스크)는 이미지 위에 마스크를 씌워 지우고 싶은 부분은 지우고, 보여 주고 싶은 부분은 보이게 하는 기능입니다. Layer Mask를 이용해 이미지와 문자를 트렌디하게 합성하는 방법을 알아보겠습니다.

01 [File 〉 Open]을 클릭해 '배치-Layer Mask.jpeg'를 불러옵니다.

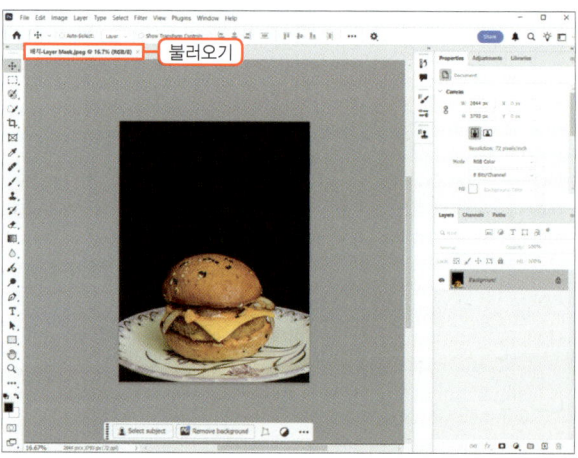

02 ❶ Horizontal Type Tool(T.)을 클릭합니다. ❷ 캔버스를 클릭하고 'CHEESE BURGER'를 입력한 후 ❸ Ctrl + Enter 를 눌러 마무리합니다. Enter 를 누르면 단을 나눌 수 있습니다.

03 Properties 패널에서 ❶~❺ 그림과 같이 설정합니다.

- 폰트: Essonnes Text Italic
- 크기: 690 pt
- 행간: 650 pt
- 색상: #ffffff
- 정렬: 가운데

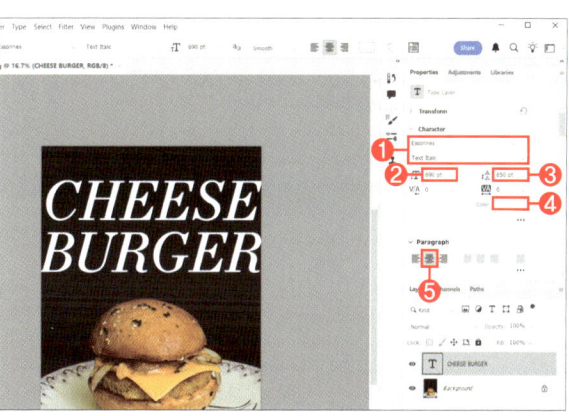

04 ❶ Ctrl + J를 눌러 문자 레이어를 복제한 후 캔버스에서 ❷ 복제한 문자를 Ctrl + 드래그하여 아래로 이동합니다.

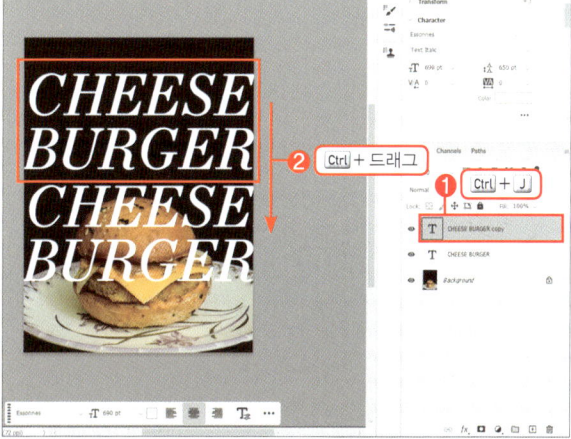

05 ❶ 아래로 이동한 문자를 클릭하고 'You've NEVER tasted'를 입력한 후 ❷ Ctrl + Enter 를 눌러 마무리합니다.

06 Properties 패널의 ❶ [Color]를 클릭하고 ❷ '#f6141d'를 입력한 후 ❸ [OK]를 클릭합니다.

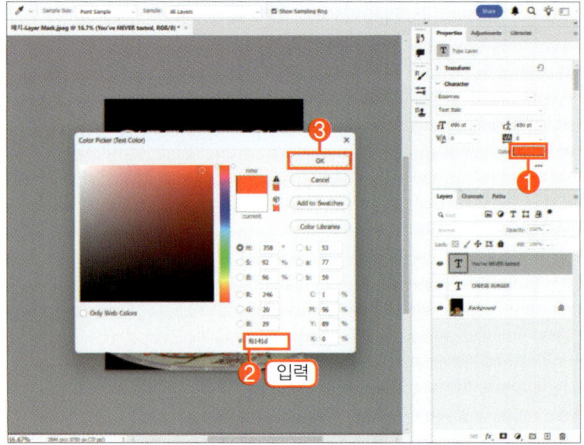

07 ❶ Rectangle Tool(□)을 마우스 오른쪽 버튼으로 클릭하고 ❷ Ellipse Tool(○)을 클릭합니다. ❸ 캔버스를 클릭 & 드래그하여 타원을 그려 줍니다.

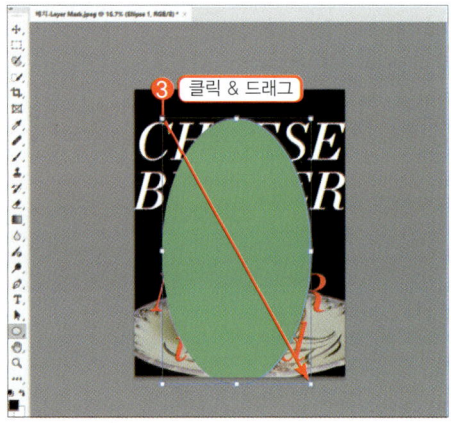

08 ❶ 원의 바깥쪽을 클릭 & 드래그하여 회전합니다. 옵션바의 ❷ [Fill] – ❸ ▨을 클릭합니다.

09 옵션바의 ❶ [Stroke] – ❷ ▭을 클릭하고 ❸ '#ffffff'를 입력한 후 ❹ [OK]를 클릭합니다. ❺ 획의 두께는 '10 px'로 설정합니다.

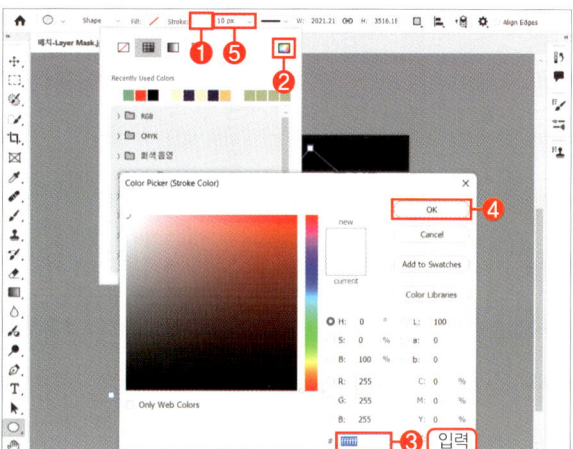

10 햄버거에 타원이 가려진 것처럼 보이도록 Layers 패널에서 ❶ 'Ellipse 1' 레이어를 클릭하고 ❷ 레이어 마스크 아이콘(▭)을 클릭합니다.

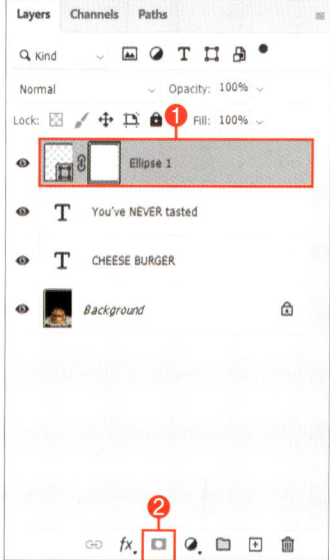

11 ❶ [전경색]을 클릭하고 ❷ '#000000'을 입력한 후 ❸ [OK]를 클릭합니다. ❹ Brush Tool(✏)을 클릭합니다. 옵션바의 ❺ 브러시 모양 아이콘(●)을 클릭하고 ❻ [General Brushes] – ❼ [Hard Round]를 클릭한 후 ❽ [와]를 눌러 브러시의 크기를 조절합니다.

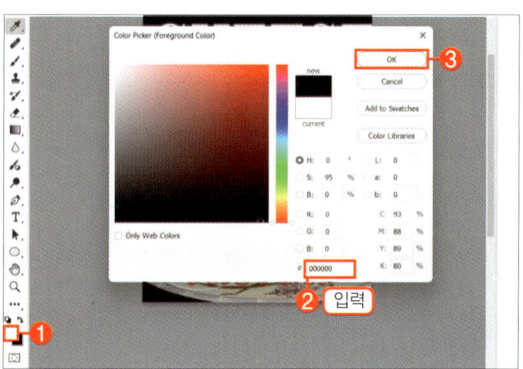 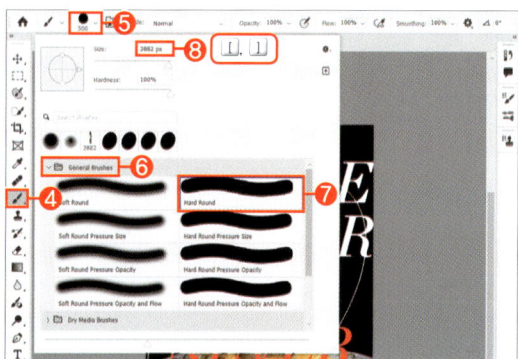

12 캔버스에서 햄버거 부분을 클릭 & 드래그하여 타원을 가려 줍니다.

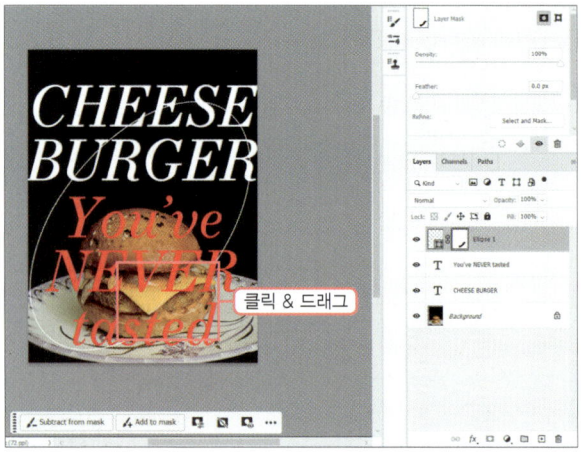

TIP!
레이어 마스크가 '흰색'이면 레이어가 보이고, 검은색이면 안 보이며, 회색이면 반투명하게 보입니다. 언제든지 복구할 수 있다는 점에서 Eraser Tool( )로 지우는 것과 차이가 있습니다.

13 Layers 패널에서 ❶ 'You've NEVER tasted' 레이어를 클릭하고 ❷ 레이어 마스크 아이콘( )을 클릭합니다.

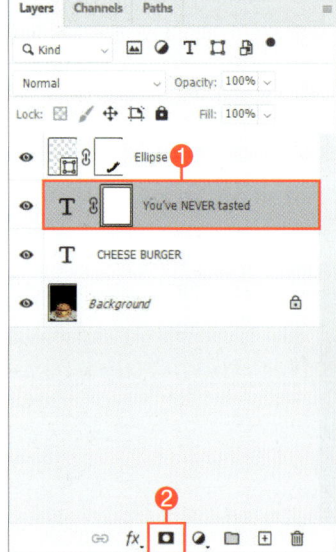

14 캔버스에서 햄버거의 일부분을 클릭 & 드래그하여 텍스트를 가려 줍니다. Layer Mask를 이용한 이미지 합성 작업을 완성했습니다.

Clipping Mask로 도형에 이미지 합성하기

■ 준비 파일 P01\Ch06\배치-Clipping Mask 1.jpeg, 배치-Clipping Mask 2.jpeg, 배치-Clipping Mask 3.jpeg

Clipping Mask(클리핑 마스크)는 일종의 프레임처럼 도형이나 문자 안에 이미지를 넣는 기능입니다. Clipping Mask로 도형에 이미지를 합성하는 방법을 알아보겠습니다.

01 [File 〉 New]를 클릭해 ❶~❹ 그림과 같이 설정하고 ❺ [Create]를 클릭합니다.

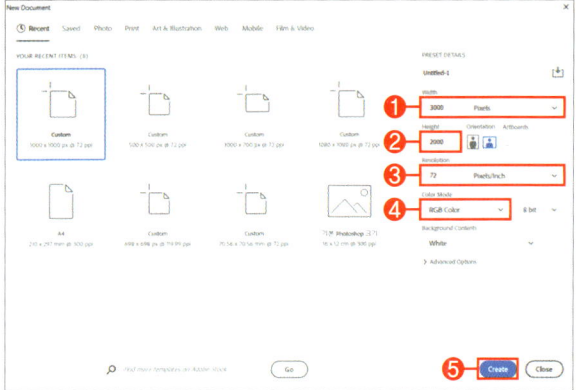

- Width: 3000 Pixels
- Height: 2000 Pixels
- Resolution: 72 Pixels/Inch
- Color Mode: RGB Color

02 배치를 깔끔하게 하기 위해 ❶ [View] – ❷ [Guides] – ❸ [New Guide Layout]을 클릭합니다. ❹~❻ 그림과 같이 설정한 후 ❼ [OK]를 클릭합니다.

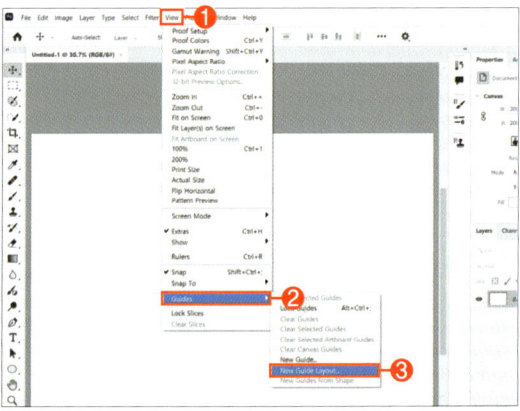 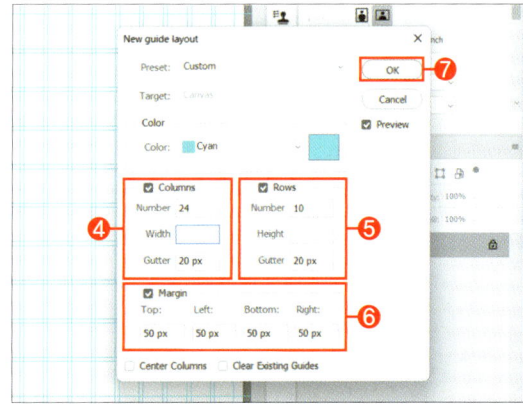

- Columns: 체크 – Number: 24 – Gutter: 20 px
- Rows: 체크 – Number: 10 – Gutter: 20 px
- Margin: 체크 – Top, Left, Bottom, Right: 50 px

> **TIP!**
> 그림과 같이 캔버스에 여러 개의 안내선을 만들고, 이에 맞춰 배치하는 것을 '그리드 시스템'이라고 합니다.

03 ❶ Rectangle Tool(□)을 클릭하고 ❷ 안내선에 맞춰 클릭 & 드래그하여 직사각형을 그립니다. ❸ 모서리의 눈을 안쪽으로 클릭 & 드래그하여 최대한 둥글게 만들어 줍니다.

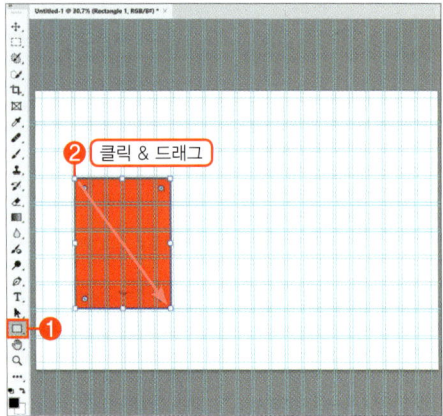 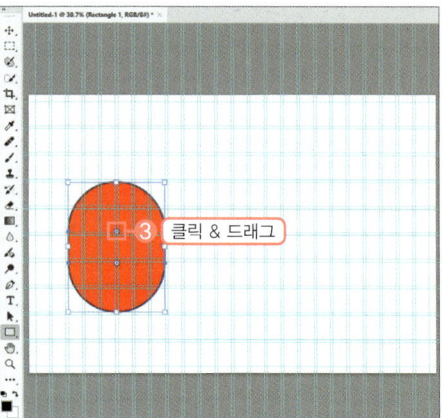

04 Properties 패널의 Appearance 메뉴 중 ❶ 링크 아이콘(⌘)을 클릭해 해제하고 ❷ 하단의 모서리 반경을 '0 px'로 설정합니다.

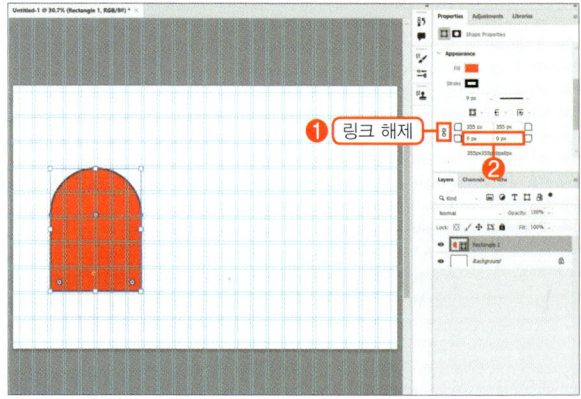

05 ❶ Ctrl + J를 눌러 도형 레이어를 복제하고 ❷ 복제한 도형을 오른쪽으로 Ctrl + 클릭 & 드래그하면서 Shift를 눌러 이동한 후 ❸ 같은 작업을 한 번 더 반복합니다.

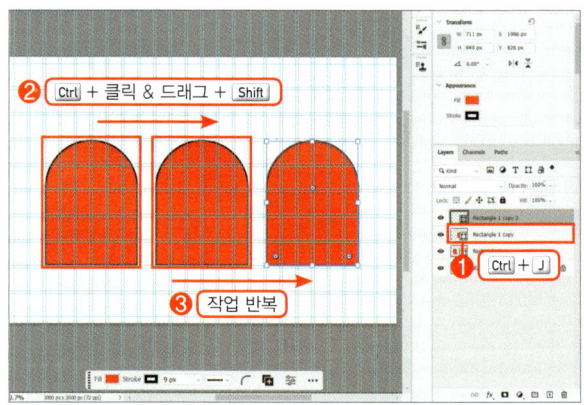

06 이미지를 배치하기 전에 ❶ Ctrl + ;을 눌러 안내선 표시를 잠시 끄고, Layers 패널에서 ❷ 'Rectangle 1' 레이어를 클릭합니다. [File 〉 Place Embedded]를 클릭해 ❸ '배치–Clipping Mask 1.jpeg'를 가져온 후 ❹ 크기와 위치를 조절하고 ❺ Enter 를 누릅니다.

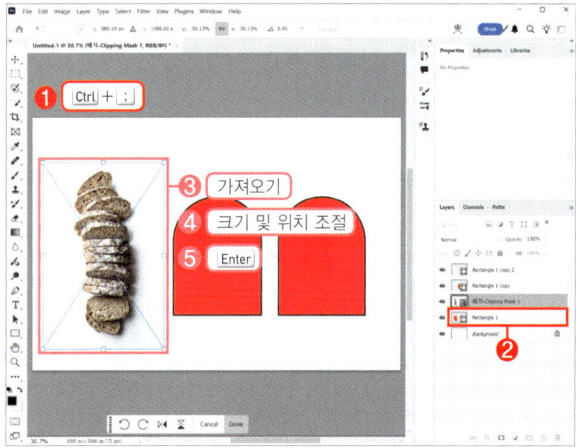

07 '배치–Clipping Mask 1' 레이어와 'Rectangle 1' 레이어의 사이를 Alt + 클릭 하여 클리핑 마스크를 만듭니다.

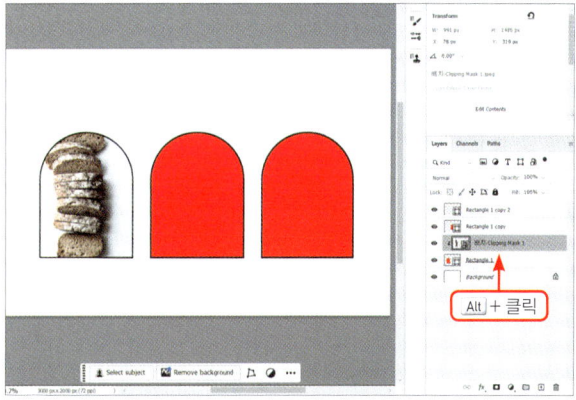

> **TIP!**
> 클리핑 마스크는 어떠한 틀 안에 이미지를 가두는 기능입니다. 두 레이어 사이를 Alt + 클릭하면 클리핑 마스크를 만들거나 해제할 수 있습니다.

08 Layers 패널에서 ❶ 'Rectangle 1 copy' 레이어를 클릭합니다. [File 〉 Place Embedded]를 클릭해 ❷ '배치–Clipping Mask 2.jpeg'를 가져온 후 ❸ 크기와 위치를 조절하고 ❹ Enter 를 누릅니다.

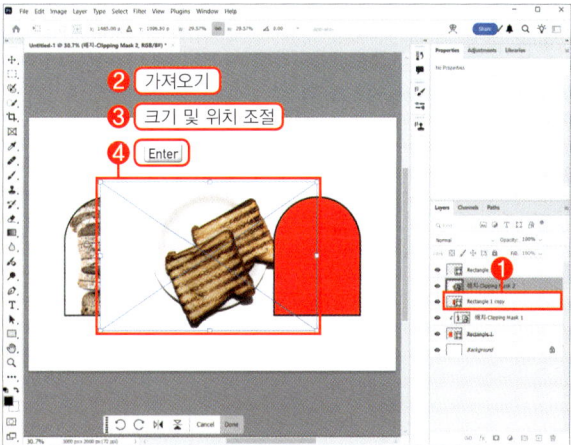

09 '배치–Clipping Mask 2' 레이어와 'Rectangle 1 copy' 레이어 사이를 Alt + 클릭하여 클리핑 마스크를 만듭니다.

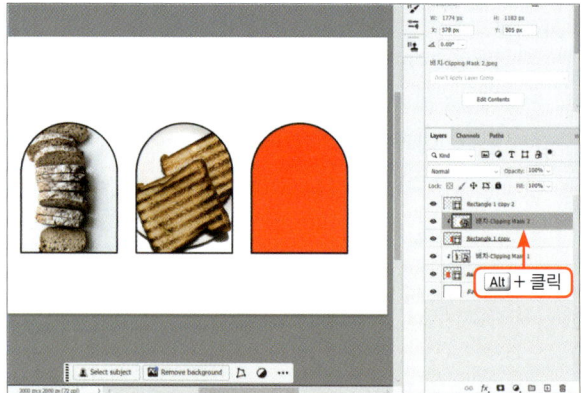

10 Layers 패널에서 ❶ 'Rectangle 1 copy 2' 레이어를 클릭합니다. [File 〉 Place Embedded]를 클릭하고 ❷ '배치–Clipping Mask 3.jpeg'를 가져온 후 ❸ 크기와 위치를 조절하고 ❹ Enter를 누릅니다.

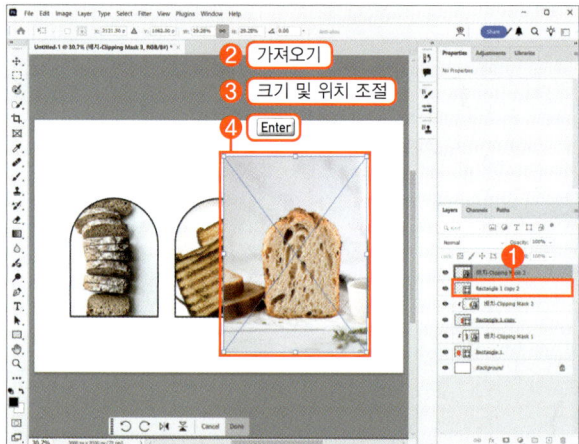

11 '배치–Clipping Mask 3' 레이어와 'Rectangle 1 copy 2' 레이어 사이를 Alt + 클릭하여 클리핑 마스크를 만듭니다.

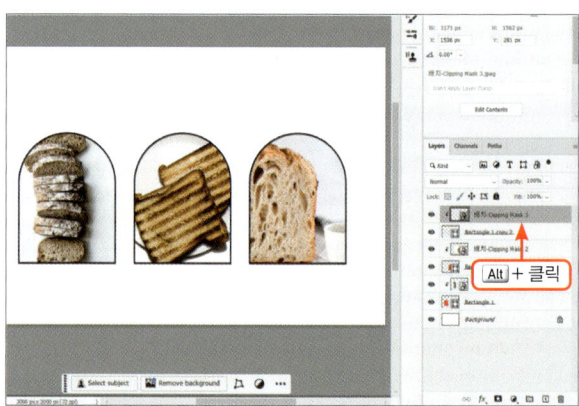

12 ❶ Ctrl + ;을 눌러 안내선을 표시합니다. ❷ Horizontal Type Tool(T)을 클릭하고 옵션바를 ❸~❻ 그림과 같이 설정합니다.

- 폰트: Futura PT Heavy
- 크기: 163 pt
- 정렬:
- 색상: #0039f2

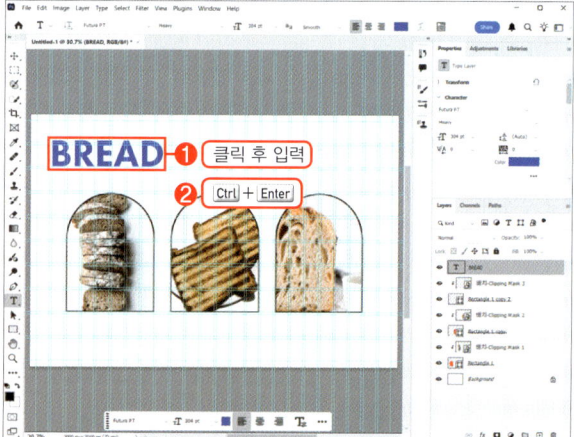

13 안내선에 맞춰 ❶ 캔버스를 한 번 클릭하고 'BREAD'를 입력한 후 ❷ Ctrl + Enter를 눌러 마무리합니다.

14 ❶ Ctrl + J를 눌러 'BREAD' 레이어를 복제하고 ❷ 복제한 문자를 Ctrl + 드래그 하면서 Shift를 눌러 오른쪽으로 이동합니다.

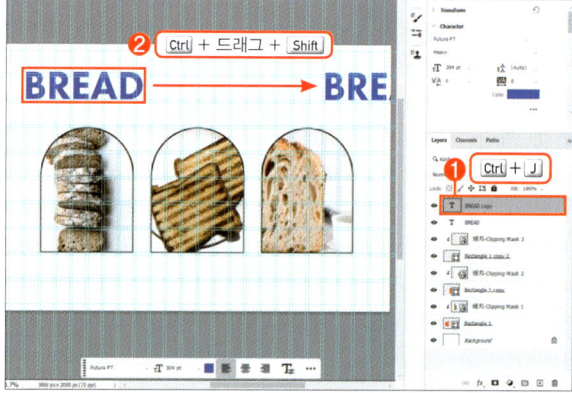

15 ❶ 오른쪽으로 이동한 문자를 클릭하고 'the new!'를 입력한 후 ❷ Ctrl + Enter 를 눌러 마무리합니다. 옵션바에서 ❸ 문자의 크기를 '58 pt'로 설정합니다.

16 ❶ 'BREAD'의 오른쪽 안내선을 클릭해 'the best fresh & healthy bread in seong-su'를 입력한 후 ❷ Ctrl + Enter 를 누르고 ❸~❼ 그림과 같이 설정합니다.

- 폰트: Futura PT Book Oblique
- 크기: 49 pt
- 색상: #0039f2
- 정렬:
- 문자 옵션: T

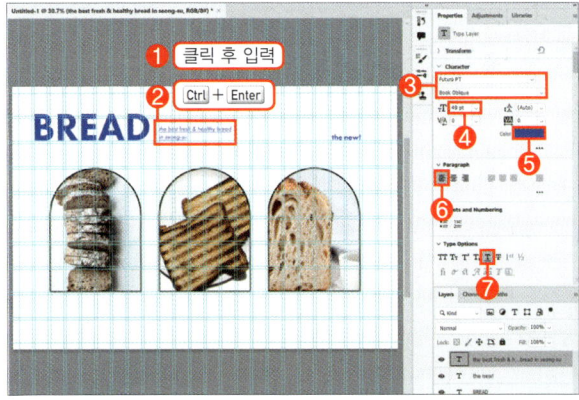

17 'the best fresh & healthy bread in seong-su'를 Ctrl + Alt + 드래그해 첫 번째 도형 아래로 복제합니다.

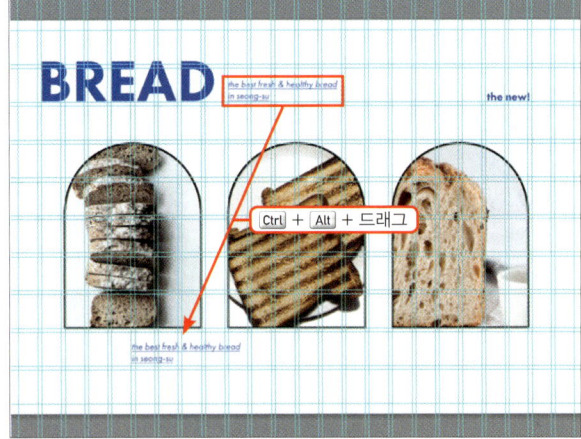

18 ❶ 복제한 문자를 클릭하고 'detail of the bread'를 입력한 후 ❷ Ctrl + Enter 를 눌러 마무리합니다.

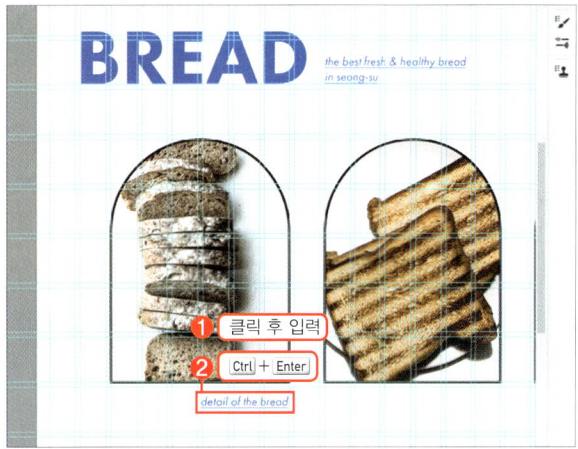

19 ❶ 18에서 입력한 문자를 Ctrl + Alt + 드래그하면서 Shift 를 눌러 두 번째 도형 아래로 이동합니다. ❷ 한 번 더 반복하여 세 번째 도형 아래에도 배치합니다.

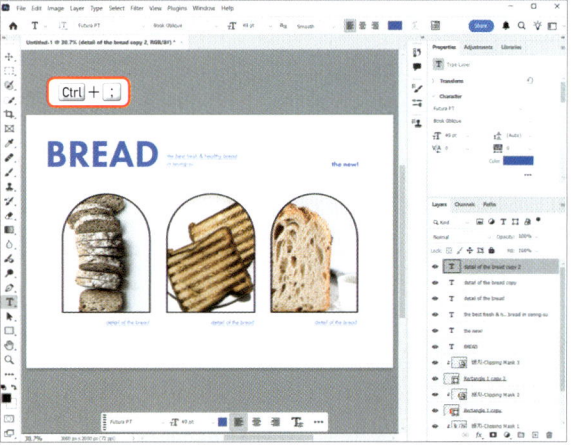

20 Ctrl + ;을 눌러 안내선 표시를 끕니다. Clipping Mask를 이용한 이미지 편집 작업을 완성했습니다.

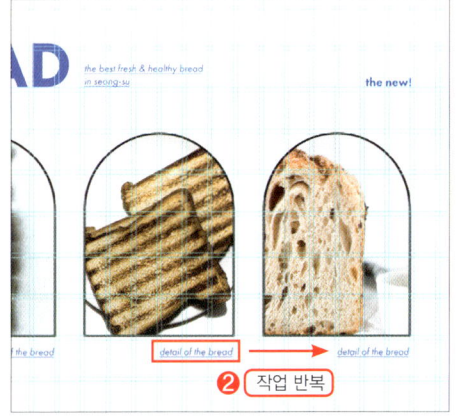

Chapter 06 · 다양한 이미지 합성 방법 **183**

02 자연스럽게 합성하고, 세밀하게 보정하기

이번 장에서는 이미지를 자연스럽게 합성하는 방법과 이미지의 색감, 채도, 밝기 등을 세밀하게 보정하는 방법에 대해 알아보겠습니다.

Blend Mode로 자연스럽게 합성하기

■ 준비 파일 P01\Ch06\합성-blend mode 1.jpeg, 합성-blend mode 2.jpeg, 합성-blend mode 3.jpeg

먼저 Blend Mode(혼합 모드)를 이용해 여러 장의 이미지를 자연스럽게 합성하는 방법을 알아보겠습니다.

01 [File 〉 Open]을 클릭해 '합성-blend mode 1.jpeg'를 불러옵니다.

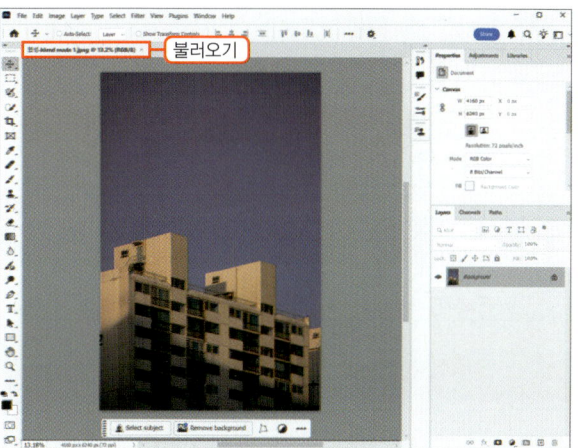

02 [File 〉 Place Embedded]를 클릭해 ❶ '합성-blend mode 2.jpeg'를 가져온 후 ❷ 크기와 위치를 조절하고 ❸ Enter 를 누릅니다.

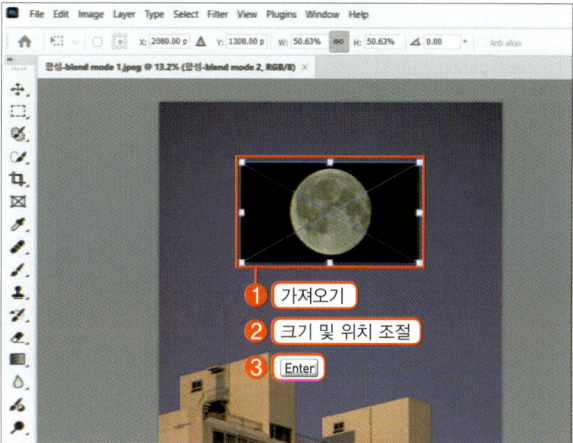

03 달 이미지의 어두운 부분을 없애기 위해 Layers 패널에서 혼합 모드를 'Screen'으로 설정합니다.

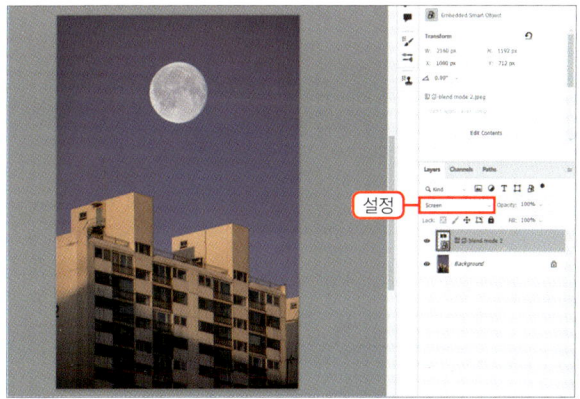

설정

알아두기

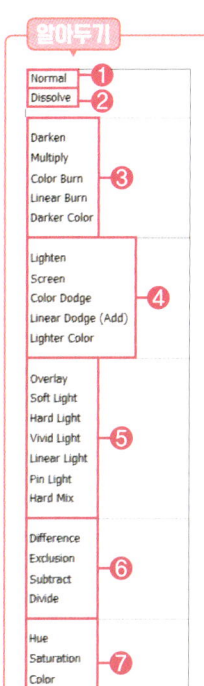

혼합 모드 메뉴의 카테고리는 다음과 같습니다.
① **표준** 일반 모드입니다.
② **디졸브** 이미지의 불투명도에 따라 픽셀의 밀도를 조절합니다.
③ **어둡게 합성하기** 이미지의 밝은 부분을 없애 전체적으로 어둡게 합성합니다.
④ **밝게 합성하기** 이미지의 어두운 부분을 없애 전체적으로 밝게 합성합니다.
⑤ **대비시켜 합성하기** 어두운 부분은 더 어둡게, 밝은 부분은 더 밝게 합성하여 전체적인 대비를 높입니다.
⑥ **반전시켜 합성하기** 이미지의 보색을 합성하여 극적으로 반전된 느낌을 만들어 줍니다.
⑦ **요소만 합성하기** 이미지의 색상 요소만 합성합니다.

04 [File 〉 Place Embedded]를 클릭해 ① '합성-blend mode 3.jpeg'를 가져온 후 아파트 위의 하늘 부분을 다 덮을 수 있게 ② 크기와 위치를 조절하고 ③ Enter 를 누릅니다.

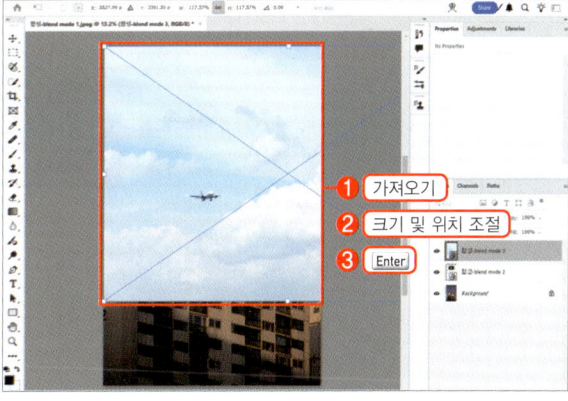

① 가져오기
② 크기 및 위치 조절
③ Enter

05 이미지의 밝은 부분을 없애기 위해 Layers 패널에서 혼합 모드를 'Multiply'로 설정합니다.

> **TIP!**
> 이미지에서 밝은 부분을 없애고 싶다면 '어둡게 합성하기' 카테고리의 효과를 적용하고, 반대로 어두운 부분을 없애고 싶다면 '밝게 합성하기' 카테고리의 효과를 적용합니다. 일반적으로 'Multiply'와 'Screen' 효과를 가장 많이 사용합니다.

06 건물에 겹친 구름을 지우기 위해 Layers 패널에서 ❶ 'Background' 레이어를 클릭하고 ❷ Object Selection Tool(　)을 클릭한 후 ❸ 건물 부분을 클릭 & 드래그해 선택합니다.

07 ❶ '합성-blend mode 3' 레이어를 클릭하고 ❷ 레이어 마스크 아이콘(　)을 Alt + 클릭해 건물에 겹친 구름을 지워줍니다. Blend Mode를 이용한 자연스러운 이미지 합성을 완성했습니다.

> **TIP!**
> 레이어 마스크 아이콘(　)을 Alt + 클릭하면 선택 영역을 가리는 마스크를 만들 수 있습니다.

Adjustment Layer로 세밀하고 정확하게 보정하기

📁 준비 파일 P01\Ch06\합성-Adjustment Layer.psd

이번에는 Adjustment Layer(조정 레이어)로 이미지의 색감, 채도, 밝기 등을 세밀하게 보정하는 방법을 알아보겠습니다.

01 [File 〉 Open]을 클릭해 '합성-Adjustment Layer .psd'를 불러옵니다. 두 이미지의 밝기와 색감을 맞추기 위해 조정 레이어를 사용하겠습니다.

02 Layers 패널에서 ❶ '이미지 1' 레이어를 클릭하고, ❷ 조정 레이어 아이콘(⬤) – ❸ [Curves]를 클릭합니다. Properties 패널에서 ❹ 그림과 같이 클릭 & 드래그하여 '이미지 1' 레이어의 밝기를 올리고 ❺ 클리핑 마스크 아이콘(⬚)을 클릭해 클리핑 마스크를 만듭니다.

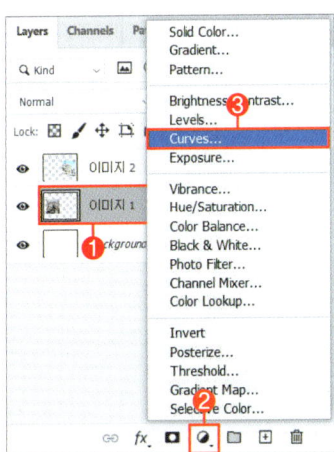 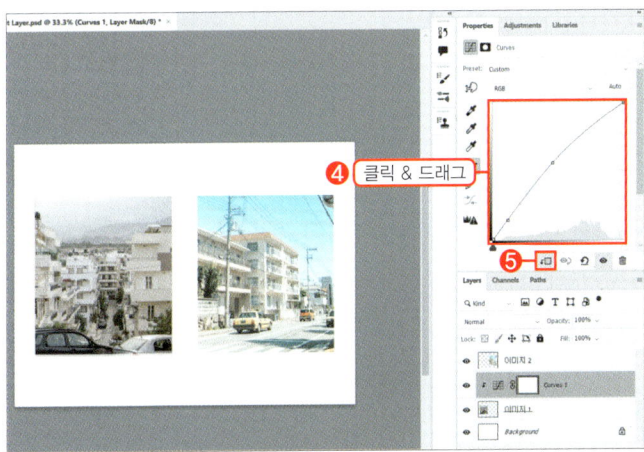

> **TIP!**
> 조정 레이어는 자신보다 아래에 있는 레이어의 색감, 밝기, 채도 등을 한 번에 조정하는 기능입니다. 단, 클리핑 마스크를 만들면 클리핑 마스크를 적용한 레이어의 색감, 밝기, 채도만 조정할 수 있습니다. 예제에서 '이미지 1' 레이어에 클리핑 마스크를 적용하는 이유입니다.

03 '이미지 1' 레이어의 색을 바꾸기 위해 ❶ 조정 레이어 아이콘( ) – ❷ [Selective Color]를 클릭합니다. Properties 패널의 ❸ 클리핑 마스크 아이콘( )을 클릭해 'Curves 1' 레이어와 클리핑 마스크를 만듭니다.

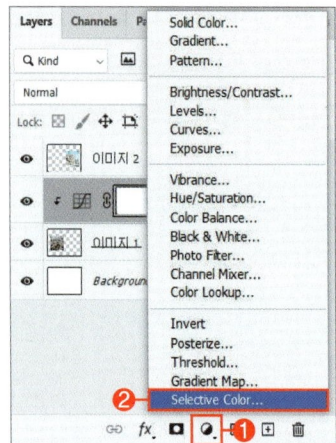
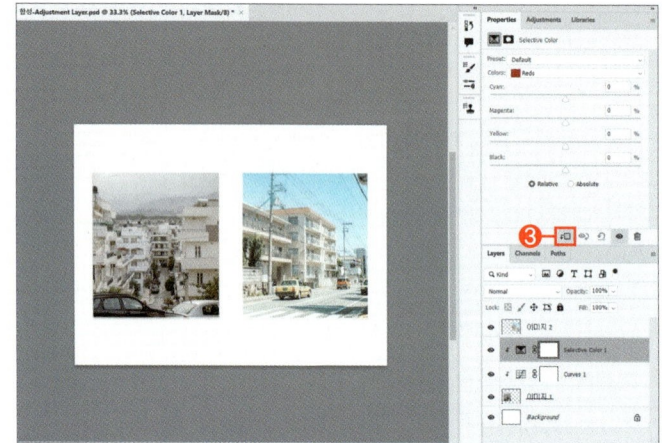

04 ❶ Colors를 'Yellows'로 설정하고 ❷ 그림과 같이 설정합니다.

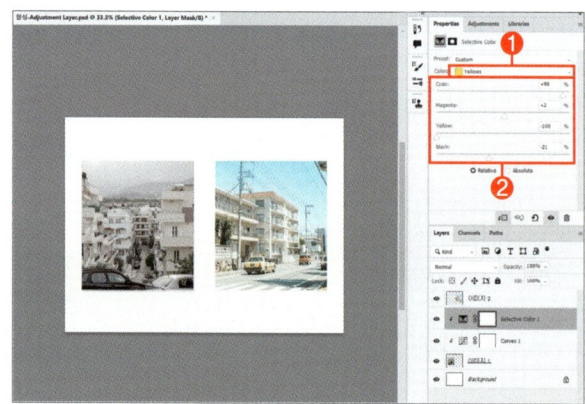

• Cyan: +90%   • Magenta: +2%   • Yellow: −100%   • Black: −21%

05 ❶ Colors를 'Whites'로 설정하고 ❷ 그림과 같이 설정합니다.

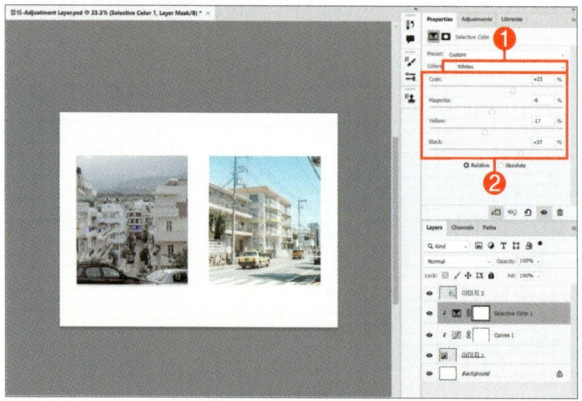

• Cyan: +25%   • Magenta: −6%   • Yellow: −17%   • Black: +37%

06 ❶ Colors를 'Neutrals'로 설정하고 ❷ 그림과 같이 설정합니다.

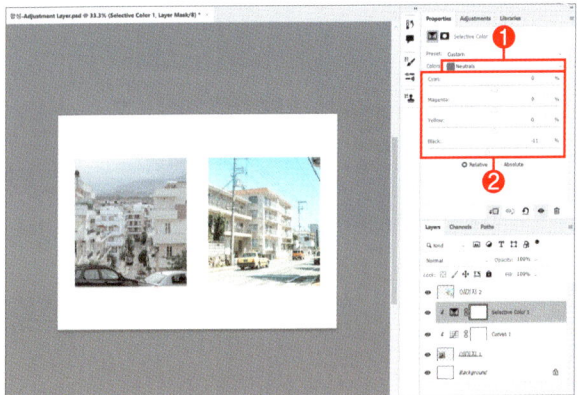

- Cyan: 0%   • Magenta: 0%   • Yellow: 0%   • Black: −11%

07 ❶ Colors를 'Blacks'로 설정하고 ❷ 그림과 같이 설정합니다.

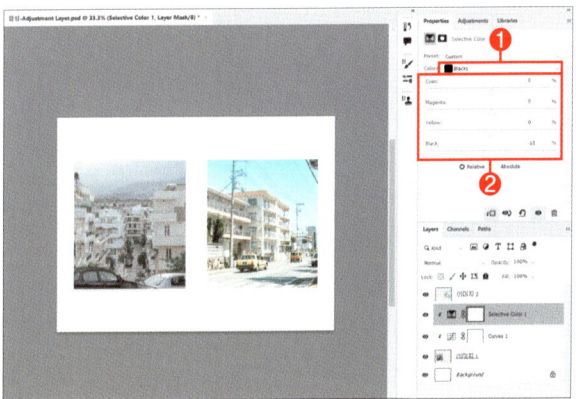

- Cyan: 0%   • Magenta: 0%   • Yellow: 0%   • Black: −10%

08 이어서 '이미지 1' 레이어의 채도를 조정하기 위해 ❶ 조정 레이어 아이콘( ) – ❷ [Vibrance]를 클릭합니다.

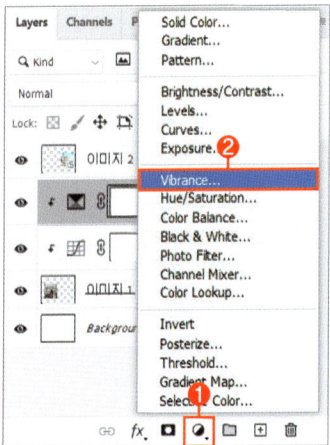

Chapter 06 • 다양한 이미지 합성 방법   **189**

09 Properties 패널의 ❶ 클리핑 마스크 아이콘(▢)을 클릭해 'Selective Color 1' 레이어와 클리핑 마스크를 만들고 ❷ Vibrance는 '+100', Saturation은 '+80'으로 설정합니다.

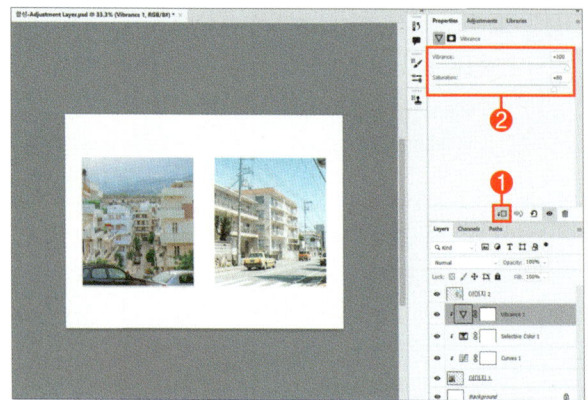

10 채도가 과하게 올라간 부분을 지우기 위해 ❶ Brush Tool(✏)을 클릭합니다. 옵션바의 ❷ 브러시 모양 아이콘(●)을 클릭하고 ❸ [General Brushes] – ❹ [Soft Round]를 클릭한 후 ❺ ①와 ①를 눌러 브러시의 크기를 조절합니다.

> **TIP!**
> 모든 조정 레이어는 레이어 마스크 기능을 사용할 수 있습니다. 마스크가 흰색인 부분은 색이 조정되고, 검은색인 부분은 조정되지 않으며, 회색인 부분은 살짝만 조정됩니다.

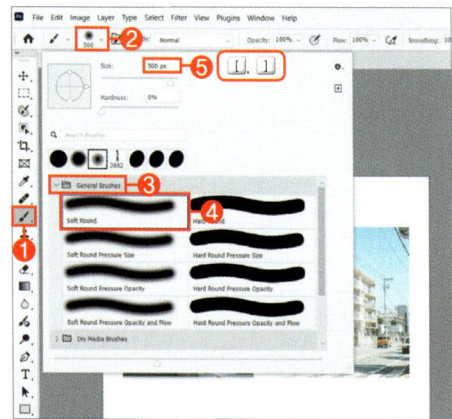

11 옵션바의 Opacity를 '30%'로 설정합니다.

12 도구 상자의 ❶ [전경색]을 클릭해 ❷ '#000000'을 입력한 후 ❸ [OK]를 클릭합니다. ❹ 채도가 진한 부분을 클릭 또는 드래그하여 일부 가려 줍니다.

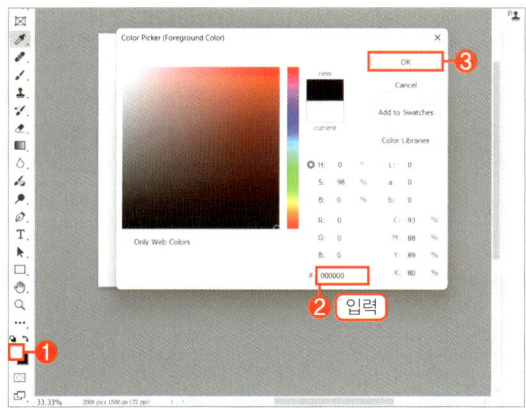
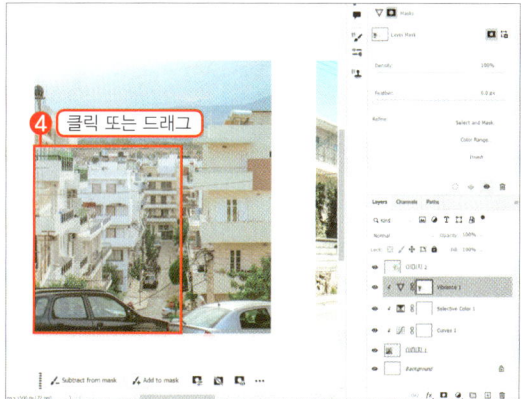

TIP!

레이어 마스크를 Alt + 클릭하면 캔버스에서 마스크의 상태를 확인할 수 있습니다.

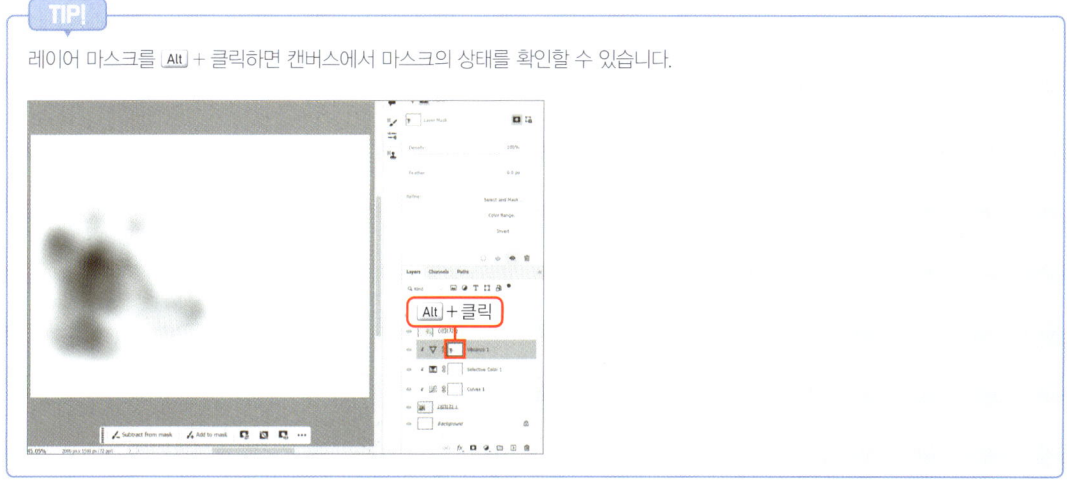

13 Layers 패널에서 ❶ '이미지 2' 레이어를 클릭하고 ❷ 조정 레이어 아이콘( ) – ❸ [Brightness/Contrast]를 클릭합니다.

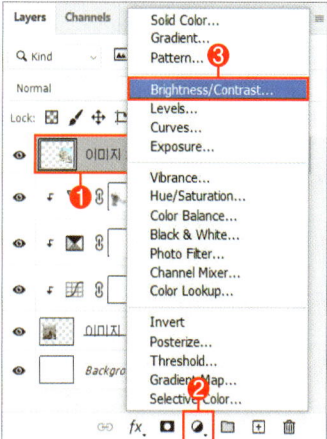

Chapter 06 · 다양한 이미지 합성 방법 **191**

14 Properties 패널의 ❶ 클리핑 마스크 아이콘(⬚)을 클릭하여 '이미지 2' 레이어와 클리핑 마스크를 만들고 ❷ Brightness를 '–5', Contrast를 '–5'로 설정합니다.

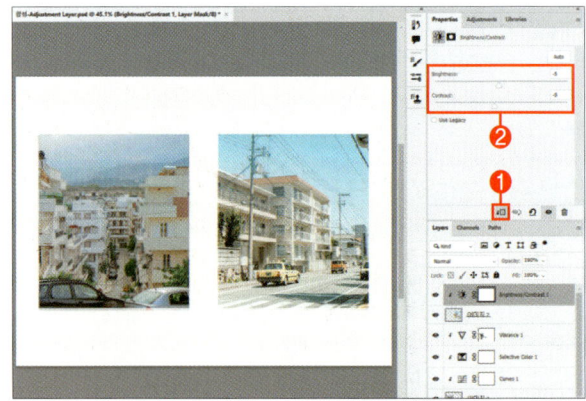

15 ❶ 조정 레이어 아이콘(⬤) – ❷ [Selective Color]를 클릭합니다.

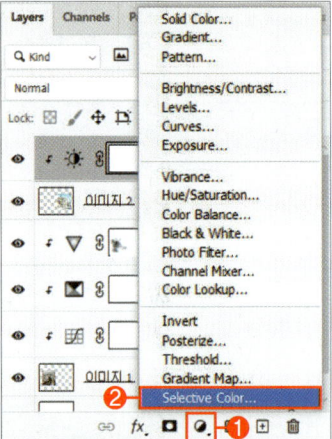

16 Properties 패널의 클리핑 마스크 아이콘(⬚)을 클릭하여 'Brightness/Contrast 1' 레이어와 클리핑 마스크를 만듭니다.

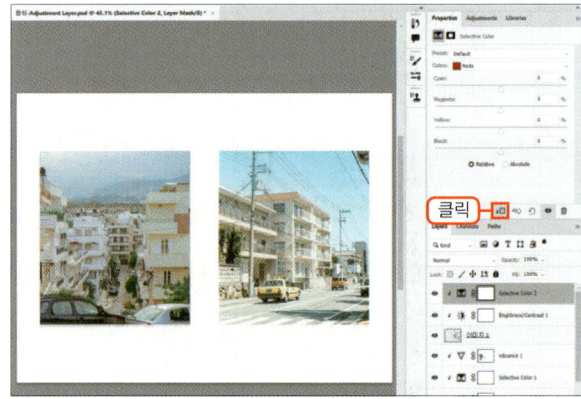

17 ❶ Colors를 'Greens'로 설정하고 ❷ 그림과 같이 설정합니다.

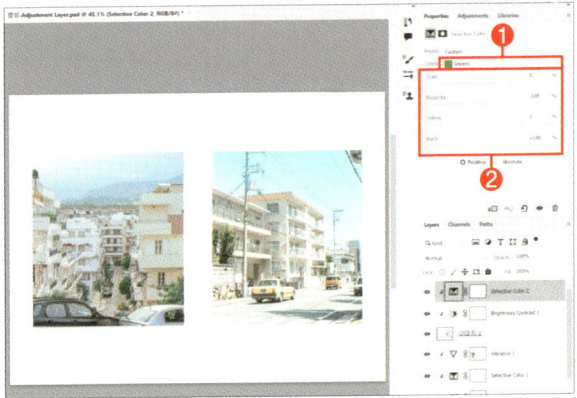

- Cyan: 0%   • Magenta: −100%   • Yellow: 0%   • Black: +100%

18 ❶ Colors를 'Cyans'로 설정하고 ❷ 그림과 같이 설정합니다.

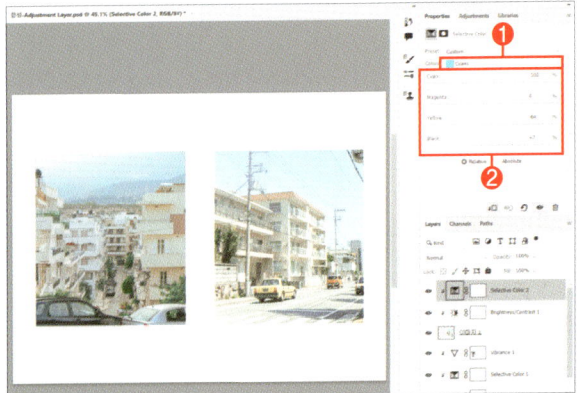

- Cyan: −100%   • Magenta: 0%   • Yellow: −64%   • Black: +7%

19 ❶ Colors를 'Blacks'로 설정하고 ❷ 그림과 같이 설정합니다. 서로 다른 두 이미지의 밝기와 색감 맞추기를 완성하였습니다.

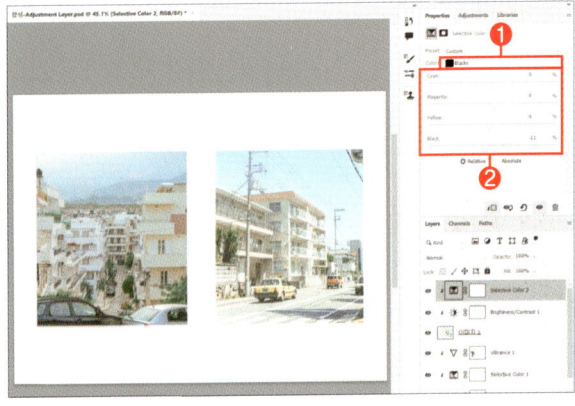

- Cyan: 0%   • Magenta: 0%   • Yellow: 0%   • Black: −11%

03 밋밋한 이미지에 입체감 넣기

이번 섹션에서는 두 가지 방법으로 밋밋해 보이는 이미지와 도형에 입체감을 넣어 완성도를 높여 보겠습니다.

그림자를 만들어 입체감 넣기

■ 준비 파일 P01\Ch06\입체감-그림자.jpeg

먼저 그림자를 만들어 이미지에 입체감을 넣는 방법을 알아보겠습니다. 그림자를 만드는 방법에는 레이어 스타일을 적용하는 방법과 직접 그림자를 만드는 방법이 있습니다.

레이어 스타일 적용하기

01 [File 〉 Open]을 클릭해 ❶ '입체감-그림자.jpeg'를 불러옵니다. ❷ Object Selection Tool( )을 클릭하고 ❸ 선인장을 클릭 & 드래그해 선택합니다.

02 Ctrl + J 를 눌러 레이어를 복제합니다.

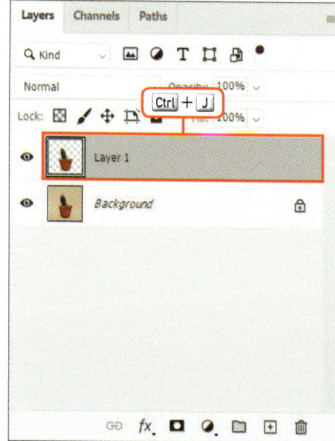

03
❶ 'Layer 1' 레이어를 더블 클릭한 후 ❷ [Drop Shadow] 탭을 클릭하고 ❸~❻ 그림과 같이 설정합니다.

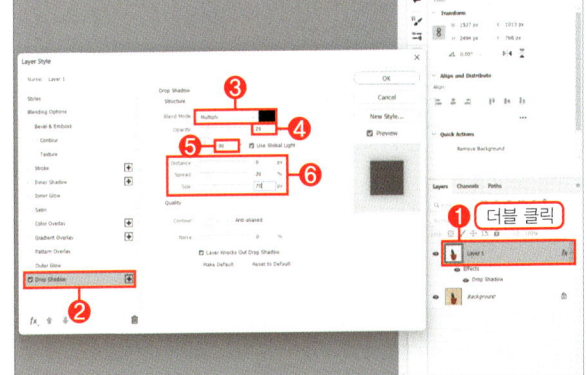

- Blend Mode: Multiply, #000000
- Opacity: 20%
- Angle: 90°
- Distance: 0 px • Spread: 20% • Size: 70 px

> **TIP!**
> Layer Style 창의 탭을 선택할 때에는 체크 박스가 아닌 탭의 이름을 클릭해야 설정 모드로 들어갈 수 있습니다.

> **알아두기**
> Drop Shaodw는 레이어 바깥쪽에 생기는 그림자 효과로 메뉴는 다음과 같습니다.
> - Blend Mode: 그림자의 혼합 모드를 설정합니다. 오른쪽에 있는 [Color]를 클릭해 그림자의 색을 정할 수 있습니다.
> - Opacity: 그림자의 불투명도를 설정합니다.
> - Angle: 빛의 각도를 설정합니다. 'Use Global Light'를 체크하면 다른 효과와 동일한 빛의 각도를 적용할 수 있습니다.
> - Distance: 레이어와 그림자 사이의 거리를 설정합니다.
> - Spread: 그림자가 퍼지는 영역을 설정합니다.
> - Size: 그림자의 흐림 정도를 설정합니다.

04
❶ [Inner Shadow] 탭을 클릭합니다. ❷~❺ 그림과 같이 설정한 후 ❻ [OK]를 클릭합니다.

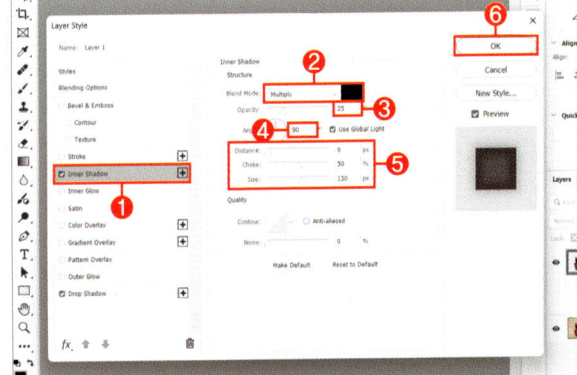

- Blend Mode: Multiply, #000000
- Opacity: 25%
- Angle: 90°
- Distance: 0 px • Choke: 50% • Size: 130 px

> **TIP!**
> Inner Shadow는 레이어 안쪽에 생기는 그림자로 Drop Shadow와 비슷한 스타일의 효과입니다. [Drop Shadow] 탭의 'Spread'가 [Inner Shadow] 탭에서는 'Choke'라는 이름으로 대체되어 있습니다.

05 레이어 스타일은 'Effects'의 눈 아이콘( )을 각각 클릭해 가시성을 설정할 수 있습니다. 레이어 자체에 은은한 그림자를 만들고 싶을 때 두 효과를 사용합니다.

▲ Drop Shadow

▲ Inner Shadow

> **TIP!**
> 레이어를 마우스 오른쪽 버튼으로 클릭하고 [Clear Layer Style]을 클릭하면 모든 효과를 없앨 수 있습니다.

수동으로 그림자 만들기

01 **레이어 스타일 적용하기**의 **01~02** 작업을 동일하게 진행합니다. 도구 상자의 ❶ [배경색]을 클릭하고 ❷ 이미지 배경의 주황색을 클릭해 추출한 후 ❸ [OK]를 클릭합니다.

02 ❶ Crop Tool( )을 클릭하고 ❷ 캔버스의 아랫부분을 클릭 & 드래그하여 늘린 후 ❸ Enter 를 누릅니다. 이미지가 커지는 부분은 배경색으로 채워집니다.

03 ❶ 'Layer 1' 레이어를 클릭하고 Properties 패널의 ❷ 아이콘을 클릭해 세로로 뒤집습니다.

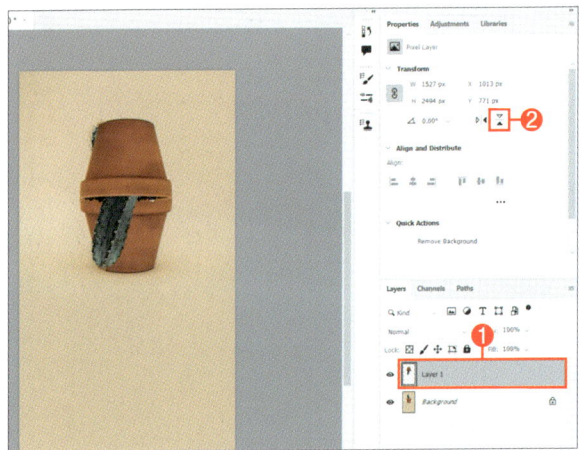

04 ❶ Move Tool(⊕)을 클릭하고 ❷ 캔버스를 클릭 & 드래그하면서 Shift 를 눌러 그림과 같이 아래로 이동합니다.

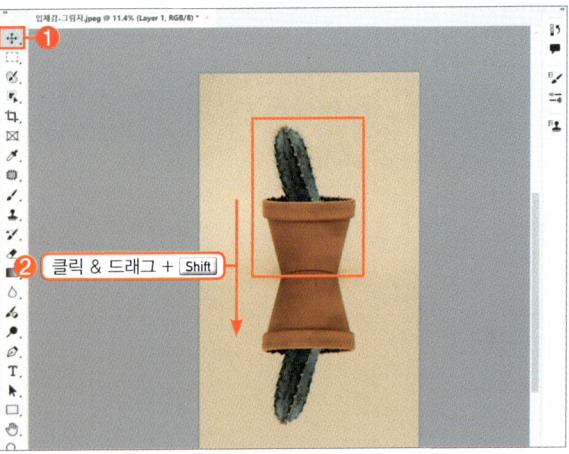

05 ❶ Ctrl + U 를 눌러 Hue/Saturation 창을 열고 ❷ Lightness를 '-100'으로 설정해 검은색으로 만든 후 ❸ [OK]를 클릭합니다.

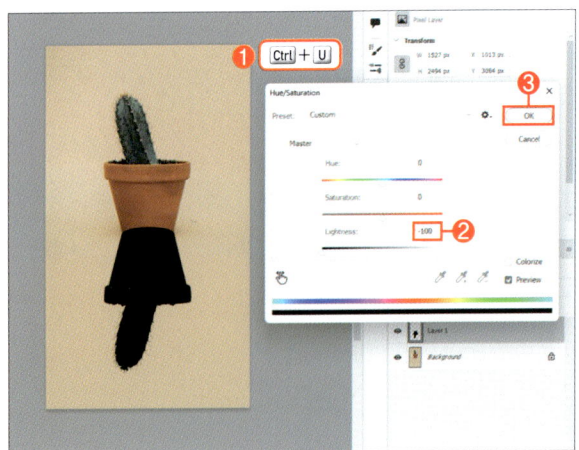

06 ❶ [Filter] – ❷ [Blur] – ❸ [Gaussian Blur]를 클릭합니다. ❹ Radius를 '30 Pixels'로 설정한 후 ❺ [OK]를 클릭합니다.

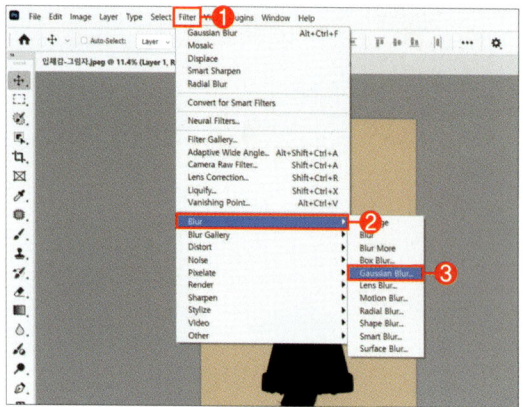

07 레이어 마스크로 일부분을 가리기 위해 도구 상자의 ❶ [전경색]을 클릭하여 ❷ '#000000'을 입력한 후 ❸ [OK]를 클릭합니다.

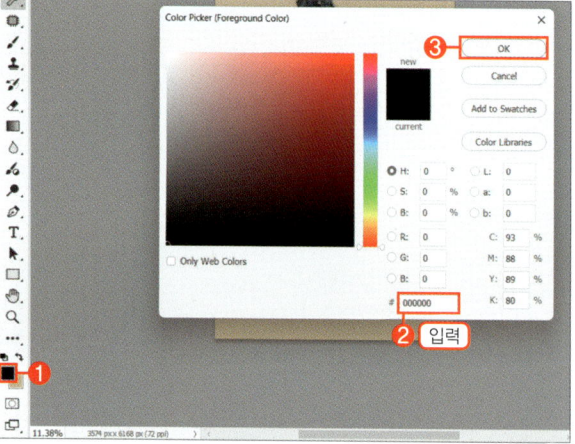

08 ❶ Brush Tool(	)을 클릭합니다. 옵션 바의 ❷ 브러시 모양 아이콘(	)을 클릭하고 ❸ [General Brushes] – ❹ [Soft Round]를 클릭합니다. ❺ ⦁와 ⦁를 눌러 브러시의 크기를 조절합니다.

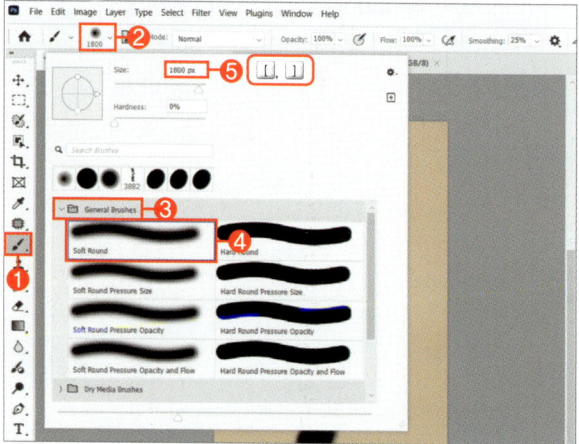

09 Layers 패널에서 ❶ 레이어 마스크 아이콘(□)을 클릭하고 ❷ 그림자의 아랫부분을 클릭 & 드래그하여 일부를 가려 줍니다. Layers 패널에서 ❸ 'Background' 레이어를 클릭하고 ❹ Object Selection Tool( )을 클릭합니다. ❺ 화분을 클릭 & 드래그해 선택합니다.

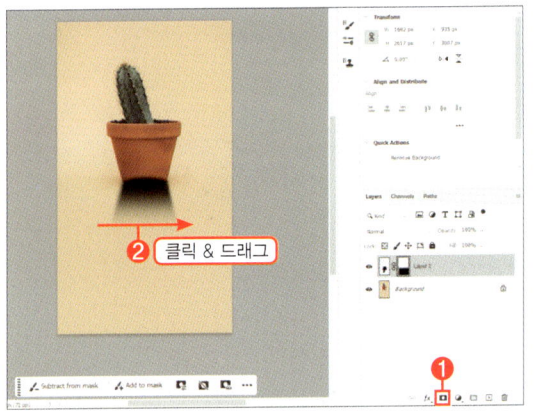
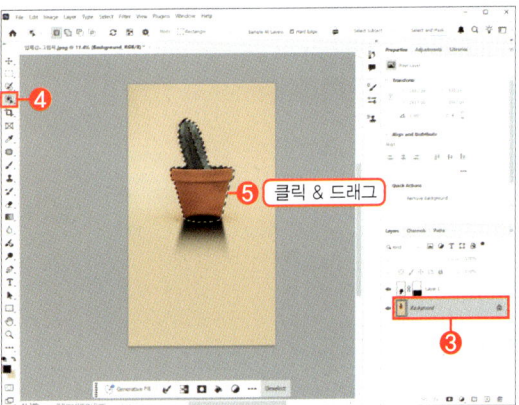

10 ❶ 'Layer 1' 레이어의 [레이어 마스크]를 클릭하고 ❷ Alt + Delete 를 눌러 전경색을 채웁니다. ❸ Ctrl + D 를 눌러 선택 영역을 해제합니다.

11 그림자를 자연스럽게 합성하기 위해 ❶ 혼합 모드를 'Overlay'로, ❷ Opacity를 '45%'로 설정합니다.

> **TIP!**
> 06에서 Gaussian Blur를 강하게 넣고, 레이어의 Opacity를 높이면 진한 그림자를 만들 수 있습니다.

그라데이션을 활용해 입체감 넣기

이번에는 그라데이션을 활용해 도형에 입체감을 넣어 보겠습니다.

01 [File 〉 New]를 클릭해 ❶~❹ 그림과 같이 설정한 후 ❺ [Create]를 클릭합니다.

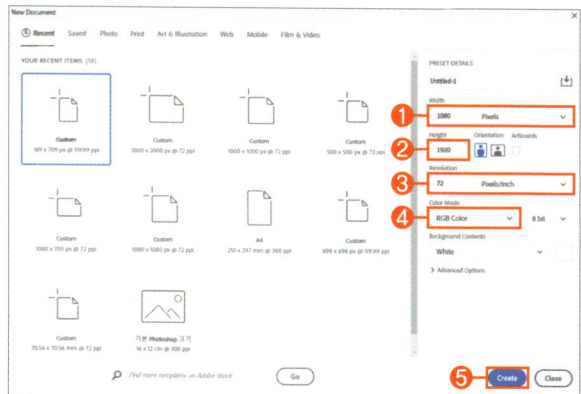

- Width: 1080 Pixels
- Height: 1920 Pixels
- Resolution: 72 Pixels/Inch
- Color Mode: RGB Color

02 도구 상자의 ❶ [전경색]을 클릭하고 ❷ '#161b38'을 입력한 후 ❸ [OK]를 클릭합니다. ❹ Alt + Delete 를 눌러 'Background' 레이어에 전경색을 채웁니다.

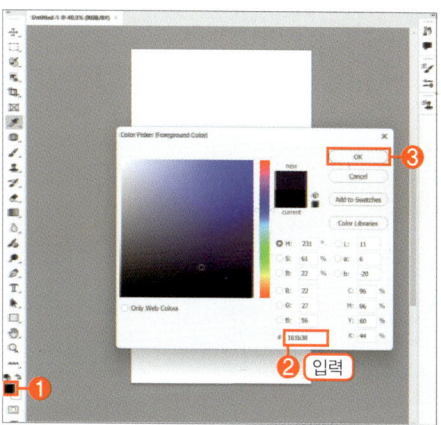
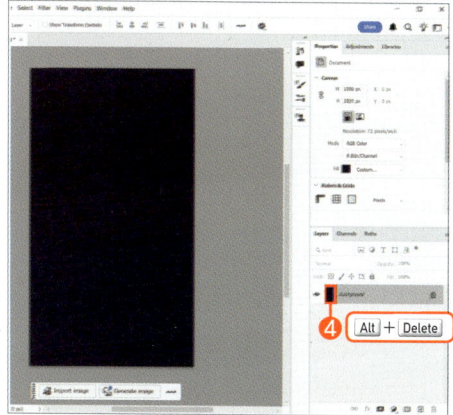

03 ❶ Rectangle Tool(□)을 마우스 오른쪽 버튼으로 클릭하고 ❷ Ellipse Tool(○)을 클릭합니다. ❸ 캔버스를 클릭 & 드래그하면서 Shift 를 눌러 정원형을 그립니다.

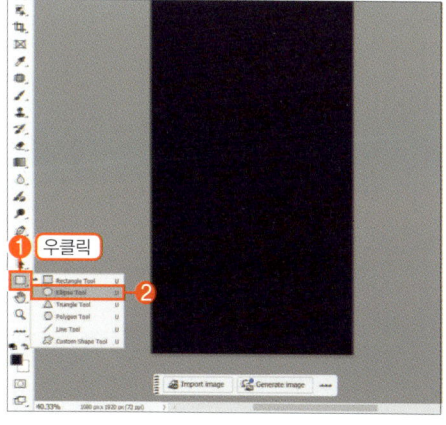
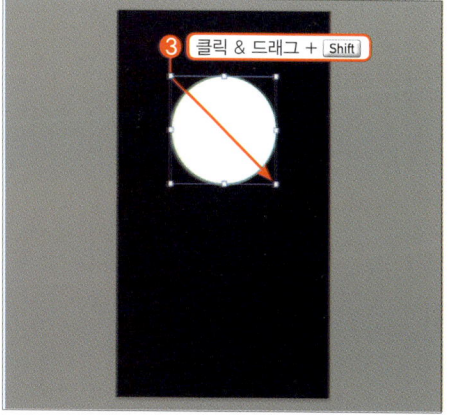

04 옵션바의 ❶ [Fill] – ❷ ▣을 클릭하고 ❸ '#ff87a6'을 입력한 후 ❹ [OK]를 클릭합니다. 옵션바의 ❺ [Stroke] – ❻ ▣을 클릭합니다.

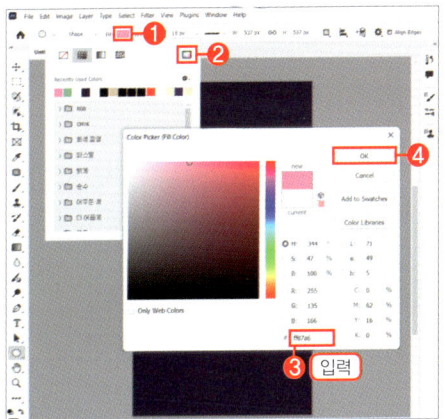 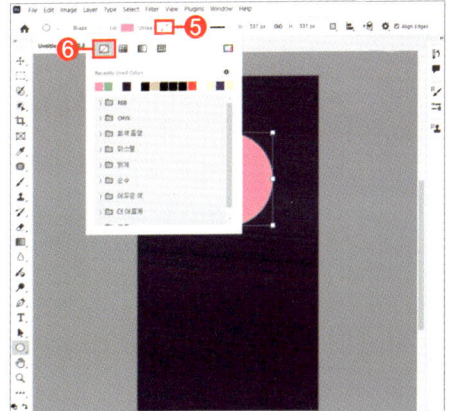

05 ❶ 'Ellipse 1' 레이어를 더블 클릭하여 Layer Style 창을 열고 ❷ [Gradient Overlay] 탭을 클릭한 후 ❸ [그레이디언트]를 클릭합니다.

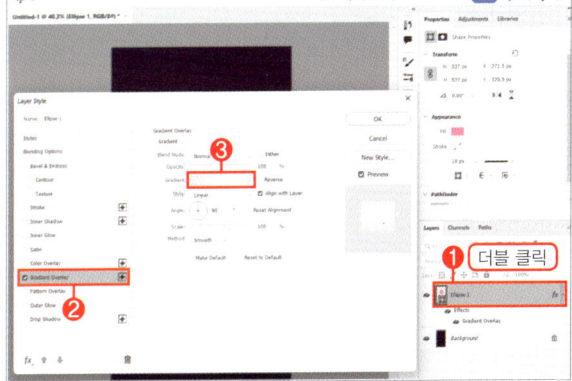

> **TIP!**
> Layer Style 창의 [Color Overlay], [Gradient Overlay], [Pattern Overlay] 탭은 레이어에 색상, 그레이디언트, 패턴을 덮어씌우는 효과입니다.

06 상단의 Presets 중 ❶ [Basic] 그룹을 클릭하고 ❷ 두 번째에 있는 [Foreground to Transparent]를 선택한 후 ❸ [OK]를 클릭합니다.

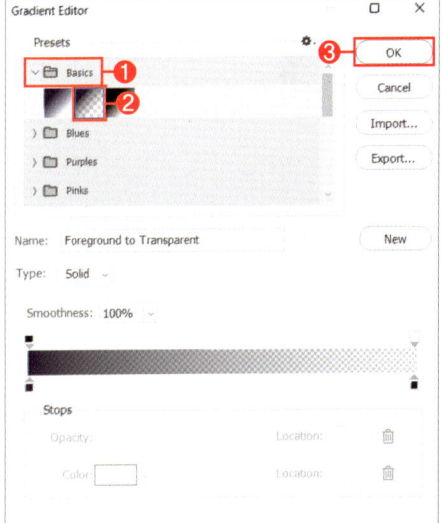

Chapter 06 · 다양한 이미지 합성 방법   **201**

07 [Gradient Overlay] 탭의 메뉴를 ❶~ ❻ 그림과 같이 설정합니다.

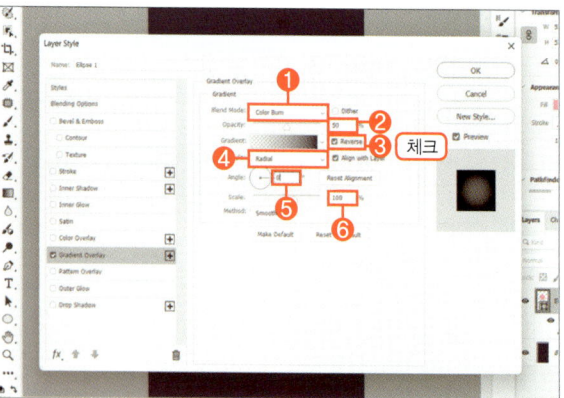

- Blend Mode: Color Burn
- Opacity: 50%
- Reverse: 체크
- Style: Radial
- Angle: 0°
- Scale: 100%

TIP!
Color Burn은 밝기를 많이 낮추지 않고, 기존 레이어 색상의 채도를 올릴 수 있어 산뜻한 음영을 만들기에 좋습니다. Multiply나 Linear Burn 등 다른 혼합 모드를 사용해도 좋습니다.

▲ Multiply   ▲ Color Burn   ▲ Linear Burn

08 ❶ 캔버스를 클릭 & 드래그해 그레이디언트의 위치를 수정하고 ❷ Enter 를 누릅니다.

09 ❶ Ctrl + J를 눌러 'Ellipse 1' 레이어를 복제하고 ❷ Ctrl + 드래그하면서 Shift 를 눌러 아래로 이동합니다. ❸ 'Ellipse 1 copy' 레이어의 [Gradient Overlay] 를 더블 클릭합니다.

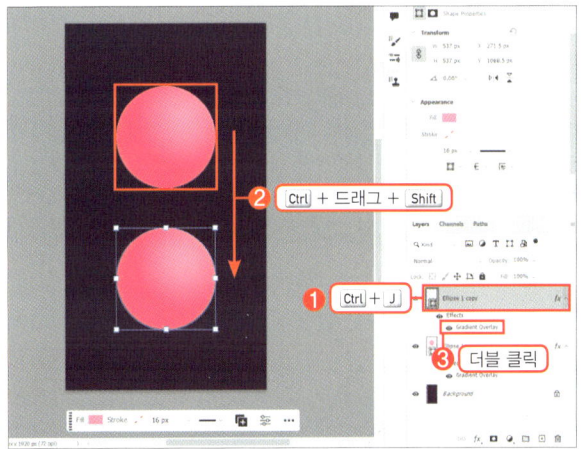

10 Layer Style 창을 열고 ❶~❻ 그림과 같이 설정합니다.

- Blend Mode: Color Burn
- Opacity: 50%
- Reverse: 체크 해제
- Style: Linear
- Angle: 45°
- Scale: 40%

11 ❶ 캔버스를 클릭 & 드래그하여 그레이디언트의 위치를 수정하고 ❷ Enter 를 누릅니다.

> **TIP!**
> 검은색뿐만 아니라 짙은 남색이나 갈색도 그림자와 음영을 만들 때 자주 사용합니다. 흰색이나 밝은 노란색의 그레이디언트를 사용하면 하이라이트 효과를 줄 수 있습니다. 그레이디언트만 잘 활용해도 밋밋한 이미지를 훨씬 풍부하게 만들 수 있으니 참고합니다.

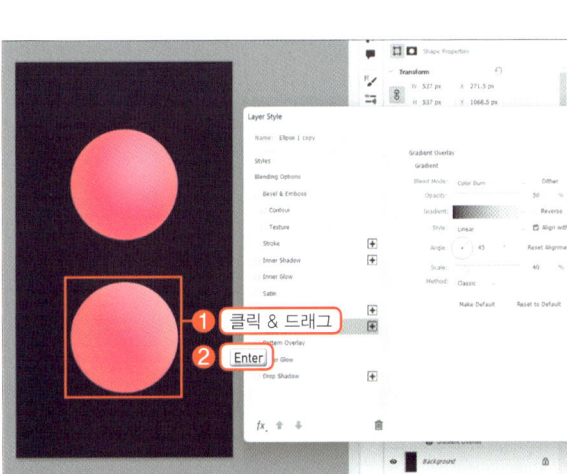

Chapter 06 · 다양한 이미지 합성 방법 **203**

Chapter

07

생성형 AI로
이미지 보정하기

포토샵에 생성형 AI 기능이 추가된 이후로 이미지를 수정하는 작업이 훨씬 간편해졌습니다. 이번 챕터에서는 Generative Fill 기능으로 이미지의 부분 요소를 변경하고, Generative Expand 기능으로 이미지의 배경을 확장해 보겠습니다.

01 Generative Fill로 이미지 바꾸기
02 Generative Expand로 배경 확장하기

01 Generative Fill로 이미지 바꾸기

먼저 Generative Fill을 사용해 이미지의 일부를 생성하고, 이미지의 스타일을 동화책에 나오는 유화 그림처럼 변경해 보겠습니다.

이미지의 일부를 생성하고 스타일 변경하기

■ 준비 파일 P01\Ch07\Generative Fill.jpg

Generative Fill(생성형 채우기)은 명령어를 통해 이미지의 일부를 수정하거나, 피사체를 제외한 배경을 변경하여 창의적인 결과물을 만들어 내는 기능입니다.

01 [File 〉 Open]을 클릭해 ❶ 'Generative Fill.jpg'를 불러옵니다. ❷ Rectangular Marquee Tool(▭)을 클릭하고 ❸ 이미지의 아랫부분을 클릭 & 드래그하여 선택합니다. Contextual Task Bar의 ❹ [Generative Fill]을 클릭합니다.

TIP!
Contextual Task Bar는 이미지 생성 작업 및 활성화된 레이어나 선택 영역과 관련된 빠른 작업 메뉴를 제공합니다. Window 메뉴에서 Contexutal Task Bar의 활성 여부를 설정할 수 있습니다.

02 ❶ 프롬프트에 '호수'를 입력하고 ❷ [Generate]를 클릭합니다. Properties 패널에서 ❸ 마음에 드는 이미지를 선택합니다.

TIP!
이미지의 일부를 생성할 때 너무 긴 문장의 프롬프트는 오히려 퀄리티를 떨어뜨릴 수 있으니 프롬프트를 간단히 입력합니다.

03 이번에는 ❶ 오른쪽 상단 부분을 클릭 & 드래그하여 선택합니다. Contextual Task Bar의 ❷ [Generative Fill]을 클릭합니다.

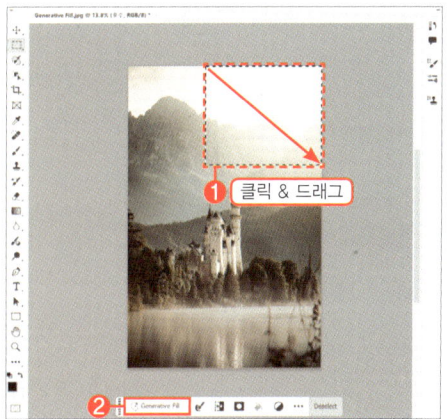

04 ❶ 프롬프트에 '날아다니는 새떼'를 입력하고 ❷ [Generate]를 클릭합니다. Properties 패널에서 ❸ 마음에 드는 이미지를 선택합니다.

05 이미지의 스타일을 변경하기 위해 ❶ Channels 패널을 클릭하고 ❷ 새 채널 아이콘(□)을 클릭합니다. ❸ [전경색]을 클릭하고 ❹ '#333333'을 입력한 후 ❺ [OK]를 클릭합니다.

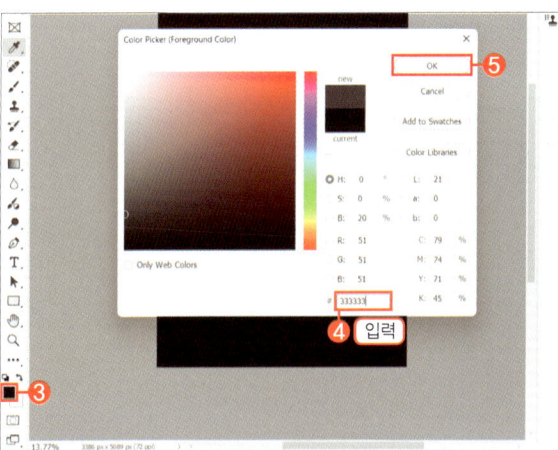

Chapter 07 · 생성형 AI로 이미지 보정하기 **207**

06

❶ `Alt` + `Delete`를 눌러 캔버스에 전경색을 채웁니다.
❷ 채널의 이름을 더블 클릭하고 '20%' 입력한 후 ❸ `Enter`를 누릅니다.

> **TIP!**
> 채널은 흰색에 가까울수록 '100%', 검은색에 가까울수록 '0%' 깊이로 픽셀을 선택합니다. 이미지를 크게 변경하고 싶다면 전경색을 밝게 설정하고, 구도는 유지하면서 스타일만 변경하고 싶다면 전경색을 어둡게 설정하세요.

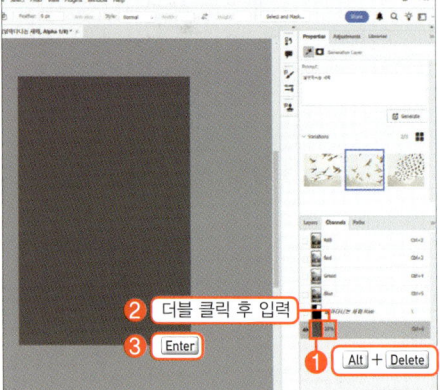

07

❶ 채널의 섬네일을 `Ctrl` + 클릭하여 밝기에 따른 픽셀 깊이를 선택합니다. 경고창이 나오면 ❷ [OK]를 클릭합니다. 깊이가 50% 이하일 때에는 픽셀의 선택 영역이 보이지 않습니다. Contextual Task Bar의 ❸ [Generative Fill]을 클릭합니다.

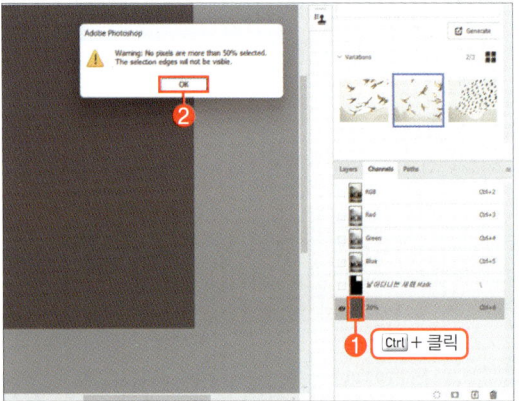
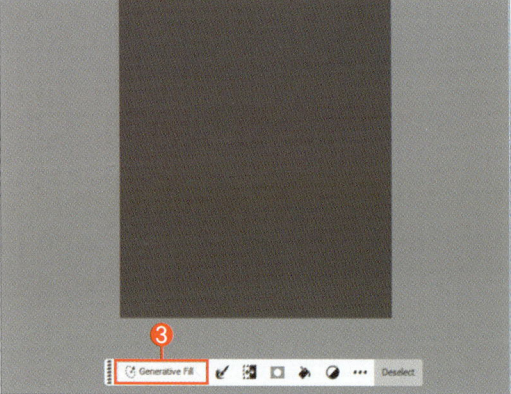

08

❶ 프롬프트에 '유화'를 입력하고 ❷ [Generate]를 클릭합니다. ❸ Layers 패널을 클릭하고 Properties 패널에서 ❹ 마음에 드는 이미지를 선택하면 완성!

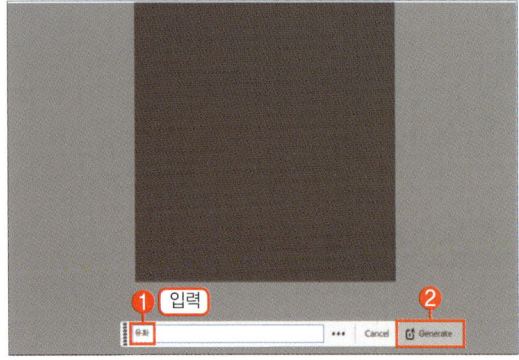

02 Generative Expand로 배경 확장하기

Crop Tool로 이미지의 규격을 키우고 Generative Expand로 이미지의 배경을 생성해 보겠습니다. Generative Expand 기능을 사용하면 인공지능이 자동으로 배경을 확장해 줍니다.

이미지를 확장한 후 배경 생성하기

▣ 준비 파일 P01\Ch07\Generative Expand.jpg

이미지의 크기를 시네마스코프 비율인 21:9로 변경해 보겠습니다. 먼저 Crop Tool로 이미지의 규격을 변경한 후 Generative Expand(생성형 확장)를 사용해 이미지의 배경을 생성합니다.

01 [File 〉 Open]을 클릭해 'Generative Expand.jpg'를 불러옵니다.

02 ❶ Crop Tool(↵.)을 클릭한 후 시네마스코프 비율로 이미지를 바꾸기 위해 ❷ Ratio에 '21'과 '9'를 각각 입력합니다. ❸ Fill을 'Generative Expand'로 설정한 후 ❹ 캔버스의 가장자리를 그림과 같이 클릭 & 드래그하고 ❺ Enter를 눌러 배경을 생성합니다.

> **TIP!**
> 프롬프트를 따로 입력하지 않아도 인공지능이 이미지와 어울리는 배경을 알아서 만들어 줍니다.

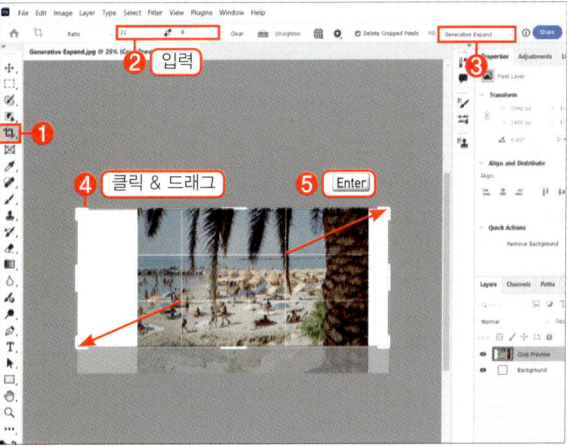

03 Properties 패널에서 생성된 이미지를 확인합니다.

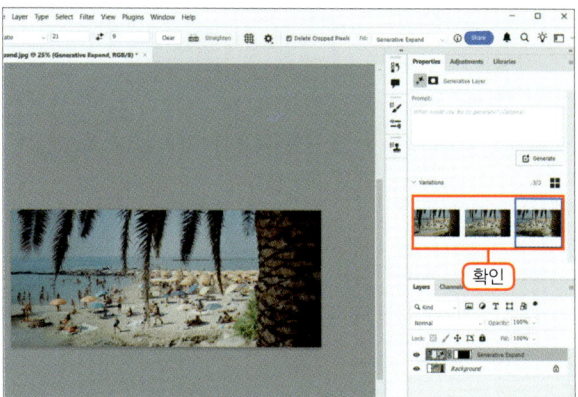

04 이어서 ❶ '하얀색 요트가 떠있는 바다'를 입력한 후 ❷ [Generate]를 클릭합니다.

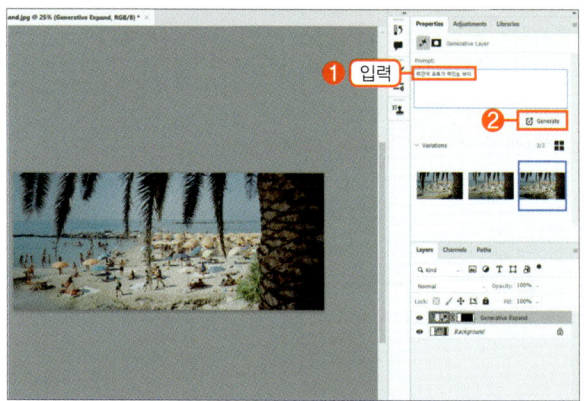

05 Properties 패널에서 마음에 드는 이미지를 고르면 완성!

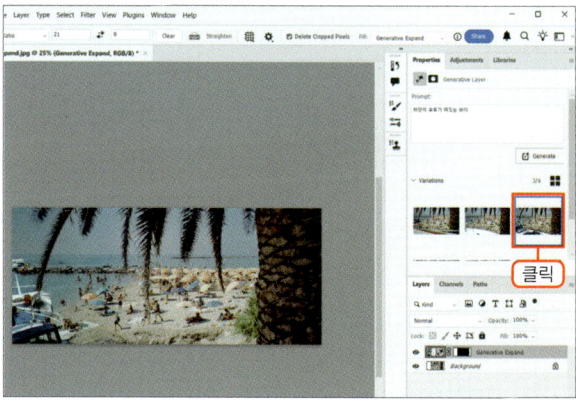

Part

02

일러스트레이터 마스터하기

Chapter 08	일러스트레이터 시작하기
Chapter 09	기본 도형과 브러시 활용법 알아보기
Chapter 10	여러 가지 효과 활용하기
Chapter 11	생성형 AI로 이미지를 생성하고 수정하기

Chapter

08

일러스트레이터 시작하기

이번 챕터에서는 일러스트레이터의 인터페이스와 메뉴를 차례대로 살펴보고, 작업의 기본 단위인 레이어의 개념과 변형 기본 동작, 파일 저장 방법 등에 대해 자세히 알아보겠습니다.

- **01** 일러스트레이터는 어떻게 생겼을까?
- **02** 일러스트레이터 기본 개념 마스터하기
- **03** 기본 도형, 선택 도구, 펜 도구 정복하기
- **04** 색상 설정 방법과 관리 방법 알아보기
- **05** 저장하기

일러스트레이터는 어떻게 생겼을까?

일러스트레이터의 전체 UI를 살펴본 후 각 도구의 핵심 기능과 작업 영역을 나에게 맞게 수정하는 방법을 알아보겠습니다.

일러스트레이터 UI 살펴보기

일러스트레이터를 실행한 후 왼쪽 상단의 일러스트레이터 아이콘(Ai)을 클릭하면 아래 그림과 같이 일러스트레이터의 전체 UI(사용자 인터페이스)가 나타납니다.

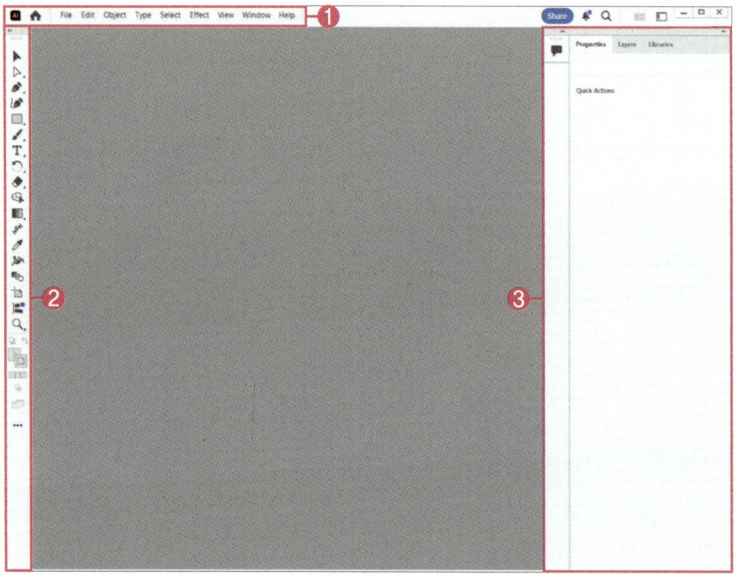

❶ **메뉴바** 일러스트레이터의 메뉴를 탭별로 모아 놓은 곳입니다. 자주 사용하는 메뉴로는 File(파일), View(보기), Window(창)가 있습니다.
- **File** 열기, 닫기, 저장하기, 가져오기 등 파일을 관리하는 모든 메뉴가 모여 있습니다.
- **View** 눈금자, 안내선, 격자, 스크린 모드 등 보조 역할을 하는 설정 메뉴가 모여 있습니다.
- **Window** 도구 상자, 패널 등의 표시 여부를 설정할 수 있습니다.

❷ **도구 상자** 도구 아이콘 오른쪽 하단에 작은 삼각형은 도구 그룹이 숨어 있다는 뜻입니다. 작은 삼각형 표시가 있는 도구를 마우스 오른쪽 버튼으로 클릭하면 도구 그룹을 펼칠 수 있습니다.

❸ **패널** 화면 오른쪽에 있는 창을 패널이라고 하고, 도구 상자도 일종의 패널이라고 볼 수 있습니다. Window 메뉴에서 패널의 표시 여부를 설정할 수 있으며, Properties 패널은 선택한 오브젝트와 관련된 패널을 축약해서 보여 주기 때문에 항상 활성화해 놓는 것이 좋습니다.

도구 상자 한눈에 보기

도구 상자는 작업할 때 필요한 도구를 모아 놓은 곳으로 일러스트레이터를 처음 배운다면 도구 상자의 기능을 알아두는 것이 좋습니다. 지금부터 도구 상자의 기능을 하나씩 살펴보겠습니다.

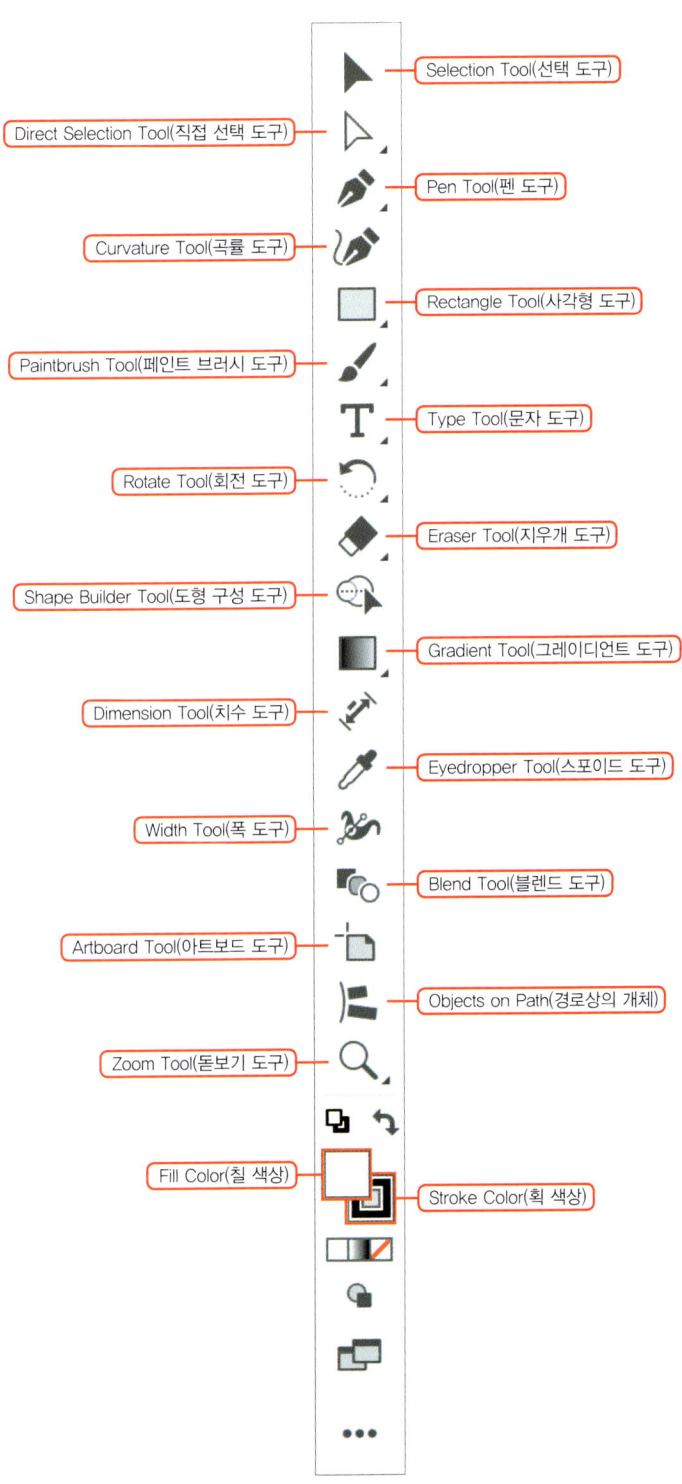

[1] 선택 도구

❶ Selection Tool(선택 도구) 오브젝트를 선택하여 이동하거나 변형할 수 있습니다.

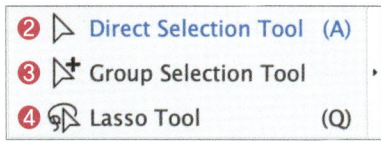

❷ Direct Selection Tool(직접 선택 도구) 점, 선, 면을 각각 선택하고 이동할 수 있습니다.
❸ Group Selection Tool(그룹 선택 도구) 그룹 내의 오브젝트를 선택하고 이동할 수 있습니다.
❹ Lasso Tool(올가미 도구) 자유롭게 클릭 & 드래그해 점, 선, 면을 각각 선택하고 이동할 수 있습니다.

[2] 펜 도구

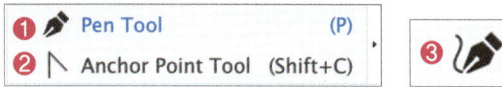

❶ Pen Tool(펜 도구) 직선 또는 곡선 형태의 패스를 그릴 수 있습니다.
❷ Anchor Point Tool(고정점 도구) 직선을 곡선으로, 곡선을 직선으로 바꾸거나 핸들을 끊을 수 있습니다.
❸ Curvature Tool(곡률 도구) 자연스러운 곡선 형태의 패스를 그릴 수 있습니다.

[3] 도형 도구

❶ Rectangle Tool(사각형 도구) 직사각형을 그릴 수 있습니다.
❷ Ellipse Tool(원형 도구) 타원을 그릴 수 있습니다.
❸ Polygon Tool(다각형 도구) 다각형을 그릴 수 있습니다.
❹ Star Tool(별모양 도구) 별 모양을 그릴 수 있습니다.
❺ Line Segment Tool(선분 도구) 직선을 그릴 수 있습니다.

[4] 브러시 도구

❶ Paintbrush Tool(페인트 브러시 도구) 브러시 속성의 획을 그릴 수 있습니다.
❷ Blob Brush Tool(물방울 브러시 도구) 브러시 속성의 칠을 그릴 수 있습니다.
❸ Pencil Tool(연필 도구) 일반 패스 속성의 획을 그릴 수 있습니다.

[5] 문자 도구

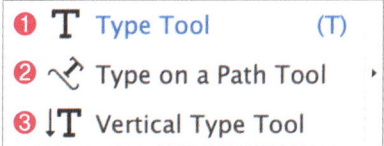

❶ Type Tool(문자 도구) 문자를 가로로 입력할 수 있습니다.
❷ Type on a Path Tool(패스 상의 문자 도구) 패스의 모양에 따라 문자를 입력할 수 있습니다.
❸ Vertical Type Tool(세로 문자 도구) 문자를 세로로 입력할 수 있습니다.

[6] 변형 도구

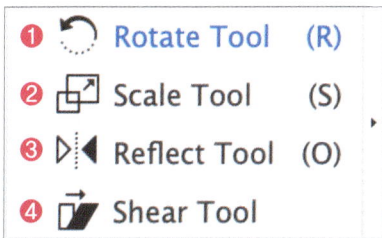

❶ Rotate Tool(회전 도구) 정확한 각도로 회전하거나 복제할 수 있습니다.
❷ Scale Tool(크기 조절 도구) 정확한 비율로 크기를 조절하거나 복제할 수 있습니다.
❸ Reflect Tool(반사 도구) 정확한 기준으로 반사하거나 복제할 수 있습니다.
❹ Shear Tool(기울이기 도구) 정확한 각도와 기준으로 기울이거나 복제할 수 있습니다.

[7] 지우개와 가위 도구

❶ Eraser Tool(지우개 도구) 패스의 일부를 지울 수 있습니다.
❷ Scissors Tool(가위 도구) 패스를 자를 수 있습니다.

[8] 도형 구성 도구

❶ Shape Builder Tool(도형 구성 도구) 겹쳐 있는 두 개 이상의 도형을 합치거나, 제외하여 새로운 모양의 도형을 만들 수 있습니다.

[9] 그레이디언트와 망 도구

❶ Gradient Tool(그레이디언트 도구) 그레이디언트를 만들 수 있습니다.
❷ Mesh Tool(망 도구) 불규칙한 그레이디언트 망을 만들 수 있습니다.

[10] 치수와 스포이드 도구

❶ Dimension Tool(치수 도구) 길이, 각도, 반지름 등의 치수를 재거나 기재할 수 있습니다.
❷ Eyedropper Tool(스포이드 도구) 색, 폰트, 문자 크기 등의 속성을 추출하여 적용할 수 있습니다.

[11] 폭 도구

❶ Width Tool(폭 도구) 선(획)의 두께와 기준점을 자유롭게 조절할 수 있습니다.

[12] 블렌드 도구

❶ Blend Tool(블렌드 도구) 두 개 이상의 도형을 섞어 블렌드를 만들 수 있습니다.

[13] 아트보드 도구

❶ Artboard Tool(아트보드 도구) 아트보드를 관리할 수 있습니다.

[14] 경로상의 개체 도구

❶ Objects on Path(경로상의 개체) 여러 개의 오브젝트를 패스 위에 일정하게 배열할 수 있습니다.

[15] 돋보기와 화면 조정 도구

❶ Zoom Tool(돋보기 도구) 아트보드를 확대하거나, 축소할 수 있습니다.
❷ Hand Tool(손 도구) 아트보드를 빠르게 스크롤할 수 있습니다.
❸ Rotate View Tool(회전 보기 도구) 아트보드를 회전할 수 있습니다.

[16] 칠과 획 색상

❶ Fill Color(칠 색상) 오브젝트의 칠 색상을 설정합니다.
❷ Stroke Color(획 색상) 오브젝트의 획 색상을 설정합니다.

02 일러스트레이터 기본 개념 마스터하기

이번 섹션에서는 작업 용도에 따른 문서 설정 방법과 아트보드를 수정하고 복제하는 방법을 알아보겠습니다. 더불어 '패스(Path)'와 '레이어(Layer)'의 개념을 알아보고, 일러스트레이터에서 수정할 수 있는 파일의 포맷을 살펴보겠습니다.

작업 용도에 따라 새 문서 설정하기

먼저 작업 용도에 따른 문서 설정 방법을 살펴보겠습니다.

정방형 SNS 이미지를 만들어야 하는 경우

01 ❶ [File] – ❷ [New]를 클릭합니다.

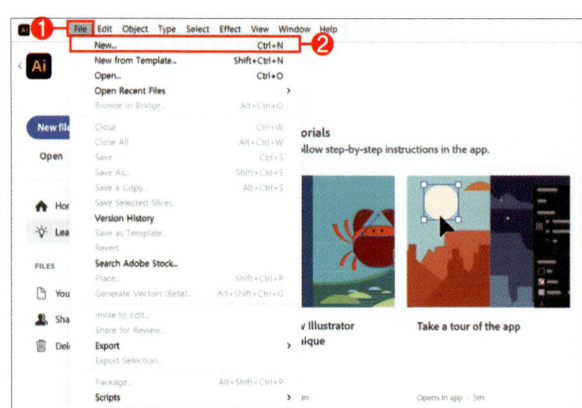

02 ❶~❻ 그림과 같이 설정한 후 ❼ [Create]를 클릭합니다

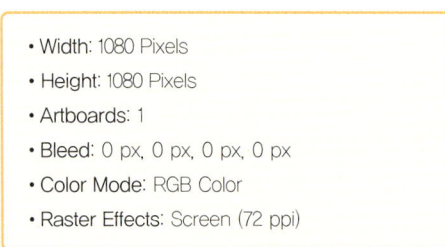

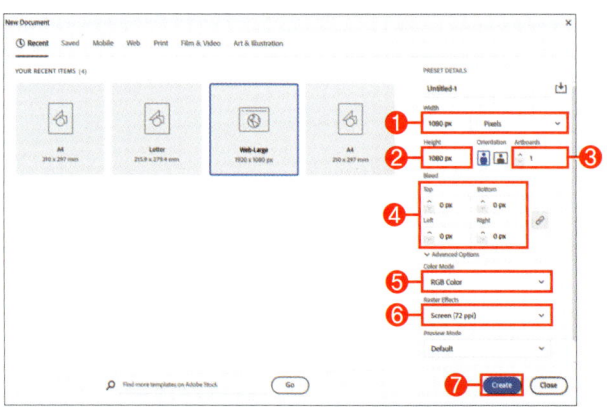

- Width: 1080 Pixels
- Height: 1080 Pixels
- Artboards: 1
- Bleed: 0 px, 0 px, 0 px, 0 px
- Color Mode: RGB Color
- Raster Effects: Screen (72 ppi)

> **TIP!**
> [Advanced Options]를 클릭하면 Color Mode나 Raster Effects 등의 추가 메뉴를 펼칠 수 있으며, Raster Effects에서 작업 화면의 해상도를 설정할 수 있습니다.

03 Color 패널의 ❶ 옵션 아이콘(≡) – ❷ [RGB]를 클릭합니다.

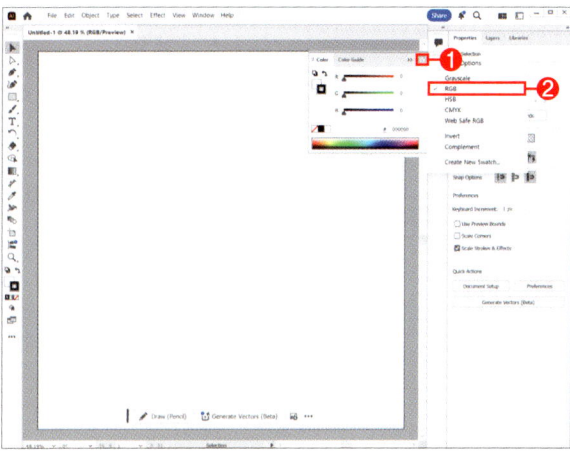

대형 현수막(500 x 90 cm)의 도련을 설정해야 하는 경우

01 [File 〉 New]를 클릭해 ❶~❻ 그림과 같이 설정한 후 ❼ [Create]를 클릭합니다.

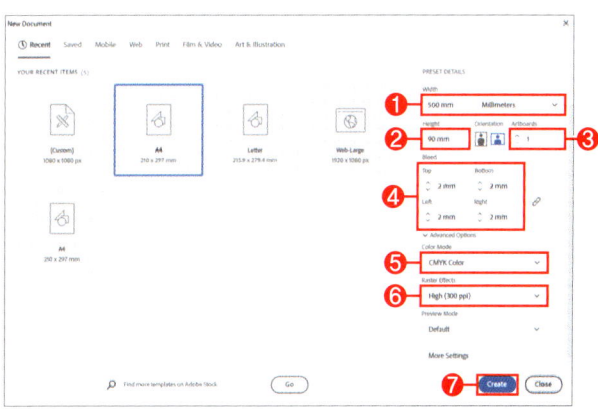

- **Width**: 500 Millimeters
- **Height**: 90 Millimeters
- **Artboards**: 1
- **Bleed**: 2 mm, 2 mm, 2 mm, 2 mm
- **Color Mode**: CMYK Color
- **Raster Effects**: High (300 ppi)

TIP!

대형 인쇄물은 아트보드를 실제 크기의 1/10로 축소하여 제작한 후, 인쇄소에 '10배 확대 인쇄'로 접수합니다. 재단할 때 주요 부분이 잘리는 것을 방지하기 위해 실제 인쇄물보다 '1 mm~4 mm' 정도의 여백을 두고, 아트보드에 빨간색 테두리로 표시되는 도련 영역까지 모두 작업합니다.

02 Color 패널의 ❶ 옵션 아이콘(≡) – ❷ [CMYK]를 클릭합니다.

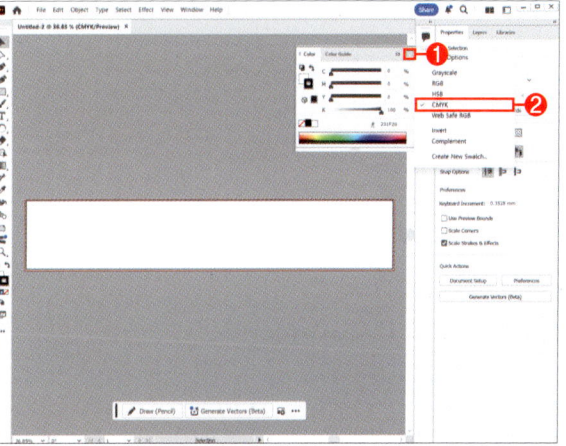

양면 인쇄물의 작업 영역을 '2 mm'씩 크게 설정해야 하는 경우

01 [File 〉 New]를 클릭해 ❶~❻ 그림과 같이 설정한 후 ❼ [Create]를 클릭합니다.

- Width: 301 Millimeters
- Height: 424 Millimeters
- Artboards: 2
- Bleed: 0 mm, 0 mm, 0 mm, 0 mm
- Color Mode: CMYK Color
- Raster Effects: High (300 ppi)

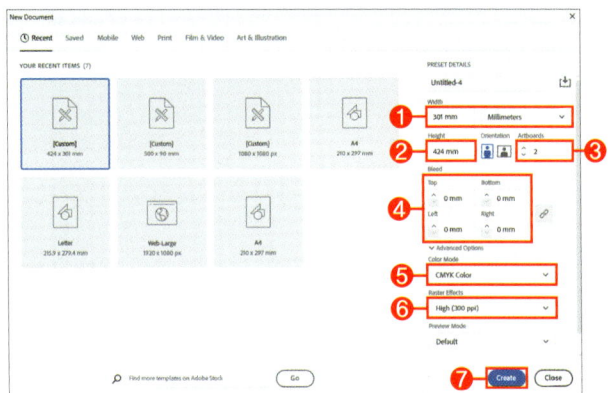

TIP!

양면 인쇄물의 작업 영역을 '2 mm'씩 크게 만들어야 하는 경우 **01**과 같이 Bleed를 따로 설정하지 않고 아트보드의 크기를 상하좌우 '2 mm'씩 크게 설정하기도 합니다. 예를 들어 A3 크기(297 × 420 mm)의 양면 인쇄물을 작업할 때는 크기를 '2 mm'씩 키워 '301 × 424 mm'로 설정하고, 아트보드의 개수를 '2'로 설정하면 됩니다. 업체마다 요구하는 파일의 양식이 상이하므로 작업하기 전, 인쇄 업체의 가이드를 반드시 확인합니다.

▲ A3 크기(297 × 420mm)의 아트보드

아트보드 정복하기

■ 준비 파일 P01\Ch08\아트보드 정복하기.ai

아트보드의 개수를 수정하고 아트보드를 복제하는 방법을 알아보겠습니다.

01 [File 〉 Open]을 클릭해 '아트보드 정복하기.ai'를 불러옵니다. 일러스트레이터에서 아트보드는 최종 작업물의 지면입니다.

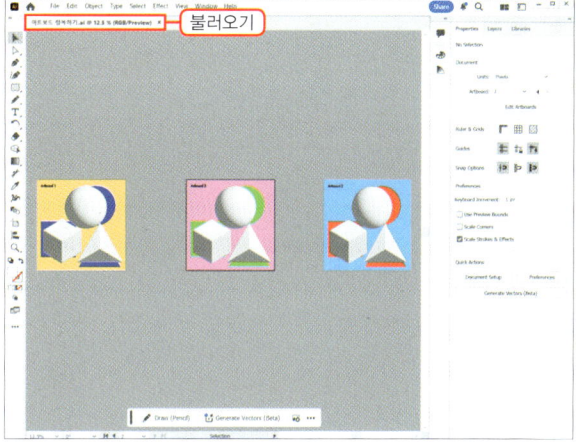

02 ❶ [Window] – ❷ [Artboards]를 클릭해 패널을 열어 줍니다. ❸ 파일에 두 개의 아트보드가 있는 것을 확인합니다.

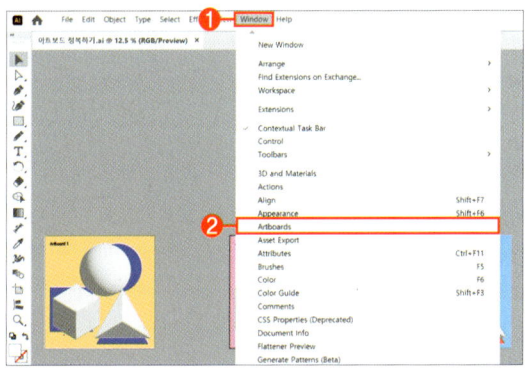 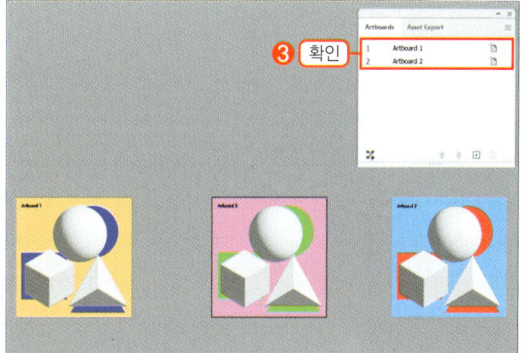

03 ❶ Artboard Tool(□)을 클릭하고 ❷ 하늘색 사각형을 클릭해 도형과 같은 크기의 아트보드를 만들어 줍니다.

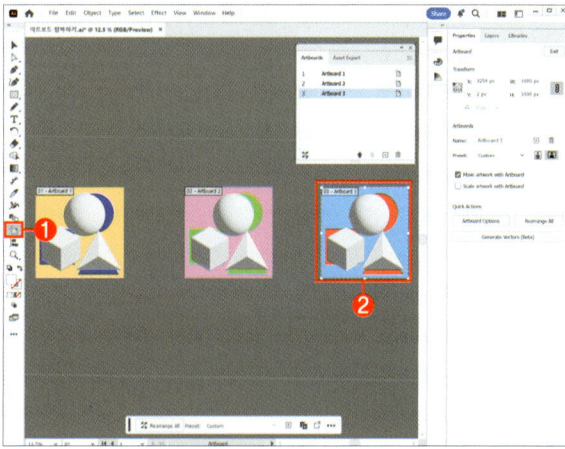

> **TIP!**
> Artboard Tool(□)로 도형을 클릭 또는 드래그하면 도형과 같은 크기의 아트보드를 만들 수 있습니다.

04 Artboards 패널에서 ❶ 두 번째 아트보드의 이름을 더블 클릭해 'Artboard 3'을 입력한 후 ❷ Enter 를 누릅니다. ❸ 세 번째 아트보드의 이름을 더블 클릭해 'Artboard 2'를 입력한 후 ❹ Enter 를 누릅니다.

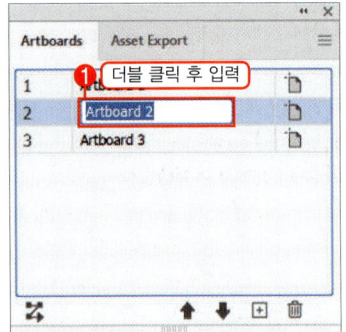 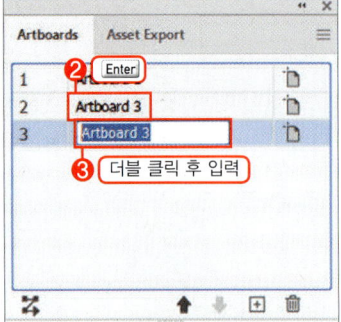 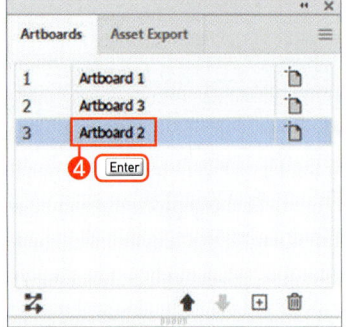

05 Artboards 패널에서 'Artboard 2' 아트보드를 'Artboard 3' 아트보드 위로 클릭 & 드래그합니다.

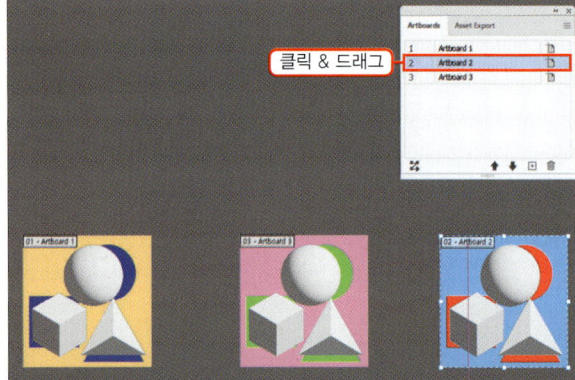

> **TIP!**
> 일러스트레이터 파일을 PDF로 저장하면 아트보드의 순서대로 페이지 번호가 설정됩니다.

06 ❶ 왼쪽의 아트보드를 클릭하고 ❷ 나머지 아트보드를 Shift + 클릭하여 중복 선택한 후 ❸ 아래로 Alt + 클릭 & 드래그하여 세 개의 아트보드를 복제합니다.

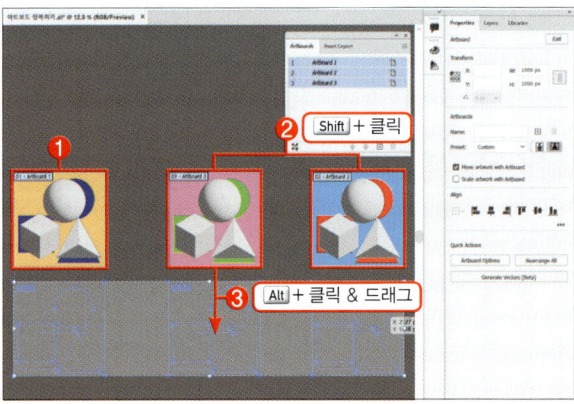

> **TIP!**
> Properties 패널의 'Move artwork with Artboard'가 체크되어 있으면 아트보드 위에 있는 오브젝트를 아트보드와 함께 이동하거나 복제할 수 있습니다.

07 복제한 아트보드의 크기를 조절해 보겠습니다. Properties 패널에서 ❶ Transform의 기준점을 가운데로 설정하고 ❷ Width를 '1100 px', Height를 '1100 px'로 설정합니다.

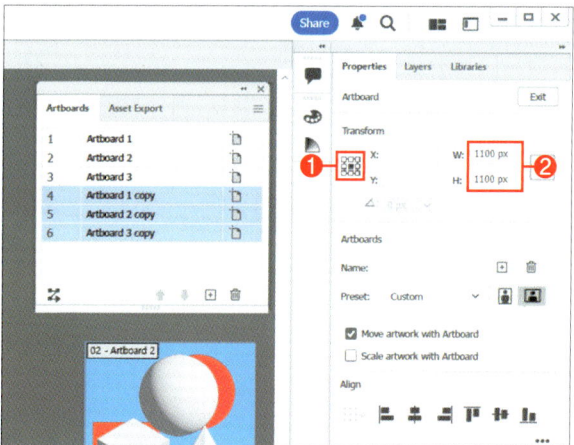

08 아트보드의 정렬과 간격을 맞추기 위해 Properties 패널의 ❶ [Rearrange All]을 클릭합니다. ❷~❺ 그림과 같이 설정하고 ❻ [OK]를 클릭합니다.

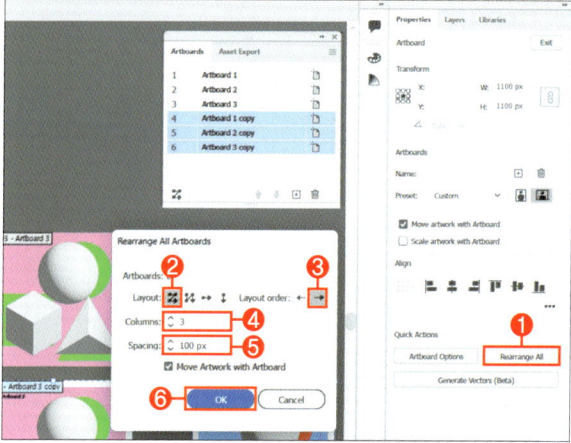

- Layout: 첫 번째 버튼(❋)
- Layout order: 두 번째 버튼(→)
- Columns: 3
- Spacing: 100 px

09 아트보드의 정렬과 간격을 맞췄습니다.

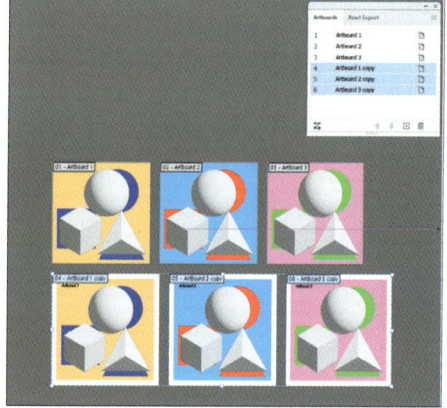

패스와 레이어의 개념 알아보기

패스(Path)는 2개 이상의 고정점(Anchor Point)이 있는 오브젝트입니다. 여러 개의 패스가 모이면 하나의 오브젝트가 되고, 한 개 이상의 오브젝트가 모이면 그룹(Group)을 형성할 수 있습니다. 그룹이나 오브젝트가 모이면 하나의 '층' 즉, 레이어(Layer)가 되고 이는 Layers 패널에서 관리할 수 있습니다. 아래 그림을 통해 패스와 레이어의 개념을 정리해 봅니다.

▲ 고정점(Anchor Point)

▲ 패스(Path)

▲ 그룹(Group)

▲ 레이어(Layer)

일러스트레이터는 모션 그래픽 작업이나 인쇄물의 후가공 작업 등을 제외하고 대부분의 작업에서 레이어를 사용하지 않습니다. 책에서도 필요한 경우에만 레이어를 사용하고, 주로 패스와 그룹 단위로 작업을 진행할 예정입니다.

일러스트레이터에서 열 수 있는 포맷 알아보기

아래 표를 통해 일러스트레이터에서 수정할 수 있는 포맷을 알아봅니다.

일러스트레이터 포맷	AI AIT
인쇄용 포맷	EPS PDF
이미지 포맷	JPEG PNG GIF TIFF SVG PSD WebP BMP TGA HEIC AVIF
기타 포맷	TXT PCX DWG DXF PXR CDR CGM EMF RTF DOC WMF

TIP!

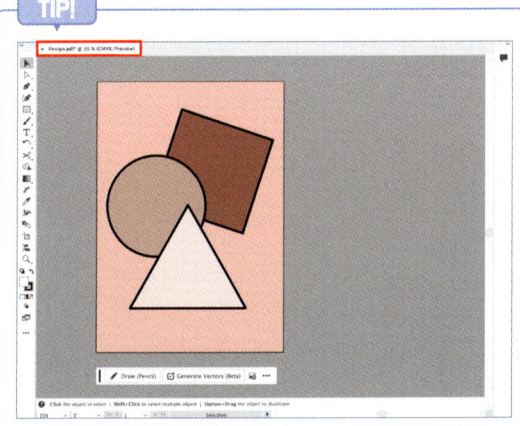

▲ 인쇄용 포맷(PDF)을 일러스트레이터에서 열었을 때

일러스트레이터로 불러온 파일의 확장자는 파일 이름 탭에서 확인할 수 있습니다. 그러나 수정이 가능한 벡터 파일인지 정확하게 확인하기 위해서는 Ctrl + Y를 눌러 윤곽선 보기 모드를 실행해야 합니다.

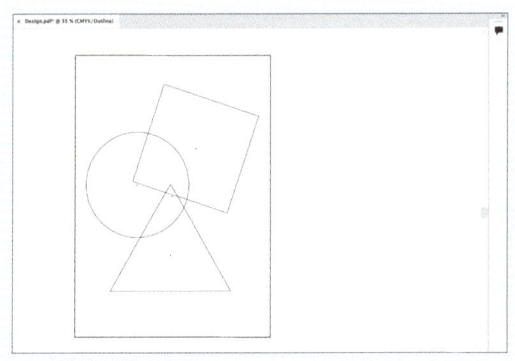

▲ 수정할 수 있는 벡터 파일

▲ 수정할 수 없는 래스터 파일

윤곽선이 제대로 보이면 수정할 수 있는 벡터 파일이고, 단순한 네모 형태로 나타나면 수정할 수 없는 래스터 파일입니다. 일러스트레이터는 파일의 확장자보다 벡터 데이터를 포함하고 있는지의 여부가 더 중요합니다. JPEG, HEIC 등의 래스터 파일은 일러스트레이터에서 열 수 있지만, 수정은 할 수 없습니다. EPS, PDF 등의 파일은 벡터 정보가 있는 경우에만 일러스트레이터에서 수정할 수 있습니다.

03 기본 도형, 선택 도구, 펜 도구 정복하기

일러스트레이터 초보자라면 도형을 다루는 연습을 충분히 해야 합니다. 이번 섹션에서는 기본 도형과 펜 도구를 사용해 여러 가지 도형을 그려 보고, 두 가지 선택 도구로 도형의 모양을 변형해 보겠습니다.

기본 도형을 Selection Tool로 변형하기

가장 기본 도형인 사각형과 원형을 그린 후 Selection Tool(선택 도구)과 Direct Selection Tool(직접 선택 도구)로 변형하는 방법에 대해 알아보겠습니다.

도형을 그린 후 색상 설정하기

01 [File 〉 New]를 클릭해 ❶~❻ 그림과 같이 설정한 후 ❼ [Create]를 클릭합니다.

- Width: 1000 Pixels
- Height: 1000 Pixels
- Artboards: 1
- Bleed: 0 px, 0 px, 0 px, 0 px
- Color Mode: RGB Color
- Raster Effects: Screen (72 ppi)

02 ❶ Rectangle Tool(▭)을 클릭하고 오른쪽 하단에 ❷ 클릭 & 드래그하여 직사각형을 그립니다.

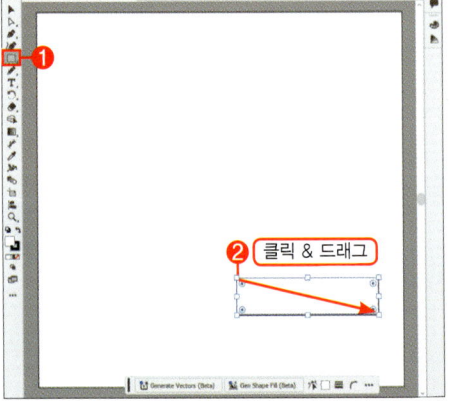

03 ❶ [칠 색상]을 더블 클릭하고 ❷ '#8153ff'를 입력한 후 ❸ [OK]를 클릭합니다.

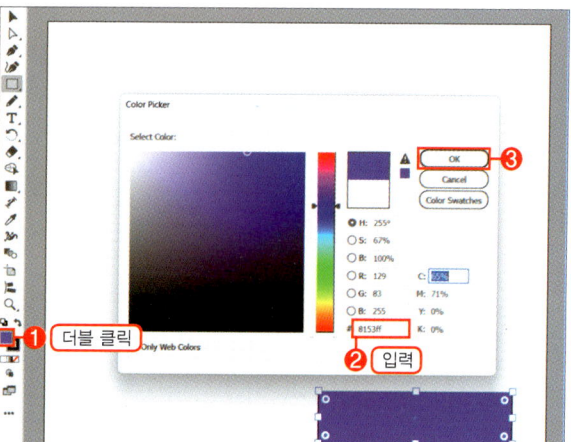

TIP!
색상은 도구 상자의 [칠 색상]이나 [획 색상]뿐만 아니라 Properties 패널, Color 패널, Swatches 패널 등에서도 변경할 수 있습니다.

04 모서리의 눈을 안쪽으로 클릭 & 드래그하면 모서리를 둥글게 만들 수 있습니다.

05 왼쪽 중간에 클릭 & 드래그하면서 Shift 를 눌러 정사각형을 그려 봅니다.

TIP!
Alt 를 누르면 클릭한 곳을 중심으로 도형을 그릴 수 있습니다.

06 ❶ [칠 색상]을 더블 클릭하고 ❷ '#81ffff'를 입력한 후 ❸ [OK]를 클릭합니다.

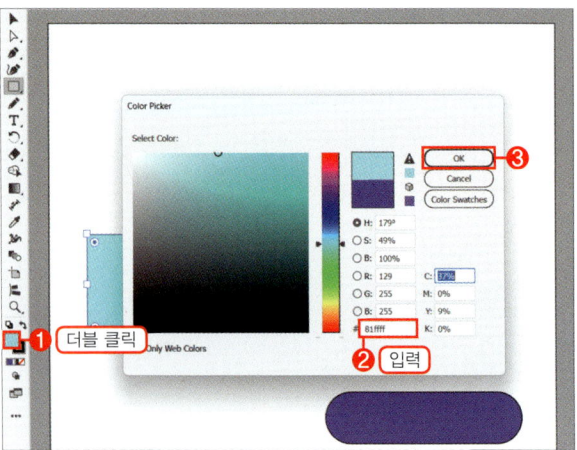

07 ❶ Rectangle Tool(▭)을 마우스 오른쪽 버튼으로 클릭하고 ❷ Ellipse Tool(◯)을 클릭합니다. 왼쪽 하단에 ❸ 클릭 & 드래그하면서 Shift 를 눌러 정원형을 그립니다.

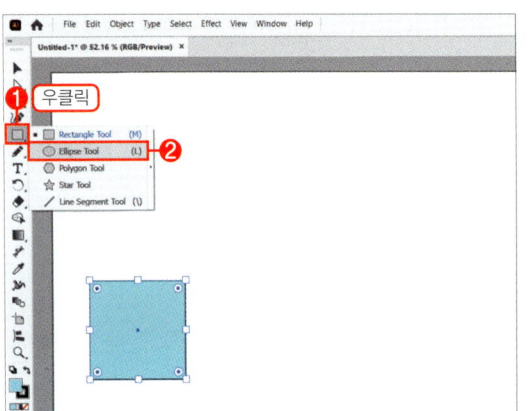 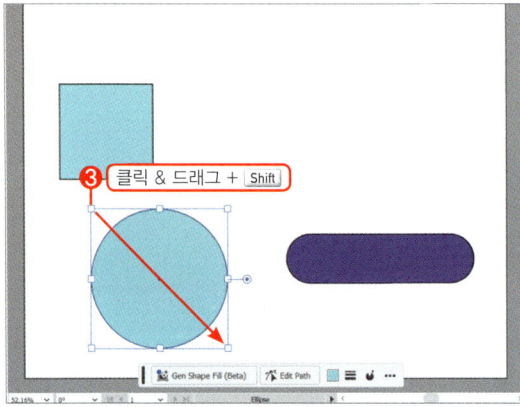

08 ❶ [칠 색상]을 더블 클릭하고 ❷ '#ffffff'를 입력한 후 ❸ [OK]를 클릭합니다.

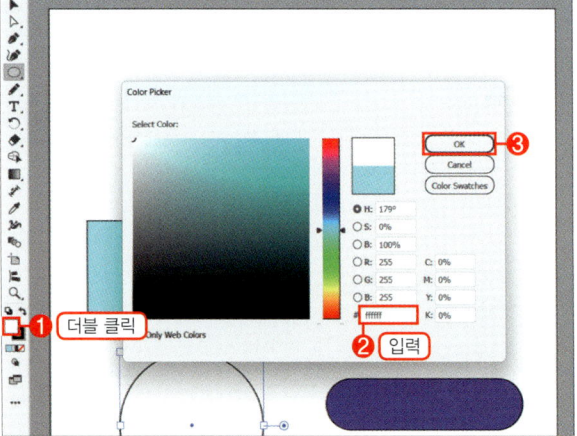

09 ❶ Ellipse Tool(◉)을 마우스 오른쪽 버튼으로 클릭하고 ❷ Polygon Tool(◉)을 클릭합니다. ❸ 클릭 & 드래그하여 육각형을 그린 후 ❹ 육각형 오른쪽의 다이아몬드 조절바를 위아래로 클릭 & 드래그하면 각의 개수를 조절할 수 있습니다.

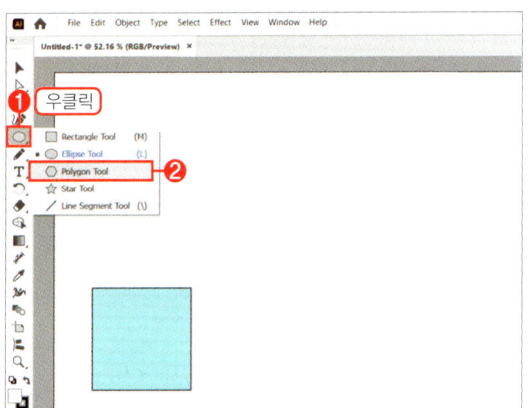
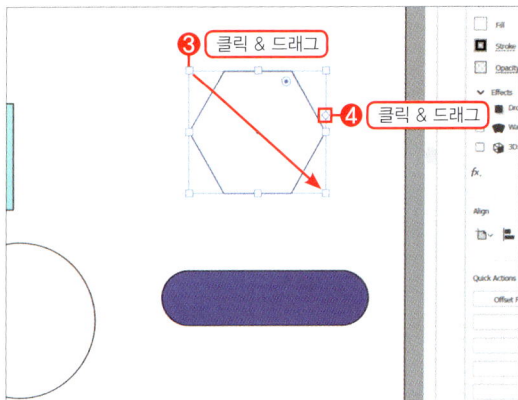

10 ❶ [칠 색상]을 더블 클릭하고 ❷ '#ff8200'을 입력한 후 ❸ [OK]를 클릭합니다. ❹ Polygon Tool(◉)을 마우스 오른쪽 버튼으로 클릭하고 ❺ Star Tool(☆)을 클릭합니다.

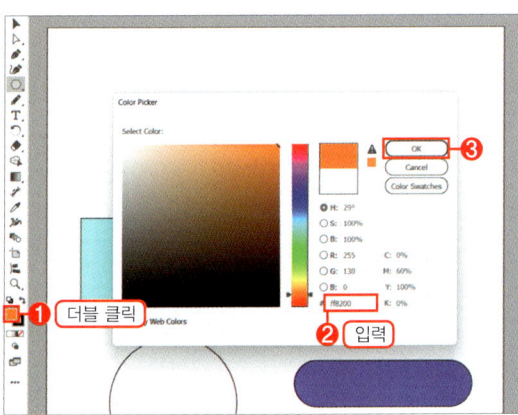
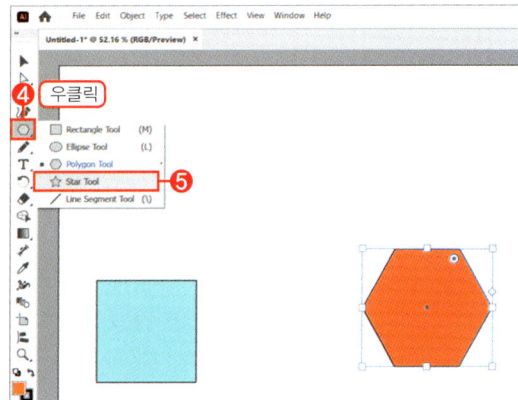

11 ❶ 클릭 & 드래그하면서 ↑, ↓ 방향키를 누르면 각의 수를 조절할 수 있습니다. ❷ Ctrl을 누른 상태로 드래그해 그림과 같은 별 모양을 그려 주세요.

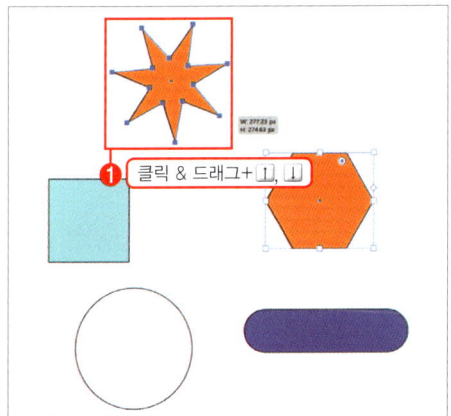
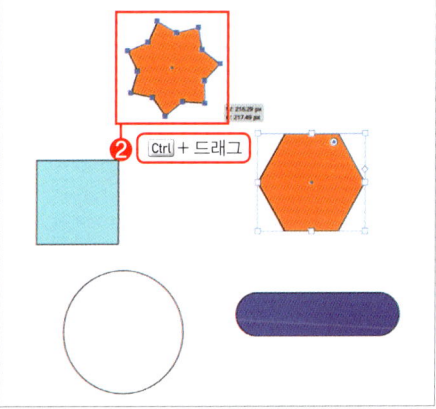

12 ❶ [칠 색상]을 더블 클릭하고 ❷ '#ffa4ff'를 입력한 후 ❸ [OK]를 클릭합니다.

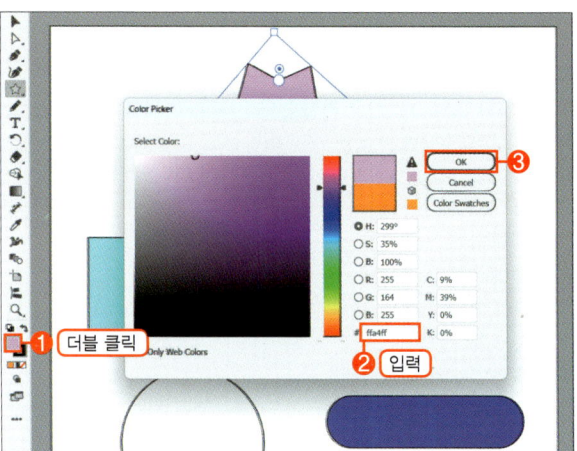

13 ❶ Ctrl + A를 눌러 모든 오브젝트를 선택합니다. Properties 패널에서 ❷ 'Path'가 표시되는 것을 확인합니다.

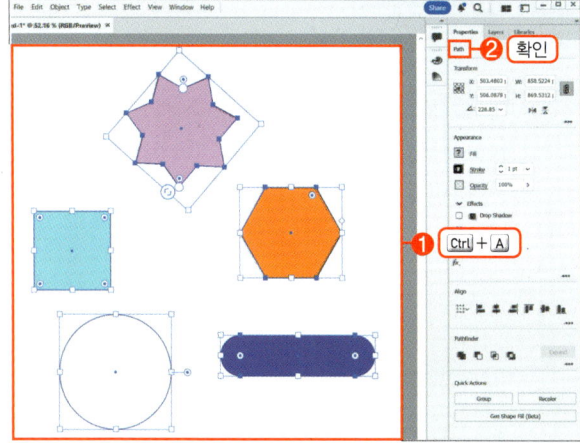

> **TIP!**
> 'Path'는 다각형이나 원형 등을 포함한 모든 도형을 의미합니다.

14 ❶ [획 색상]을 더블 클릭하고 ❷ '#000000'을 입력한 후 ❸ [OK]를 클릭합니다. Properties 패널에서 ❹ Stroke의 두께를 '10 pt'로 두껍게 설정합니다. ↑, ↓를 누르면 Stroke의 두께를 1 단위씩 증감할 수 있고, Shift + ↑, ↓를 누르면 10 단위씩 증감할 수 있습니다.

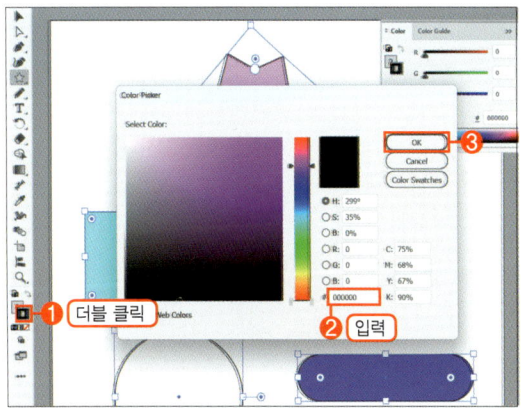
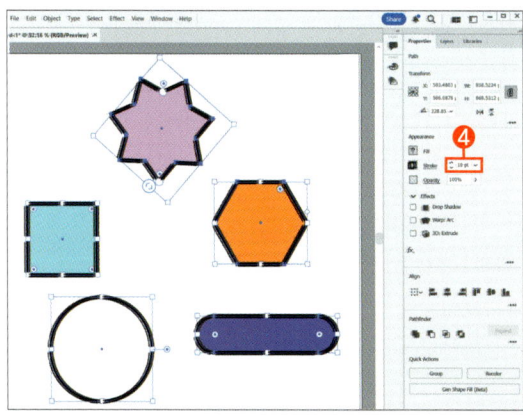

두 가지 선택 도구로 변형하기

01 ❶ Selection Tool(▶)을 클릭하고 ❷ 하늘색 사각형을 선택합니다. Properties 패널에 오브젝트의 이름인 ❸ 'Rectangle'이 표시되는 것을 확인합니다.

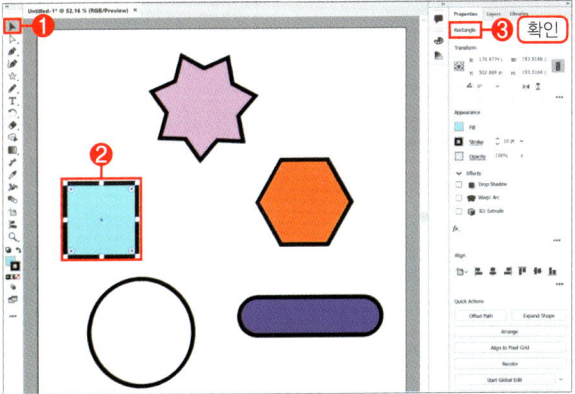

> **TIP!**
> Properties 패널의 상단에는 선택한 오브젝트의 이름이 표시됩니다. 이 부분을 항상 확인하는 습관을 들이면 작업의 효율을 높일 수 있습니다.

02 ❶ 사각형의 고정점을 클릭 & 드래그하면서 Shift 를 누르면 비율을 고정한 상태에서 크기를 조절할 수 있습니다. ❷ 사각형의 안쪽을 Alt + 클릭 & 드래그하면 사각형을 복제할 수 있습니다.

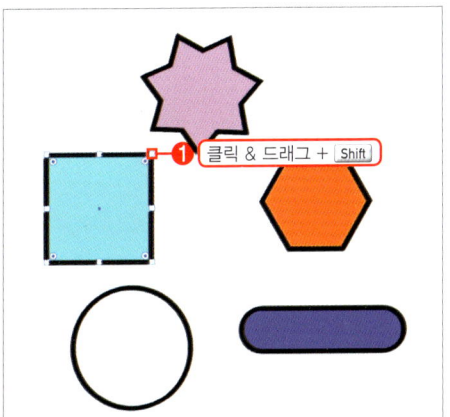 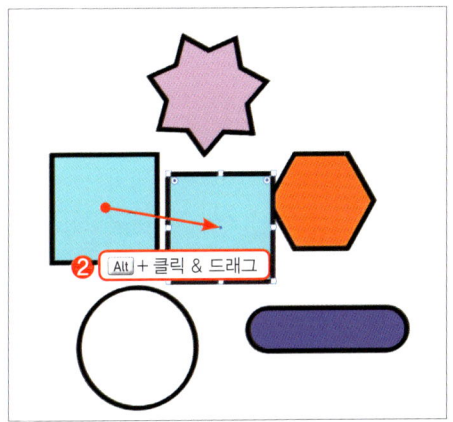

03 ❶ [칠 색상]을 더블 클릭하고 ❷ '#41ff83'을 입력한 후 ❸ [OK]를 클릭합니다.

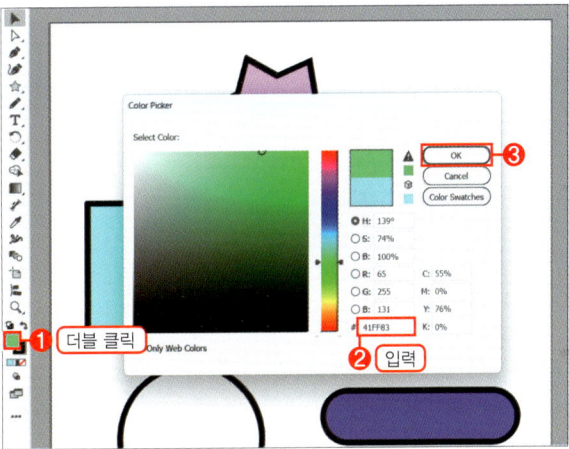

04 보라색 둥근 사각형의 안쪽을 선택하고 아래로 클릭 & 드래그하면서 Alt + Shift 를 누르면 일직선에 맞춰 복제할 수 있습니다. 클릭 & 드래그하면서 Alt + Shift 를 누르는 순서에 유의합니다.

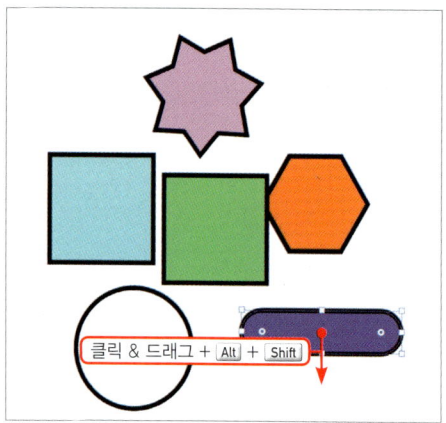 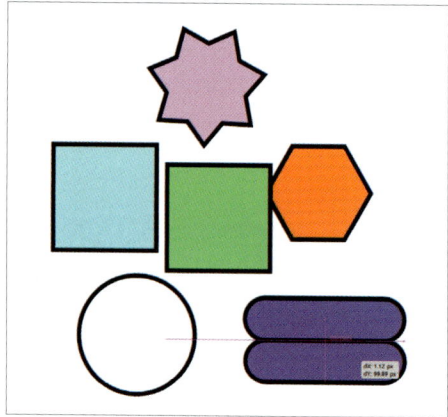

05 ❶ 주황색 육각형의 안쪽을 선택하고 오른쪽으로 클릭 & 드래그해 이동해 봅니다. ❷ 육각형의 바깥쪽을 시계 방향으로 클릭 & 드래그하면 도형을 회전할 수 있습니다. 도형을 회전하면서 Shift 를 누르면 45° 단위로 회전됩니다.

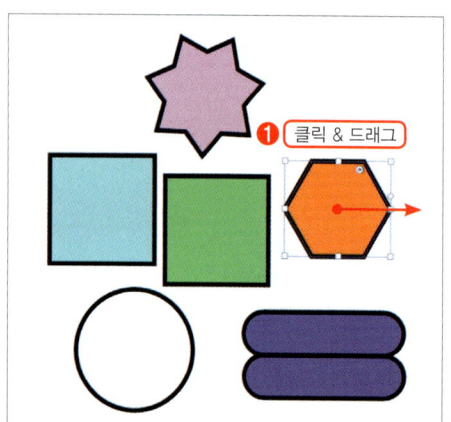 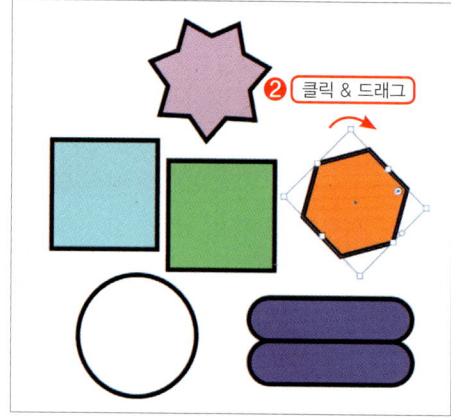

06 흰색 원의 안쪽을 선택하고 오른쪽 상단 대각선 방향으로 Alt + 클릭 & 드래그해 복제합니다.

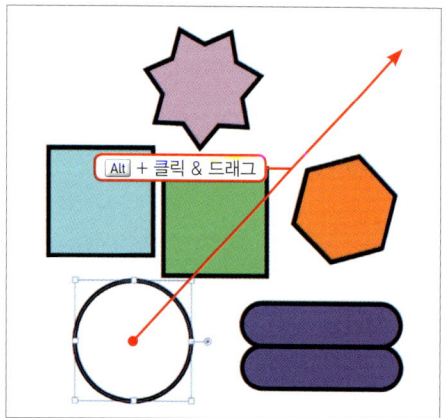 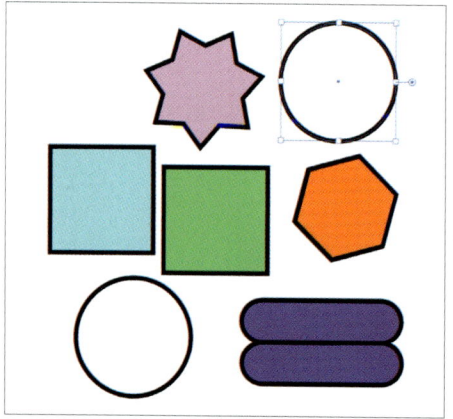

07 ❶ [칠 색상]을 클릭하고 ❷ ☐을 클릭해 복제한 원 도형의 색상을 없애 줍니다. Properties 패널에서 ❸ Stroke의 두께를 '100 pt'로 두껍게 설정합니다.

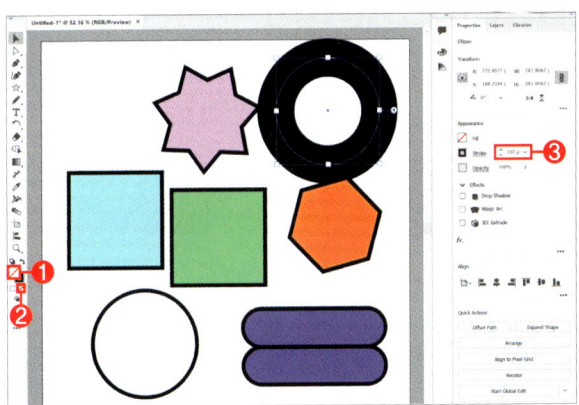

08 ❶ Direct Selection Tool(▷)을 클릭합니다. ❷ 연두색 사각형의 고정점을 클릭하고 Properties 패널에 ❸ 'Anchor Point'가 표시되는 것을 확인합니다.

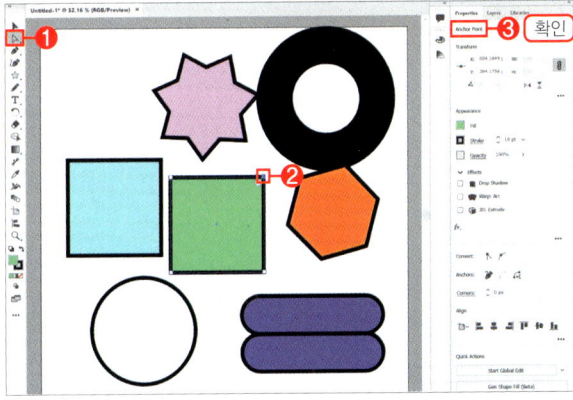

> **TIP!**
> Direct Selection Tool(▷)로 선택한 고정점은 파란색, 선택하지 않은 고정점은 흰색으로 표시됩니다.

09 고정점을 클릭 & 드래그하면 도형의 모양을 바꿀 수 있습니다.

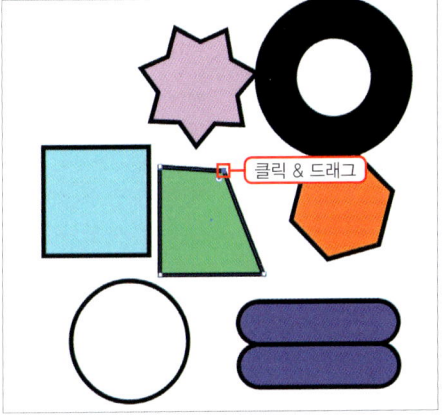

Chapter 08 · 일러스트레이터 시작하기   235

10 직각 삼각형을 만들기 위해 ❶ Delete를 눌러 한쪽 부분을 삭제합니다. ❷ Ctrl + J를 누르면 닫힌 도형으로 만들 수 있습니다. Ctrl + J는 Join의 단축키로 떨어져 있는 고정점을 직선으로 잇거나, 같은 위치에 있는 두 개의 고정점을 하나로 합치는 기능입니다.

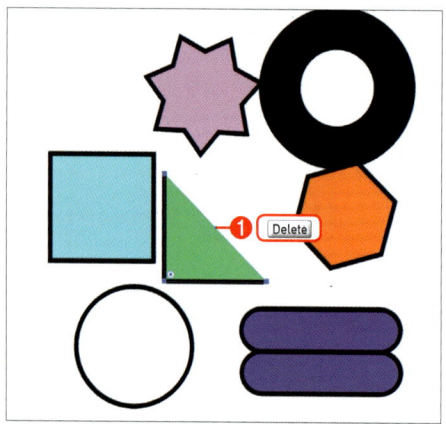 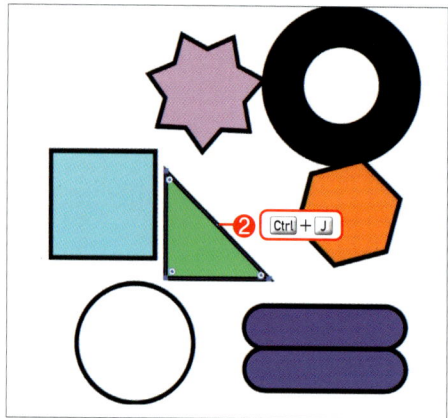

11 오른쪽 상단에 있는 ❶ 원 도형의 고정점을 클릭하여 선택합니다. ❷ 고정점의 핸들을 클릭 & 드래그하면 곡선의 모양을 바꿀 수 있습니다.

 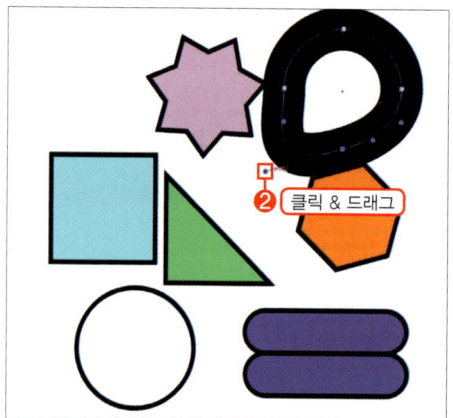

12 반원으로 만들기 위해 Delete를 눌러 원 도형의 하단 부분을 삭제합니다.

> **TIP!**
> 고정점(Anchor Point)은 '네모', 핸들(Handle)은 '동그라미'로 표시됩니다. 고정점은 선분이 끝나거나 변하는 부분에 위치하여 오브젝트의 크기나 길이를 조절할 수 있고, 핸들은 곡선의 방향을 바꿀 수 있습니다.

13 선을 면으로 확장하기 위해 ❶ [Object] – ❷ [Expand]를 클릭합니다. Expand 창의 ❸ [OK]를 클릭합니다.

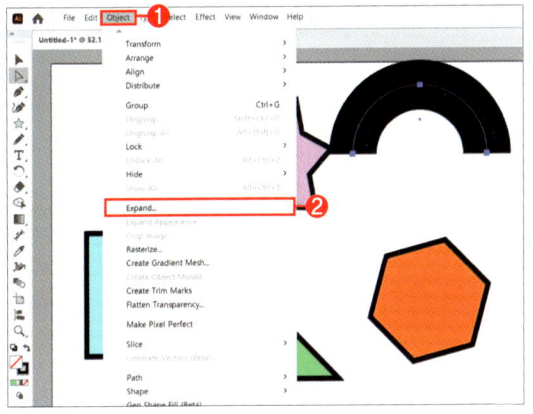 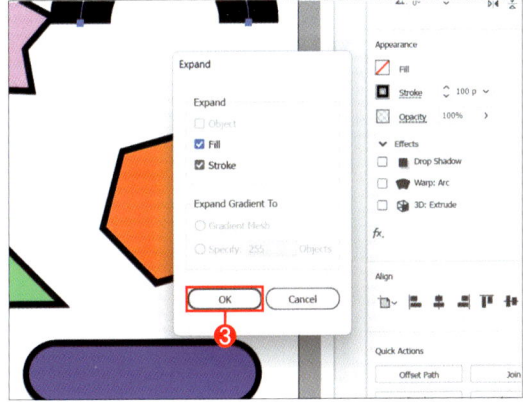

TIP!

도형의 정확한 모양을 확인하고 싶다면 Ctrl + Y를 눌러 윤곽선 보기 모드로 전환합니다. 윤곽선 보기 모드에서는 패스의 열림 또는 닫힘 여부와 선과 면의 상태, 문자의 폰트 적용 여부를 확인할 수 있습니다.

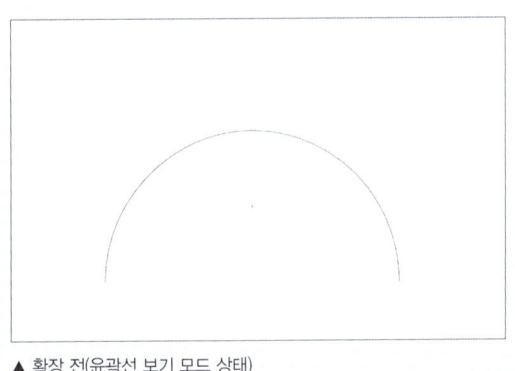 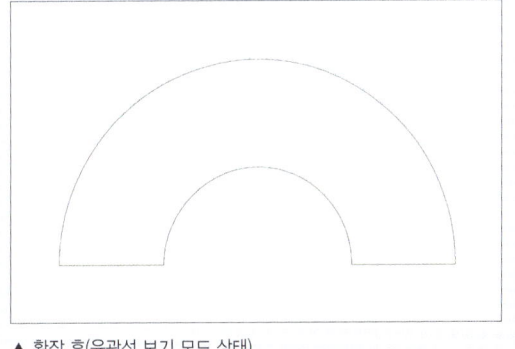

▲ 확장 전(윤곽선 보기 모드 상태)   ▲ 확장 후(윤곽선 보기 모드 상태)

14 ❶ Eyedropper Tool(✐)을 클릭하고 ❷ 다른 도형을 클릭하면 칠과 획의 색상이나 두께를 모두 추출할 수 있습니다. 문자의 폰트나 크기 등을 추출할 때에도 Eyedropper Tool(✐)을 사용합니다.

15 ❶ [칠 색상]을 더블 클릭하고 ❷ '#ffff00'을 입력한 후 ❸ [OK]를 클릭합니다.

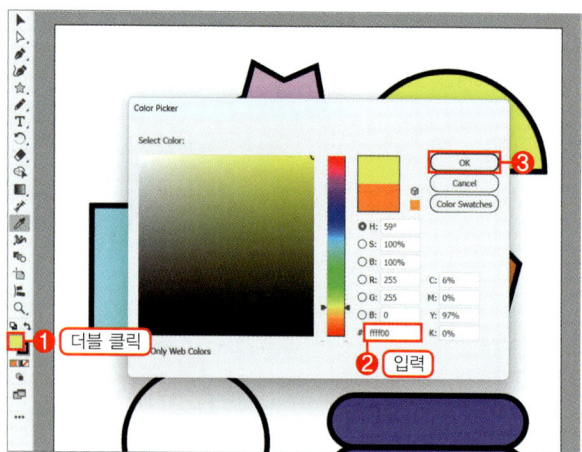

16 ❶ 그림과 같이 Ctrl + 클릭 & 드래그하여 모든 도형을 선택한 후 ❷ Ctrl + G 를 눌러 그룹으로 묶어 줍니다. Properties 패널에서 ❸ 'Group'으로 표시되는 것을 확인한 후 ❹ 바깥쪽을 클릭하여 선택을 해제합니다.

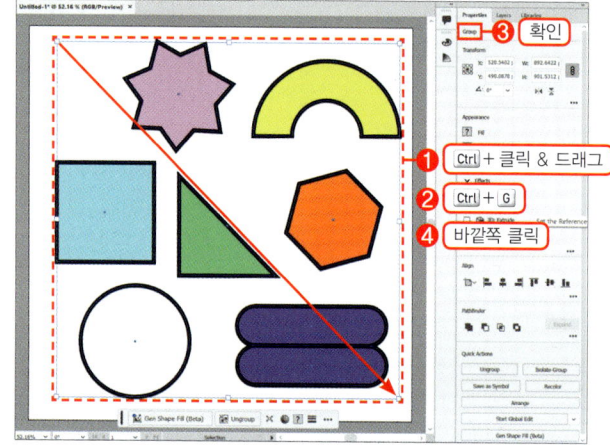

> **알아두기**
>
> • 다른 도구를 사용 중일 때
> Ctrl 을 누른 상태로 클릭 또는 드래그하면 두 가지 선택 도구 중 최근에 사용한 도구를 임시로 사용할 수 있습니다.
>
> • 선택 도구 중 하나를 사용 중일 때
> Selection Tool(▶)을 사용할 때 Ctrl 을 누르면 Direct Selection Tool(▷)로 전환되고, Direct Selection Tool(▷)을 사용할 때 Ctrl 을 누르면 Selection Tool(▶)로 전환됩니다.

Pen Tool 정복하기

📁 준비 파일 P02\Ch08\Pen Tool.ai

Pen Tool(펜 도구)은 자유롭게 그림을 그릴 수 있는 도구입니다. Pen Tool의 사용법을 연습한 후 Curvature Tool(곡률 도구)로 곡선을 쉽게 그리는 방법을 알아보겠습니다.

반듯한 직선 그리기

01 [File 〉 Open]을 클릭해 ❶ 'Pen Tool.ai'를 불러옵니다. 패스를 따라 그리기 위해 ❷ Layers 패널을 클릭하고 ❸ 눈 아이콘(👁)의 오른쪽을 클릭해 레이어를 잠가 줍니다. ❹ 새 레이어 아이콘(□)을 클릭해 새 레이어를 만듭니다.

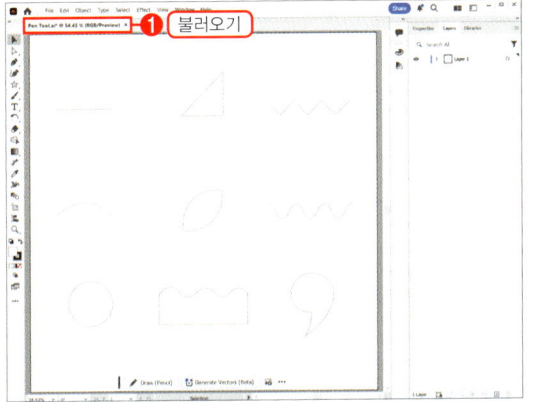 

02 패스의 색상을 바꾸기 위해 ❶ 'Layer 2' 레이어를 더블 클릭하고 ❷ Color를 'Green'으로 설정한 후 ❸ [OK]를 클릭합니다.

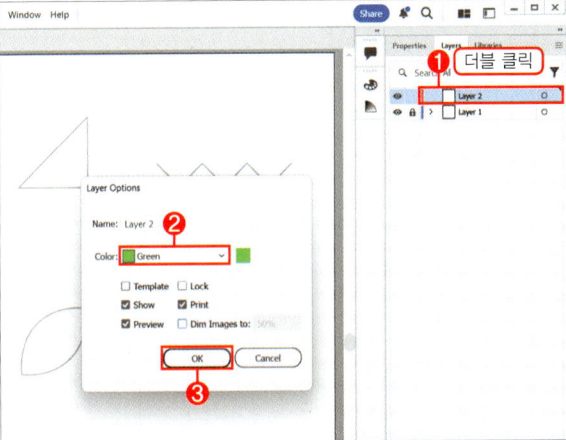

03 ❶ Pen Tool(🖋)을 클릭합니다. ❷ 칠 색상을 '없음(▢)'으로 설정합니다.

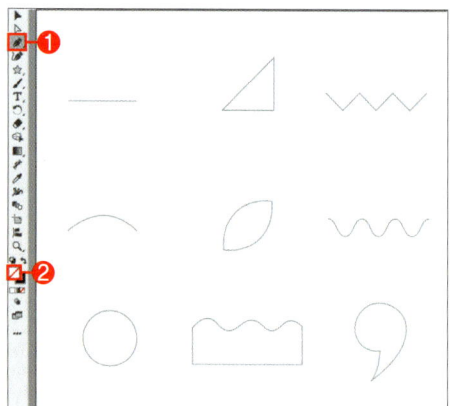

> **TIP!**
> 칠 색상이 있으면 패스가 닫혀 있는 것인지, 열려 있는 것인지 확인하기 어렵기 때문에 Pen Tool(🖋)로 도안을 따라 그릴 때에는 칠 색상을 '없음(▢)'으로 설정하는 것이 좋습니다.

04 ❶ [획 색상]을 더블 클릭하고 ❷ '#3333ff'를 입력한 후 ❸ [OK]를 클릭합니다.

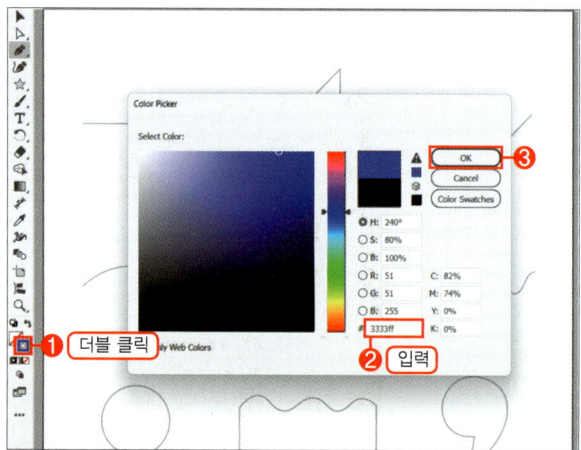

05 Properties 패널에서 Stroke의 두께를 '5 pt'로 설정합니다.

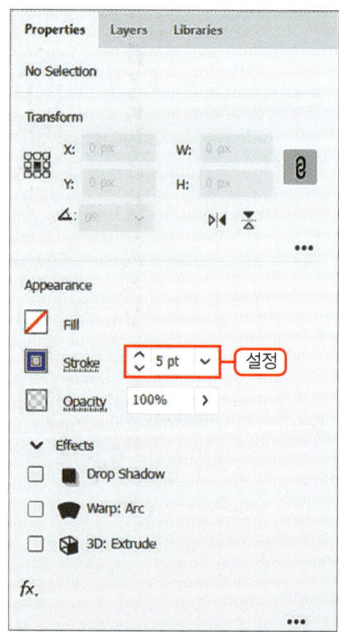

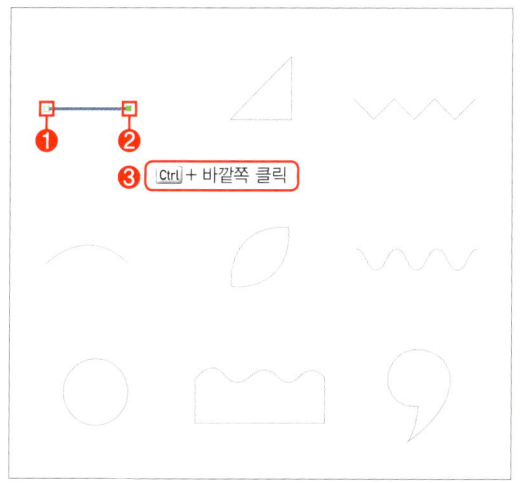

06 ❶ 직선의 시작점을 클릭하고 ❷ 끝나는 지점을 클릭한 후 ❸ Ctrl + 바깥쪽을 클릭하여 패스를 완료합니다.

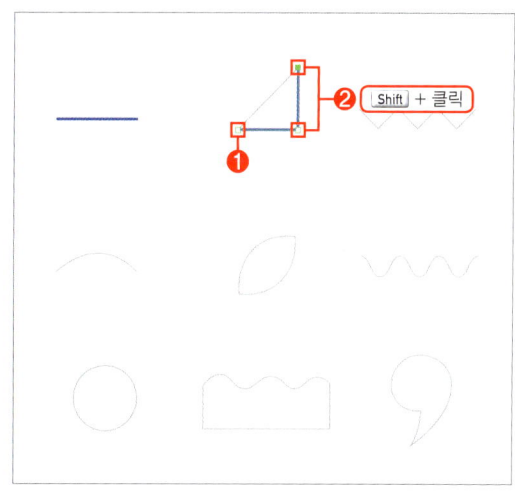

07 ❶ 직선의 시작점을 클릭하고 ❷ 나머지 꼭짓점을 각각 Shift + 클릭하여 수직, 수평하게 그립니다. Shift + 클릭하면 45° 단위로 이어지는 고정점을 만들 수 있습니다.

08 ❶ 시작점에 마우스를 오버한 후 커서에 동그라미 표시가 나타날 때 클릭하여 닫힌 패스를 만들고, ❷ Ctrl + 바깥쪽을 클릭해 패스를 완료합니다.

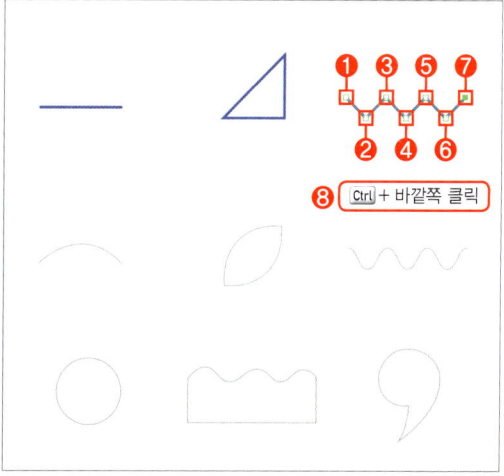

09 ❶ 지그재그 직선의 시작점을 클릭하고 ❷~❼ 나머지 모든 고정점을 각각 클릭하여 그려 줍니다. ❽ Ctrl + 바깥쪽을 클릭하여 패스를 완료합니다.

부드러운 곡선 그리기

01 ❶ 곡선의 시작점을 클릭하고 ❷ 곡선이 끝나는 지점에서 반대 방향으로 클릭 & 드래그합니다. ❸ Ctrl + 바깥쪽을 클릭하여 패스를 완료합니다.

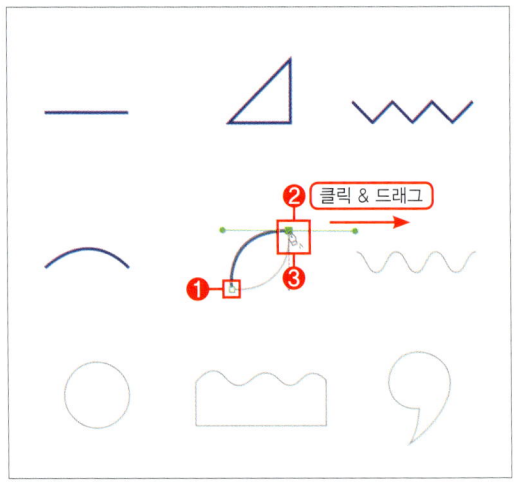

02 ❶ 곡선의 시작점을 클릭하고 ❷ 그림과 같이 클릭 & 드래그합니다. 곡선이 끝나는 부분에 마우스를 오버한 후 ❸ 커서에 뾰족한 표시가 나타날 때 클릭합니다.

03 시작점에 마우스를 오버한 후 ❶ 커서에 동그라미 표시가 나타날 때 클릭 & 드래그하여 닫힌 패스를 만들어 줍니다. ❷ Ctrl + 바깥쪽을 클릭하여 패스를 완료합니다.

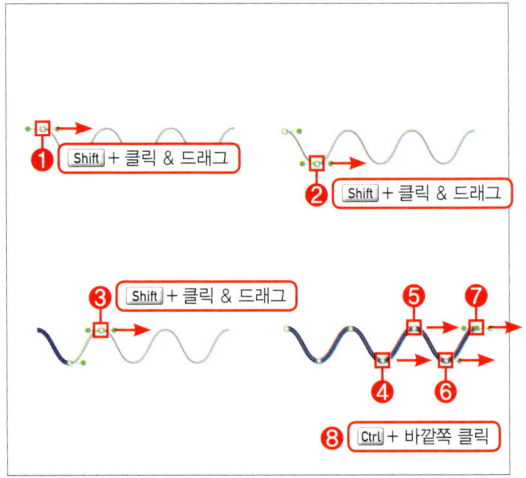

04 ❶ 지그재그 곡선의 시작점과 ❷ 가장 밑부분을 오른쪽으로 Shift + 클릭 & 드래그합니다. ❸~❼ 나머지도 그림과 같이 Shift + 클릭 & 드래그하여 그린 후 ❽ Ctrl + 바깥쪽을 클릭하여 패스를 완료합니다.

곡률 도구로 곡선 쉽게 그리기

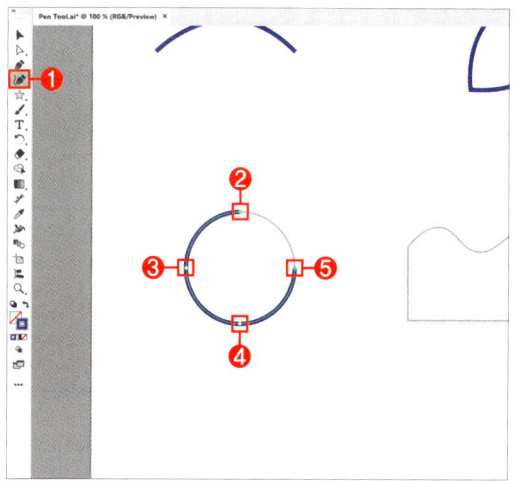

01 ❶ Curvature Tool(🖉)을 클릭하고 ❷~❺ 그림과 같은 순서로 클릭합니다. 세 번째 고정점부터 곡선으로 자연스럽게 변하는 것을 확인합니다.

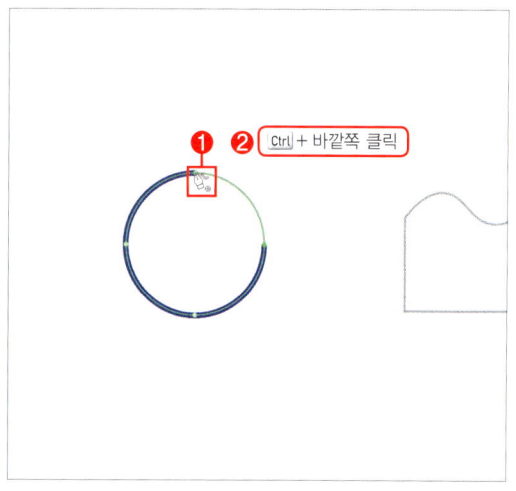

02 시작점에 마우스를 오버한 후 ❶ 커서에 동그라미 표시가 나타날 때 클릭하여 닫힌 패스를 만들어 줍니다. ❷ Ctrl + 바깥쪽을 클릭하여 패스를 완료합니다.

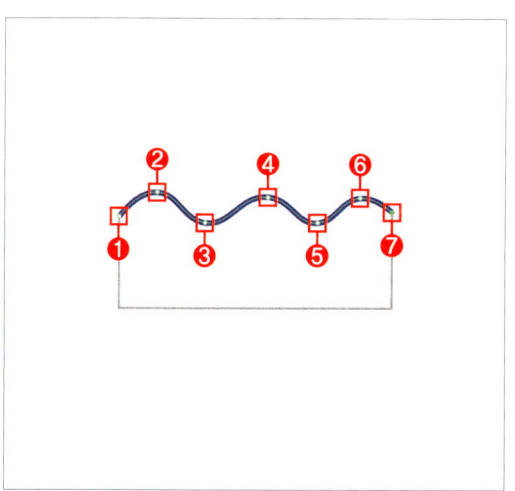

03 ❶~❼ 그림과 같은 순서로 클릭합니다. 세 번째 고정점부터 곡선으로 자연스럽게 변하는 것을 확인합니다. 극점을 기준으로 클릭하면 자연스럽게 그릴 수 있습니다.

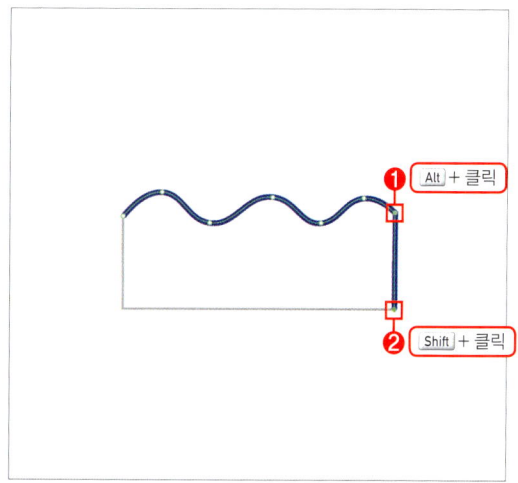

04 ❶ 곡선이 끝나는 부분을 Alt + 클릭해 핸들을 끊고, ❷ 아래 고정점을 Shift + 클릭합니다. Curvature Tool(🖉)로 그린 오브젝트는 모든 고정점에 핸들이 달려 있고, 끊긴 핸들의 고정점은 이중원으로 표시됩니다.

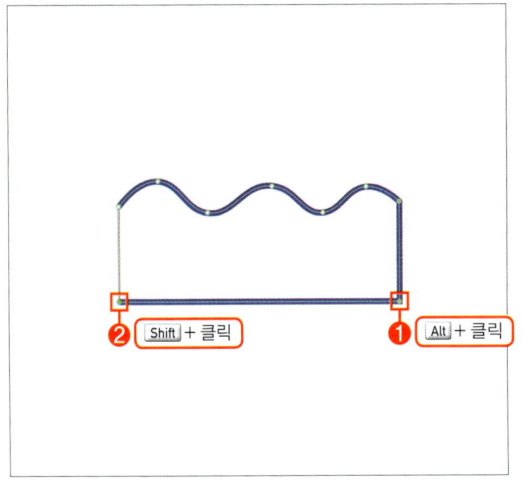
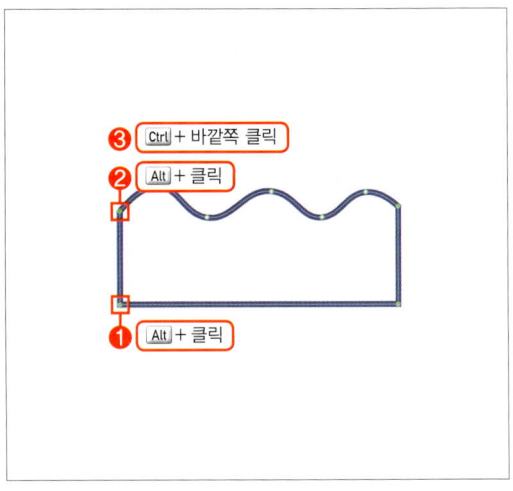

05 ❶ 방금 클릭한 곳을 Alt + 클릭하고, 마우스를 왼쪽으로 이동한 후 ❷ Shift + 클릭합니다.

06 ❶ 방금 클릭한 곳을 Alt + 클릭하고 마우스를 시작점으로 이동한 후 ❷ Alt + 클릭합니다. ❸ Ctrl + 바깥쪽을 클릭하여 패스를 완료합니다.

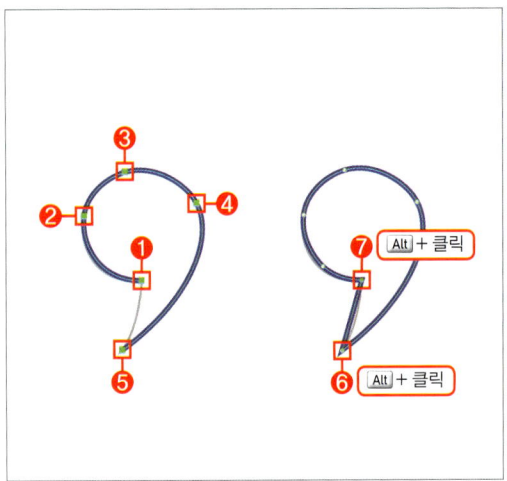
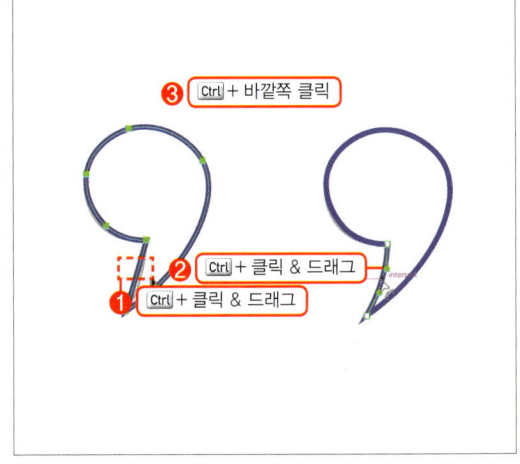

07 ❶~❺ 그림과 같은 순서로 다섯 개의 점을 클릭합니다. ❻ 방금 클릭한 곳을 Alt + 클릭하고 마우스를 시작점으로 이동한 후 ❼ Alt + 클릭합니다.

08 ❶ 그림과 같이 Ctrl + 클릭 & 드래그하여 선을 선택하고 ❷ Ctrl + 클릭 & 드래그하여 살짝 휘어지게 변형한 후 ❸ Ctrl + 바깥쪽을 클릭해 패스를 완료합니다.

패스 수정 도구 살펴보기

📁 준비 파일 **P02\Ch08\패스 수정 도구.ai**

패스의 고정점과 핸들을 수정할 수 있는 패스 수정 도구를 알아보겠습니다.

01 [File 〉 Open]을 클릭해 ❶ '패스 수정 도구.ai'를 불러옵니다. ❷ Pen Tool( )을 클릭하고 ❸ 분홍색 도형을 Ctrl + 클릭해 선택합니다.

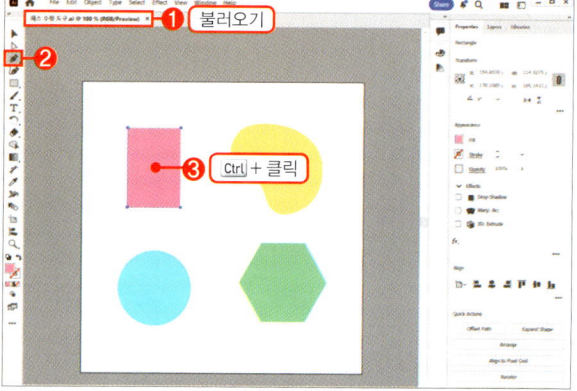

02 패스에 고정점을 추가하기 위해 ❶~❷ 마우스 커서 아래에 + 표시가 나올 때 각각 클릭합니다.

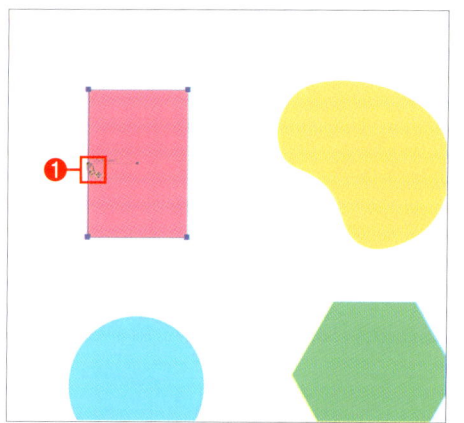 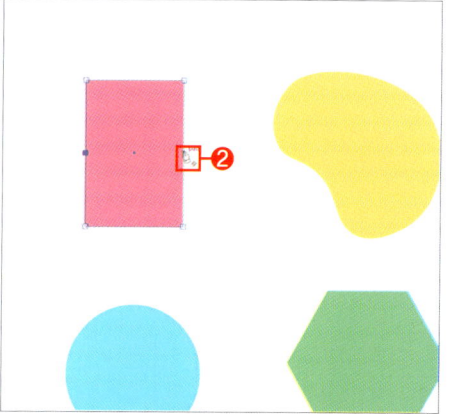

03 ❶ 추가한 고정점을 Ctrl + 클릭 & 드래그하여 중복 선택한 후 ❷ Shift + →를 눌러 도형의 모양을 바꿔 줍니다.

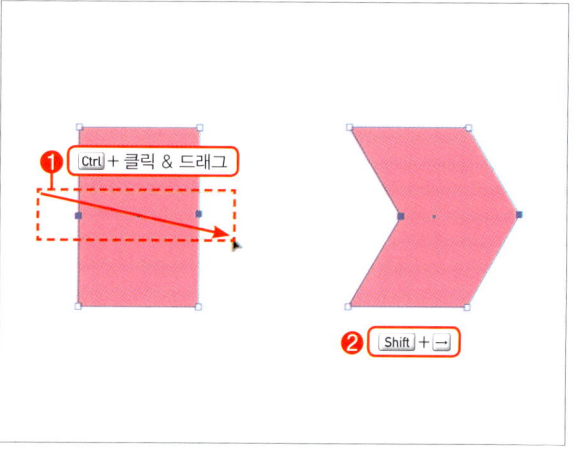

04 ❶ 노란색 도형을 Ctrl + 클릭하여 선택한 후 ❷ 패스를 클릭해 고정점을 추가합니다. ❸ 추가한 고정점을 Ctrl + 클릭 & 드래그하여 위로 이동합니다.

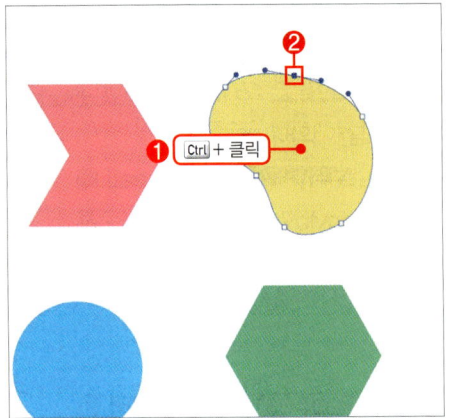 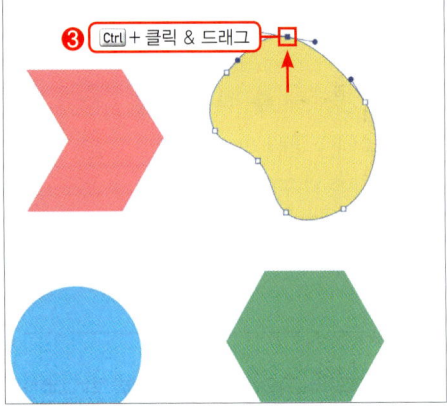

> **TIP!**
> 곡선 패스에 추가한 고정점은 핸들이 있고, 직선 패스에 추가한 고정점은 핸들이 없습니다. 마우스를 패스 위에 오버하면 'path'라는 스마트 가이드가 표시됩니다. 스마트 가이드가 보이지 않는다면 Ctrl + U 를 눌러 표시할 수 있습니다.
>
>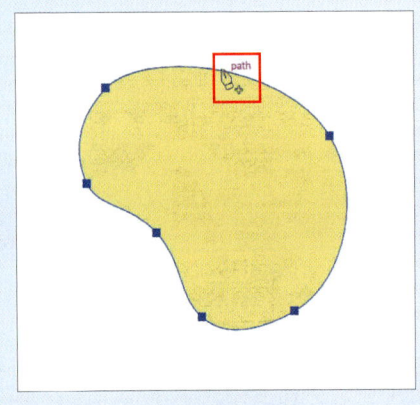

05 이번에는 고정점을 삭제해 보겠습니다. ❶ 초록색 도형을 Ctrl + 클릭하여 선택하고, 오른쪽 상단 고정점에 마우스를 오버한 후 ❷ 커서에 – 표시가 나올 때 클릭하여 고정점을 삭제합니다.

> **TIP!**
> 마우스를 고정점 위에 오버하면 'anchor'라는 스마트 가이드가 표시됩니다. Pen Tool로 고정점을 지우면 닫힌 패스가 유지되고, Delete로 지우면 고정점과 연결된 선이 같이 삭제되어 열린 패스가 됩니다. Ctrl + Y 를 누르면 이를 정확하게 확인할 수 있습니다.

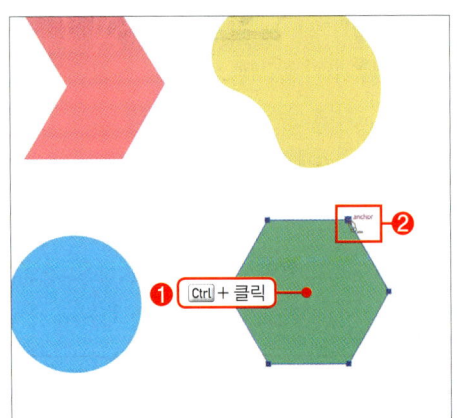

06 고정점의 속성을 변경하기 위해 ❶ Pen Tool(✒)을 마우스 오른쪽 버튼으로 클릭하고 ❷ Anchor Point Tool(⌐)을 선택한 후 ❸ 하늘색 원을 Ctrl + 클릭하여 선택합니다. ❹ 상단의 고정점을 클릭해 직선으로 변경하고 ❺ Shift + ↑를 눌러 고정점을 이동합니다.

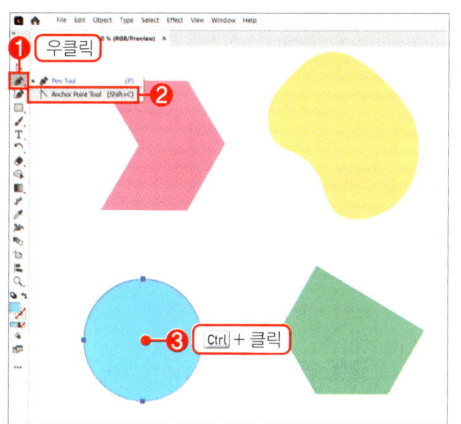
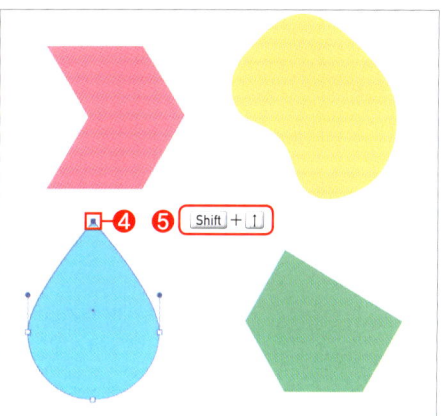

07 ❶ 초록색 도형을 Ctrl + 클릭하여 선택한 후 ❷ 하단의 고정점을 클릭 & 드래그하여 곡선으로 변경합니다. 모든 패스에는 방향이 있기 때문에 의도한 것이 아니라면 패스가 꼬이지 않게 클릭 & 드래그하는 것이 좋습니다.

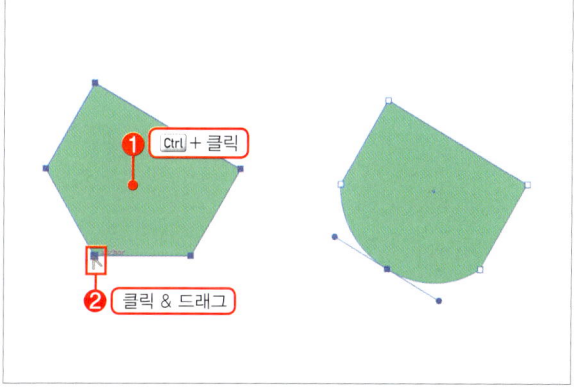

08 ❶ 곡선의 핸들을 안쪽으로 클릭 & 드래그합니다. ❷ Ctrl + 바깥쪽을 클릭하여 수정을 완료합니다. 이와 같은 방법으로 패스의 모양을 다양하게 수정할 수 있습니다.

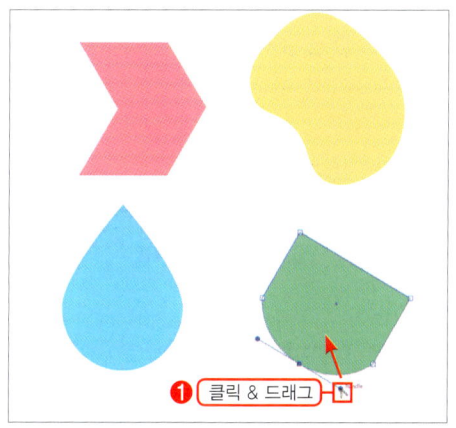

04 색상 설정 방법과 관리 방법 알아보기

일러스트레이터는 색상을 변경하는 작업이 반복되는 경우가 많기 때문에 색을 설정하는 단축키와 메뉴를 숙지하고 있으면 작업 속도뿐만 아니라 색에 대한 감각도 빠르게 향상시킬 수 있습니다.

칠과 획의 색을 설정하는 여러 가지 방법

■ 준비 파일 **P02\Ch08\칠과 획 색상 넣는 방법**.ai

일러스트레이터는 도구 상자, Color 패널, Swatches 패널, Appearance 패널, Properties 패널 등에서 색을 설정할 수 있고, 단축키를 사용해 더욱 빠르게 색을 변경할 수도 있습니다. 책에서는 자세한 설명을 위해 단축키를 자주 사용하지 않지만, 실무에서는 단축키를 사용해 빠르게 작업하는 것을 권장합니다.

색을 빠르게 변경하는 단축키

- D를 누르면 일러스트레이터의 기본값인 흰색 칠과 두께 '1 px'의 검은색 획으로 변경할 수 있습니다.

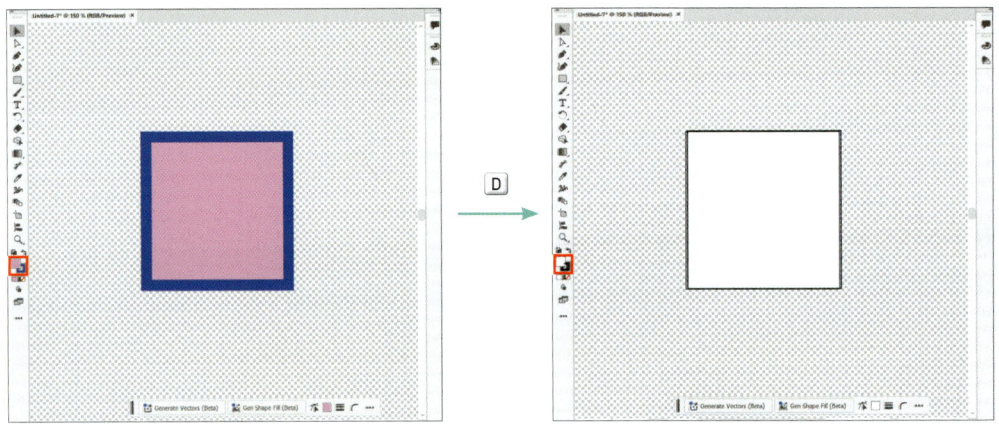

> **TIP!**
> Ctrl + Shift + D를 누르면 배경을 투명한 격자 상태로 바꿀 수 있습니다.

- X를 누르면 칠과 획 중 활성화시킬 항목을 전환할 수 있습니다. 도구 상자, Color 패널, Swatches 패널에서 활성화된 항목을 확인할 수 있습니다.

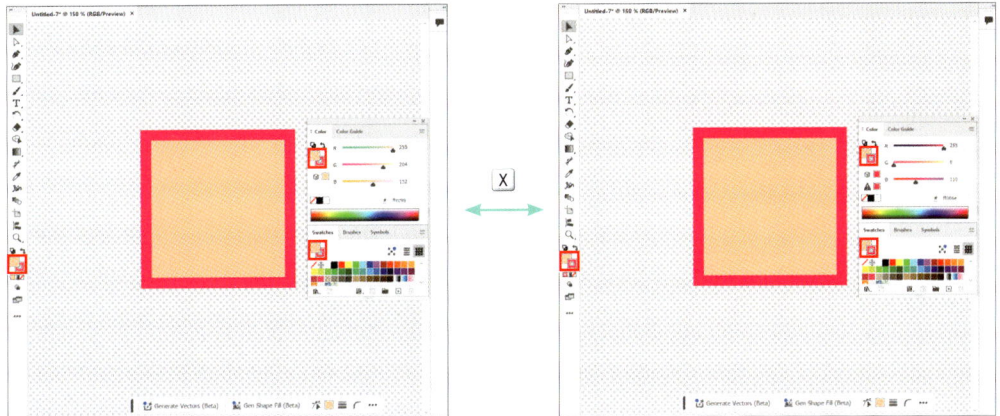

- Shift + X를 누르면 칠과 획의 색을 교체할 수 있습니다.

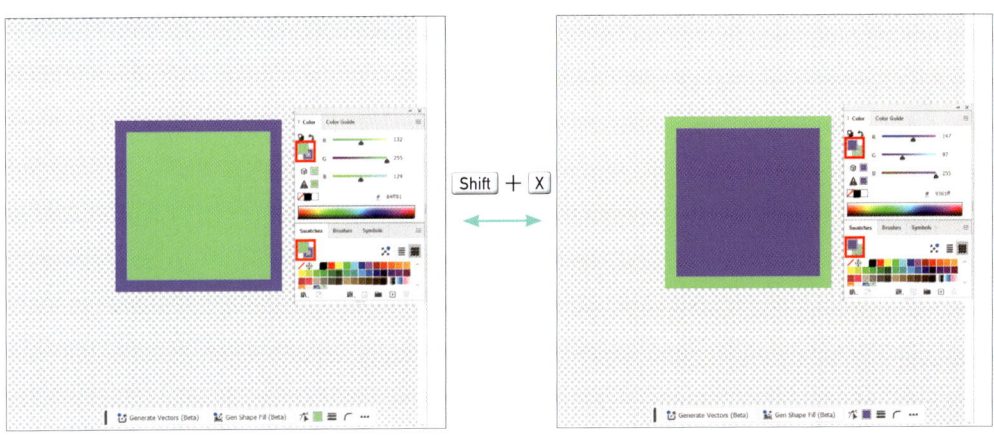

- 키보드의 .을 누르면 활성화되어 있는 칠이나 획을 '색상(□)'으로 설정할 수 있습니다.

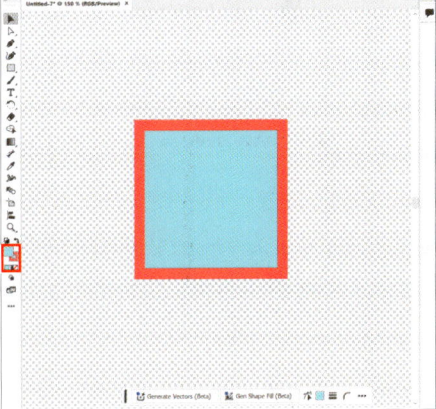

> **TIP!**
> 도구 상자 하단 부분에 색과 관련된 아이콘 세 가지 중 '색상(□)'의 단축키는 .이고, '그레이디언트(■)'의 단축키는 .이며, '없음(☒)'의 단축키는 /입니다. '색상(□)'은 가장 최근에 사용한 칠이나 획의 색으로 설정되어 있습니다.

- 키보드의 .을 누르면 활성화되어 있는 칠이나 획을 '그레이디언트(■)'로 설정할 수 있습니다.

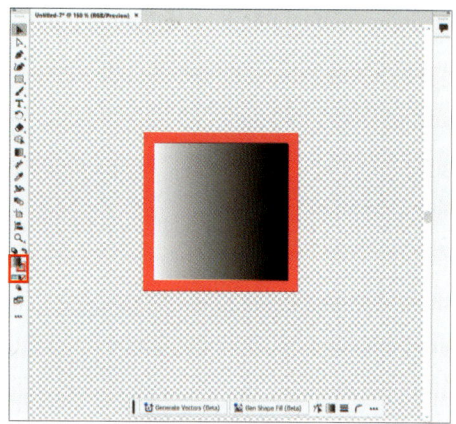

- 키보드의 /을 누르면 활성화되어 있는 칠이나 획을 '없음(☐)'으로 설정할 수 있습니다.

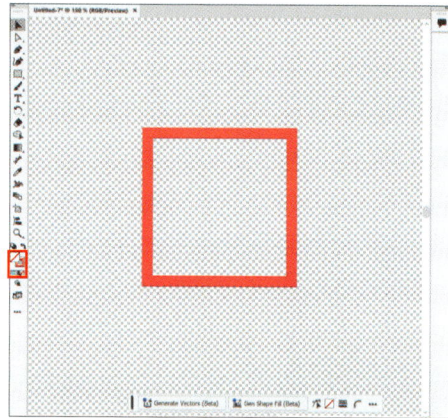

- Color 패널에는 '없음(☐)', '검은색(■)', '흰색(☐)' 아이콘 있어 활성화된 칠이나 획의 색상을 빠르게 설정할 수 있습니다. 색상 모드가 RGB인 경우 검은색이 '#000000'으로, CMYK인 경우 'K 100%'으로 표시됩니다.

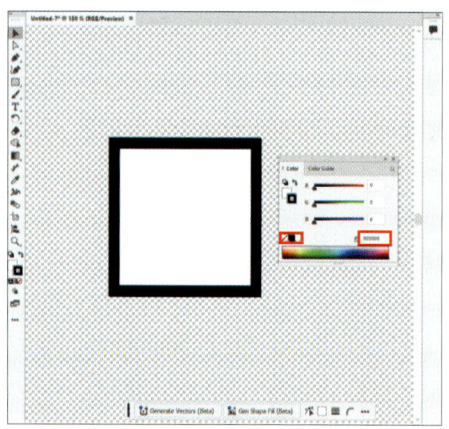

▲ 색상 모드가 RGB인 경우

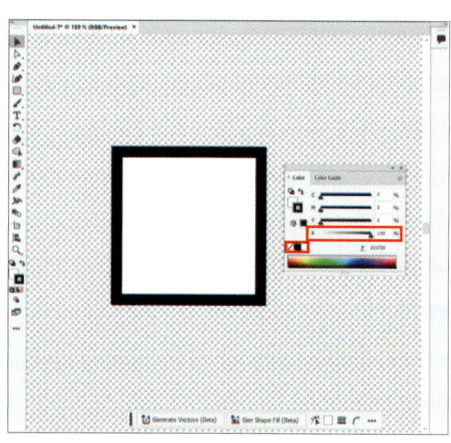

▲ 색상 모드가 CMYK인 경우

실습하기

01 [File 〉 Open]을 클릭해 ❶ '칠과 획 색상 넣는 방법.ai'를 불러옵니다. ❷ Selection Tool(▶)을 클릭하고 ❸ 첫 번째 도형을 클릭합니다. 칠을 '주황색', 획을 '없음(☐)'으로 설정하기 위해 ❹ Shift + X, ❺ X, ❻ /을 순서대로 눌러 줍니다.

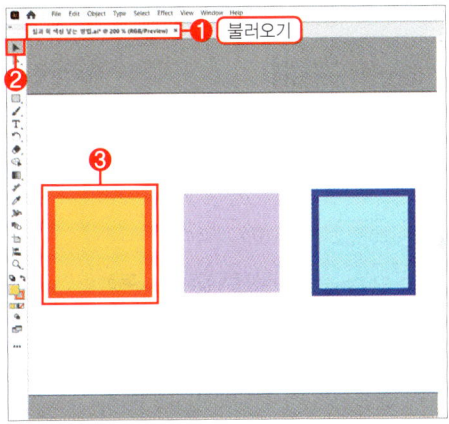 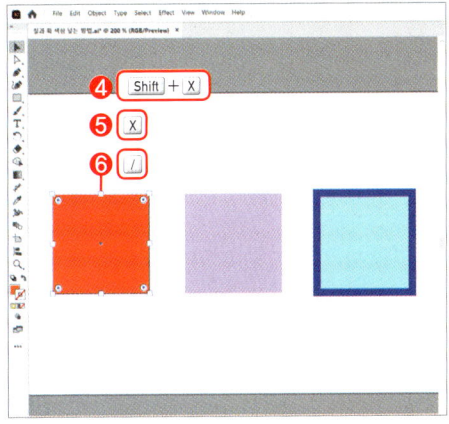

02 ❶ 두 번째 도형을 클릭합니다. 칠을 '없음(☐)', 획을 '검은색'으로 설정하기 위해 ❷ Shift + X를 누르고 Color 패널의 ❸ 검은색 아이콘(■)을 클릭합니다.

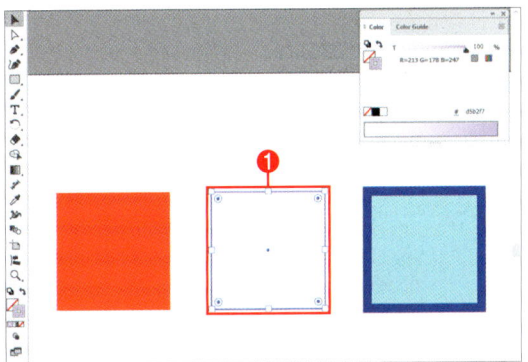 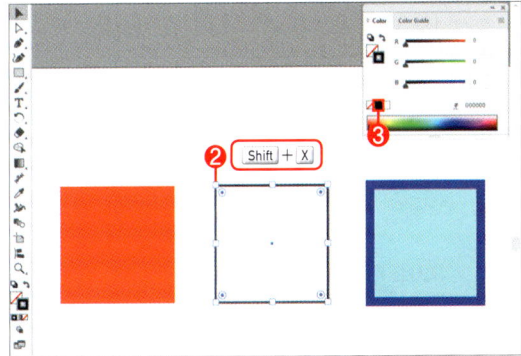

03 ❶ 세 번째 도형을 클릭합니다. 칠을 '흰색', 획을 '그레이디언트(■)'로 설정하기 위해 ❷ D와 ❸ .을 순서대로 눌러 줍니다. 이렇게 단축키를 이용하면 칠과 획의 색상을 빠르게 변경할 수 있습니다.

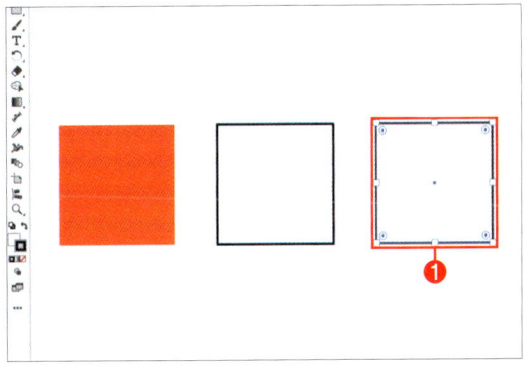 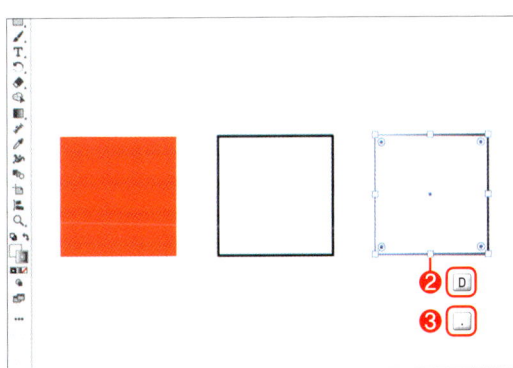

그레이디언트 종류 알아보기

■ 준비 파일 P02\Ch08\방사형 그레이디언트 색상.jpg

일러스트레이터에 있는 세 가지 그레이디언트의 차이점과 사용법을 알아보겠습니다.

선형 그레이디언트

01 [File > New]를 클릭하고 ❶~❻ 그림과 같이 설정한 후 ❼ [Create]를 클릭합니다.

- Width: 1000 Pixels
- Height: 500 Pixels
- Artboards: 1
- Bleed: 0 px, 0 px, 0 px, 0 px
- Color Mode: RGB Color
- Raster Effects: Screen (72 ppi)

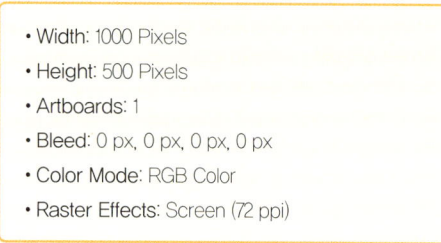

02 ❶ Rectangle Tool(▭)을 클릭합니다. ❷ 아트보드를 클릭하고 ❸ Width를 '300 px', Height를 '450 px'로 설정한 후 ❹ [OK]를 클릭합니다.

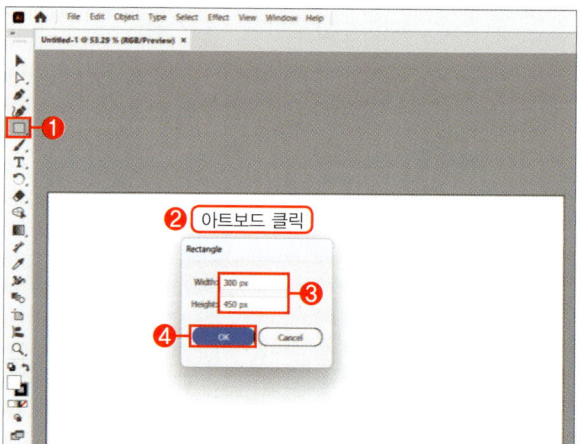

> **TIP!**
> 도형 도구는 클릭 & 드래그하여 직관적으로 그리거나, 정확한 수치를 입력해 그릴 수 있습니다.

03 Properties 패널에서 ❶ Transform의 기준점을 왼쪽 상단으로 설정합니다. 첫 번째 아트보드의 왼쪽 상단의 위치는 (X, Y) = (0, 0)이기 때문에 ❷ X를 '20 px', Y를 '25 px'로 설정합니다.

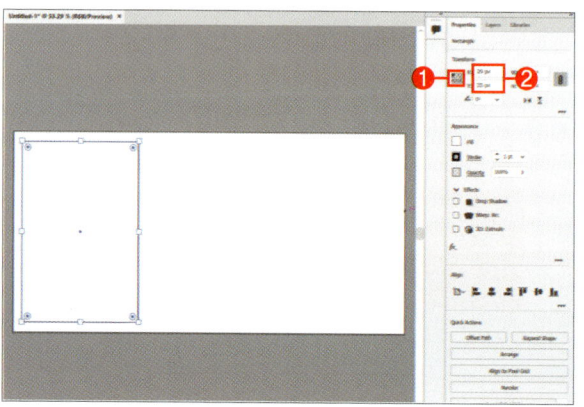

04 ❶ ⓧ를 눌러 획 색상을 활성화하고 ❷ ⃪을 눌러 '없음(▨)'으로 설정합니다. 그리고 ❸ ⓧ를 눌러 칠 색상을 활성화하고 ❹ ⃟을 눌러 '그레이디언트(▨)'로 설정합니다

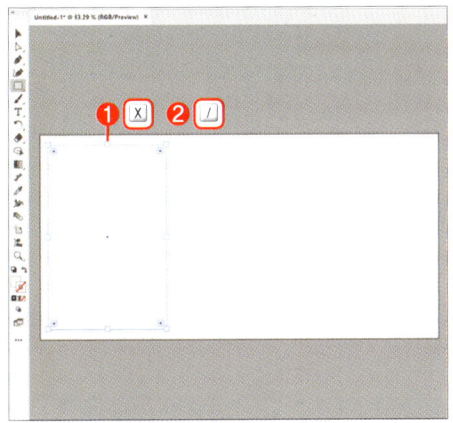 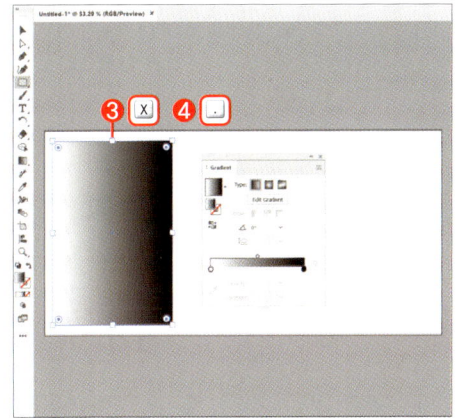

05 Gradient 패널의 ❶ 왼쪽 색상점을 더블 클릭하고 ❷ Color(⬛)를 클릭합니다. ❸ '#ff234b'를 입력하고 ❹ Enter 를 누릅니다.

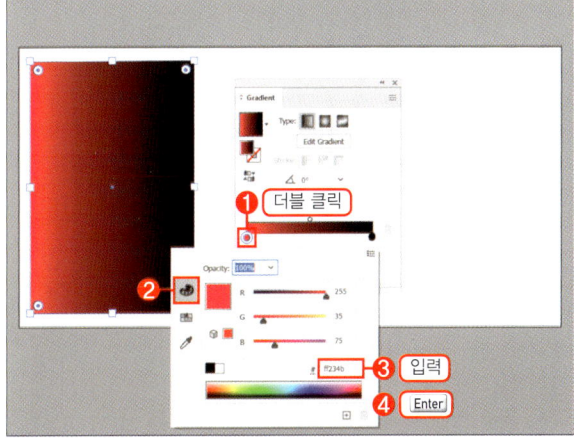

06 ❶ 오른쪽 색상점을 더블 클릭하고 ❷ '#ffbb62'를 입력한 후 ❸ Enter 를 누릅니다.

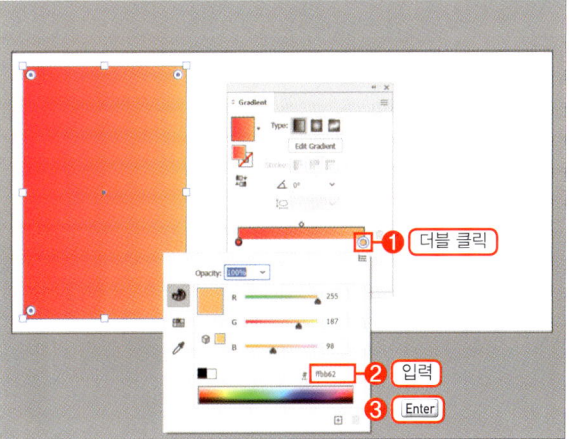

07 색상점을 추가하기 위해 ❶ 그레이디언트의 중간을 클릭하고 ❷ 추가한 색상점을 더블 클릭합니다. ❸ '#ff938b'를 입력한 후 ❹ Enter 를 누릅니다.

> **TIP!**
> 색상점을 아래로 클릭 & 드래그하면 삭제할 수 있습니다.

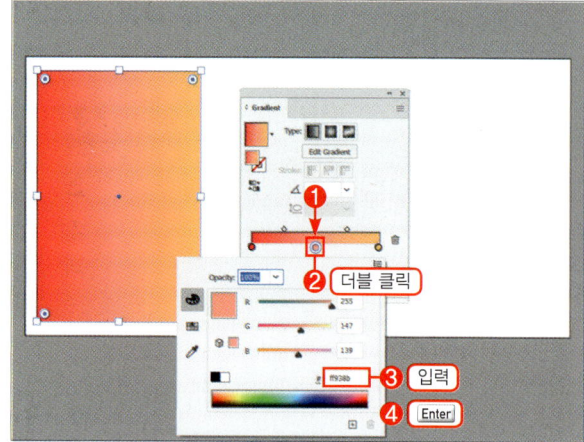

08 ❶ 각각의 색상점을 클릭 & 드래그해 위치를 조절하고, 색상점 사이에 있는 ❷ 다이아몬드를 클릭 & 드래그해 그레이디언트가 자연스럽게 풀어지게 조절합니다.

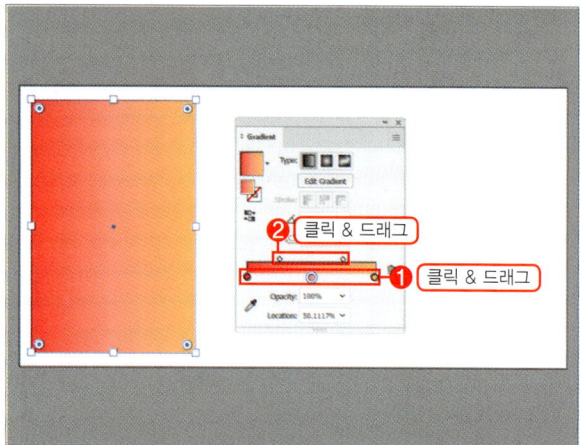

09 ❶ Gradient Tool(■)을 클릭하고 ❷ 사각형을 그림과 같이 클릭 & 드래그하여 그레이디언트의 방향과 범위를 수정합니다.

> **TIP!**
> 도형에 표시되는 그레이디언트 주석자의 색상점과 다이아몬드도 같은 역할을 합니다. 그레이디언트 주석자가 보이지 않는다면 [View > Show Gradient Annotator]를 클릭해 활성화합니다.

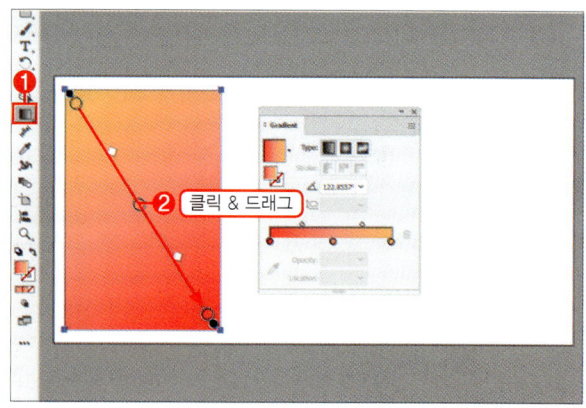

10 ❶ Rectangle Tool(▫)을 마우스 오른쪽 버튼으로 클릭하고 ❷ Ellipse Tool(◯)을 클릭합니다. ❸ 클릭 & 드래그하면서 Shift 를 눌러 정원형을 그립니다.

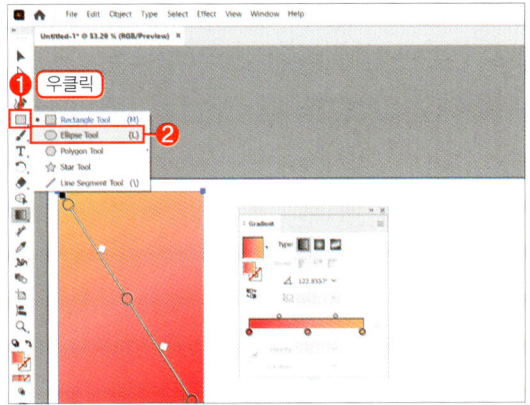
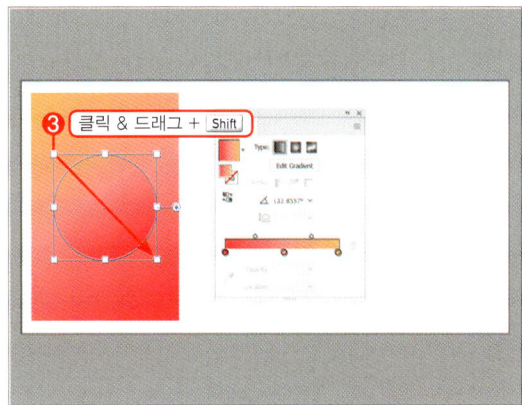

11 ❶ Gradient Tool(▮)을 클릭하고 ❷ 그림과 같이 사각형과 반대 방향으로 클릭 & 드래그하여 입체감을 더합니다. 같은 색상의 선형 그레이디언트를 반대 방향으로 추가하면 대비감과 입체감을 줄 수 있습니다.

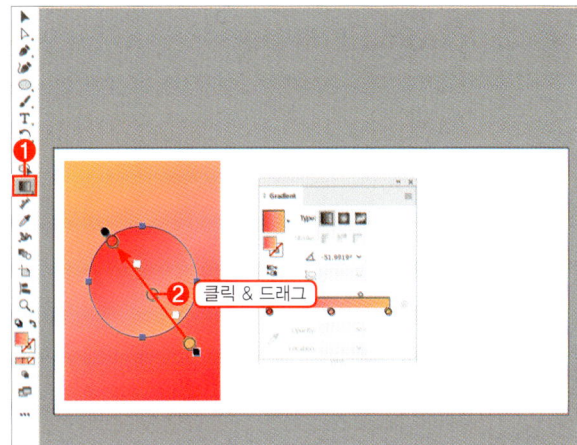

방사형 그레이디언트

01 ❶ [File] – ❷ [Place]를 클릭해 ❸ '방사형 그레이디언트 색상.jpg'를 가져온 후 ❹ 크기와 위치를 조절합니다.

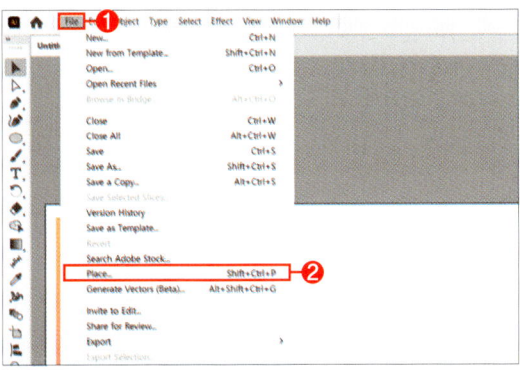

02 ❶ Selection Tool(▶)을 클릭하고 ❷ 사각형을 오른쪽으로 클릭 & 드래그하면서 Alt + Shift 를 눌러 복제한 후 Properties 패널의 ❸ ▦을 클릭해 복제한 사각형을 아트보드 가운데에 정렬합니다.

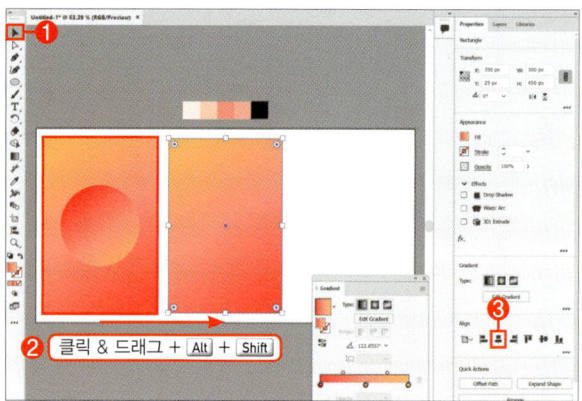

03 Gradient 패널의 ❶ 방사형 그레이디언트 아이콘(■)을 클릭합니다. ❷ 왼쪽의 색상점을 클릭하고 ❸ 스포이드 아이콘(✐)을 클릭한 후 ❹ 이미지의 첫 번째 색상을 클릭합니다.

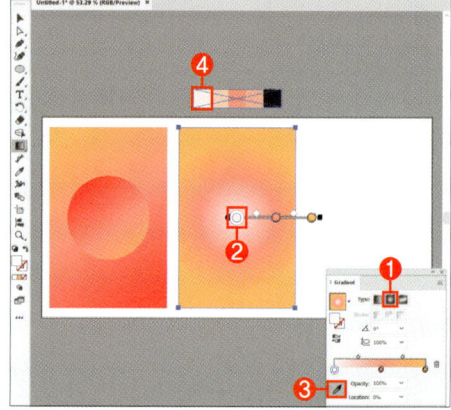

04 ❶ 왼쪽 첫 번째 색상점의 옆부분을 클릭해 새 색상점을 추가하고 ❷ 스포이드 아이콘(✐)을 클릭한 후 ❸ 이미지의 두 번째 색상을 클릭합니다.

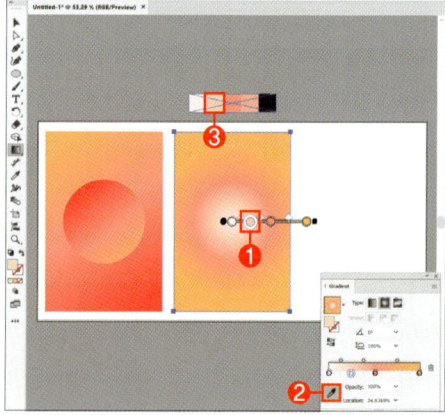

05 **04**의 과정을 반복해 '방사형 그레이디언트 색상.jpg'의 색상 순서대로 총 다섯 개의 색상점을 만들어 줍니다.

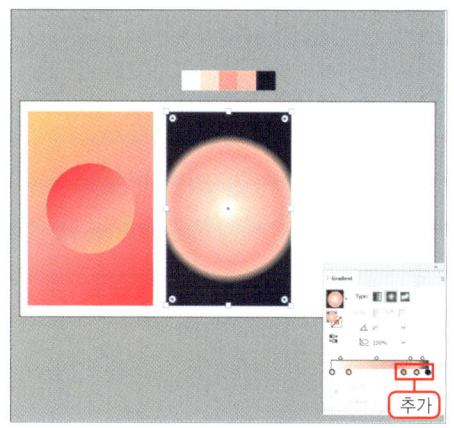

06 그레이디언트 주석자 왼쪽의 ❶ ⊙을 클릭 & 드래그하여 크기를 줄입니다. 그레이디언트 주석자 위쪽의 ❷ ●을 클릭 & 드래그하여 원형률을 조절합니다.

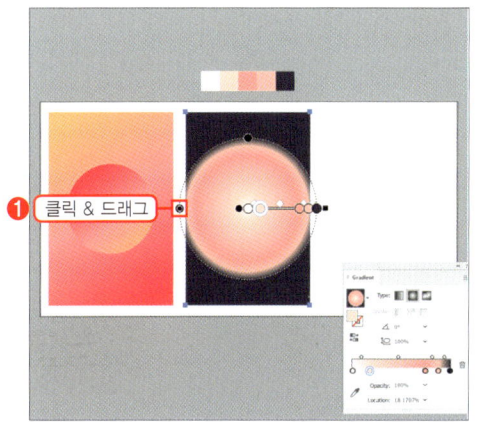 

07 그레이디언트 주석자 오른쪽의 ❶ ■을 클릭 & 드래그하여 회전 각도를 조절합니다. ❷ 각 색상점의 위치를 그림과 같이 조절하여 완성합니다.

자유형 그레이디언트

01 ❶ Selection Tool(▶)을 클릭하고 ❷ 사각형을 오른쪽으로 클릭 & 드래그하면서 Alt + Shift 를 눌러 복제합니다. Properties 패널에서 ❸ Transform의 기준점을 오른쪽 상단으로 설정하고 ❹ X를 '980 px'로 설정합니다.

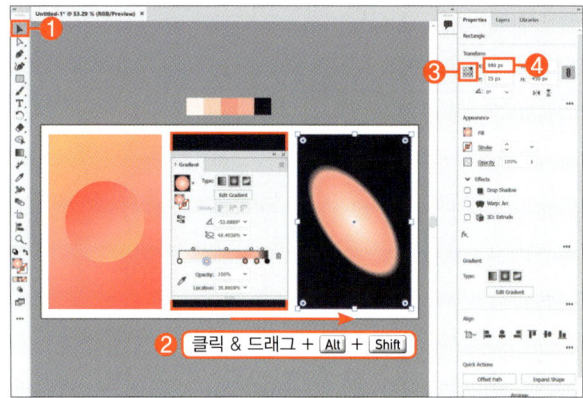

02 Gradient 패널의 ❶ 자유형 그레이디언트 아이콘(■)을 클릭합니다. ❷ 색상점을 클릭하고 그레이디언트 주석자의 ❸ ⊙을 클릭 & 드래그하여 범위를 조절합니다.

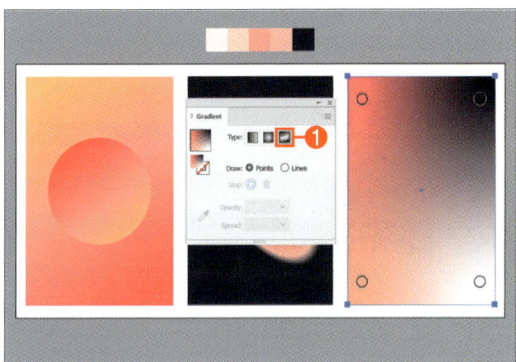
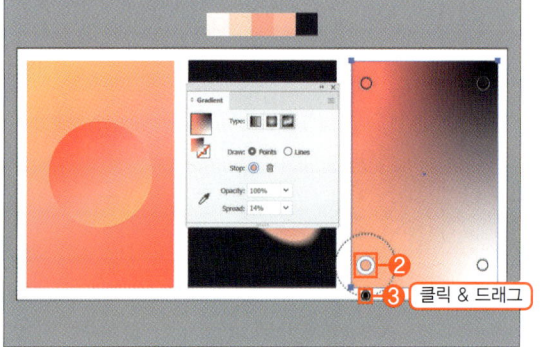

> **TIP!**
> 자유형 그레이디언트 아이콘(■)을 클릭하면 아트보드에 있는 도형과 비슷한 색으로 설정되고, 도구가 Gradient Tool(■)로 바뀌게 됩니다.

03 ❶ 사각형의 빈 영역을 클릭해 색상점을 추가하고 Gradient 패널의 ❷ 스포이드 아이콘(✐)을 클릭한 후 ❸ 남색과 이어지는 중간 부분의 색상을 클릭합니다. 중간 부분의 색상을 추출하면 자연스럽게 이어지는 그레이디언트를 만들 수 있습니다.

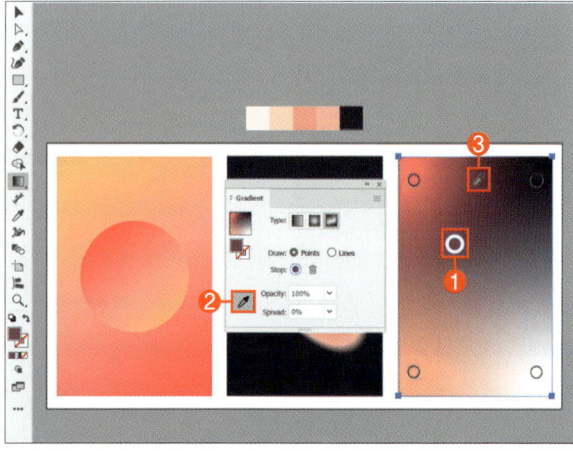

04 ❶ 사각형 오른쪽 하단의 색상점을 클릭한 후 Gradient 패널의 ❷ [Lines]를 클릭합니다.

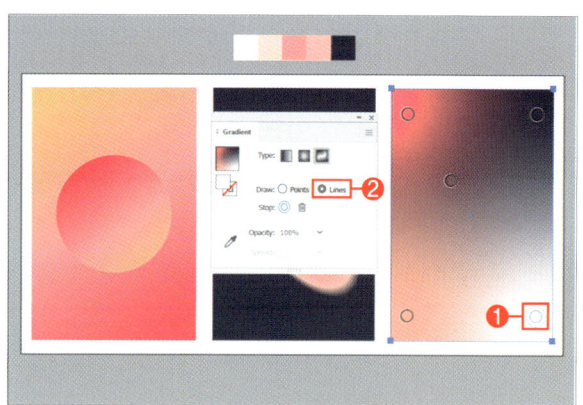

05 ❶~❸ 그림과 같이 순서대로 클릭하여 선으로 이어진 그레이디언트를 만든 후 ❹ 색상점을 각각 클릭 & 드래그하여 위치를 조절합니다. 선으로 이어진 그레이디언트는 서로 교차할 수 없으며, 자유형 그레이디언트는 획 색상에 적용할 수 없습니다.

06 선형 그레이디언트, 방사형 그레이디언트, 자유형 그레이디언트에 대해 알아보았습니다.

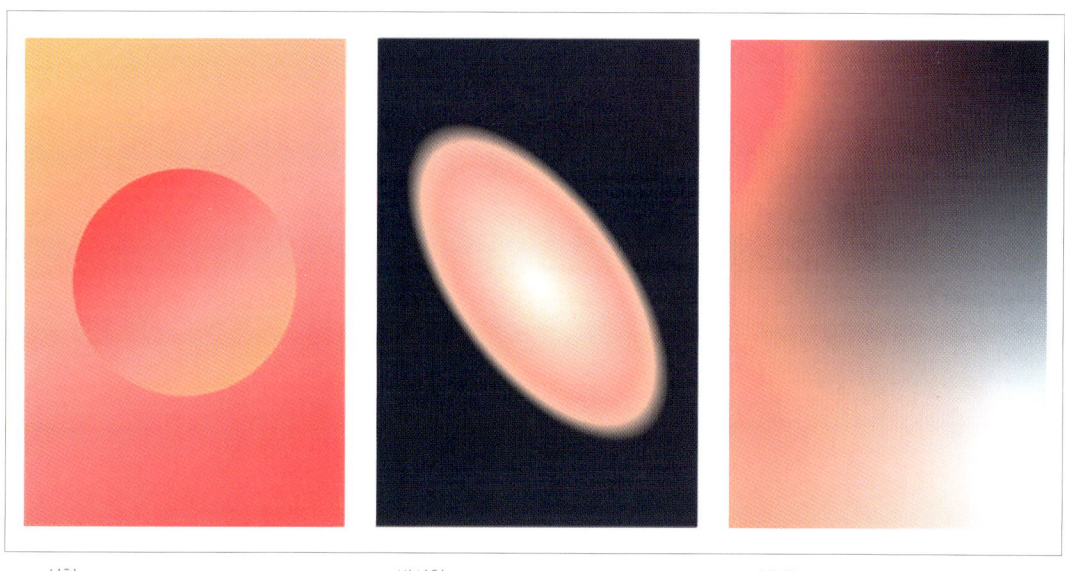

▲ 선형　　　　　　▲ 방사형　　　　　　▲ 자유형

색상 팔레트 Swatches 관리하는 법

■ 준비 파일 P02\Ch08\Swatches 관리.jpg

Swatches(견본) 패널은 자주 사용하는 색상, 그레이디언트, 패턴을 모아 놓는 팔레트 역할을 합니다. 파일을 새로 열 때마다 초기화되므로, 자주 쓰는 색상 조합은 별도로 저장해 두는 것이 좋습니다.

선형 그레이디언트

01 [File 〉 New]를 클릭하고 ❶~❻ 그림과 같이 설정한 후 ❼ [Create]를 클릭합니다.

- Width: 1000 Pixels
- Height: 1000 Pixels
- Artboards: 1
- Bleed: 0 px, 0 px, 0 px, 0 px
- Color Mode: RGB Color
- Raster Effects: Screen (72 ppi)

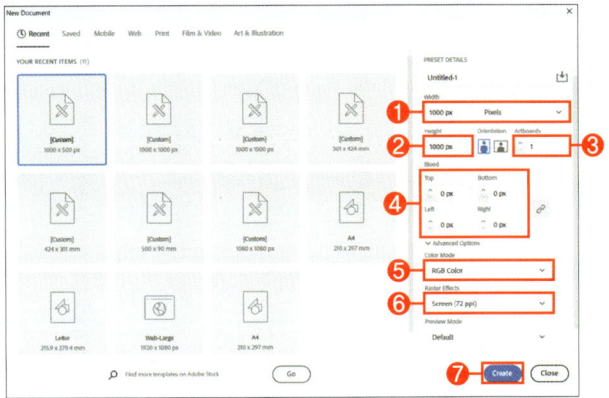

02 ❶ [Window] – ❷ [Swatches]를 클릭합니다. Swatches 패널의 ❸ 옵션 아이콘(≡) – ❹ [Select All Unused]를 클릭합니다.

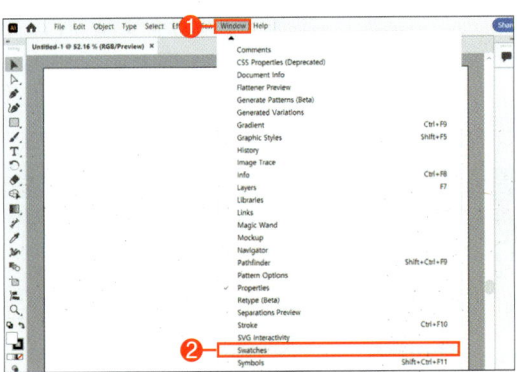
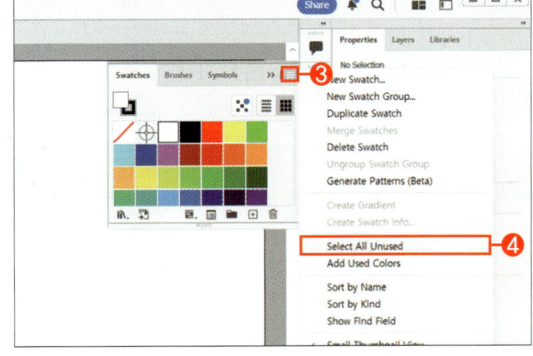

03 ❶ 휴지통 아이콘(🗑)을 클릭해 삭제한 후 ❷ [Yes]를 클릭합니다. 파일을 수정하거나 업체에 인쇄를 맡길 때에는 불필요한 견본을 모두 삭제하는 것이 좋습니다.

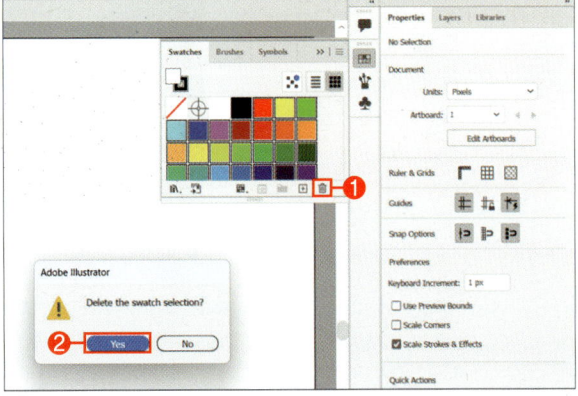

04 [File 〉 Place]를 클릭해 ❶ 'Swatches 관리.jpg'를 가져온 후 ❷ 이미지의 크기와 위치를 조절합니다.

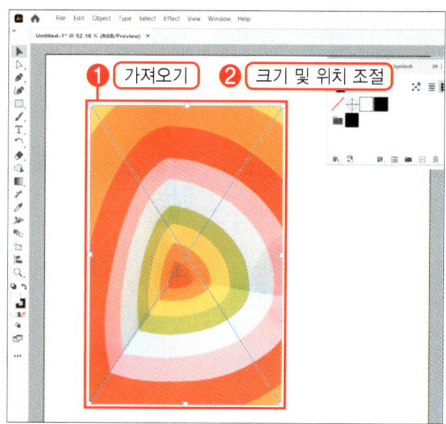

05 ❶ Rectangle Tool(□)을 클릭하고 ❷ 클릭 & 드래그하면서 Shift를 눌러 정사각형을 그려 줍니다.

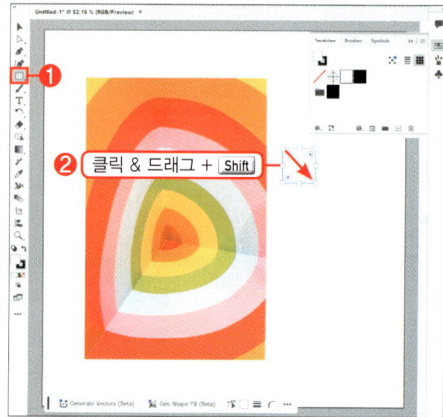

06 ❶ Selection Tool(▶)을 클릭하고 ❷ 사각형의 안쪽을 클릭 & 드래그하면서 Alt + Shift를 눌러 복제합니다. ❸ Ctrl + D를 세 번 눌러 반복합니다. Ctrl + D는 직전에 실행한 이동, 크기 조절, 회전, 복사 등의 작업을 같은 간격으로 한 번 더 반복하는 단축키입니다.

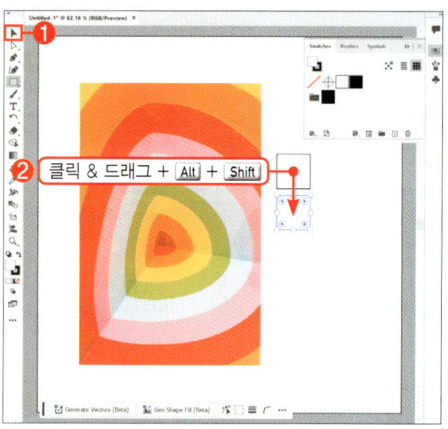 

07 ❶ 첫 번째 사각형을 Ctrl + 클릭해 선택합니다. ❷ Eyedropper Tool(📍)을 클릭하고 ❸ 이미지의 밝은 주황색 부분을 클릭해 색상을 추출합니다.

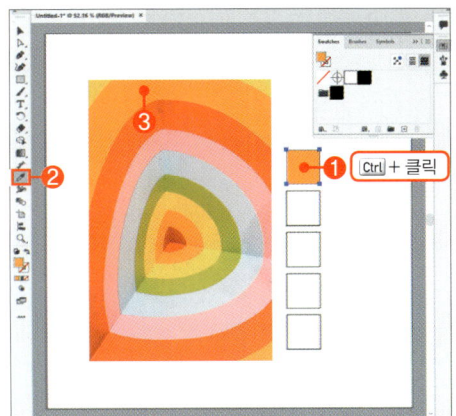

08 ❶ 두 번째 사각형을 Ctrl + 클릭하여 선택하고 ❷ 이미지의 다홍색 부분을 클릭해 추출합니다.

09 08의 과정을 반복해 그림과 같이 세 가지 색상을 추가로 추출합니다.

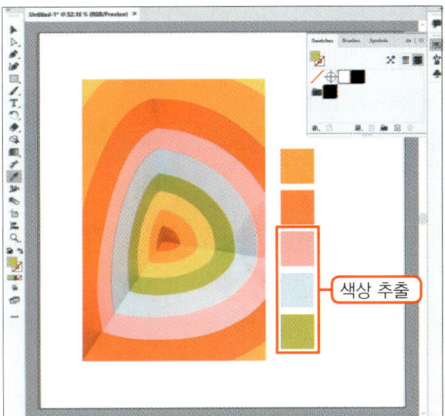

10 ❶ Ctrl + 클릭 & 드래그하여 모든 사각형을 선택합니다. Swatches 패널의 ❷ 새 견본 그룹 아이콘(■)을 클릭하고 ❸ 'Convert Process to Global'을 체크한 후 ❹ [OK]를 클릭합니다.

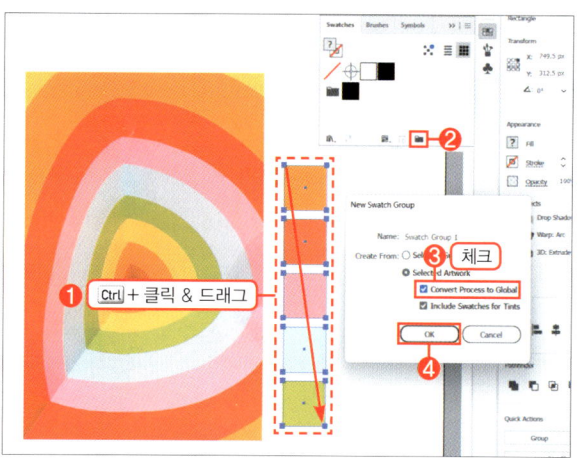

TIP!
'Convert Process to Global'을 체크하면 나중에 견본 패널의 색상을 변경할 때 아트보드에 사용된 색상까지 한 번에 변경할 수 있습니다.

11 ❶ 바깥쪽을 Ctrl + 클릭하여 선택을 해제합니다. 새로운 색을 추가하기 위해 ❷ [칠 색상]을 더블 클릭하고 ❸ '#9ac9f4'를 입력한 후 ❹ [OK]를 클릭합니다.

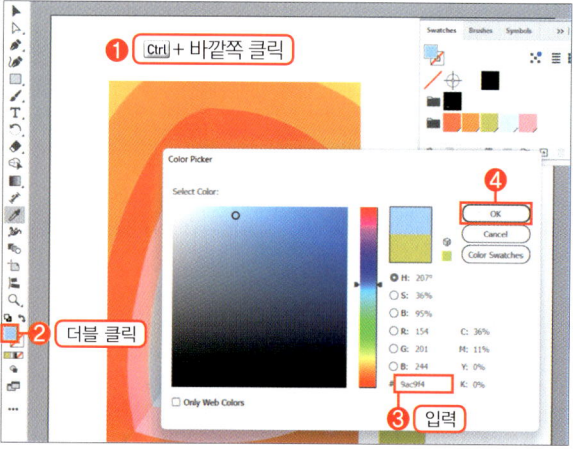

12 Swatches 패널의 ❶ 새 견본 아이콘(□)을 클릭하고 ❷ [OK]를 클릭합니다.

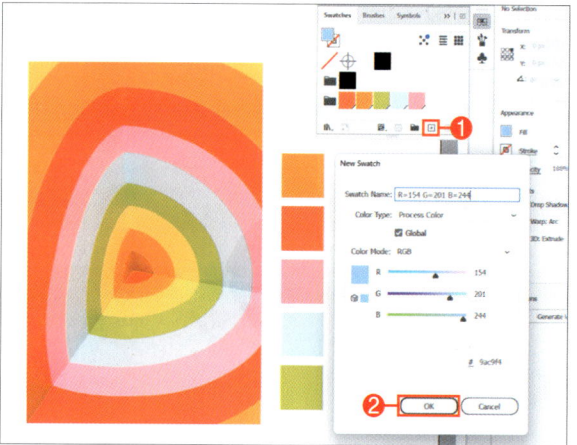

TIP!
견본의 이름은 R, G, B의 색상값으로 설정되어 있으며, 나중에 색상을 수정하면 자동으로 변경되기 때문에 그대로 두는 것이 좋습니다. 색상 모드가 달라지면 견본의 색상도 함께 달라지는 것을 유의합니다.

13 Swatches 패널에 새로 등록한 견본을 클릭 & 드래그하여 그룹으로 이동합니다.

14 겨자색의 견본을 수정하기 위해 ❶ 견본을 더블 클릭한 후 ❷ '#2cac5c'를 입력하고 ❸ [OK]를 클릭합니다. ❹ 아트보드에 있는 사각형의 색상이 함께 변경된 것을 확인합니다.

15 견본을 저장하기 위해 Swatches 패널의 ❶ 라이브러리 아이콘(📁) - ❷ [Save Swatches]를 클릭합니다.

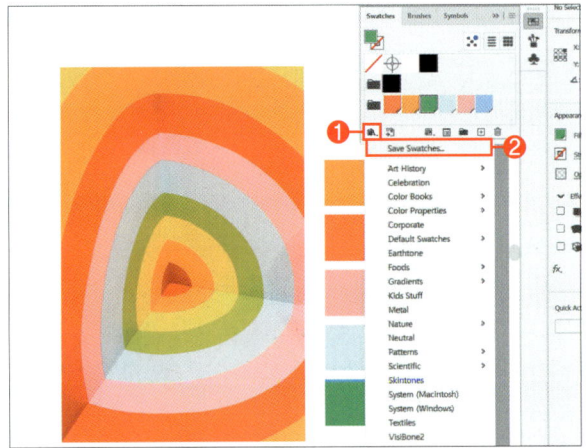

16 ❶ 경로를 설정하고 ❷ 파일 이름을 입력한 후 ❸ [저장]을 클릭하면 아트보드와 견본이 일러스트레이터 파일로 저장됩니다.

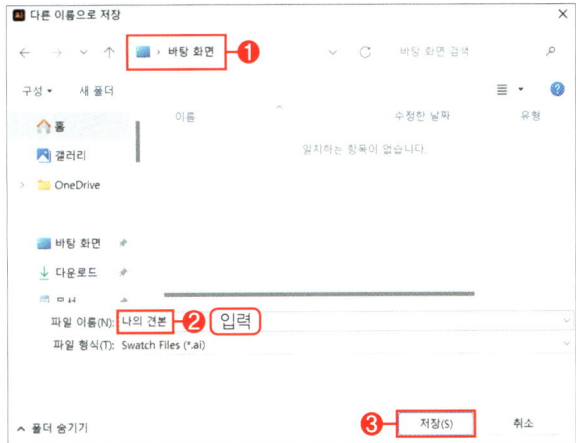

17 저장해 놓은 견본을 가져오려면 Swatches 패널의 ❶ 라이브러리 아이콘( ) – ❷ [Other Library]를 클릭합니다.

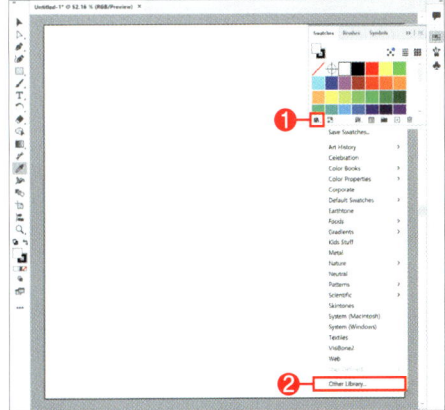

18 ❶ 저장해 놓은 견본 파일을 클릭한 후 ❷ [열기]를 클릭하면 견본을 가져올 수 있습니다.

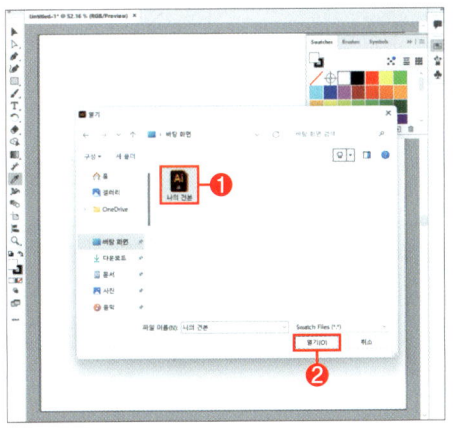 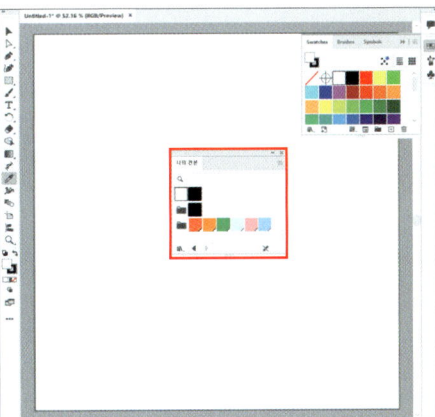

05 저장하기

아트보드와 개별 오브젝트의 저장 방법을 알아보고, 일러스트레이터에서 저장할 수 있는 파일의 포맷별 특징을 살펴보겠습니다.

파일 저장 방법과 파일 포맷별 특징 살펴보기

■ 준비 파일 P02\Ch08\저장하기.ai

일러스트레이터에서 파일을 저장하는 방법과 파일의 포맷별 특징을 살펴보겠습니다.

벡터 파일로 저장하기

01 [File > Open]을 클릭해 '저장하기.ai'를 불러옵니다.

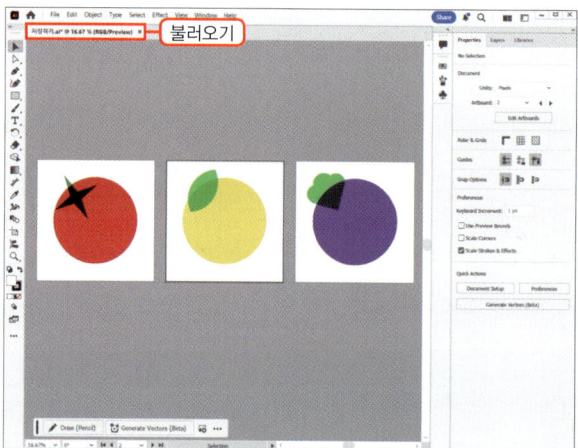

02 ❶ [File] – ❷ [Save As]를 클릭합니다.

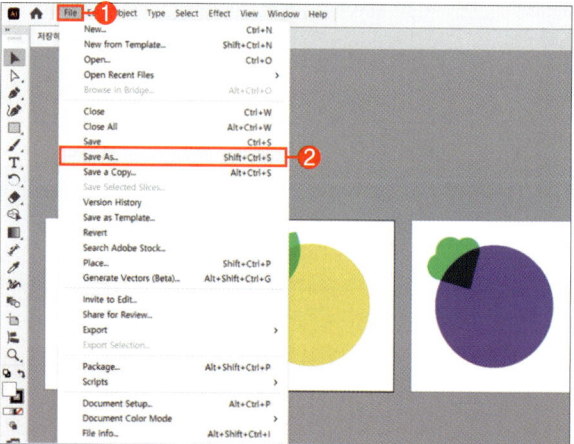

03 ❶ 저장 경로를 설정한 후 ❷ 파일 이름을 입력합니다. ❸ 파일 형식을 'AI'로 설정한 후 ❹ [저장]을 클릭합니다.

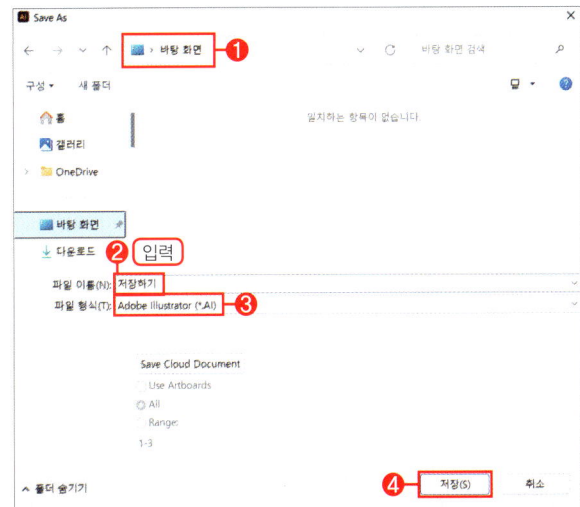

알아두기

- AI: 오브젝트나 효과 등을 자유롭게 수정할 수 있는 원본 용도의 파일입니다.
- PDF: 호환성이 높아 보통 인쇄 업체에 발주할 때 사용합니다. 여러 개의 아트보드를 하나의 PDF 파일로 저장할 수 있고, Artboards 패널에 있는 순서대로 페이지가 정해집니다. PDF로 저장한 파일은 다시 일러스트레이터에서 수정할 수 있습니다.
- SVG: 웹용으로 사용하는 2차원의 벡터 그래픽 파일 형식입니다.

04 다음과 같은 창이 뜨면 ❶ 저장할 버전을 선택하고 ❷ [OK]를 클릭합니다. 하위 버전의 일러스트레이터에서 저장한 파일은 상위 버전의 일러스트레이터에서 열 수 없으니 버전을 반드시 확인한 후에 저장합니다.

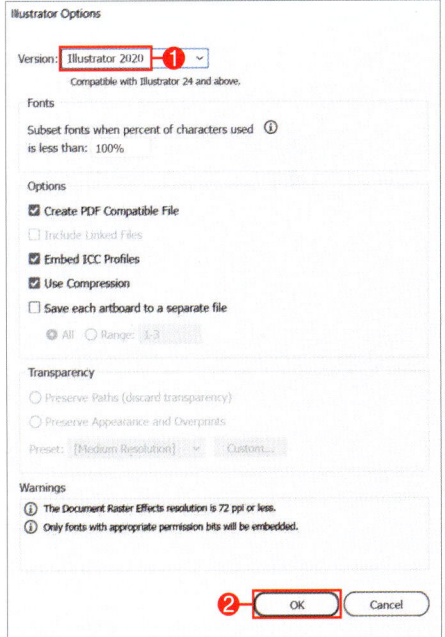

아트보드를 각각 이미지로 저장하기

01 ❶ [File] - ❷ [Export] - ❸ [Export for Screens]를 클릭합니다.

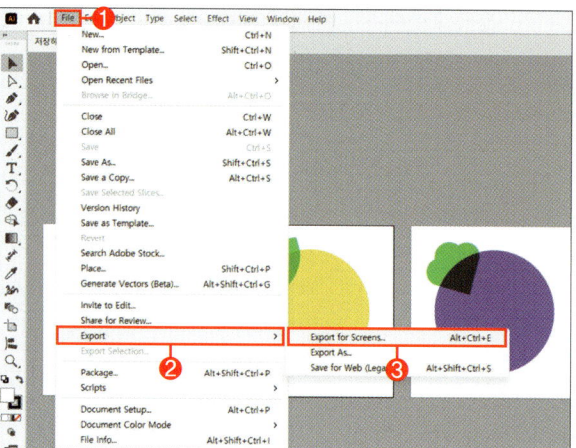

02 ❶ 저장하려는 아트보드를 모두 체크합니다. ❷ 📁을 클릭해 저장 경로를 설정하고 ❸ Scale을 '1x', ❹ Format을 'PNG'로 설정한 후 ❺ [Export Artboard]를 클릭합니다.

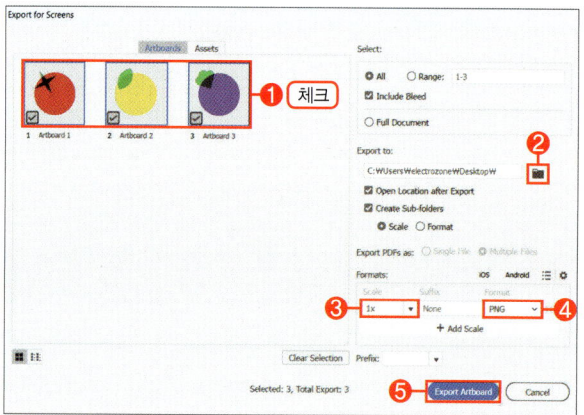

> **TIP!**
> 일러스트레이터는 이미지나 오브젝트의 크기를 무리하게 변경해도 화질이 깨지지 않기 때문에 Scale을 설정하는 옵션이 있습니다.

알아두기

- **PNG**: 일반적으로 많이 사용하는 이미지 파일 형식입니다. 1,600만 가지 이상의 색상과 투명도를 표현할 수 있어 이미지나 그래픽 파일을 저장할 때 사용합니다.
- **PNG 8**: 256가지의 색상만 표현할 수 있어 가벼운 웹용 이미지나 간단한 아이콘 등을 저장하는 용도로 사용합니다.
- **JPG 100**: 1,600만 가지 이상의 색상을 표현할 수 있어 이미지나 그래픽 파일을 저장할 때 사용합니다. JPG 뒤의 숫자는 품질을 나타내는 것으로, 일반적으로 품질이 가장 좋은 JPG 100을 사용합니다.

오브젝트만 저장하기

01 ❶ [Window] – ❷ [Asset Export]를 클릭하고 ❸ Selection Tool(▶)을 클릭합니다. ❹ 첫 번째 오브젝트를 클릭 & 드래그해 ❺ Ctrl + G를 눌러 그룹으로 묶고, ❻ 세 번째 오브젝트를 Shift + 클릭 & 드래그해 중복 선택한 후 ❼ Asset Export 패널로 클릭 & 드래그합니다.

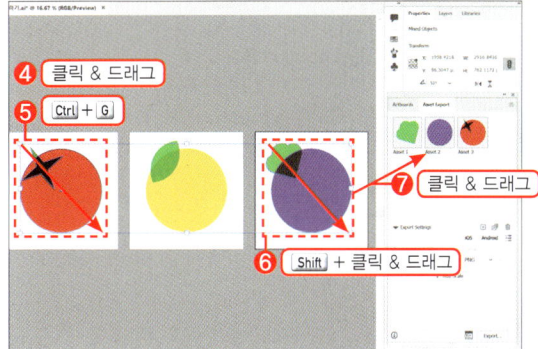

02 ❶ 저장하려는 오브젝트가 모두 파란색으로 선택되어 있는지 확인하고 ❷ 더블 클릭하여 이름을 각각 '그림 1', '그림 2', '그림 3'으로 수정한 후 ❸ Enter를 누릅니다. ❹ Scale을 '1x', ❺ Format을 'PNG'로 설정하고 ❻ [Export]를 클릭합니다.

03 ❶ 경로를 설정하고 ❷ [폴더 선택]을 클릭하면 오브젝트가 각각 PNG 이미지로 저장됩니다.

Chapter

09

기본 도형과 브러시 활용법 알아보기

이번 챕터에서는 일러스트레이터의 기본 도형을 활용해 캐릭터 아트워크를 만들어 보겠습니다. 더불어 브러시로 꽃 모양의 패턴을 그려 등록하고, 장난스럽게 그린 낙서 같은 느낌의 귀여운 캐릭터 일러스트를 함께 그려 보겠습니다.

01 도형을 조합해 캐릭터 만들기
02 꽃 모양의 패턴을 만들어 등록하기
03 브러시를 활용해 낙서 같은 그림 그리기

01 도형을 조합해 캐릭터 만들기

먼저 두 개 이상의 도형을 조합해 캐릭터 아트워크를 만들어 보겠습니다. 기본 도형을 활용하는 것의 중요성을 이해하고, 실무에서 상황에 맞는 기능을 적절히 응용할 수 있도록 연습해 봅니다.

Pathfinder로 캐릭터 만들기

Pathfinder(패스파인더)는 일러스트레이터의 꽃이라고 할 수 있는 유용한 기능입니다. Pathfinder를 활용해 귀여운 캐릭터 아트워크를 만들어 보겠습니다.

구름과 비스킷 캐릭터의 몸통 만들기

01 [File 〉 New]를 클릭해 ❶~❻ 그림과 같이 설정한 후 ❼ [Create]를 클릭합니다.

- Width: 2000 Pixels
- Height: 1500 Pixels
- Artboards: 1
- Bleed: 0 px, 0 px, 0 px, 0 px
- Color Mode: RGB Color
- Raster Effects: Screen (72 ppi)

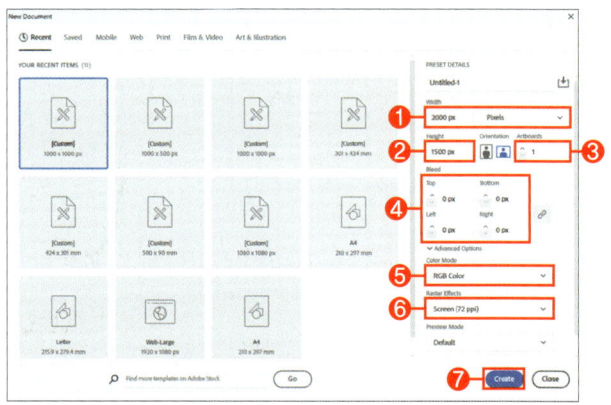

02 구름 모양을 만들기 위해 ❶ Rectangle Tool(▢)을 마우스 오른쪽 버튼으로 클릭하고 ❷ Ellipse Tool(◯)을 클릭합니다. ❸ 클릭 & 드래그하면서 Shift 를 눌러 정원형을 그립니다.

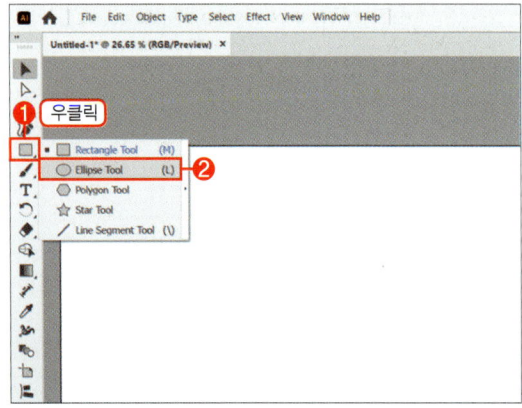
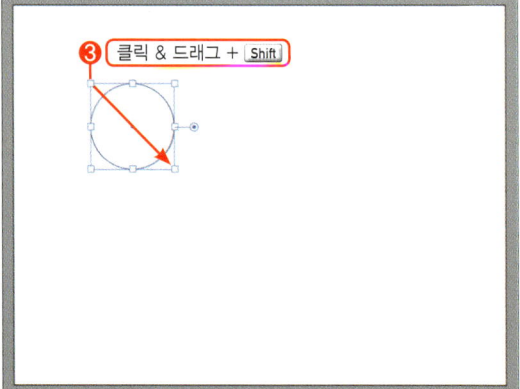

03 ❶ [칠 색상]을 더블 클릭하고 ❷ '#87cdf4'를 입력한 후 ❸ [OK]를 클릭합니다.

04 ❶ [획 색상]을 더블 클릭하고 ❷ '#000000'을 입력한 후 ❸ [OK]를 클릭합니다. Properties 패널에서 ❹ Stroke의 두께를 '15 pt'로 설정합니다.

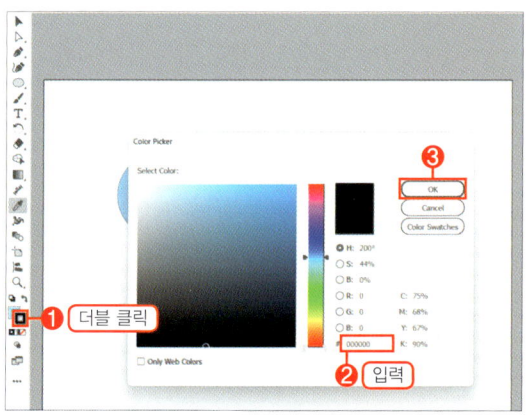
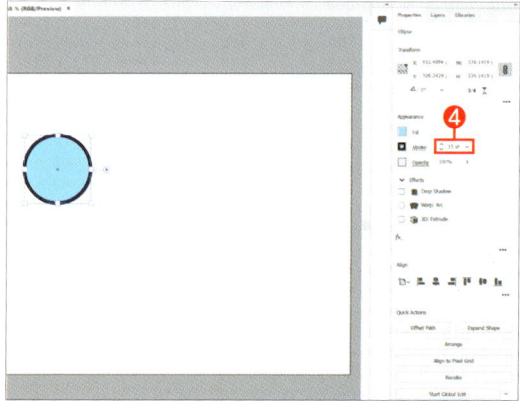

05 ❶ Selection Tool(▶)을 클릭하고 ❷ 하늘색 원을 여러 번 Alt + 클릭 & 드래그해 ❸ 그림과 같은 구름 모양으로 복제합니다.

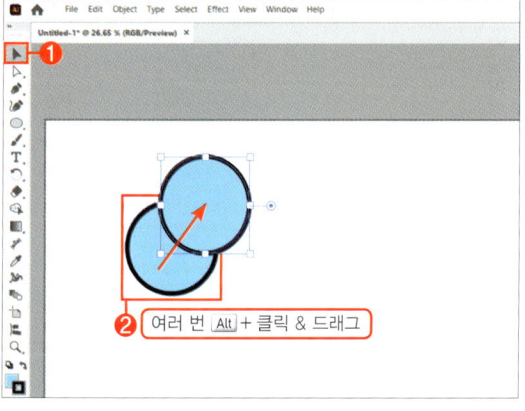
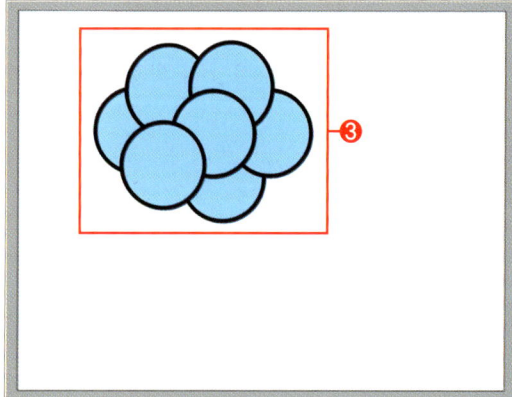

06 ❶ 클릭 & 드래그해 하늘색 원을 모두 선택합니다. 두 개 이상의 패스를 선택하면 Properties 패널에 'Pathfinder'가 표시됩니다. ❷ Unite(■)를 클릭해 하나의 도형으로 만들어 줍니다. ❸ Ctrl + Y 를 눌러 윤곽선 보기 모드로 전환한 후 ❹ 도형이 합쳐진 것을 확인합니다.

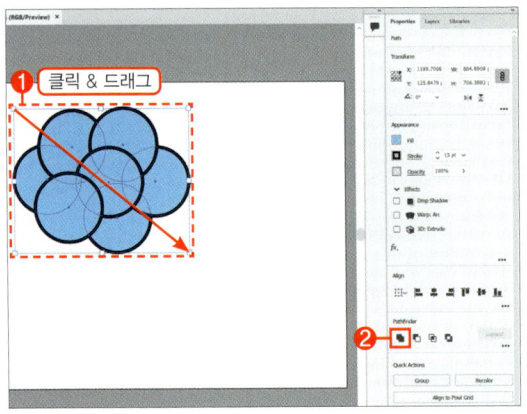
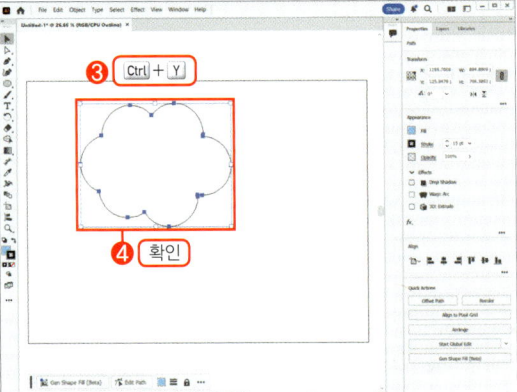

> **알아두기**
>
> Pathfinder는 두 개 이상의 패스를 조합하여 새로운 패스를 만드는 기능입니다. Properties 패널에서 Pathfinder의 …을 클릭하거나 [Window 〉 Pathfinder]를 클릭하면 전체 메뉴를 확인할 수 있습니다.
> - Unite(■): 겹쳐진 오브젝트를 하나의 오브젝트로 합쳐 줍니다.
> - Minus Front(■): 겹쳐진 오브젝트에서 앞에 있는 오브젝트의 영역이 삭제됩니다.
> - Intersect(■): 겹쳐진 오브젝트에서 공통 영역을 뺀 나머지 영역이 삭제됩니다.
> - Exclude(■): 겹쳐진 오브젝트에서 공통 영역만 삭제됩니다.
> - Divide(■): 겹쳐진 오브젝트의 외곽선을 따라 각각의 오브젝트로 분리됩니다.
> - Trim(■): 겹쳐진 오브젝트에서 뒤에 있는 오브젝트가 공통 영역만큼 삭제됩니다.
> - Merge(■): 겹쳐진 오브젝트에서 같은 색의 영역만 합쳐지고, 보이지 않는 영역은 삭제됩니다.
> - Crop(■): 겹쳐진 오브젝트에서 위에 있는 오브젝트의 공통 영역만 남고, 나머지 부분은 삭제됩니다.
> - Outline(■): 겹쳐진 오브젝트에서 외곽선만 남고, 면은 모두 삭제됩니다.
> - Minus Back(■): 겹쳐진 오브젝트에서 맨 위의 오브젝트만 남고, 나머지 부분은 삭제됩니다.

07 비스킷 모양을 만들기 위해 ❶ Ellipse Tool(●)을 마우스 오른쪽 버튼으로 클릭하고 ❷ Rectangle Tool(■)을 클릭합니다.

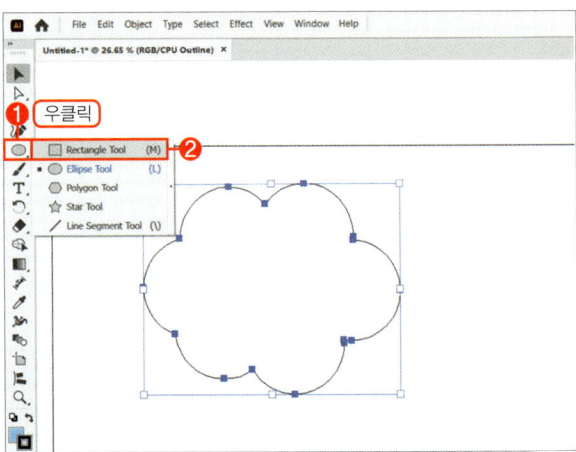

08 ① 아트보드를 클릭하고 ② Width를 '600 px', Height를 '600 px'로 설정한 후 ③ [OK]를 클릭합니다.

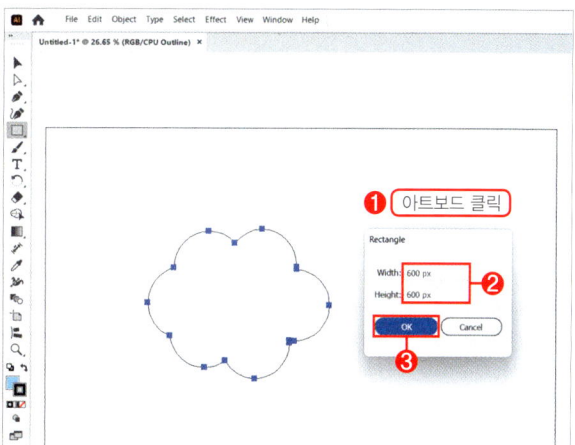

09 ① [칠 색상]을 더블 클릭하고 ② '#eab88c'를 입력한 후 ③ [OK]를 클릭합니다.

10 ① Rectangle Tool(▭)을 마우스 오른쪽 버튼으로 클릭하고 ② Ellipse Tool(◯)을 클릭합니다. ③ 아트보드를 클릭하고 ④ Width를 '60 px', Height를 '60 px'로 설정한 후 ⑤ [OK]를 클릭합니다.

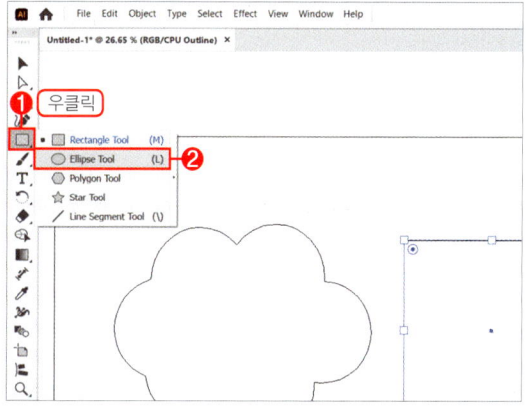 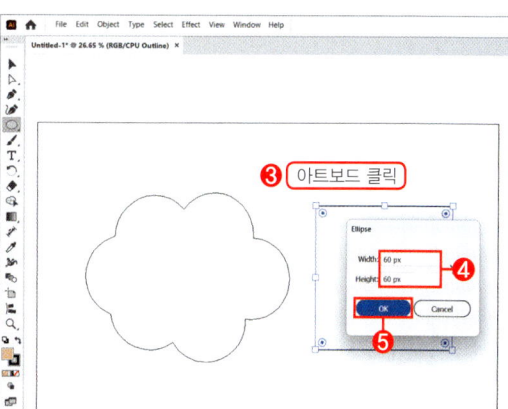

11 ❶ Selection Tool(▶)을 클릭하고 ❷ 원의 중심점을 클릭 & 드래그하여 사각형의 왼쪽 상단 모서리에 딱 맞게 이동합니다. ❸ Ctrl+Y를 눌러 미리 보기 모드로 돌아옵니다.

 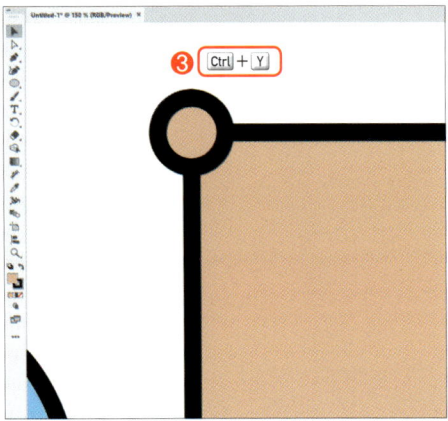

12 ❶ 원을 아래로 클릭 & 드래그하면서 Alt + Shift 를 눌러 'intersect'라는 스마트 가이드가 표시되도록 복제합니다. ❷ Ctrl+D를 아홉 번 눌러 복제 작업을 반복합니다.

 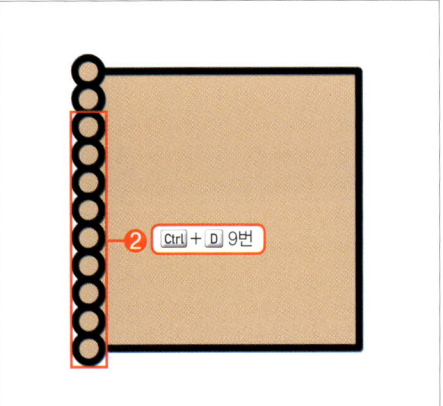

13 ❶ 그림과 같이 클릭 & 드래그하여 원을 모두 선택하고 ❷ 오른쪽으로 클릭 & 드래그하면서 Alt + Shift 를 눌러 그림과 같이 복제합니다.

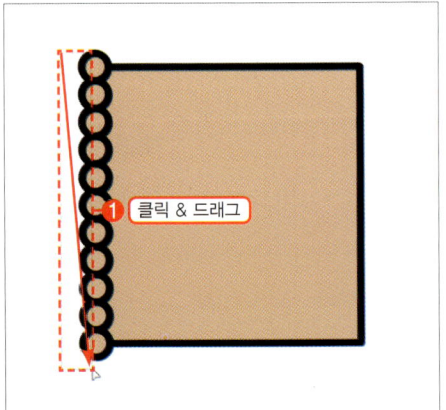 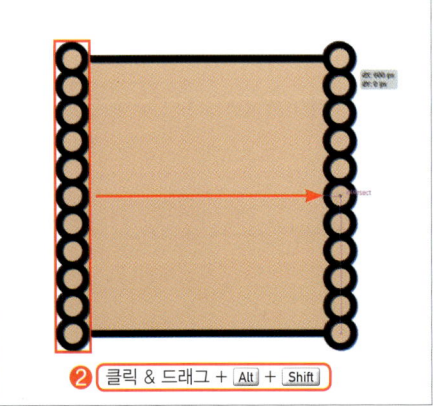

14 ❶ 양 끝에 있는 원을 각각 `Shift` + 클릭하여 선택을 해제합니다. ❷ 나머지 원을 위로 `Alt` + 클릭 & 드래그해 복제합니다.

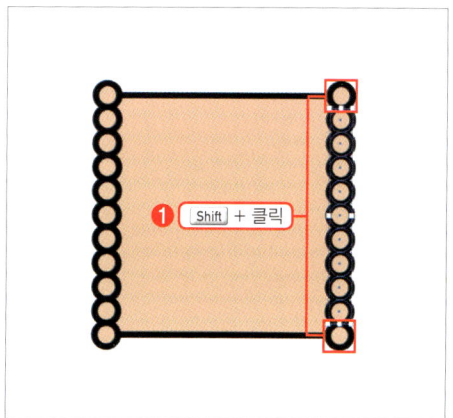 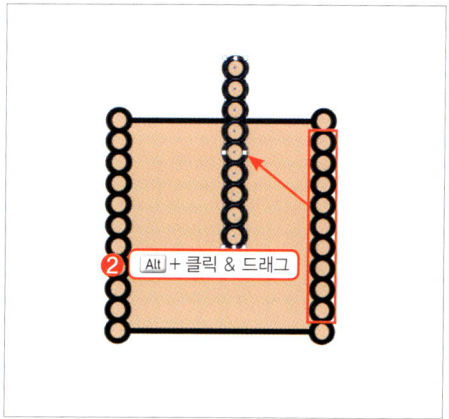

15 Properties 패널에서 ❶ 회전 각도를 '90°'로 설정합니다. ❷ 원 도형을 클릭 & 드래그해 사각형의 위쪽 선분에 딱 맞춰 이동합니다.

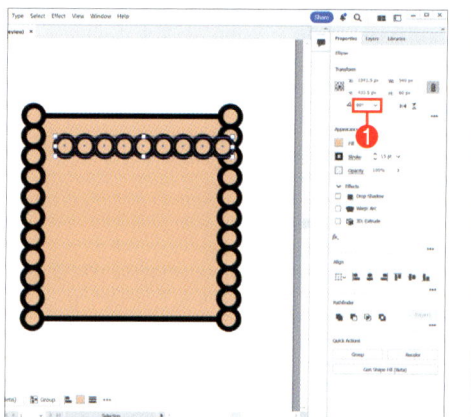 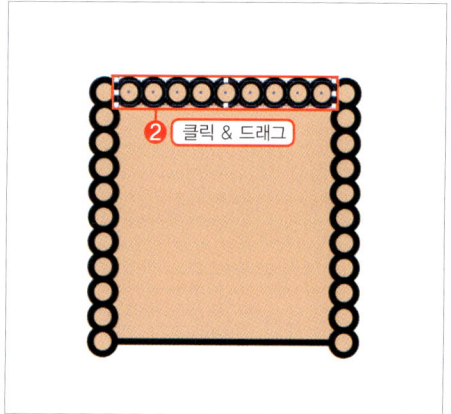

16 ❶ 아래로 클릭 & 드래그하면서 `Alt` + `Shift`를 눌러 그림과 같이 복제합니다. ❷ 비스킷에 해당하는 모든 도형을 클릭 & 드래그하여 선택한 후 Properties 패널의 ❸ Unite(■)를 클릭합니다.

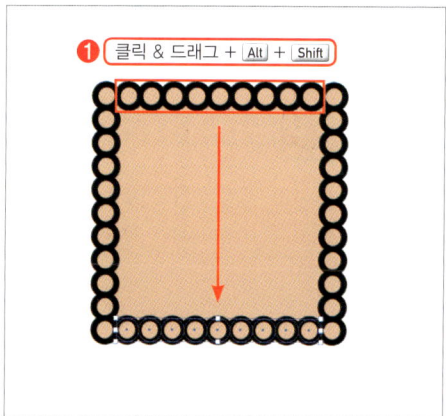 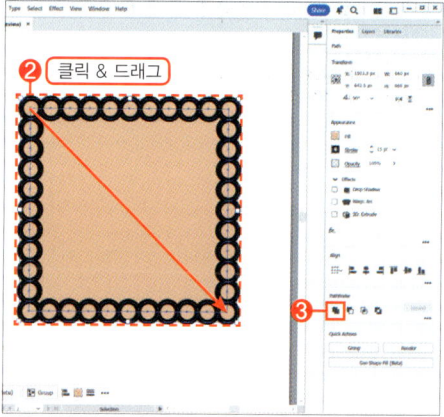

17 ❶ 구름과 비스킷의 크기와 위치를 조절한 후 ❷ Ctrl + A를 눌러 모든 오브젝트를 선택합니다.

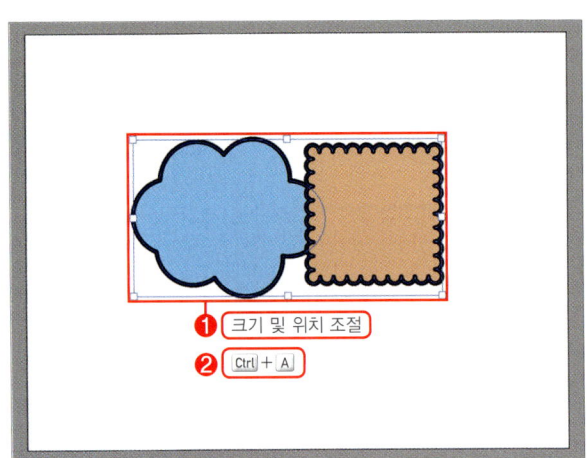

18 그림자를 만들기 위해 ❶ Ctrl + C를 눌러 복사한 후 ❷ Ctrl + F를 눌러 제자리에 붙여넣습니다. ❸ 왼쪽 상단으로 Alt + 클릭 & 드래그해 한 번 더 복제하고 ❹ 바깥쪽을 한 번 클릭하여 선택을 해제합니다.

> **TIP!**
> Ctrl + V는 현재 화면의 가운데에 붙여넣기, Ctrl + F는 제자리 앞에 붙여넣기, Ctrl + B는 제자리 뒤에 붙여넣기의 단축키입니다.

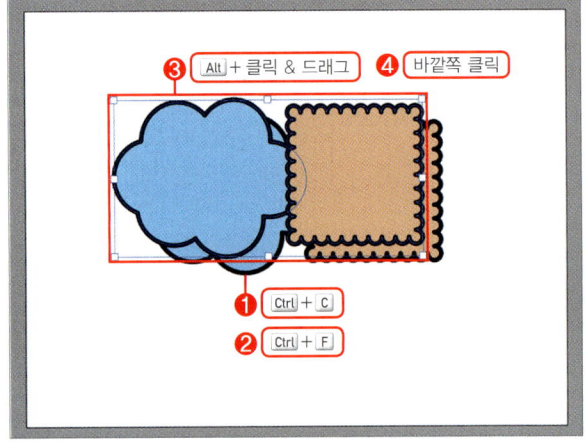

19 세 개의 구름 중 ❶ 두 개의 구름을 클릭, ❷ Shift + 클릭하여 중복 선택합니다. Properties 패널의 ❸ Minus Front(□)를 클릭합니다.

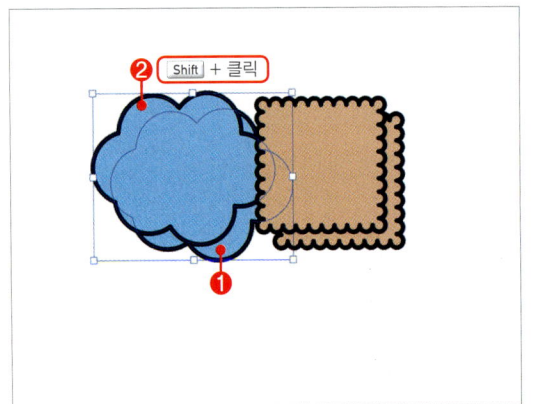 

20 세 개의 비스킷 중 ❶ 두 개의 비스킷을 클릭, ❷ Shift + 클릭하여 중복 선택한 후 Properties 패널의 ❸ Minus Front (▣)를 클릭합니다.

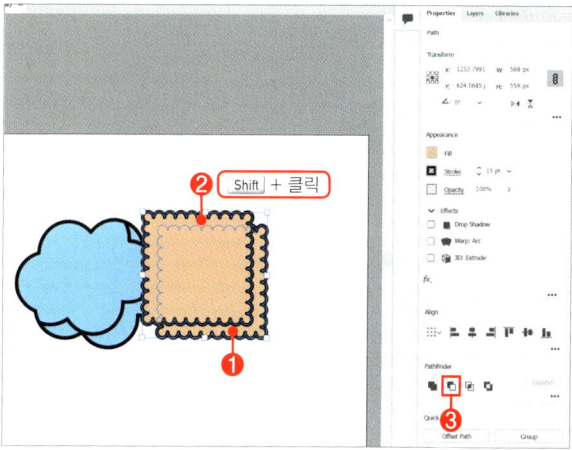

21 ❶ 19~20에서 만든 도형을 클릭, ❷ Shift + 클릭하여 중복 선택합니다. ❸ [칠 색상]을 더블 클릭하고 ❹ 색상을 '#000000'으로 입력한 후 ❺ [OK]를 클릭합니다.

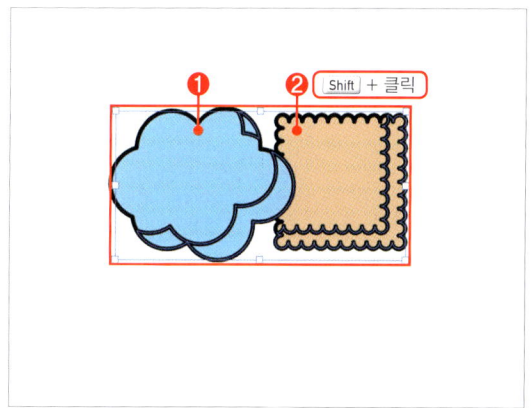 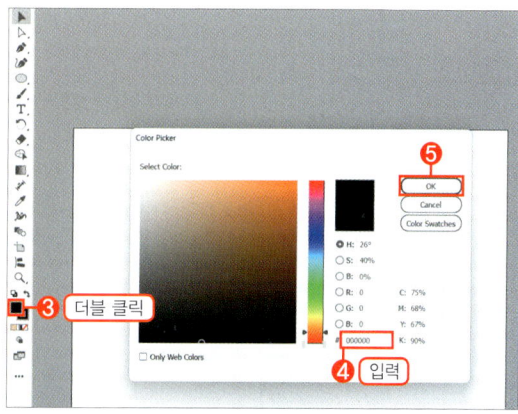

22 Properties 패널에서 Opacity를 '25%'로 설정합니다.

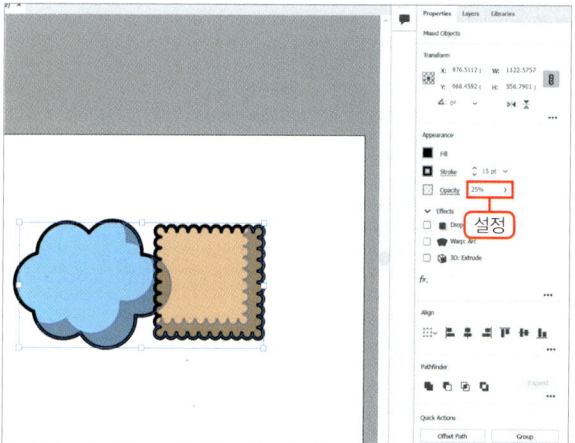

Chapter 09 · 기본 도형과 브러시 활용법 알아보기　279

신발과 다리 만들기

01 이어서 신발을 만들기 위해 ❶ Ellipse Tool(◯)을 클릭하고 ❷ 그림과 같이 클릭 & 드래그해 가로로 긴 타원 두 개를 그려 줍니다. ❸ Ctrl + 클릭 & 드래그해 두 개의 원을 모두 선택합니다.

02 ❶ [칠 색상]을 더블 클릭하고 ❷ '#ffcf3e'를 입력한 후 ❸ [OK]를 클릭합니다. ❹ Direct Selection Tool(▷)을 클릭하고 ❺ 그림과 같이 클릭 & 드래그해 납작한 타원의 양쪽 고정점을 선택합니다.

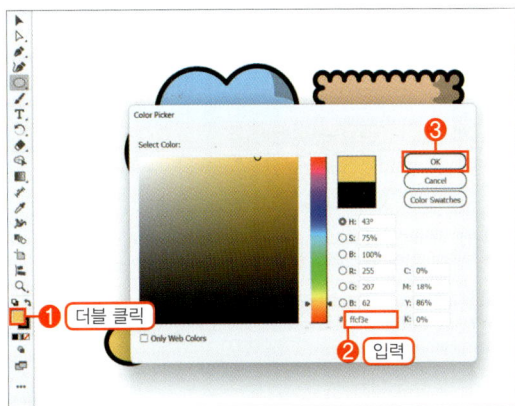

03 ❶ Rotate Tool(⟲)을 마우스 오른쪽 버튼으로 클릭하고 ❷ Scale Tool(⬚)을 클릭합니다. ❸ 바깥에서 원의 중심으로 클릭 & 드래그하여 크기를 줄여 줍니다.

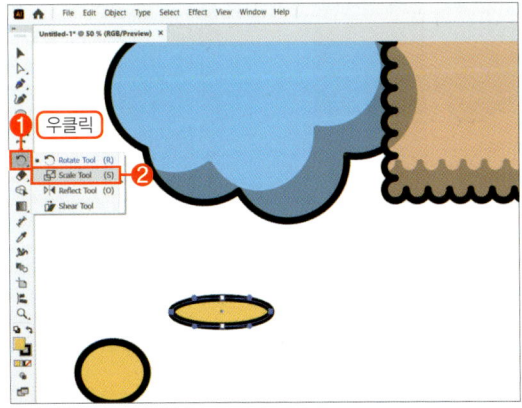

04 ❶ Ellipse Tool(◎.)을 마우스 오른쪽 버튼으로 클릭하고 ❷ Rectangle Tool(□.)을 클릭합니다. 커서를 타원의 중심 아래에 놓은 후 ❸ Alt + 클릭 & 드래그하여 그림과 같이 사각형을 그립니다.

05 04에서 그린 사각형의 오른쪽 정렬을 맞춰 사각형을 추가로 그려 줍니다.

06 ❶ Pen Tool(✒.)을 마우스 오른쪽 버튼으로 클릭하고 ❷ Anchor Point Tool(∧.)을 클릭합니다. ❸ 05에서 그린 사각형의 오른쪽 하단 고정점을 클릭 & 드래그해 곡선으로 변환하고 ❹ ←로 위치를 수정합니다.

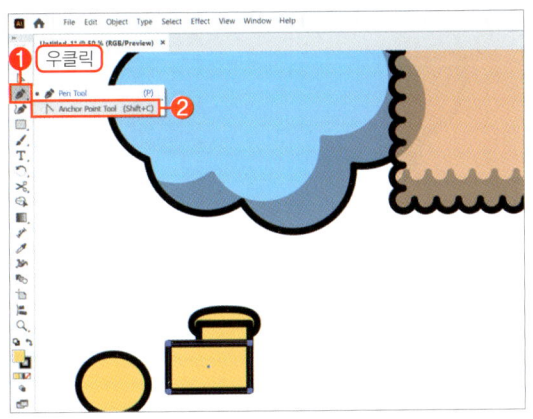

07 ❶ Selection Tool(▶)을 클릭하고 ❷ 왼쪽 원을 그림과 같이 배치합니다. ❸ 신발 오브젝트를 클릭 & 드래그해 모두 선택하고 Properties 패널의 ❹ Unite(■)를 클릭해 하나의 도형으로 만들어 줍니다.

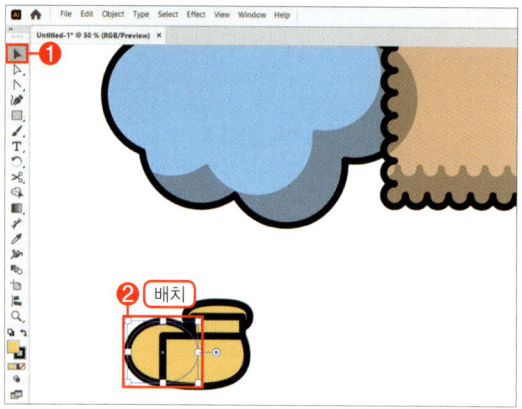 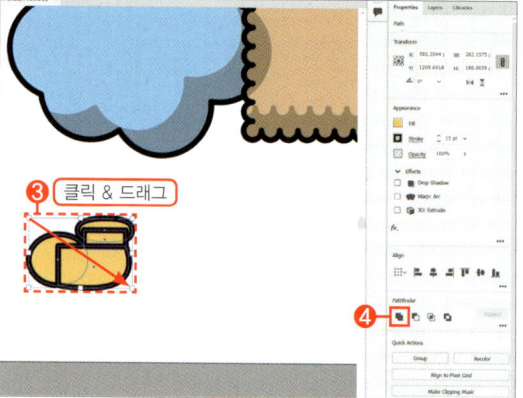

08 다리를 그리기 위해 ❶ Paintbrush Tool(✏)을 마우스 오른쪽 버튼으로 클릭하고 ❷ Blob Brush Tool(✒)을 클릭합니다. ❸ [와]를 눌러 브러시의 크기를 조절한 후 ❹ 그림과 같이 클릭 & 드래그 해 다리를 그립니다.

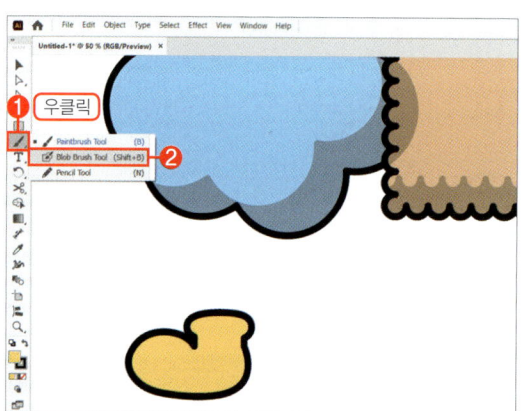 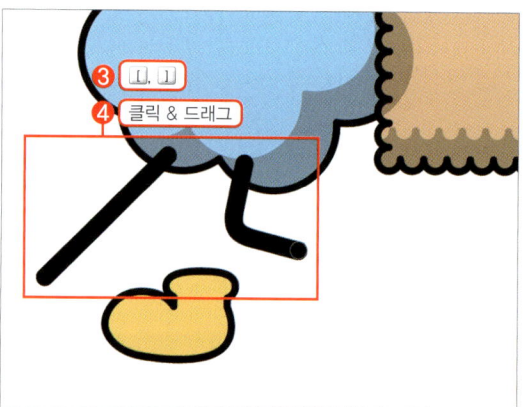

09 ❶ Selection Tool(▶)을 클릭하고 ❷ 그림과 같이 다리의 위치를 이동합니다.

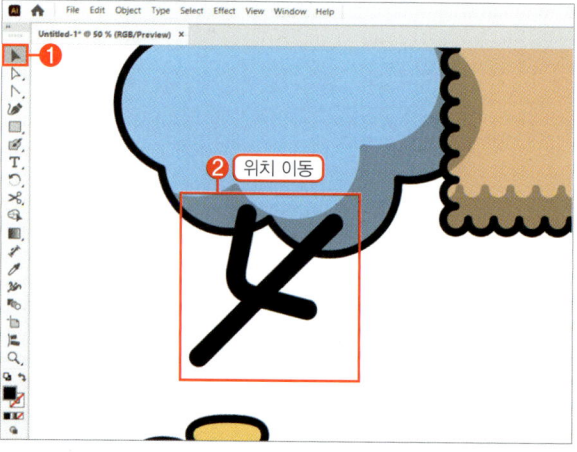

10 ❶ 신발을 오른쪽으로 Alt + 클릭 & 드래그해 복제합니다. ❷ 신발의 위치와 회전값을 그림과 같이 각각 조절합니다.

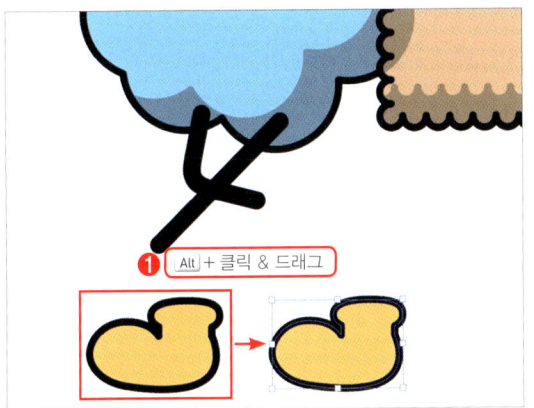
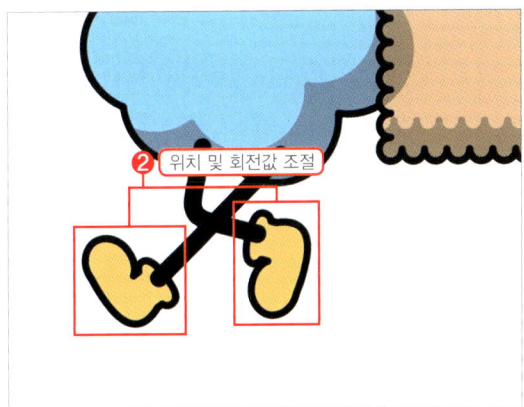

11 ❶ 클릭 & 드래그해 신발과 다리를 모두 선택하고 ❷ 마우스 오른쪽 버튼 클릭 – ❸ [Arrange] – ❹ [Send to Back]을 클릭합니다.

12 신발과 다리를 오른쪽으로 클릭 & 드래그하면서 Alt + Shift 를 눌러 복제합니다.

Chapter 09 · 기본 도형과 브러시 활용법 알아보기

Shape Builder Tool로 캐릭터 이목구비 만들기

Shape Builder Tool(도형 구성 도구)을 사용해 구름 캐릭터의 눈을 만들어 보겠습니다. 흰색을 사용하기 때문에 아트보드 바깥에서 작업을 진행합니다.

01 구름의 눈을 그리기 위해 ❶ Rectangle Tool(□)을 클릭하고 ❷ 클릭 & 드래그하여 세로로 긴 사각형을 그린 후 ❸ D를 눌러 기본 색상으로 설정합니다.

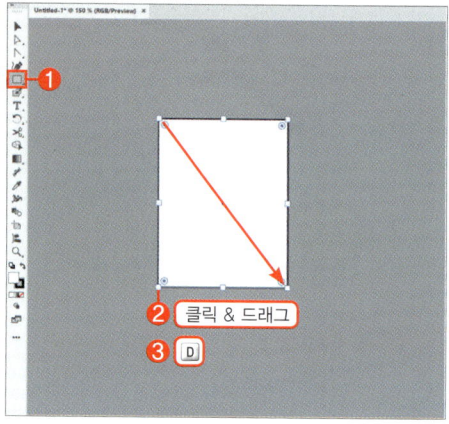

02 ❶ 모서리의 눈을 안쪽으로 클릭 & 드래그한 후 ❷ Rectangle Tool(□)을 마우스 오른쪽 버튼으로 클릭하고 ❸ Ellipse Tool(○)을 클릭합니다. ❹ 클릭 & 드래그하면서 Shift 를 눌러 정원형을 그립니다.

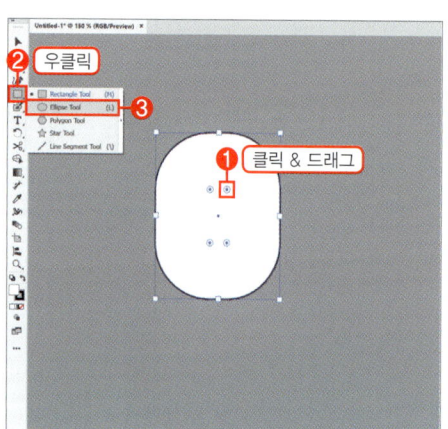
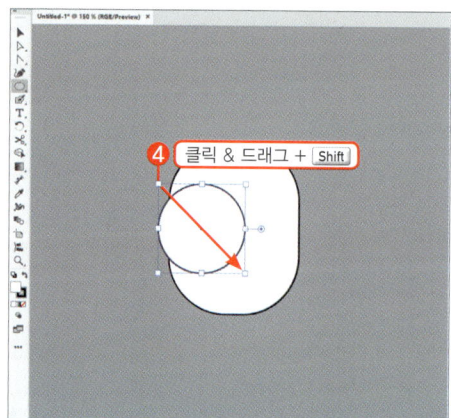

03 ❶ Shift + X 를 눌러 칠과 획의 색상을 교체한 후 ❷ 획 색상을 '없음(⦸)'으로 설정합니다.

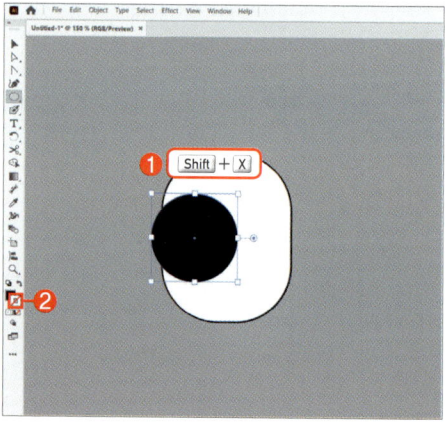

04 ❶ Blob Brush Tool(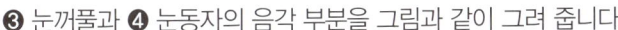)을 마우스 오른쪽 버튼으로 클릭하고 ❷ Paintbrush Tool( )을 클릭합니다. ❸ 눈꺼풀과 ❹ 눈동자의 음각 부분을 그림과 같이 그려 줍니다.

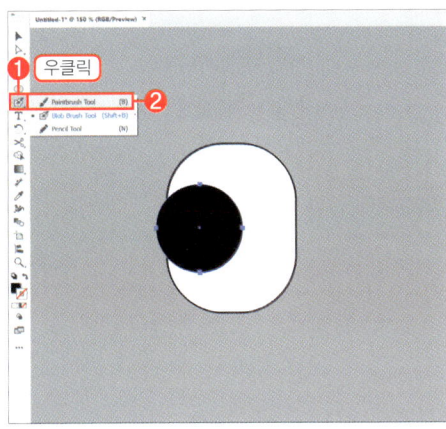 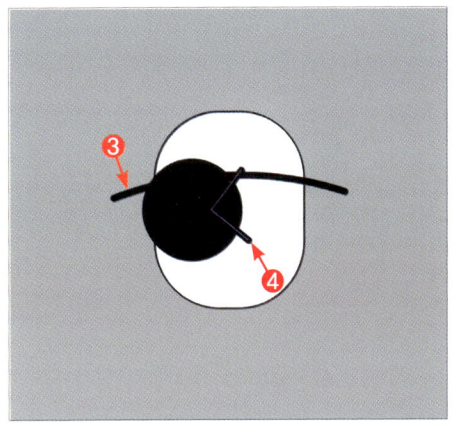

05 ❶ Selection Tool( )을 클릭하고 ❷ 04에서 만든 패스를 클릭, ❸ Shift + 클릭하여 중복 선택합니다. Properties 패널의 ❹ Brush를 'Basic'으로 설정합니다.

> **TIP!**
> Paintbrush Tool( )로 그린 패스는 브러시의 획이 설정되어 있으므로 Brush를 'Basic'으로 바꿔야 합니다.

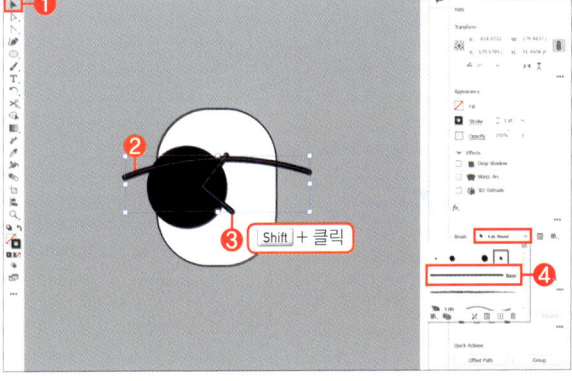

06 Shape Builder Tool( )로 도형을 합치면 가장 마지막에 선택한 오브젝트의 색상이 적용되므로 ❶ 둥근 사각형을 먼저 클릭합니다. 그리고 ❷ 그림과 같이 클릭 & 드래그해 눈에 해당하는 모든 도형을 선택합니다.

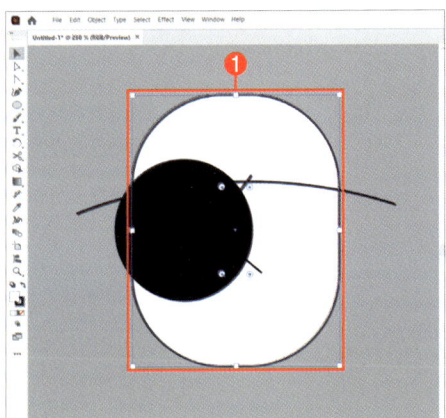 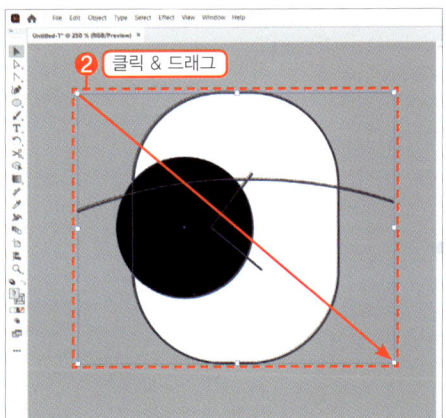

07 ❶ Shape Builder Tool( )을 클릭합니다. ❷ 그림과 같이 각각 클릭 & 드래그하여 눈꺼풀과 흰자위를 만들어 줍니다.

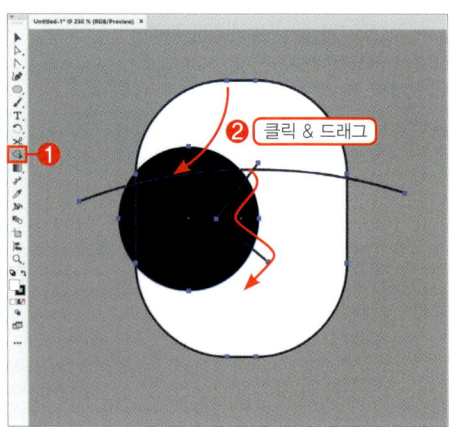

> **알아두기**
>
> Shape Builder Tool( )은 패스파인더의 주요 기능을 간편하게 사용할 수 있는 도구입니다. 패스가 복잡하면 남은 도형을 정리하는 데 오히려 시간이 걸릴 수 있으므로 상황에 맞게 사용하는 것이 좋습니다.
> - 클릭: Divide( )
> - 클릭 & 드래그: Unite( )
> - Alt + 클릭 또는 드래그: Minus Front( )

08 ❶~❷ 그림과 같이 각각 Alt + 클릭하여 눈동자의 모양을 정리합니다. ❸~❹ 불필요한 선분을 Alt + 클릭하여 삭제합니다.

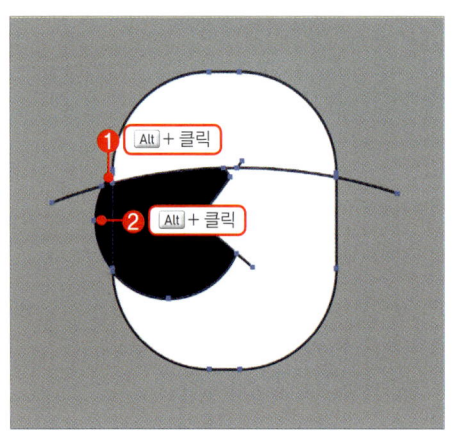 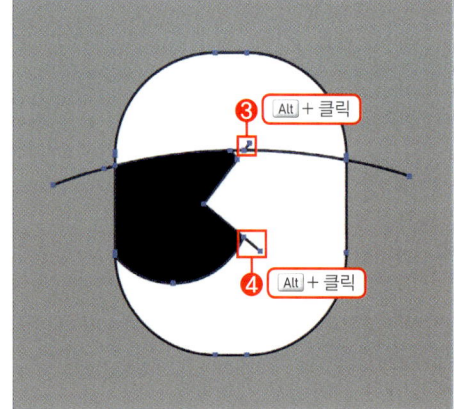

09 ❶ Selection Tool(▶)을 클릭하고 ❷ 클릭 & 드래그하여 눈에 해당하는 모든 도형을 선택합니다. Properties 패널의 ❸ [Stroke]를 클릭하고 ❹ Weight을 '15 pt'로 설정합니다. ❺ Cap의 두 번째 아이콘(⊂)과 ❻ Corner의 두 번째 아이콘(⌐)을 클릭합니다.

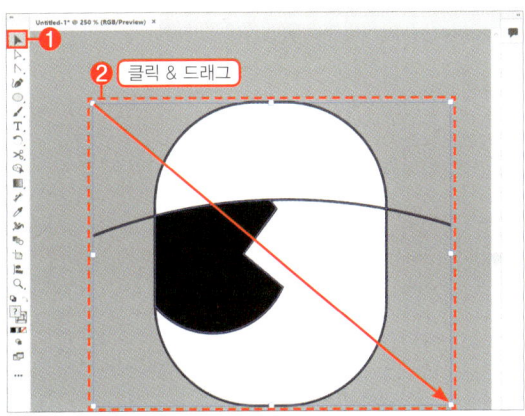 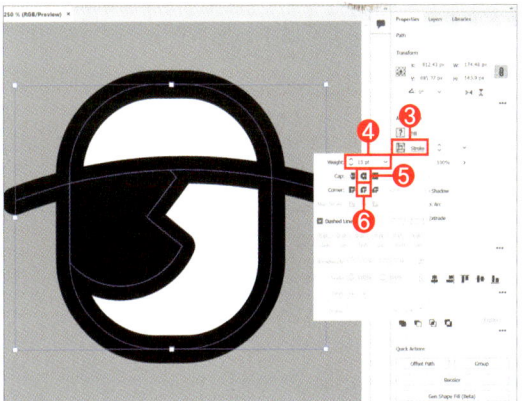

10 ❶ 왼쪽에 튀어나와 있는 패스를 Shift + 클릭하여 선택을 해제합니다. ❷ 선택된 오브젝트를 오른쪽으로 클릭 & 드래그하면서 Alt + Shift 를 눌러 복제합니다.

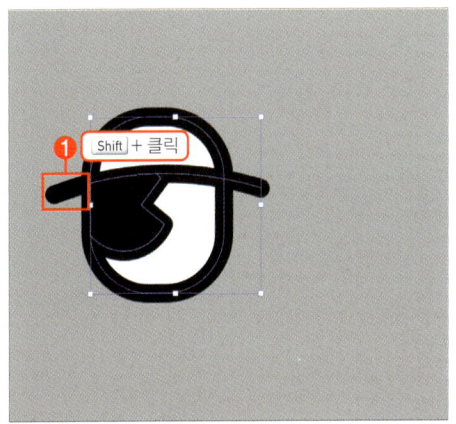 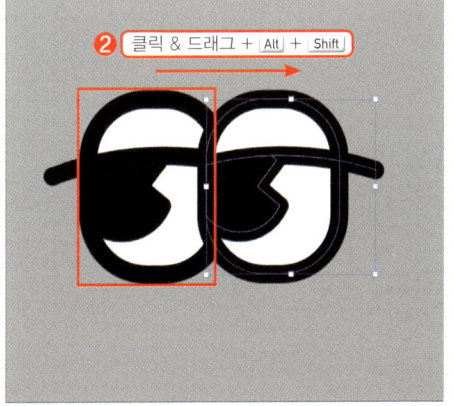

11 ❶ 클릭 & 드래그해 눈에 해당하는 모든 도형을 선택하고 ❷ Ctrl + G 를 눌러 그룹으로 묶어 줍니다. ❸ 눈 그룹을 구름 캐릭터 위에 그림과 같이 배치합니다.

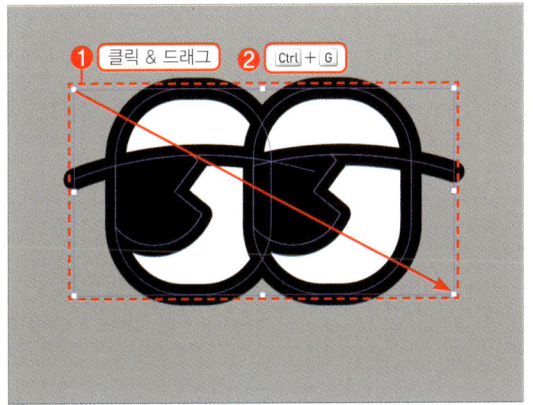 

직관적으로 도형을 분리해 디테일한 요소 만들기

이어서 간단하게 도형을 지우거나 분리할 수 있는 도구를 사용해 디테일한 요소를 만들어 보겠습니다.

비스킷의 눈과 음영 만들기

01 ① Ellipse Tool(◯)을 클릭합니다. ② 그림과 같이 각각 클릭 & 드래그하면서 Shift를 눌러 세 개의 정원형을 그립니다. 겹쳐진 두 개의 원은 비스킷의 눈, 나머지 원은 비스킷의 음영 요소입니다.

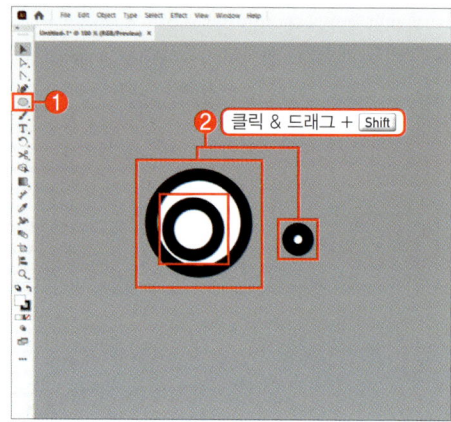

02 ① Selection Tool(▶)을 클릭하고 ② 작은 두 개의 원을 클릭, ③ Shift + 클릭하여 중복 선택합니다. ④ Shift + X를 눌러 칠과 획의 색상을 교체한 후 ⑤ 획 색상을 '없음(☐)'으로 설정합니다.

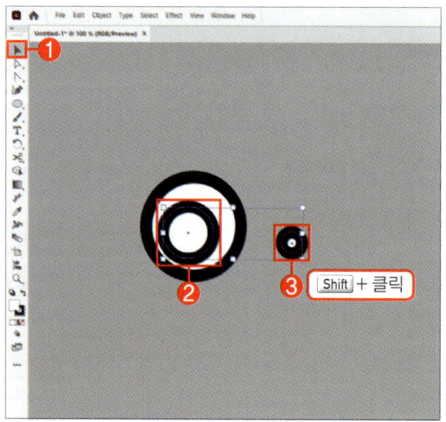 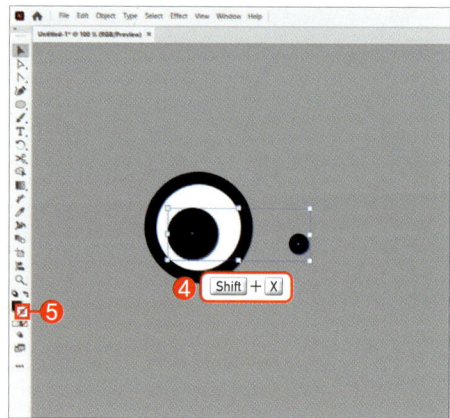

03 ① 클릭 & 드래그하여 눈으로 만들 두 개의 원을 선택합니다. ② Eraser Tool(◆)을 클릭하고 ③ [와]를 눌러 브러시의 크기를 조절합니다.

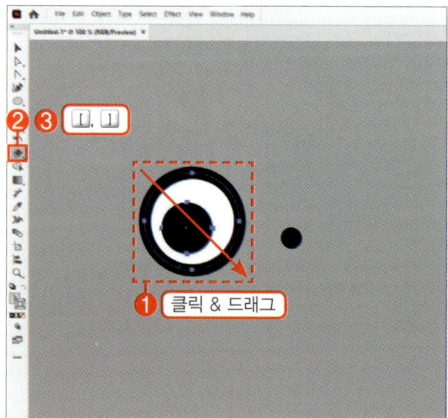

04 ❶ Enter 를 누르고 Eraser Tool Options 창에서 ❷ Roundness를 '60%'로 설정한 후 ❸ [OK]를 클릭합니다. ❹ 그림과 같이 클릭하여 눈의 아랫부분을 지워 줍니다.

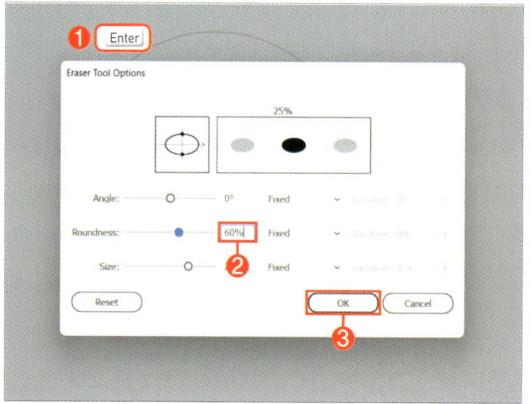 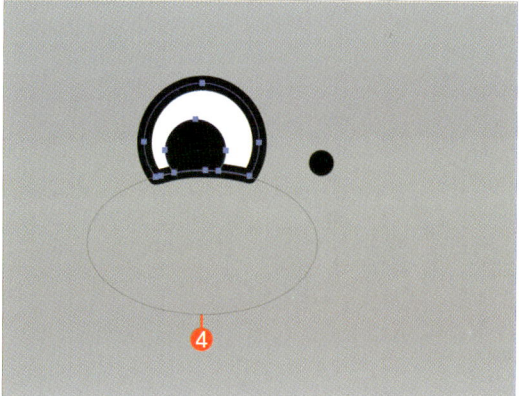

05 다시 ❶ Enter 를 누르고 ❷ Roundness를 '100%'로 설정한 후 ❸ [OK]를 클릭합니다. ❹ 비스킷의 음영이 될 작은 원을 Ctrl + 클릭하여 선택합니다. ❺ [와]를 눌러 브러시의 크기를 조절하고 ❻ 그림과 같이 클릭하여 일부분을 지워 줍니다.

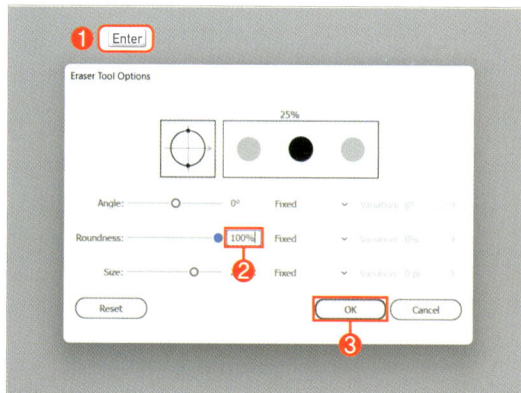 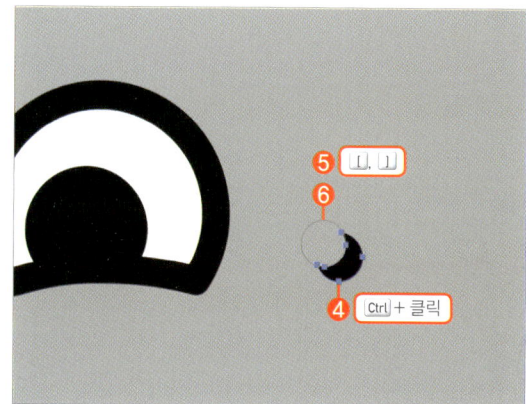

06 ❶ Selection Tool(▶)을 클릭하고 Properties 패널에서 ❷ Opacity를 '25%'로 설정한 후 ❸ Alt + 클릭 & 드래그해 두 번 복제합니다. ❹ 눈에 해당하는 도형을 클릭 & 드래그하여 선택하고 ❺ 오른쪽으로 Alt + 클릭 & 드래그해 복제합니다.

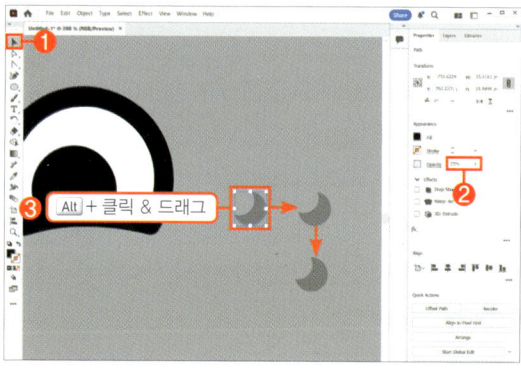 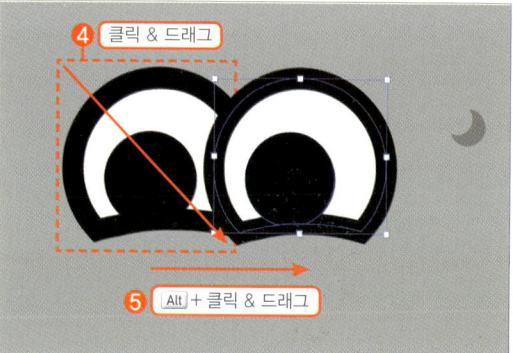

07 ❶ 클릭 & 드래그해 눈에 해당하는 도형을 모두 선택하고 ❷ Ctrl + G를 눌러 그룹으로 묶어 줍니다. ❸ 클릭 & 드래그하여 음영에 해당하는 세 개의 도형을 모두 선택하고 ❹ Ctrl + G를 눌러 그룹으로 묶어 줍니다.

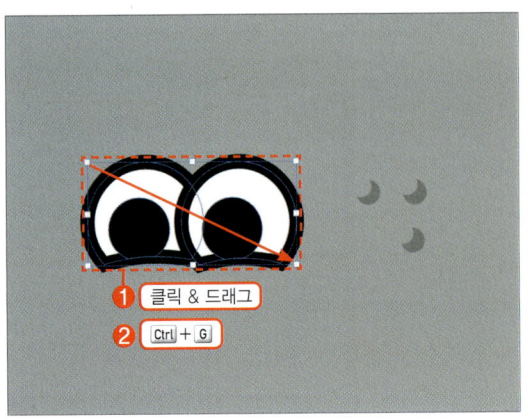 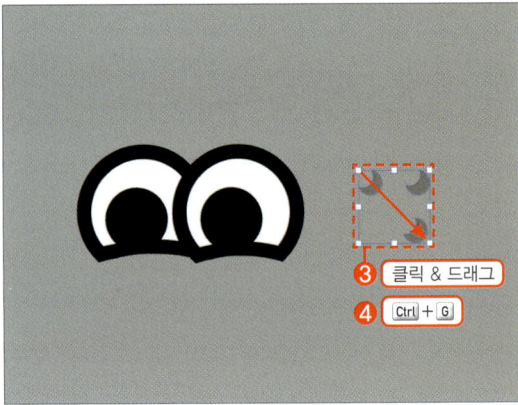

08 비스킷의 눈과 음영 요소를 비스킷 캐릭터 위에 그림과 같이 배치합니다.

구름의 음영과 비스킷의 애교 살 만들기

01 ❶ Ellipse Tool(⬭)을 클릭하고 ❷ 클릭 & 드래그하면서 Shift를 눌러 정원형을 그립니다. ❸ Shift + X를 눌러 칠과 획의 색상을 교체합니다. Properties 패널에서 ❹ [Stroke]를 클릭하고 ❺ Weight을 '15 pt'로 설정한 후 ❻ Cap의 두 번째 아이콘(⊂)을 클릭합니다.

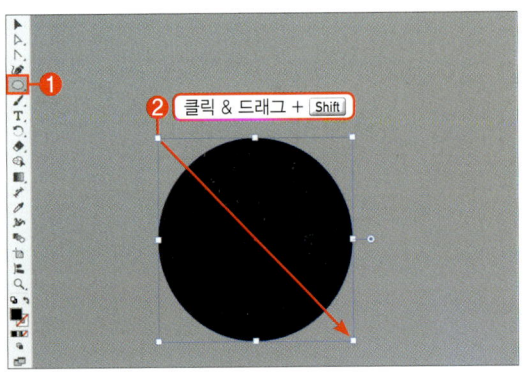 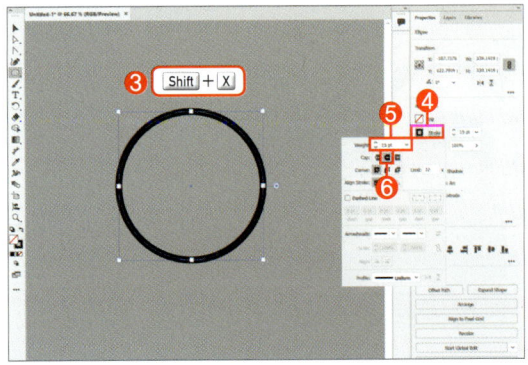

02 ❶ Eraser Tool(🧽)을 마우스 오른쪽 버튼으로 클릭하고 ❷ Scissors Tool(✂)을 클릭합니다. ❸ 그림과 같이 클릭해 도형의 선을 잘라 줍니다.

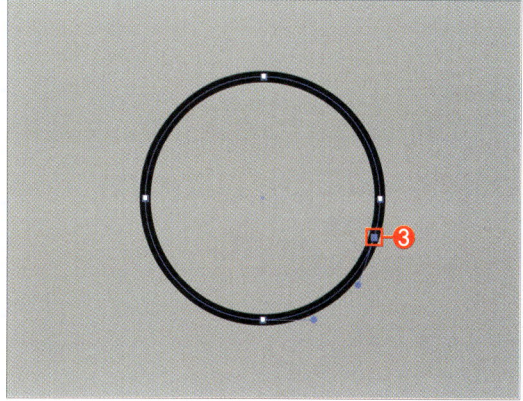

03 ❶ 그림과 같이 클릭해 선을 한 번 더 잘라 줍니다. ❷ Delete 를 두 번 눌러 불필요한 도형을 삭제합니다.

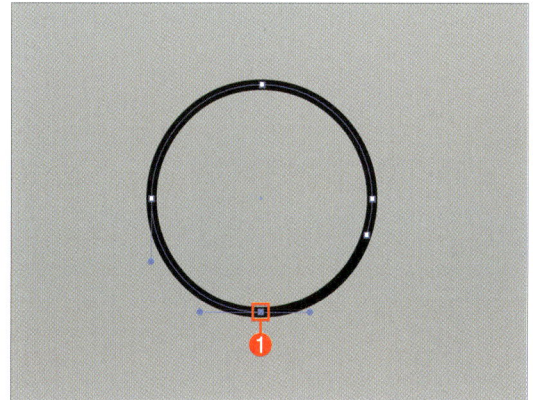
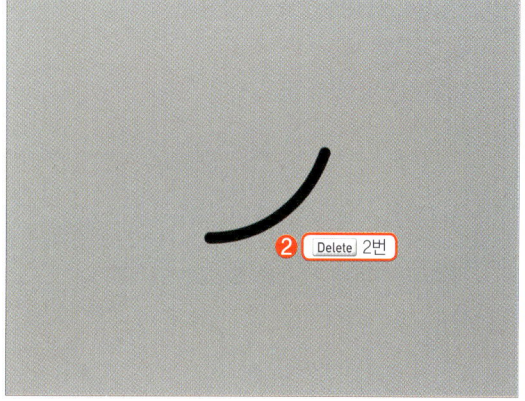

04 ❶ Selection Tool(▶)을 클릭하고 ❷ 비스킷 캐릭터 위에 도형을 배치합니다. ❸ 도형의 크기와 위치를 조절한 후 ❹ 그림과 같이 회전하여 애교 살처럼 배치합니다.

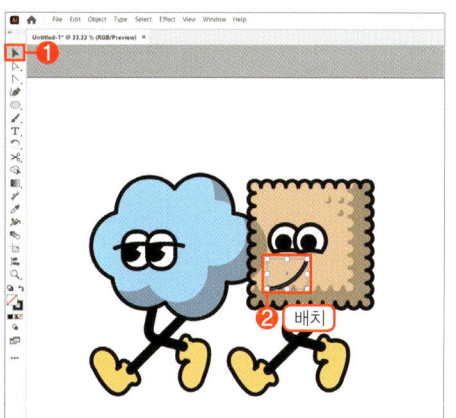

05 ❶ 구름 쪽으로 Alt + 클릭 & 드래그해 복제한 후 Properties 패널의 ❷ Opacity를 '25%'로 설정하고 ❸ 한 번 더 Alt + 클릭 & 드래그해 복제합니다. ❹ 도형의 크기와 위치를 조절한 후 ❺ 그림과 같이 회전합니다.

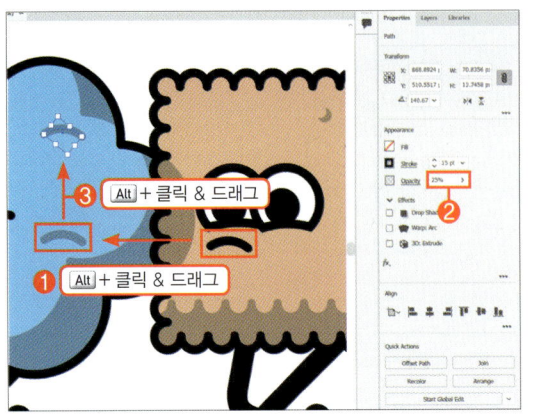 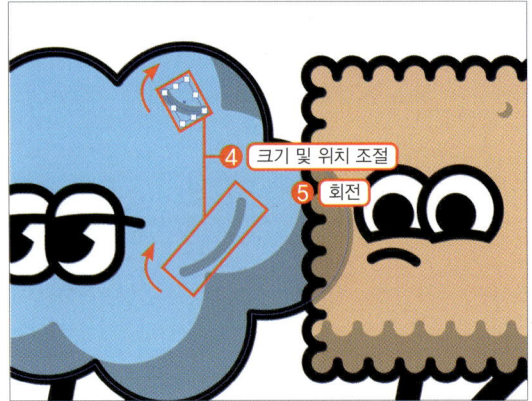

06 ❶ 구름에 해당하는 모든 도형을 클릭 & 드래그하여 선택하고 ❷ Ctrl + G를 눌러 그룹으로 묶어 줍니다. ❸ 비스킷에 해당하는 모든 도형을 클릭 & 드래그하여 선택하고 ❹ Ctrl + G를 눌러 그룹으로 묶어 줍니다.

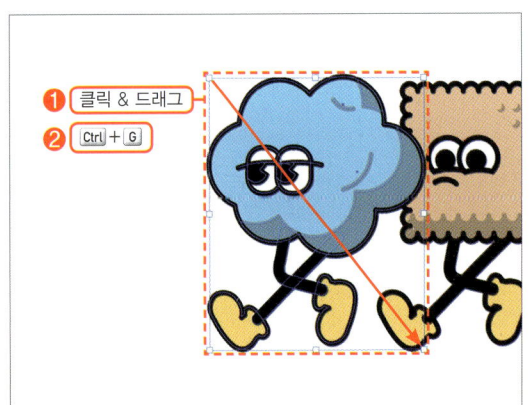 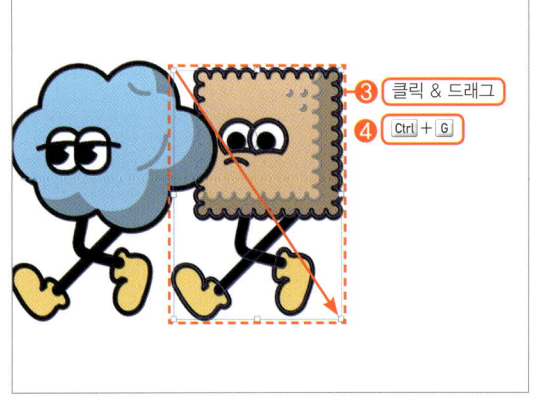

07 ❶ 마우스 오른쪽 버튼 클릭 − ❷ [Arrange] − ❸ [Bring to Front]를 클릭해 캐릭터 아트워크를 맨 앞에 배치합니다.

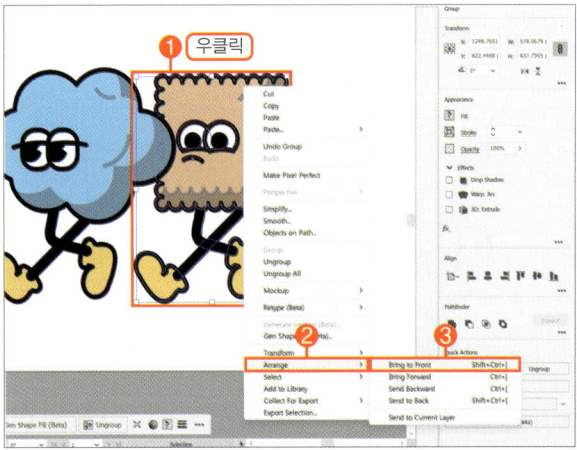

배경 만들기

마지막으로 배경을 만들어 캐릭터 아트워크를 완성해 보겠습니다.

01 ❶ Ellipse Tool(◯.)을 마우스 오른쪽 버튼으로 클릭하고 ❷ Rectangle Tool(▢.)을 클릭합니다. ❸ 아트보드에 맞춰 클릭 & 드래그하여 사각형을 그려 줍니다.

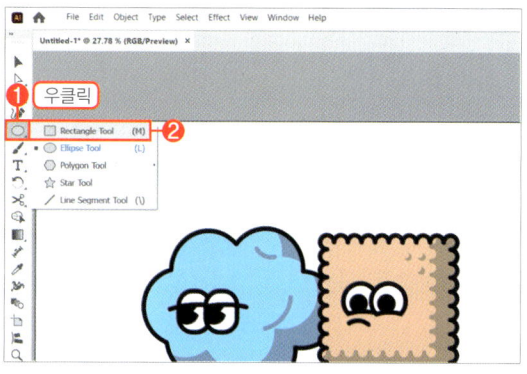 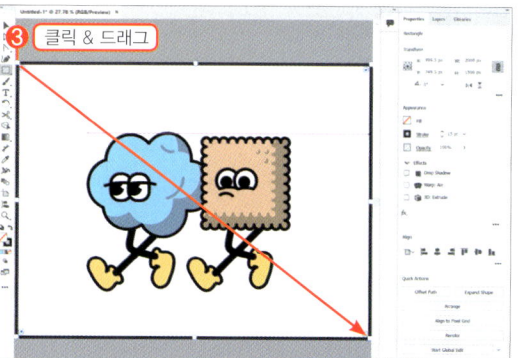

02 ❶ Shift + X 를 눌러 칠과 획의 색상을 교체합니다. ❷ [칠 색상]을 더블 클릭하고 ❸ '#3355a0'을 입력한 후 ❹ [OK]를 클릭합니다. ❺ 사각형을 마우스 오른쪽 버튼으로 클릭하고 ❻ [Arrange] – ❼ [Send to Back]을 클릭합니다.

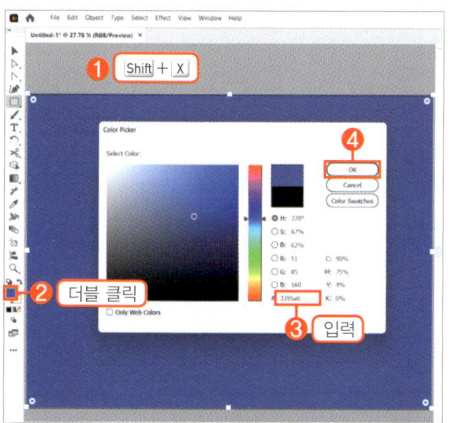 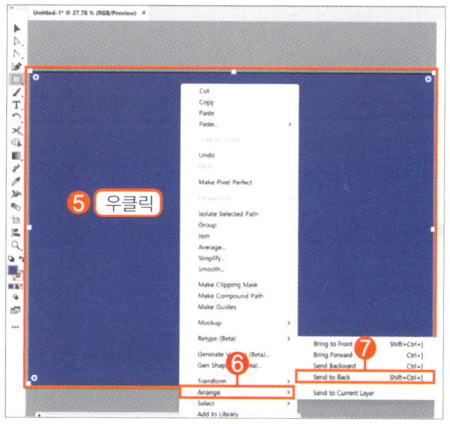

03 도구 상자의 ❶ ┈을 클릭하고 ❷ Knife Tool(✐)을 클릭합니다.

> **TIP!**
> 일러스트레이터의 숨어 있는 도구를 항상 꺼내 놓고 싶다면 [Window 〉 Toolbars 〉 Advanced]를 클릭합니다.

04 ❶ 그림과 같이 각각 클릭 & 드래그하여 면을 분할합니다. Scissors Tool(✂)은 선을, Knife Tool(🔪)은 면을 자르는 도구입니다. ❷ Selection Tool(▶)을 클릭하고 ❸ 하단의 분할한 면을 클릭 & 드래그해 선택합니다. ❹ [칠 색상]을 더블 클릭하고 ❺ '#192087'을 입력한 후 ❻ [OK]를 클릭합니다.

 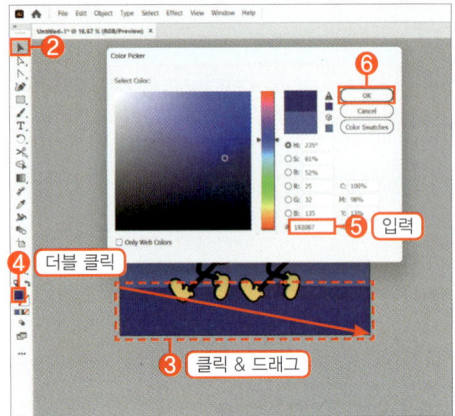

05 ❶ 상단의 분할한 면을 각각 클릭, ❷ Shift + 클릭합니다. ❸ [칠 색상]을 더블 클릭하고 ❹ '#6186bd'를 입력한 후 ❺ [OK]를 클릭합니다.

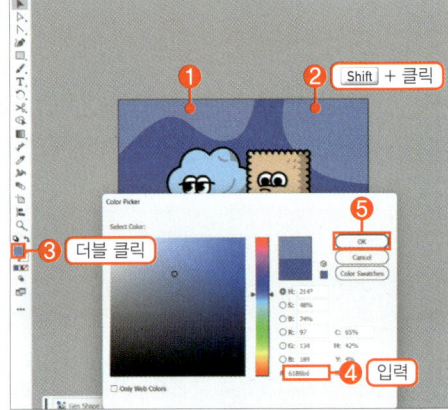

06 ❶ 배경에 해당하는 네 개의 도형을 각각 클릭, ❷~❹ Shift + 클릭합니다. ❺ Ctrl + G 를 눌러 그룹으로 묶어 줍니다. 도형 조합을 이용한 캐릭터 아트워크가 완성되었습니다.

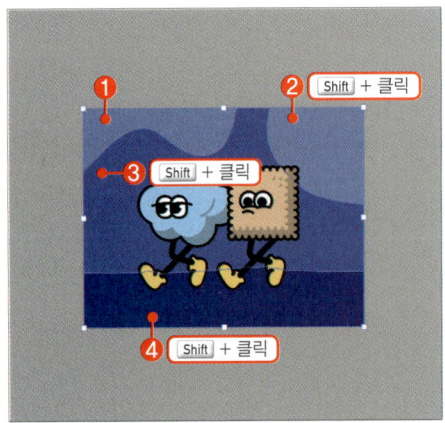 

02 꽃 모양의 패턴을 만들어 등록하기

동일한 오브젝트를 일정한 규칙으로 배치하고 싶을 때에는 패턴을 활용합니다. 이번 섹션에서는 브러시로 꽃 모양의 오브젝트를 그려 패턴으로 등록하는 방법을 알아보겠습니다.

패턴 등록하기

브러시로 꽃 모양의 오브젝트를 그리고 패턴으로 등록해 보겠습니다.

01 [File 〉 New]를 클릭하고 ❶~❻ 그림과 같이 설정한 후 ❼ [Create]를 클릭합니다.

- Width: 1000 Pixels
- Height: 1000 Pixels
- Artboards: 1
- Bleed: 0 px, 0 px, 0 px, 0 px
- Color Mode: RGB Color
- Raster Effects: Screen (72 ppi)

02 ❶ Paintbrush Tool(🖌)을 마우스 오른쪽 버튼으로 클릭하고 ❷ Blob Brush Tool(🖌)을 클릭한 후 ❸ Enter 를 누릅니다. ❹ Fidelity를 'Smooth' 쪽으로 클릭 & 드래그하고 ❺ 'Keep Selected'를 체크한 후 ❻ [OK]를 클릭합니다.

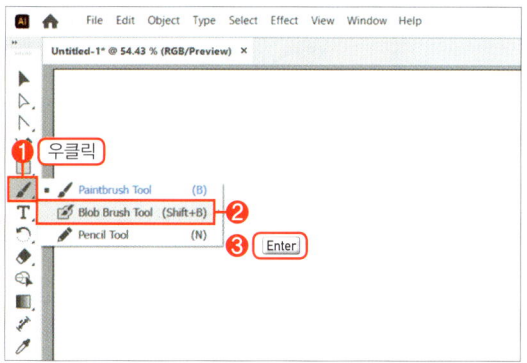
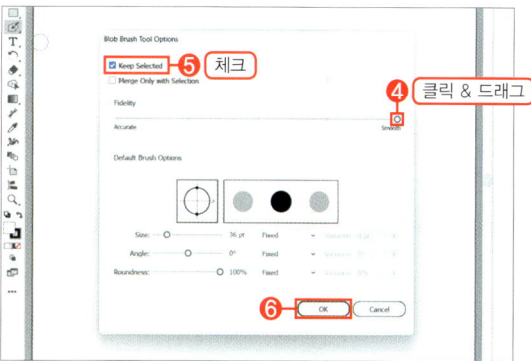

> **TIP!**
> 도구를 선택하고 Enter 를 누르면 선택한 도구의 옵션을 설정할 수 있습니다. Blob Brush Tool(🖌)의 경우 Fidelity를 'Smooth' 방향으로 설정하면 마우스로 그린 곡선이 부드럽게 보정됩니다. 또 'Keep Selected'를 체크해 놓으면 브러시로 그린 것의 속성을 편리하게 수정할 수 있습니다.

09 그룹을 Alt + 클릭 & 드래그해 세 개 더 복제합니다.

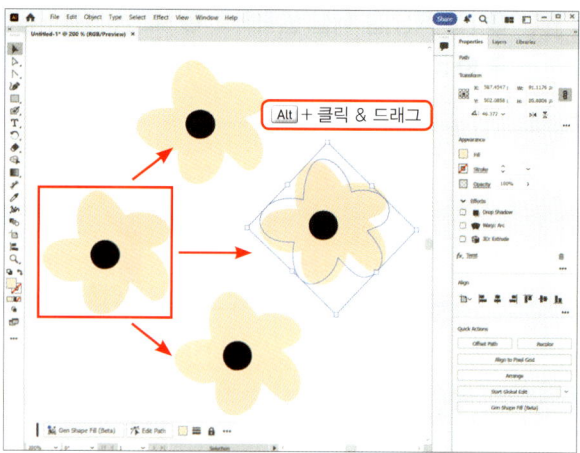

10 ❶ 한 개의 꽃잎을 Ctrl + 클릭하여 선택하고 Properties 패널에서 ❷ [Twist]를 클릭합니다. ❸ Angle을 '45°'로 설정하고 ❹ [OK]를 클릭합니다.

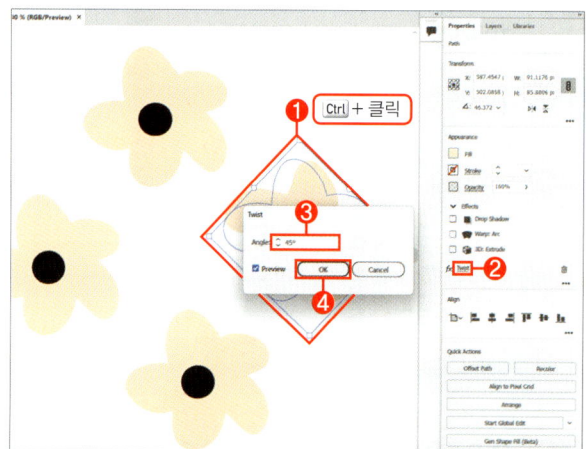

11 나머지 꽃잎의 Angle은 각각 ❶ '-45°', ❷ '30°'로 설정합니다.

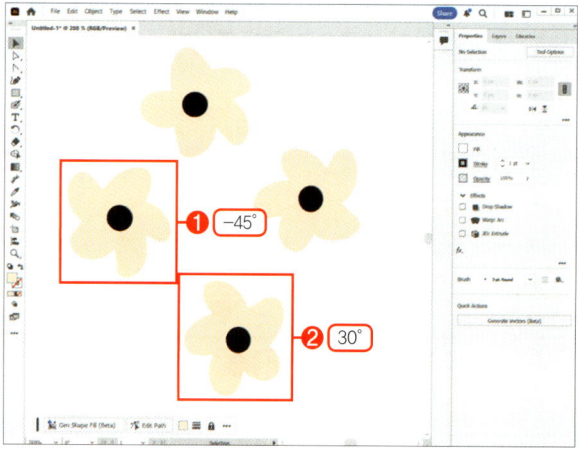

02 꽃 모양의 패턴을 만들어 등록하기

동일한 오브젝트를 일정한 규칙으로 배치하고 싶을 때에는 패턴을 활용합니다. 이번 섹션에서는 브러시로 꽃 모양의 오브젝트를 그려 패턴으로 등록하는 방법을 알아보겠습니다.

패턴 등록하기

브러시로 꽃 모양의 오브젝트를 그리고 패턴으로 등록해 보겠습니다.

01 [File 〉 New]를 클릭하고 ❶~❻ 그림과 같이 설정한 후 ❼ [Create]를 클릭합니다.

- Width: 1000 Pixels
- Height: 1000 Pixels
- Artboards: 1
- Bleed: 0 px, 0 px, 0 px, 0 px
- Color Mode: RGB Color
- Raster Effects: Screen (72 ppi)

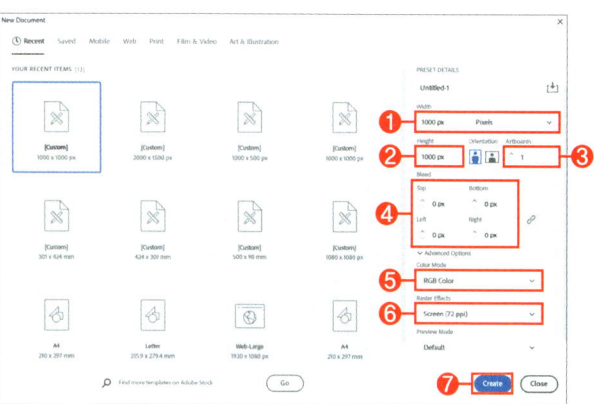

02 ❶ Paintbrush Tool(✏)을 마우스 오른쪽 버튼으로 클릭하고 ❷ Blob Brush Tool(✏)을 클릭한 후 ❸ Enter 를 누릅니다. ❹ Fidelity를 'Smooth' 쪽으로 클릭 & 드래그하고 ❺ 'Keep Selected'를 체크한 후 ❻ [OK]를 클릭합니다.

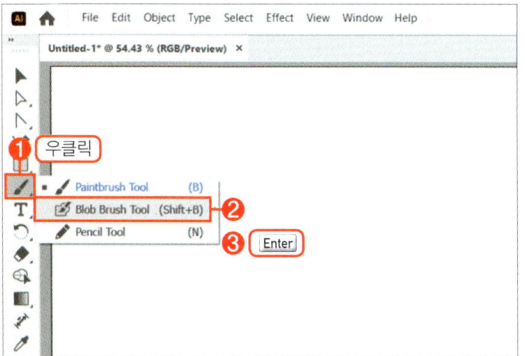
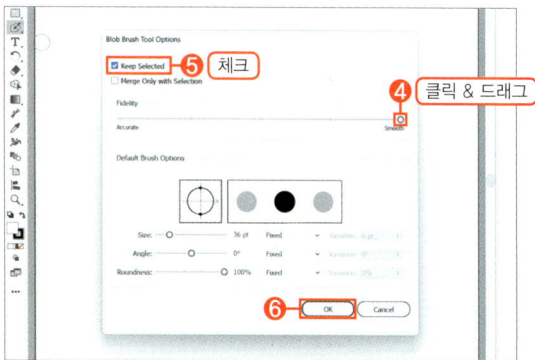

> **TIP!**
> 도구를 선택하고 Enter 를 누르면 선택한 도구의 옵션을 설정할 수 있습니다. Blob Brush Tool(✏)의 경우 Fidelity를 'Smooth' 방향으로 설정하면 마우스로 그린 곡선이 부드럽게 보정됩니다. 또 'Keep Selected'를 체크해 놓으면 브러시로 그린 것의 속성을 편리하게 수정할 수 있습니다.

Chapter 09 · 기본 도형과 브러시 활용법 알아보기   295

03 ❶ `[`와 `]`를 눌러 브러시의 크기를 조절하고 ❷ 클릭 & 드래그해 꽃잎 모양을 그려 줍니다.

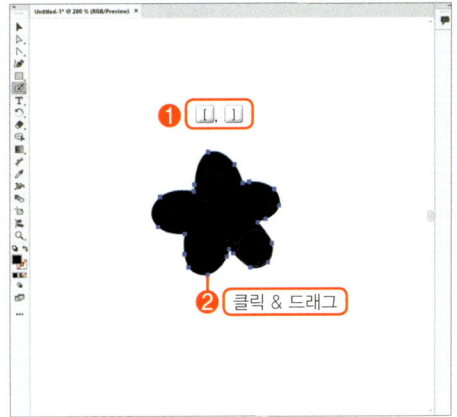

04 ❶ [칠 색상]을 더블 클릭하고 ❷ '#ffe9cc'를 입력한 후 ❸ [OK]를 클릭합니다.

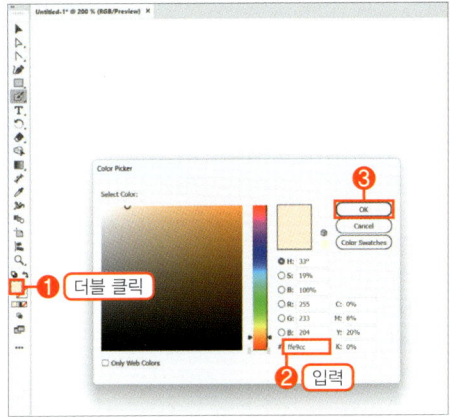

05 꽃잎의 방향을 왜곡하기 위해 ❶ [Effect] – ❷ [Distort & Transform] – ❸ [Twist]를 클릭합니다. ❹ Angle을 '–30°'로 설정하고 ❺ [OK]를 클릭한 후 ❻ `Ctrl` + 바깥쪽을 클릭하여 선택을 해제합니다.

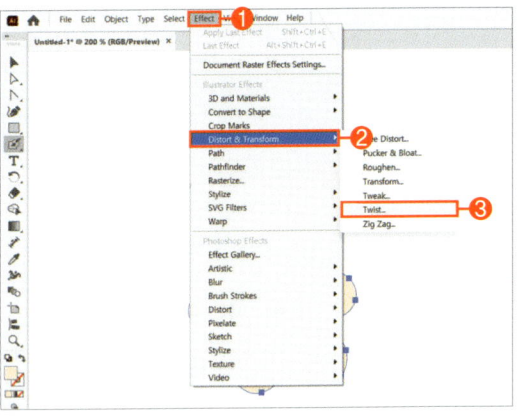
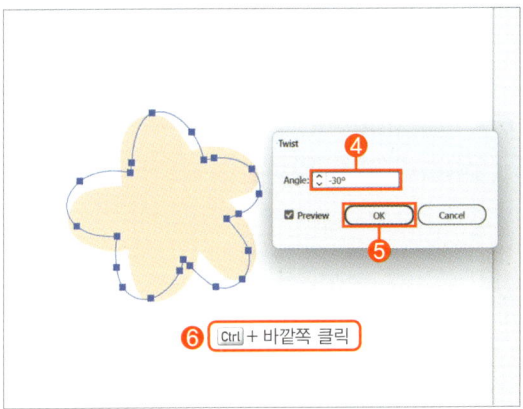

06 ❶ [칠 색상]을 더블 클릭하고 ❷ '#261919'를 입력한 후 ❸ [OK]를 클릭합니다.

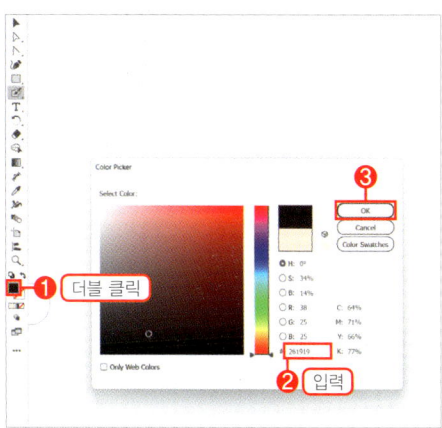

07 ❶ ⌊와 ⌋를 눌러 브러시의 크기를 조절하고 ❷ 꽃의 가운데를 그림과 같이 클릭합니다.

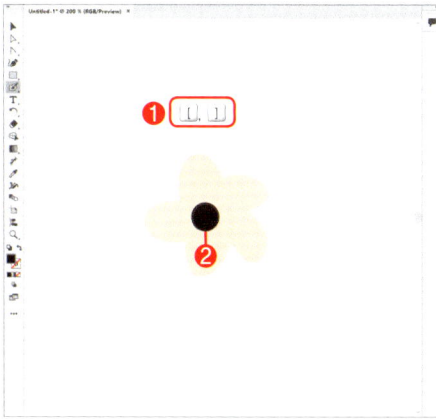

08 ❶ Selection Tool(▶)을 클릭하고 ❷ 꽃에 해당하는 두 개의 도형을 클릭 & 드래그하여 선택한 후 ❸ Ctrl + G를 눌러 그룹으로 묶어 줍니다.

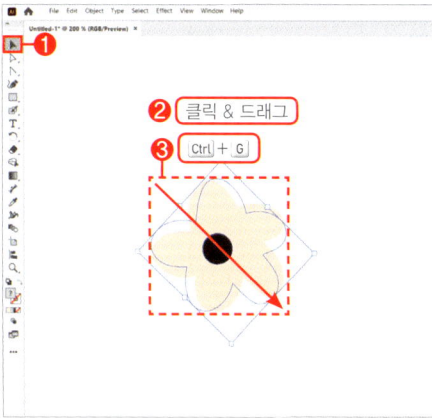

09 그룹을 Alt + 클릭 & 드래그해 세 개 더 복제합니다.

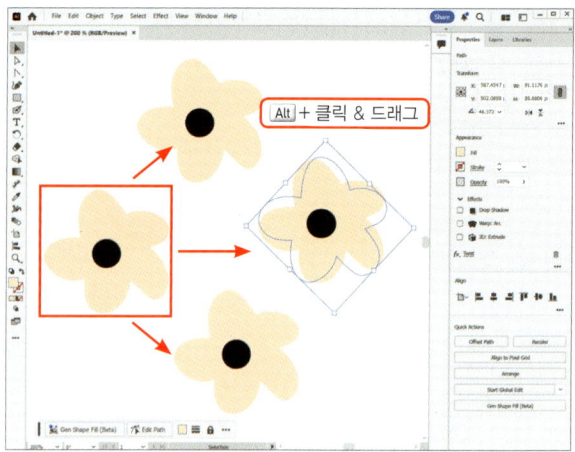

10 ❶ 한 개의 꽃잎을 Ctrl + 클릭하여 선택하고 Properties 패널에서 ❷ [Twist]를 클릭합니다. ❸ Angle을 '45°'로 설정하고 ❹ [OK]를 클릭합니다.

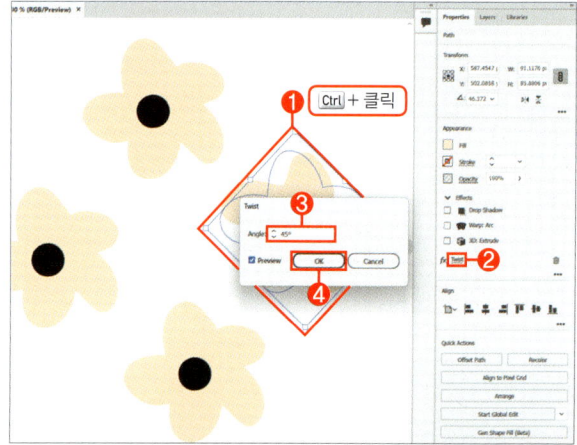

11 나머지 꽃잎의 Angle은 각각 ❶ '−45°', ❷ '30°'로 설정합니다.

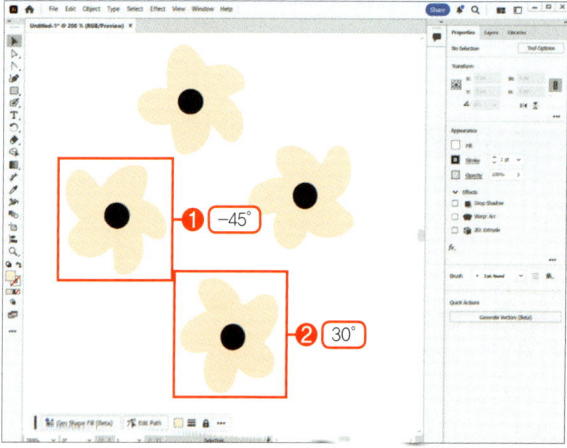

12 배경을 만들기 위해 ❶ 꽃의 가운데를 Ctrl + 클릭하여 색상을 추출합니다. ❷ Rectangle Tool(▭)을 클릭하고 ❸ 클릭 & 드래그하여 사각형을 그립니다.

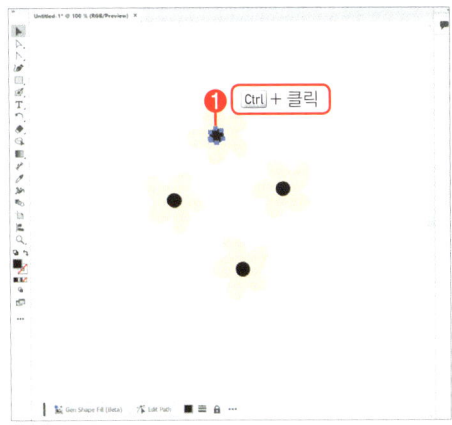 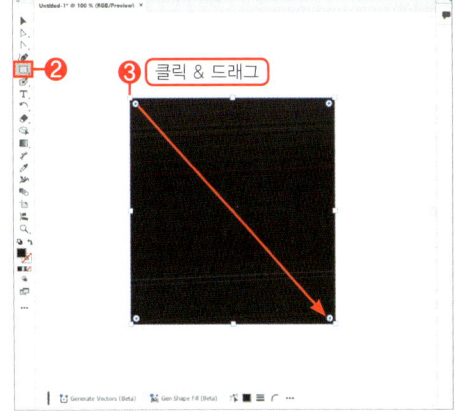

13 ❶ 사각형을 마우스 오른쪽 버튼으로 클릭하고 – ❷ [Arrange] – ❸ [Send to Back]을 클릭합니다. ❹ [Window] – ❺ [Swatches]를 클릭하여 패널을 열어 줍니다.

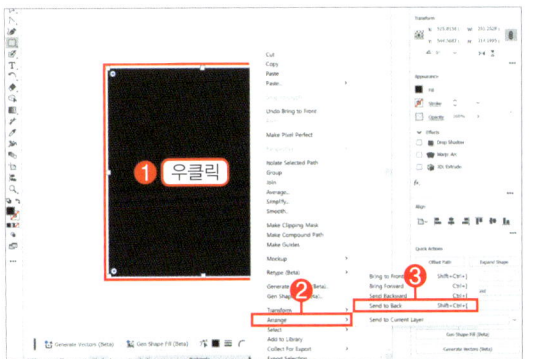 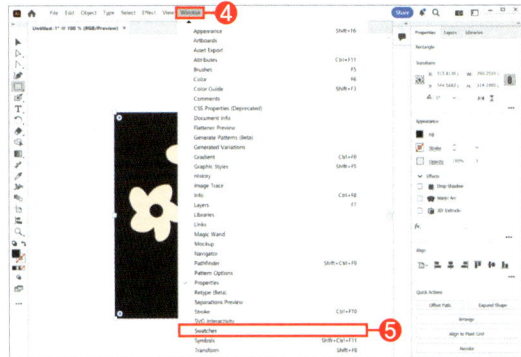

14 Swatches 패널의 ❶ 옵션 아이콘(≡) – ❷ [Select All Unused]를 클릭합니다. ❸ 휴지통 아이콘(🗑)을 클릭하고 ❹ [Yes]를 클릭하여 삭제합니다.

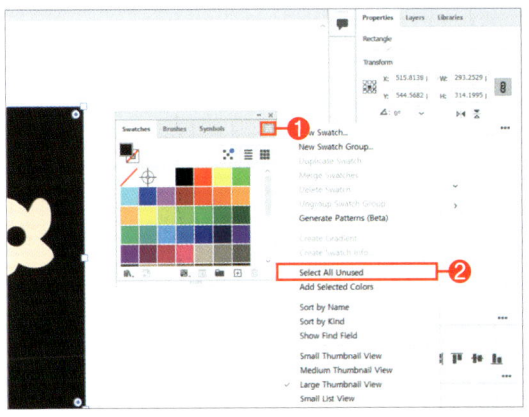 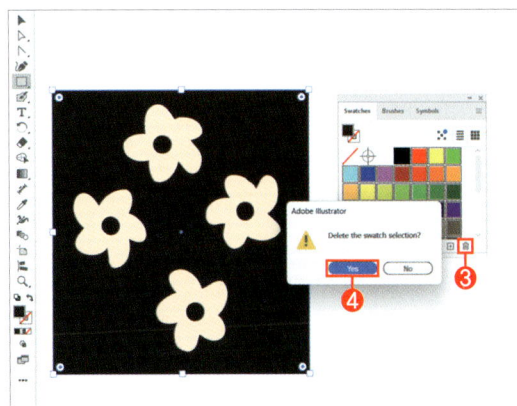

15 ❶ Ctrl + A를 눌러 전체 오브젝트를 선택하고 ❷ Swatches 패널로 Ctrl + 클릭 & 드래그해 패턴을 등록합니다.

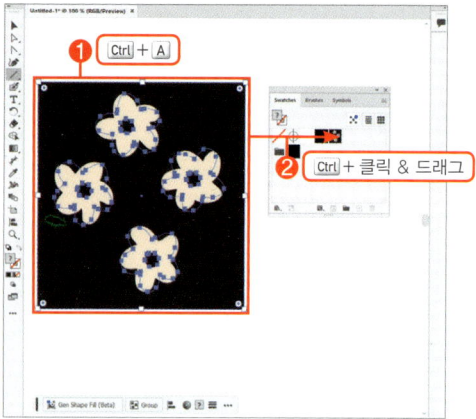

16 ❶ 바깥쪽을 Ctrl + 클릭하여 선택을 해제한 후 ❷ 크게 클릭 & 드래그하여 패턴이 적용된 것을 확인합니다.

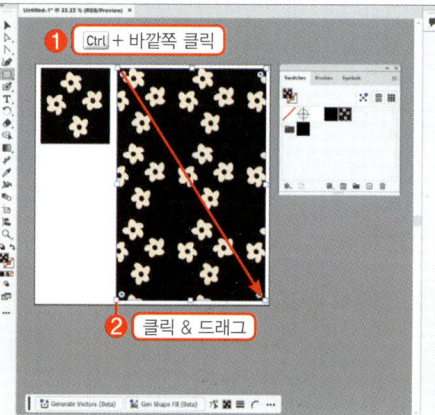

> **TIP!**
> 패턴이 적용되지 않는다면 Swatches 패널의 [칠 색상]을 클릭하고 [패턴]을 클릭합니다. 패턴은 칠과 획 색상에 모두 적용할 수 있습니다.

패턴을 수정하고 관리하기

등록한 패턴의 간격을 수정하고 패턴을 다른 색상으로 변경해 보겠습니다.

01 Swatches 패널에서 등록한 패턴을 더블 클릭합니다.

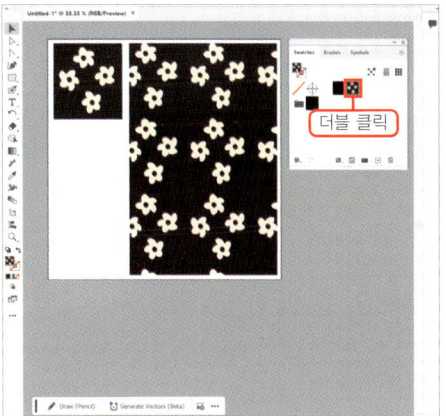

02 Pattern Options 패널의 ❶ Tile Type을 'Hex by Column'으로 설정하고 ❷ Width와 Height의 값을 각각 '390 px', '310 px'로 수정해 패턴이 잘 배열되게 설정합니다.

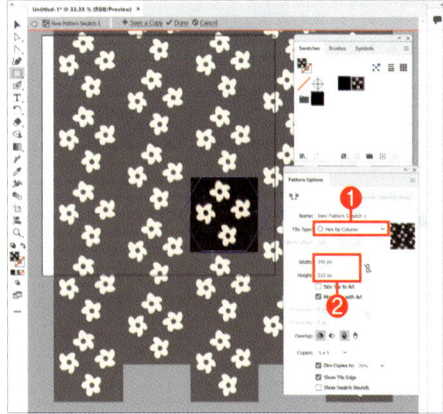

03 ❶ Selection Tool( )을 클릭하고 ❷ 꽃과 배경을 클릭 & 드래그해 서로 겹치지 않게 일정한 간격으로 이동한 후 ❸ Esc 를 눌러 종료합니다.

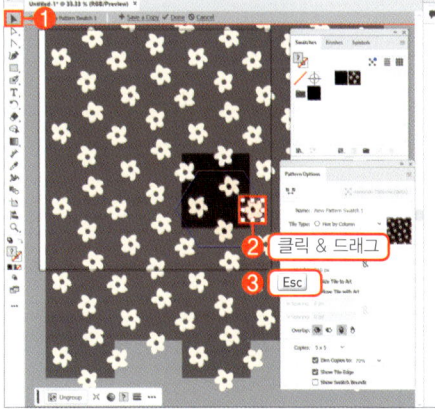

04 ① 패턴이 변경된 것을 확인합니다. 다른 색상의 패턴을 만들기 위해 ② Swatches 패널의 패턴을 새 견본 아이콘(□)으로 클릭 & 드래그합니다.

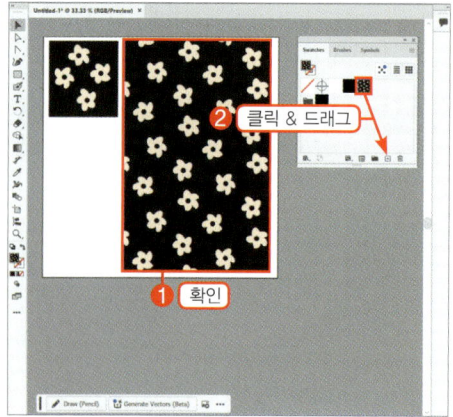

05 ① 복제된 패턴을 더블 클릭합니다. ② Y를 눌러 도구를 Magic Wand Tool(🪄)로 바꾸고 ③ 패턴 배경의 어두운 갈색 부분을 클릭합니다.

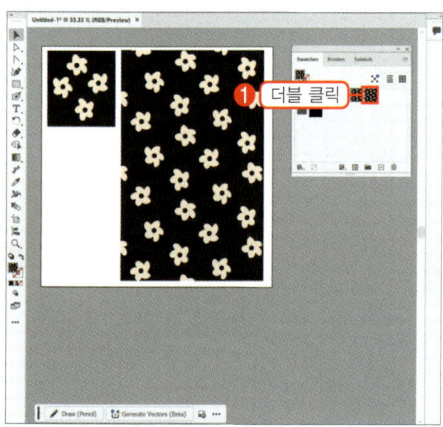
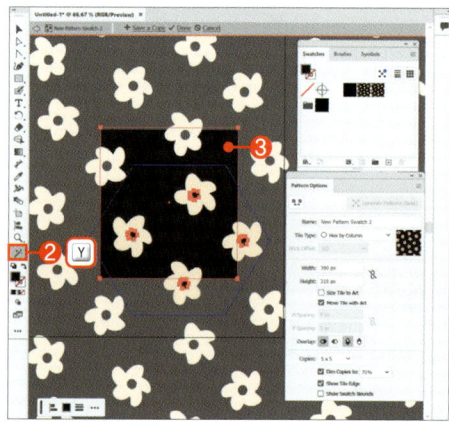

> **TIP!**
> Magic Wand Tool(🪄)은 클릭한 부분과 비슷한 색상의 오브젝트를 선택합니다. Enter를 눌러 Tolerance를 조절하면 선택 범위를 세부적으로 조절할 수 있습니다.

06 ① [칠 색상]을 더블 클릭하고 ② 'ff7373'을 입력한 후 ③ [OK]를 클릭합니다. ④ Esc를 눌러 종료합니다.

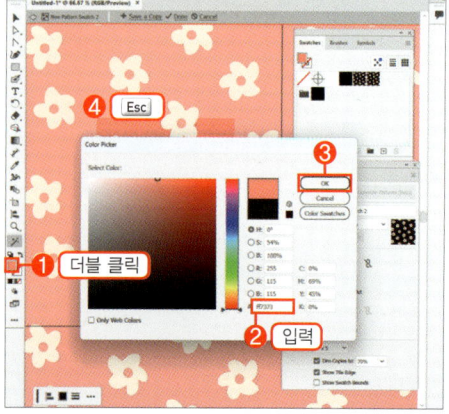

302 Part 02 · 일러스트레이터 마스터하기

07 패턴이 적용된 오브젝트를 오른쪽으로 Ctrl + Alt + 클릭 & 드래그해 복제합니다.

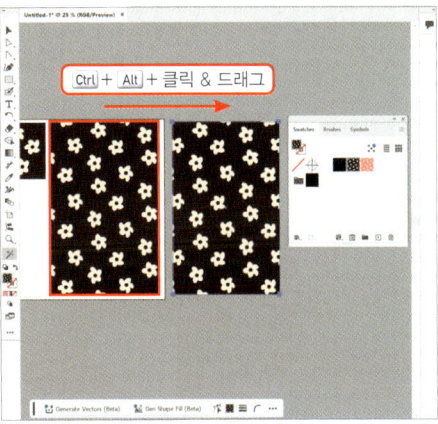

08 Swatches 패널에서 변경된 패턴을 클릭합니다. 패턴의 간격과 색상 수정을 완료했습니다.

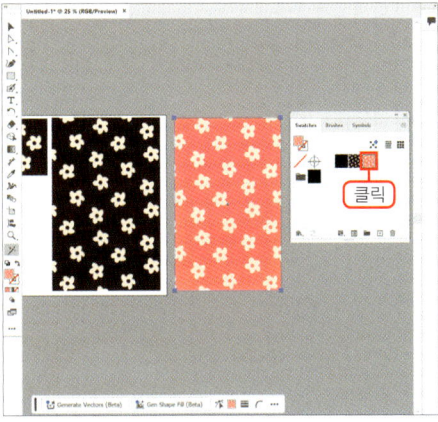

03 브러시를 활용해 낙서 같은 그림 그리기

두 가지 브러시 도구를 각각의 목적에 맞게 사용해 가볍게 그린 낙서 같은 느낌의 캐릭터 일러스트를 완성해 보겠습니다. 일러스트레이터 한글 버전은 '브러시'와 '브러쉬'가 혼용되어 있으니 헷갈리지 않도록 주의합니다.

Paintbrush Tool과 Bolb Brush Tool의 차이점 알아보기

이번 실습에서는 낙서 같은 느낌의 캐릭터 일러스트를 그려 보며 두 가지 브러시의 특징과 활용 방법을 비교해 보겠습니다.

01 [File 〉 New]를 클릭해 ❶~❻ 그림과 같이 설정한 후 ❼ [Create]를 클릭합니다.

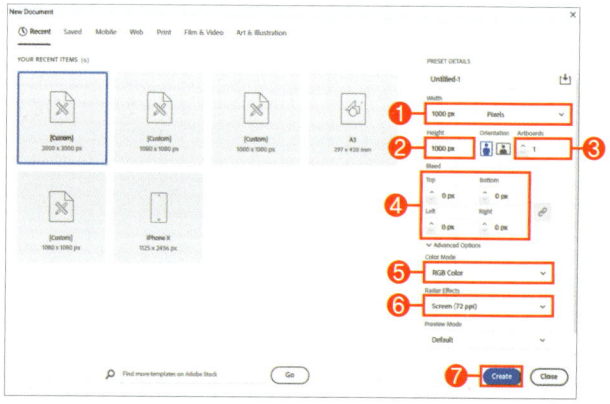

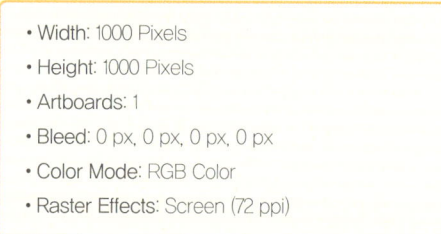

- Width: 1000 Pixels
- Height: 1000 Pixels
- Artboards: 1
- Bleed: 0 px, 0 px, 0 px, 0 px
- Color Mode: RGB Color
- Raster Effects: Screen (72 ppi)

02 ❶ [획 색상]을 더블 클릭하고 ❷ '#000000'을 입력한 후 ❸ [OK]를 클릭합니다. 브러시 도구는 칠 색상과 관련이 없기 때문에 칠 색상은 따로 설정하지 않습니다.

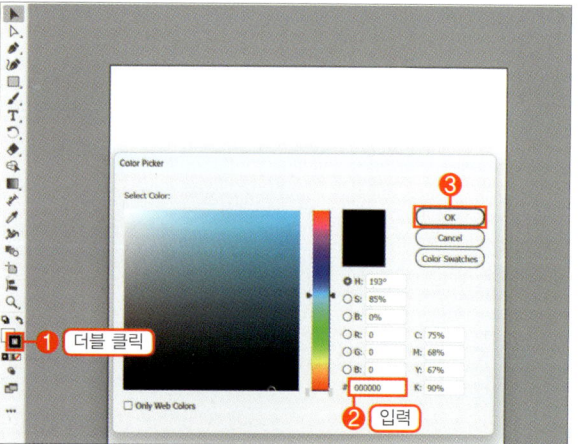

03 ❶ Paintbrush Tool(🖌)을 클릭하고 ❷ Enter를 눌러 옵션 창을 열어 줍니다. 손 떨림을 방지하기 위해 ❸ Fidelity를 'Smooth' 쪽으로 클릭 & 드래그하고 ❹ [OK]를 클릭합니다.

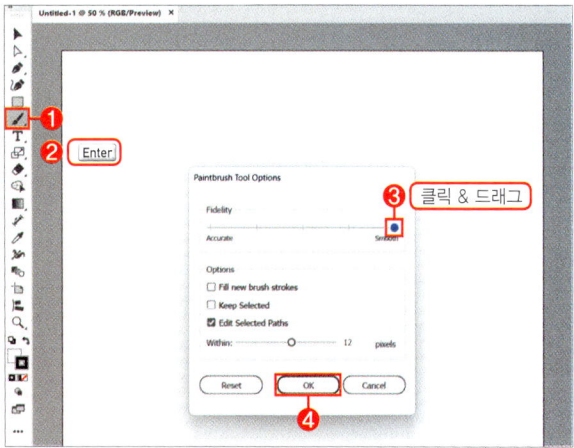

04 ❶ ⬆와 ⬇를 눌러 브러시의 크기를 조절한 후 ❷ 그림과 같이 클릭 & 드래그하여 그려 줍니다. ❸ 마우스를 놓을 때 Alt를 누르면 닫힌 도형으로 완성할 수 있습니다.

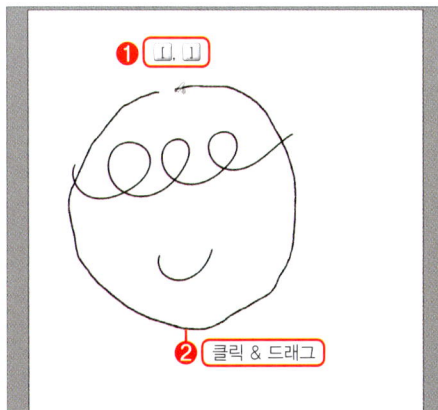

05 ❶ Ctrl + 클릭하여 원을 선택합니다. ❷ 도형과 인접하여 부드럽게 이어지는 모양으로 클릭 & 드래그하면 패스를 변경할 수 있습니다. ❸ 그림과 같은 모양으로 패스를 변경합니다.

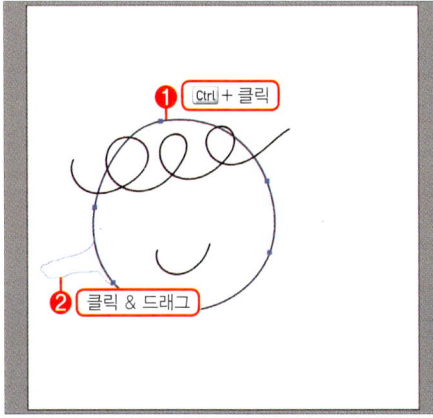
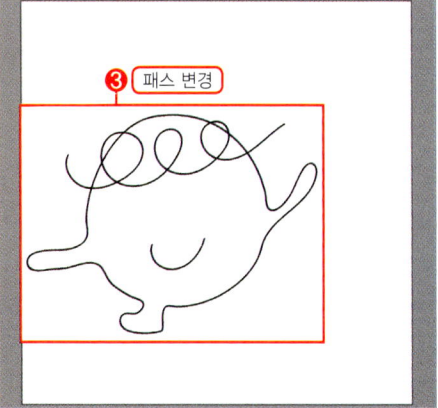

06 ❶ 부드럽게 이어지지 않는 모양은 별개의 도형으로 그려 줍니다. ❷ Ctrl + A를 눌러 그림을 모두 선택하고 Properties 패널의 ❸ 브러시 라이브러리 아이콘( ) – ❹ [Artistic] – ❺ [Artistic_Paint brush]를 클릭합니다.

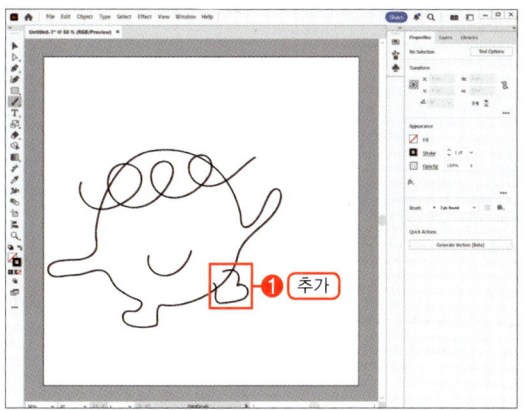
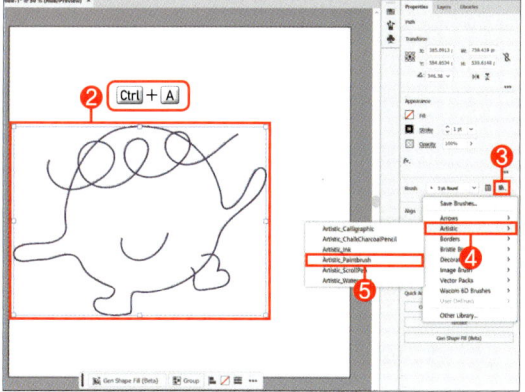

07 ❶ 패널 옵션 아이콘( ) – ❷ [List View]를 클릭합니다. ❸ 'Dry Brush 5' 브러시를 클릭합니다. 최근에 사용한 브러시는 Brushes 패널에서 확인할 수 있습니다

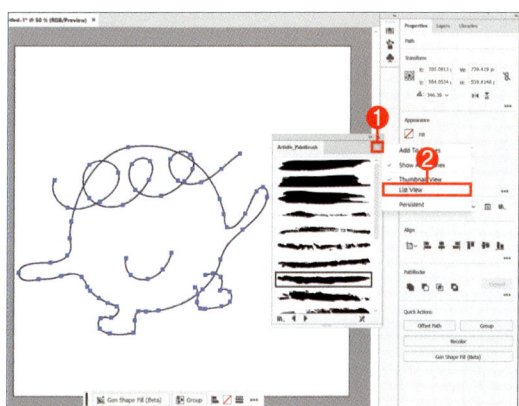

08 ❶ Paintbrush Tool( )을 마우스 오른쪽 버튼으로 클릭하고 ❷ Blob Brush Tool( )을 클릭합니다. ❸ [와]를 눌러 브러시의 크기를 조절한 후 ❹ 그림과 같이 각각 클릭하여 눈을 그려 줍니다.

09 ❶ Enter 를 누르고 ❷ Fidelity를 'Smooth' 쪽으로 클릭 & 드래그한 후 ❸ 'Keep Selected'를 체크합니다. ❹ Angle을 '60°', Roundness를 '40%'로 설정한 후 ❺ [OK]를 클릭합니다.

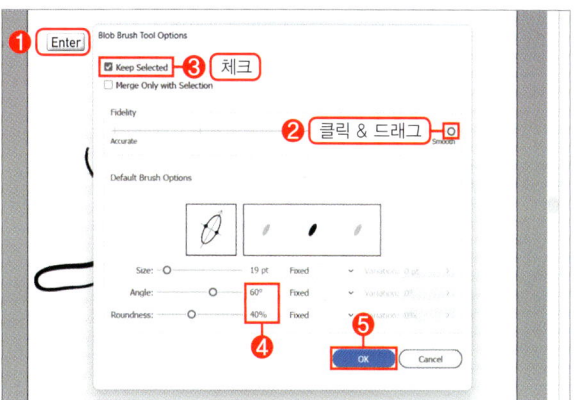

> **TIP!**
> Blob Brush Tool(⬛)로 오브젝트를 덧칠하면 기존 도형과 자동으로 합쳐지므로 유의합니다.

10 ❶ [획 색상]을 더블 클릭하고 ❷ '#f75d28'을 입력한 후 ❸ [OK]를 클릭합니다.

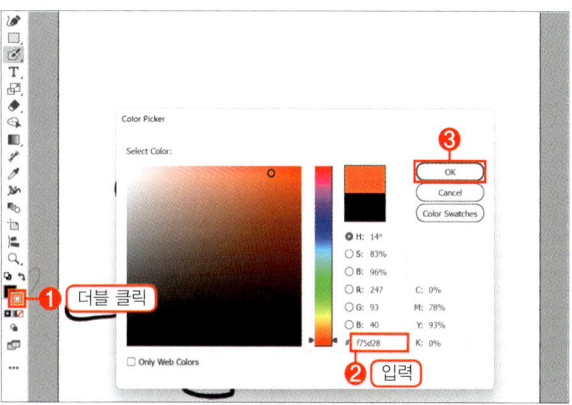

11 ❶ Shift + D 를 눌러 배경 그리기 모드로 전환합니다. ❷ [와] 를 눌러 브러시의 크기를 조절한 후 ❸ 그림과 같이 클릭 & 드래그하여 그려 줍니다. 마우스를 중간에 떼더라도 다시 덧칠하여 합칠 수 있습니다. ❹ Ctrl + 바깥쪽을 클릭하여 선택을 해제합니다.

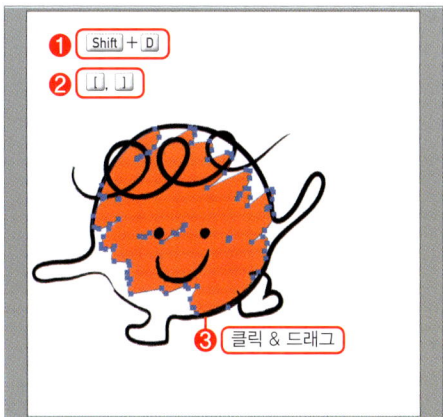
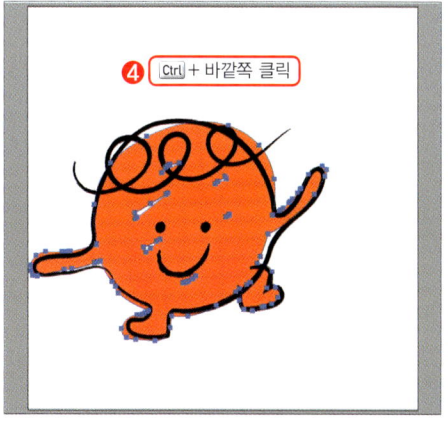

> **TIP!**
> 배경 그리기 모드는 도구 상자의 그리기 모드 아이콘(⬛)을 클릭하는 것과 같은 효과로 새로 그리는 오브젝트가 맨 뒤에 배치됩니다.

12 Ctrl + Y 를 눌러 윤곽선 보기 모드로 바꾸면 Paintbrush Tool(✏️)로 그린 것은 선으로, Blob Brush Tool(🖌)로 그린 것은 면으로 그려진 것을 확인할 수 있습니다.

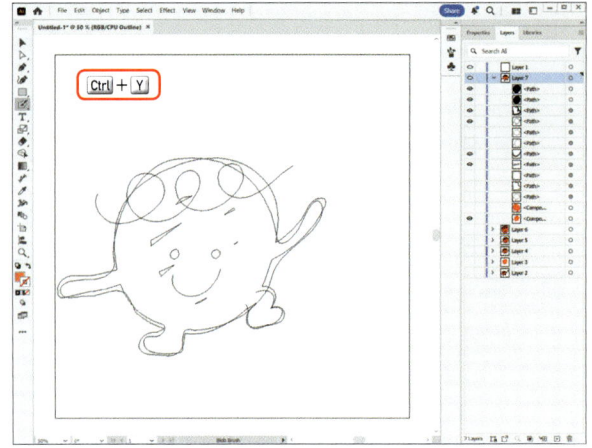

13 ❶ Ctrl + Y 를 눌러 미리 보기 모드로 돌아옵니다. ❷ B 를 눌러 Paintbrush Tool(✏️)로 전환하고 ❸ 검은색 획을 Ctrl + 클릭하여 추출한 후 ❹ Ctrl + 바깥쪽을 클릭하여 선택을 해제합니다. ❺ → ❻ → ❼ 순서로 꽃을 그려 줍니다.

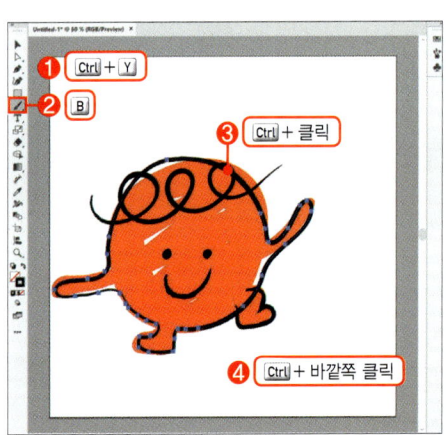 

14 ❶ Shift + B 를 눌러 Blob Brush Tool(🖌)로 전환합니다. ❷ [획 색상]을 더블 클릭하고 ❸ '#f4d438'을 입력한 후 ❹ [OK]를 클릭합니다. ❺ 클릭 & 드래그하여 꽃을 색칠하고 ❻ Ctrl + 바깥쪽을 클릭해 선택을 해제합니다.

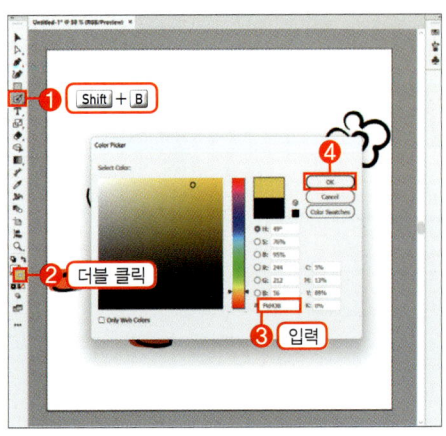 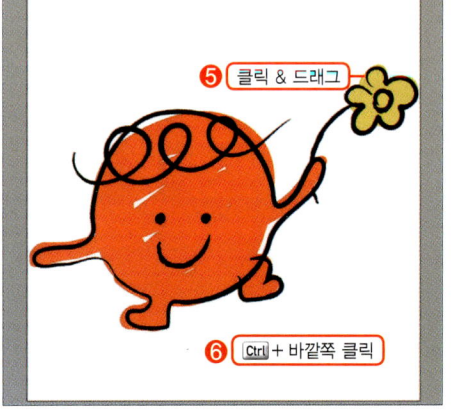

15 ❶ [획 색상]을 더블 클릭하고 ❷ '#739e4c'를 입력한 후 ❸ [OK]를 클릭합니다.

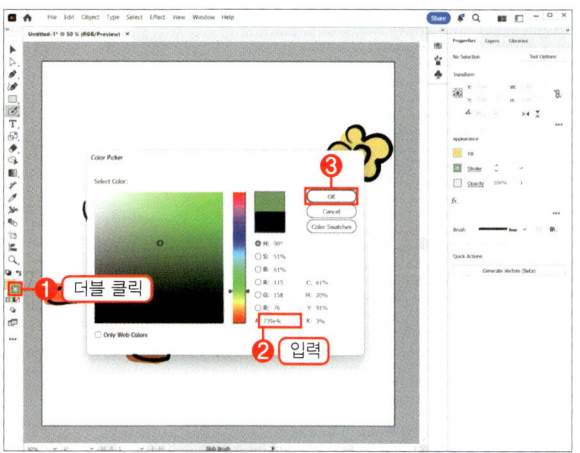

16 ❶ 클릭 & 드래그하여 꽃의 가운데 부분을 색칠하고 ❷ 마우스 오른쪽 버튼 클릭 – ❸ [Arrange] – ❹ [Bring Forward]를 클릭합니다.

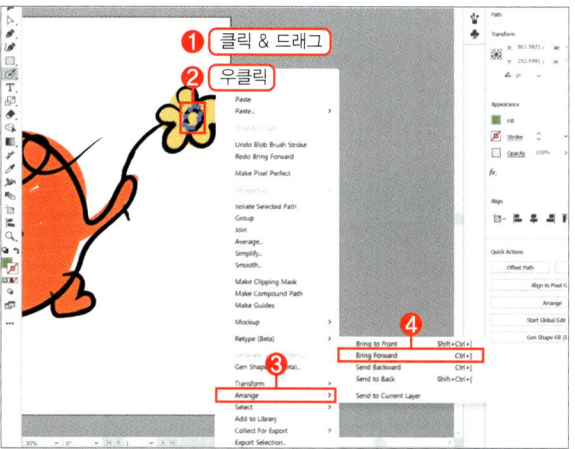

17 ❶ Ctrl + 바깥쪽을 클릭하여 선택을 해제하고 ❷ Shift + D 를 눌러 표준 그리기 모드로 전환하면 완성!

> **TIP!**
> Paintbrush Tool(🖌)은 스케치나 윤곽선을 그리는 용도로 사용합니다. Blob Brush Tool(🖌)은 색을 칠하는 용도로 사용하며, 'Calligraphic Brush' 외의 다른 브러시는 적용할 수 없습니다.

Chapter

10

여러 가지 효과
활용하기

이번 챕터에서는 심플한 아이콘 제작하기, 캐주얼한 느낌의 디자인하기, 3D 그래픽 아트워크 만들기 등 여러 가지 예제를 통해 일러스트레이터의 주요 기능과 핵심 도구의 사용법을 알아보겠습니다.

- **01** 심플한 디자인의 여섯 가지 아이콘 만들기
- **02** 래스터 이미지를 벡터 도형으로 바꾸기
- **03** 도형을 섞는 Blend 정복하기
- **04** 알록달록 캐주얼한 느낌의 디자인하기
- **05** 다양한 3D 그래픽 아트워크 만들기
- **06** 2.5D 그래픽 아트워크 만들기

01 심플한 디자인의 여섯 가지 아이콘 만들기

세 개의 아트보드를 생성한 후 도형을 변형해 심플한 디자인의 여섯 가지 아이콘을 만들어 보겠습니다.

별과 꽃 아이콘 만들기

첫 번째 아트보드에는 다양한 모양의 별과 꽃 아이콘을 만들어 봅니다.

별 아이콘 만들기

01 [File > New]를 클릭해 ❶~❻ 그림과 같이 설정한 후 ❼ [Create]를 클릭합니다.

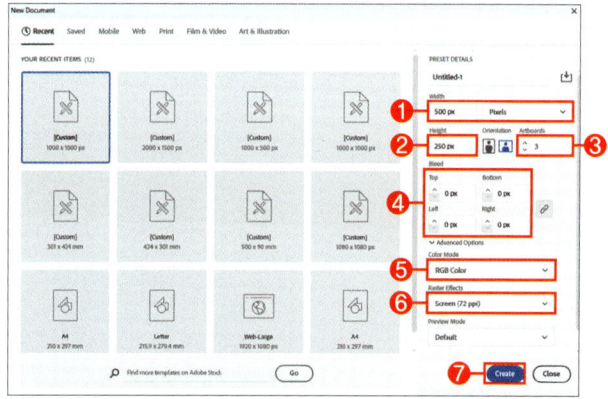

- Width: 500 Pixels
- Height: 250 Pixels
- Artboards: 3
- Bleed: 0 px, 0 px, 0 px, 0 px
- Color Mode: RGB Color
- Raster Effects: Screen (72 ppi)

02 아트보드를 정렬하기 위해 ❶ Artboard Tool(🔲)을 클릭하고 Properties 패널의 ❷ [Rearrange All]을 클릭합니다. ❸~❺ 그림과 같이 설정하고 ❻ [OK]를 클릭합니다.

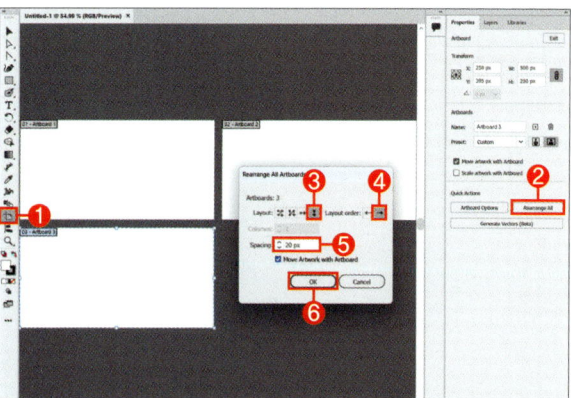

- Layout: 네 번째 아이콘(⬇)
- Layout order: 두 번째 아이콘(➡)
- Spacing: 20 px

03 ❶ Rectangle Tool(▢)을 클릭하고 첫 번째 아트보드에 ❷ 클릭 & 드래그하면서 Shift 를 눌러 정사각형을 그립니다.

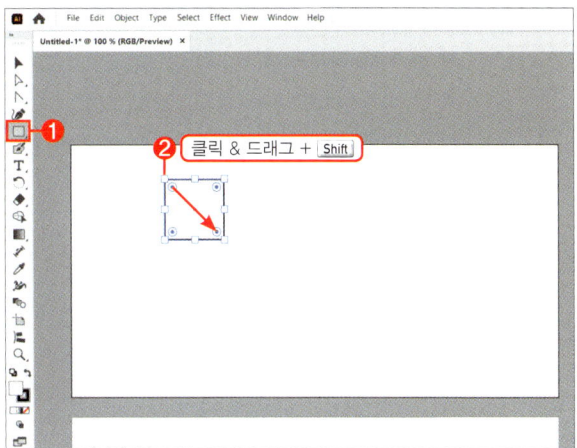

04 ❶ Shift + X 를 눌러 칠과 획의 색상을 교체한 후 ❷ 획 색상을 '없음(▨)'으로 설정합니다.

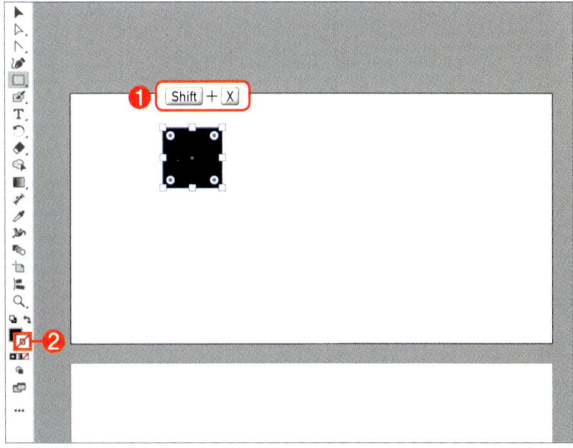

05 ❶ Rectangle Tool(▢)을 마우스 오른쪽 버튼으로 클릭하고 ❷ Ellipse Tool(◯)을 클릭합니다. ❸ 클릭 & 드래그하면서 Shift 를 눌러 정원형을 그립니다.

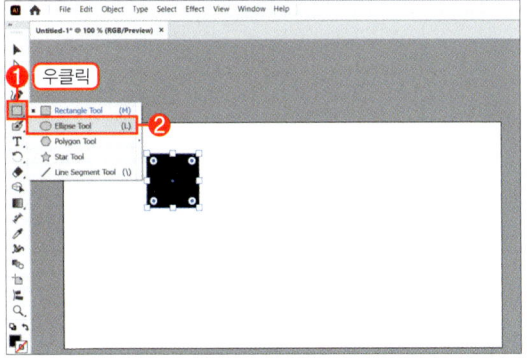
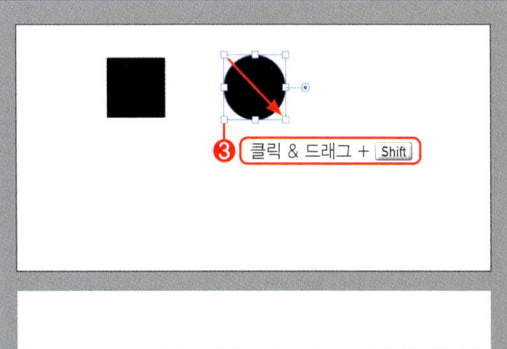

06 ❶ Ellipse Tool(⬤)을 마우스 오른쪽 버튼으로 클릭하고 ❷ Polygon Tool(⬤)을 클릭합니다. ❸ 클릭 & 드래그하면서 Shift 를 눌러 눕혀진 정육각형을 그립니다.

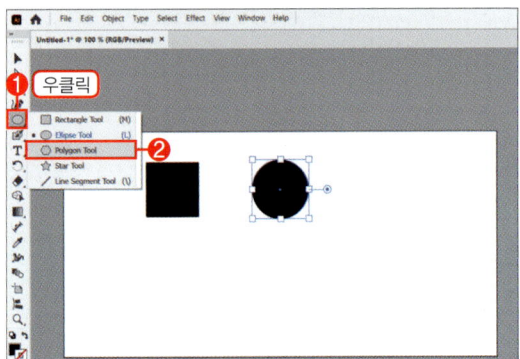 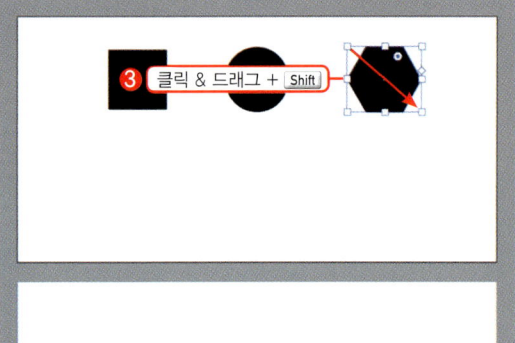

> **TIP!**
> Polygon Tool(⬤)은 클릭 & 드래그하면서 ↑, ↓를 누르면 각의 개수를 조절할 수 있습니다.

07 ❶ Ctrl + A 를 눌러 모든 오브젝트를 선택합니다. ❷ [Effect] – ❸ [Distort & Transform] – ❹ [Zig Zag]를 클릭합니다.

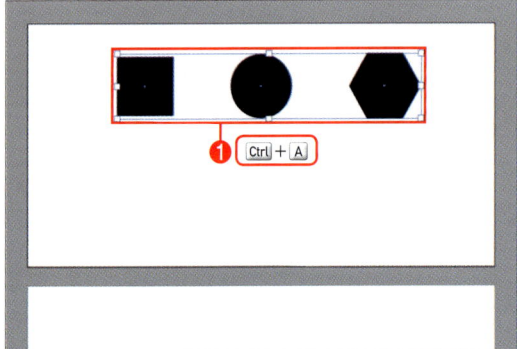 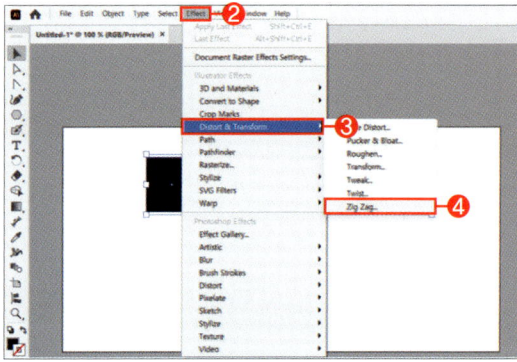

08 ❶~❹ 그림과 같이 설정하고 ❺ [OK]를 클릭합니다.

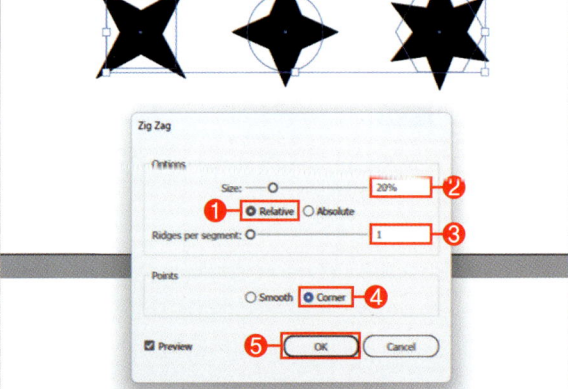

- Relative: 클릭
- Size: 20%
- Ridges per segment: 1
- Points: Corner

꽃 아이콘 만들기

01 ❶ Selection Tool(▶)을 클릭해 ❷ 도형을 아래로 클릭 & 드래그하면서 [Alt] + [Shift]를 눌러 복제하고 Properties 패널 ❸ 휴지통 아이콘(🗑)을 클릭하여 효과를 삭제합니다.

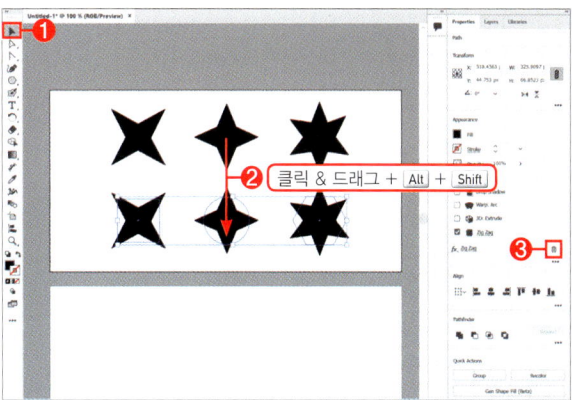

02 ❶ [Effect] – ❷ [Distort & Transform] – ❸ [Pucker & Bloat]를 클릭합니다. ❹ '60%'로 설정해 'Bloat' 쪽으로 이동한 후 ❺ [OK]를 클릭합니다.

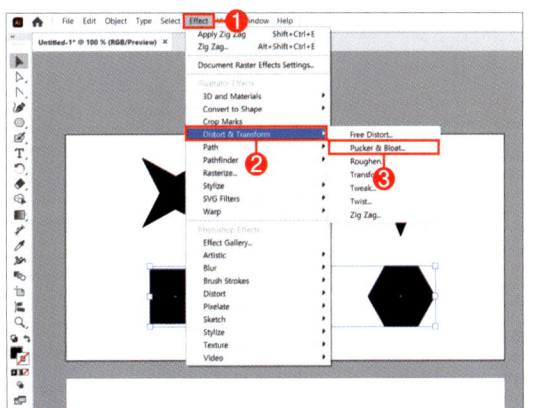
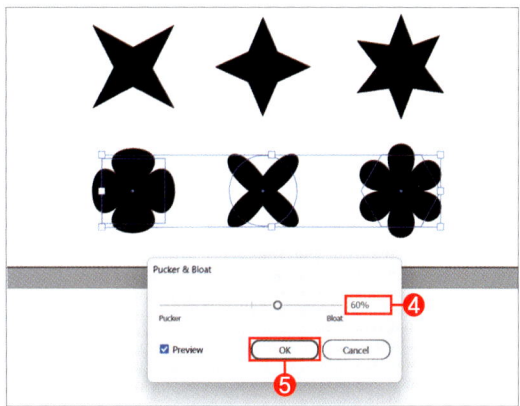

TIP!
'Pucker' 쪽으로 이동하면 'Bloat' 쪽으로 설정한 것보다 부드러운 별 모양을 만들 수 있습니다.

03

❶ Ctrl + Y 를 누르면 ❷ 도형의 형태가 원래 모습으로 남아 있는데, 이는 효과를 언제든지 수정할 수 있음을 의미합니다.

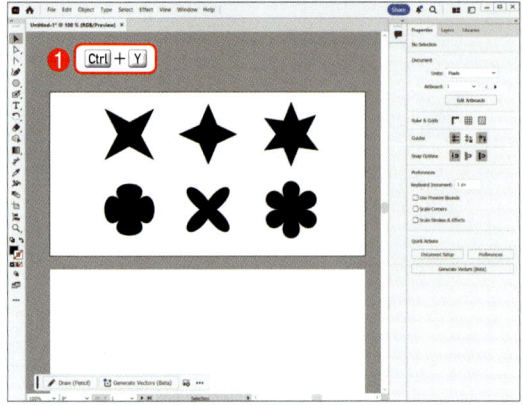
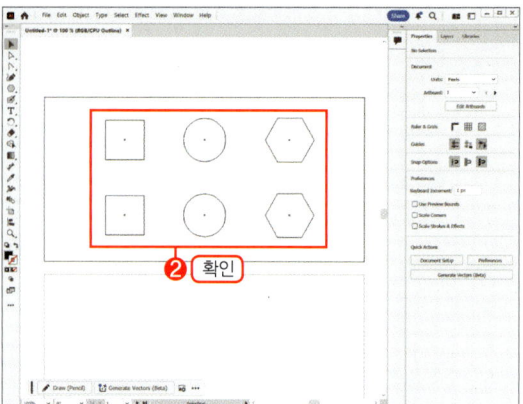

04

만약 효과를 도형으로 바꾸고 싶다면 ❶ Ctrl + A 를 눌러 모든 오브젝트를 선택하고 ❷ [Object] – ❸ [Expand Appearance]를 클릭합니다. ❹ 효과가 도형으로 변경된 후에는 효과를 수정할 수 없습니다.

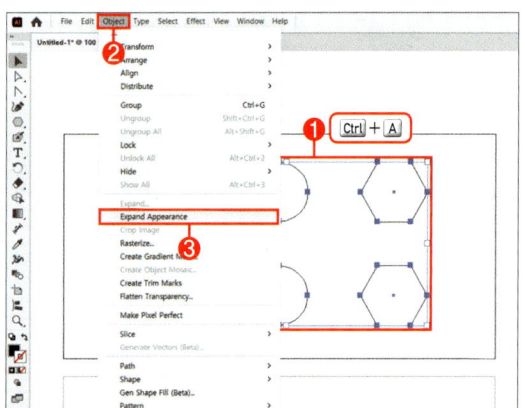
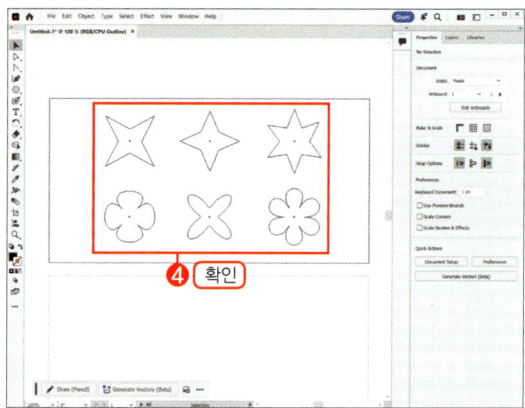

> **알아두기**
>
> [Object 〉 Expand]와 [Object 〉 Expand Appearance] 중 활성화되어 있는 것을 사용합니다. 이 두 가지 메뉴는 효과를 도형으로 바꾸거나, 선을 면으로 바꾸는 역할을 합니다. Ctrl + Y 를 눌러 윤곽선 보기 모드에서 메뉴의 적용 여부를 확인할 수 있습니다.
> - **효과를 도형으로 바꾸기**: Effect 또는 Object 메뉴에서 적용한 효과나 변형한 값을 도형에 고정시키는 역할을 합니다. 이 후에는 효과를 수정할 수 없습니다.
> - **선을 면으로 바꾸기**: 선(획)의 두께를 면(칠)으로 바꾸는 역할을 합니다.

책과 톱니바퀴 아이콘 만들기

두 번째 아트보드에는 도형과 효과를 사용해 책과 톱니바퀴 아이콘을 만들어 봅니다.

책 아이콘 만들기

01 ❶ Ctrl + Y를 눌러 미리 보기 모드로 돌아온 후 ❷ Polygon Tool(⬡)을 마우스 오른쪽 버튼으로 클릭하고 ❸ Rectangle Tool(▭)을 클릭합니다. ❹ 클릭 & 드래그하여 세로로 긴 사각형을 그립니다.

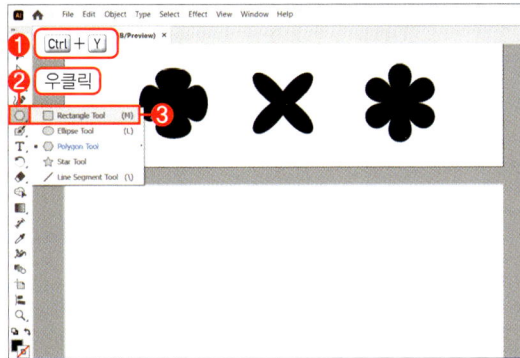 

02 ❶ [Effect] – ❷ [Warp] – ❸ [Arch]를 클릭합니다. ❹ Bend를 '50%'로 설정해 위로 볼록한 모양을 만든 후 ❺ [OK]를 클릭합니다.

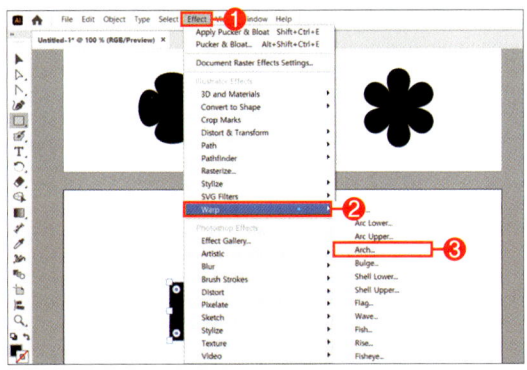 

03 ❶ Selection Tool(▶)을 클릭하고 ❷ 도형을 오른쪽으로 클릭 & 드래그하면서 Alt + Shift 를 눌러 복제합니다. 정확하게 옆에 붙으면 'intersect'라는 스마트 가이드가 표시되면서 마우스가 걸립니다.

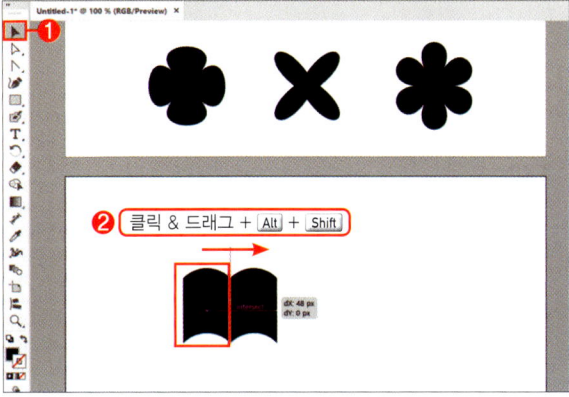

Chapter 10 · 여러 가지 효과 활용하기 317

04 효과를 도형으로 바꾸기 위해 ❶ 그림과 같이 클릭 & 드래그하여 두 도형을 모두 선택합니다. ❷ [Object] – ❸ [Expand Appearance]를 클릭합니다.

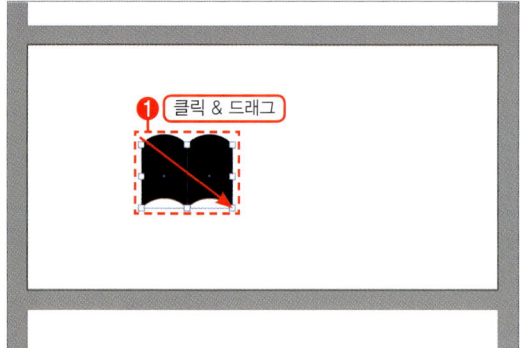 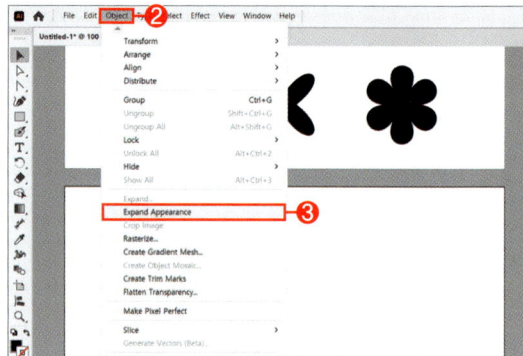

05 ❶ Ctrl + Y 를 눌러 도형의 윤곽선을 확인하고 Properties 패널에서 ❷ Unite (🔲)를 클릭해 하나의 도형으로 만들어 줍니다.

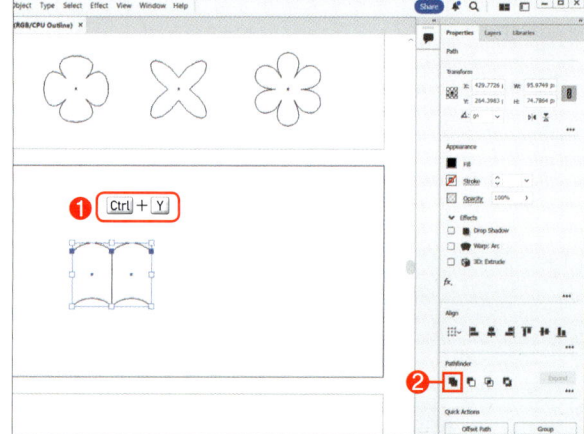

06 다시 Ctrl + Y 를 눌러 미리 보기 모드로 돌아옵니다.

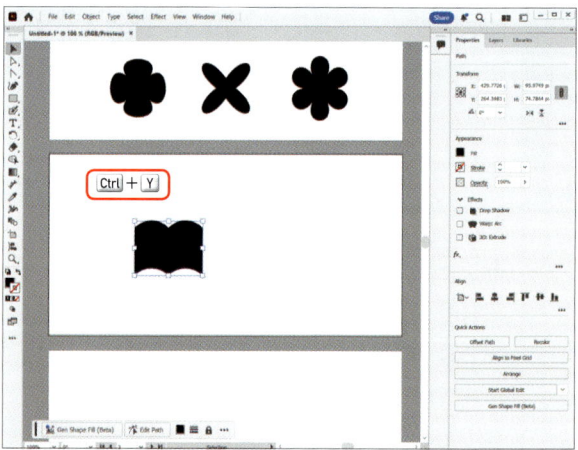

톱니바퀴 아이콘 만들기

01 ❶ Rectangle Tool(▢)을 마우스 오른쪽 버튼으로 클릭하고 ❷ Ellipse Tool(◯)을 클릭합니다. ❸ 클릭 & 드래그하면서 Shift 를 눌러 정원형을 그립니다.

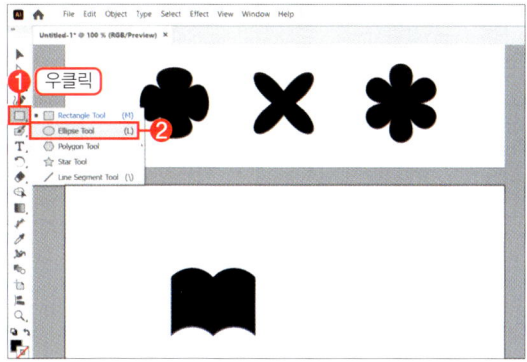
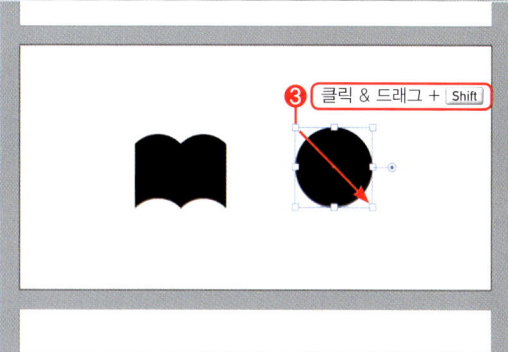

02 ❶ Ctrl + C 를 눌러 복사하고 ❷ Ctrl + F 를 눌러 제자리에 붙여넣습니다. ❸ [칠 색상]을 더블 클릭하고 ❹ '#ffffff'를 입력한 후 ❺ [OK]를 클릭합니다.

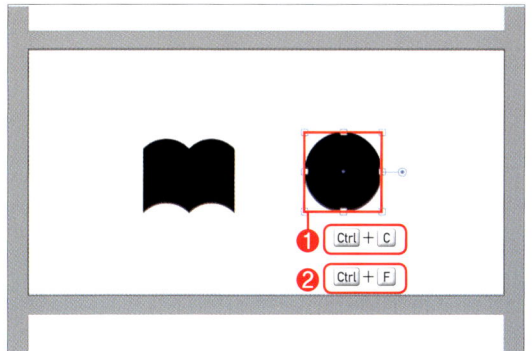
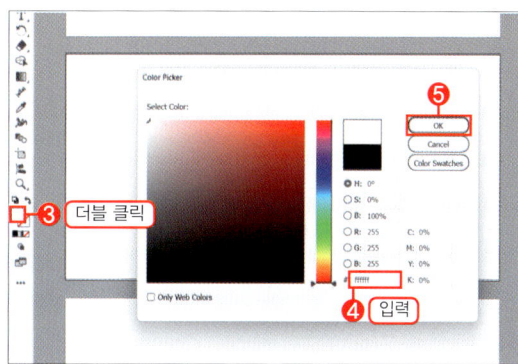

03 ❶ Selection Tool(▶)을 클릭하고 ❷ 원 도형의 모서리 고정점을 안쪽으로 클릭 & 드래그하면서 Alt + Shift 를 눌러 크기를 줄여 줍니다. ❸ 크기를 줄인 원을 위로 클릭 & 드래그하면서 Alt + Shift 를 눌러 복제합니다.

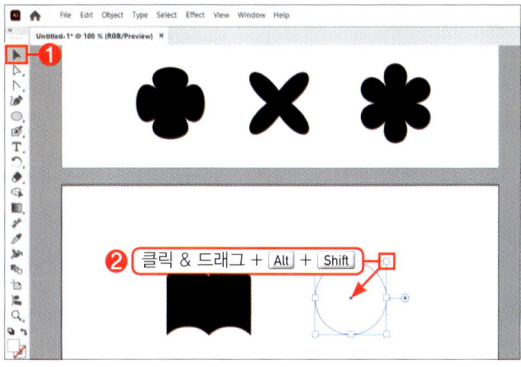
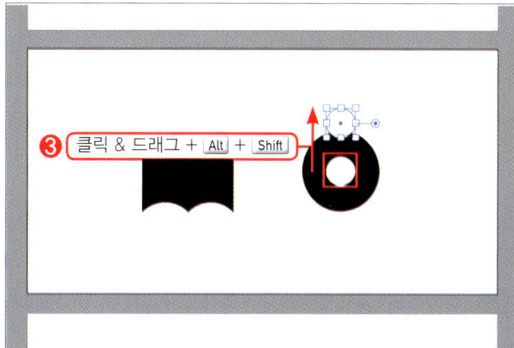

04 흰색 원을 여러 개 복제하기 위해 ❶ Rotate Tool(⟲)을 클릭하고 ❷ 검은색 원의 중심을 Alt + 클릭합니다.

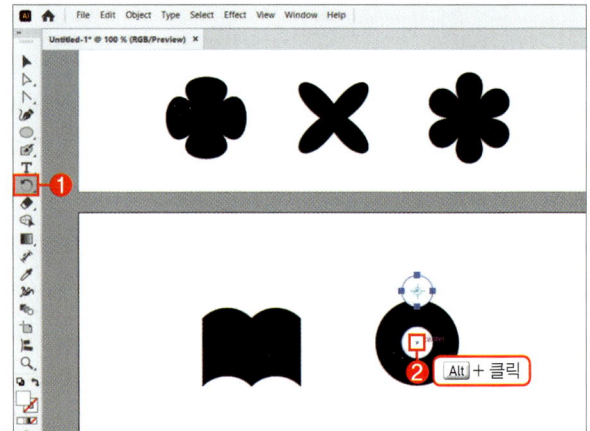

TIP!
Rotate Tool(⟲)은 Alt + 클릭하여 회전의 중심축을 설정할 수 있습니다.

05 ❶ Angle을 '60°'로 설정하고 ❷ [Copy]를 클릭합니다.

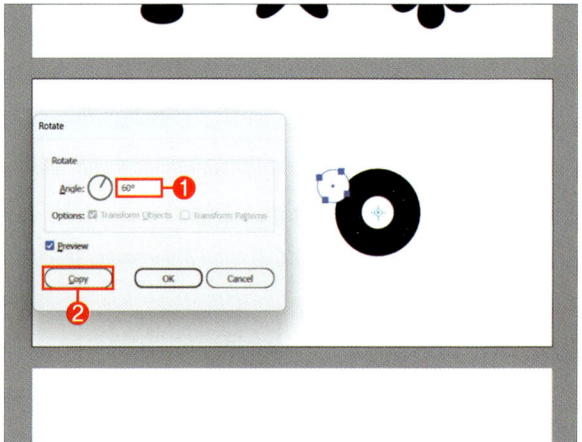

06 ❶ Ctrl + D 를 네 번 눌러 같은 작업을 반복합니다. ❷ 그림과 같이 Ctrl + 클릭 & 드래그하여 톱니바퀴 아이콘의 모든 도형을 선택한 후 Properties 패널에서 ❸ Minus Front(◰)를 클릭해 하나의 도형으로 만들어 줍니다.

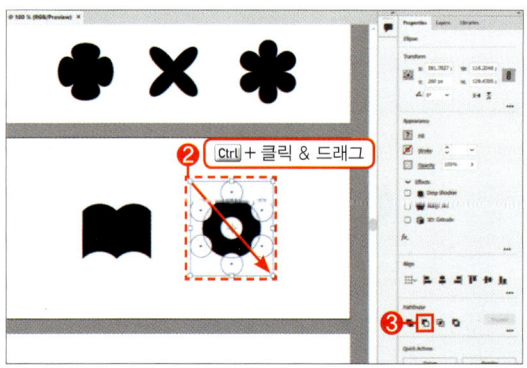

하트와 확성기 아이콘 만들기

세 번째 아트보드에는 도형과 효과를 사용해 하트와 확성기 아이콘을 만들어 보겠습니다.

하트 아이콘 만들기

01 ❶ Ellipse Tool(◯)을 마우스 오른쪽 버튼으로 클릭하고 ❷ Rectangle Tool(▭)을 클릭한 후 ❸ 아트보드를 클릭합니다. ❹ Width를 '28 px', Height를 '28 px'로 설정한 후 ❺ [OK]를 클릭합니다.

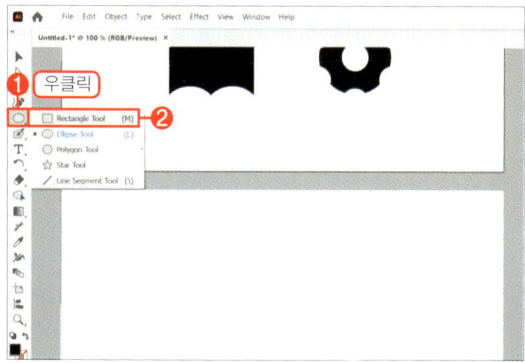 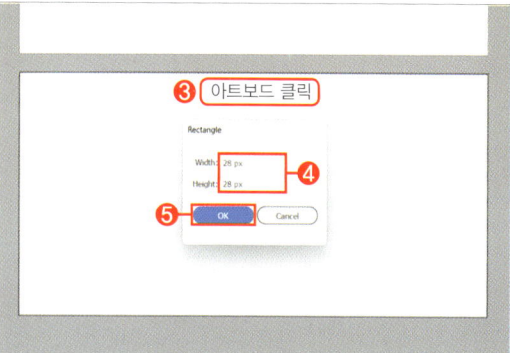

02 ❶ Shift + X 를 눌러 칠과 획의 색상을 교체합니다. ❷ Direct Selection Tool(▷)을 클릭하고 ❸ 고정점을 클릭한 후 ❹ Delete 를 눌러 삭제합니다.

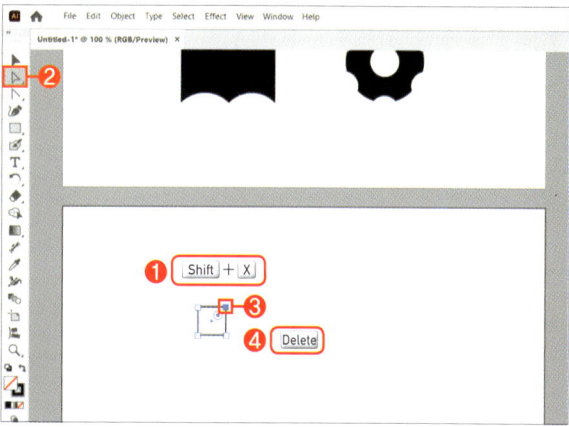

03 Properties 패널에서 ❶ [Stroke]를 클릭하고 ❷ Weight는 '44 pt', ❸ Cap의 두 번째 아이콘(◼)을 클릭한 후 ❹ 각도를 '45°'로 설정합니다.

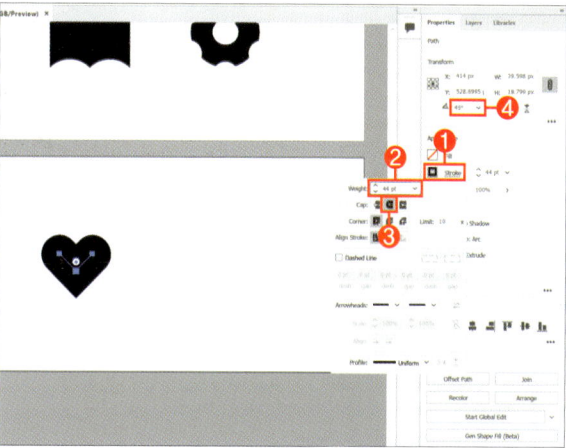

04 선을 면으로 바꾸기 위해 ❶ [Object] – ❷ [Expand Appearance]를 클릭합니다.

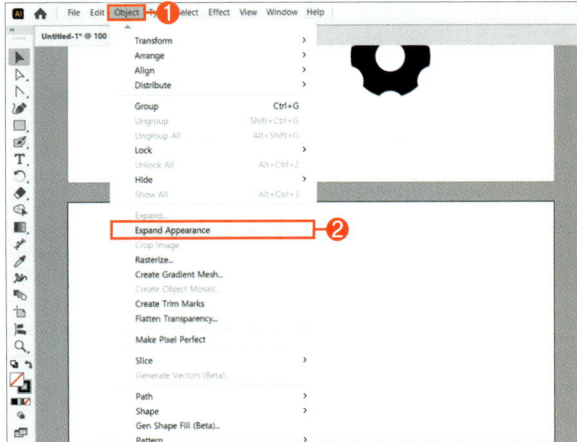

> **TIP!**
> 기본 도형을 많이 수정한 경우에는 Expand Appearance 메뉴가 변형된 값을 고정하는 역할을 하기 때문에 Ctrl + Y로 확인하면서 선이 면으로 바뀔 때까지 Expand 또는 Expand Appearance 메뉴를 반복하여 적용합니다.

05 아직 면으로 변경되지 않았으므로 한 번 더 ❶ [Object] – ❷ [Expand]를 클릭합니다. ❸ [OK]를 클릭하면 완전히 면으로 변경됩니다.

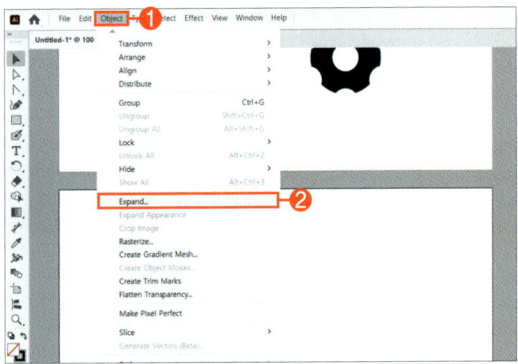 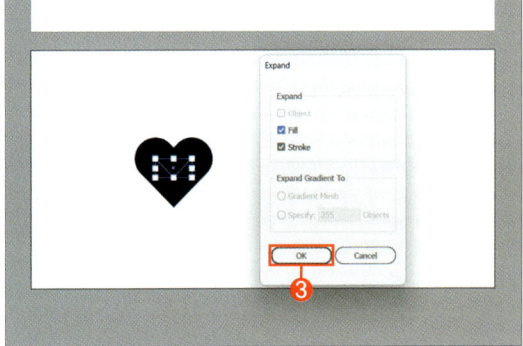

확성기 그리기

01 ❶ Rectangle Tool(□)을 클릭하고 ❷ 클릭 & 드래그하여 세로로 살짝 긴 사각형을 그립니다.

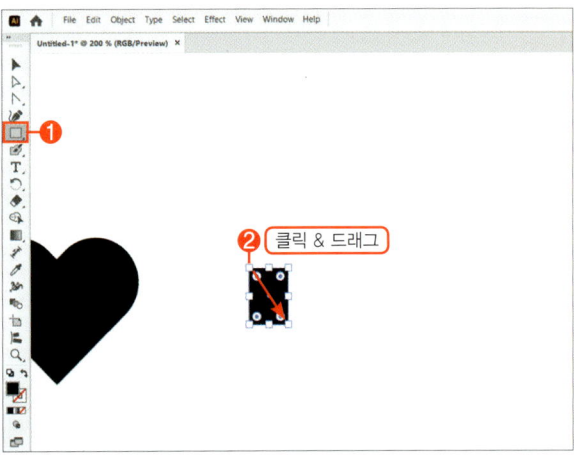

322   Part 02 · 일러스트레이터 마스터하기

02 ① Selection Tool(▶)을 클릭하고 ② 사각형을 오른쪽으로 클릭 & 드래그하면서 Alt + Shift 를 눌러 복제합니다.

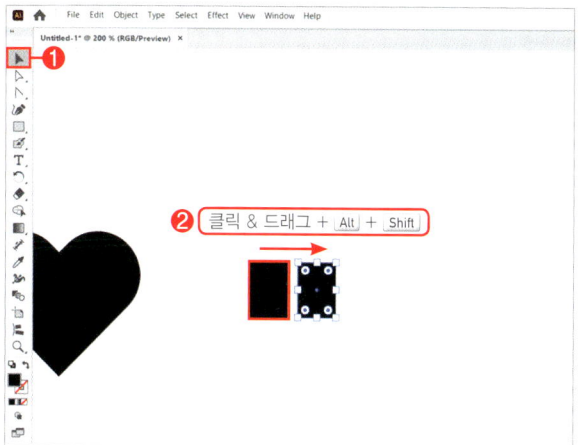

03 ① 그림과 같이 왼쪽 두 개의 고정점을 Ctrl + 클릭 & 드래그하여 선택합니다. ② 모서리의 눈을 안쪽으로 클릭 & 드래그해 모서리를 둥글게 만들어 줍니다.

04 ① 그림과 같이 오른쪽 두 개의 고정점을 Ctrl + 클릭 & 드래그하여 선택합니다. ② Shift + ← 를 여러 번 눌러 그림과 같은 모양으로 만들어 줍니다.

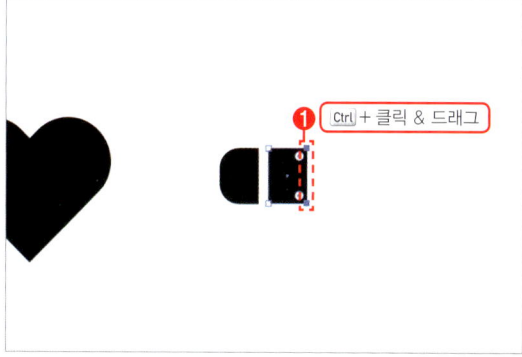

05 ❶ Rotate Tool( )을 마우스 오른쪽 버튼으로 클릭하고 ❷ Scale Tool( )을 클릭합니다. ❸ 중심에서 바깥쪽으로 클릭 & 드래그해 그림과 같이 크기를 키워 줍니다.

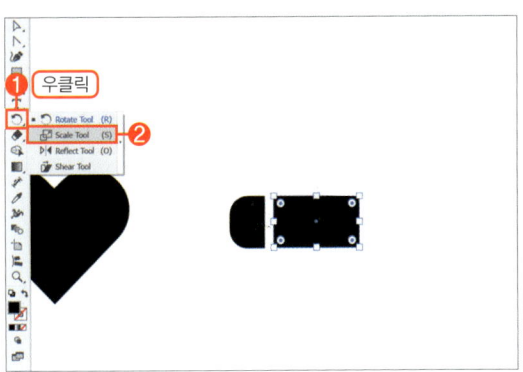

06 ❶ Rectangle Tool( )을 클릭하고 ❷ 그림과 같이 Alt + 클릭 & 드래그해 세로로 긴 사각형을 그립니다. ❸ 하단의 눈을 안쪽으로 클릭 & 드래그해 모서리를 최대한 둥글게 만들어 줍니다.

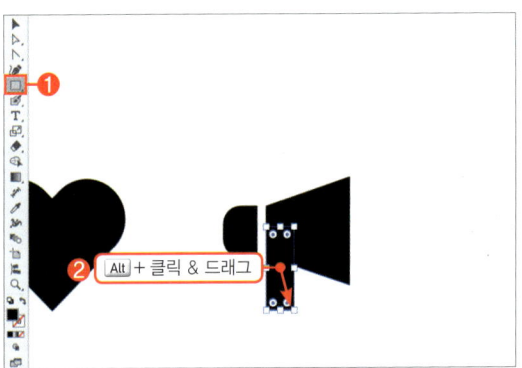
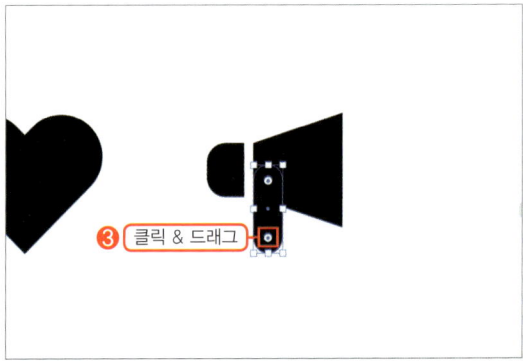

07 ❶ 그림과 같이 클릭 & 드래그해 세로로 긴 사각형을 그립니다. ❷ 위아래의 눈을 안쪽으로 클릭 & 드래그하여 모서리를 최대한 둥글게 만듭니다.

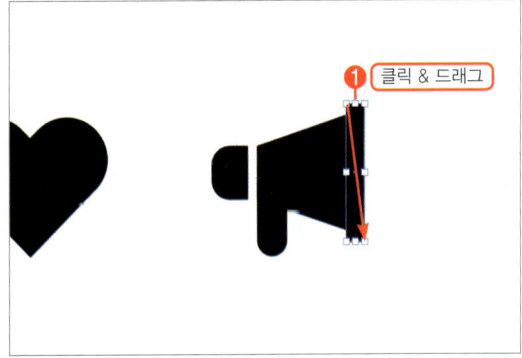
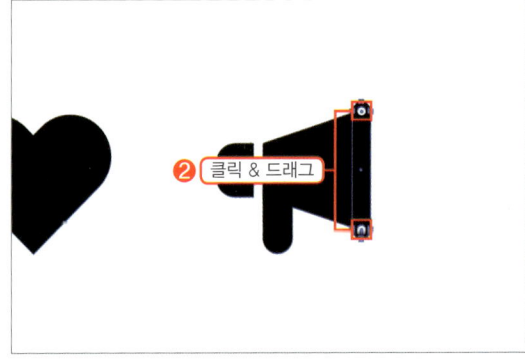

> **TIP!**
> 눈이 보이지 않는 경우 화면을 확대하거나, Direct Selection Tool( )을 클릭합니다.

08 ❶ Rectangle Tool(▭)을 마우스 오른쪽 버튼으로 클릭하고 ❷ Line Segment Tool(╱)을 클릭합니다. ❸ 그림과 같이 클릭 & 드래그하면서 Shift 를 눌러 수평한 직선을 그립니다.

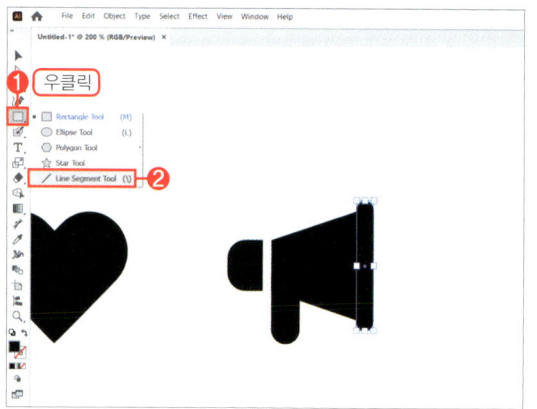 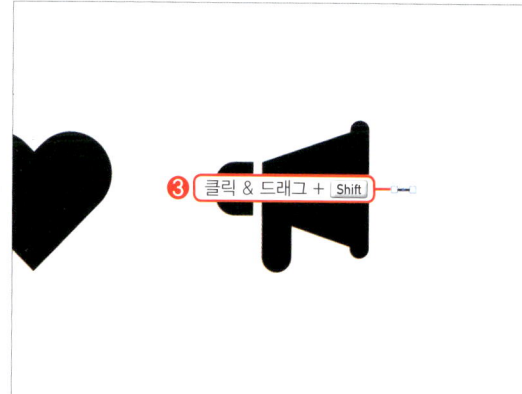

09 Properties 패널에서 ❶ [Stroke]를 클릭하고 ❷ Weight를 '5 pt'로 설정한 후 ❸ Cap의 두 번째 아이콘(▭)을 클릭합니다.

10 ❶ Scale Tool(▭)을 마우스 오른쪽 버튼으로 클릭하고 ❷ Rotate Tool(⟲)을 클릭합니다. ❸ 그림과 같이 선분의 중심을 Alt + 클릭합니다.

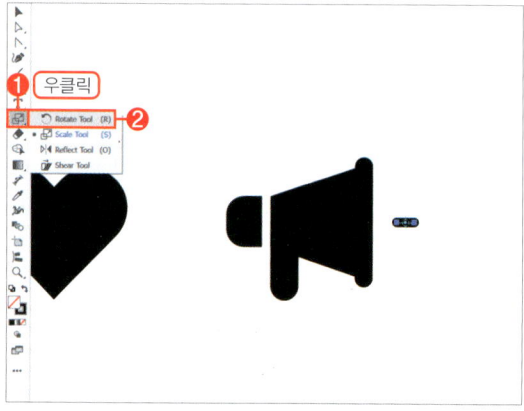 

Chapter 10 · 여러 가지 효과 활용하기   325

11 ❶ Angle을 '45°'로 설정하고 ❷ [Copy]를 클릭합니다.

12 ❶ 고정점을 Ctrl + 클릭 & 드래그해 길이를 짧게 줄입니다. ❷ 그림과 같이 선분의 중심을 다시 Alt + 클릭합니다.

 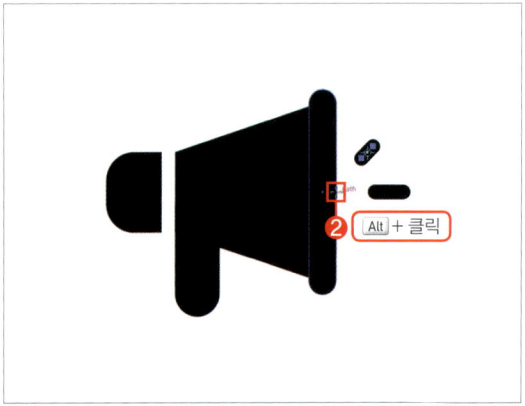

13 ❶ Angle을 '–90°'로 설정하고 ❷ [Copy]를 클릭합니다. ❸ Selection Tool(▶)을 클릭하고 ❹ 그림과 같이 클릭 & 드래그하여 세 개의 선을 선택합니다.

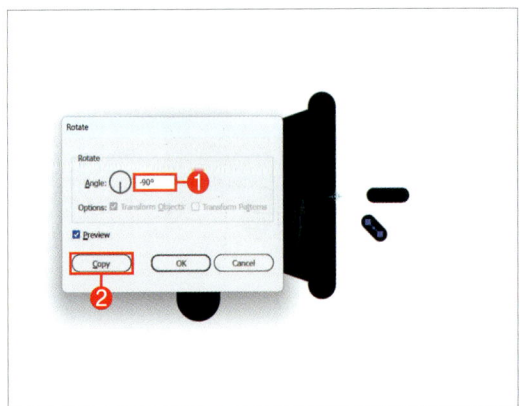 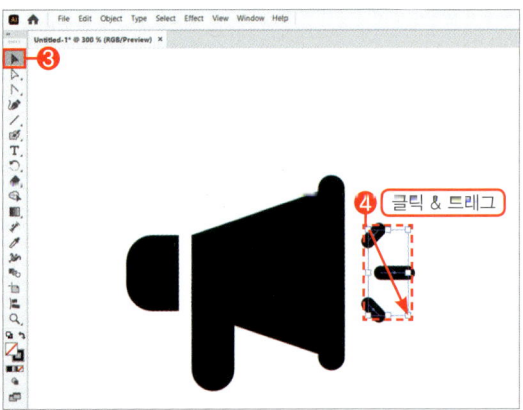

14 선을 면으로 바꾸기 위해 ❶ [Object] – ❷ [Expand]를 클릭합니다. ❸ [OK]를 클릭합니다.

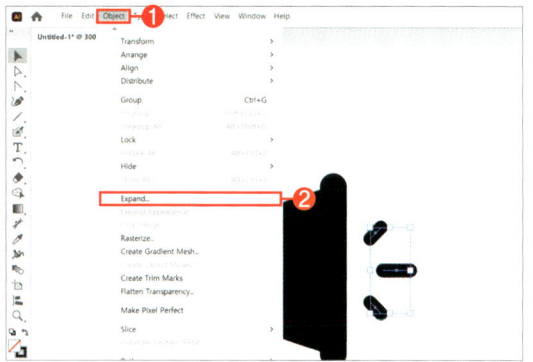 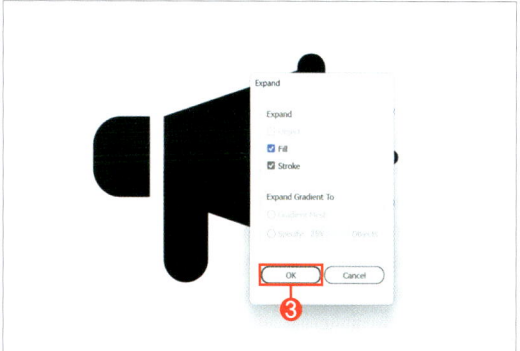

15 ❶ 확성기 아이콘의 모든 도형을 클릭 & 드래그하여 선택하고 Properties 패널에서 ❷ Unite(■)를 클릭해 하나의 그룹으로 완성합니다.

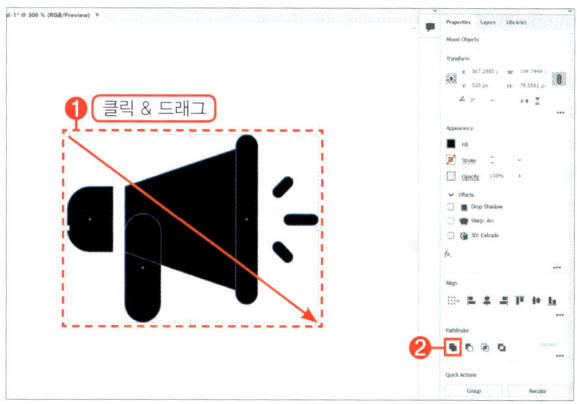

> **TIP!**
> Unite(■)를 클릭하면 붙어 있는 도형은 하나의 도형으로 합쳐지고, 떨어져 있는 도형은 그룹으로 묶입니다.

16 심플한 디자인의 아이콘 만들기를 모두 완성했습니다.

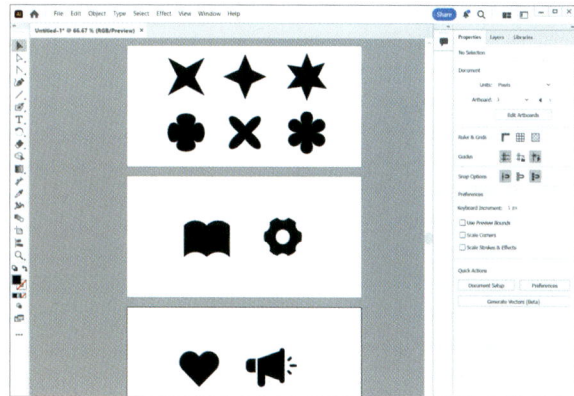

02 래스터 이미지를 벡터 도형으로 바꾸기

이번 섹션에서는 밝기와 색상을 추적해 이미지를 벡터 도형으로 변환하는 Image Trace 기능을 실습해 보겠습니다. 이를 활용해 다양한 스타일의 그래픽 작업물을 만들어 봅니다.

자동으로 이미지를 추적해 주는 Image Trace

■ 준비 파일 P02\Ch10\Image Trace.png

Image Trace(이미지 추적)는 래스터 이미지를 여러 개의 벡터 도형으로 변환하는 기능입니다. 작업 목적에 맞는 추적 옵션을 선택하여 실습해 보겠습니다.

01 [File 〉 New]를 클릭하고 ❶~❻ 그림과 같이 설정한 후 ❼ [Create]를 클릭합니다.

- **Width:** 870 Pixels
- **Height:** 1290 Pixels
- **Artboards:** 1
- **Bleed:** 0 px, 0 px, 0 px, 0 px
- **Color Mode:** RGB Color
- **Raster Effects:** Screen (72 ppi)

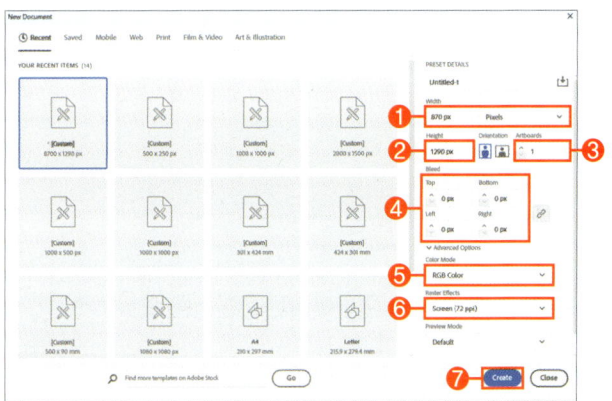

02 [File 〉 Place]를 클릭해 ❶ 'Image Trace.png'를 가져온 후 ❷ 아트보드에 맞춰 이미지의 크기와 위치를 조절합니다.

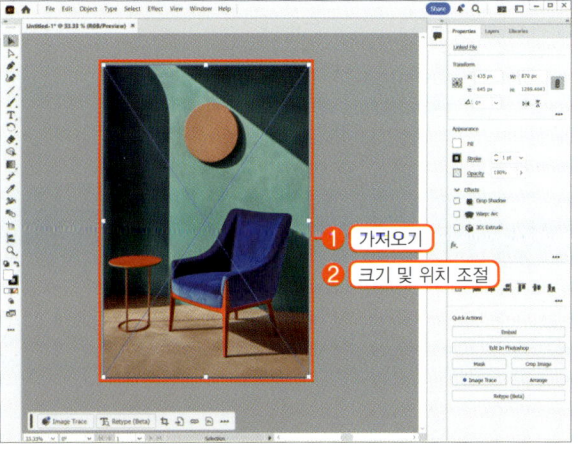

03 ❶ Selection Tool(▶)을 클릭하고 ❷ 이미지를 오른쪽으로 클릭 & 드래그하면서 Alt + Shift 를 눌러 복제합니다. 추적한 그래픽을 원본 이미지와 비교하기 위함입니다.

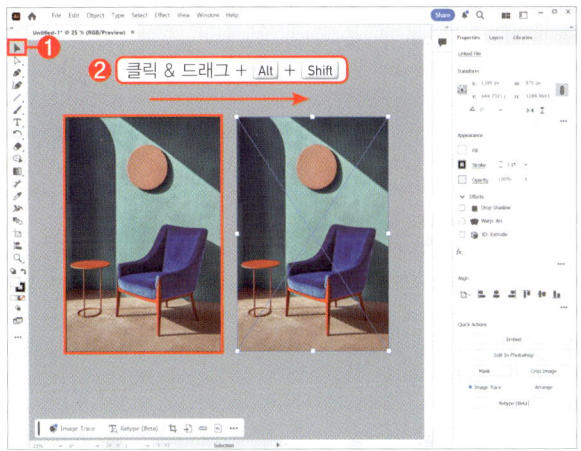

04 Properties 패널의 ❶ [Image Trace] – ❷ [Default]를 클릭합니다. 50%의 회색을 기준으로 밝은 곳은 흰색, 어두운 곳은 검은색으로 변경됩니다.

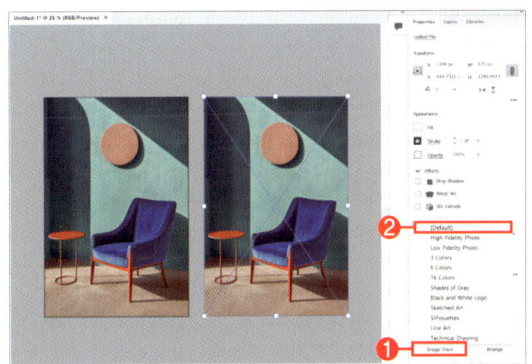 

05 Properties 패널의 ❶ 🔲을 클릭해 Image Trace 패널을 열어 줍니다. ❷ Preset을 'High Fidelity Photo'로 설정하면 원본 이미지와 거의 유사한 ❸ 17,104개의 벡터 도형으로 이미지가 변환됩니다.

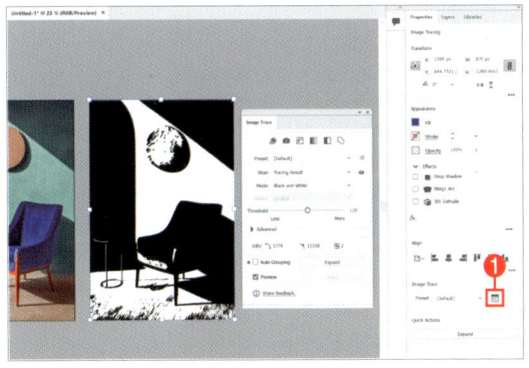 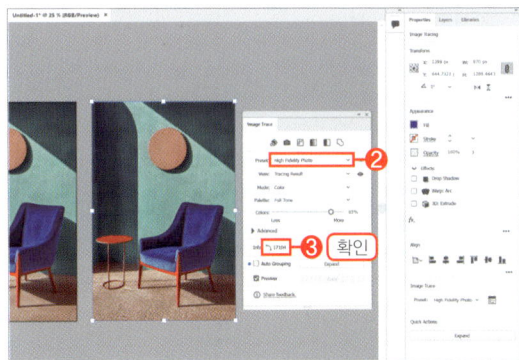

06 ❶ Preset을 'Low Fidelity Photo'로 설정합니다. **05**보다 색상을 러프하게 분석해 도형의 경계선이 보이는 ❷ 663개의 벡터 도형으로 이미지가 변환됩니다.

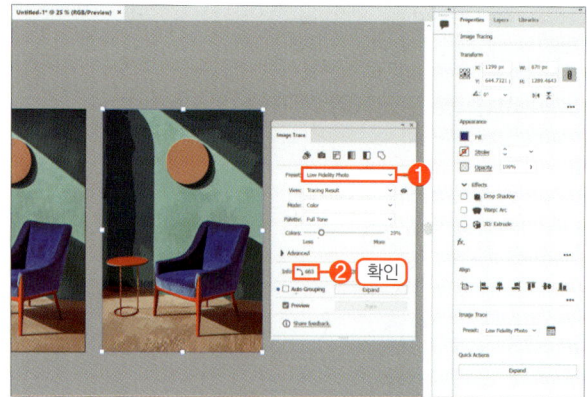

07 Preset을 '3 Colors'로 설정하면 세 가지 색상으로만 구분된 추상적인 벡터 그래픽으로 이미지가 변환됩니다.

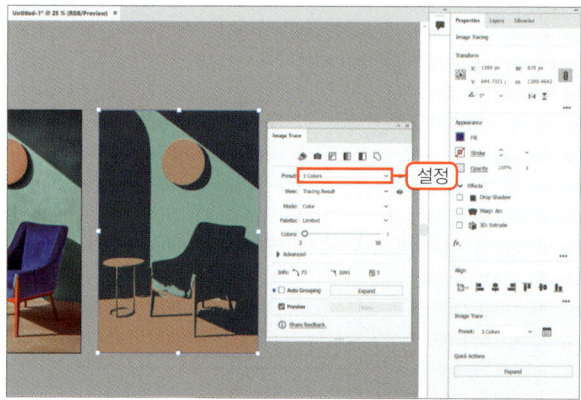

08 Preset을 'Shades of Gray'로 설정하면 밝기 정보로만 이미지를 분석한 흑백의 벡터 그래픽으로 변환됩니다.

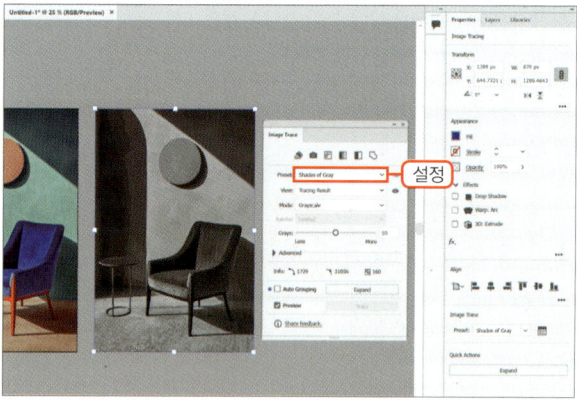

09 이번에는 값을 직접 설정하여 추적해 보겠습니다. ❶ Mode를 'Color', ❷ Palette를 'Automatic'으로 설정하고 ❸ Colors를 '40%'로 설정한 후 효과를 도형으로 바꾸기 위해 ❹ [Expand]를 클릭합니다.

10 ❶ Ctrl + Y 를 눌러 ❷ 패스가 잘 보이는지 확인합니다.

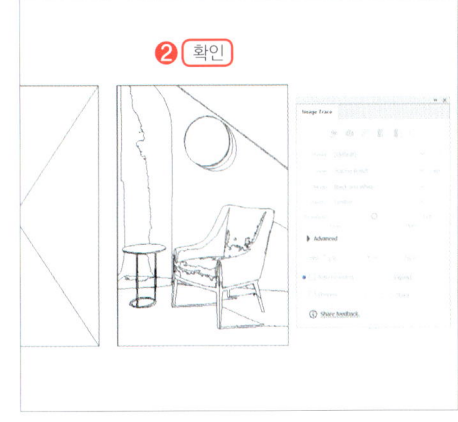

11 다시 ❶ Ctrl + Y 를 눌러 미리 보기 모드로 돌아오고 ❷ [X]를 클릭해 Image Trace 패널을 닫아 줍니다.

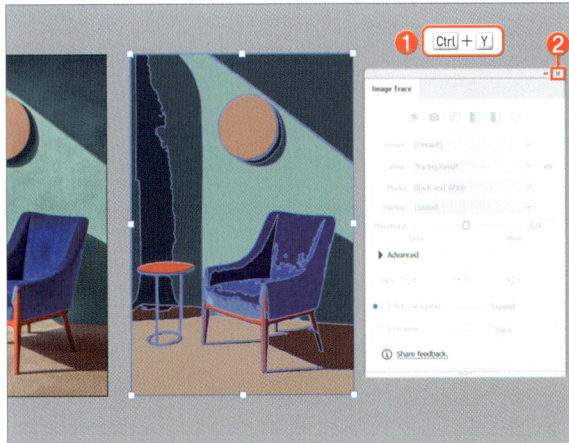

Recolor와 인공지능으로 색상 테마 한 번에 바꾸기

■ 준비 파일 P02\Ch10\Recolor Color Theme 참조.jpg

Recolor(다시 칠하기)는 많은 도형의 색상을 한 번에 수정할 때 유용하게 사용할 수 있습니다. 인공지능으로 색상 테마를 한 번에 바꾸는 기능을 함께 알아보겠습니다.

01 다양한 버전의 색 조합을 만들기 위해 ❶ Selection Tool(▶)을 클릭하고 ❷ 도형 그룹으로 변환한 이미지를 오른쪽으로 클릭 & 드래그하면서 Alt + Shift 를 눌러 복제합니다. ❸ Ctrl + D 를 세 번 눌러 작업을 반복합니다.

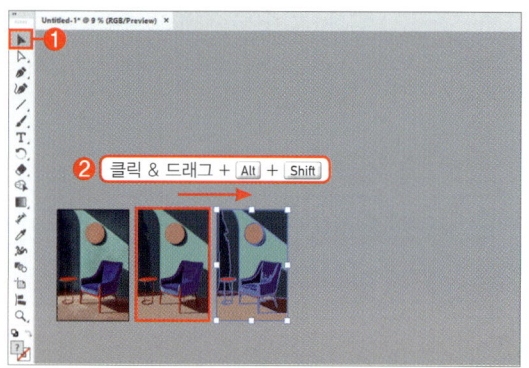 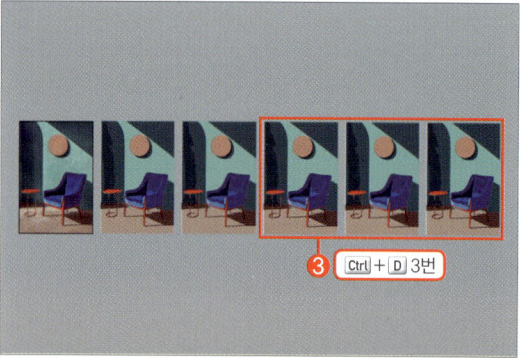

02 ❶ 두 번째 그룹을 클릭한 후 Properties 패널에서 ❷ [Recolor]를 클릭합니다.

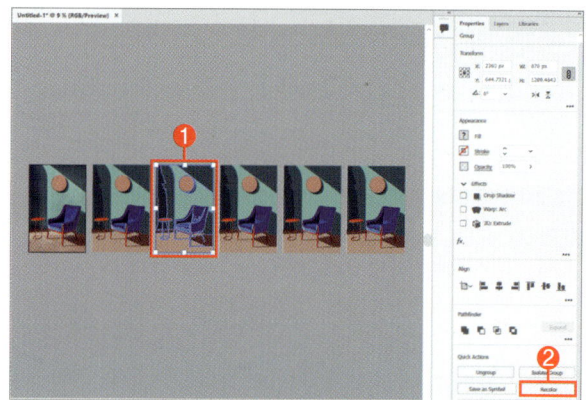

03 색상환에 있는 색상점을 클릭 & 드래그해 두 번째 그룹의 전체 색상을 한 번에 변경합니다.

> **TIP!**
> 링크 아이콘(🔗)을 클릭하여 해제하면 색상점을 하나씩 수정할 수 있습니다.

04 [Recolor] 탭 왼쪽 하단의 ❶ 을 클릭하면 ❷ 슬라이더를 클릭 & 드래그하여 '밝기'를 일괄적으로 조정할 수 있습니다. [Recolor] 탭 왼쪽 하단의 ❸ 을 클릭하면 ❹ 슬라이더를 클릭 & 드래그해 '채도'를 일괄적으로 조정할 수 있습니다. ❺ Esc를 눌러 창을 닫아 줍니다.

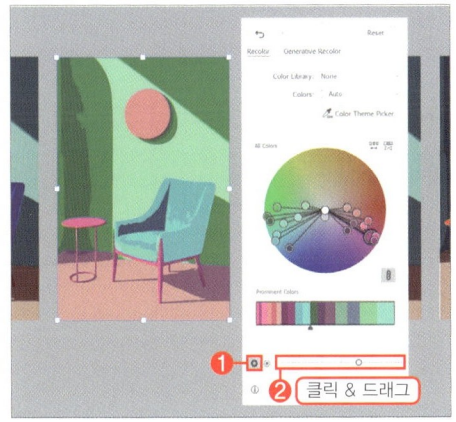
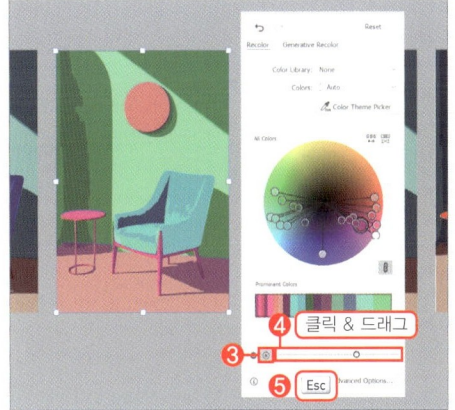

05 이번에는 특정 색상 테마를 참조하여 색을 조정하겠습니다. [File > Place]를 클릭해 ❶ 'Recolor Color Theme 참조.jpg'를 가져온 후 ❷ 이미지의 크기와 위치를 조절합니다. ❸ 세 번째 그룹을 클릭한 후 Properties 패널의 ❹ [Recolor]를 클릭합니다.

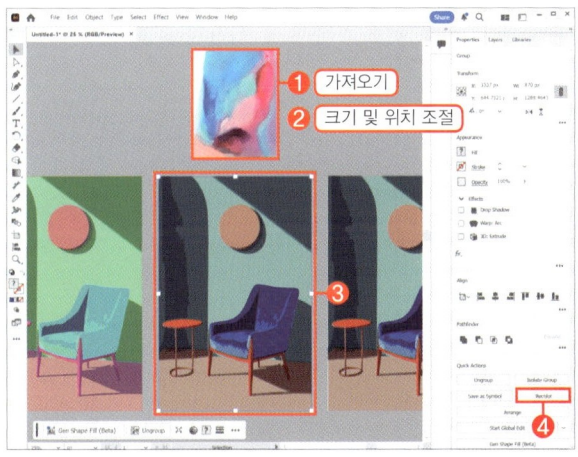

06 ❶ [Color Theme Picker]를 클릭하고 ❷ 가져온 이미지를 클릭하면 이미지와 비슷한 색감으로 세 번째 그룹의 색상이 변경됩니다. ❸ Esc를 눌러 종료합니다.

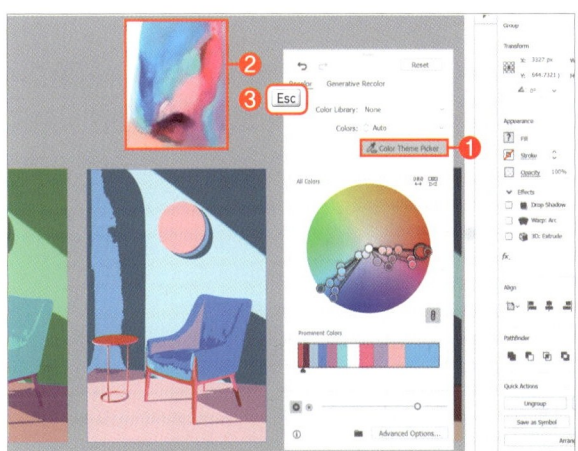

07 이번에는 일러스트레이터의 색상 라이브러리를 사용하기 위해 ❶ 네 번째 그룹을 클릭한 후 Properties 패널의 ❷ [Recolor]를 클릭하고 ❸ [Color Library] – ❹ [Art History] – ❺ [Baroque]를 클릭합니다. 선택한 색상 라이브러리의 색감으로 그룹의 색상이 변경됩니다. ❻ Esc 를 눌러 종료합니다.

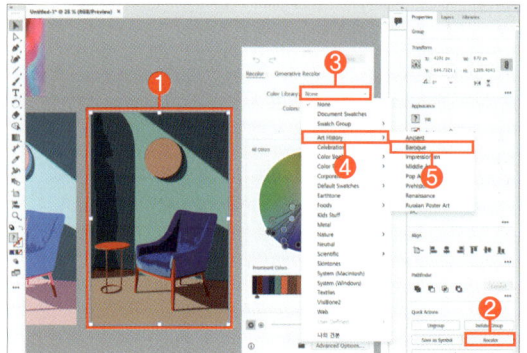
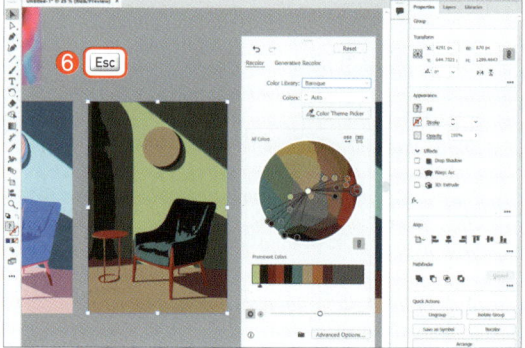

08 이어서 인공지능으로 색상 테마를 생성해 보겠습니다. ❶ 다섯 번째 그룹을 클릭한 후 Properties 패널의 ❷ [Recolor]를 클릭합니다. ❸ [Generative Recolor] 탭을 클릭하고 ❹ '안개가 낀 여름 아침, 이슬이 맺힌 숲속 풍경'을 입력한 후 ❺ [Generate]를 클릭합니다.

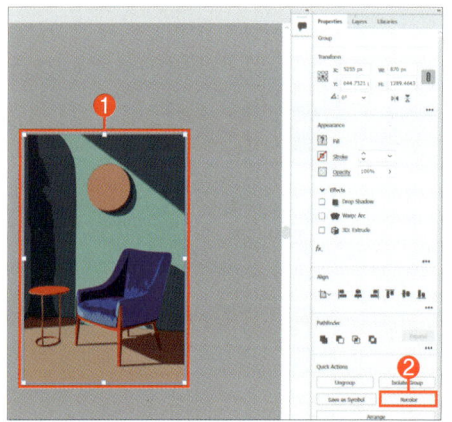
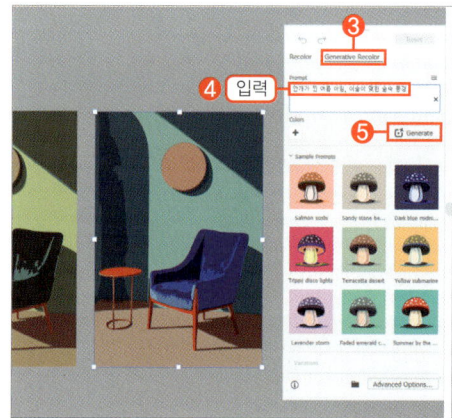

09 생성된 색 조합 중 ❶ 마음에 드는 것을 선택하고 ❷ Esc 를 눌러 완료합니다. Recolor와 인공지능으로 도형 그룹의 색상 테마를 다양하게 변경해 보았습니다.

03 도형을 섞는 Blend 정복하기

Blend란 두 개 이상의 오브젝트를 섞는 기능입니다. Blend로 두 가지 색상 사이의 중간 색상을 만들 수도 있고, 오브젝트나 문자를 입체감 있게 만들 수도 있습니다. 이번 섹션에서는 Blend의 사용법을 알아보고 입체감 있는 3D 문자를 만들어 보겠습니다.

Blend 메뉴와 도구 사용하기

먼저 서로 호환되는 Blend(블렌드) 메뉴와 도구의 사용법을 알아보겠습니다.

01 [File > New]를 클릭해 ❶~❻ 그림과 같이 설정한 후 ❼ [Create]를 클릭합니다.

- Width: 1000 Pixels
- Height: 1000 Pixels
- Artboards: 1
- Bleed: 0 px, 0 px, 0 px, 0 px
- Color Mode: RGB Color
- Raster Effects: Screen (72 ppi)

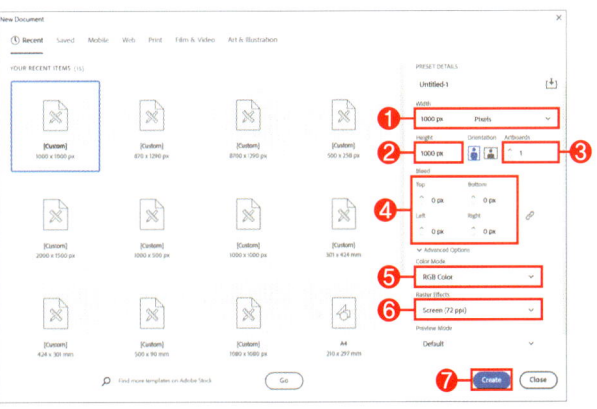

02 ❶ Rectangle Tool(▭)을 클릭하고 ❷ 클릭 & 드래그하면서 Shift 를 눌러 정사각형을 그립니다.

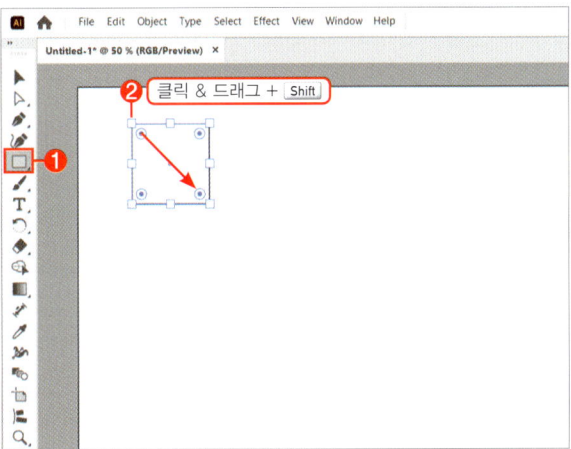

Chapter 10 · 여러 가지 효과 활용하기

03 ❶ [칠 색상]을 더블 클릭하고 ❷ '#aecf37'을 입력한 후 ❸ [OK]를 클릭합니다. ❹ 획 색상은 '없음(✏)' 으로 설정합니다.

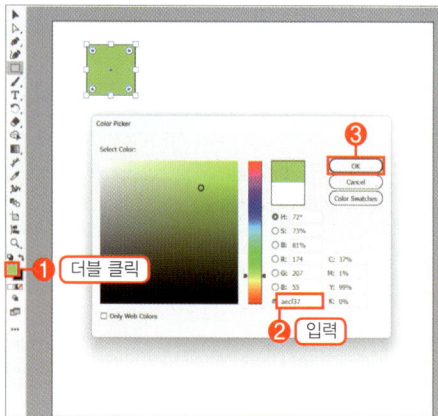 

04 ❶ Rectangle Tool(▭)을 마우스 오른쪽 버튼으로 클릭하고 ❷ Ellipse Tool(◯)을 클릭합니다. ❸ 클릭 & 드래그하면서 Shift 를 눌러 정원형을 그립니다.

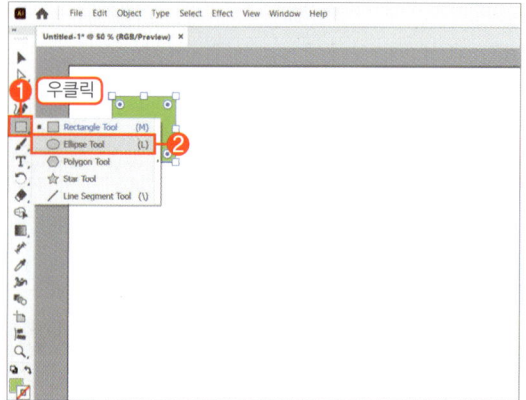 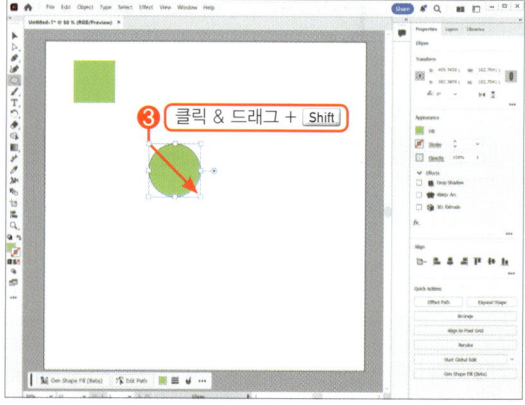

05 ❶ [칠 색상]을 더블 클릭하고 ❷ '#123f99'를 입력한 후 ❸ [OK]를 클릭합니다.

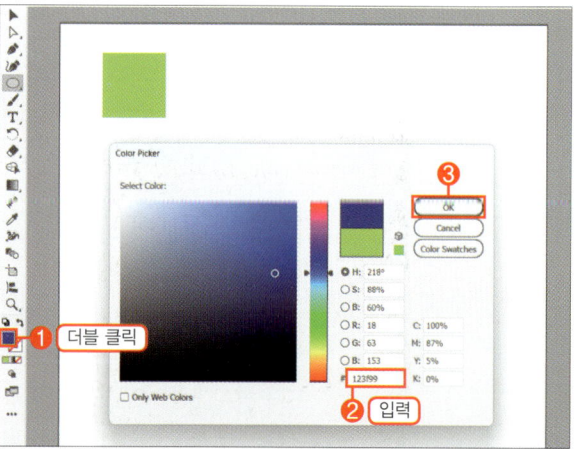

06 ❶ Selection Tool(▶)을 클릭하고 ❷ 그림과 같이 클릭 & 드래그하여 오브젝트를 모두 선택합니다. ❸ 선택한 오브젝트를 오른쪽으로 클릭 & 드래그하면서 Alt + Shift 를 눌러 복제합니다.

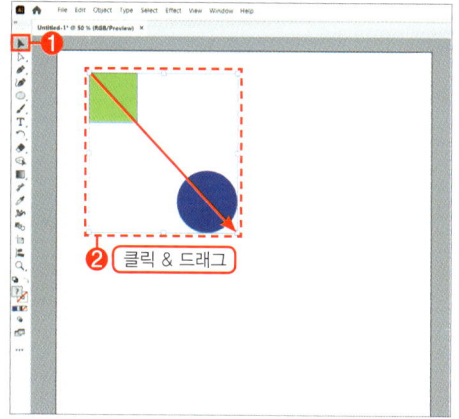 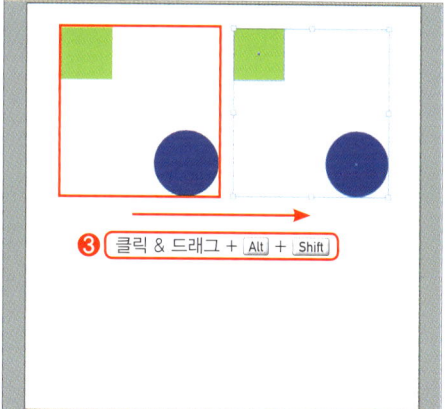

07 ❶ 복제한 사각형을 클릭하고 ❷ Shift + X 를 눌러 칠과 획의 색상을 교체한 후 Properties 패널에서 ❸ Stroke의 두께를 '5 pt'로 설정합니다.

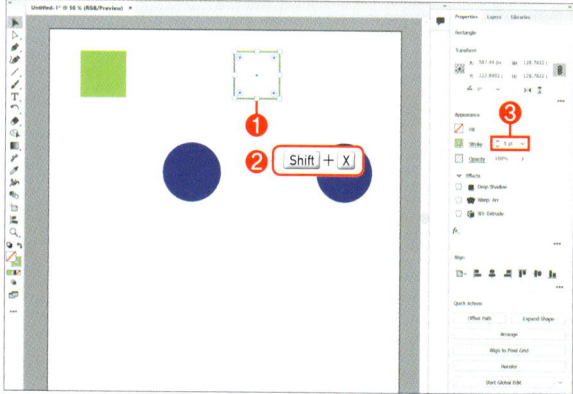

08 ❶ 복제한 원을 클릭하고 ❷ Shift + X 를 눌러 칠과 획의 색상을 교체한 후 Properties 패널에서 ❸ Stroke의 두께를 '5 pt'로 설정합니다.

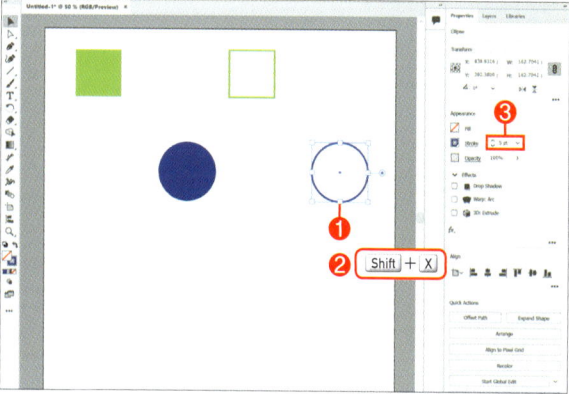

09 ❶ 그림과 같이 클릭 & 드래그해 칠 색상이 있는 오브젝트를 모두 선택하고 ❷ [Object] – ❸ [Blend] – ❹ [Make]를 클릭합니다.

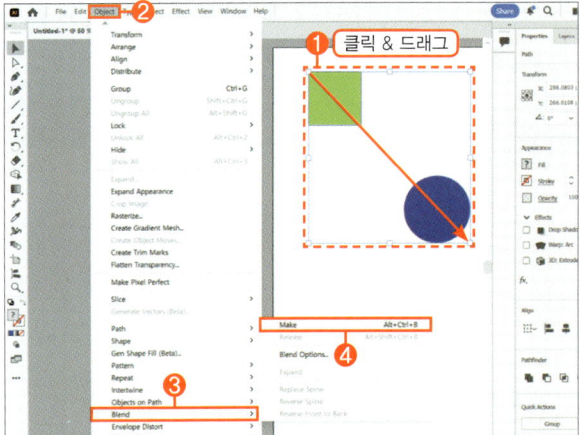

TIP!
블렌드를 해제하고 싶으면 [Object] 〉 Blend 〉 Release]를 클릭합니다.

10 두 오브젝트가 블렌딩된 상태에서 ❶ [Object] – ❷ [Blend] – ❸ [Reverse Spine]을 클릭합니다. ❹ 블렌드의 스파인 즉, 블렌드의 중심이 뒤집힌 것을 확인할 수 있습니다.

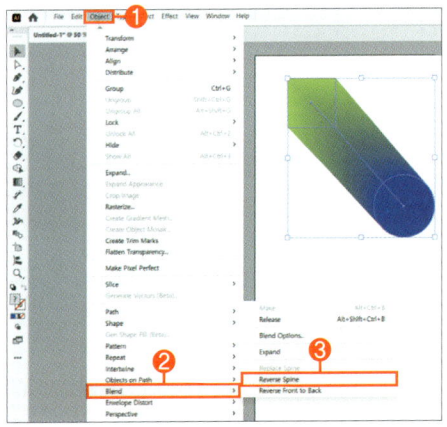 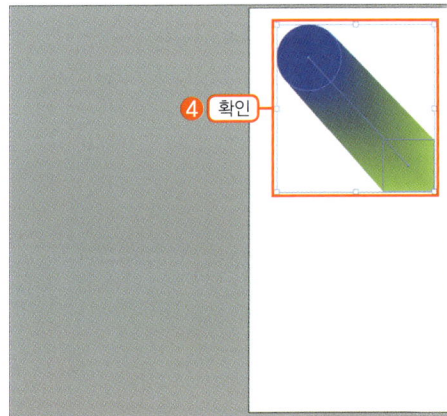

11 ❶ [Object] – ❷ [Blend] – ❸ [Reverse Front to Back]을 클릭합니다. 기존의 블렌드는 원 도형이 앞에 있었다면 ❹ 이제 사각형이 앞으로 나와 도형의 순서가 바뀐 것을 확인할 수 있습니다. ❺ Ctrl + 바깥쪽을 클릭하여 선택을 해제합니다.

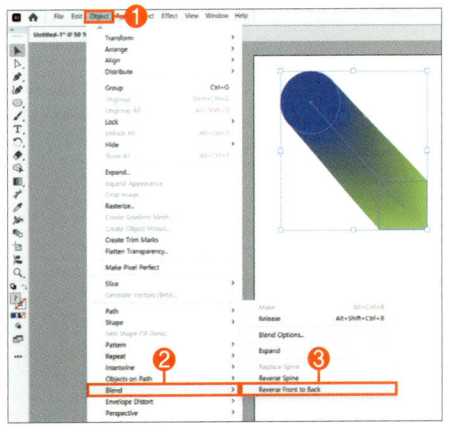 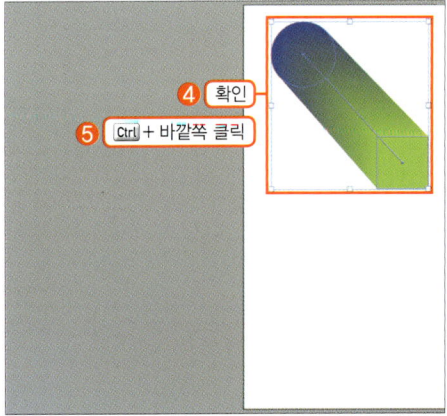

12 ❶ Blend Tool( )을 클릭합니다. 획 색상이 있는 사각형과 원의 중심부에 마우스를 오버한 후 커서 아래에 ❷ * 표시와 ❸ + 표시가 나타날 때 각각 클릭합니다.

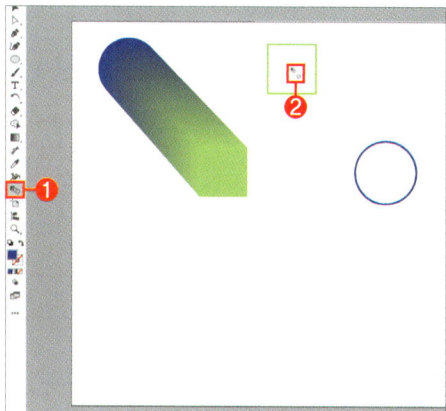 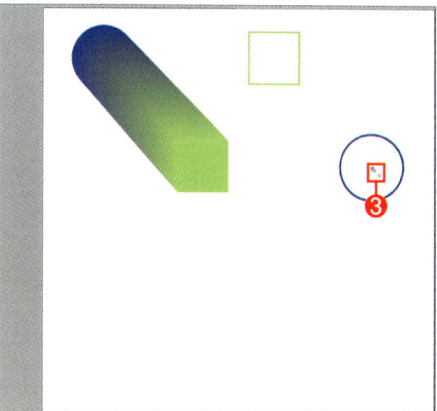

13 그림과 같이 블렌드가 생성됩니다.

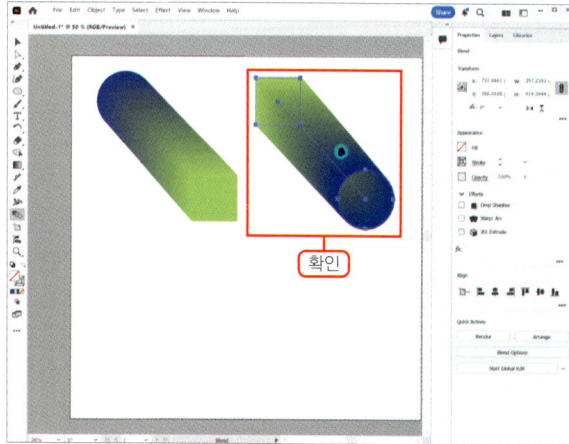

> **TIP!**
> Blend Tool( )은 클릭한 위치에 따라 블렌드의 회전값이 달라집니다. [Object 〉 Blend 〉 Make] 메뉴를 적용한 것처럼 블렌드를 매끄럽게 만들고 싶다면 각 도형의 중심부를 클릭해야 합니다.
>
>
>
> ▲ 도형의 중심부가 아닌 서로 다른 가장자리를 클릭한 경우

14 ❶ Enter를 눌러 Blend Options 창을 엽니다. ❷ Spacing을 'Specified Steps'와 '5'로 설정한 후 ❸ [OK]를 클릭합니다. ❹ Ctrl + 바깥쪽을 클릭하여 선택을 해제합니다.

> **알아두기**
> • Smooth Color: 매끄러운 그레이디언트처럼 보이도록 블렌드의 개수를 자동으로 조절합니다.
> • Specified Steps: 블렌드 개수를 직접 설정합니다.
> • Specified Distance: 블렌드 사이의 거리를 직접 설정합니다.

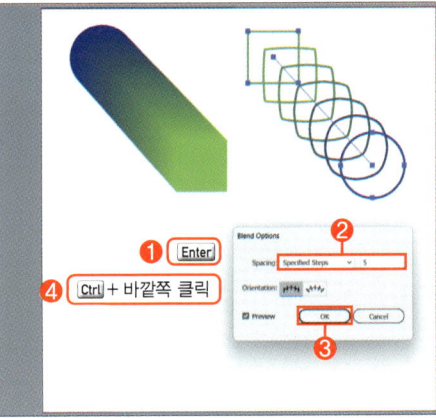

15 ❶ Ctrl + Y를 눌러 윤곽선 보기 모드로 전환합니다. 블렌드는 효과이기 때문에 ❷ 윤곽선이 보이지 않는 것을 확인할 수 있습니다. ❸ Ctrl + A를 눌러 전체 오브젝트를 선택한 후 효과를 도형으로 변환하기 위해 ❹ [Object] – ❺ [Blend] – ❻ [Expand]를 클릭합니다.

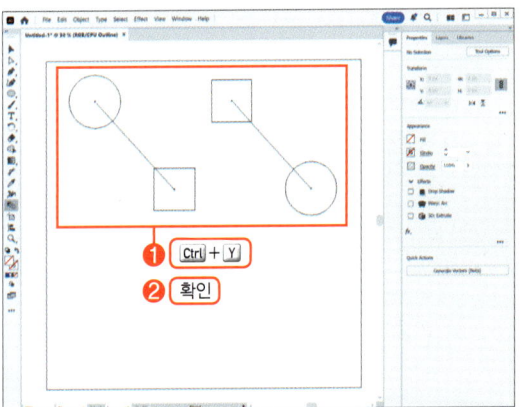 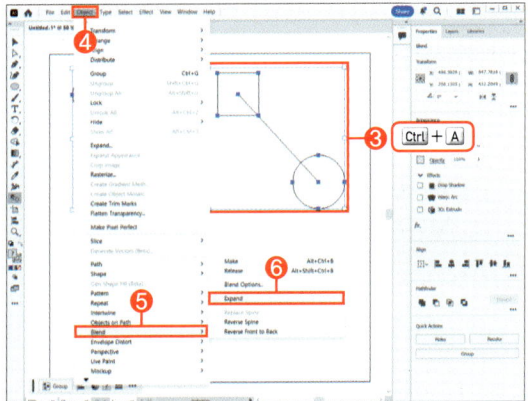

16 ❶ Ctrl + 바깥쪽을 클릭하여 선택을 해제합니다. ❷ 블렌드가 도형으로 변환된 것을 확인할 수 있습니다. ❸ Ctrl + Y를 눌러 미리 보기 모드로 돌아옵니다.

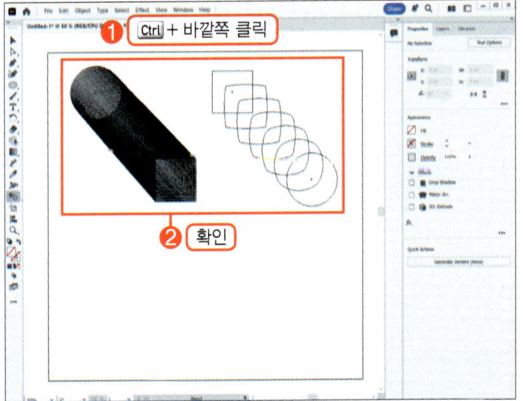 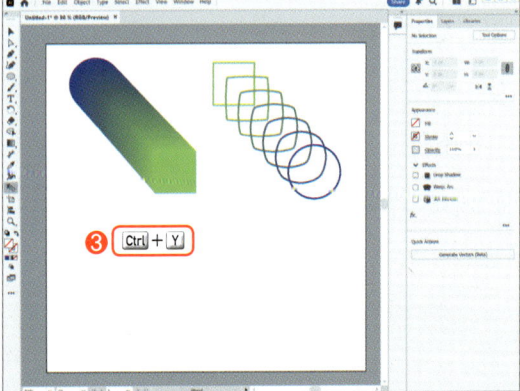

3D 문자 만들기

■ 준비 파일 P02\Ch10\Blend 글씨 도안.png

블렌드 기능과 그레이디언트를 함께 응용해 입체감 있는 문자를 만들어 보겠습니다.

그레이디언트 도형 만들기

01 [File 〉 New]를 클릭해 ❶~❻ 그림과 같이 설정한 후 ❼ [Create]를 클릭합니다.

- Width: 1500 Pixels
- Height: 1000 Pixels
- Artboards: 1
- Bleed: 0 px, 0 px, 0 px, 0 px
- Color Mode: RGB Color
- Raster Effects: Screen (72 ppi)

02 ❶ Rectangle Tool(■)을 마우스 오른쪽 버튼으로 클릭하고 ❷ Ellipse Tool(○)을 클릭합니다.

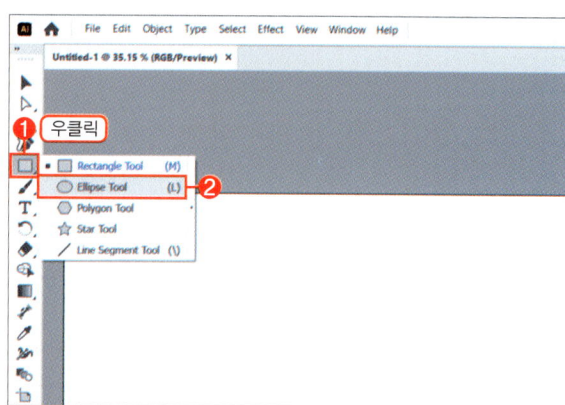

> **TIP!**
> Ellipse Tool(○) 대신 Rectangle Tool(■), Star Tool(☆) 등의 도구를 사용하면 날카로운 느낌의 각진 텍스트를 만들 수 있습니다.

03 ❶ 아트보드 바깥쪽에 클릭 & 드래그하면서 Shift 를 눌러 작은 원을 그린 후 ❷ 획 색상을 '없음(☐)'으로 설정합니다. ❸ [칠 색상]을 클릭하고 ❹ ☐를 눌러 '그레이디언트(■)'로 설정합니다.

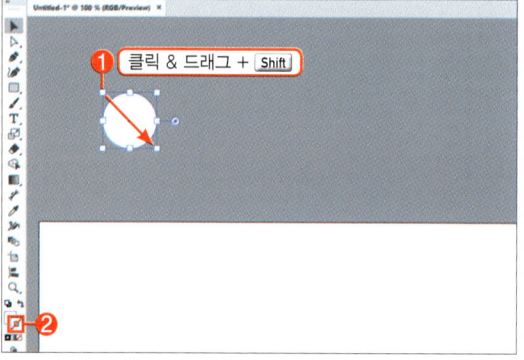
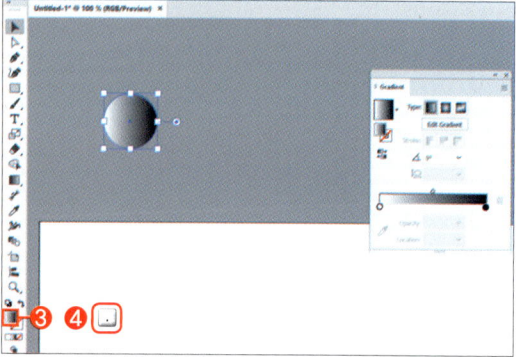

Chapter 10 · 여러 가지 효과 활용하기   341

04 Gradient 패널의 ❶ 왼쪽 색상점을 더블 클릭해 ❷ Color(🎨)를 클릭한 후 ❸ '#6459ee'를 입력하고 ❹ Enter를 누릅니다.

> **TIP!**
> 그레이디언트의 색상을 밝은 난색 계열로 설정하면 Blend의 밝은 부분을, 어두운 한색 계열로 설정하면 Blend의 어두운 부분을 표현할 수 있습니다.

05 ❶ 오른쪽 색상점을 더블 클릭해 ❷ '#968ce9'를 입력한 후 ❸ Enter를 누르고 ❹ 각도를 90°로 설정합니다.

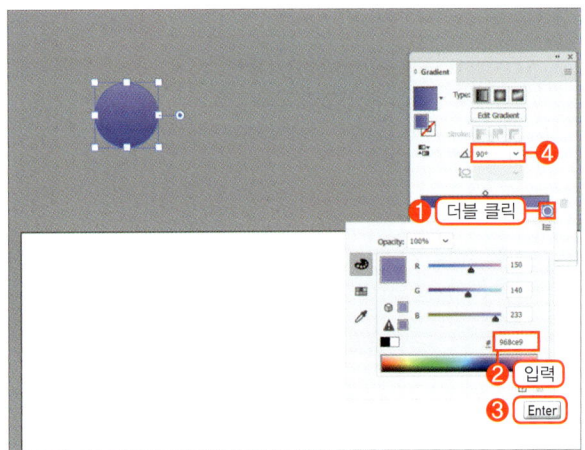

06 ❶ 원 도형을 오른쪽으로 Ctrl + Alt + 클릭 & 드래그해 복제하고 ❷ Ctrl + D를 눌러 한 번 더 반복합니다.

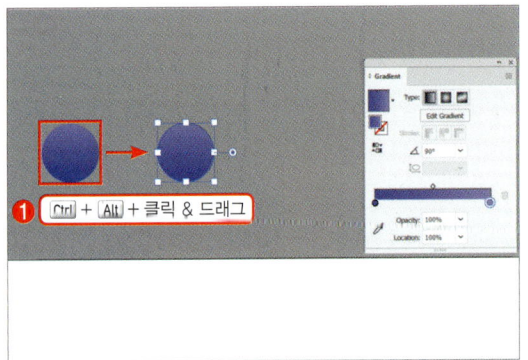 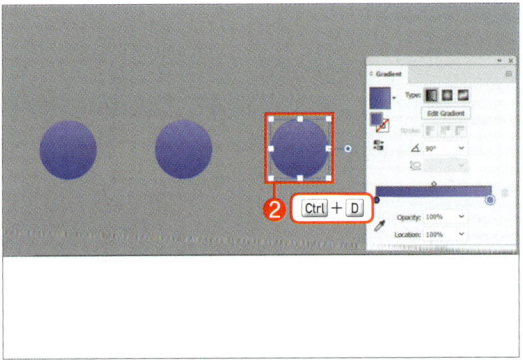

07 ❶ 두 번째 원을 클릭합니다. Gradient 패널의 ❷ 왼쪽 색상점을 더블 클릭해 ❸ Color(🎨)를 클릭한 후 ❹ '#2e2597'을 입력하고 ❺ Enter 를 누릅니다.

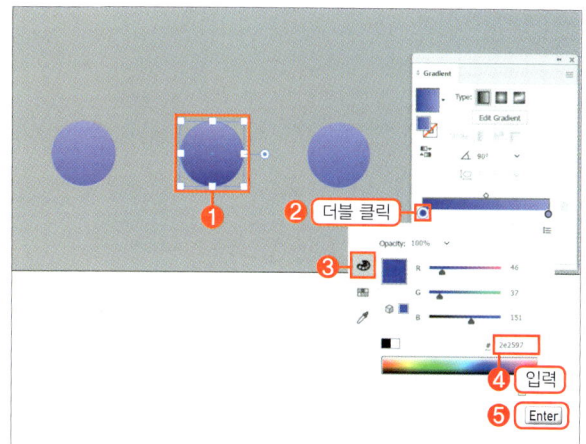

08 ❶ 오른쪽 색상점을 더블 클릭해 ❷ '#a9bfed'를 입력한 후 ❸ Enter 를 누르고 ❹ 각도를 '0°'로 설정합니다.

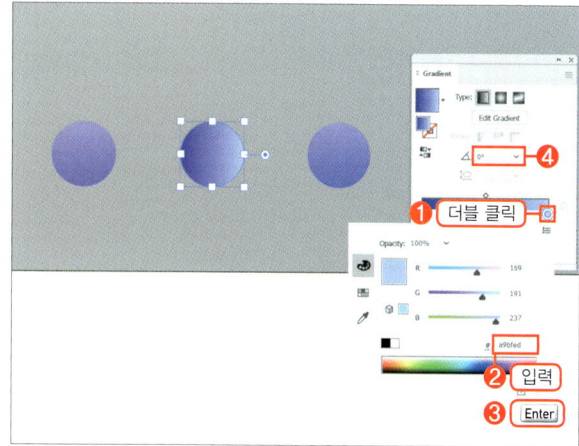

09 ❶ 세 번째 원을 클릭합니다. Gradient 패널의 ❷ 왼쪽 색상점을 더블 클릭해 ❸ Color(🎨)를 클릭한 후 ❹ '#3b4fd6'을 입력하고 ❺ Enter 를 누릅니다. ❻ 오른쪽 색상점을 더블 클릭해 ❼ '#1b88d8'을 입력한 후 ❽ Enter 를 누릅니다.

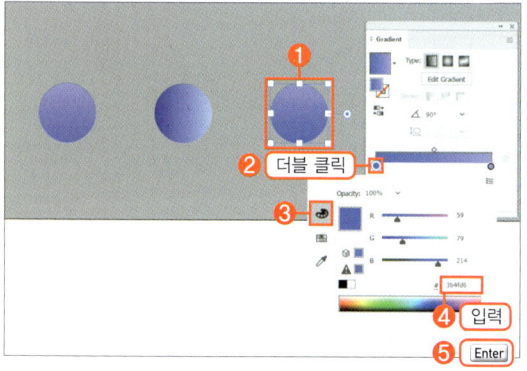 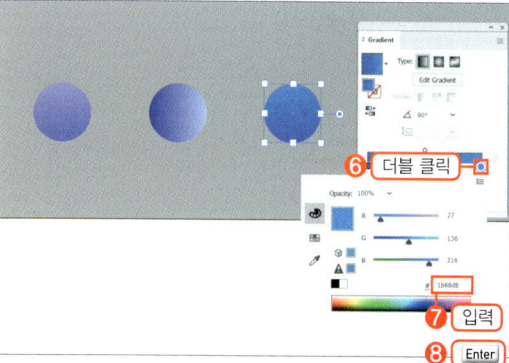

문자 입력하고 블렌드 적용하기

01 [File 〉 Place]를 클릭해 ❶ 'Blend 글씨 도안.png'를 가져온 후 ❷ 아트보드의 왼쪽 상단을 클릭해 배치합니다. ❸ Paintbrush Tool( )을 클릭하고 ❹ 클릭 & 드래그하여 한 획으로 문자를 따라 그려 줍니다.

 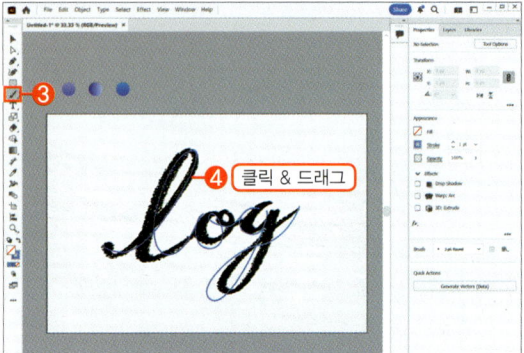

02 ❶ Selection Tool( )을 클릭하고 ❷ 이미지를 클릭한 후 Delete 를 눌러 삭제합니다.

03 ❶ 그림과 같이 클릭 & 드래그해 세 개의 원을 선택하고 ❷ [Object] – ❸ [Blend] – ❹ [Make]를 클릭합니다.

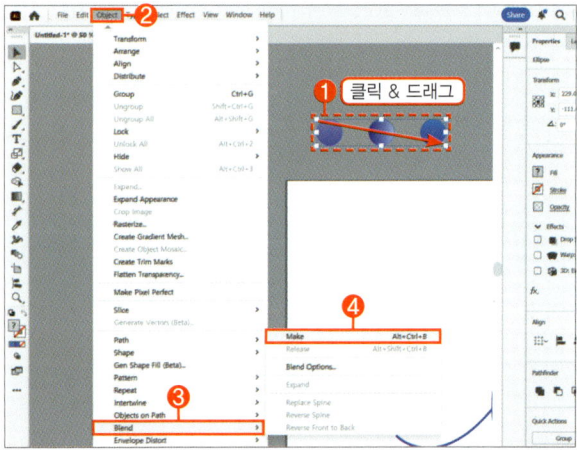

04 Properties 패널의 ❶ [Blend Options]를 클릭합니다. ❷ Spacing을 'Specified Distance'와 '1 px'로 설정하고 ❸ [OK]를 클릭합니다.

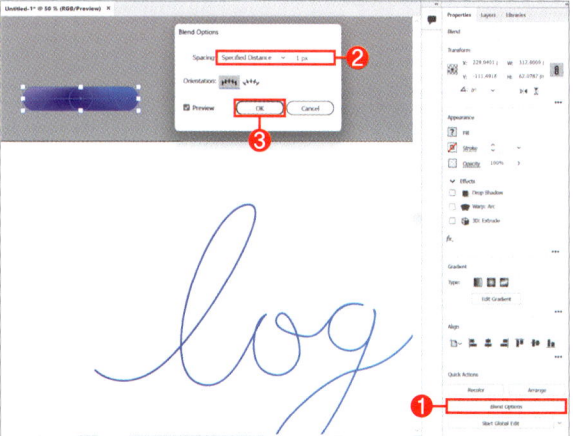

> **TIP!**
> 블렌드 사이의 간격을 가장 작은 단위인 '1 px'로 설정하면, 스파인이 커지더라도 매끄럽게 이어지는 그레이디언트를 만들 수 있습니다.

05 그림과 같이 클릭 & 드래그해 블렌드 오브젝트와 패스를 모두 선택합니다.

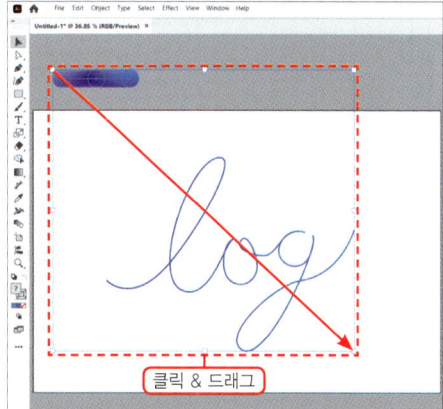

> **TIP!**
> 원 도형의 색상 및 크기, 스파인의 모양 등을 변경하고 싶다면 Direct Selection Tool(▷)을 사용합니다. 클릭 또는 드래그하면 고정점이나 핸들을 선택할 수 있고, Alt + 클릭하면 블렌드 오브젝트의 전체 패스를 선택할 수 있습니다.

06 블렌드를 문자에 적용하기 위해 ❶ [Object] – ❷ [Blend] – ❸ [Replace Spine]을 클릭합니다.

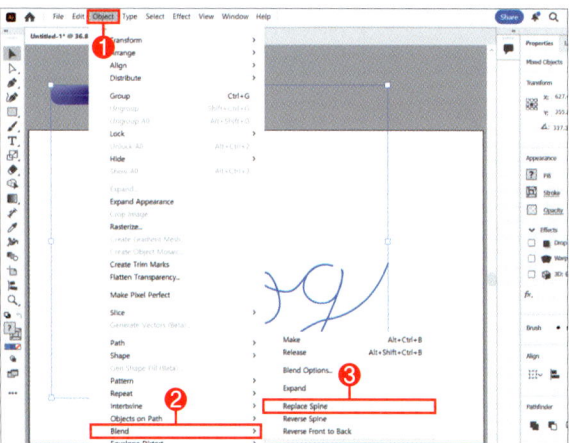

Chapter 10 · 여러 가지 효과 활용하기 **345**

07 이어서 배경을 만들기 위해 ❶ Rectangle Tool(▢)을 클릭합니다. ❷ 아트보드 왼쪽 상단을 클릭하고 ❸ Width를 '1500 px', Height를 '1000 px'로 설정한 후 ❹ [OK]를 클릭합니다.

08 ❶ [칠 색상]을 더블 클릭하고 ❷ '#0a0d33'을 입력한 후 ❸ [OK]를 클릭합니다.

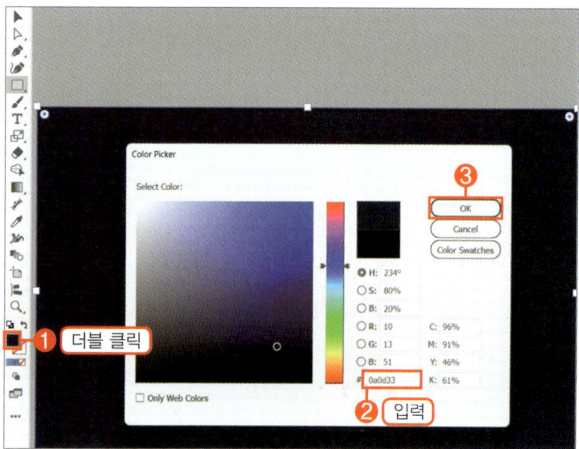

09 ❶ 사각형을 마우스 오른쪽 버튼으로 클릭하고 ❷ [Arrange] – ❸ [Send to Back]을 클릭합니다. 블렌드와 그레이디언트를 활용한 3D 문자 만들기를 완성했습니다.

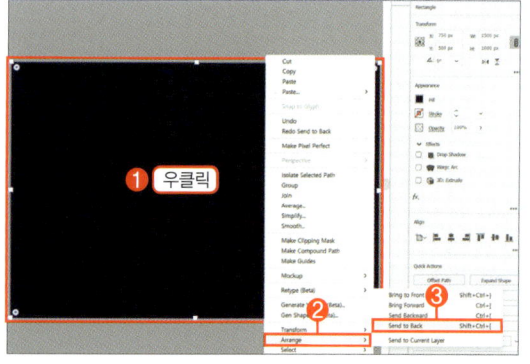

04 알록달록 캐주얼한 느낌의 디자인하기

일러스트레이터의 도형으로 작업하다 보면 종종 벡터 그래픽 특유의 차가운 느낌이 남아 있는 경우가 있습니다. 이번 섹션에서는 다양한 효과로 이를 보완하여 알록달록 캐주얼한 느낌의 아트워크를 만들어 보겠습니다.

크레파스로 그린 것 같이 연출하기

■ 준비 파일 P02\Ch10\손그림 같은 느낌.ai

도형으로 작업해 놓은 아트워크에 여러 가지 효과를 넣어 크레파스로 그린 것 같은 따뜻한 감성의 작품으로 바꿔 보겠습니다.

01 [File 〉 Open]을 클릭해 ❶ '손그림 같은 느낌.ai'를 불러옵니다. ❷ Selection Tool(▶)을 클릭하고 ❸ 오브젝트를 클릭합니다. 오브젝트가 하나의 그룹으로 묶여 있습니다.

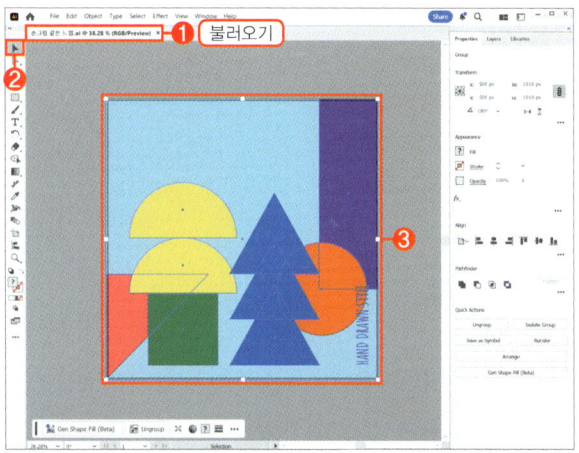

02 오브젝트 그룹에 다양한 효과를 넣기 위해 Properties 패널에서 fx 아이콘(fx.) 오른쪽에 있는 ···을 클릭해 Appearance 패널을 꺼내 줍니다.

> **TIP!**
> Properties 패널에 있는 각각의 ···을 클릭하면 패널에서 속성을 세부적으로 조절할 수 있습니다. Appearance 패널은 여러 가지 효과나 칠 또는 획을 관리하는 패널입니다.

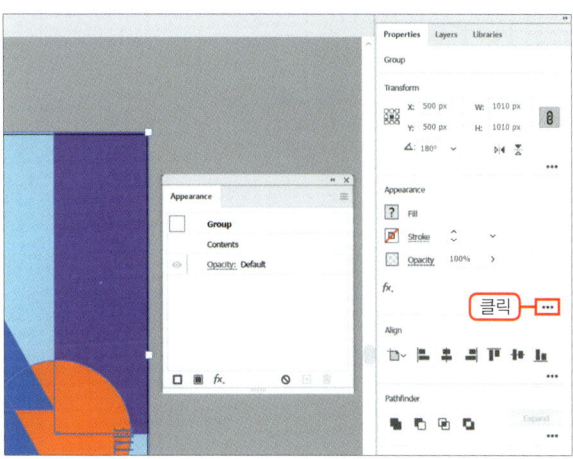

03 ❶ [Effect] – ❷ [Distort & Transform] – ❸ [Roughen]을 클릭합니다.

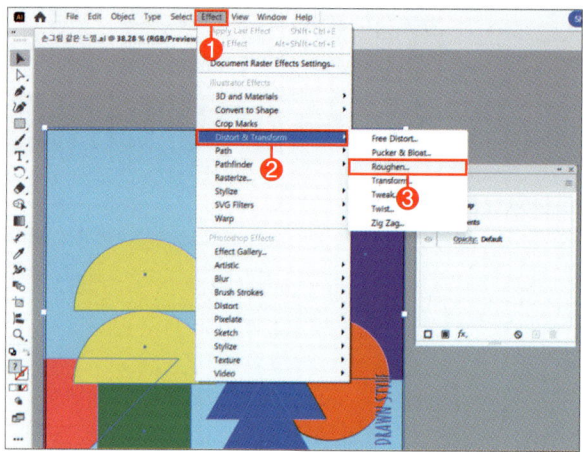

04 ❶~❹ 그림과 같이 설정하고 ❺ [OK]를 클릭합니다.

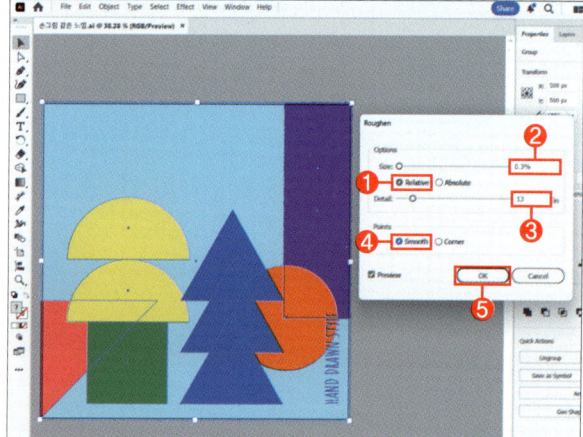

- Relative: 클릭
- Size: 0.3%
- Detail: 13/in
- Points: Smooth

05 Appearance 패널에서 효과가 들어간 것을 확인합니다.

TIP!

Appearance 패널에서 효과의 눈 아이콘(👁)을 클릭하면 가시성을 설정할 수 있고, 휴지통 아이콘(🗑)을 클릭하면 효과를 삭제할 수 있습니다. 효과를 수정하고 싶다면 효과의 이름을 클릭합니다.

06 노이즈 효과를 추가하기 위해 ❶ [Effect] – ❷ [Texture] – ❸ [Grain]을 클릭합니다.

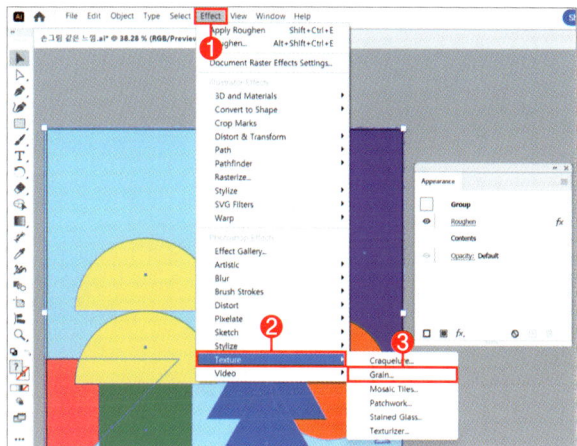

07 ❶~❸ 그림과 같이 설정하고 ❹ [OK]를 클릭합니다.

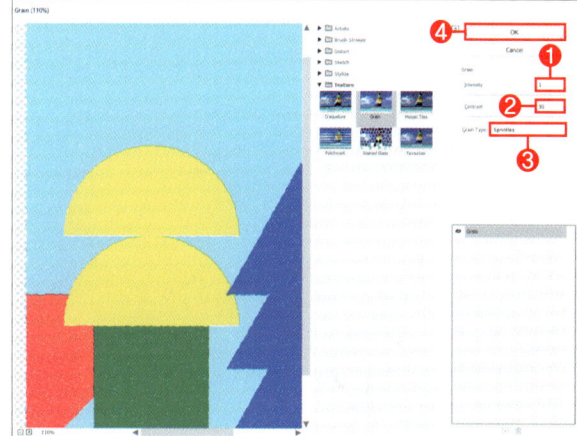

- Intensity: 1
- Contrast: 50
- Grain Type: Sprinkles

08 다른 유형의 노이즈를 추가로 넣기 위해 다시 ❶ [Effect] – ❷ [Texture] – ❸ [Grain]을 클릭합니다.

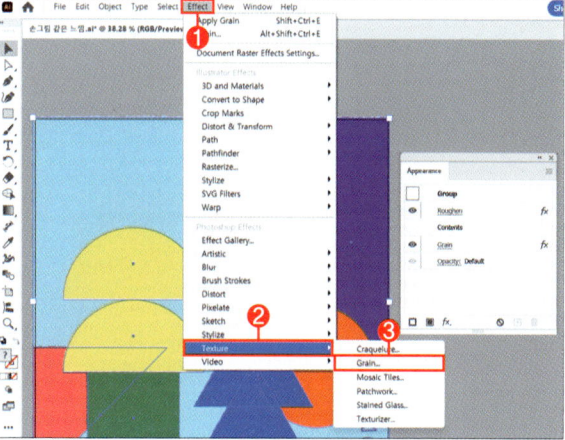

Chapter 10 · 여러 가지 효과 활용하기 **349**

09 그림과 같은 창이 뜨면 [Apply New Effect]를 클릭합니다. 같은 효과를 두 번 이상 넣으려고 할 때 뜨는 창입니다.

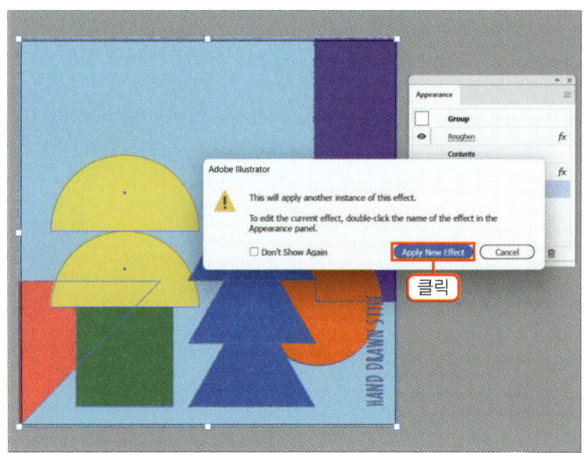

10 ❶~❸ 그림과 같이 설정하고 ❹ [OK]를 클릭합니다.

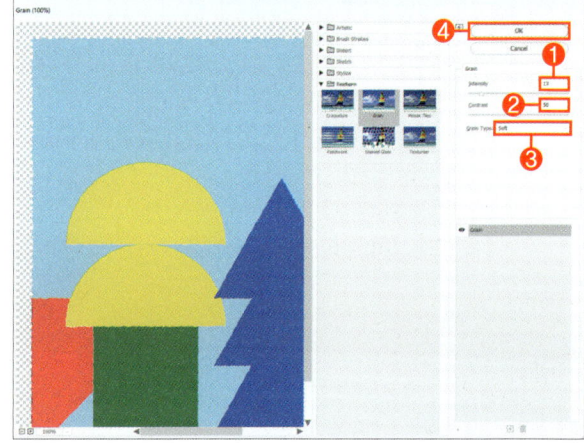

- Intensity: 13
- Contrast: 50
- Grain Type: Soft

11 도형 아트워크에 효과를 넣어 크레파스로 그린 것 같이 연출하였습니다.

Envelope Distort로 문자 왜곡하기

Envelope Distort(둘러싸기 왜곡) 효과로 당근 모양의 깜찍한 타이포그래피를 만들어 보겠습니다.

당근 모양의 타이포그래피 만들기

01 [File 〉 New]를 클릭해 ❶~❻ 그림과 같이 설정한 후 ❼ [Create]를 클릭합니다.

- Width: 1000 Pixels
- Height: 1000 Pixels
- Artboards: 1
- Bleed: 0 px, 0 px, 0 px, 0 px
- Color Mode: RGB Color
- Raster Effects: Screen (72 ppi)

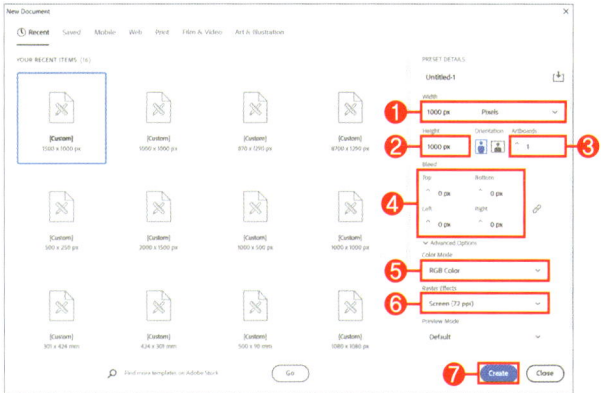

02 ❶ Rectangle Tool(□)을 마우스 오른쪽 버튼으로 클릭하고 ❷ Ellipse Tool(○)을 클릭합니다. ❸ 클릭 & 드래그하여 타원을 그립니다.

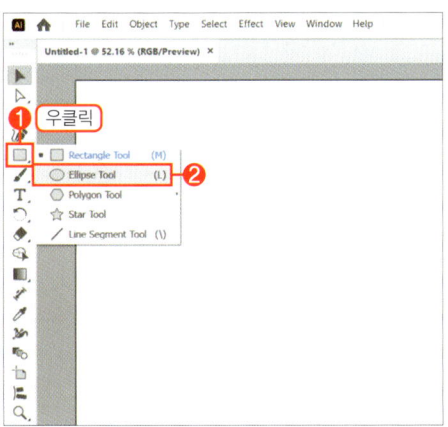
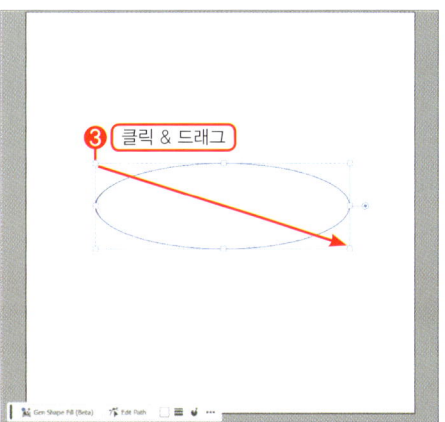

03 칠 색상을 '없음(□)'으로 설정합니다.

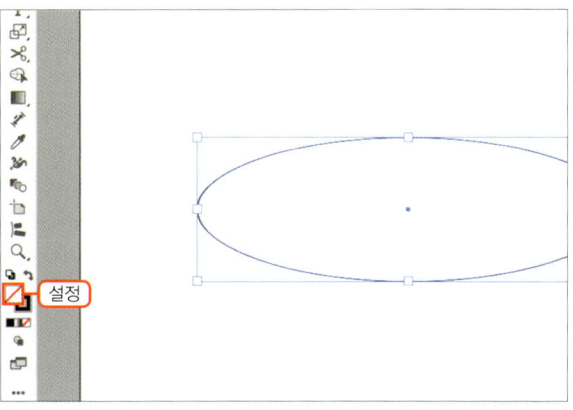

Chapter 10 · 여러 가지 효과 활용하기   351

04 ❶ Direct Selection Tool(▷)을 클릭하고 ❷ 그림과 같이 클릭 & 드래그해 좌우의 고정점을 선택합니다. ❸ 선택된 점을 왼쪽으로 클릭 & 드래그하면서 Shift 를 눌러 당근 모양을 만듭니다.

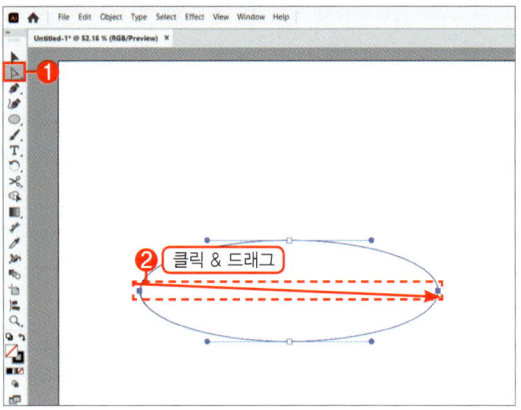
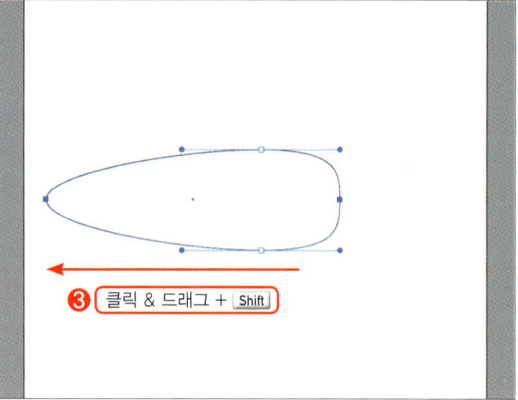

05 살짝 휘어진 모양을 만들기 위해 ❶ [Effect] – ❷ [Warp] – ❸ [Arc]를 클릭합니다. ❹ Bend를 '–8%'로 설정해 아래로 볼록하게 휜 모양을 만들고 ❺ [OK]를 클릭합니다.

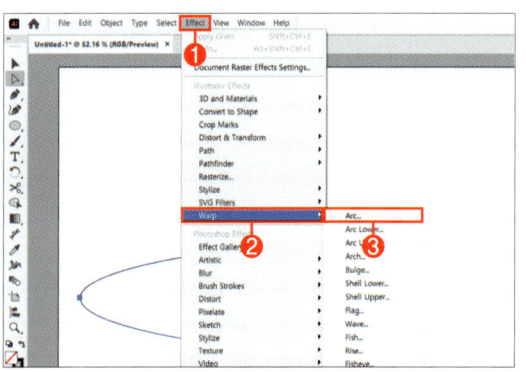
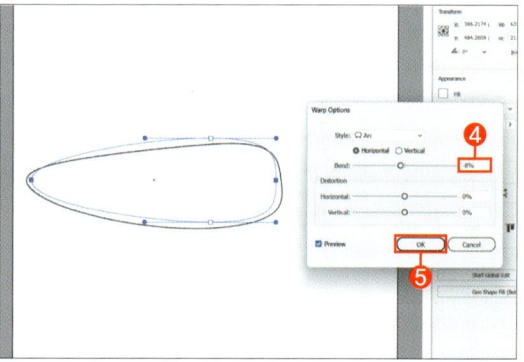

06 효과를 도형으로 변환하기 위해 ❶ [Object] – ❷ [Expand Appearance]를 클릭합니다.

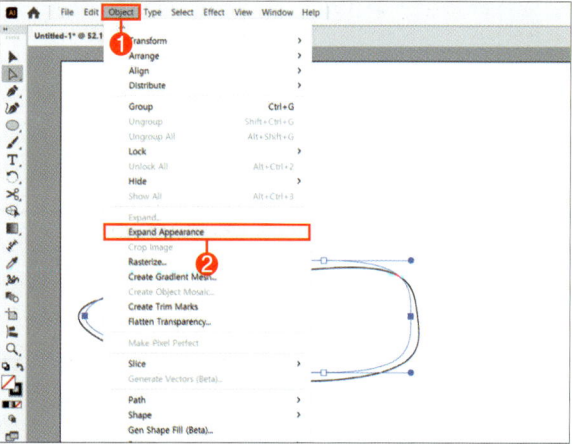

07 ① Type Tool(T.)을 클릭합니다. ② 아트보드를 클릭하고 'CARROT'을 입력한 후 ③ Ctrl + Enter 를 눌러 마무리합니다. Properties 패널에서 ④~⑥ 그림과 같이 설정합니다.

- 폰트: Copal Std Solid
- 크기: 90 pt
- 자간: -10

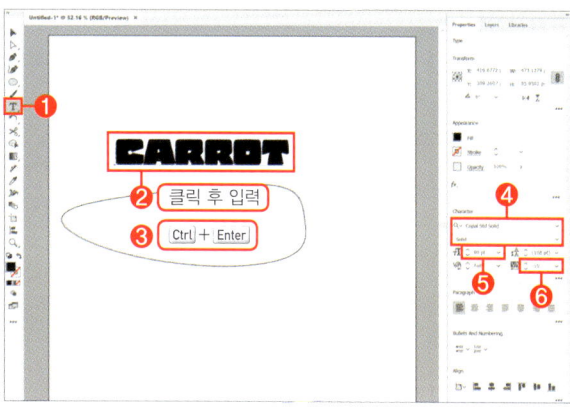

08 ① [칠 색상]을 더블 클릭하고 ② '#ef6a20'을 입력한 후 ③ [OK]를 클릭합니다.

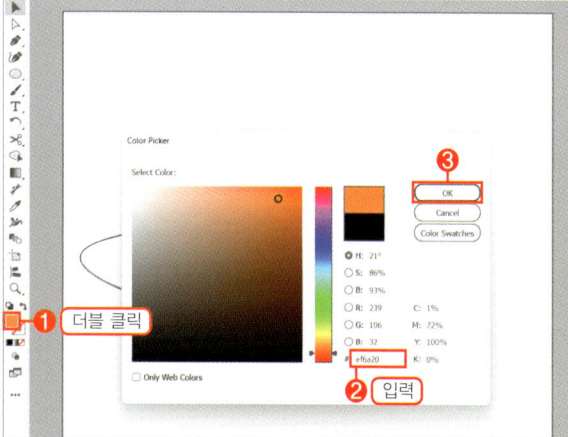

09 ① Ctrl + Y 를 눌러 윤곽선 보기 모드로 전환합니다. 문자의 모양을 수정하기 위해 ② Ctrl + Shift + O 를 눌러 도형으로 변환합니다.

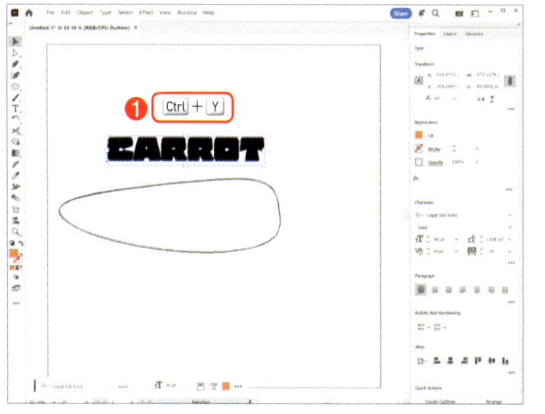 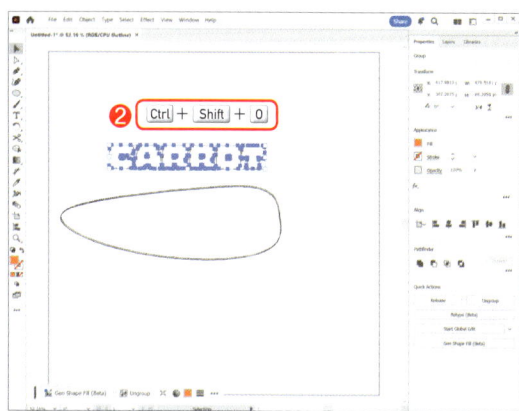

TIP!

Ctrl + Shift + O 는 '윤곽선 만들기'의 단축키로 문자를 도형으로 변환할 수 있습니다. '윤곽선 만들기'를 흔히 '폰트를 깬다'라고 표현하며, Ctrl + Y 를 눌렀을 때 문자는 검은색, 도형은 선으로 표시됩니다.

Chapter 10 · 여러 가지 효과 활용하기   353

10 ❶ Direct Selection Tool( )을 클릭하고 ❷ 'A'의 안쪽 패스를 클릭 & 드래그하여 선택한 후 ❸~❺ 'R'과 'O'의 안쪽도 각각 Shift + 클릭 & 드래그하여 선택합니다. ❻ Delete 를 눌러 삭제합니다.

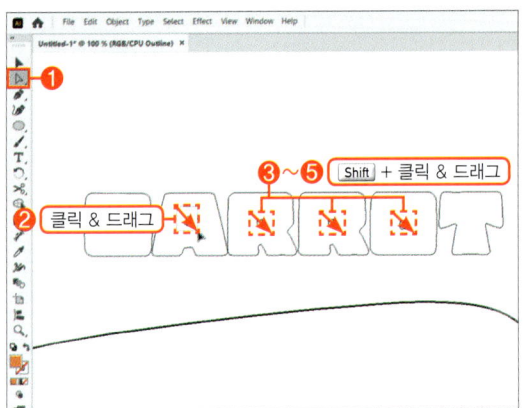 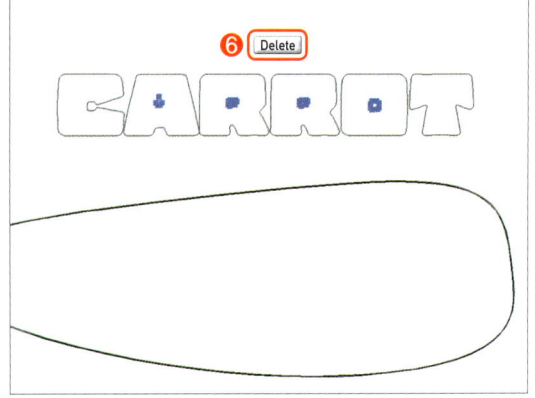

11 'C'의 안쪽을 그림과 같이 클릭 & 드래그하여 선택합니다.

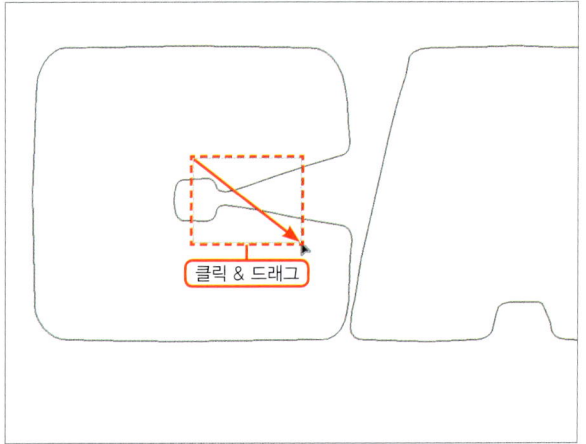

12 Properties 패널에서 Anchors의 을 클릭하여 패스는 유지한 상태에서 고정점만 삭제하겠습니다.

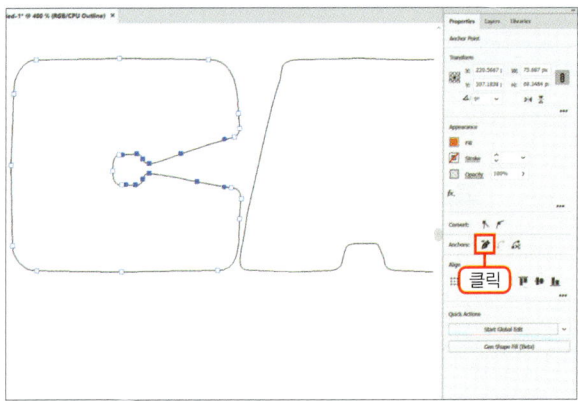

13 ❶~❷ 'C'의 안쪽 패스를 각각 클릭 & 드래그하여 그림과 같이 뚱뚱한 모양의 'C'로 만들어 줍니다.
❸ Ctrl + Y 를 눌러 미리 보기 모드로 돌아옵니다.

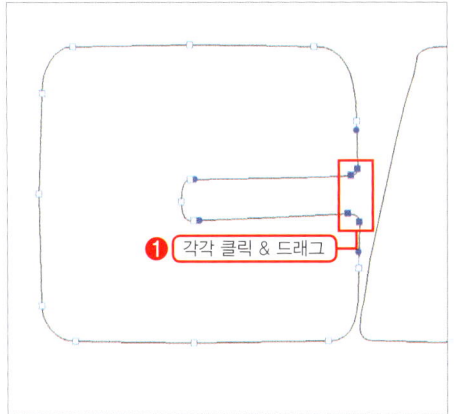
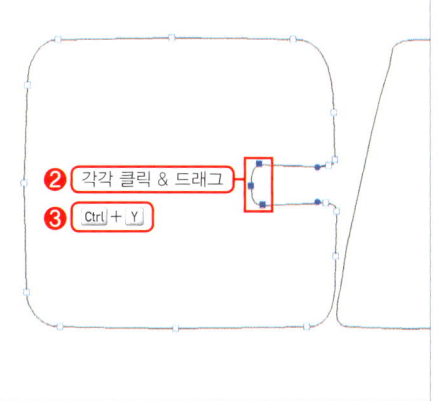

14 ❶ Selection Tool(▶)을 클릭하고 ❷ 당근 오브젝트를 마우스 오른쪽 버튼으로 클릭합니다. ❸ [Arrange] – ❹ [Bring to Front]를 클릭하여 당근이 문자보다 앞에 오게 배치합니다. 틀 역할을 하는 오브젝트는 항상 맨 앞에 있어야 합니다.

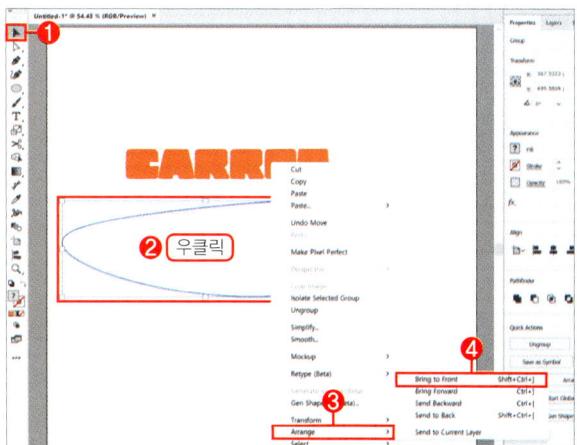

15 ❶ 클릭 & 드래그하여 당근과 문자를 같이 선택하고 ❷ [Object] – ❸ [Envelope Distort] – ❹ [Make with Top Object]를 클릭합니다.

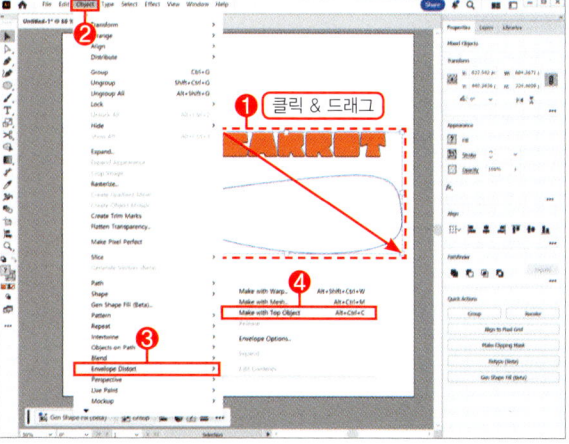

> **TIP!**
> Envelope Distort 메뉴는 맨 앞에 있는 오브젝트에 나머지 오브젝트를 모두 왜곡시켜 집어넣는 효과입니다. 효과를 적용한 후 Direct Selection Tool()로 모양을 수정할 수 있습니다.

Chapter 10 · 여러 가지 효과 활용하기   355

당근의 꼭지를 그리고 배경 추가하기

01 당근의 꼭지를 그리기 위해 ❶ Paintbrush Tool(|✓|)을 클릭하고 ❷ 그림과 같이 클릭 & 드래그하여 당근 꼭지를 그려 줍니다.

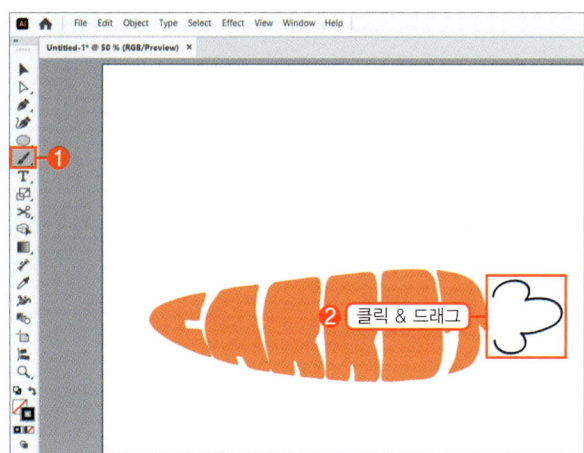

02 ❶ 당근 꼭지를 Ctrl + 클릭하여 선택하고 ❷ Ctrl + J를 눌러 닫힌 패스로 만들어 줍니다.

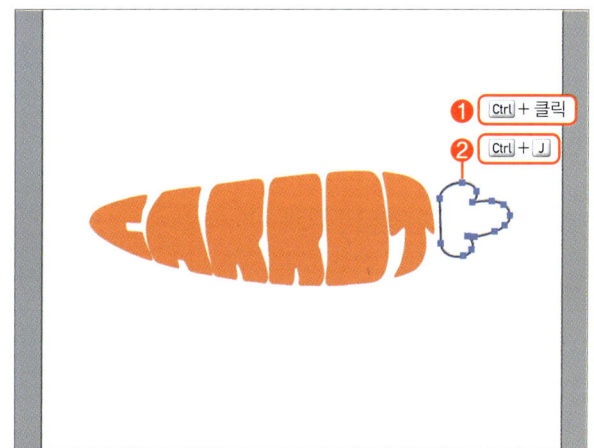

03 ❶ Pen Tool(|✐|)을 마우스 오른쪽 버튼으로 클릭하고 ❷ Anchor Point Tool(|⌃|)을 클릭합니다.

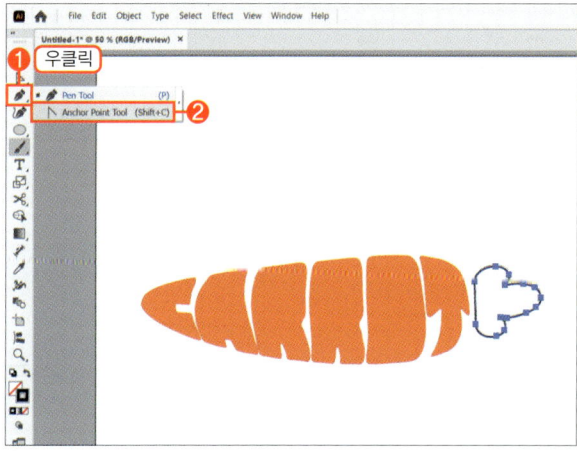

04 ❶ **02**에서 연결한 직선을 클릭 & 드래그하여 둥근 곡선으로 만들어 줍니다. ❷ Shift + X 를 눌러 칠과 획의 색상을 교체합니다.

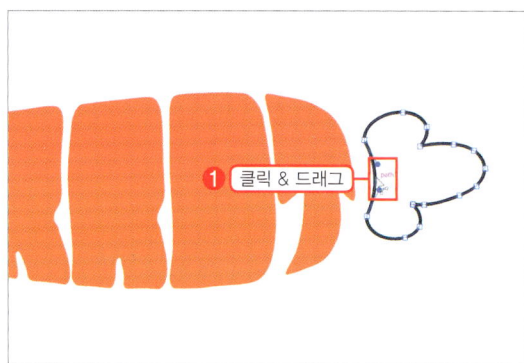
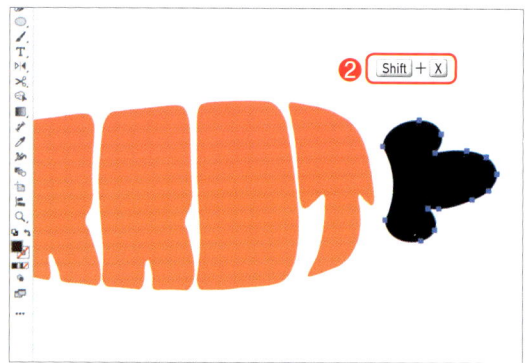

05 ❶ [칠 색상]을 더블 클릭하고 ❷ '#229e4a'를 입력한 후 ❸ [OK]를 클릭합니다. ❹ Ctrl + 바깥쪽을 클릭해 선택을 해제합니다.

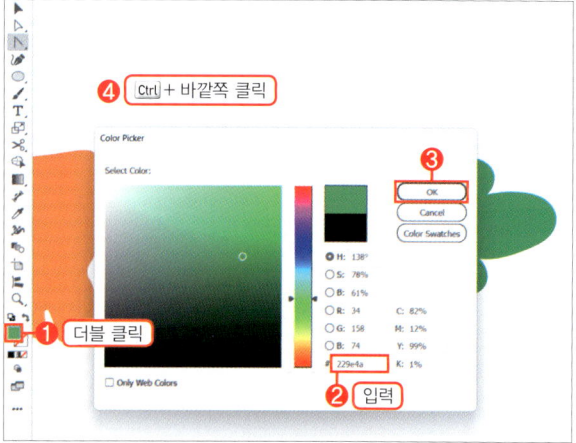

06 배경과 그림자를 만들기 위해 ❶ Shift + D 를 눌러 배경 그리기 모드로 전환합니다. ❷ Ellipse Tool(◯)을 클릭하고 ❸ 클릭 & 드래그해 그림과 같이 가로로 긴 타원을 그려 줍니다.

07 ❶ [칠 색상]을 더블 클릭하고 ❷ '#491d00'을 입력한 후 ❸ [OK]를 클릭합니다.

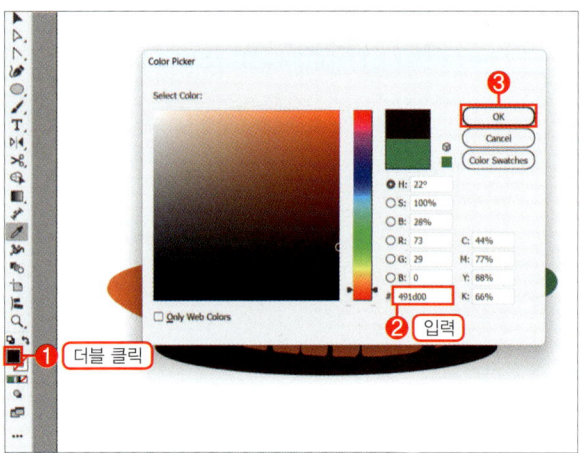

08 Properties 패널에서 Opacity를 '20%'로 설정합니다.

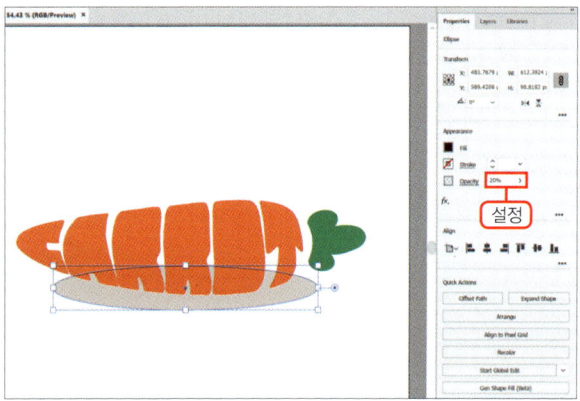

09 ❶ Ellipse Tool(◯)을 마우스 오른쪽 버튼으로 클릭하고 ❷ Rectangle Tool(▭)을 클릭합니다.

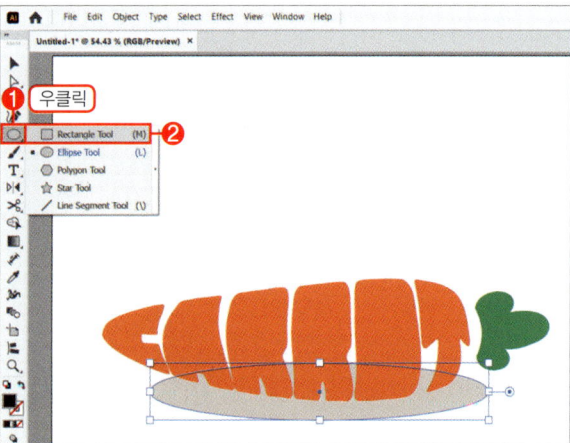

10 ❶ 아트보드의 왼쪽 상단을 클릭하고 ❷ Width를 '1000 px', Height를 '1000 px'로 설정한 후 ❸ [OK]를 클릭합니다.

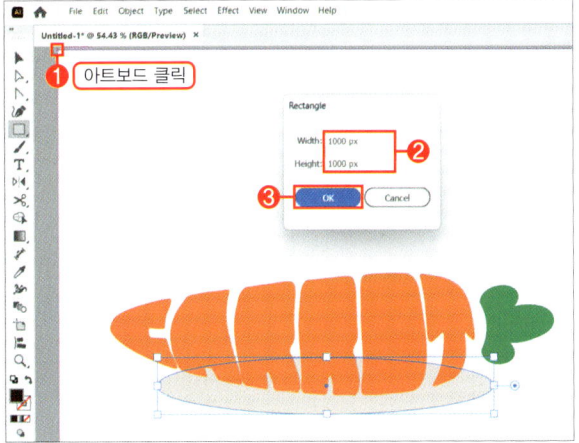

11 ❶ [칠 색상]을 더블 클릭하고 ❷ '#fce8d4'를 입력한 후 ❸ [OK]를 클릭합니다.

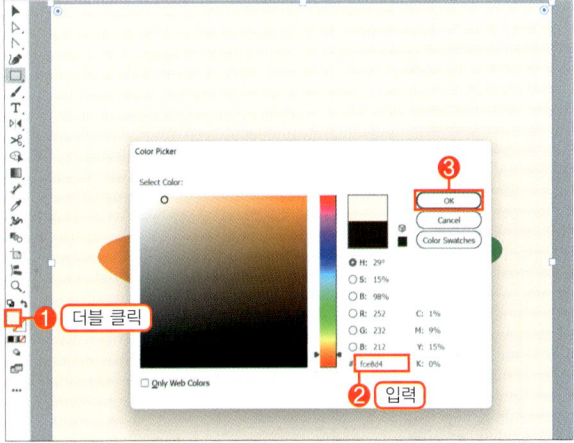

12 다시 Shift + D를 눌러 표준 그리기 모드로 전환합니다. 당근 모양의 깜찍한 타이포그래피를 완성했습니다.

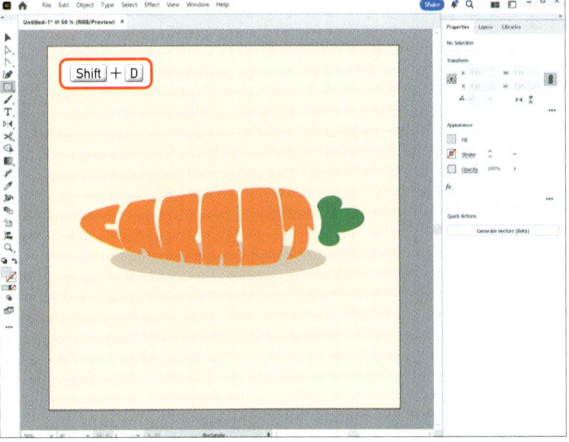

05 다양한 3D 그래픽 아트워크 만들기

Illustrator CC 2020 버전부터 3D and Materials 기능이 추가되어 일러스트레이터로 사실적인 3D 작업이 가능해졌습니다. 이번 섹션에서는 두 가지 유형의 3D 기능을 비교해 보며 여러 가지 3D 아트워크를 만들어 보겠습니다. 실습 전에 Swatches와 3D and Materials 패널을 미리 빼놓는 것이 좋습니다.

두 가지 유형의 3D 기능 비교하기

■ 준비 파일 P02\Ch10\3D-두 가지 유형.ai

먼저 3D (Classic)(3D 기본)와 3D and Materials(3D 및 재질)의 기능을 비교해 보겠습니다.

01 [File 〉 Open]을 클릭해 ❶ '3D-두 가지 유형.ai'를 불러옵니다. 3D 효과를 비교하기 위해 ❷ Artboard Tool(■)을 클릭하고 ❸ 아트보드를 오른쪽으로 클릭 & 드래그하면서 Alt + Shift 를 눌러 복제합니다.

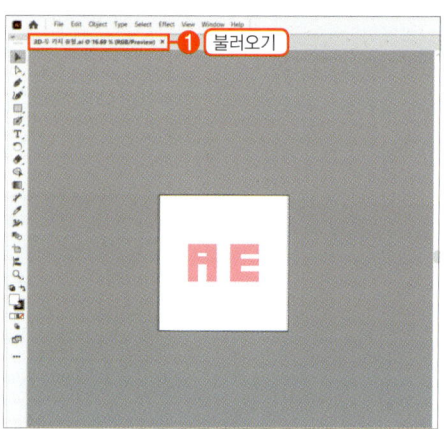 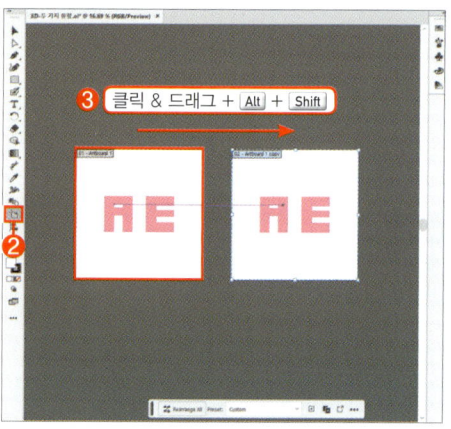

02 먼저 3D (Classic) 효과를 적용하기 위해 ❶ Selection Tool(▶)을 클릭하고 ❷ 첫 번째 아트보드의 'A'를 클릭한 후 ❸ [Effect] – ❹ [3D and Materials] – ❺ [3D (Classic)] – ❻ [Extrude & Bevel (Classic)]을 클릭합니다.

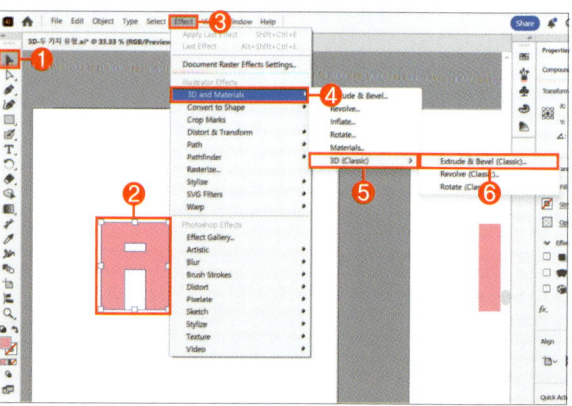

03 ❶~❷ 그림과 같이 설정하고 ❸ [OK]를 클릭합니다.

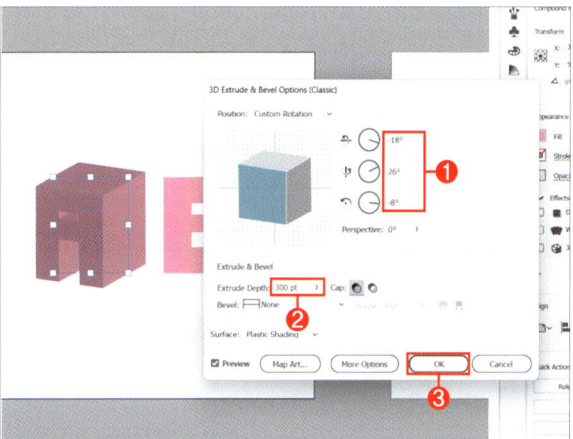

- 회전: –18,° 26,° –8°
- Extrude Depth: 300 pt

TIP!
위와 같은 방법으로 회전 각도를 설정하거나, 3D Extrude & Bevel Options (Classic) 창의 정육면체를 클릭 & 드래그하여 회전 각도를 설정할 수 있습니다. 이때 정육면체의 하늘색 면이 뒤집어지지 않게 주의합니다.

04 ❶ 첫 번째 아트보드의 'E'를 클릭한 후 ❷ [Effect] – ❸ [3D and Materials] – ❹ [3D (Classic)] – ❺ [Extrude & Bevel (Classic)]을 클릭합니다.

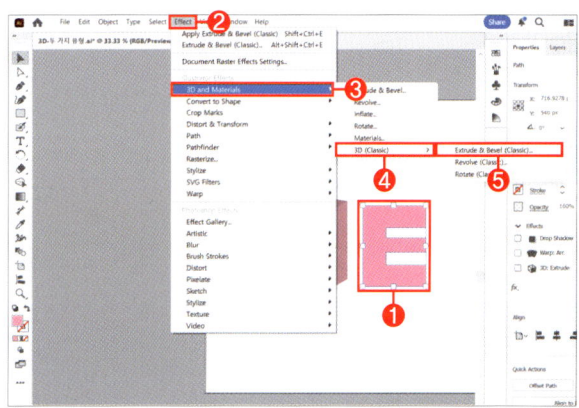

05 ❶~❷ 그림과 같이 설정하고 ❸ [OK]를 클릭합니다.

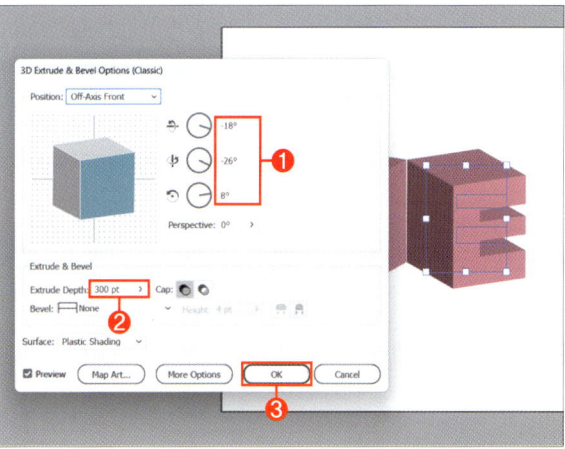

- 회전: –18,° –26,° 8°
- Extrude Depth: 300 pt

06 이번에는 3D and Materials 효과를 적용해 보겠습니다. ❶ 두 번째 아트보드의 'A'를 클릭한 후 ❷ [Effect] – ❸ [3D and Materials] – ❹ [Extrude & Bevel]을 클릭합니다.

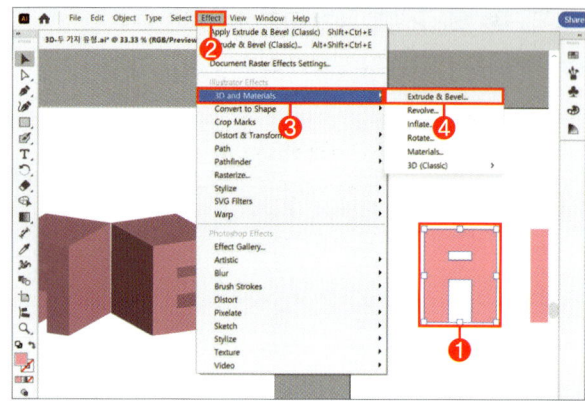

07 3D and Materials 패널에서 ❶~❷ 그림과 같이 설정하고 ❸ 🖼을 클릭하여 렌더링합니다.

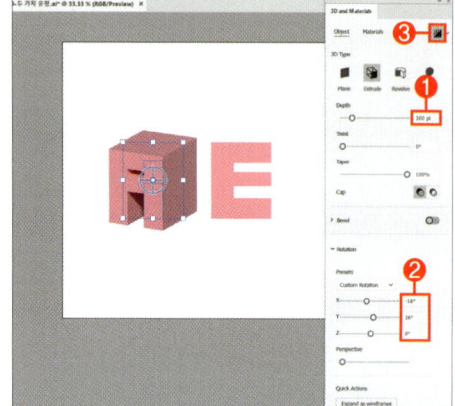

- Depth: 300 pt
- 회전: -18,° 26,° 8°

TIP!
렌더링이란 3D 프로그램을 사용해 사실적인 이미지를 생성하는 과정을 의미합니다. 🖼을 활성화하면 실시간 렌더링 결과를 확인할 수 있습니다. 하지만 컴퓨터나 노트북의 사양에 따라 작업 속도가 느려질 수 있기 때문에 비활성화해 놓는 것을 권장합니다.

08 ❶ 두 번째 아트보드의 'E'를 클릭한 후 3D and Materials 패널의 ❷ [Extrude]를 클릭합니다. ❸~❹ 그림과 같이 설정하고 ❺ 🖼을 클릭하여 렌더링합니다.

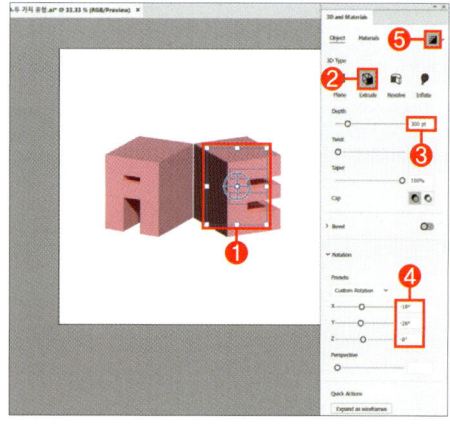

- Depth: 300 pt
- 회전: -18,° -26,° -8°

09 ❶ Ctrl + Y를 눌러 윤곽선 보기 모드로 전환하면 기존 도형의 패스가 남아 있는 것을 확인할 수 있습니다. 효과를 도형으로 전환하기 위해 ❷ Ctrl + A를 눌러 모든 오브젝트를 선택하고 ❸ [Object] – ❹ [Expand Appearance]를 클릭합니다.

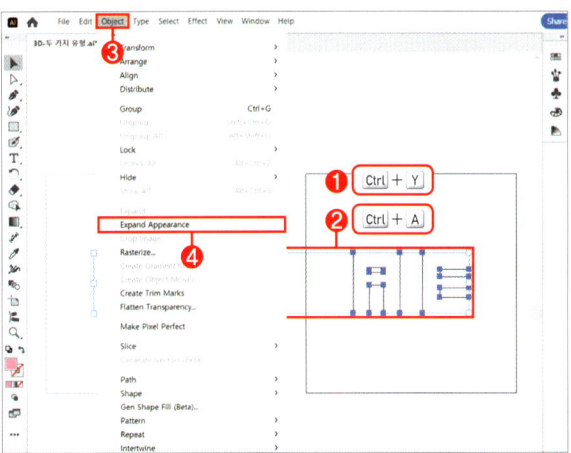

10 ❶ 3D (Classic)를 적용한 도형은 패스로, ❷ 3D and Materials를 적용한 도형은 이미지로 변환되었습니다. 다시 ❸ Ctrl + Y를 눌러 미리 보기 모드로 돌아옵니다.

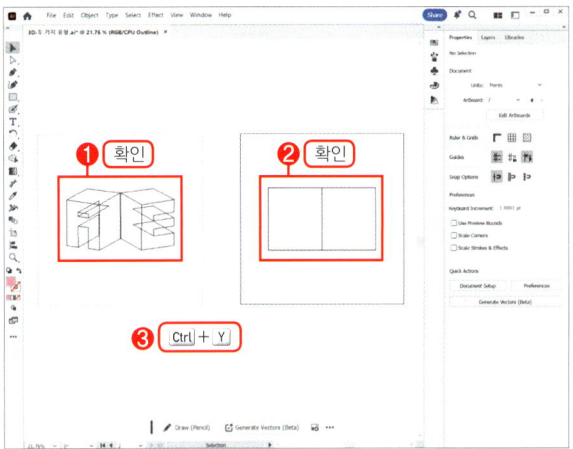

TIP!
패스는 Direct Selection Tool(▷)이나, Pen Tool(✏️) 등으로 수정이 가능합니다. 확장된 이미지는 Group으로 묶여 있어 Ctrl + Shift + G를 눌러 그룹을 해제하면 Properties 패널에 'Image'로 표시됩니다.

알아두기

구분	3D (Classic)	3D and Materials
스타일	플랫한 스타일의 3D 벡터 그래픽	사실적인 스타일의 3D 래스터 그래픽
재질 설정 여부	불가능	가능
각도별 조명 세팅	같음	다름
Expand 후 결과	패스	이미지
Expand 후 수정 가능 여부	가능	불가능

Extrude로 아이소메트릭 디자인하기

■ 준비 파일 P02\Ch10\3D-Extrude.ai

Extrude(입체화)는 오브젝트를 앞으로 돌출시키는 효과입니다. 해당 기능과 Bevel(경사)을 이용해 깔끔한 디자인의 아이소메트릭 작품을 만들어 보겠습니다.

컴퓨터 모니터와 키보드 그리기

01 [File 〉 Open]을 클릭해 '3D-Extrude.ai'를 불러옵니다.

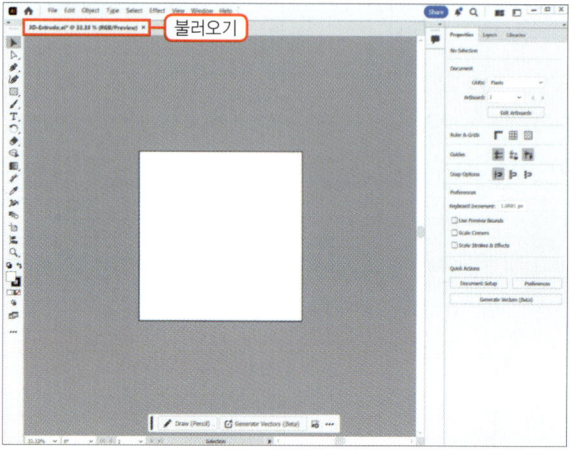

02 제한된 색만 사용하기 위해 ❶ [Window] – ❷ [Swatches]를 클릭해 패널을 열어 줍니다.

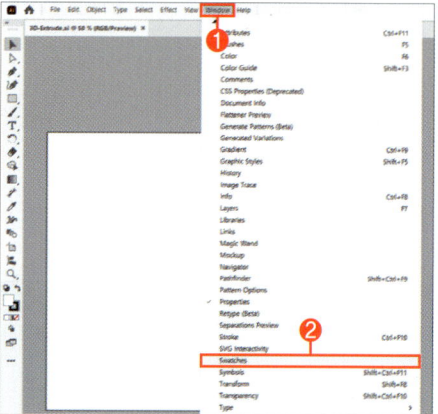

03 배경을 만들기 위해 ❶ Rectangle Tool (▭)을 클릭합니다. ❷ 아트보드의 왼쪽 상단을 클릭하고 ❸ Width를 '700 px', Height를 '700 px'로 설정한 후 ❹ [OK]를 클릭합니다.

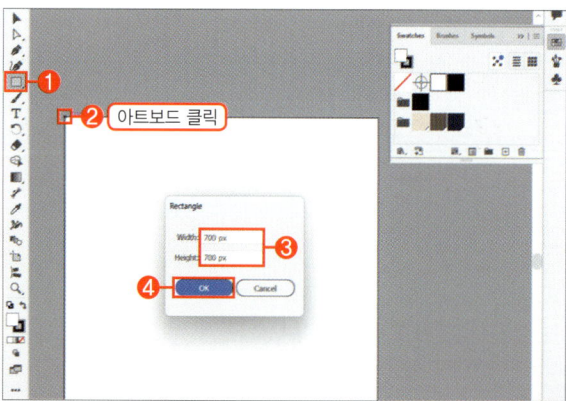

04 Swatches 패널에서 ❶ [칠 색상]을 클릭하고 ❷ 베이지색 견본을 클릭합니다. ❸ [획 색상]을 클릭하고 ❹ ▨을 클릭한 후 ❺ Ctrl + 2 를 눌러 오브젝트를 잠가 줍니다.

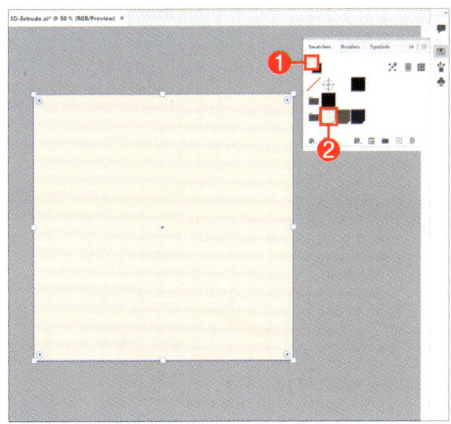 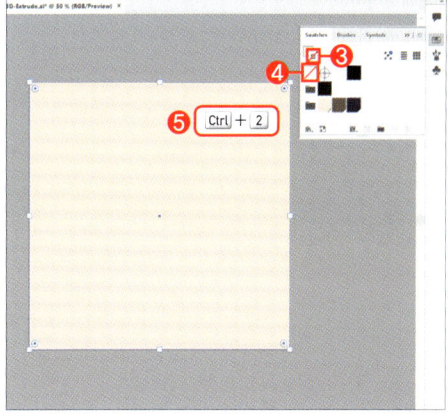

> **TIP!**
> Ctrl + Alt + 2 를 누르거나, Layers 패널에서 자물쇠 아이콘(🔒)을 클릭해 오브젝트의 잠금을 해제할 수 있습니다.

05 모니터를 그리기 위해 ❶ 아트보드를 클릭하고 ❷ Width를 '250 px', Height를 '250 px'로 설정한 후 ❸ [OK]를 클릭합니다.

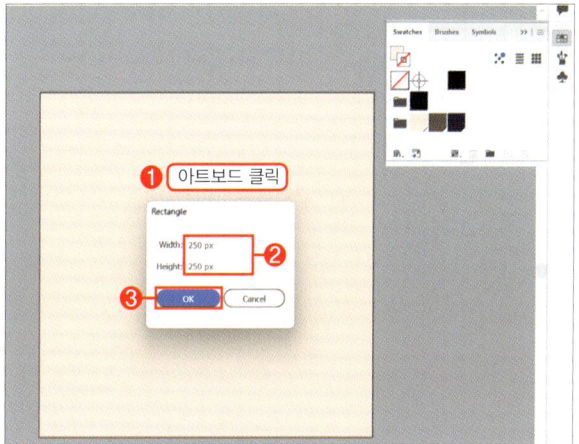

06 Swatches 패널에서 ❶ [획 색상]을 클릭하고 ❷ 갈색 견본을 클릭합니다. Properties 패널에서 ❸ Stroke의 두께를 '20 pt'로 설정하고 ❹ 모서리의 눈을 안쪽으로 클릭 & 드래그해 둥글게 만들어 줍니다.

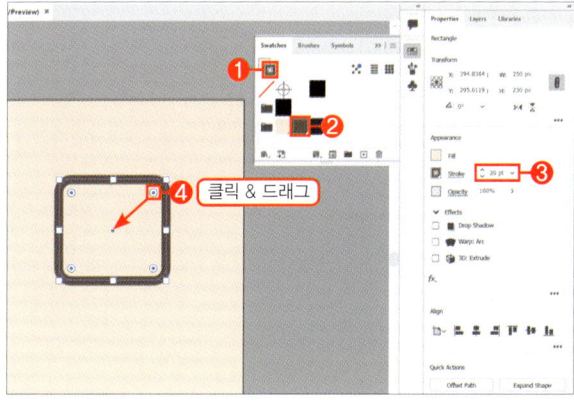

07 ❶ 아트보드를 클릭하고 ❷ Width를 '190 px', Height를 '140 px'로 설정한 후 ❸ [OK]를 클릭합니다.

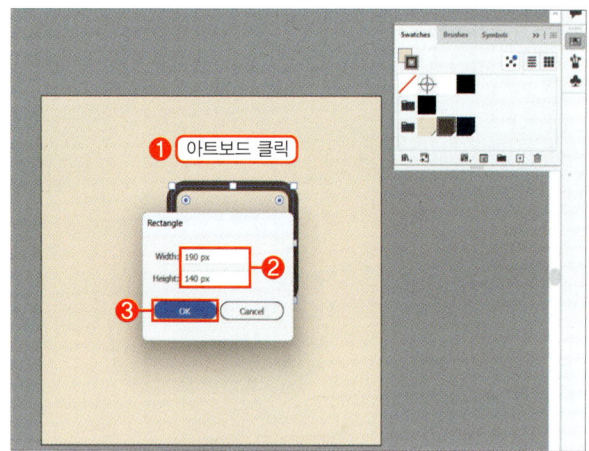

08 Swatches 패널에서 ❶ [칠 색상]을 클릭하고 ❷ 남색 견본을 클릭합니다. ❸ [획 색상]을 클릭하고 ❹ ☒을 클릭합니다.

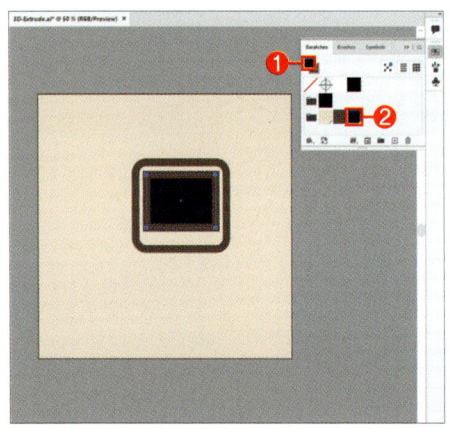 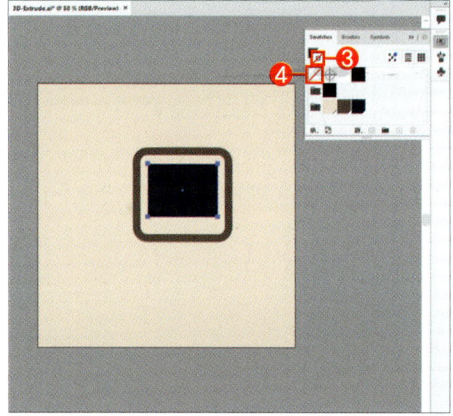

09 ❶ 아트보드를 클릭하고 ❷ Width를 '190 px', Height를 '7 px'로 설정한 후 ❸ [OK]를 클릭합니다.

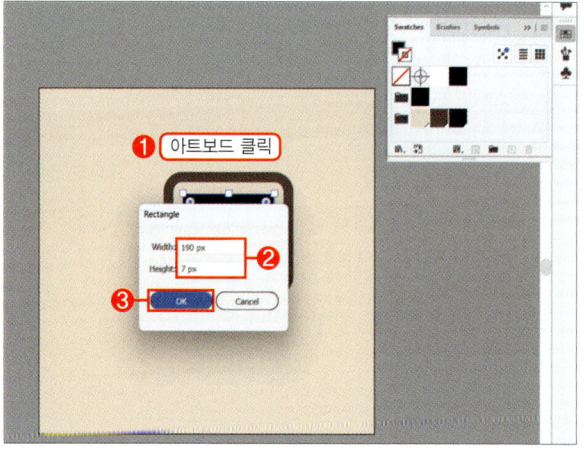

10 Swatches 패널에서 ❶ [칠 색상]을 클릭하고 ❷ 갈색 견본을 클릭합니다. 키보드를 그리기 위해 ❸ Selection Tool(▶)을 클릭하고 ❹ 갈색 테두리의 사각형을 클릭한 후 ❺ Alt + 드래그해 복제합니다.

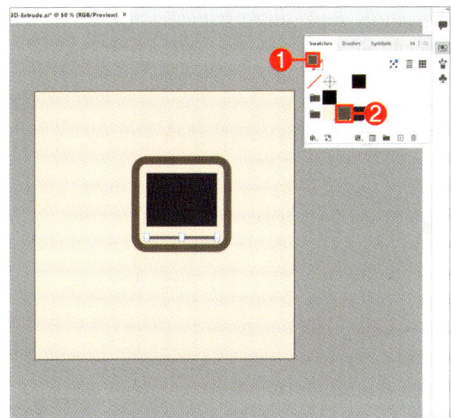 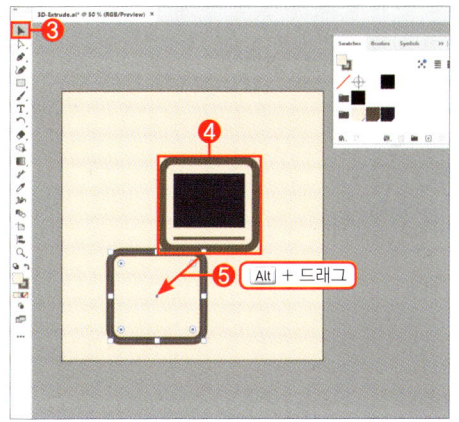

11 ❶ 그림과 같이 클릭 & 드래그해 모니터가 될 도형을 모두 선택합니다. Properties 패널에서 ❷ 를 클릭해 가운데로 정렬한 후 ❸ Ctrl + G 를 눌러 그룹으로 묶어 줍니다.

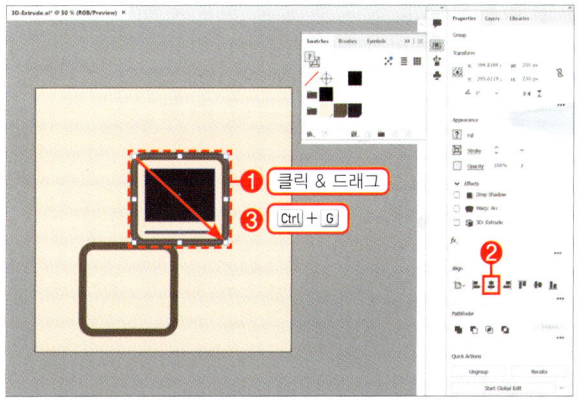

12 ❶ 10에서 복제한 사각형을 클릭하고 ❷ 사각형의 아랫부분을 위로 클릭 & 드래그해 세로 길이를 줄인 후 ❸ 아트보드의 바깥쪽을 클릭해 선택을 해제합니다.

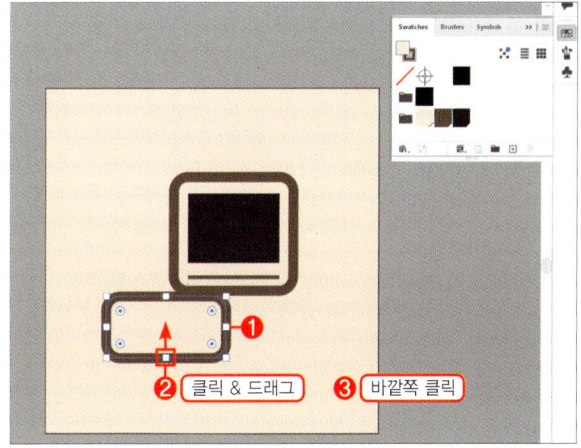

13 ① Shift + X 를 눌러 칠과 획의 색상을 교체합니다. ② [획 색상]을 클릭하고 ③ ☐을 클릭합니다.

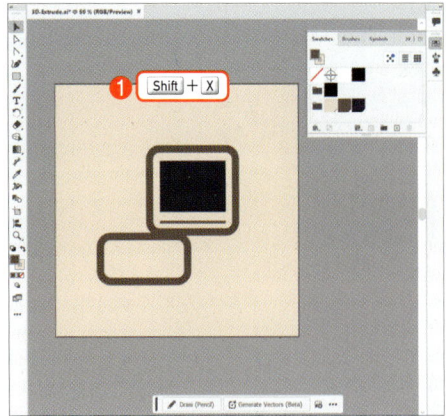 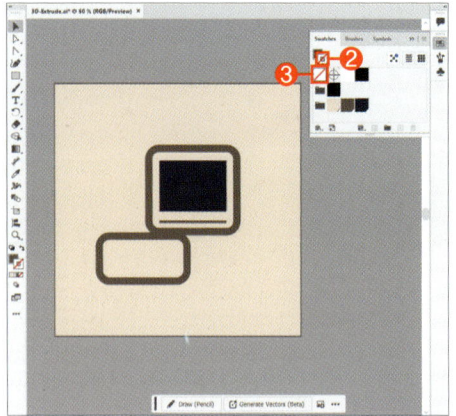

14 ① Rectangle Tool(☐)을 클릭하고 ② 그림과 같이 클릭 & 드래그해 키캡을 그린 후 ③ 모서리의 눈을 안쪽으로 클릭 & 드래그해 최대한 둥글게 만들어 줍니다.

15 ① Selection Tool(▶)을 클릭하고 ② 키캡을 오른쪽으로 클릭 & 드래그하면서 Alt + Shift 를 눌러 복제합니다. ③ Ctrl + D 를 네 번 눌러 같은 동작을 반복합니다.

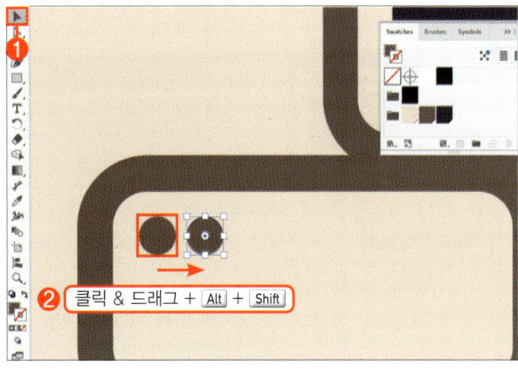 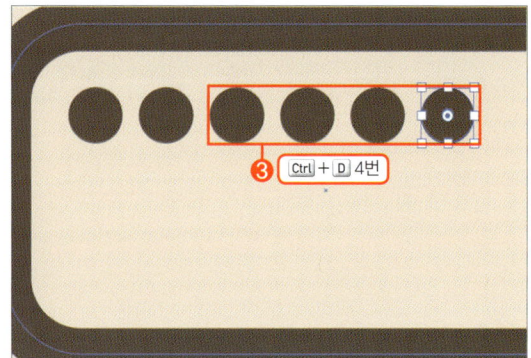

16 ❶ 마지막 키캡의 오른쪽 고정점을 클릭 & 드래그해 가로 너비를 늘려 줍니다. Swatches 패널의 ❷ [칠 색상]을 클릭하고 ❸ 남색 견본을 클릭합니다.

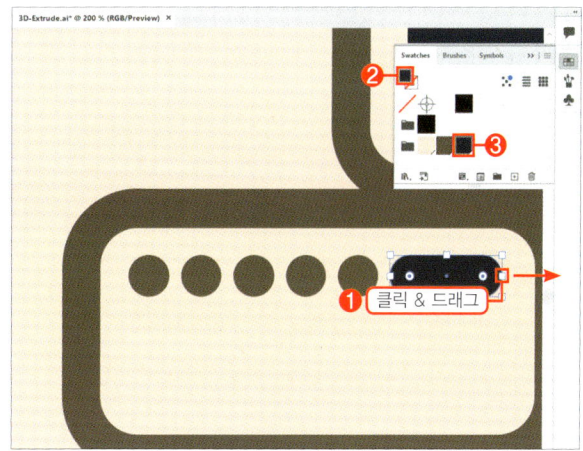

17 세밀한 작업을 하기 위해 ❶ Ctrl + Y 를 눌러 윤곽선 보기 모드로 전환합니다. ❷ 클릭 & 드래그하여 모든 키캡을 선택하고 ❸ 아래로 클릭 & 드래그하면서 Alt + Shift 를 눌러 복제합니다. ❹ Ctrl + D 를 눌러 같은 동작을 반복합니다.

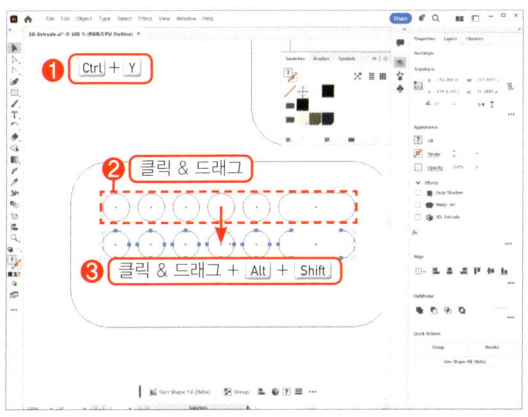 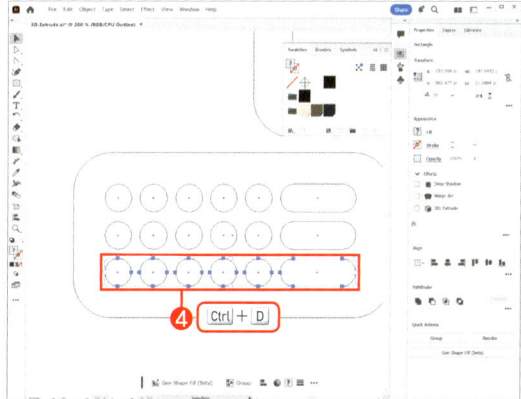

18 다시 ❶ Ctrl + Y 를 눌러 미리 보기 모드로 돌아옵니다. ❷ 두 번째 줄 오른쪽에 있는 마지막 키캡을 클릭하고 Swatches 패널에서 ❸ 갈색 견본을 클릭합니다.

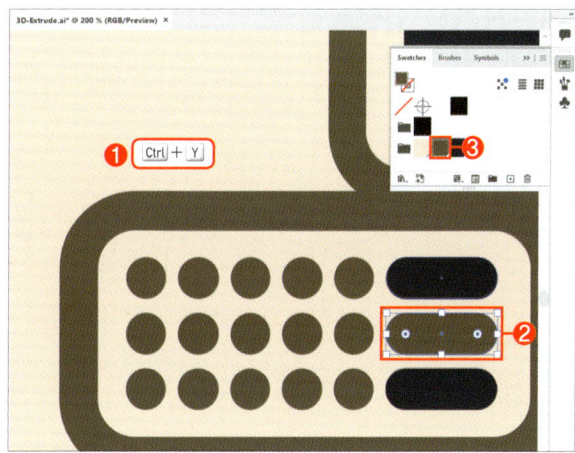

Chapter 10 · 여러 가지 효과 활용하기 **369**

19 ❶ 키캡의 왼쪽 부분을 오른쪽으로 클릭 & 드래그하여 가로 너비를 줄입니다. ❷ 원 모양의 키캡을 오른쪽으로 클릭 & 드래그하면서 Alt를 눌러 복제합니다.

 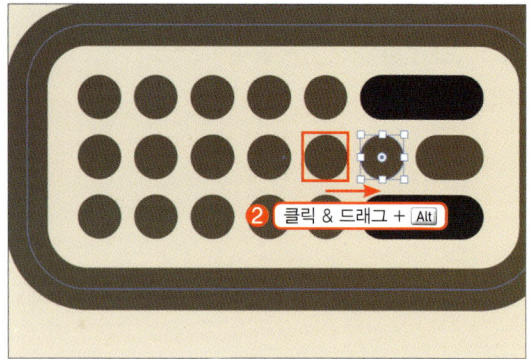

20 ❶ Ctrl + Y를 눌러 윤곽선 보기 모드로 전환합니다. ❷ 세 번째 줄의 키캡을 클릭 & 드래그해 모두 선택하고 Swatches 패널에서 ❸ 갈색 견본을 클릭합니다. Properties 패널에서 ❹ Transform의 가운데 기준점을 클릭하고 ❺ ▶◀을 클릭합니다.

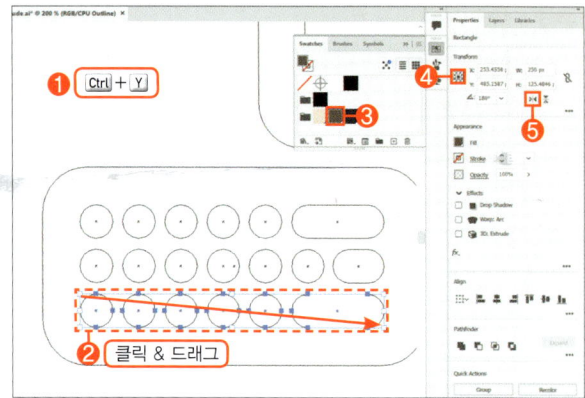

21 ❶ 그림과 같이 클릭 & 드래그해 키보드가 될 모든 도형을 선택하고 ❷ Ctrl + G를 눌러 그룹으로 묶어 줍니다. 다시 ❸ Ctrl + Y를 눌러 미리 보기 모드로 돌아옵니다.

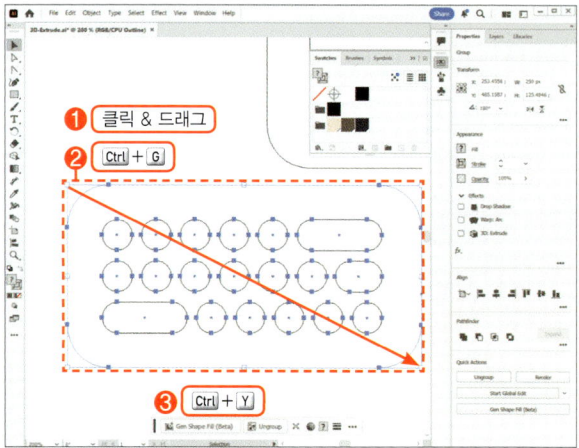

Extrude 적용하기

01 ① 모니터가 될 그룹을 클릭합니다. ② [Effect] – ③ [3D and Materials] – ④ [Extrude & Bevel]을 클릭합니다.

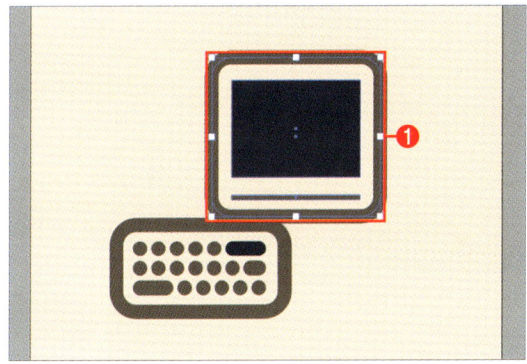
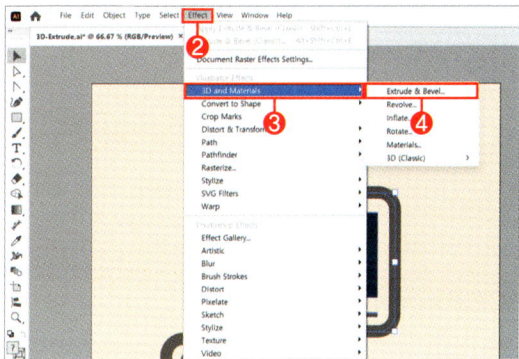

02 3D and Materials 패널에서 ①~② 그림과 같이 설정하고 ③ 을 클릭하여 렌더링합니다.

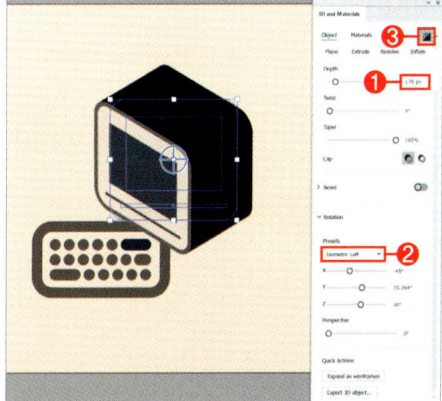

- Depth: 170 px
- Rotation – Presets: Isometric Left

TIP!
Isometric은 '등각 투영법'을 기반으로 한 디자인 기법으로 대상을 입체적으로 표현하고 싶을 때 사용합니다. 한글 버전에는 '등각'으로 번역되어 있으나, 실제로 잘 사용하지 않는 단어이니 작업 예시가 궁금하다면 '아이소메트릭'으로 검색하는 것을 추천합니다.

03 ① Bevel을 활성화하고 ② Bevel Shape을 'Round', ③ Width를 '55%', Height를 '45%', Repeat를 '1'로 설정합니다.

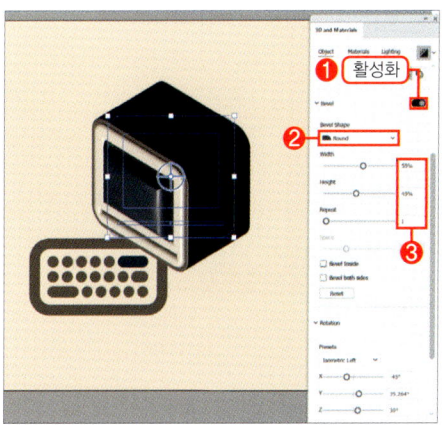

TIP!
Bevel은 돌출된 모서리 부분의 모양을 결정하는 효과로, 활성화하면 두 개 이상의 오브젝트가 겹치는 지점의 왜곡을 극대화할 수 있습니다.

04 3D and Materials 패널의 ❶ [Lighting] 탭을 클릭하고 ❷ 반구에 있는 조명점을 클릭 & 드래그한 후 스크롤바를 내려 ❸~⓫ 그림과 같이 설정합니다. Shadow Bounds가 작으면 그림자가 잘려 보일 수 있으니 충분히 키우는 것이 좋습니다.

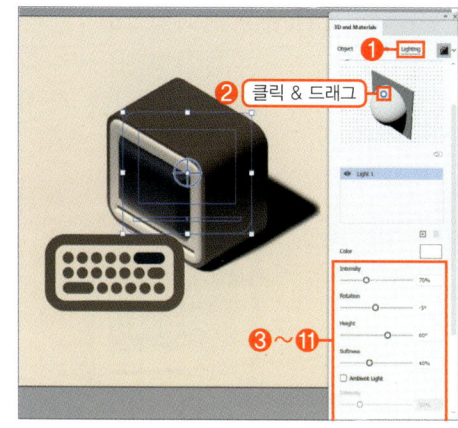

- Intensity: 70%
- Softness: 40%
- Position: Below Object
- Rotation: –5°
- Ambient Light: 체크 해제
- Distance from Object: 0%
- Height: 60°
- Shadows: 활성화
- Shadow Bounds: 150%

05 ❶ 키보드가 될 그룹을 선택합니다. 3D and Materials 패널의 ❷ [Extrude]를 클릭하고 ❸~❹ 그림과 같이 설정한 후 ❺ 🔲을 클릭하여 렌더링합니다.

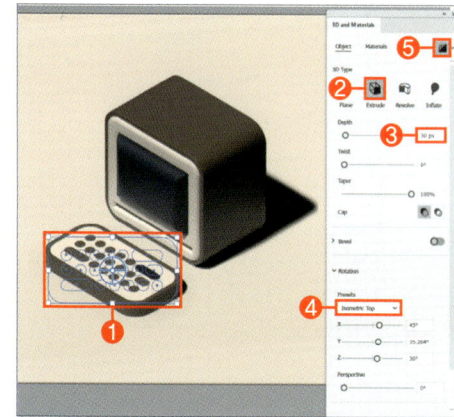

- Depth: 30 px
- Rotation – Presets: Isometric Top

06 ❶ Bevel을 활성화하고 ❷ Bevel Shape을 'Classic Outline', ❸ Width를 '21%', Height를 '52%', Repeat을 '1'로 설정합니다.

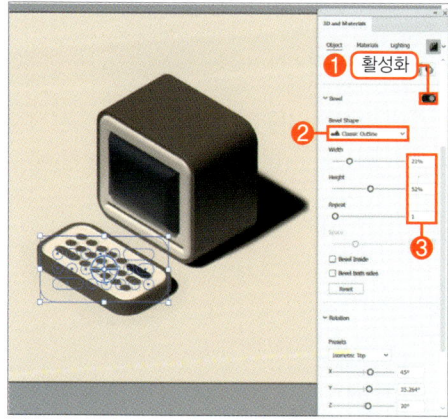

07 3D and Materials 패널의 ❶ [Lighting] 탭을 클릭하고 ❷ 반구에 있는 조명점을 클릭 & 드래그한 후 스크롤바를 내려 ❸~⓫ 그림과 같이 설정합니다.

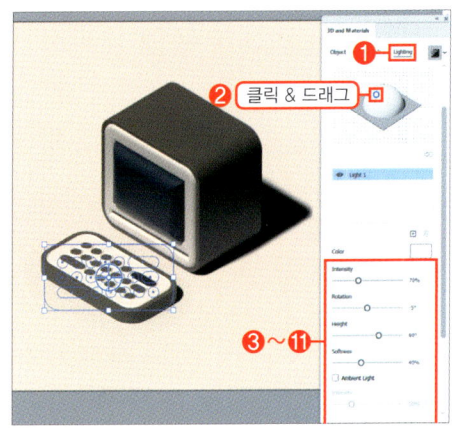

- Intensity: 70%
- Softness: 40%
- Position: Below Object
- Rotation: –5°
- Ambient Light: 체크 해제
- Distance from Object: 0%
- Height: 60°
- Shadows: 활성화
- Shadow Bounds: 50%

08 Extrude 기능을 이용해 깔끔한 디자인의 아이소메트릭 작품을 완성했습니다.

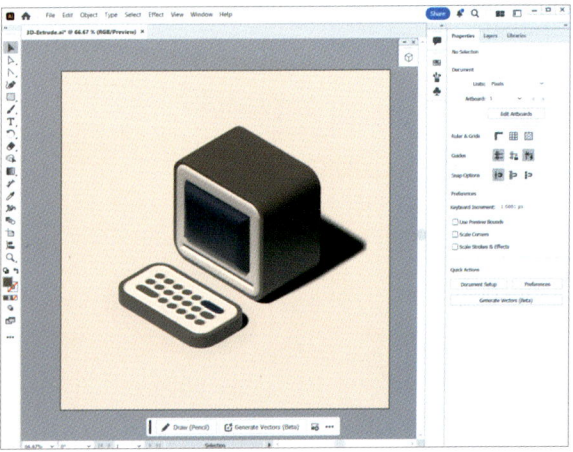

Revolve로 제품 목업 제작하기

📁 준비 파일 P02\Ch10\3D-Revolve.ai

Revolve(축 중심 회전)는 가상의 축을 기준으로 회전하여 기둥 형태의 3D를 만드는 기능입니다. 이 기능으로 커피 전문점의 테이크아웃 컵을 만들고, 목업을 제작해 보겠습니다.

테이크아웃 컵 그리기

01 [File 〉 Open]을 클릭해 ❶ '3D-Revolve.ai'를 불러옵니다. ❷ Ctrl + R 을 눌러 눈금자를 표시하고 ❸ 왼쪽 자에서 클릭 & 드래그해 그림과 같은 안내선을 만든 후 ❹ Ctrl + Alt + ; 을 눌러 잠가 줍니다.

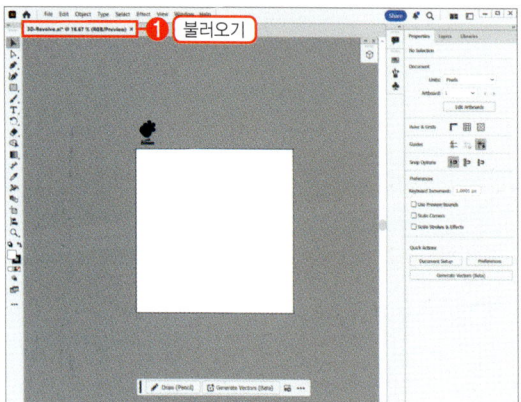 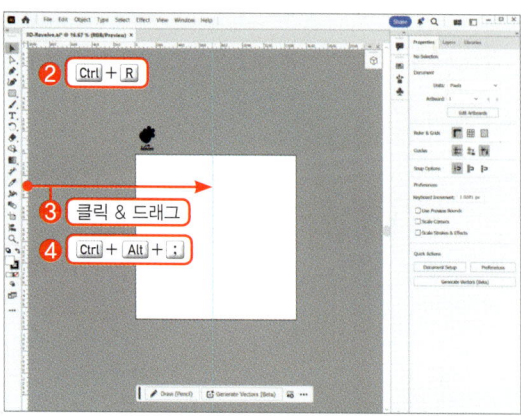

02 배경을 만들기 위해 ❶ Rectangle Tool (▢)을 클릭합니다. ❷ 아트보드의 왼쪽 상단을 클릭하고 ❸ Width를 '1500 px', Height를 '1500 px'로 설정한 후 ❹ [OK]를 클릭합니다.

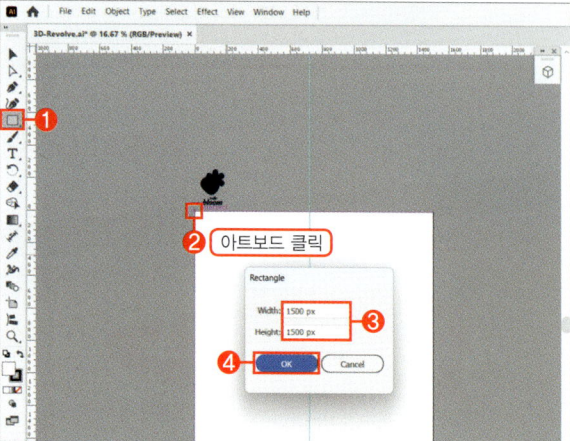

03 Swatches 패널에서 ❶ [칠 색상]을 클릭하고 ❷ 초록색 견본을 클릭합니다. 이어서 ❸ [획 색상]을 클릭하고 ❹ ▨을 클릭한 후 ❺ Ctrl + 2 를 눌러 도형을 잠가 줍니다.

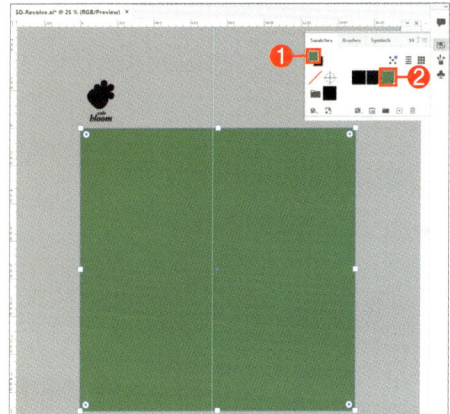
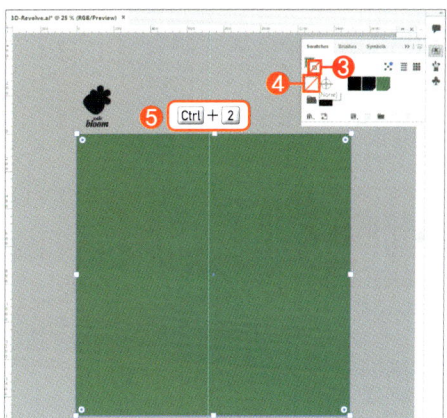

04 종이컵을 그리기 위해 Swatches 패널에서 ❶ [칠 색상]을 클릭하고 ❷ 흰색 견본을 클릭한 후 ❸ 그림과 같이 클릭 & 드래그해 세로로 긴 사각형을 그립니다.

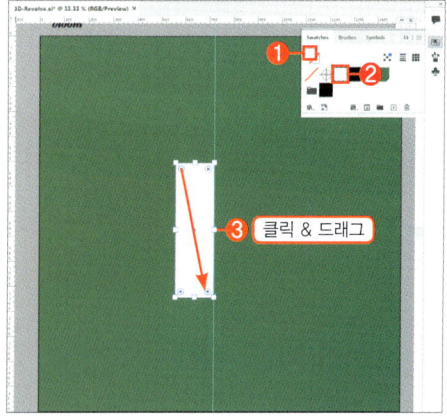

05 ❶ Ctrl + Y 를 눌러 윤곽선 보기 모드로 전환한 후 ❷ Rectangle Tool(▭)을 마우스 오른쪽 버튼으로 클릭하고 ❸ Ellipse Tool(◯)을 클릭합니다. ❹ 그림과 같이 클릭 & 드래그하면서 Shift 를 눌러 정원형을 그립니다.

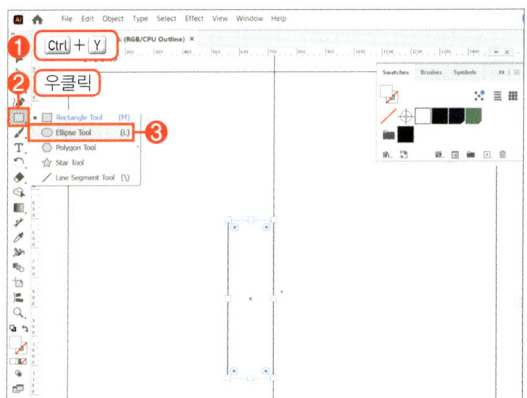

Chapter 10 · 여러 가지 효과 활용하기 **375**

06 ❶ Direct Selection Tool(▷)을 클릭하고 ❷ 패스를 그림과 같이 클릭 & 드래그한 후 ❸ Delete 를 눌러 삭제합니다. ❹ Ctrl + J 를 눌러 두 도형을 연결합니다.

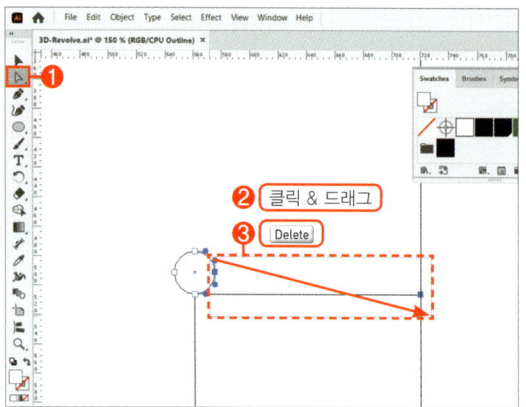 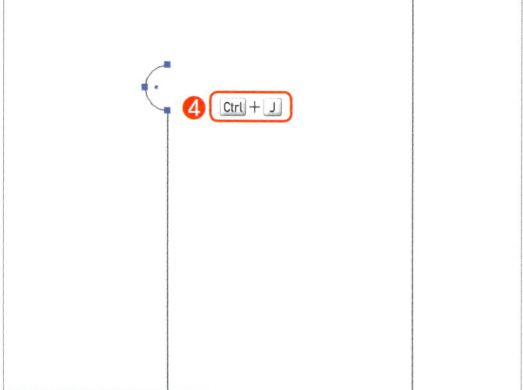

07 ❶ 그림과 같이 클릭 & 드래그한 후 ❷ Shift + ←를 다섯 번 눌러 왼쪽으로 이동합니다.

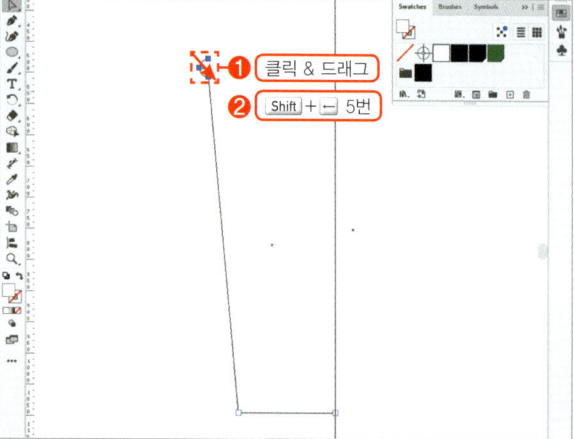

08 ❶ Ctrl 을 누른 채 그림과 같이 클릭 & 드래그해 패스를 선택하고 Properties 패널에서 ❷ Transform의 오른쪽 기준점을 클릭한 후 ❸ W를 '220 px'로 설정합니다.

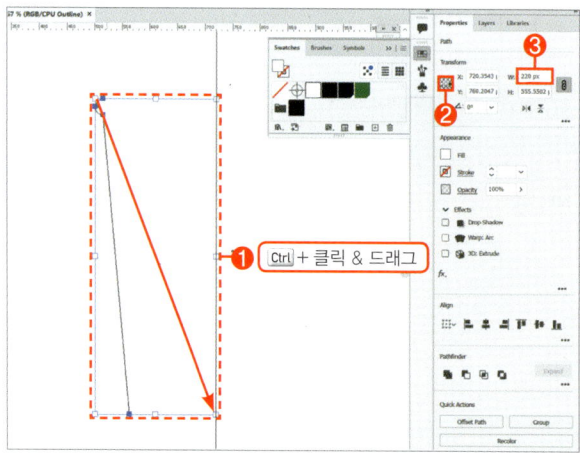

09 뚜껑을 그리기 위해 ❶ Ellipse Tool(◯.)을 마우스 오른쪽 버튼으로 클릭하고 ❷ Rectangle Tool(▭.)을 클릭합니다. ❸ 클릭 & 드래그해 사각형을 그린 후 ❹ 눈을 안쪽으로 클릭 & 드래그하여 모서리를 둥글게 만들어 줍니다.

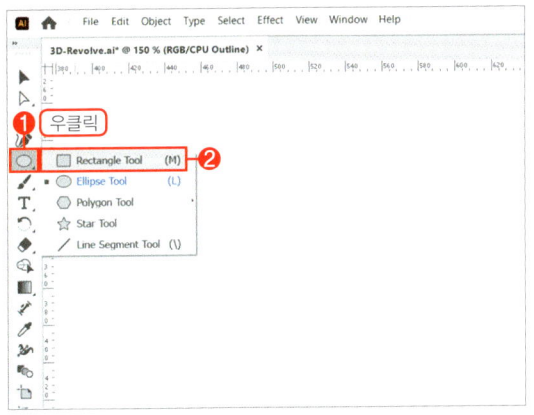 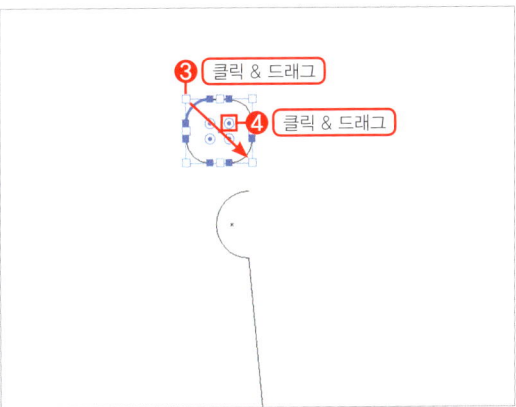

10 ❶ Direct Selection Tool(▷.)을 클릭하고 ❷ 그림과 같이 클릭 & 드래그한 후 ❸ Delete를 눌러 삭제합니다.

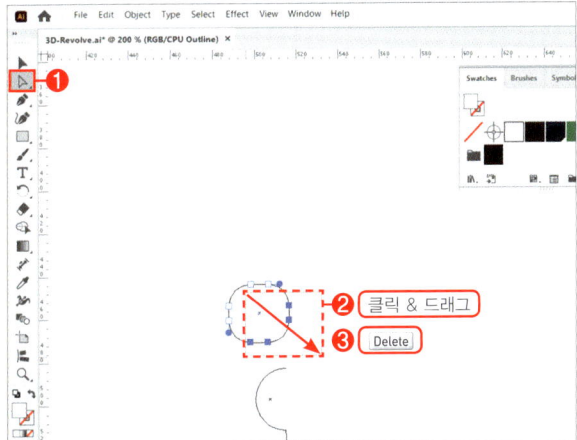

11 ❶ Pen Tool(✒.)을 클릭하고 패스에 마우스를 오버한 후 ❷ 커서에 사선 표시가 나올 때 클릭합니다.

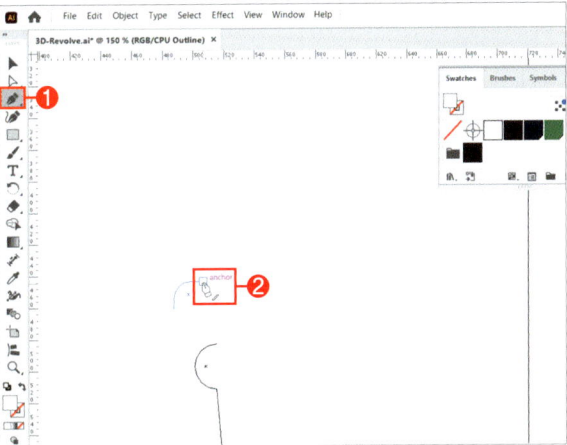

12 안내선에 맞춰 ❶ 그림과 같이 클릭 & 드래그합니다. Properties 패널에서 ❷ X 값 뒤에 '-20'을 입력하고 ❸ Enter를 누른 후 ❹ Ctrl + 바깥쪽을 클릭하여 패스를 완료합니다.

> **TIP!**
> 테이크아웃 컵 뚜껑 가운데에 반경 '20 px'짜리 구멍을 만들기 위해 안내선을 기준으로 컵보다 폭을 '20 px' 작게 설정했습니다.

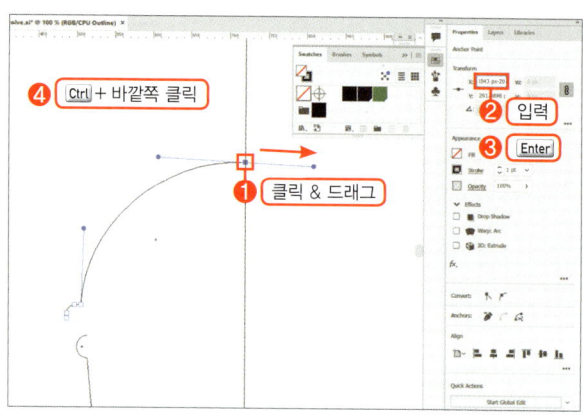

13 ❶ Ctrl + Y를 눌러 다시 미리 보기 모드로 돌아옵니다. ❷ Selection Tool(▶)을 클릭하고 ❸ **12**에서 그린 패스를 클릭해 선택합니다.

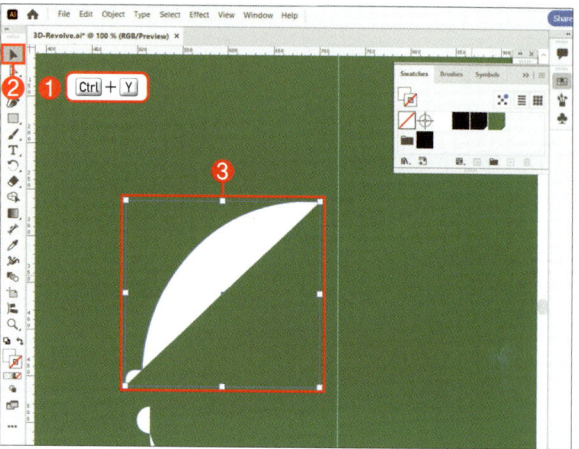

14 ❶ Shift + X를 눌러 칠과 획의 색상을 교체한 후 Swatches 패널에서 ❷ [획 색상]을 클릭하고 ❸ 남색 견본을 클릭합니다. Properties 패널에서 ❹ W를 '200 px'로 설정합니다.

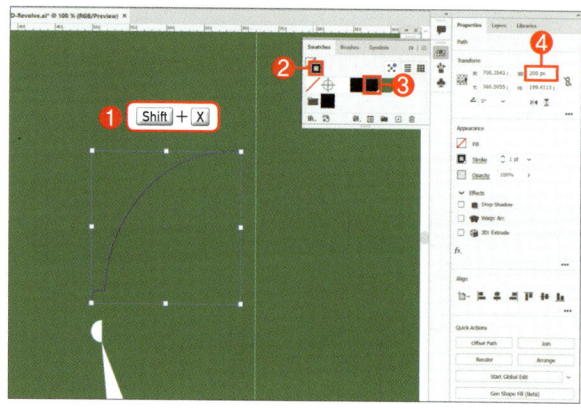

Revolve 적용하기

01 ❶ 테이크아웃 컵을 클릭하고 3D and Materials 패널의 ❷ [Revolve]를 클릭한 후 ❸~❼ 그림과 같이 설정합니다.

- Revolove Angle: 360°
- Twist: 0°
- Taper: 100%
- Offset: 0 px
- Offset Direction From: Right Edge

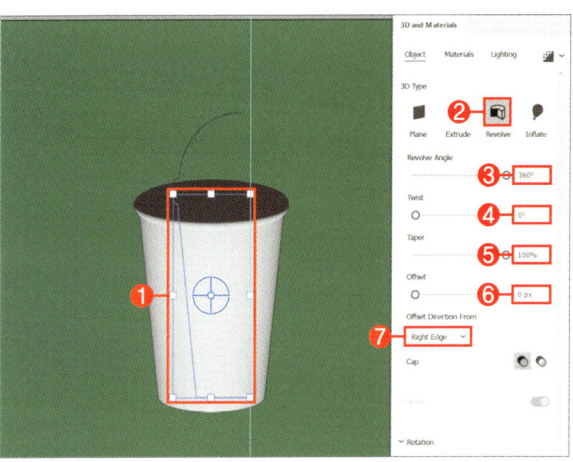

02 오브젝트에 표시된 기즈모의 가운데 점을 클릭 & 드래그하여 컵을 그림과 같이 회전합니다.

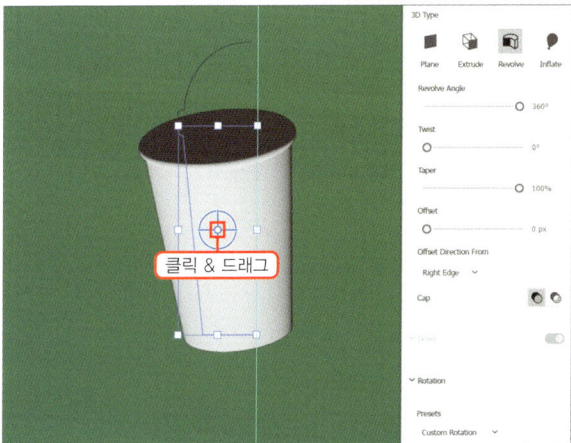

TIP!
기즈모에 있는 세 개의 파란색 선을 클릭 & 드래그하면 각각 X, Y, Z 축을 기준으로 회전할 수 있습니다.

03 3D and Materials 패널의 ❶ [Materials] 탭을 클릭하고 매트한 종이 질감을 표현하기 위해 ❷ Roughness를 '0.86'으로 설정합니다. 유광 플라스틱 같은 질감을 표현하고 싶다면 Roughness의 값을 낮춰 줍니다.

04 아트보드 바깥에 있는 로고를 3D 오브젝트에 넣기 위해 ❶ 로고를 선택하고 ❷ 3D and Materials 패널로 클릭 & 드래그합니다. 이렇게 등록한 그래픽은 Symbols 패널에서 관리할 수 있습니다.

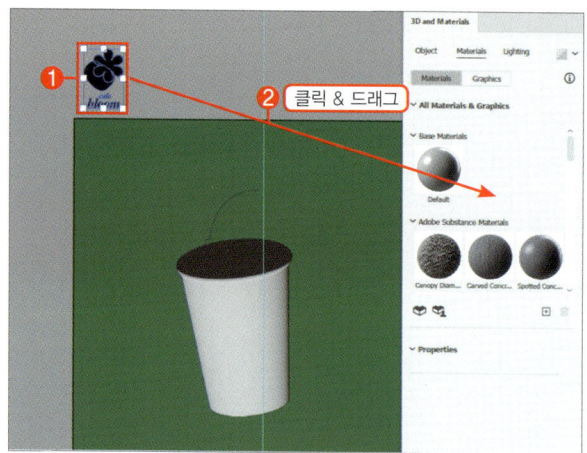

05 ❶ 테이크아웃 컵을 클릭하고 ❷ 등록한 그래픽을 클릭하여 컵에 넣어 줍니다. ❸ 그래픽의 크기와 위치를 조절합니다.

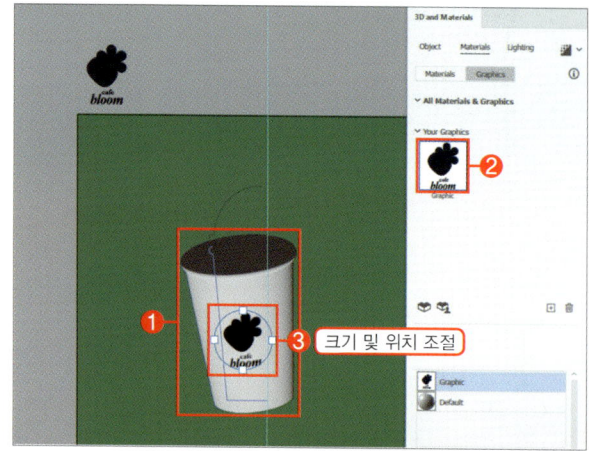

06 3D and Materials 패널에서 ❶ [Lighting] 탭을 클릭합니다. ❷ 반구에 있는 조명점을 클릭 & 드래그한 후 스크롤바를 내려 ❸~⓬ 그림과 같이 설정하고 ⓭ 🖼 을 클릭하여 렌더링합니다.

- Intensity: 40%
- Softness: 40%
- Shadows: 활성화
- Shadow Bounds: 300%
- Rotation: −30°
- Ambient Light: 체크
- Position: Below Object
- Height: 43°
- Intensity: 20%
- Distance from Object: 60%

07 ❶ 클릭 & 드래그해 뚜껑을 선택합니다. 3D and Materials 패널의 ❷ [Object] 탭을 클릭하고 ❸ [Revolve]를 클릭합니다. ❹~❽ 그림과 같이 설정합니다.

- Revolove Angle: 360°
- Twist: 0°
- Taper: 100%
- Offset: 20 px
- Offset Direction From: Right Edge

TIP!
테이크아웃 컵 그리기의 **12**에서 반경이 '20 px'인 뚜껑의 구멍을 만들었으므로, 뚜껑을 기준선에서 '20 px' 떨어지게 회전합니다.

08 뚜껑에 표시된 기즈모의 가운데 점을 클릭 & 드래그해 뚜껑을 회전합니다.

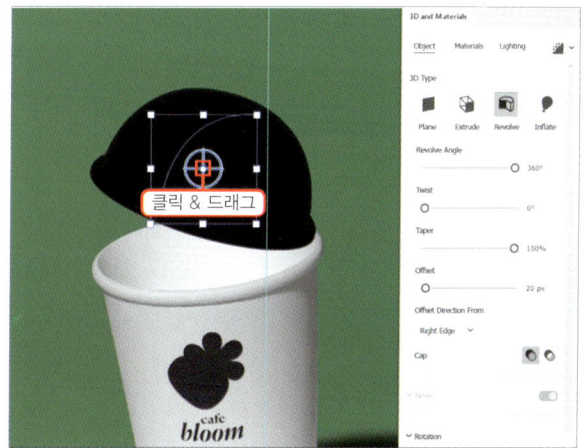

09 3D and Materials 패널의 ❶ [Materials] 탭을 클릭하고, 유광 플라스틱 같은 질감을 표현하기 위해 ❷ Roughness를 '0.25'로 설정합니다.

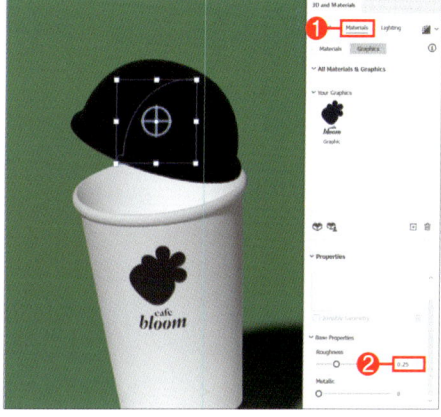

10 3D and Materials 패널의 ❶ [Lighting] 탭을 클릭합니다. ❷ 반구에 있는 조명점을 클릭 & 드래그한 후 스크롤바를 내려 ❸~❾ 그림과 같이 설정하고 ❿ 🖼 을 클릭하여 렌더링합니다.

- Intensity: 40%
- Softness: 40%
- Shadows: 활성화
- Rotation: -130°
- Ambient Light: 체크
- Height: 15°
- Intensity: 20%

TIP!

뚜껑과 테이크아웃 컵의 각도가 다르기 때문에 조명의 각도도 다르게 설정합니다. 뚜껑에 그림자를 넣으면 결과물이 어색해지므로 그림자는 따로 넣지 않습니다.

11 Ctrl + ;을 눌러 안내선을 끕니다. Revolve를 사용한 제품 목업 제작을 완성하였습니다.

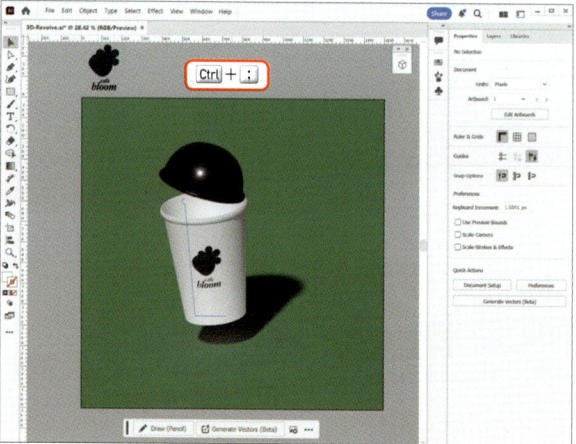

Inflate로 통통 튀는 타이포그래피 만들기

Inflate(부풀리기)는 풍선처럼 부풀리는 효과로 3D and Materials에서만 사용할 수 있습니다.

01 [File > New]를 클릭하고 ❶~❻ 그림과 같이 설정한 후 ❼ [Create]를 클릭합니다.

- Width: 1080 Pixels
- Height: 1080 Pixels
- Artboards: 1
- Bleed: 0 px, 0 px, 0 px, 0 px
- Color Mode: RGB Color
- Raster Effects: Screen (72 ppi)

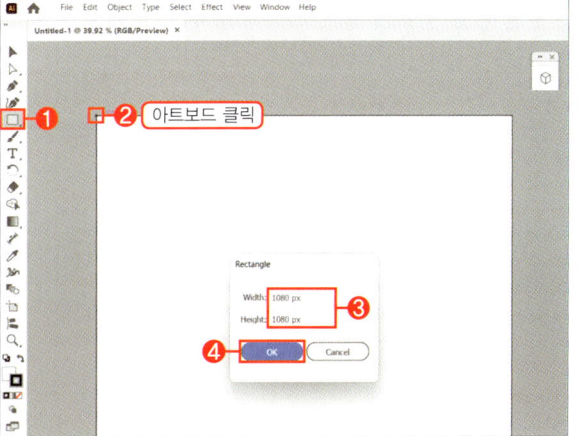

02 배경을 만들기 위해 ❶ Rectangle Tool(□)을 클릭합니다. ❷ 아트보드의 왼쪽 상단을 클릭하고 ❸ Width를 '1080 px', Height를 '1080 px'로 설정한 후 ❹ [OK]를 클릭합니다.

03 ❶ [칠 색상]을 더블 클릭하고 ❷ '#6cb9ff'를 입력한 후 ❸ [OK]를 클릭합니다. ❹ 획 색상을 '없음(☐)'으로 설정합니다.

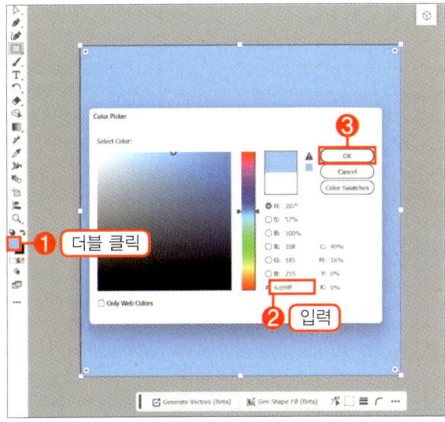 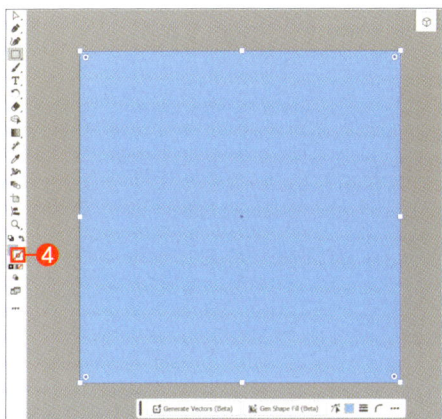

04 ❶ Type Tool(T.)을 클릭합니다. ❷ 아트보드를 클릭하고 'O'를 입력한 후 ❸ Ctrl + Enter를 눌러 마무리합니다. Properties 패널에서 ❹~❺ 그림과 같이 설정합니다.

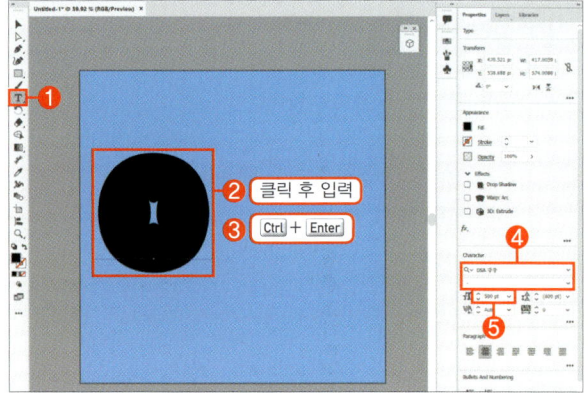

- 폰트: DSA 팡팡
- 크기: 500 pt

05 ❶ [칠 색상]을 더블 클릭하고 ❷ '#ff76aa'를 입력한 후 ❸ [OK]를 클릭합니다. 문자를 조금 더 두껍게 만들기 위해 ❹ [획 색상]을 클릭하고 ❺ .을 누릅니다. Properties 패널에서 ❻ Stroke의 두께를 '5 pt'로 설정합니다.

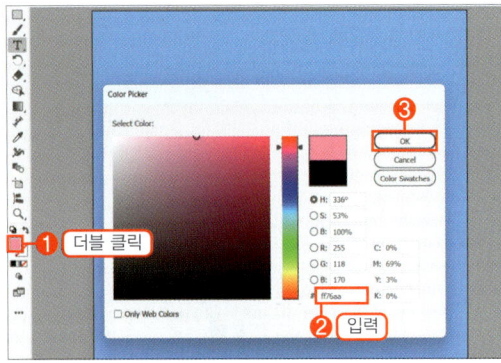 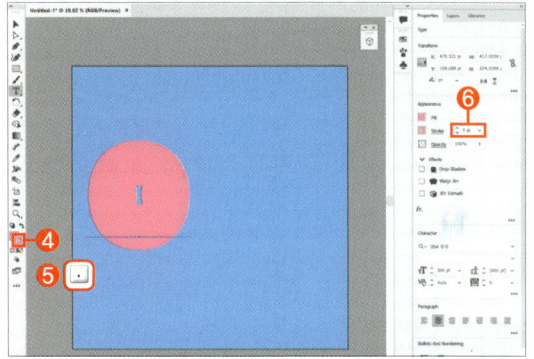

06 ❶ Selection Tool(▶)을 클릭하고 ❷ 'O'를 Alt + 클릭 & 드래그하여 복제합니다. ❸ 문자를 더블 클릭한 후 'N'을 입력합니다.

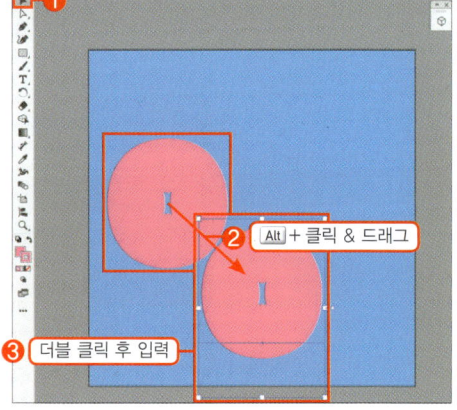

07 ❶ 'N'을 Alt + 클릭 & 드래그하여 복제하고 ❷ 텍스트를 더블 클릭한 후 'E'를 입력합니다. ❸ Ctrl + Enter 를 눌러 마무리합니다.

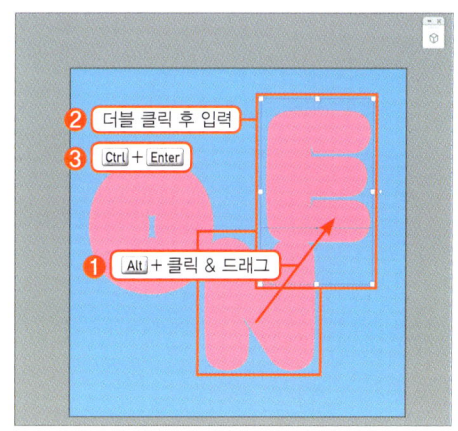

08 ❶ 'O'를 클릭하고 ❷ 문자의 바깥쪽을 클릭 & 드래그하여 회전합니다. ❸ 나머지 문자도 조금씩 다른 각도로 회전합니다.

09 ❶ Ctrl + A 를 눌러 모든 오브젝트를 선택한 후 ❷ Ctrl + G 를 눌러 그룹으로 묶어 줍니다. 그룹으로 묶은 오브젝트는 3D 작업 시에 서로 물리적으로 상호 작용합니다.

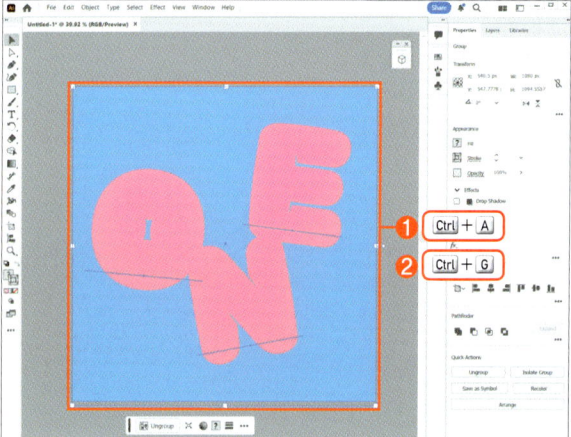

10 3D and Materials 패널에서 ❶ [Inflate]를 클릭하고 ❷~❺ 그림과 같이 설정합니다.

- Depth: 0 px
- Twist: 0°
- Taper: 100%
- Volume: 100%

11 ❶ [Materials] 탭을 클릭하고 ❷ Roughness를 '0.4', ❸ Metallic을 '0.3'으로 설정합니다. ❹ 🖼을 클릭하여 렌더링합니다.

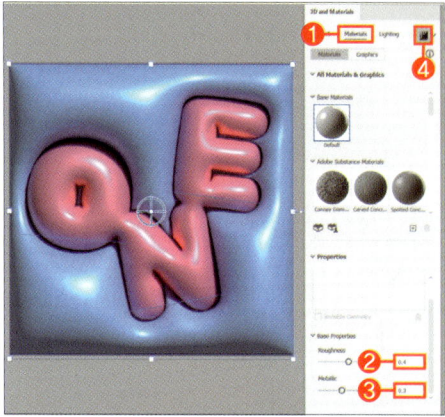

TIP!
[Object] 탭에서 Volume의 값을 낮추면 납작하게 눌린 모양의 풍선을 만들 수 있고, [Materials] 탭에서 Metallic의 값을 올리면 금속 재질의 표면을 만들 수 있습니다.

12 Inflate를 이용한 통통 튀는 타이포그래피를 완성했습니다.

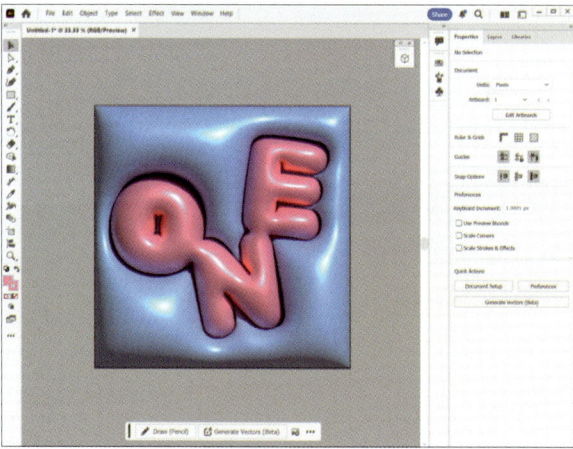

06 2.5D 그래픽 아트워크 만들기

이번 섹션에서는 Illustrator CC 2023 버전부터 추가된 Intertwine과 Perspective Grid 기능을 사용해 2D와 3D 사이의 2.5D의 그래픽 아트워크를 만들어 보겠습니다.

Interwine으로 이미지와 교차하는 타이포그래피 만들기

📁 준비 파일 P02\Ch10\Interwine-배경.png, Interwine-손.png

Intertwine(얽힘)은 두 개 이상의 선이나 면, 문자, 이미지 등을 서로 교차하게 만드는 기능입니다.

Interwine 준비하기

01 [File 〉 New]를 클릭하고 ❶~❻ 그림과 같이 설정한 후 ❼ [Create]를 클릭합니다.

- Width: 2000 Pixels
- Height: 3000 Pixels
- Artboards: 1
- Bleed: 0 px, 0 px, 0 px, 0 px
- Color Mode: RGB Color
- Raster Effects: Screen (72 ppi)

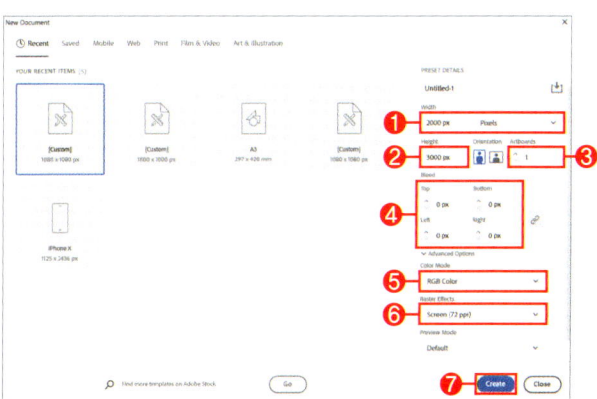

02 [File 〉 Place]를 클릭해 ❶ 'Intertwine-배경.png'와 ❷ 'Intertwine-손.png'를 가져온 후 각각 클릭하여 원본 크기로 배치합니다.

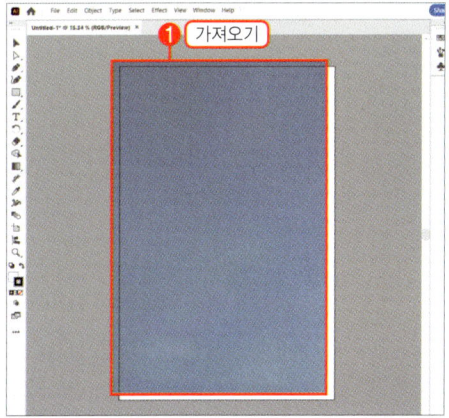
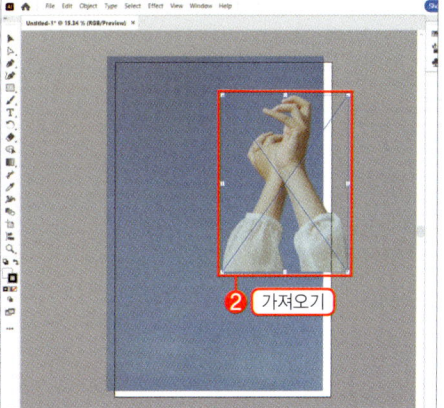

03 ❶ Ctrl + A 를 눌러 이미지를 모두 선택한 후 Properties 패널에서 ❷ Align의 기준 아이콘(🏁)을 클릭하고 ❸ [Align to Artboard]를 선택합니다. ❹ ▣와 ❺ ▣을 각각 클릭하여 이미지를 정렬합니다.

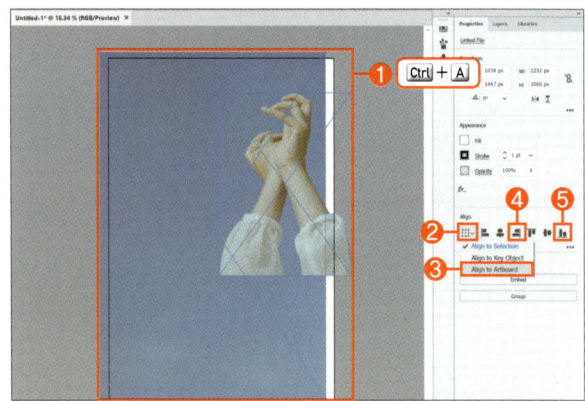

04 ❶ Paintbrush Tool(✏️)을 클릭하고 ❷ Enter 를 누릅니다. ❸ Fidelity를 'Smooth' 쪽으로 클릭 & 드래그하고 ❹ 'Keep Selected'를 체크한 후 ❺ [OK]를 클릭합니다.

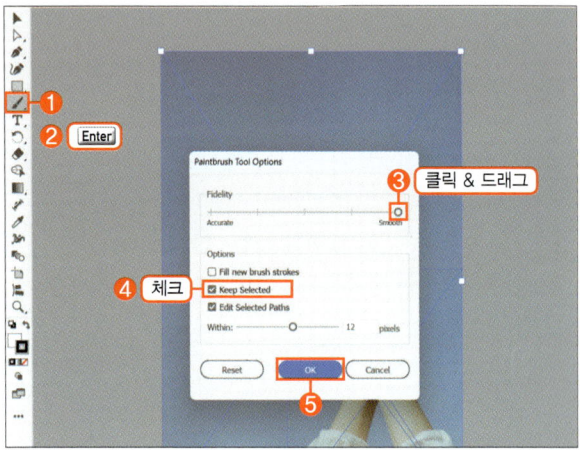

05 그림과 같이 아래에서 위로 클릭 & 드래그하여 선을 그립니다.

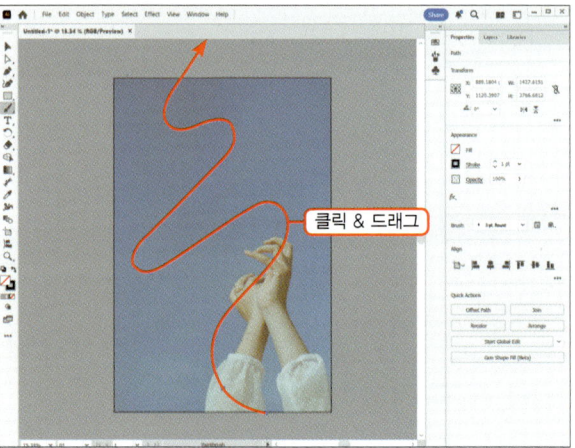

06 Properties 패널에서 ❶ 브러시 라이브러리 아이콘(■) – ❷ [Artistic] – ❸ [Artistic_Paintbrush]를 클릭합니다.

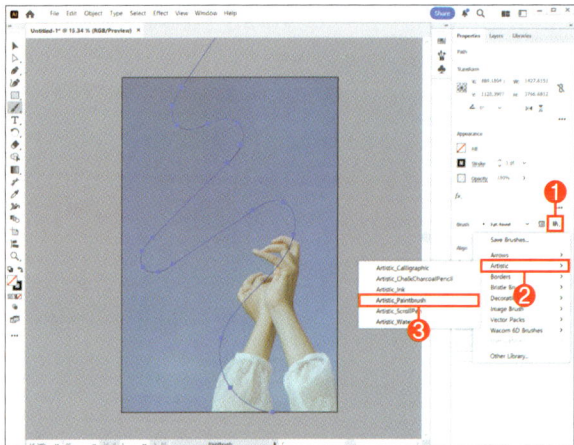

07 브러시 리스트 중 ❶ 밑에서 세 번째에 있는 브러시를 클릭하고, Properties 패널에서 ❷ Stroke의 두께를 '2.5 pt'로 설정합니다.

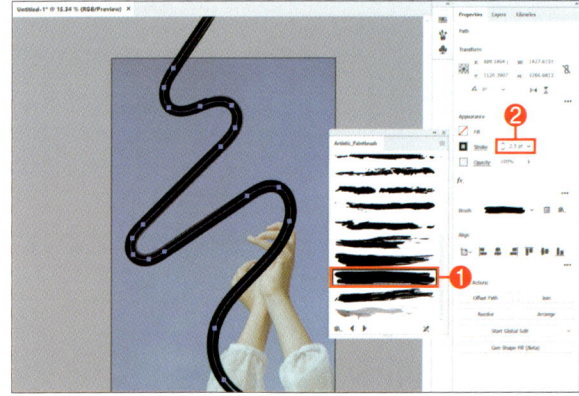

08 ❶ [획 색상]을 더블 클릭하고 ❷ '#a17d64'를 입력한 후 ❸ [OK]를 클릭합니다.

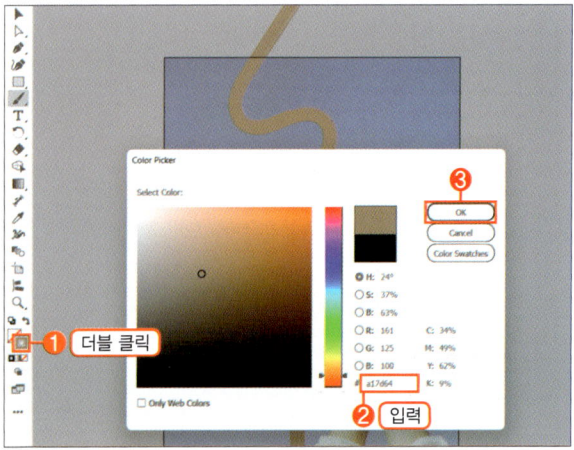

09 문자를 입력할 패스를 하나 더 만들기 위해 ❶ Ctrl + C를 눌러 패스를 복사한 후 ❷ Ctrl + F를 눌러 제자리에 붙여넣습니다.

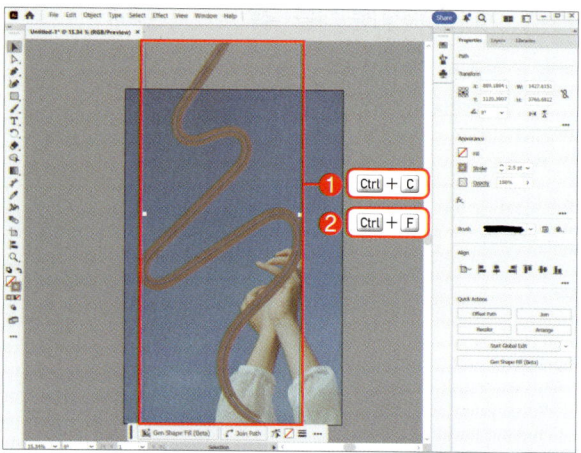

10 ❶ Type Tool(T.)을 클릭합니다. 09에서 복사한 패스 아래쪽에 마우스를 오버한 후 ❷ 커서 아래에 물결 표시가 나올 때 클릭하고 ❸ Ctrl + Enter를 눌러 마무리합니다.

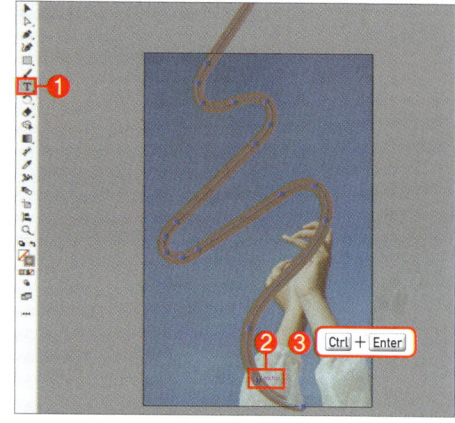

11 Properties 패널에서 ❶~❸ 그림과 같이 설정합니다.

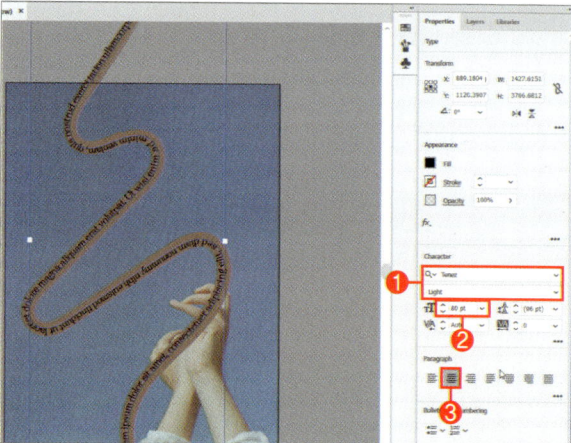

- 폰트: Tenez Light
- 크기: 80 pt
- 정렬:

12 ❶ [칠 색상]을 더블 클릭하고 ❷ '#ffffff'를 입력한 후 ❸ [OK]를 클릭합니다.

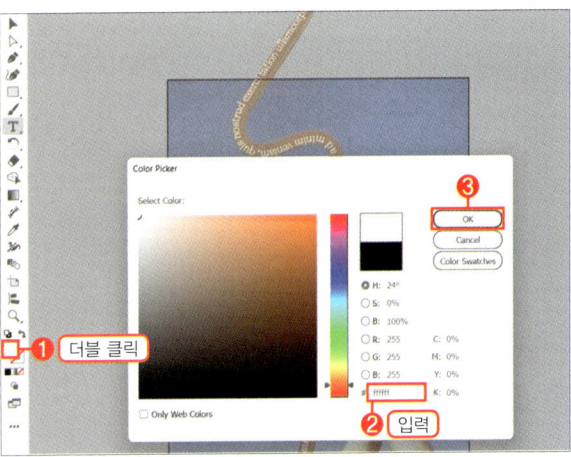

13 ❶ [Type] – ❷ [Type on a Path] – ❸ [Type on a Path Options]를 클릭합니다. ❹ Align to Path를 'Center'로 설정하고 ❺ [OK]를 클릭합니다.

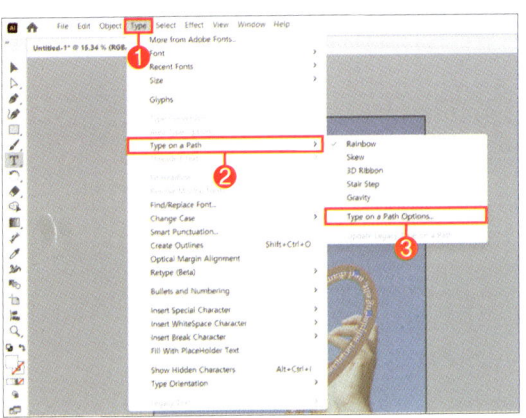 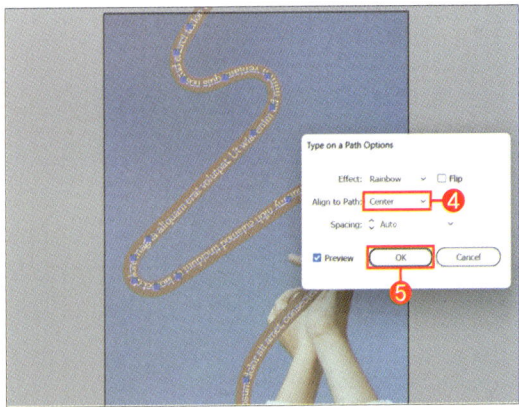

14 문자를 지우기 위해 ❶ Type Tool(T.)을 선택하고 ❷ 지울 부분을 클릭한 후 ❸ Ctrl + Shift + ↓ 를 눌러 선택합니다. ❹ Delete 를 눌러 삭제하고 ❺ Ctrl + Enter 를 눌러 마무리합니다.

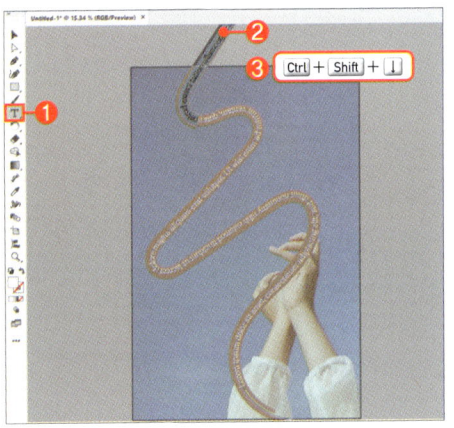 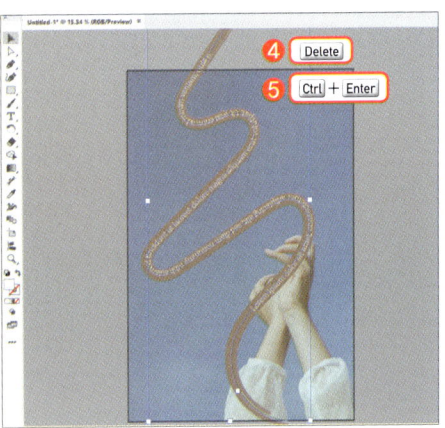

15 ❶ 그림과 같이 클릭 & 드래그해 문자와 브러시 획을 함께 선택한 후 ❷ Ctrl + G 를 눌러 그룹으로 묶어 줍니다. 해당 그룹을 '리본'이라 칭하겠습니다. ❸ '리본' 그룹을 마우스 오른쪽 버튼으로 클릭 – ❹ [Arrange] – ❺ [Send Backward]를 클릭합니다.

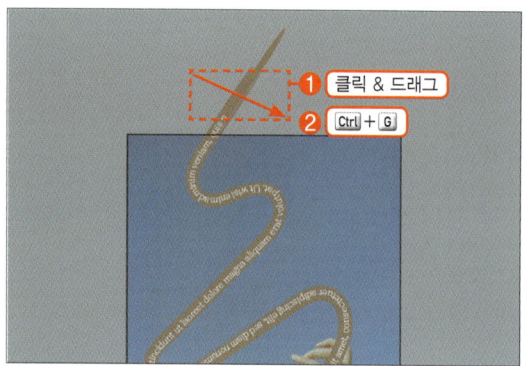
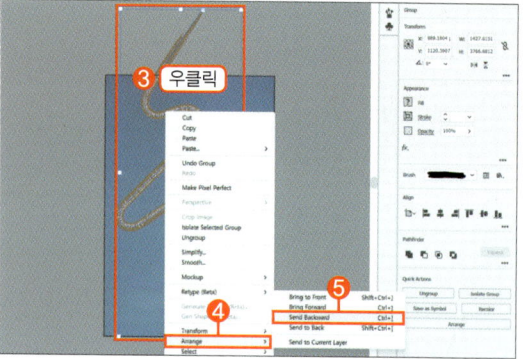

> **TIP!**
> Intertwine을 적용할 때 함께 이동할 오브젝트는 그룹으로 묶어야 합니다. 서로 교차할 모양을 생각하면서 순서와 위치를 정합니다.

16 ❶ Type Tool(T)을 클릭하고 ❷ 아트보드를 클릭해 'film & sky'를 입력한 후 ❸ Ctrl + Enter 를 눌러 마무리합니다. Properties 패널에서 ❹~❻ 그림과 같이 설정합니다.

- 폰트: Lindsey Signature Regular
- 크기: 920 pt
- 정렬: 중

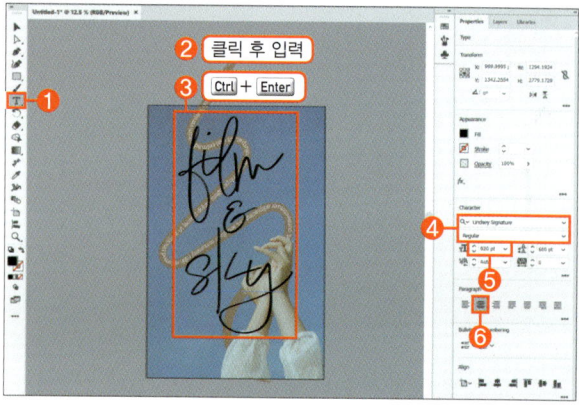

17 ❶ [칠 색상]을 더블 클릭하고 ❷ '#ffe842'를 입력한 후 ❸ [OK]를 클릭합니다.

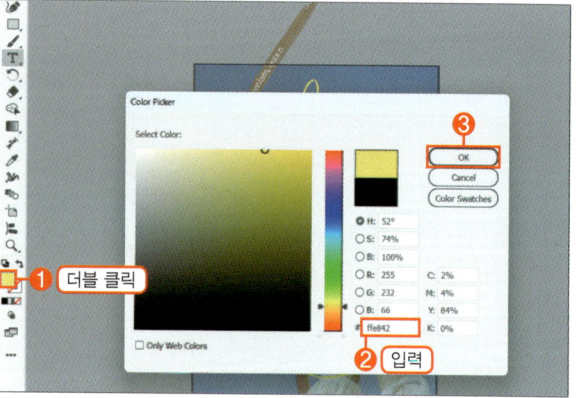

Interwine 적용하기

01 ❶ 'Interwine-손.png'를 클릭한 후 ❷ '리본' 그룹과 노란색 문자를 각각 Shift + 클릭하여 중복 선택합니다. ❸ [Object] – ❹ [Intertwine] – ❺ [Make]를 클릭합니다. 'Interwine-배경.png'는 Interwine을 적용하지 않을 것이기 때문에 선택하지 않습니다.

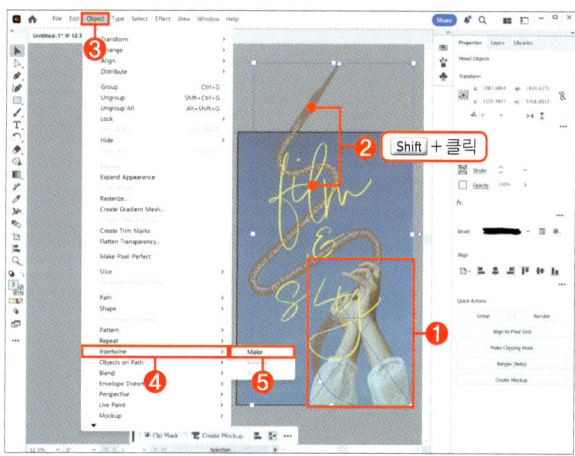

02 노란색 문자에서 리본으로 가릴 부분을 각각 클릭합니다.

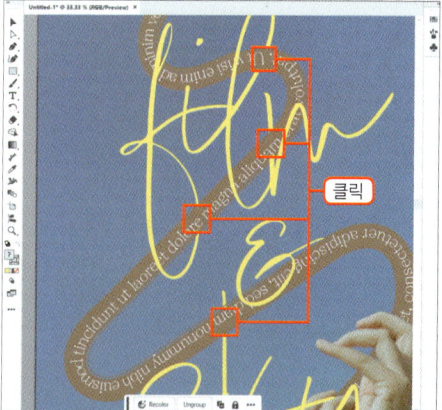

03 리본이 'Interwine-손.png'보다 앞에 나오도록 ❶ 그림과 같이 클릭 & 드래그하여 영역을 지정한 후 ❷ 리본을 클릭합니다.

> **TIP!**
> 세 개 이상의 오브젝트가 겹쳐 있는 경우에는 먼저 클릭 & 드래그하여 영역을 지정한 후에 순서를 바꿀 오브젝트를 클릭합니다.

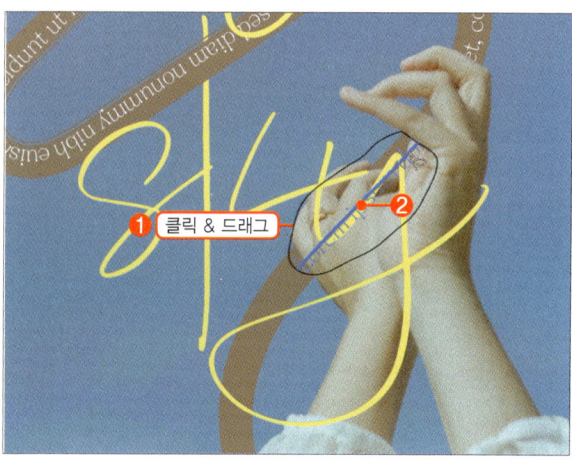

04 ❶ 노란색 문자를 마우스 오른쪽 버튼으로 클릭 - ❷ [Bring to Front]를 클릭합니다.

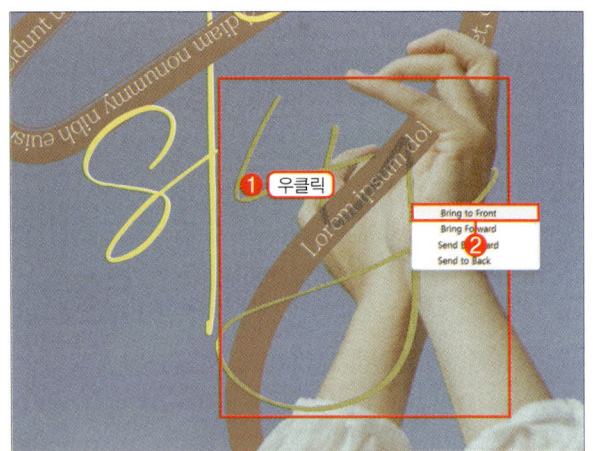

05 리본 앞에 있는 ❶ 'y'의 아랫부분을 클릭 & 드래그하여 선택한 후 ❷ 노란색 문자를 클릭합니다.

06 Ctrl + 바깥쪽을 클릭하여 선택을 해제합니다. Intertwine을 사용해 이미지와 교차하는 타이포그래피를 완성했습니다.

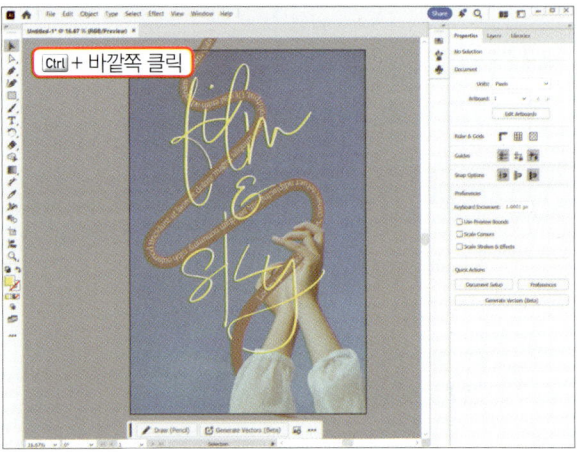

Perspective Gride로 건물 그래픽의 원근감 맞추기

■ 준비 파일 P02\Ch10\Perspective Grid.ai

Perspective Grid(원근감 격자)는 1점, 2점, 3점 투시에 맞춘 격자를 기준으로 오브젝트를 배치하는 기능입니다. 볼드한 타이포그래피나 건물 모양의 그래픽에 활용할 수 있습니다.

건물 그래픽 수정하고 그리드에 옮기기

01 [File > Open]을 클릭해 'Perspective Grid.ai'를 불러옵니다.

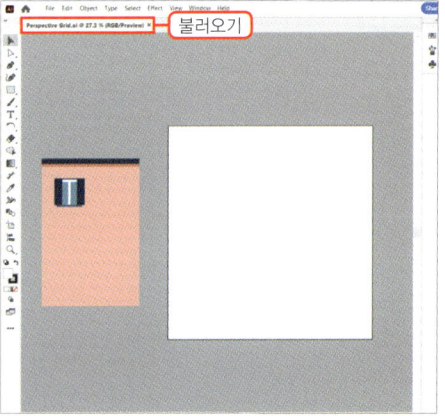

02 ❶ Selection Tool(▶)을 클릭해 ❷ 창문 그룹을 선택합니다. 여러 개의 창문을 만들기 위해 ❸ [Effect] – ❹ [Distort & Transform] – ❺ [Transform]을 클릭합니다.

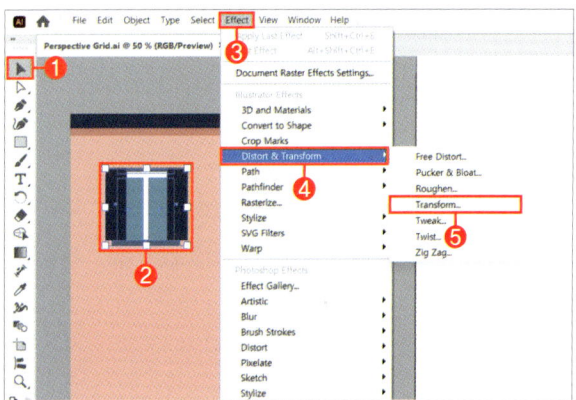

03 ❶~❷ 그림과 같이 설정하고 ❸ [OK]를 클릭합니다. ❹ 오른쪽으로 '200 px' 떨어진 지점에 창문 그룹의 복제본이 생성되었습니다.

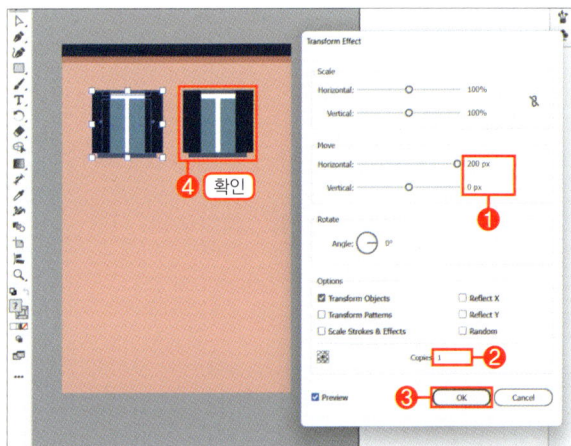

- Move – Horizontal: 200 px, Vertical: 0 px
- Copies: 1

04 다시 ❶ [Effect] – ❷ [Distort & Transform] – ❸ [Transform]을 클릭합니다. 그림과 같은 창이 뜨면 ❹ [Apply New Effect]를 클릭합니다.

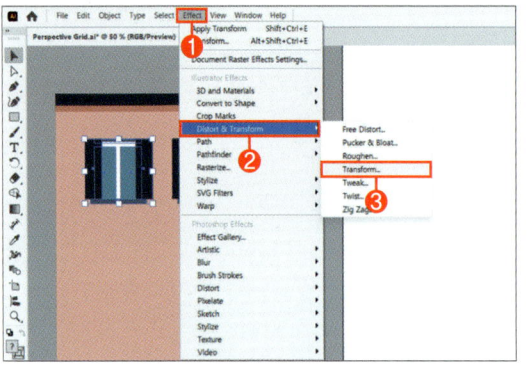 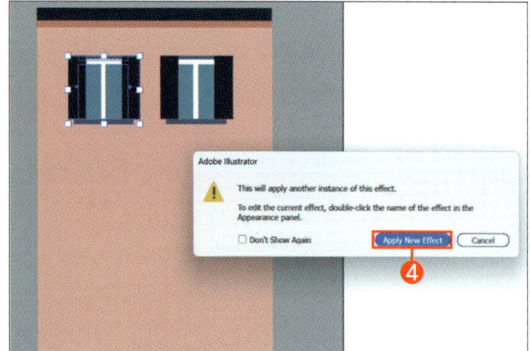

05 ❶~❷ 그림과 같이 설정하고 ❸ [OK]를 클릭합니다.

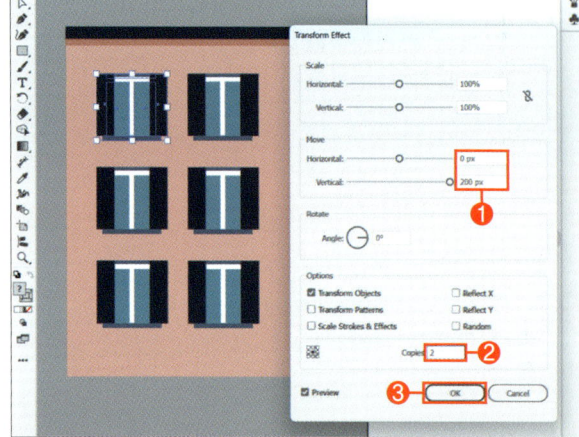

- Move – Horizontal: 0 px, Vertical: 200 px
- Copies: 2

06 ❶ 클릭 & 드래그하여 모든 도형을 선택한 후 ❷ Ctrl + G를 눌러 그룹으로 묶어 줍니다. 효과를 도형으로 만들기 위해 ❸ [Object] – ❹ [Expand Appearance]를 클릭합니다.

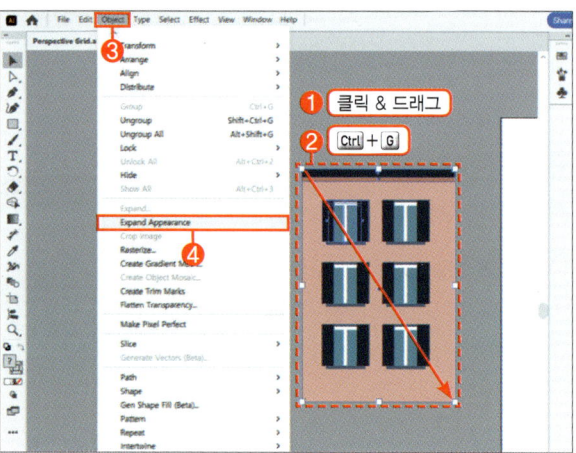

07 건물의 옆면을 만들기 위해 왼쪽으로 클릭 & 드래그하면서 Alt + Shift 를 눌러 복제합니다.

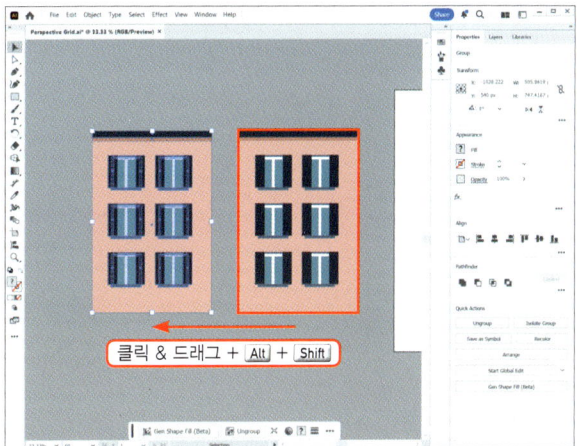

08 복제한 도형의 색상을 바꾸기 위해 Properties 패널에서 ❶ [Recolor]를 클릭합니다. ❷ 그림과 같이 슬라이더를 오른쪽으로 클릭 & 드래그하여 밝게 조정한 후 ❸ 바깥쪽을 클릭해 완료합니다.

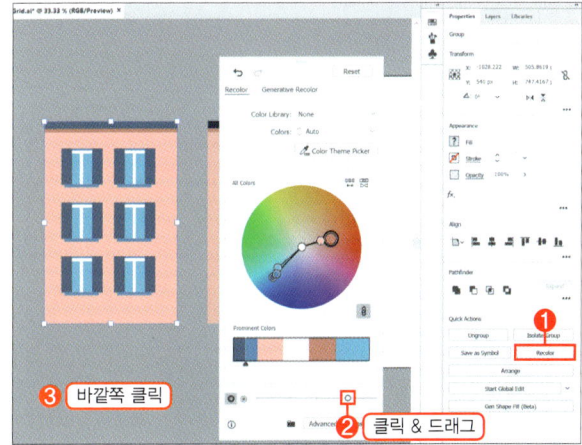

09 Shift + P 를 눌러 Perspective Grid Tool( )을 활성화합니다.

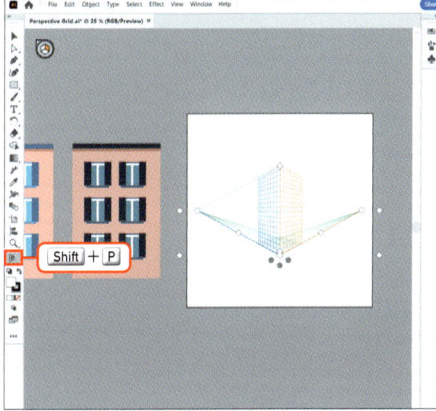

Chapter 10 · 여러 가지 효과 활용하기   **397**

10 격자의 모양을 바꾸기 위해 ❶ [View] – ❷ [Perspective Grid] – ❸ [Define Grid]를 클릭합니다.

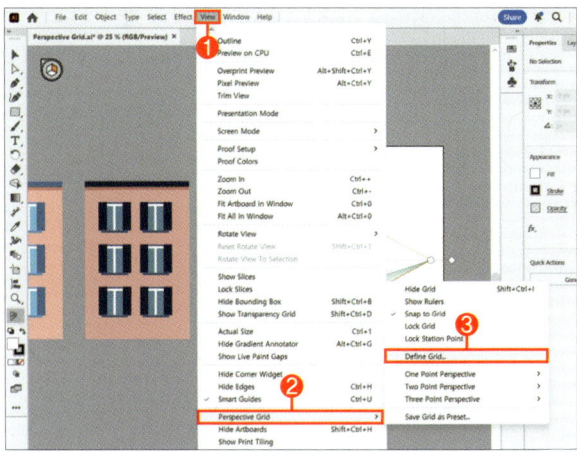

11 ❶~❸ 그림과 같이 설정한 후 ❹ [OK]를 클릭합니다.

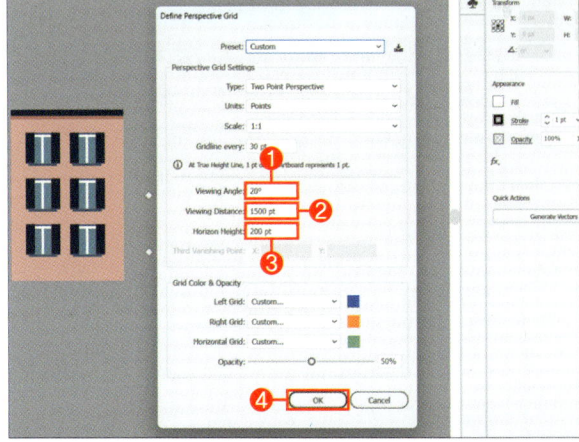

- Viewing Angle: 20°
- Viewing Distance: 1500 pt
- Horizon Height: 200 pt

12 ❶ Shift + V를 눌러 Perspective Selection Tool(▸)을 활성화합니다. ❷ 1을 눌러 왼쪽 상단 위젯의 파란색 그리드를 활성화합니다. ❸ 밝은 건물을 그리드로 클릭 & 드래그합니다.

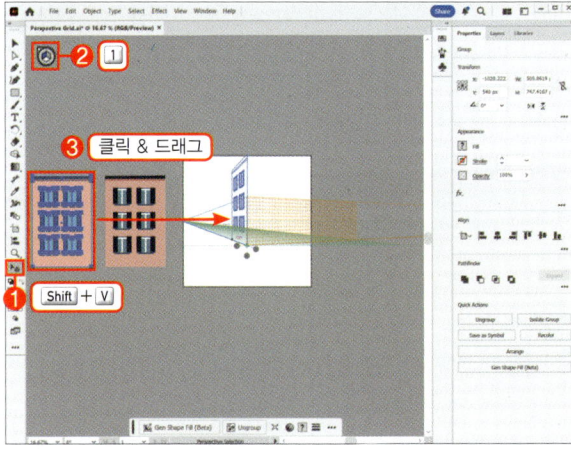

> **TIP!**
> Perspective Grid 위젯의 왼쪽 그리드, 수평 그리드, 오른쪽 그리드의 단축키는 각각 1, 2, 3입니다.

13 ❶ Rectangle Tool(□)을 클릭하고 ❷ 건물 아래쪽에 클릭 & 드래그합니다.

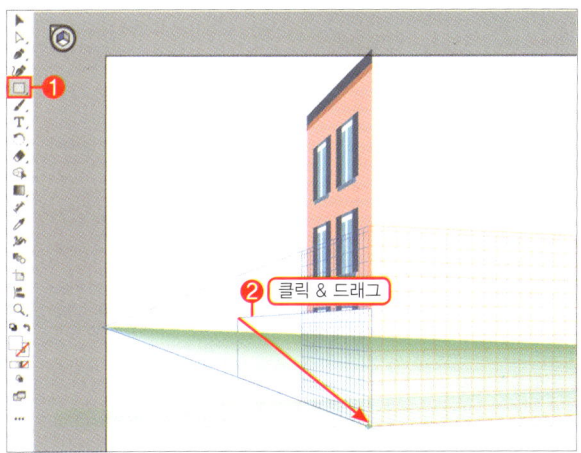

14 ❶ [칠 색상]을 더블 클릭하고 ❷ '#c1e5ea'를 입력한 후 ❸ [OK]를 클릭합니다.

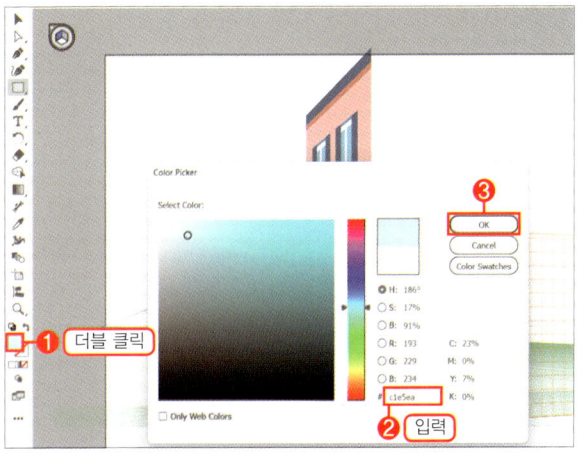

15 ❶ Shift + V 를 누르고 ❷ 3 을 눌러 왼쪽 상단 위젯의 주황색 그리드를 활성화합니다. ❸ 진한 건물을 그리드로 클릭 & 드래그합니다.

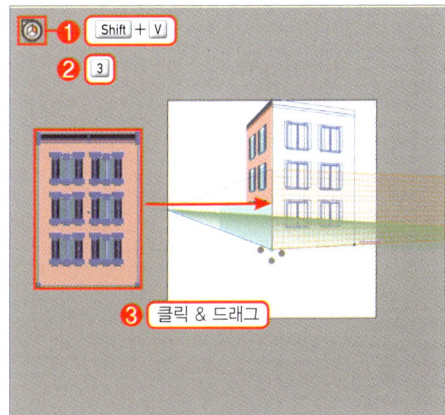

16 ❶ Rectangle Tool(▭)을 클릭하고 ❷ 건물 아래쪽에 클릭 & 드래그합니다.

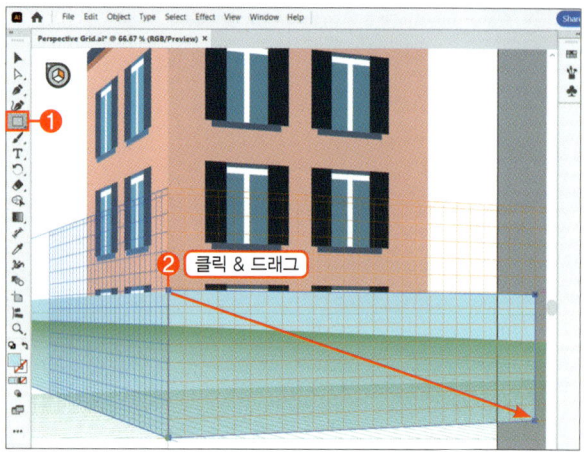

17 ❶ [칠 색상]을 더블 클릭하고 ❷ '#67bdcf'를 입력한 후 ❸ [OK]를 클릭합니다.

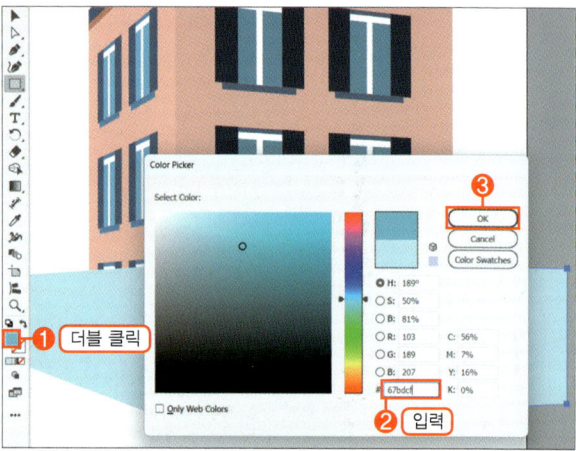

18 ❶ Ctrl + Shift + I 를 눌러 Perspective Grid를 끕니다. ❷ Selection Tool(▶)을 클릭하고 ❸ 그림과 같이 클릭 & 드래그하여 모든 오브젝트를 선택한 후 ❹ 위치를 조절합니다.

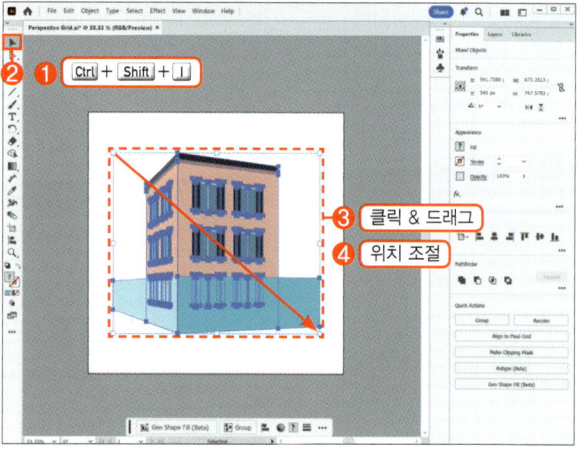

건물 주변 꾸미기

01 건물 주변에 장식용 나무를 그리기 위해 ❶ Rectangle Tool(▭)을 클릭하고 ❷ 클릭 & 드래그하여 사각형을 그린 후 ❸ 모서리의 눈을 안쪽으로 클릭 & 드래그하여 둥글게 만듭니다.

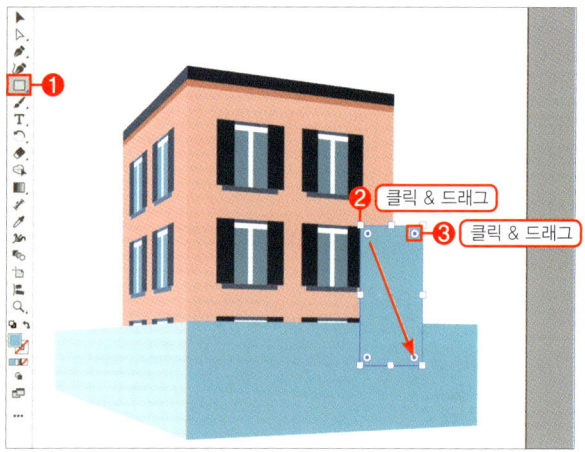

02 ❶ [칠 색상]을 더블 클릭하고 ❷ '#00914e'를 입력한 후 ❸ [OK]를 클릭합니다. 사각형의 모양을 나무처럼 변경하기 위해 ❹ [Effect] – ❺ [Distort & Transform] – ❻ [Zig Zag]를 클릭합니다.

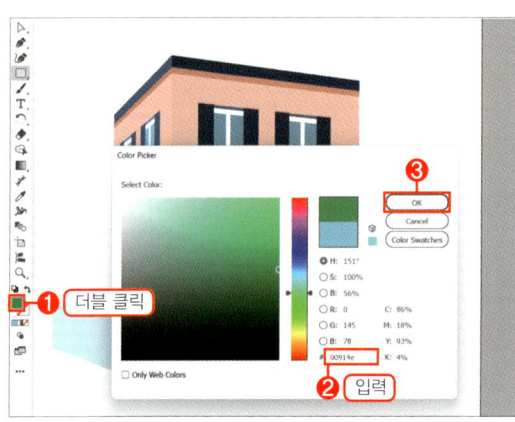 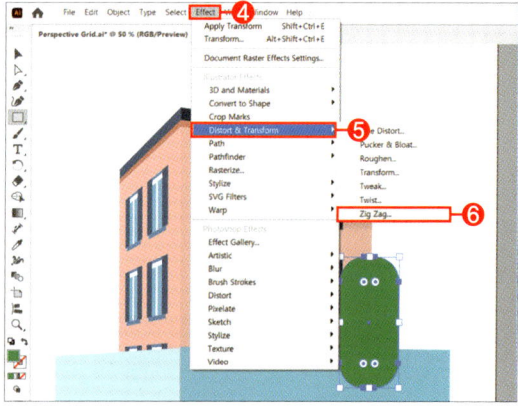

03 ❶~❹ 그림과 같이 설정한 후 ❺ [OK]를 클릭합니다.

- Absolute: 클릭
- Size: 3 px
- Ridges per segment: 3
- Points: Smooth

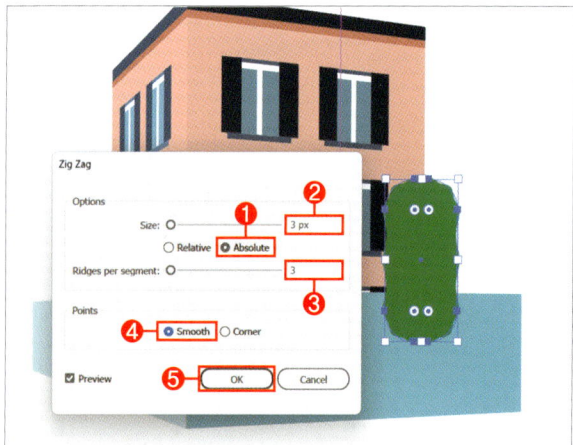

04 모양을 조금 더 구불구불하게 만들기 위해 ❶ [Effect] – ❷ [Distort & Transform] – ❸ [Tweak]를 클릭합니다.

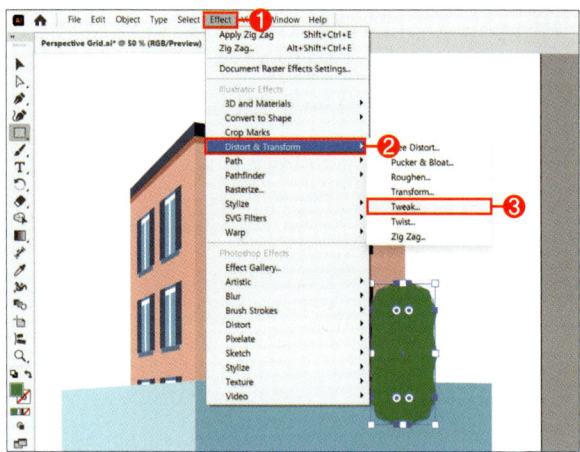

05 ❶~❸ 그림과 같이 설정한 후 ❹ [OK]를 클릭합니다.

- Relative: 클릭
- Horizontal: 6%
- Vertical: 4%

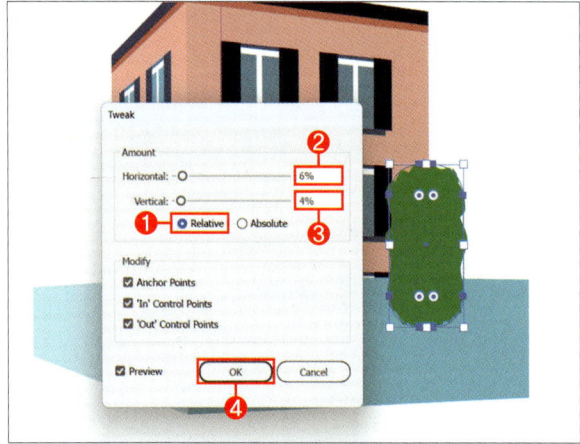

06 ❶ Selection Tool(▶)을 클릭하고 ❷ Alt + 드래그하여 복제합니다. ❸ [칠 색상]을 더블 클릭하고 ❹ '#00733a'를 입력한 후 ❺ [OK]를 클릭합니다.

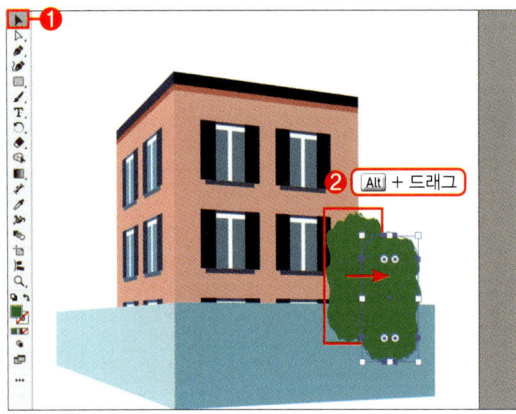
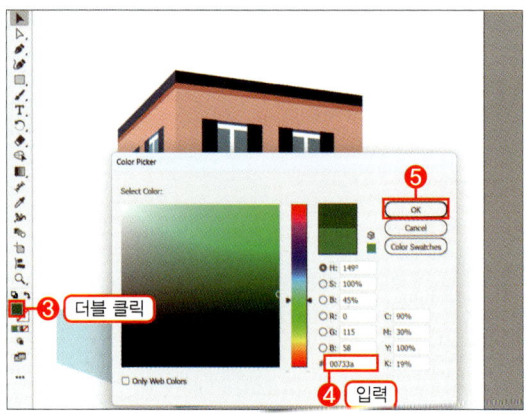

07 ❶ 담벼락 사각형을 클릭하고, ❷ 마우스 오른쪽 버튼으로 클릭 – ❸ [Arrange] – ❹ [Bring to Front]를 클릭합니다. 배경을 만들기 위해 ❺ Rectangle Tool(□)을 클릭하고 ❻ 아트보드의 왼쪽 상단을 클릭합니다. ❼ Width를 '1080 px', Height를 '1080 px'로 설정한 후 ❽ [OK]를 클릭합니다.

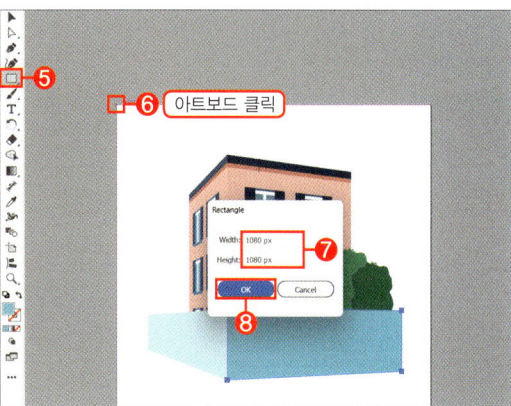

08 ❶ 배경 사각형을 마우스 오른쪽 버튼으로 클릭 – ❷ [Arrange] – ❸ [Send to Back]을 클릭합니다.

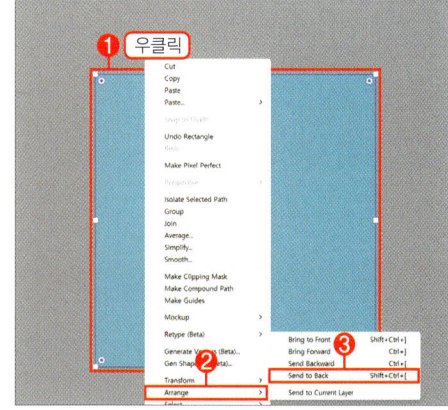

09 ❶ [칠 색상]을 더블 클릭하고 ❷ '#0c4456'을 입력한 후 ❸ [OK]를 클릭합니다. Perspective Grid로 원근감을 맞춘 건물 그래픽을 완성했습니다.

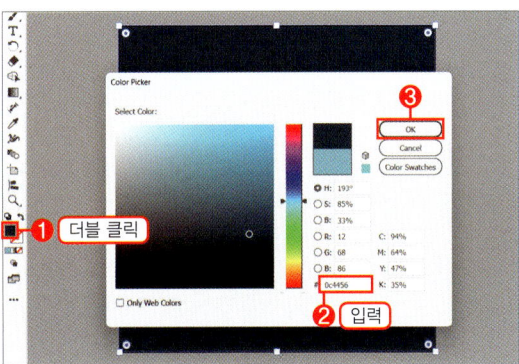

Chapter

11

생성형 AI로 이미지를
생성하고 수정하기

이번 챕터에서는 다양한 벡터 이미지 생성하기, 패턴 생성하기, 간단한 스케치 업그레이드하기 등 일러스트레이터의 생성형 AI를 활용한 여러 가지 디자인 방법을 알아보겠습니다.

01	Generate Vectors로 다양한 벡터 이미지 생성하기
02	Generate Patterns로 패턴 생성하고 수정하기
03	Gen Shape Fill로 스케치 업그레이드하기

01 Generate Vectors로
다양한 벡터 이미지 생성하기

프롬프트에 원하는 문장을 입력해 필요한 벡터 이미지를 손쉽게 생성할 수 있는 Generate Vectors에 대해 알아보겠습니다. Scene, Subject, Icon 세 가지 기능으로 여러 가지 벡터 이미지를 생성해 봅니다.

Scene으로 배경이 있는 벡터 이미지 생성하기

■ 준비 파일 P02\Ch11\Generate Vectors.ai

먼저 Scene(장면) 기능을 활용해 첫 번째 아트보드에 배경이 있는 벡터 이미지를 생성해 보겠습니다.

01 [File 〉 Open]을 클릭해 ❶ 'Generate Vectors.ai'를 불러옵니다. ❷ Rectangle Tool(□)을 클릭하고 ❸ 첫 번째 아트보드에 가로로 긴 사각형을 그립니다. 영역을 그리지 않으면 1:1 비율의 정방형 이미지가 생성됩니다. Contextual Task Bar의 ❹ [Generate Vectors (Beta)]를 클릭합니다.

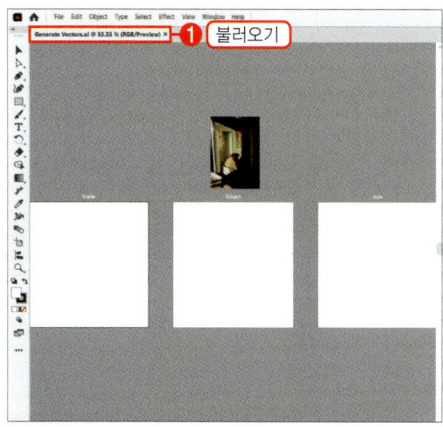
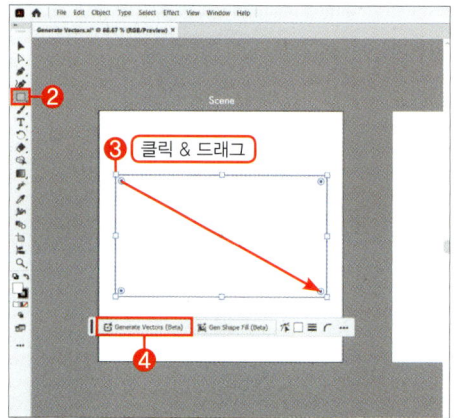

02 ❶ '관람차, 롤러코스터, 화려한 풍선들이 있는 활기찬 놀이공원'을 입력한 후 ❷ 🖼을 클릭합니다. ❸ [Scene]을 클릭하고 ❹ Datail은 'Minimum' 쪽으로 클릭 & 드래그한 후 ❺ [Generate]를 클릭합니다.

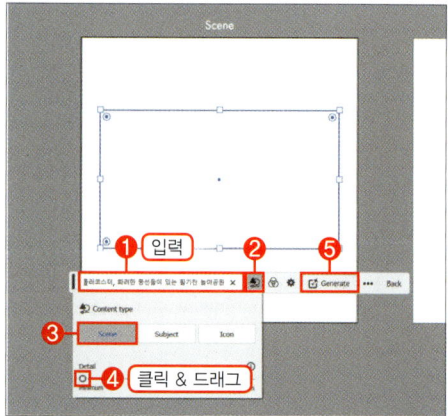

> **TIP!**
> Contextual Task Bar의 빠른 작업 메뉴는 Window 메뉴에서 활성화할 수 있습니다. 벡터 이미지를 생성할 때 프롬프트에 문장만 입력하면 이미지의 랜덤성이 높아지지만, 예제와 같이 원하는 스타일을 설정하면 구체적인 이미지를 생성할 수 있습니다.

03 ❶ Properties 패널에서 마음에 드는 이미지를 고릅니다. 동일한 프롬프트로 다른 스타일의 이미지를 생성하기 위해 Properties 패널의 ❷ ⚙을 클릭하여 설정 창을 불러옵니다.

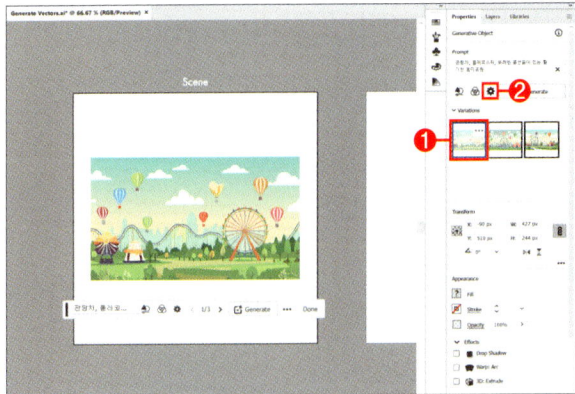

> **TIP!**
> Ctrl + H를 누르면 가장자리가 표시되지 않아 생성 이미지를 편하게 확인할 수 있습니다.

04 ❶ Datail을 'Maximum' 쪽으로 클릭 & 드래그하고 ❷ [Effects]를 클릭한 후 ❸ [Geometric]을 클릭합니다. ❹ [Color and Tone]을 클릭하고 ❺ Color Presets를 'Muted color'로 설정한 후 ❻ [Generate]를 클릭합니다.

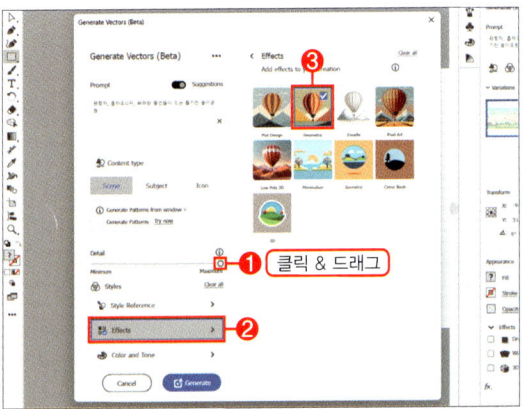 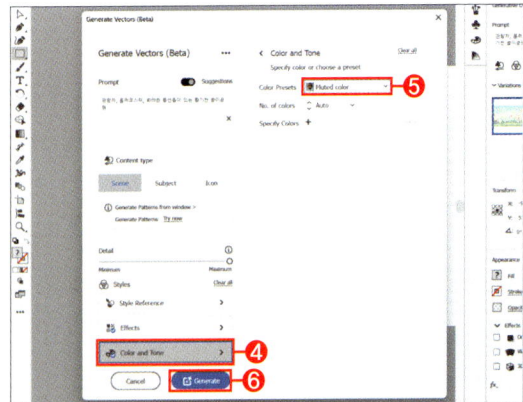

05 Properties 패널에서 마음에 드는 이미지를 고릅니다.

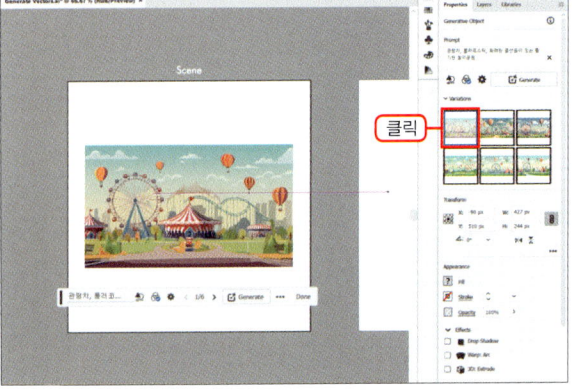

> **TIP!**
> [Window > Generated Variations]를 클릭하면 지금까지 생성한 모든 벡터 이미지를 확인할 수 있습니다.

Subject로 배경이 없는 벡터 이미지 생성하기

두 번째 아트보드에는 Subject(피사체) 기능을 활용해 피사체만 있는 벡터 이미지를 생성해 보겠습니다.

01 ❶ Rectangle Tool(▫)을 클릭하고 ❷ 두 번째 아트보드에 클릭 & 드래그하여 세로로 긴 사각형을 그린 후 ❸ [Generate Vectors (Beta)]를 클릭합니다. ❹ ⚙을 클릭해 설정 창을 열어 줍니다.

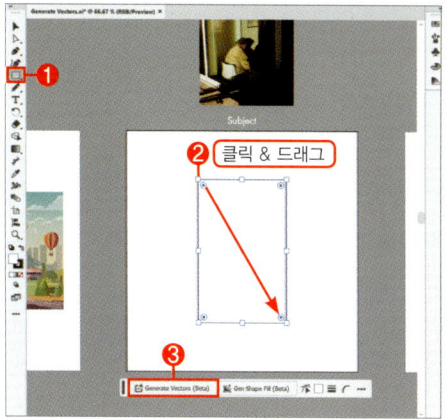
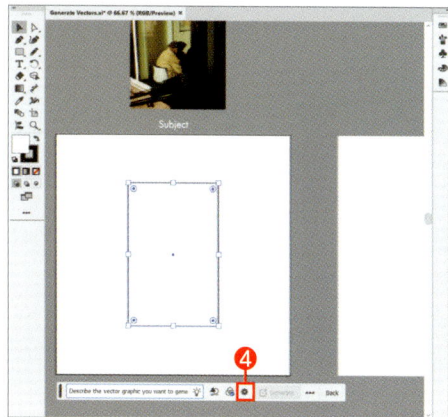

02 ❶ '의자에 앉아 책을 읽고 있는 사람'을 입력하고 Content type의 ❷ [Subject]를 클릭합니다. ❸ Datail은 중간으로 클릭 & 드래그합니다.

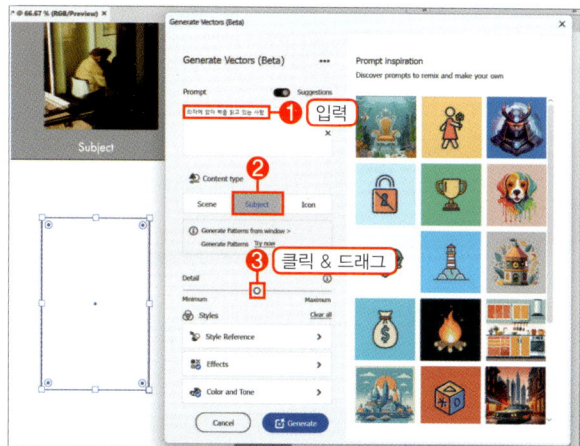

03 ❶ [Clear all]을 클릭해 이전에 적용한 모든 스타일을 삭제하고 ❷ [Style Reference]를 클릭한 후 ❸ [Choose asset]을 클릭합니다.

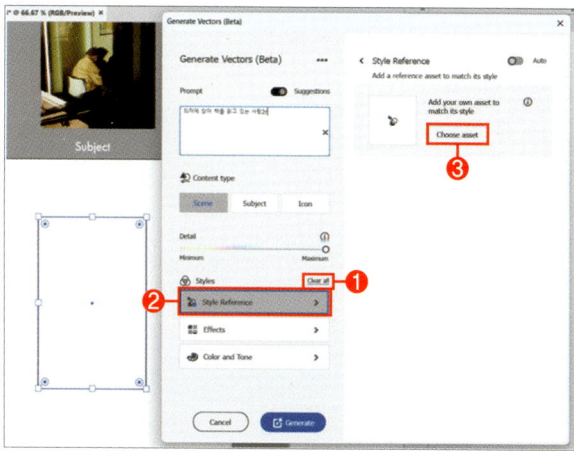

04 ❶ 아트보드 바깥에 있는 이미지를 클릭하여 에셋으로 설정한 후 ❷ [Generate]를 클릭합니다.

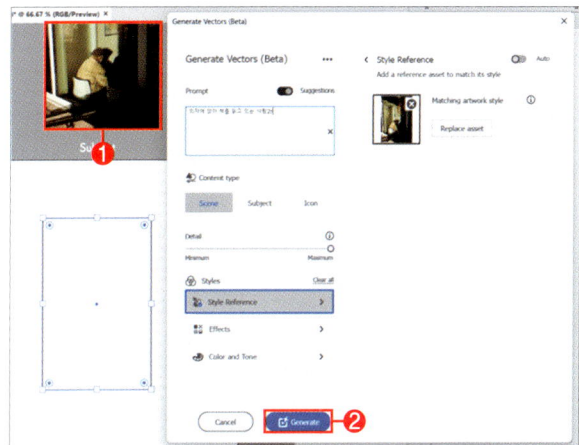

05 ❶ 에셋으로 설정한 이미지와 비슷한 스타일로 그래픽이 생성된 것을 확인합니다. 유사한 이미지를 더 만들고 싶다면 Properties 패널에서 마음에 드는 이미지에 마우스를 오버한 후 ❷ ⋯ - ❸ [Generate Similar]를 클릭합니다.

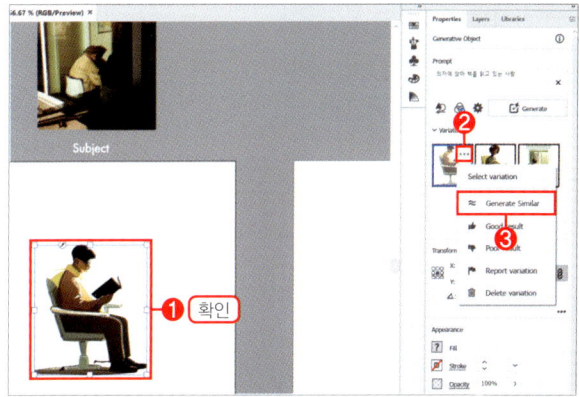

06 비슷한 그래픽이 세 개 더 생성된 것을 확인합니다.

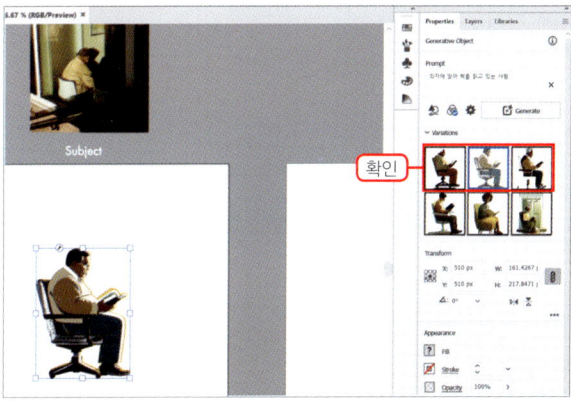

Icon으로 깔끔한 아이콘 이미지 생성하기

세 번째 아트보드에는 Icon(아이콘) 기능을 활용해 깔끔한 아이콘 이미지를 생성해 보겠습니다.

01 Contextual Task Bar의 ❶ [Generate Vectors (Beta)]를 클릭합니다. ❷ '심플하고 모던한 스타일의 카메라'를 입력하고 ❸ [Icon]을 클릭합니다. ❹ Datail을 'Minimum' 쪽으로 클릭 & 드래그하고 Styles의 ❺ [Clear all]을 클릭해 모든 스타일을 삭제한 후 ❻ [Generate]를 클릭합니다.

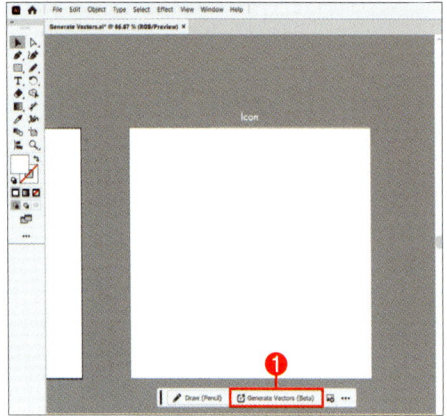
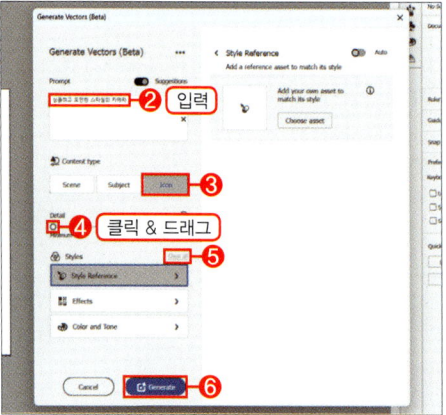

02 Properties 패널에서 마음에 드는 아이콘 이미지를 고릅니다.

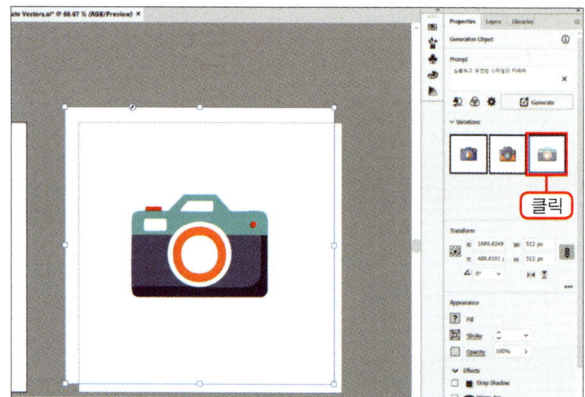

> **TIP!**
>
>
>
> 인공지능으로 완벽한 정원형이나 사각형 등의 기하학적인 도형을 생성하기에는 아직 한계가 있으므로, 도형으로 구성된 오브젝트는 직접 그리는 것이 좋습니다. 예시 그림을 보면 '알림 아이콘이 표시된 스마트폰, 검은색 획' 명령어로 아이콘 이미지를 생성하였으나 외곽선이 삐뚤빼뚤하여 완성도가 떨어지는 것을 확인할 수 있습니다.
>
> ▲ 생성형 AI의 한계

02 Generate Patterns로 패턴 생성하고 수정하기

이번 섹션에서는 일러스트레이터의 Firefly 기능인 Generate Patterns를 사용해 원하는 패턴을 손쉽게 생성하고 수정해 보겠습니다.

패턴 생성하고 수정하기

AI로 생성한 패턴의 관리 방법은 기존과 동일합니다. 패턴이 등록되는 것을 확인하기 위해 Swatches 패널을 꺼내 두고 작업하는 것을 추천합니다.

01 [File 〉 New]를 클릭하고 ❶~❻ 그림과 같이 설정한 후 ❼ [Create]를 클릭합니다.

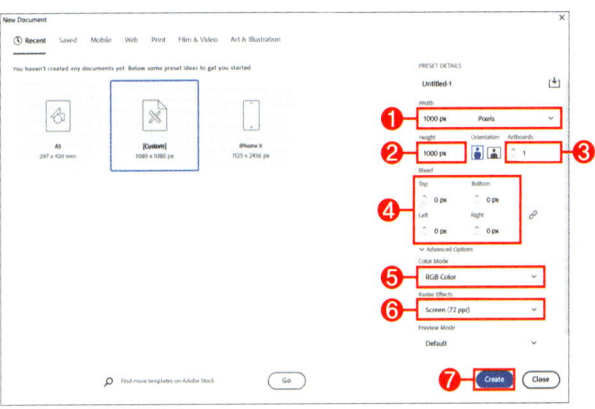

- **Width**: 1000 Pixels
- **Height**: 1000 Pixels
- **Artboards**: 1
- **Bleed**: 0 px, 0 px, 0 px, 0 px
- **Color Mode**: RGB Color
- **Raster Effects**: Screen (72 ppi)

02 ❶ [Window] – ❷ [Generate Patterns (Beta)]를 클릭합니다.

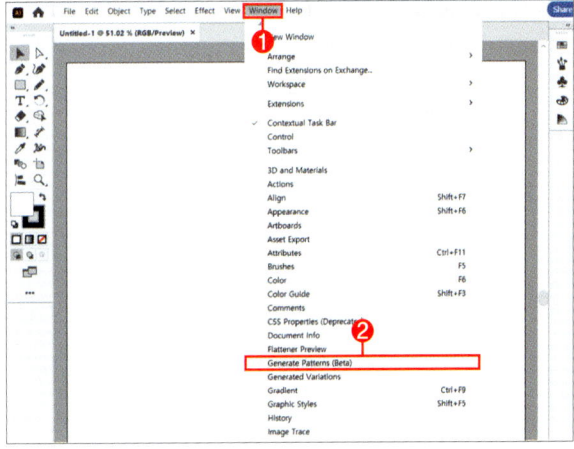

03 ❶ '파인애플, 딸기, 레몬 같은 과일들이 귀엽게 배열된, 화사한 느낌'을 입력하고 ❷ 을 클릭한 후 ❸ [Geometric]과 ❹ [Flat Design]을 각각 클릭합니다.

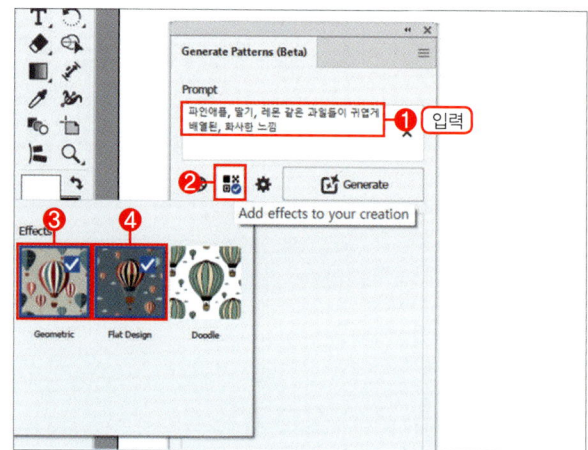

04 ❶ 을 클릭하고 ❷ Density를 'Low' 쪽으로 클릭 & 드래그한 후 ❸ [Generate]를 클릭합니다.

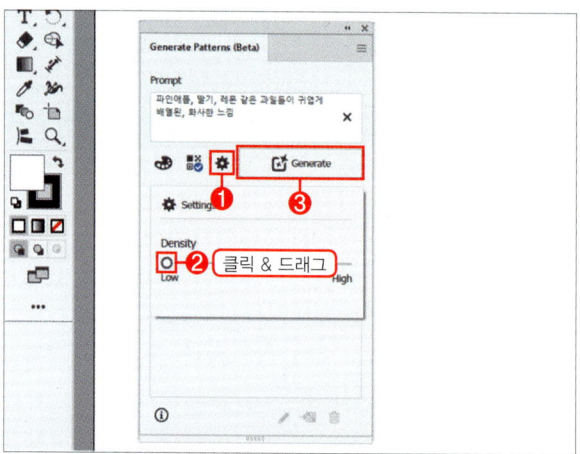

05 Generate Patterns (Beta) 패널에서 ❶ 마음에 드는 패턴을 클릭합니다. 이때 클릭한 패턴은 Swatches 패널에 자동으로 등록됩니다. 패턴을 자세히 보기 위해 ❷ Rectangle Tool(■)을 클릭하고 ❸ 클릭 & 드래그해 사각형을 그립니다.

06 패턴을 편집하기 위해 패턴 위에 마우스를 오버한 후 ❶ ··· – ❷ [Edit Pattern]을 클릭합니다.

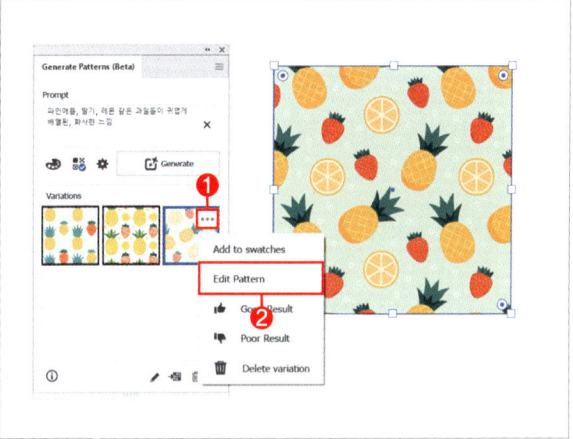

07 ❶ Selection Tool(▶)을 클릭하고 ❷ 패턴의 배경을 클릭 & 드래그해 옮기면 과일 부분의 배경이 뚫려 있는 것을 확인할 수 있습니다.

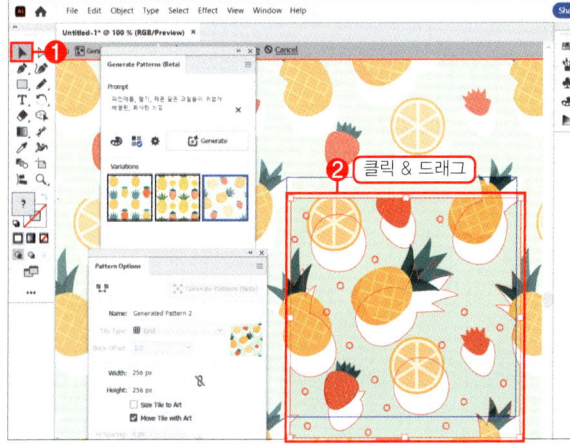

> **TIP!**
> AI로 생성한 패턴은 패턴 부분의 배경이 항상 뚫려 있으며, 패턴의 배열 스타일은 'Grid'로 기본 설정되어 있어 변경할 수 없습니다.

08 ❶ 패턴의 배경을 Delete 를 눌러 삭제합니다. ❷ [칠 색상]을 더블 클릭하고 ❸ 패턴과 어울리는 배경의 색상을 선택한 후 ❹ [OK]를 클릭합니다.

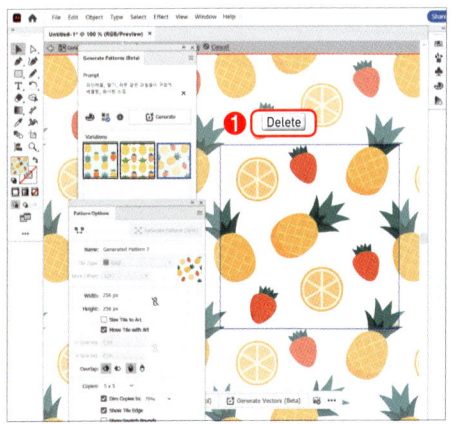 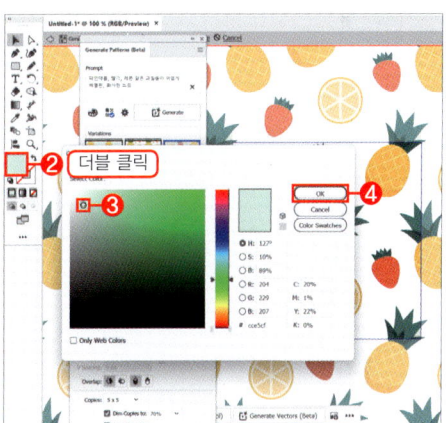

09 ❶ Rectangle Tool(▭)을 클릭하고 ❷ 파란색 테두리에 맞춰 클릭 & 드래그하면서 Shift를 눌러 정사각형을 그립니다.

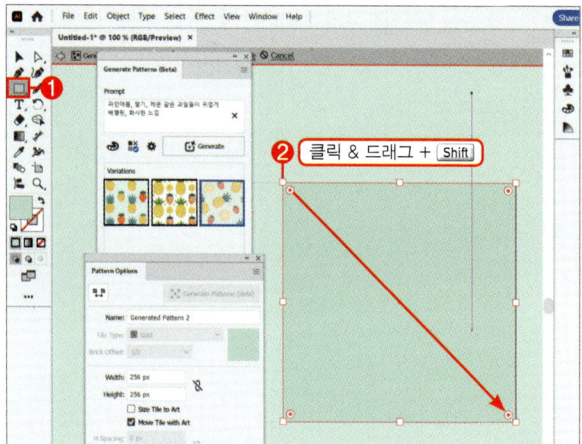

10 ❶ 사각형을 마우스 오른쪽 버튼으로 클릭 – ❷ [Arrange] – ❸ [Send to Back]을 클릭합니다.

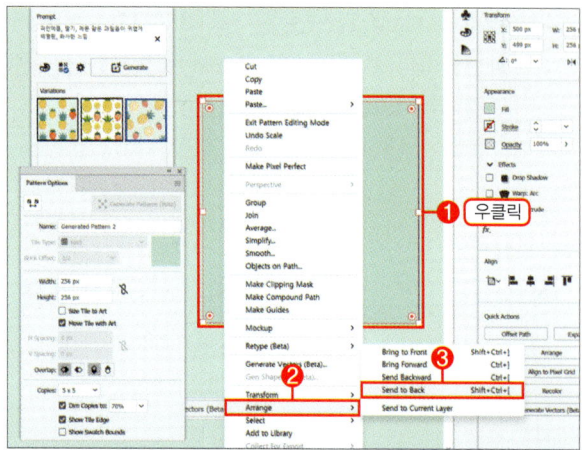

11 ❶ Selection Tool(▶)을 클릭하고 ❷ 오브젝트의 위치를 각각 이동하거나 회전하여 수정합니다.

12 패턴의 색상을 바꾸기 위해 ❶ Ctrl + A 를 눌러 전체 선택하고, Properties 패널에서 ❷ [Recolor]를 클릭합니다.

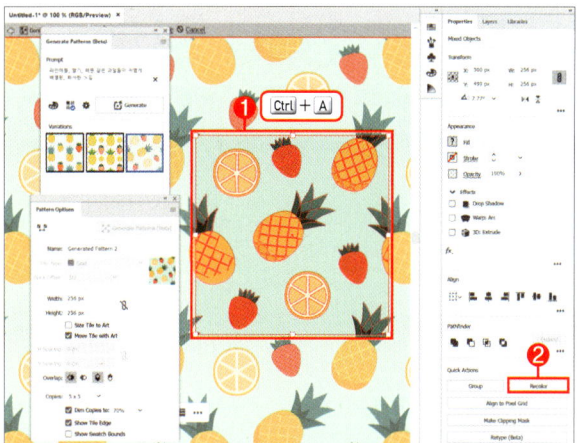

13 색상환과 슬라이더를 그림과 같이 클릭 & 드래그하여 패턴의 색을 수정합니다.

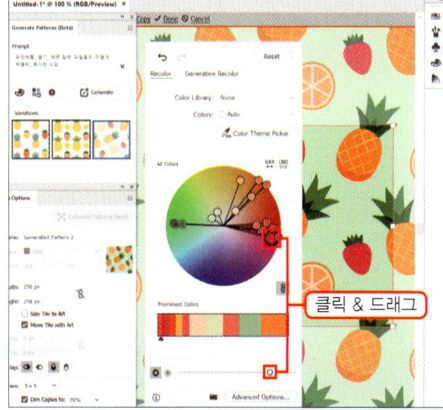

14 Esc 를 두 번 눌러 종료합니다. Generate Patterns로 패턴을 생성하고 수정하였습니다.

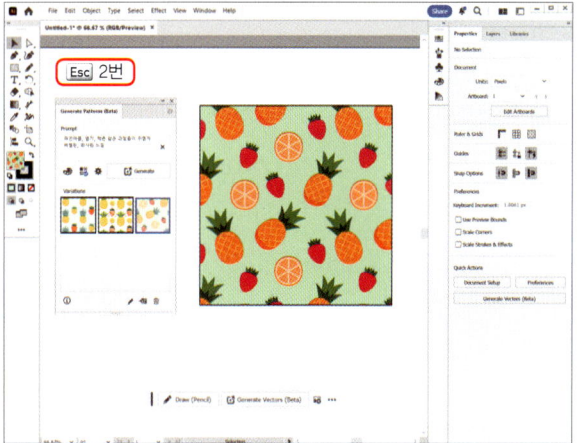

03 Gen Shape Fill로 스케치 업그레이드하기

Gen Shape Fill은 가장 최근에 나온 생성형 AI 기능으로 아직 Beta 버전 단계에 있습니다. 간단하게 스케치한 디자인을 AI가 업그레이드해 주는 Gen Shape Fill의 사용 방법을 알아보겠습니다.

대충 그린 스케치를 업그레이드하는 방법

📁 준비 파일 **P02\Ch11\Gen Shape Fill.ai**

두 가지 예제 이미지에 어울리는 벡터 그래픽을 각각 추가해 보겠습니다.

용 일러스트 생성하기

01 [File 〉 Open]을 클릭해 ❶ 'Gen Shape Fill.ai'를 불러옵니다. 첫 번째 이미지와 어울리는 용 일러스트를 추가하기 위해 ❷ Paintbrush Tool(🖌)을 마우스 오른쪽 버튼으로 클릭하고 ❸ Blob Brush Tool(🖌)을 클릭합니다.

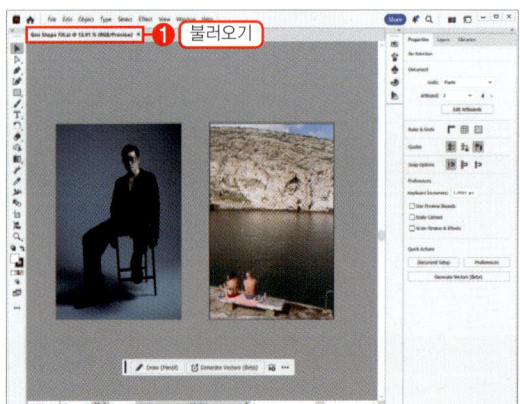
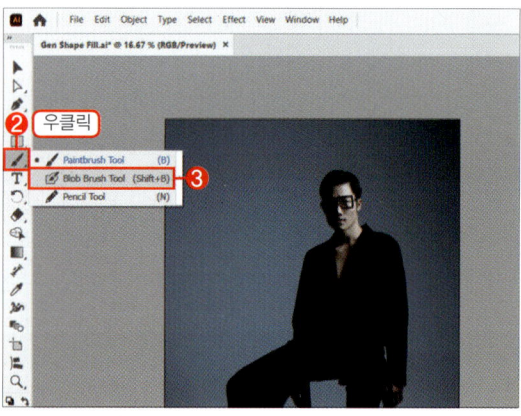

02 ❶ [와]를 눌러 브러시의 크기를 조절하고 ❷ 클릭 & 드래그하여 그림과 같이 그린 후 Properties 패널의 ❸ [Gen Shape Fill (Beta)]을 클릭합니다.

416　Part 02 · 일러스트레이터 마스터하기

03 ❶ '검은색의 화려한 용, 동양적인'을 입력하고 ❷ Shape Strength를 'Low', ❸ Datail은 'Maximum' 쪽으로 클릭 & 드래그합니다. ❹ [Style Reference]를 클릭하고 ❺ Auto를 활성화하여 ❺ 이미지가 에셋으로 설정된 것을 확인합니다.

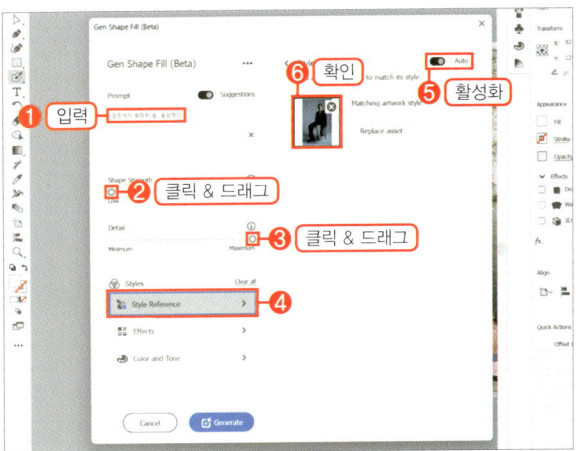

04 ❶ [Effects]를 클릭하고 ❷ [Flat Design]을 선택한 후 ❸ [Generate]를 클릭합니다. Properties 패널에서 ❹ 마음에 드는 그래픽을 선택하고 ❺ 브러시로 그린 도형을 Ctrl + 클릭한 후 ❻ Delete 를 눌러 삭제합니다.

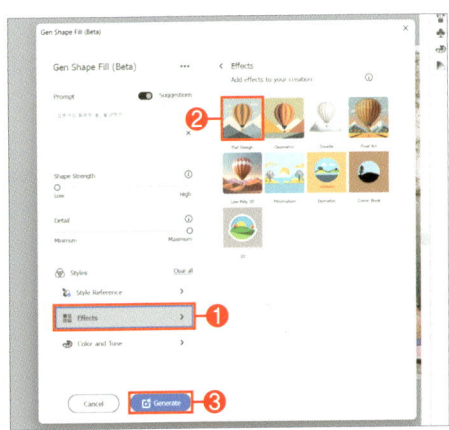
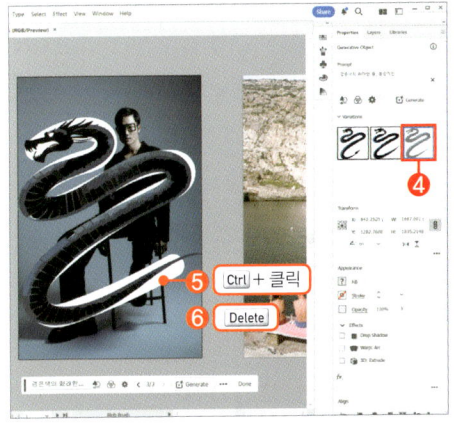

05 용이 사람 뒤에 있는 것처럼 만들기 위해 Properties 패널의 ❶ Opacity를 '40%'로 설정합니다. ❷ Eraser Tool(◆.)을 클릭하고 ❸ []와 []를 눌러 브러시의 크기를 조절한 후 ❹ 클릭 & 드래그하여 지워 줍니다.

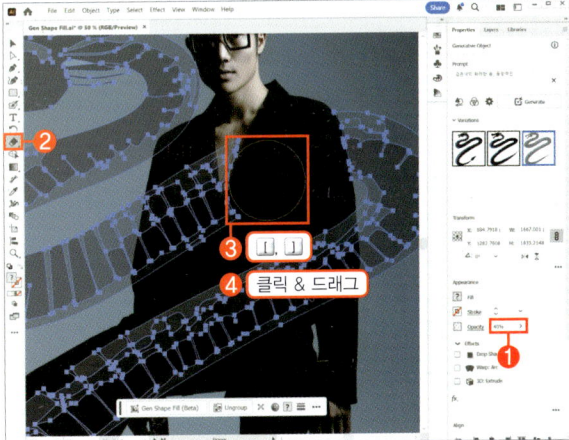

06 다시 Opacity를 '100%'로 설정하면 사진과 어울리는 시크한 스타일의 용 일러스트가 완성됩니다.

두들 일러스트 생성하기

01 두 번째 이미지에는 귀여운 두들 일러스트를 생성해 보겠습니다. ❶ Pen Tool (🖋)을 클릭하고 ❷ 그림과 같이 클릭하여 닫힌 도형을 만듭니다. Properties 패널의 ❸ [Gen Shape Fill (Beta)]을 클릭합니다.

02 ❶ '작은 하트, 구름, 별, 꽃이 어우러진 손그림, 색연필 텍스처, 라인 드로잉, 성긴 모양'을 입력하고 ❷ Shape Strength를 'Low', ❸ Datail은 'Minimum' 쪽으로 클릭 & 드래그합니다. ❹ [Effects]를 클릭하고 ❺ [Doodle]과 ❻ [Minimalism]을 선택합니다.

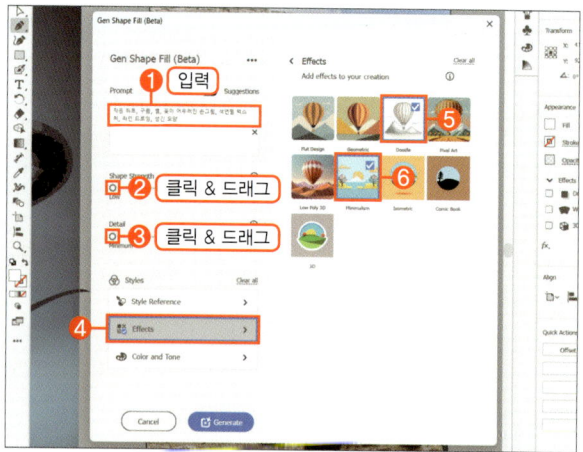

03 ❶ [Color and Tone]을 클릭하고 ❷ Color Presets는 'Vibrant color', ❸ No. of colors는 '5'로 설정한 후 ❹ [Generate]를 클릭합니다.

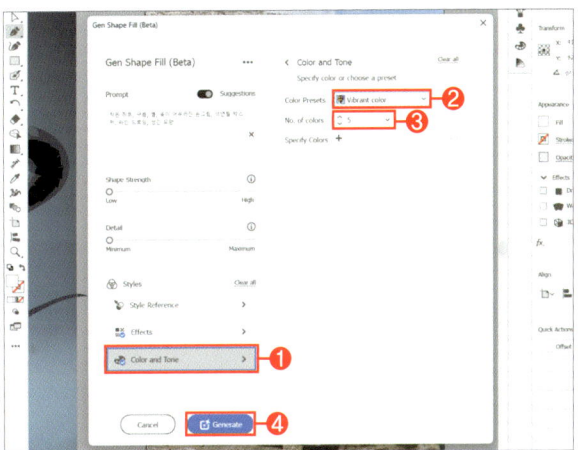

04 Properties 패널에서 ❶ 마음에 드는 그래픽을 고릅니다. ❷ 펜 도구로 그린 도형을 Ctrl + 클릭하여 선택한 후 ❸ Delete를 눌러 삭제합니다.

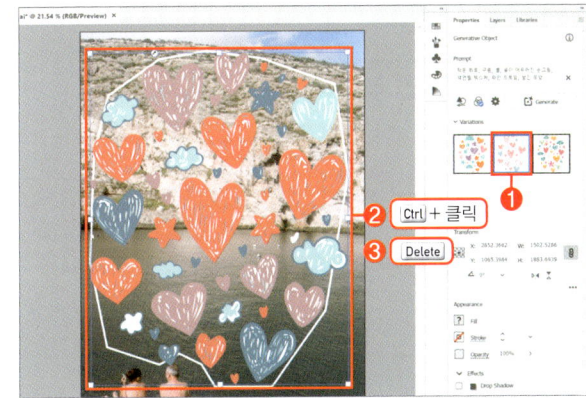

05 싸인펜으로 그린 것처럼 합성하기 위해 ❶ 생성한 그래픽을 Ctrl + 클릭해 선택한 후 Properties 패널의 ❷ [Opacity]를 클릭하고 ❸ 혼합 모드를 'Multiply'로 설정하면 두들 일러스트가 완성됩니다.

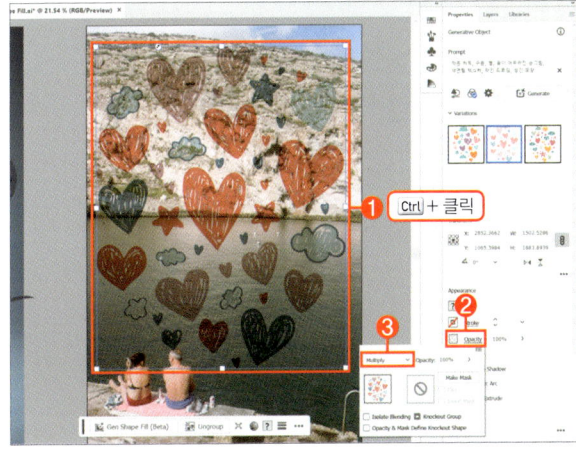

Appendix

포토샵 & 일러스트레이터로 완성하는 콘텐츠 디자인

마지막으로 트렌디한 디자인의 SNS 콘텐츠와 감각적인 포스터를 제작해 보겠습니다. 포토샵과 일러스트레이터를 번갈아 사용하기 때문에 프로그램을 꼼꼼히 확인하며 예제를 따라 합니다. 작업할 때 유용한 포토샵과 일러스트레이터의 단축키도 함께 알아보겠습니다.

01	트렌디한 디자인의 SNS 콘텐츠 만들기
02	감각적인 포스터 만들기
03	포토샵 & 일러스트레이터 단축키 마스터하기

01 트렌디한 디자인의 SNS 콘텐츠 만들기

먼저 SNS에 업로드할 수 있는 정방형 크기의 이미지 두 장을 제작해 보겠습니다. 일러스트레이터에서 포인트 그래픽을 만들고, 포토샵에서 최종 이미지를 완성해 봅니다. 포토샵과 일러스트레이터를 번갈아 사용하기 때문에 작업하는 프로그램을 신경쓰며 실습합니다.

미리보기

 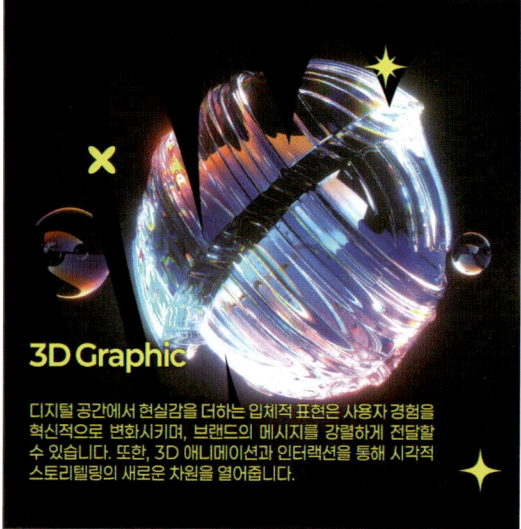

- **작업 사이즈**: 1080 x 1080 Pixels
- **해상도**: 72 Pixels/Inch
- **색상 모드**: RGB Color

포토샵에서 SNS 콘텐츠 작업 사이즈 설정하기

📁 준비 파일 부록 Appendix\표지 배경.jpg

먼저 포토샵에서 SNS 콘텐츠의 작업 사이즈를 설정해 보겠습니다.

01 포토샵의 [File 〉 New]를 클릭해 ❶~❺ 그림과 같이 설정한 후 ❻ [Create]를 클릭합니다.

- Width: 1080 Pixels
- Height: 1080 Pixels
- Artboards: 체크
- Resolution: 72 Pixels/Inch
- Color Mode: RGB Color

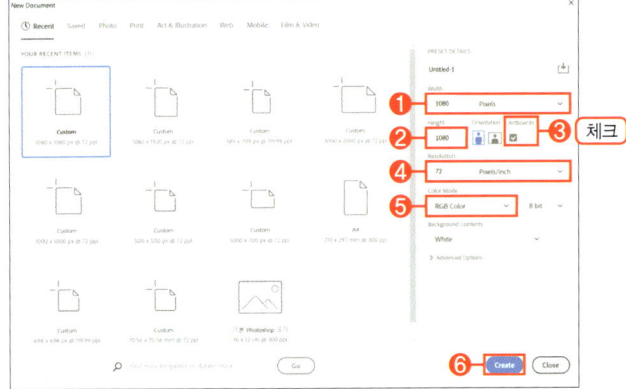

02 SNS 콘텐츠의 배경을 만들기 위해 [File 〉 Place Embedded]를 클릭하고 ❶ '표지 배경.jpg'를 가져옵니다. 캔버스를 모두 채울 수 있게 ❷ 이미지의 크기와 위치를 조절하고 ❸ Enter 를 누릅니다.

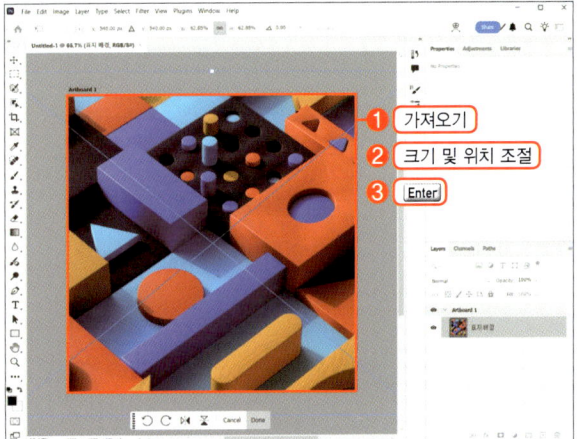

03 ❶ [Filter] – ❷ [Blur] – ❸ [Gaussian Blur]를 클릭합니다.

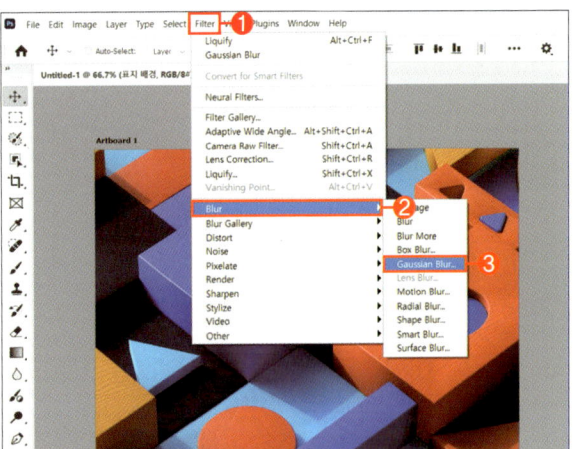

423

04 ❶ Radius를 '80.0 Pixels'로 설정한 후 ❷ [OK]를 클릭합니다.

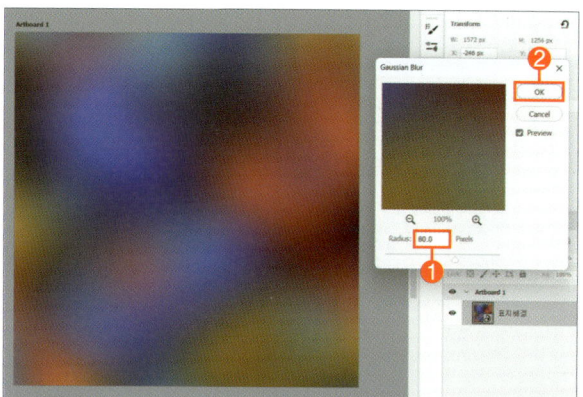

05 ❶ Ctrl + U를 눌러 Hue/Saturation 창을 열고 ❷~❺ 그림과 같이 설정한 후 ❻ [OK]를 클릭합니다

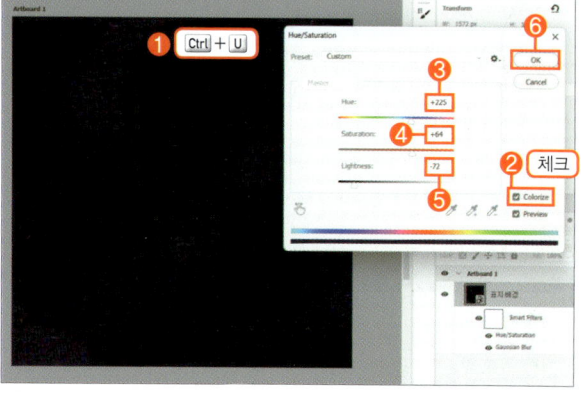

- Colorize: 체크
- Hue: +225
- Saturation: +64
- Lightness: −72

06 상단의 ❶ [Filter] – ❷ [Liquify]를 클릭합니다.

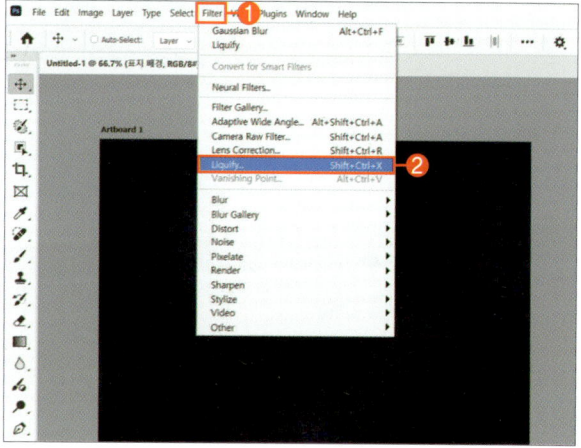

07 ❶ Forward Warp Tool()을 클릭하고 ❷ Density를 '70', ❸ Pressure를 '80'으로 설정합니다. ❹ [와]를 눌러 마우스의 크기를 조절하고 ❺ 무작위로 클릭 & 드래그하여 마블링 모양을 만든 후 ❻ [OK]를 클릭합니다.

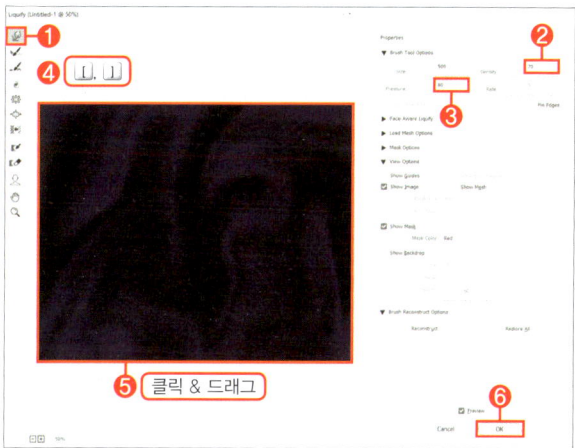

08 ❶ Move Tool()을 마우스 오른쪽 버튼으로 클릭하고 ❷ Artboard Tool()을 클릭합니다. Layers 패널에서 ❸ 'Artboard 1' 아트보드를 클릭하고 ❹ 아이콘을 클릭해 새 아트보드를 생성합니다.

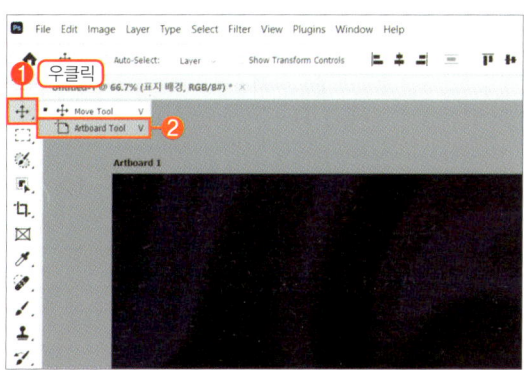 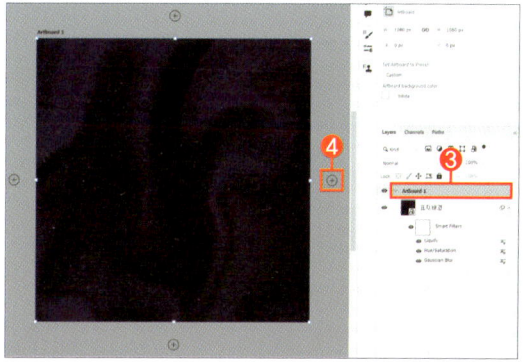

09 Layers 패널에서 ❶ 'Artboard 1' 아트보드의 이름을 더블 클릭하고 '표지'를 입력한 후 ❷ Enter 를 누릅니다. ❸ 'Artboard 2' 아트보드의 이름을 더블 클릭하고 '내용'을 입력한 후 ❹ Enter 를 누릅니다.

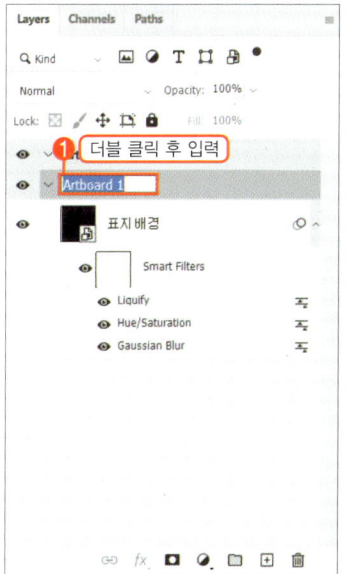  

10 새로 생성한 아트보드의 배경을 만들기 위해 Layers 패널의 새 레이어 아이콘(□)을 클릭합니다.

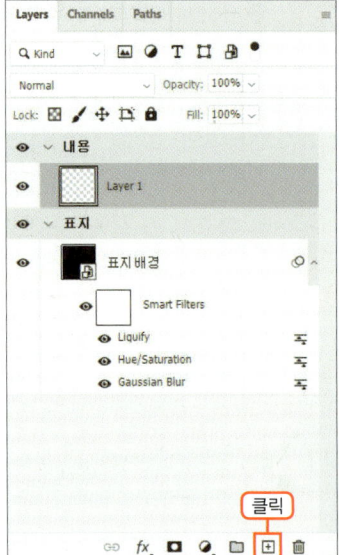

11 도구 상자에서 ❶ [전경색]을 클릭하고 ❷ '#070d1f'를 입력한 후 ❸ [OK]를 클릭합니다.

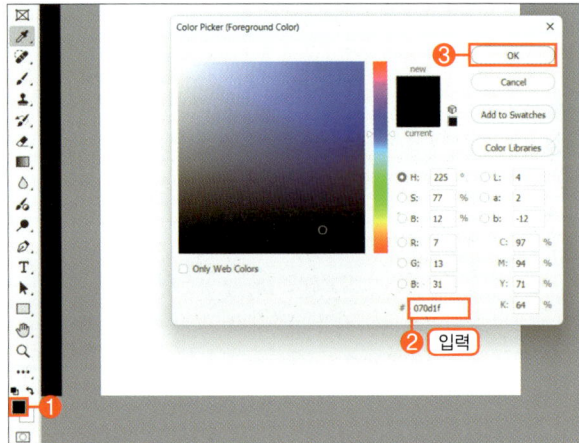

12 Alt + Delete 를 눌러 'Layer 1' 레이어의 배경을 전경색으로 채웁니다.

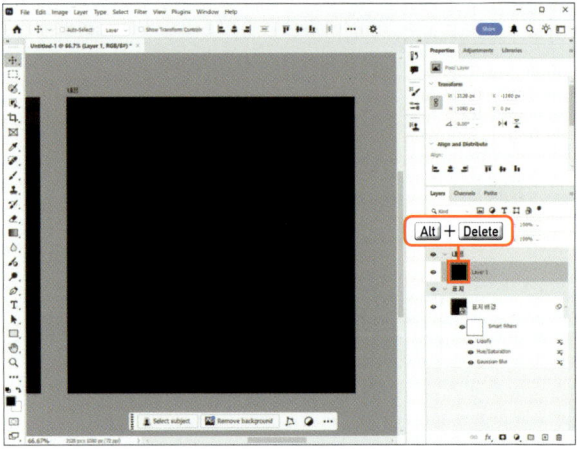

426 **Appendix** · 포토샵 & 일러스트레이터로 완성하는 콘텐츠 디자인

13 깔끔하게 배치하기 위해 ❶ [View] – ❷ [Guides] – ❸ [New Guide Layout]을 클릭합니다. ❹ Target을 'All Artboards'로 선택하고 ❺~❼ 그림과 같이 설정한 후 ❽ [OK]를 클릭합니다.

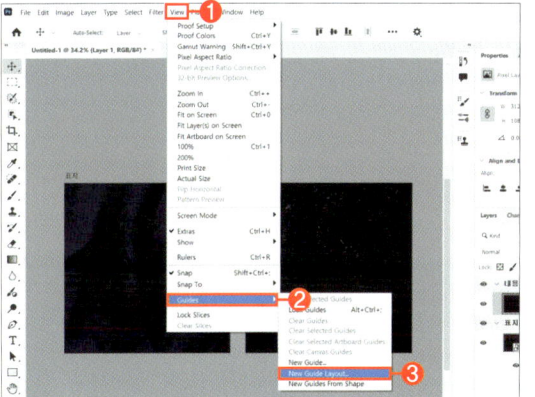 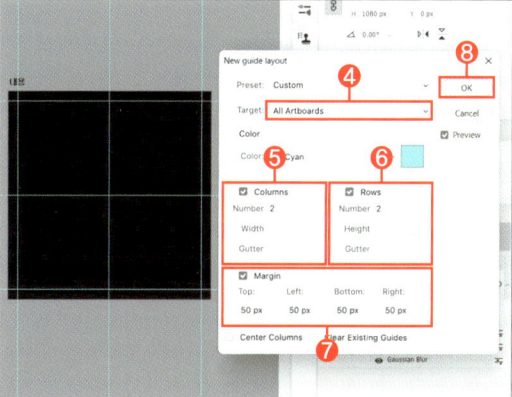

- Columns: 체크 – Number: 2
- Rows: 체크 – Number: 2
- Margin: 체크 – Top, Left, Bottom, Right: 50 px

TIP!
SNS에 업로드할 때 이미지의 가장자리가 잘릴 수 있으므로, 여백으로 설정한 안내선 바깥에는 중요한 내용을 배치하지 않습니다.

14 ❶ Horizontal Type Tool(T.)을 클릭하고 ❷ '표지' 아트보드를 클릭 & 드래그한 후 ❸ 'DESIGN'을 입력하고 Enter 를 누릅니다. 이어서 ❹ 'TREND'를 입력한 후 Enter 를 두 번 눌러 개행하고 ❺ 'TOP3'를 입력합니다. ❻ Ctrl + Enter 를 눌러 마무리합니다.

427

15 Properties 패널에서 ❶~❻ 그림과 같이 설정합니다.

- 폰트: 페이퍼로지 9 Black
- 크기: 200 pt
- 행간: 200 pt
- 자간: -40
- 색상: #e858d6
- 정렬:

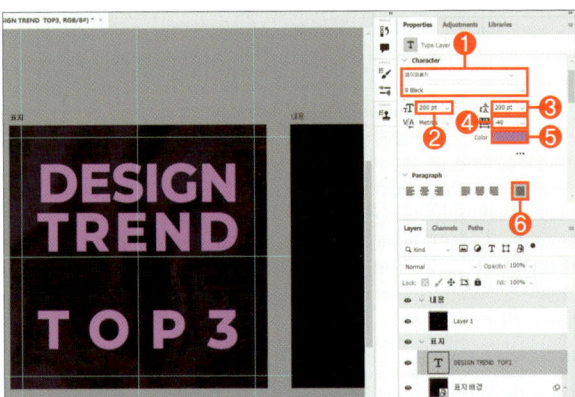

16 ❶ '내용' 아트보드를 클릭하고 '3D Graphic'을 입력한 후 ❷ Ctrl + Enter 를 눌러 마무리합니다. Properties 패널에서 ❸~❻ 그림과 같이 설정합니다.

- 폰트: 페이퍼로지 7 Bold
- 크기: 60 pt
- 색상: #ffe400
- 정렬:

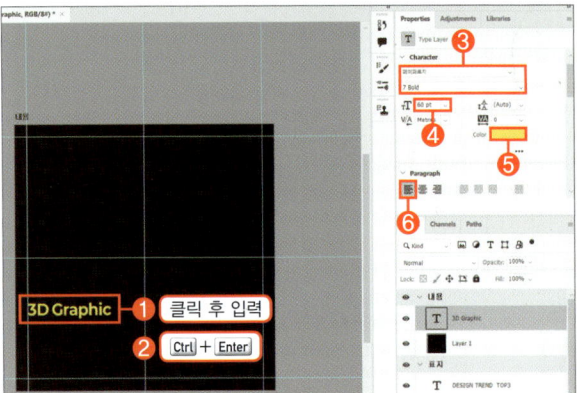

17 ❶ '내용' 아트보드를 클릭 & 드래그하여 내용을 입력한 후 ❷ Ctrl + Enter 를 눌러 마무리합니다. Properties 패널에서 ❸~❻ 그림과 같이 설정합니다.

- 폰트: 페이퍼로지 4 Regular
- 크기: 35 pt
- 색상: #ffe400
- 정렬:

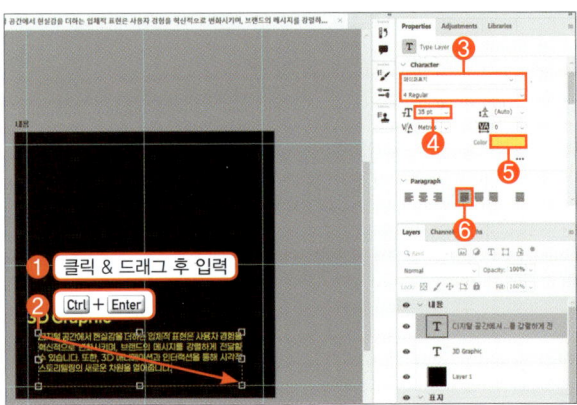

18 ❶ Move Tool(⊕)을 클릭합니다. Layers 패널에서 '내용' 아트보드의 ❷ 문자 레이어를 각각 클릭, ❸ Ctrl + 클릭하여 중복 선택합니다.

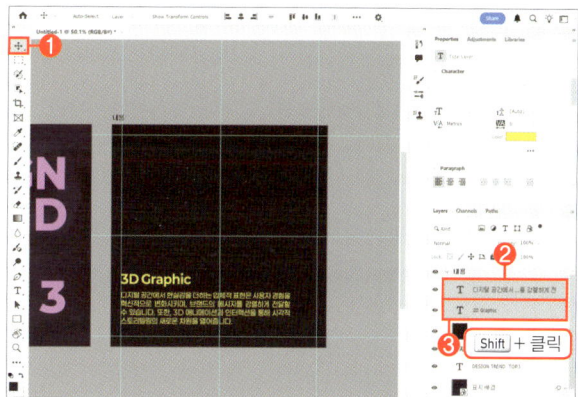

19 옵션바의 ❶ 을 클릭해 문자를 정렬한 후 ❷ Ctrl + G를 눌러 그룹으로 묶어 줍니다.

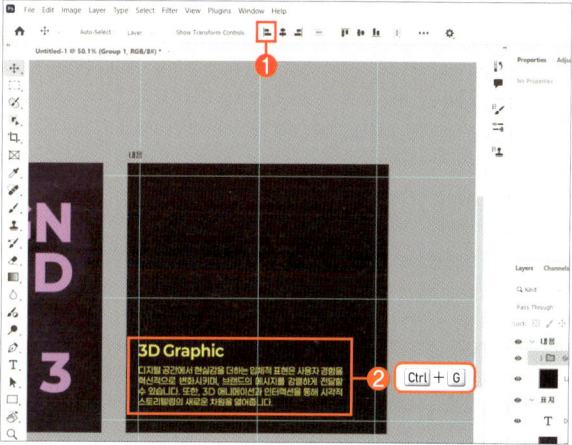

20 Layers 패널에서 ❶ 'Group 1' 그룹의 이름을 더블 클릭하여 'Text'를 입력한 후 ❷ Enter를 누릅니다.

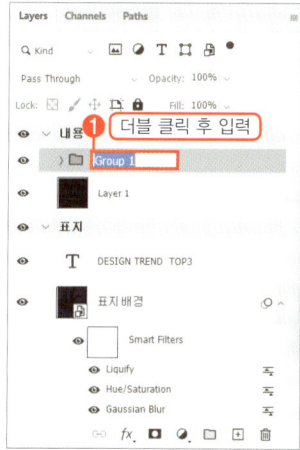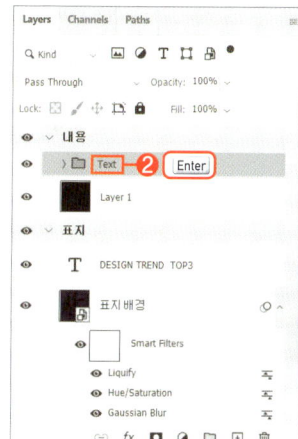

429

일러스트레이터에서 포인트 그래픽 제작하기

일러스트레이터에서 메인이 될 타이포그래피와 여러 가지 도형을 작업한 후 포토샵으로 가져오는 방법을 알아보겠습니다.

01 **일러스트레이터**의 [File > New]를 클릭해 ❶~❻ 그림과 같이 설정한 후 ❼ [Create]를 클릭합니다.

- Width: 1080 Pixels
- Height: 1080 Pixels
- Artboards: 3
- Bleed: 0 px, 0 px, 0 px, 0 px
- Color Mode: RGB Color
- Raster Effects: Screen (72 ppi)

TIP!
완성된 그래픽을 포토샵에 붙여넣을 것이기 때문에 포토샵의 캔버스와 동일한 사이즈로 설정합니다.

02 ❶ Type Tool(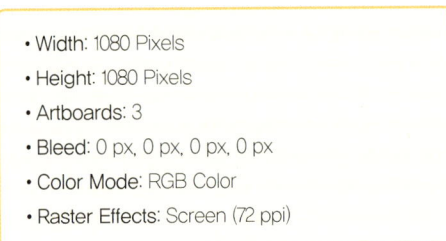)을 클릭합니다. ❷ 첫 번째 아트보드를 클릭하고 '2025'를 입력한 후 ❸ Ctrl + Enter를 눌러 마무리합니다. Properties 패널에서 ❹~❻ 그림과 같이 설정합니다.

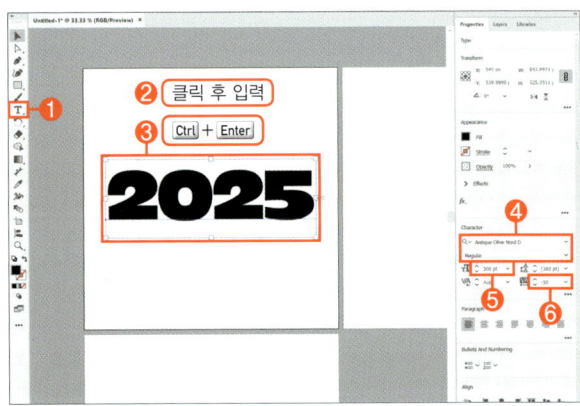

- 폰트: Antique Olive Nord D Regular
- 크기: 300 pt
- 자간: -50

03 ❶ [칠 색상]을 더블 클릭하고 ❷ '#ff78ef'를 입력한 후 ❸ [OK]를 클릭합니다.

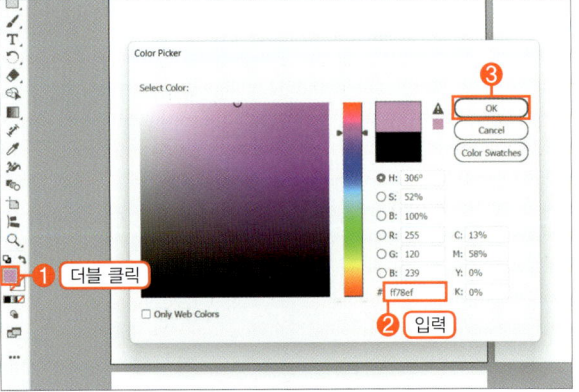

04 ❶ [획 색상]을 더블 클릭하고 ❷ '#ffffff'를 입력한 후 ❸ [OK]를 클릭합니다.

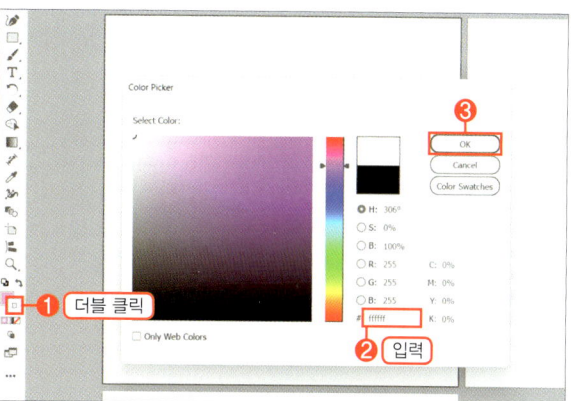

05 Properties 패널에서 Stroke의 두께를 '20 pt'로 설정합니다.

06 ❶ [Window] – ❷ [3D and Materials]를 클릭하여 3D and Materials 패널을 열어 줍니다.

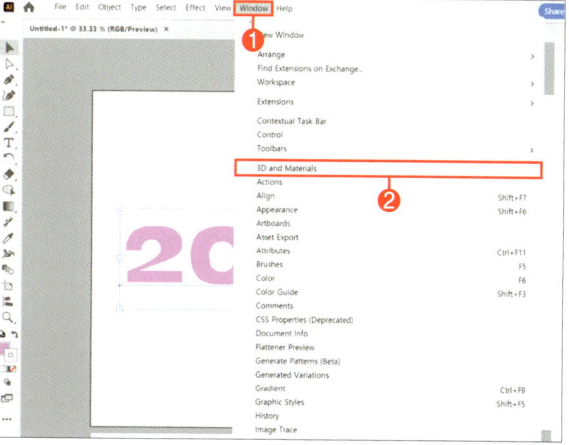

431

07 3D and Materials 패널에서 ❶ [Inflate]를 클릭하고 ❷~❺ 그림과 같이 설정합니다.

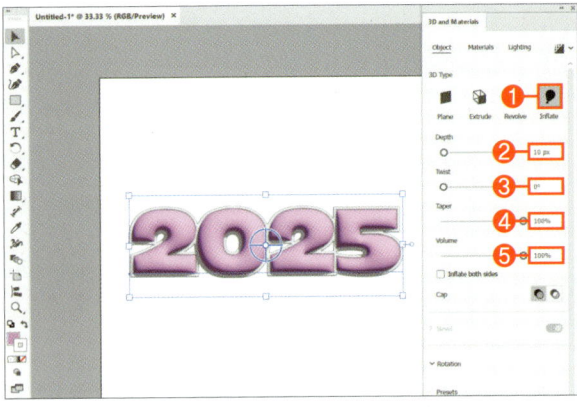

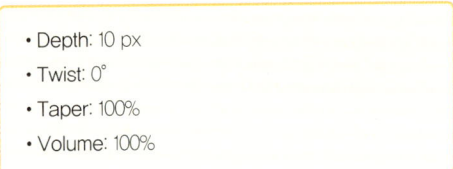

- Depth: 10 px
- Twist: 0°
- Taper: 100%
- Volume: 100%

08 ❶ 기즈모를 클릭 & 드래그해 그림과 같이 살짝 기울인 후 ❷ 🖼을 클릭하여 렌더링합니다.

09 3D and Materials 패널에서 ❶ [Materials] 탭을 클릭하고 ❷ Roughness를 '0.2', ❸ Metallic을 '0.5'로 설정합니다.

10 빵빵한 풍선 같이 주름을 만들기 위해 ❶ [Effect] – ❷ [Distort & Transform] – ❸ [Roughen]을 클릭합니다.

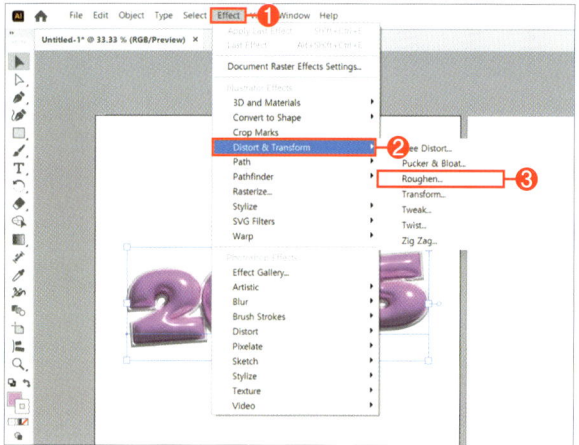

11 ❶~❹ 그림과 같이 설정하고 ❺ [OK]를 클릭한 후 ❻ Ctrl + C 를 눌러 복사합니다.

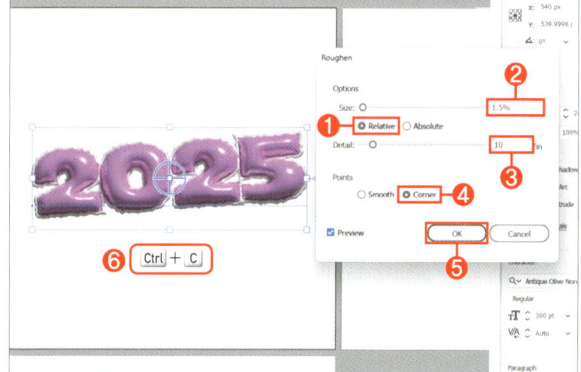

- Relative: 클릭
- Size: 1.5%
- Detail: 10/in
- Points: Corner

12 **포토샵**으로 돌아와 ❶ 'DESIGN TREND TOP3' 레이어를 클릭합니다. ❷ Ctrl + V 를 누른 후 ❸ [Smart Object]를 선택하고 ❹ [OK]를 클릭합니다.

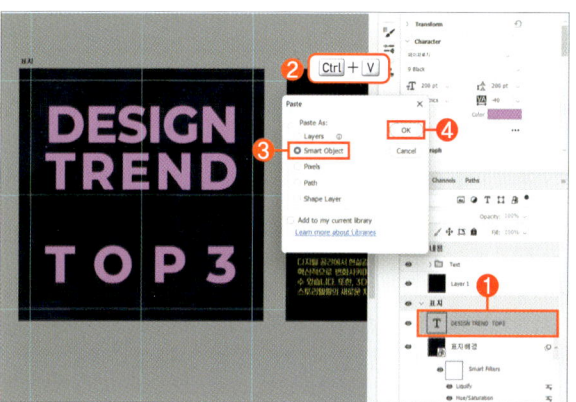

TIP!

Smart Object는 원본 파일을 저장하는 레이어입니다. 원본 파일을 수정한 후 Ctrl + S 를 눌러 저장하면 포토샵에도 수정이 반영됩니다.

13 ❶ '2025' 오브젝트의 크기와 위치를 조절하고 ❷ Enter를 누릅니다.

14 Layers 패널에서 ❶ 'Vector Smart Object' 레이어의 이름을 더블 클릭하고 '2025'를 입력한 후 ❷ Enter를 눌러 줍니다.

15 ❶ '2025' 레이어를 더블 클릭합니다. ❷ [Drop Shadow] 탭을 클릭하고 ❸~❻ 그림과 같이 설정한 후 ❼ [OK]를 클릭합니다.

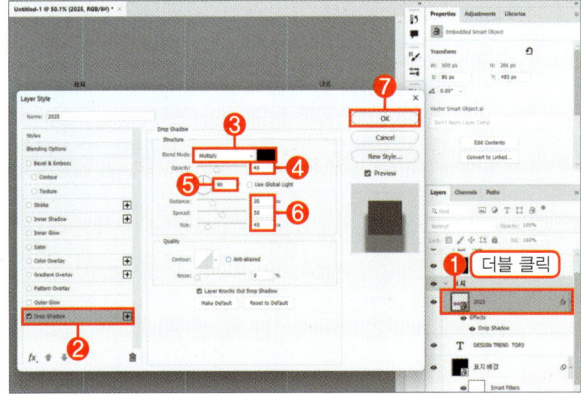

- Blend Mode: Multiply, #000000
- Opacity: 40%
- Angle: 90°
- Distance: 30 px • Spread: 50% • Size: 40 px

16 이어서 마스크용 도형을 만들기 위해 **일러스트레이터**로 돌아와 ❶ Rectangle Tool(▭)을 마우스 오른쪽 버튼으로 클릭하고 ❷ Ellipse Tool(◯)을 클릭합니다. ❸ 두 번째 아트보드에 그림과 같이 클릭 & 드래그해 타원을 그려 줍니다.

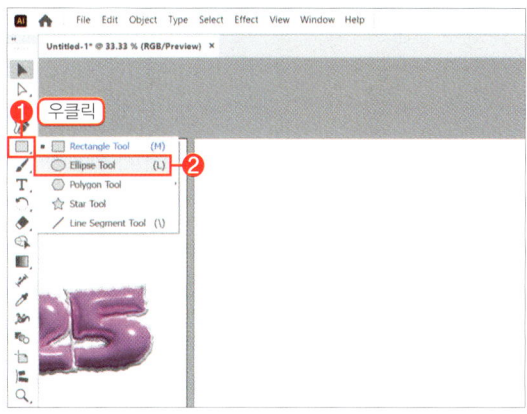
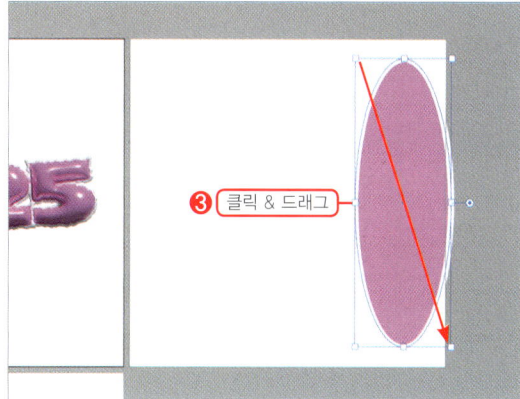

17 ❶ [칠 색상]을 더블 클릭하고 ❷ '#000000'을 입력한 후 ❸ [OK]를 클릭합니다. ❹ 획 색상을 '없음(▱)'으로 설정합니다.

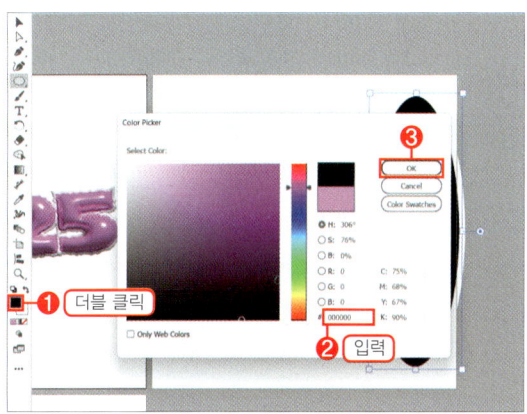
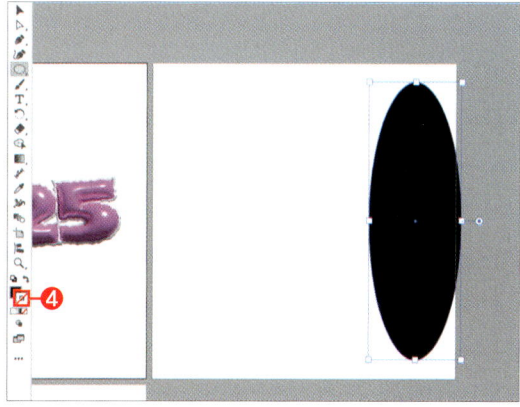

18 ❶ Selection Tool(▶)을 클릭하고 ❷ 원을 왼쪽으로 클릭 & 드래그하면서 Alt + Shift 를 눌러 복제합니다.

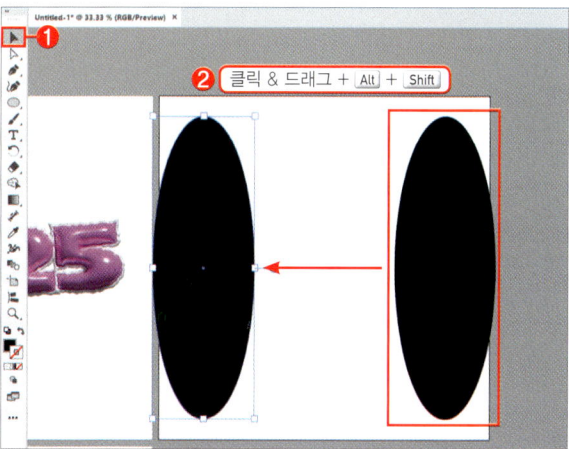

435

19 복제한 원의 ❶ 오른쪽 부분을 왼쪽으로 Alt + 클릭 & 드래그하여 줄여 줍니다. ❷ 바깥쪽을 클릭 & 드래그해 그림과 같이 회전합니다.

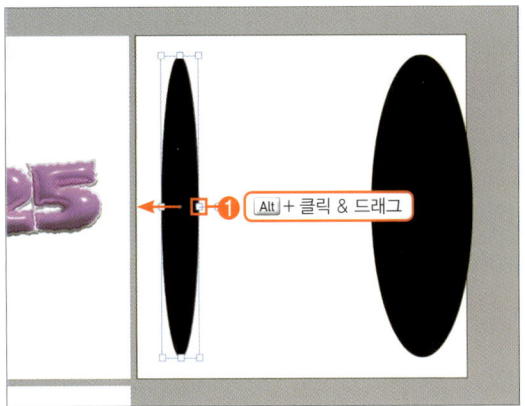 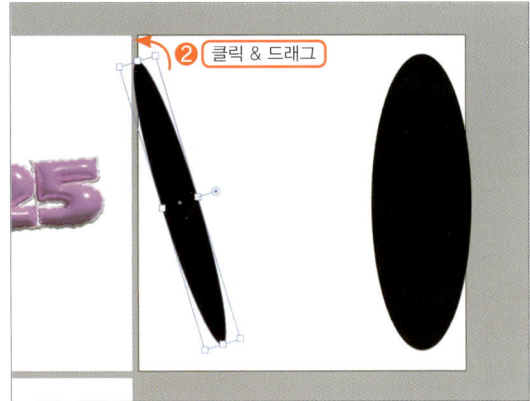

20 ❶ Blend Tool( )을 클릭합니다. ❷ 왼쪽 원의 중심을 클릭한 후 ❸ 오른쪽 원의 중심을 클릭합니다.

21 ❶ Enter 를 눌러 Blend Options 창을 열어 줍니다. ❷ Spacing을 'Specified Steps', '3'으로 설정한 후 ❸ [OK]를 클릭합니다.

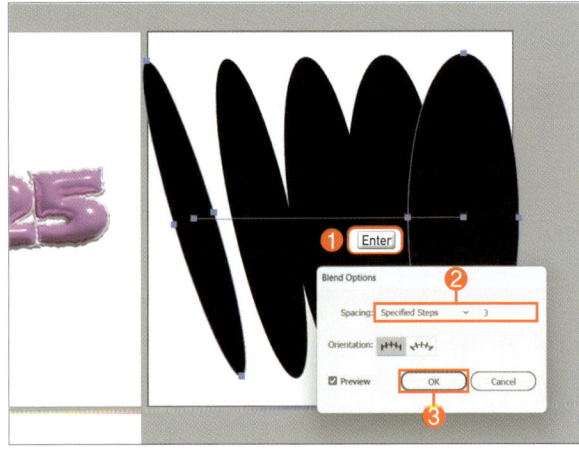

22 Properties 패널에서 ① 'Blend'가 표시되는 것을 확인하고 ② Ctrl + C 를 눌러 복사합니다.

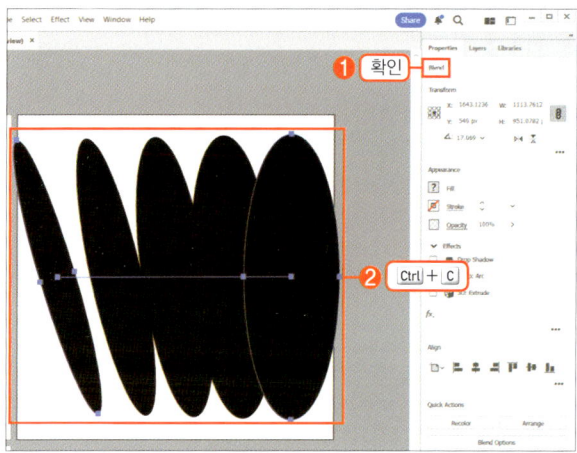

23 **포토샵**으로 돌아와 ① 'Layer 1' 레이어를 클릭합니다. ② Ctrl + V 를 누른 후 ③ [Smart Object]를 선택하고 ④ [OK]를 클릭합니다. ⑤ 오브젝트의 크기와 위치를 조절하고 ⑥ Enter 를 누릅니다.

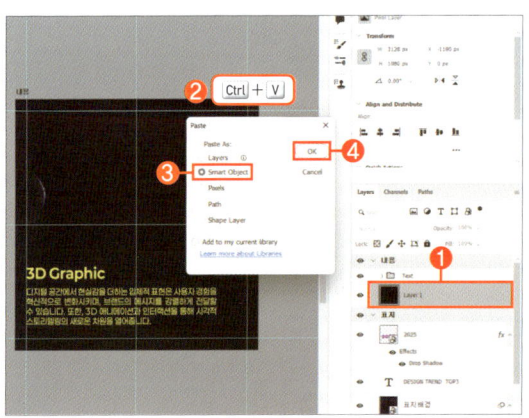 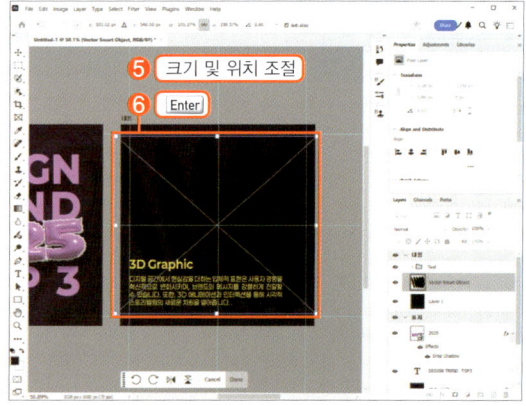

24 Layers 패널에서 ① 'Vector Smart Object' 레이어의 이름을 더블 클릭하여 'Blend'를 입력한 후 ② Enter 를 눌러 줍니다.

437

25 꾸밈용 도형을 만들기 위해 **일러스트레이터**로 돌아와 ❶ Ellipse Tool(◯)을 클릭하고 ❷ 세 번째 아트보드에서 클릭 & 드래그하면서 Shift 를 눌러 원을 그립니다.

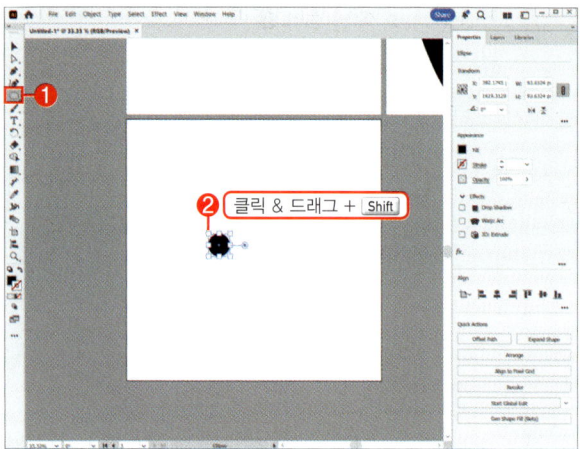

26 ❶ [Effect] – ❷ [Distort & Transform] – ❸ [Pucker & Bloat]를 클릭합니다. ❹ '60%'로 설정해 'Bloat' 쪽으로 이동한 후 ❺ [OK]를 클릭합니다.

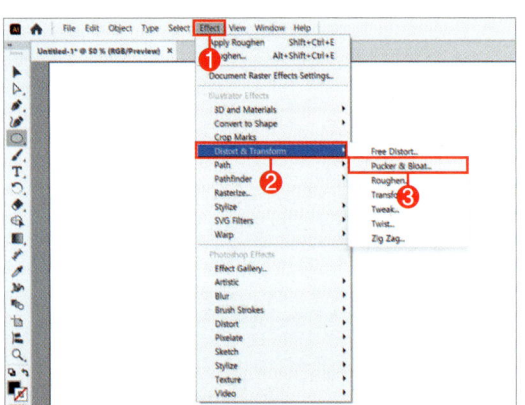
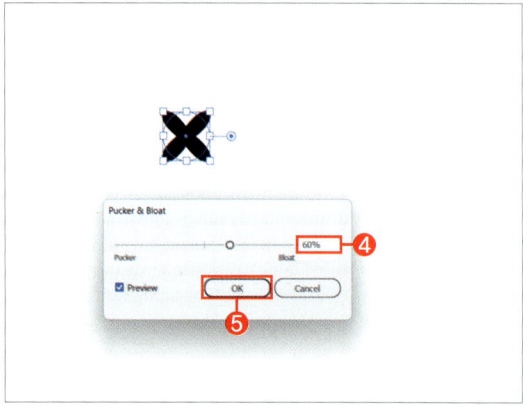

27 도형을 오른쪽으로 Ctrl + 클릭 & 드래그하면서 Alt + Shift 를 눌러 복제합니다.

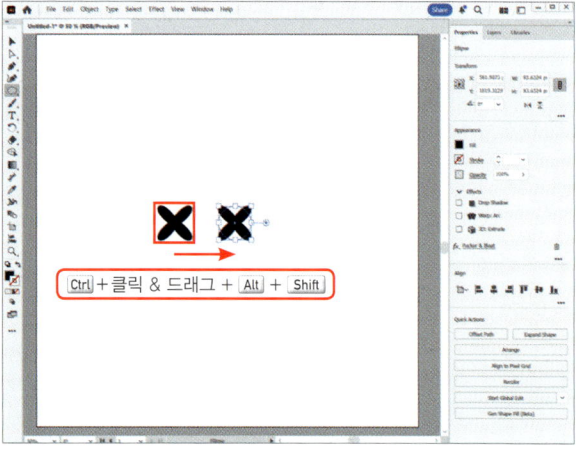

28 Properties 패널에서 ❶ [Pucker & Bloat]를 클릭하고 ❷ '−70%'로 설정해 'Pucker' 쪽으로 이동한 후 ❸ [OK]를 클릭합니다. ❹ 도형을 오른쪽으로 Ctrl + 클릭 & 드래그하면서 Alt + Shift 를 눌러 복제합니다.

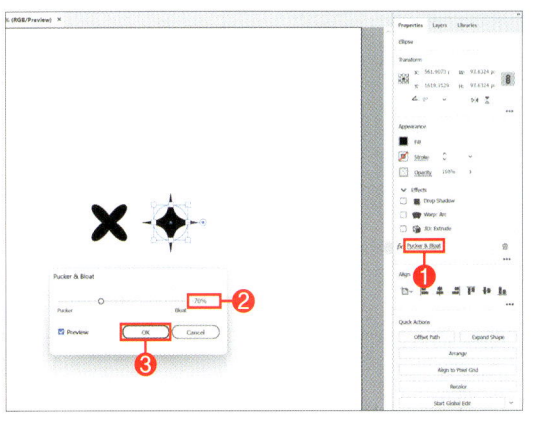
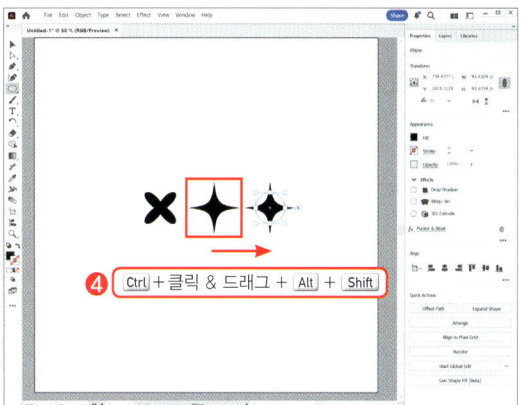

29 ❶ Ctrl + C 를 눌러 복제하고 ❷ Ctrl + F 를 눌러 제자리에 붙여넣은 후 ❸ 바깥쪽을 클릭 & 드래그하면서 Shift 를 눌러 45° 회전합니다. ❹ 모서리 부분을 안쪽으로 클릭 & 드래그하면서 Alt + Shift 를 눌러 중심과 비율을 고정한 상태로 크기를 줄입니다.

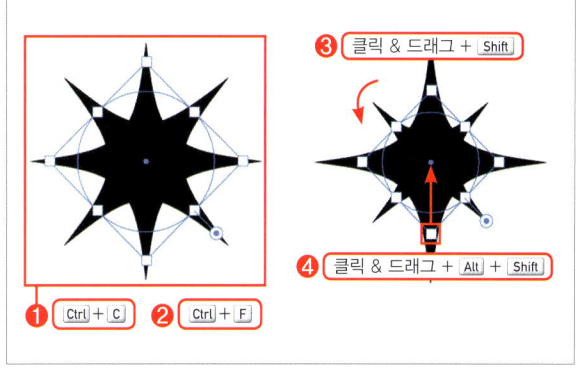

30 ❶ 29에서 만든 두 개의 도형을 Ctrl + 클릭 & 드래그하여 중복 선택하고 ❷ Ctrl + C 를 눌러 복사합니다. **포토샵**으로 돌아온 후 ❸ '표지 배경' 레이어의 눈 아이콘(👁)을 클릭해 끕니다.

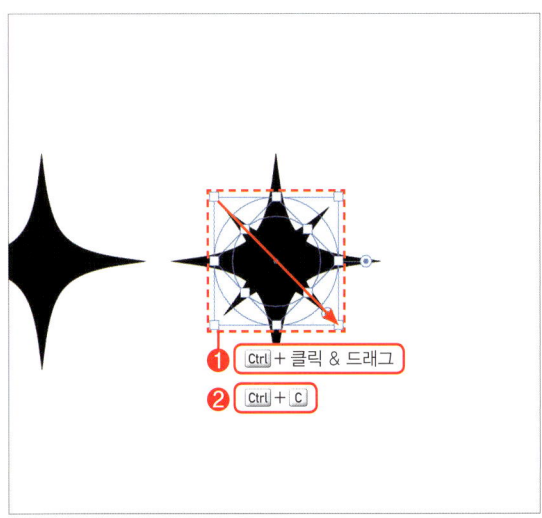

439

31 ❶ '표지' 아트보드를 클릭해 ❷ Ctrl + V 를 누른 후 ❸ [Smart Object]를 선택하고 ❹ [OK]를 클릭합니다. ❺ 오브젝트의 크기와 위치를 조절하고 ❻ Enter 를 누릅니다.

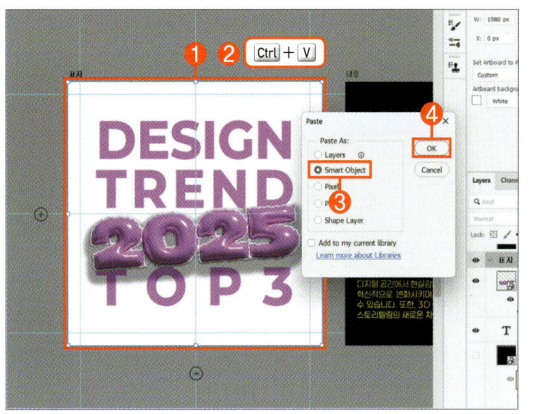 

32 일러스트레이터로 돌아가 **26**~**28**에서 만든 도형을 복사한 후 동일한 작업을 반복해 그림과 같이 배치합니다.

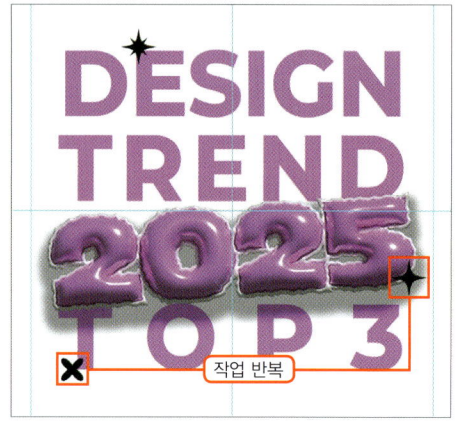

33 Layers 패널에서 ❶ 맨 위에 있는 스마트 오브젝트 레이어를 클릭하고 ❷ 마지막 스마트 오브젝트 레이어를 Shift + 클릭하여 중복 선택한 후 ❸ Ctrl + G 를 눌러 그룹으로 묶어 줍니다. ❹ 그룹 이름을 더블 클릭하여 'Decor'를 입력한 후 ❺ Enter 를 누릅니다.

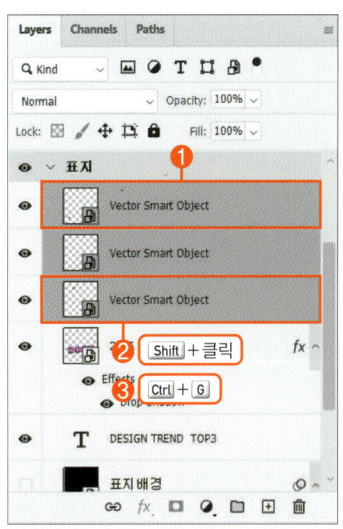 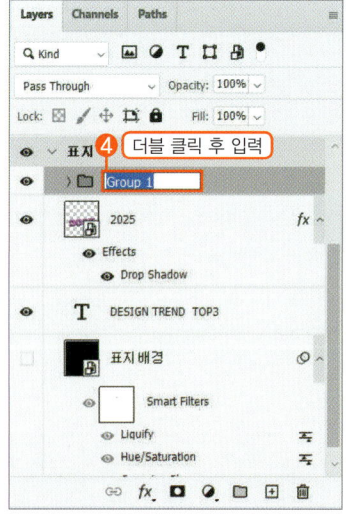 

34 ❶ 'Decor' 그룹을 더블클릭하여 Layer Style 창을 열고 ❷ [Color Overlay] 탭을 클릭합니다. ❸~❹ 그림과 같이 설정한 후 ❺ [OK]를 클릭합니다.

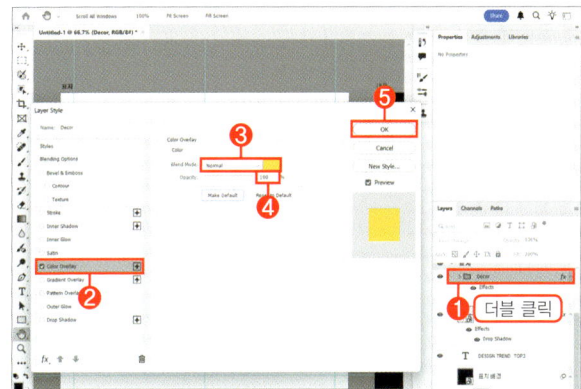

- Blend Mode: Normal, #ffe400
- Opacity: 100%

35 Layers 패널에서 ❶ '표지 배경' 레이어의 눈 아이콘(👁)을 클릭해 '표지 배경 레이어'가 보이게 합니다. ❷ Ctrl + J를 눌러 'Decor' 그룹을 복제합니다.

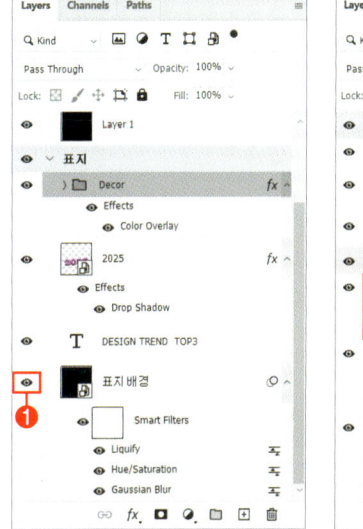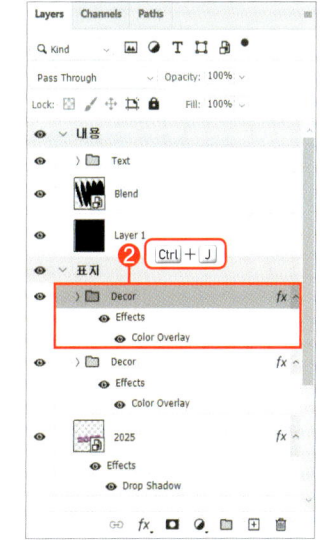

36 ❶ '내용' 아트보드로 클릭 & 드래그하여 'Decor' 그룹을 옮긴 후 ❷ Move Tool(✥)을 클릭하고 ❸ 각각의 오브젝트의 위치를 조절합니다.

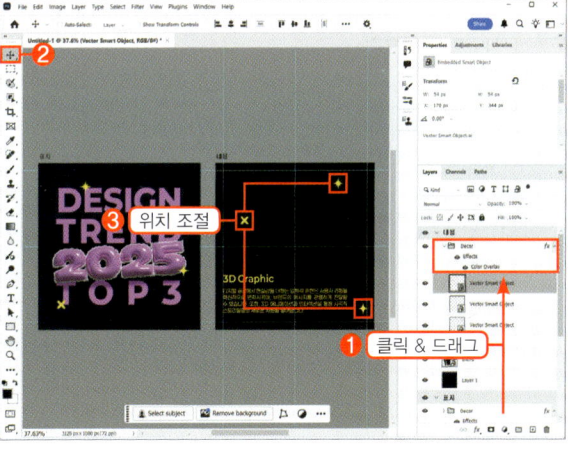

441

포토샵에서 이미지 보정하고 저장하기

■ 준비 파일 **부록** Appendix\3D Graphic.jpg

포토샵에서 이미지를 보정한 후 각각의 아트보드를 최종 이미지 파일로 저장하겠습니다.

01 **포토샵**의 Layers 패널에서 ❶ 'Blend' 레이어를 클릭합니다. [File 〉 Place Embedded]를 클릭해 ❷ '3D Graphic .jpg'를 가져옵니다. ❸ 크기와 위치를 조절하고, Contextual Task Bar의 ❹ ▷|◁을 클릭해 가로로 뒤집은 후 ❺ Enter 를 누릅니다.

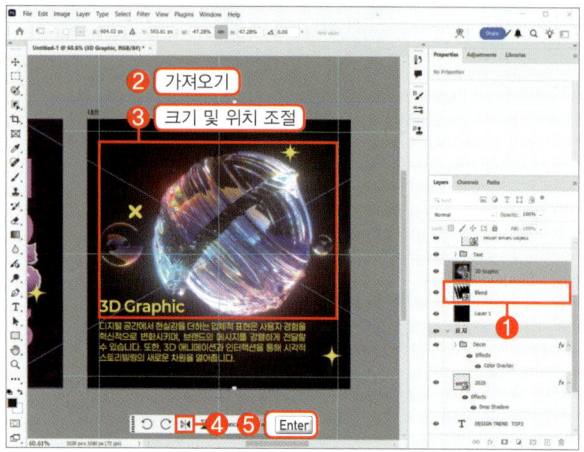

02 'Blend' 레이어와 '3D Graphic' 레이어 사이를 Alt + 클릭하여 클리핑 마스크를 만듭니다.

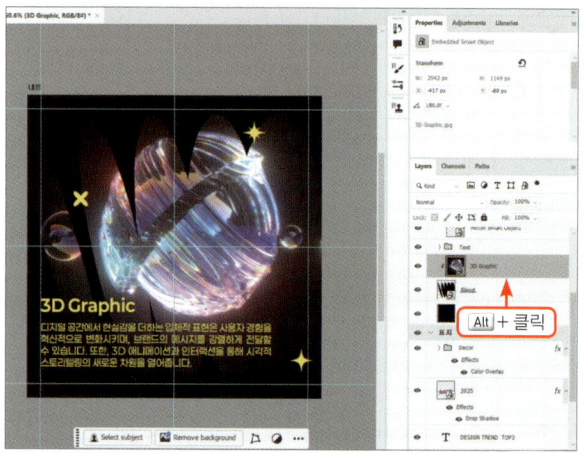

03 ❶ Ctrl + M 을 눌러 Curves 창을 열고 ❷ 그림과 같이 클릭 & 드래그해 밝기를 조정한 후 ❸ [OK]를 클릭합니다.

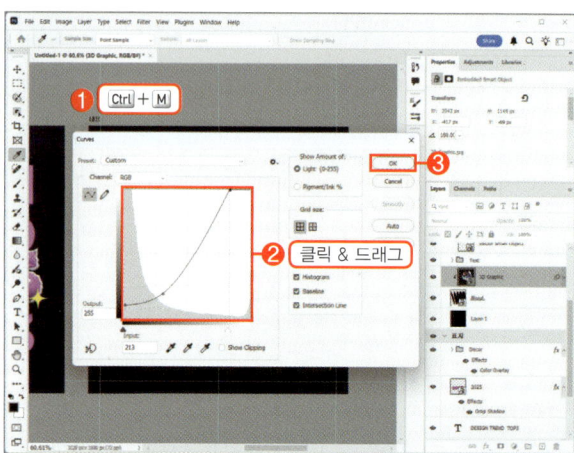

04 ❶ Ctrl + U를 눌러 Hue/Saturation 창을 열고 ❷ Hue를 '–5', ❸ Saturation을 '+10'으로 설정한 후 ❹ [OK]를 클릭합니다.

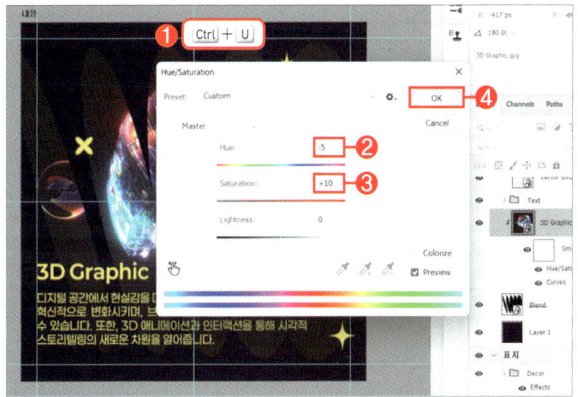

05 밝기를 일괄적으로 조정하기 위해 Layers 패널에서 ❶ 조정 레이어 아이콘( ) – ❷ [Brightness/Contrast]를 클릭합니다. ❸ 조정 레이어를 '내용' 아트보드 위로 클릭 & 드래그하여 배치합니다.

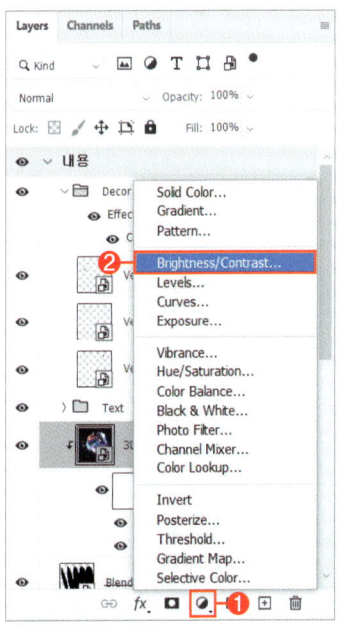 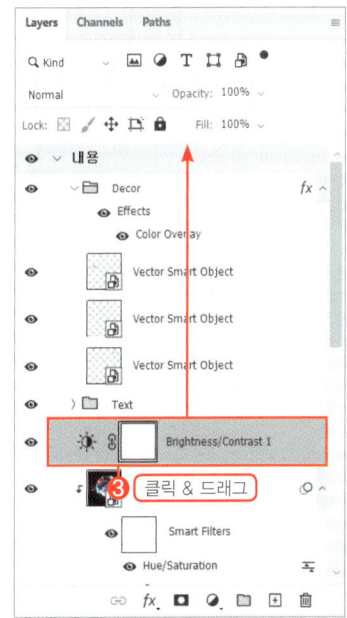 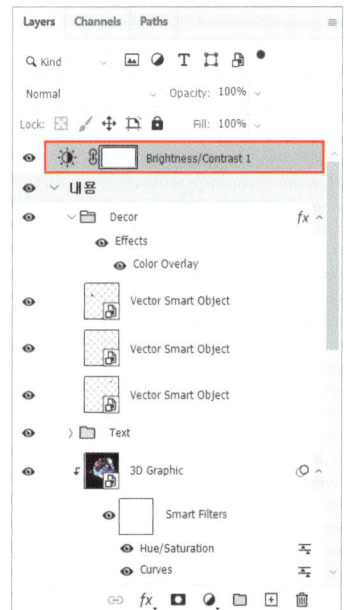

06 Properties 패널에서 Brightness를 '25'로 설정합니다.

07 문자의 가시성을 높이기 위해 ❶ 'Text' 그룹을 더블 클릭하여 Layer Style 창을 엽니다. ❷ [Stroke] 탭을 클릭하고 ❸~❼ 그림과 같이 설정합니다.

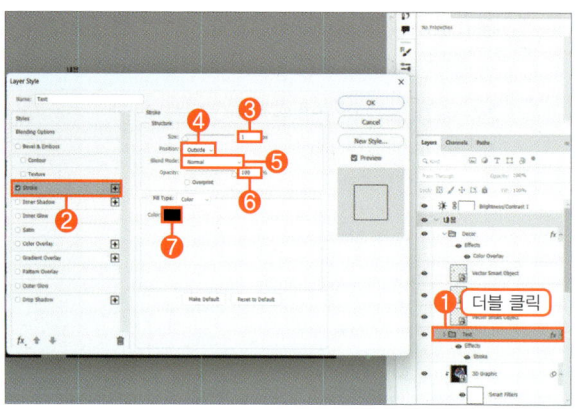

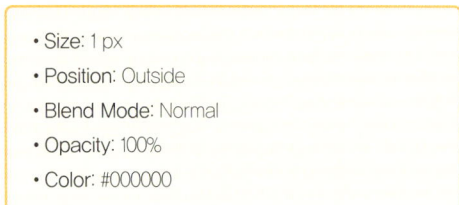

- Size: 1 px
- Position: Outside
- Blend Mode: Normal
- Opacity: 100%
- Color: #000000

08 ❶ [Drop Shadow] 탭을 클릭하고 ❷~❺ 그림과 같이 설정한 후 ❻ [OK]를 클릭합니다.

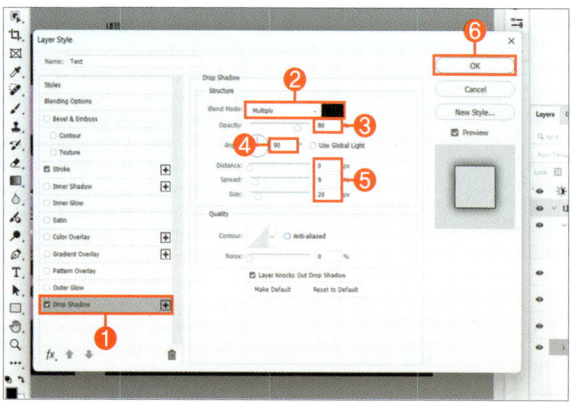

- Blend Mode: Multiply, #000000
- Opacity: 80%
- Angle: 90°
- Distance: 0 px   • Spread: 9%   • Size: 20 px

09 각각의 아트보드를 별도의 이미지 파일로 저장하기 위해 ❶ [File] – ❷ [Export] – ❸ [Artboards to Files]를 클릭합니다.

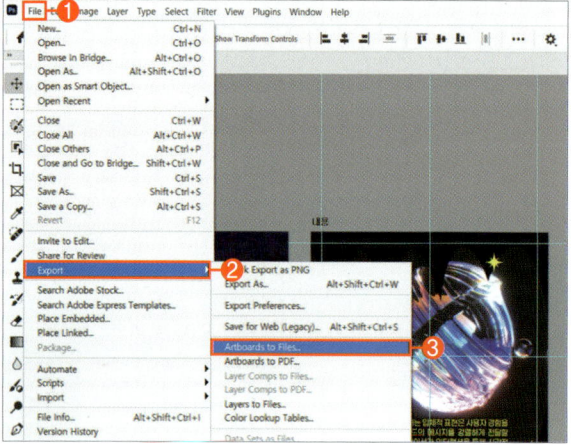

10 ❶ [Browse]를 클릭해 경로를 설정하고 ❷~❺ 그림과 같이 설정한 후 ❻ [Run]을 클릭합니다. 파일 이름은 'File Name Prefix(파일 이름 접두어) + 아트보드 이름'으로 설정됩니다.

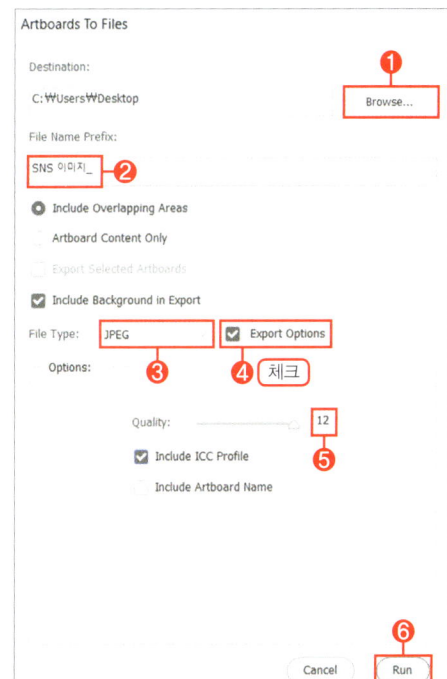

- File Name Prefix: SNS 이미지_
- File Type: JPEG
- Export Options: 체크
- Quality: 12

11 포토샵과 일러스트레이터를 활용해 트렌디한 디자인의 SNS 콘텐츠 이미지를 완성하였습니다.

02 감각적인 포스터 만들기

이번 섹션에서는 A3 크기의 감각적인 포스터를 만들어 보겠습니다. 이미지 편집 작업은 포토샵에서, 타이포그래피 작업은 일러스트레이터에서 프로그램을 번갈아가며 작업을 진행합니다.

미리보기

- 작업 사이즈: 297 x 420 Millimeters
- 해상도: High (300 ppi)
- 색상 모드: CMYK Color

일러스트레이터에서 인쇄용 포스터 작업 사이즈 설정하기

📁 준비 파일 **부록** Appendix\포스터 배경.jpg

일러스트레이터에서 인쇄용 콘텐츠에 맞는 작업 사이즈를 설정하고 포스터의 배경을 만들어 보겠습니다.

01 **일러스트레이터**의 [File 〉 New]를 클릭하고 ❶~❻ 그림과 같이 설정한 후 ❼ [Create]를 클릭합니다.

- Width: 297 Millimeters
- Height: 420 Millimeters
- Artboards: 1
- Bleed: 2 mm, 2 mm, 2 mm, 2 mm
- Color Mode: CMYK Color
- Raster Effects: High (300 ppi)

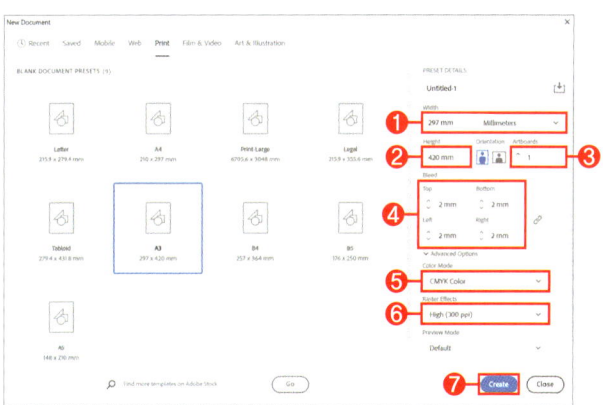

02 안전 영역을 표시하기 위해 ❶ Rectangle Tool(□)을 클릭하고 ❷ 아트보드를 클릭합니다. ❸ Width를 '293 mm', Height를 '416 mm'로 설정한 후 ❹ [OK]를 클릭합니다.

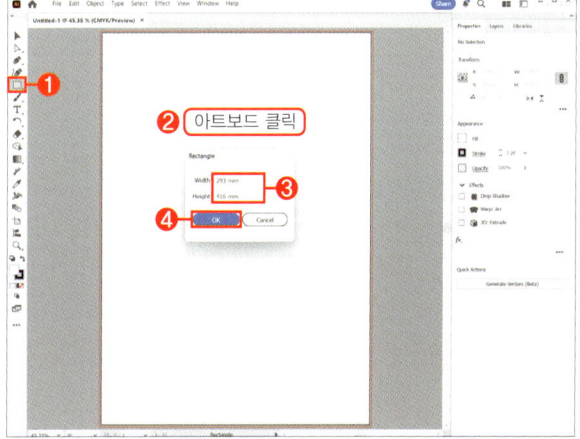

> **알아두기**
>
> - **작업 영역**: 디자이너가 작업하는 영역입니다. 재단되는 부분을 생각해 사방으로 '1 mm~4 mm' 정도 여유 있게 설정합니다. 일러스트레이터에서 작업할 때는 Bleed를 설정하거나, 아트보드의 크기를 넉넉하게 설정하면 됩니다.
>
> - **재단 영역**: 인쇄물이 재단되는 영역으로, 최종 출력물의 크기와 동일합니다.
>
> - **안전 영역**: 재단 시 중요한 내용이 손상되지 않도록 설정하는 영역입니다. 업체에서 따로 요구하지 않아도 안전한 결과를 위해 설정해 놓는 것이 좋습니다.

03 그리드 시스템을 표시하기 위해 도구 상자의 ❶ ⋯을 클릭하고 ❷ Rectangular Grid Tool(▦)을 클릭합니다.

> **TIP!**
> 일러스트레이터는 포토샵과 다르게 여러 개의 안내선을 한 번에 생성할 수 없기 때문에 Rectangular Grid Tool(▦)을 활용해야 합니다. 안내선의 개수는 디자인의 목적과 내용, 정보량에 따라 유동적으로 설정합니다.

04 ❶ 아트보드를 클릭하고 ❷~❺ 그림과 같이 설정한 후 ❻ [OK]를 클릭합니다.

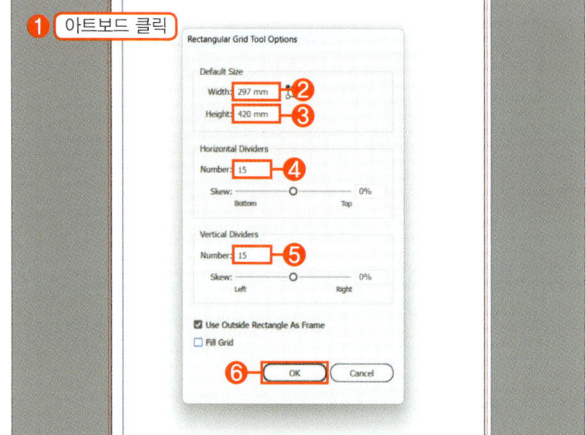

- Width: 297 Millimeters
- Height: 420 Millimeters
- Horizontal Dividers – Number: 15
- Vertical Dividers – Number: 15

05 ❶ Ctrl + A 를 눌러 전체를 선택합니다. Properties 패널에서 ❷ Align의 기준 아이콘(▦)을 클릭한 후 ❸ [Align to Artboard]를 클릭하고 ❹ 와 ❺ 을 각각 클릭해 그리드를 아트보드 가운데에 정렬합니다. ❻ Ctrl + 5 를 눌러 안내선으로 변경해 줍니다.

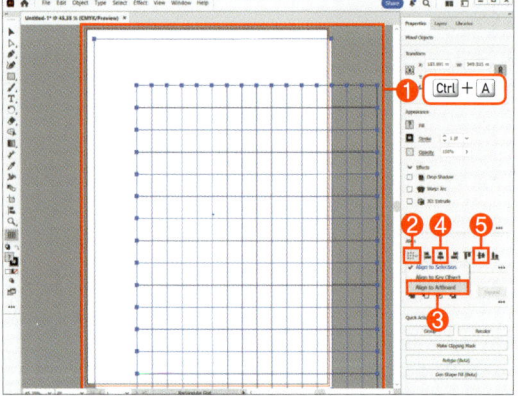 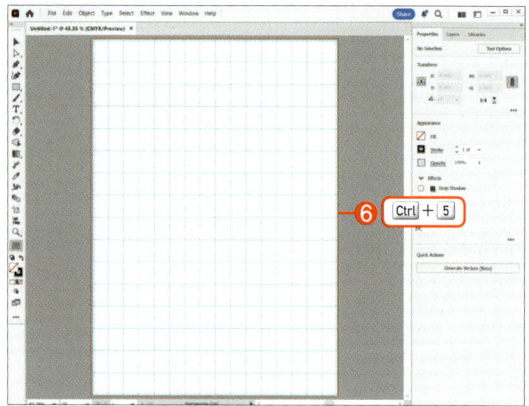

06 배경을 만들기 위해 ❶ Rectangle Tool (□)을 클릭합니다. ❷ 빨간색으로 표시되는 도련의 왼쪽 상단을 클릭하고 ❸ Width를 '301 mm', Height를 '424 mm'로 설정한 후 ❹ [OK]를 클릭합니다.

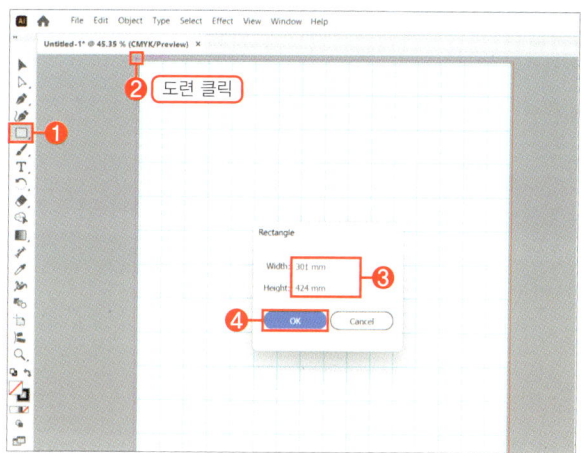

07 ❶ [Window] – ❷ [Color]를 클릭해 Color 패널을 열어 줍니다.

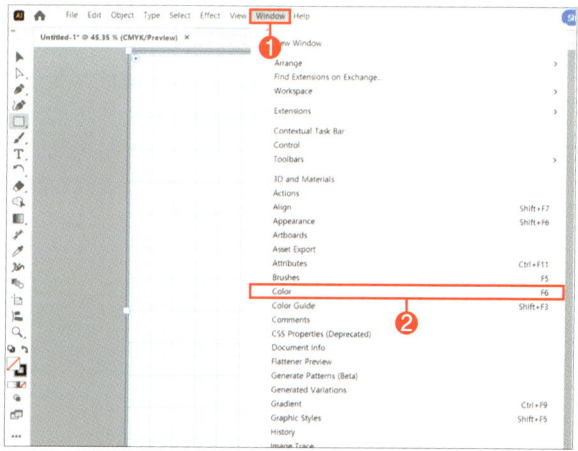

08 ❶ Shift + X 를 눌러 칠과 획의 색상을 교체한 후 Color 패널의 ❷ 옵션 아이콘 (≡) – ❸ [CMYK]를 클릭합니다.

> **TIP!**
> 인쇄 용도의 작업물은 색상 모드를 CMYK로 설정해야 화면에서 보이는 색상과 동일한 색으로 인쇄할 수 있습니다. CMYK 모드일 때는 Color Picker 창보다 Color 패널에서 색상을 더 정확하게 설정할 수 있습니다.

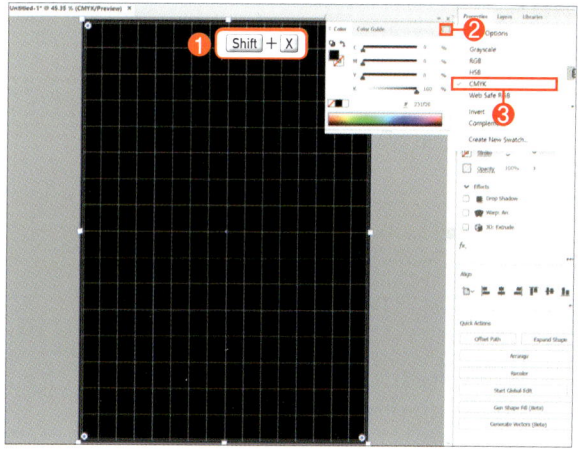

449

09 Color 패널에서 ❶ [칠 색상]을 클릭하고 ❷ 그림과 같이 설정합니다. 이어서 ❸ 획 색상을 '없음(◻)'으로 설정합니다.

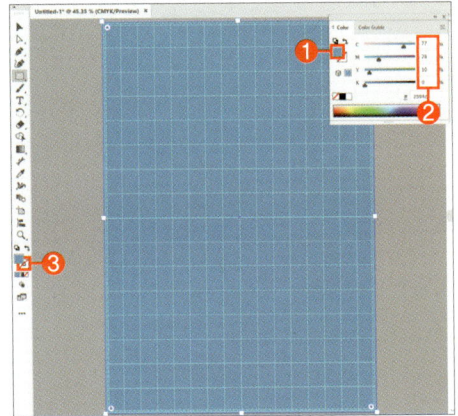

- C: 77%
- M: 28%
- Y: 10%
- K: 0%

10 배경에 질감을 추가하기 위해 [File 〉 Place]를 클릭해 ❶ '포스터 배경.jpg'를 가져온 후 ❷ 이미지의 크기와 위치를 조절합니다.

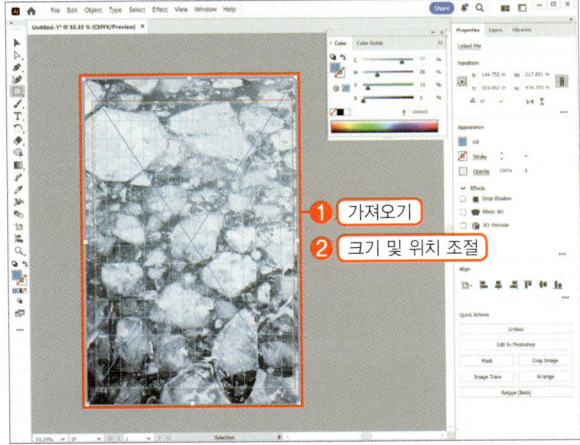

11 질감 이미지의 일부만 보이게 하기 위해 ❶ 그림과 같이 클릭 & 드래그하여 틀이 될 사각형을 그립니다. ❷ 바깥쪽을 클릭 & 드래그하여 회전합니다.

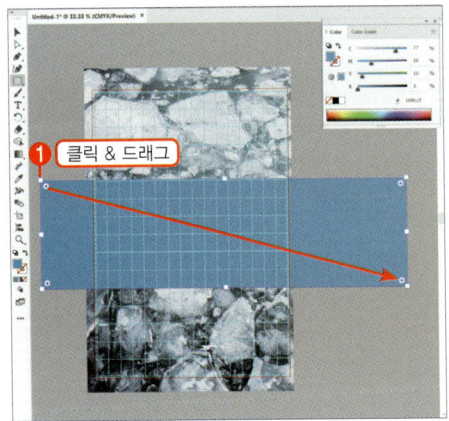 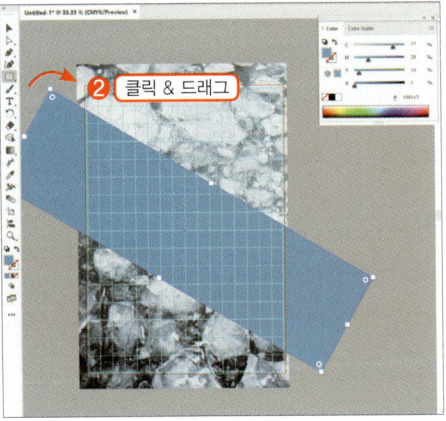

12 ❶ Selection Tool(▶)을 클릭합니다. ❷ 이미지를 Shift + 클릭하여 중복 선택하고 ❸ 마우스 오른쪽 버튼 클릭 - ❹ [Make Clipping Mask]를 선택합니다.

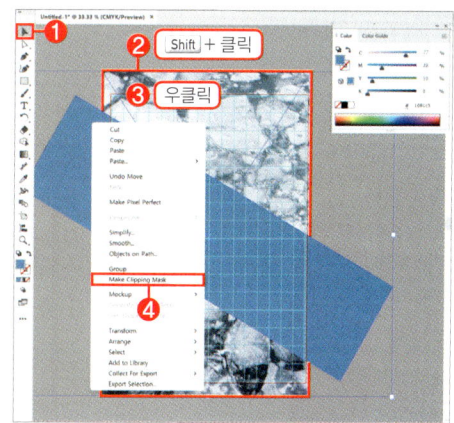

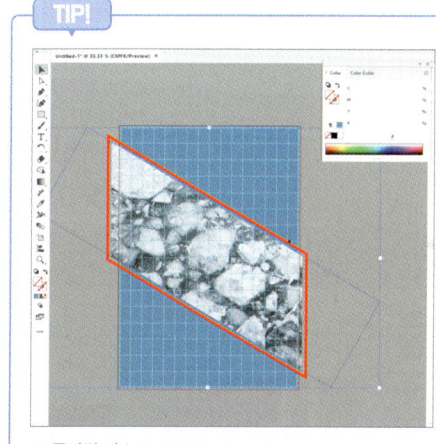

클리핑 마스크는 도형 아래에 있는 오브젝트를 도형의 범위에서만 보이게 만드는 기능으로 도형을 액자처럼 활용할 수 있습니다. 이미지뿐만 아니라 일반 도형이나 문자에도 적용이 가능합니다.

▲ 클리핑 마스크

13 Properties 패널의 ❶ [Opacity]를 클릭하고 ❷ 혼합 모드를 'Multiply'로 설정합니다.

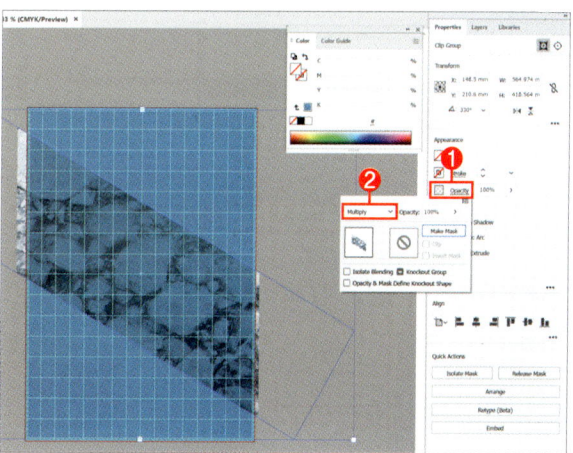

포토샵에서 포스터의 메인 이미지 보정하기

■ 준비 파일 **부록** Appendix\모래시계.jpg

포토샵에서 포스터의 메인 이미지를 보정한 후에 일러스트레이터로 가져오는 방법을 알아보겠습니다.

01 **포토샵**의 [File 〉 Open]을 클릭해 ❶ '모래시계.jpg'를 불러옵니다. ❷ Object Selection Tool( )을 클릭한 후 옵션바에서 ❸ [Select Subject]의 ∨ – [Cloud (Detailed results)]를 클릭합니다. 이어서 ❹ [Select Subject]를 클릭하고 ❺ [Select and Mask]를 클릭합니다.

> **TIP!**
> Select Subject는 인공지능이 자동으로 개체를 인식해 선택하는 기능입니다. 'Cloud (Detailed results)'로 설정하면 개체를 정밀하게 선택할 수 있습니다.

02 ❶ View를 'Black & White'로 설정합니다. ❷ Smooth를 '100'으로, ❸ Output To를 'Layer Mask'로 설정한 후 ❹ [OK]를 클릭합니다.

 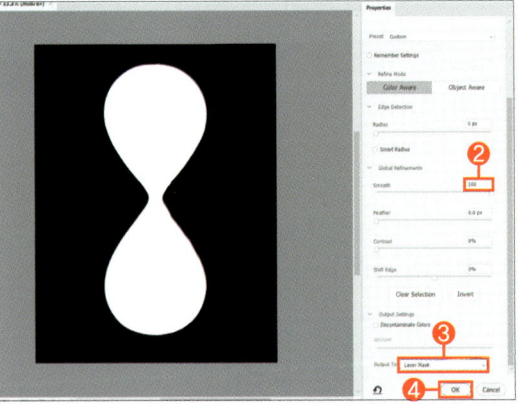

03 Layers 패널에서 ❶ 조정 레이어 아이콘(◐) – ❷ [Curves]를 클릭합니다. Properties 패널에서 ❸ 그림과 같이 클릭 & 드래그하여 색상을 반전합니다.

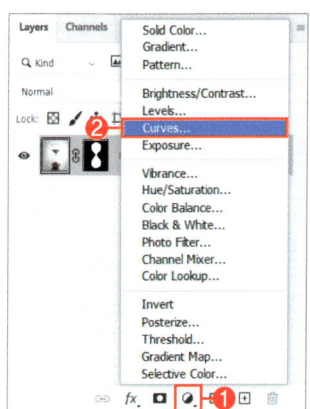
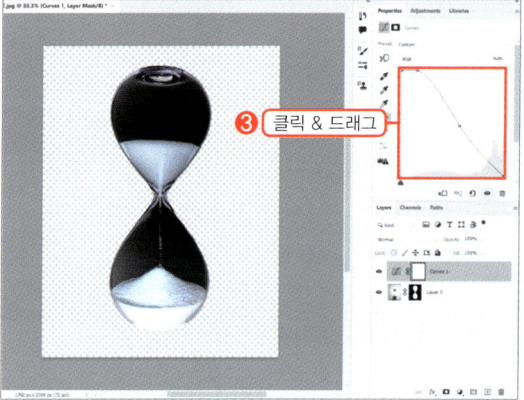

04 ❶ 조정 레이어 아이콘(◐) – ❷ [Hue/Saturation]을 클릭합니다. ❸ Saturation을 '–100'으로 설정하여 흑백 이미지로 만들고 ❹ Ctrl + Alt + S 를 눌러 줍니다.

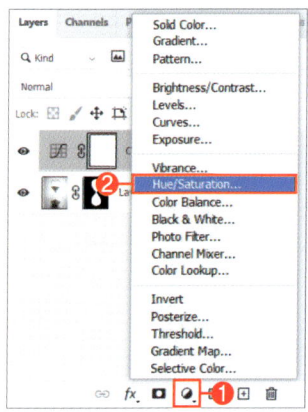
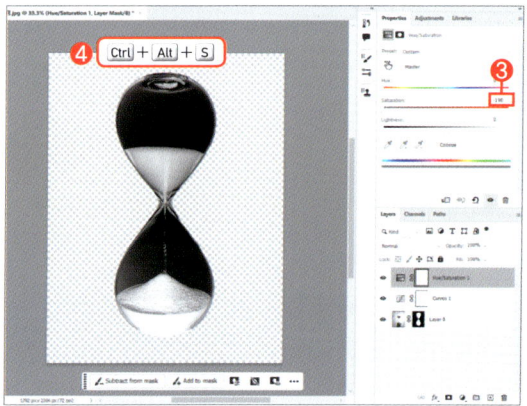

05 ❶ 파일의 경로를 설정합니다. ❷ 파일 이름을 입력하고 ❸ 저장할 파일의 형식을 'PNG'로 설정한 후 ❹ [저장]을 클릭합니다. 그림과 같은 창이 나오면 ❺ [OK]를 클릭합니다.

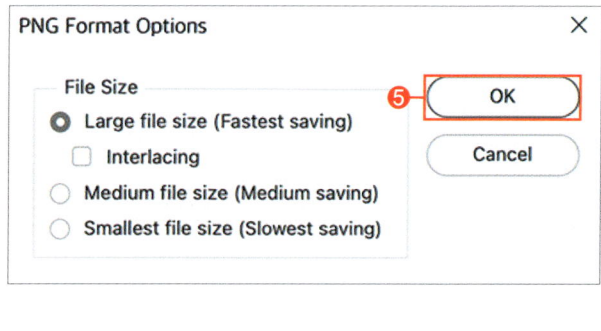

06 **일러스트레이터**로 돌아와 [File 〉 Place]를 클릭해 ❶ 저장한 PNG 파일을 가져온 후 ❷ 이미지의 크기와 위치를 조절합니다.

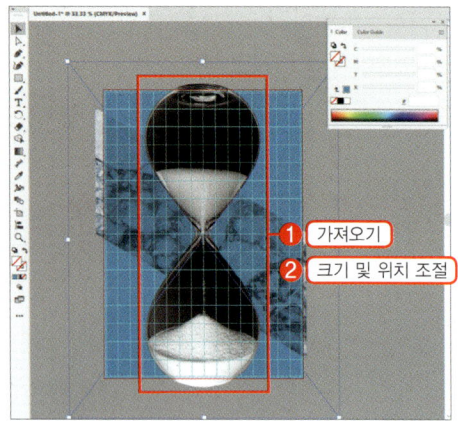

TIP!
Mac의 경우 포토샵에서 ⌘ + Shift + C로 이미지를 복사한 후 일러스트레이터에서 ⌘ + V를 눌러 이미지를 간편하게 가져올 수 있습니다. Windows는 투명도 복사가 지원되지 않아 사각 형태의 이미지에서만 Ctrl + C, Ctrl + V로 복사 및 붙여넣기가 가능합니다.

07 다시 **포토샵**으로 돌아와 Layers 패널에서 ❶ 'Curves 1' 레이어를 클릭합니다. Properties 패널에서 ❷ 그림과 같이 클릭 & 드래그하여 이미지의 대비를 올리고 ❸ Ctrl + Alt + S를 눌러 줍니다.

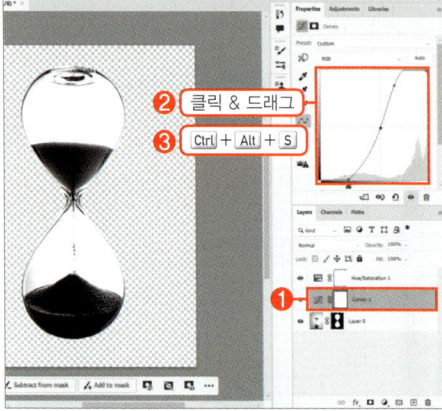

08 ❶ 파일의 경로를 설정합니다. ❷ 05에서와 다른 파일 이름을 입력하고 ❸ 저장할 파일의 형식을 'PNG'로 설정한 후 ❹ [저장]을 클릭합니다. 그림과 같은 창이 나오면 ❺ [OK]를 클릭합니다.

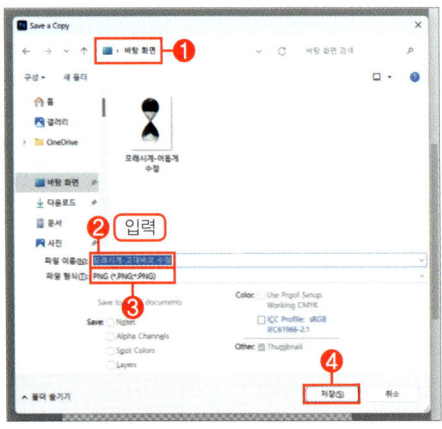
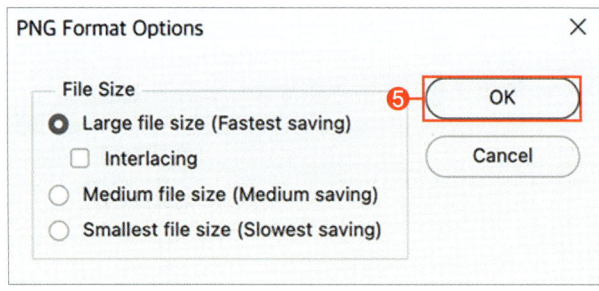

09 **일러스트레이터**로 돌아와 [File 〉 Place]를 클릭해 ❶ 저장한 PNG 파일을 가져온 후 ❷ 그림과 같이 배치합니다.

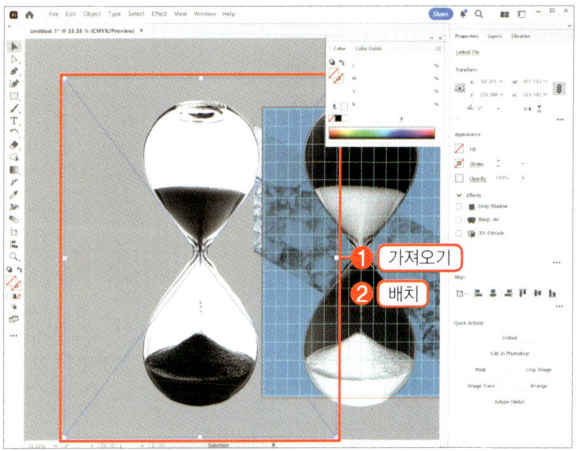

10 Properties 패널에서 ❶ [Image Trace] – ❷ [Sketched Art]를 클릭합니다. 그림과 같은 창이 나오면 ❸ [OK]를 클릭합니다.

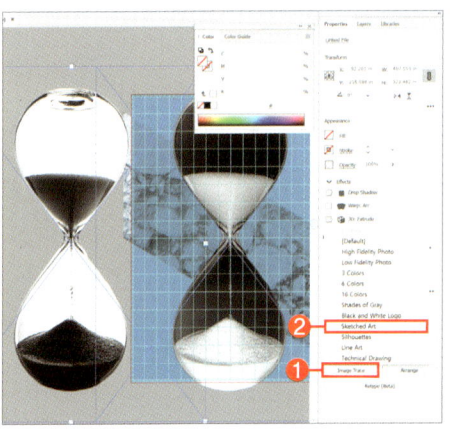 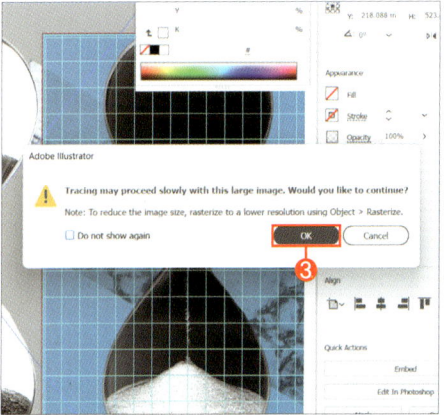

11 ❶ 왼쪽으로 Alt + 클릭 & 드래그하여 이미지를 복제합니다. Properties 패널에서 ❷ Image Trace를 'Technical Drawing'으로 설정합니다.

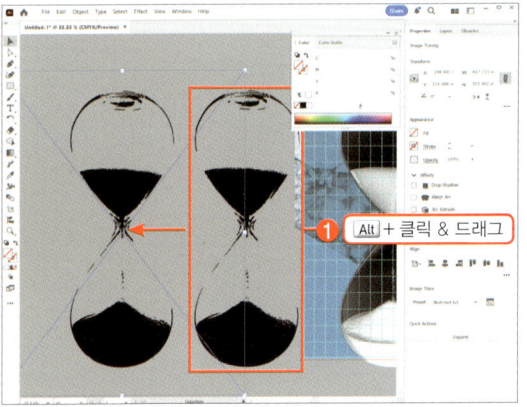 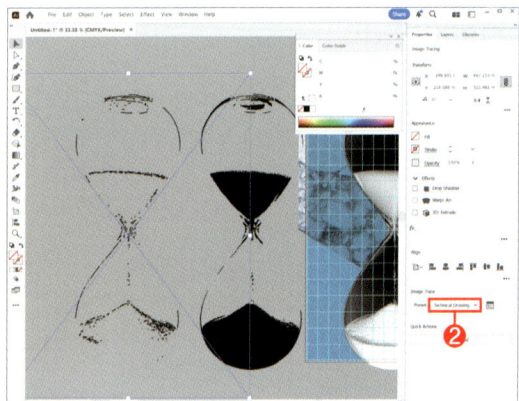

12 ❶ 오른쪽의 추적 이미지를 Shift + 클릭하여 중복 선택한 후 Properties 패널에서 ❷ [Expand]를 클릭합니다.

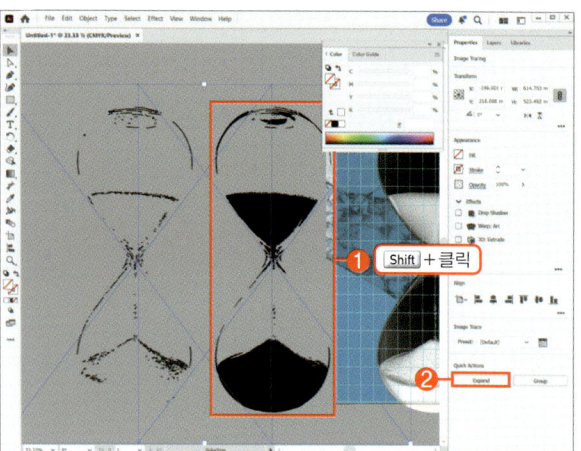

13 ❶ 오른쪽의 추적 그래픽을 클릭 & 드래그하여 선택한 후 Color 패널에서 ❷ [칠 색상]을 클릭하고 ❸ 그림과 같이 설정합니다.

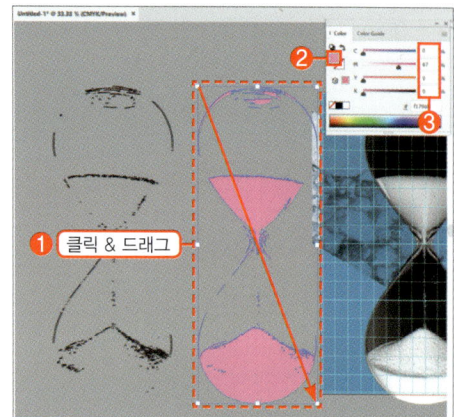

- C: 0%   • M: 67%   • Y: 0%   • K: 0%

TIP!
Color 패널에서 C, M, Y, K가 보이지 않는다면 Color 패널의 옵션 아이콘(≡) – [CMYK]를 클릭합니다.

14 Properties 패널에서 ❶ [Opacity]를 클릭하고 ❷ 혼합 모드를 'Multiply'로 설정합니다.

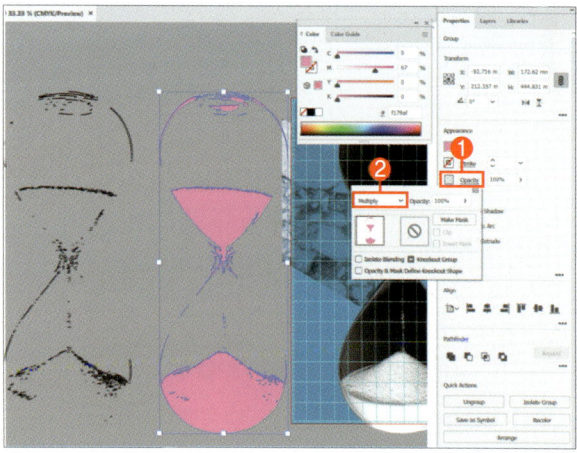

15 ❶ Ctrl + ;을 눌러 안내선을 숨긴 후 ❷ 각각의 모래시계 이미지를 그림과 같이 약간씩 어긋나게 배치합니다.

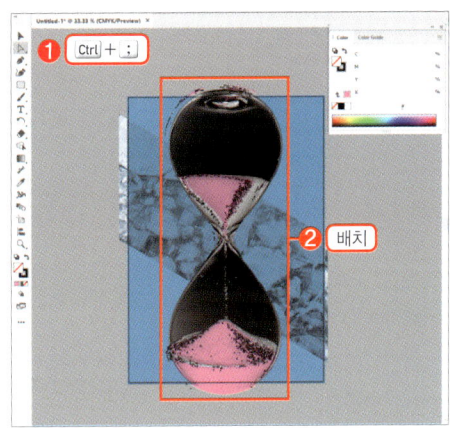

16 노이즈 질감을 만들기 위해 **포토샵**으로 돌아옵니다. 도구 상자의 ❶ [전경색]을 클릭하고 ❷ '#808080'을 입력한 후 ❸ [OK]를 클릭합니다.

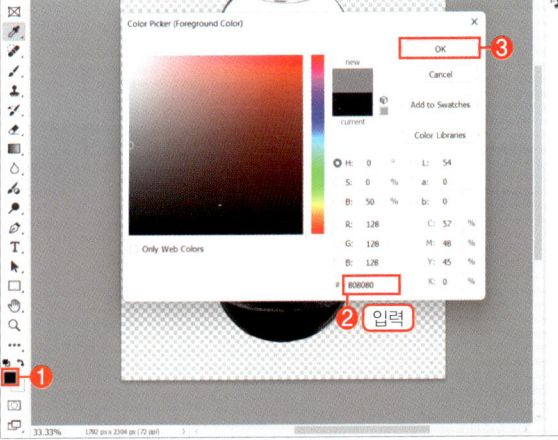

> **TIP!**
> 회색의 중간 색상인 '#808080'으로 노이즈 질감을 만들면, 혼합 모드로 합성할 때 전체 밝기가 변하지 않게 방지할 수 있습니다.

17 Layers 패널에서 ❶ 새 레이어 아이콘(回)을 클릭하고 ❷ Alt + Delete 를 눌러 전경색을 채워 줍니다. 노이즈를 추가하기 위해 ❸ [Filter] – ❹ [Noise] – ❺ [Add Noise]를 클릭합니다.

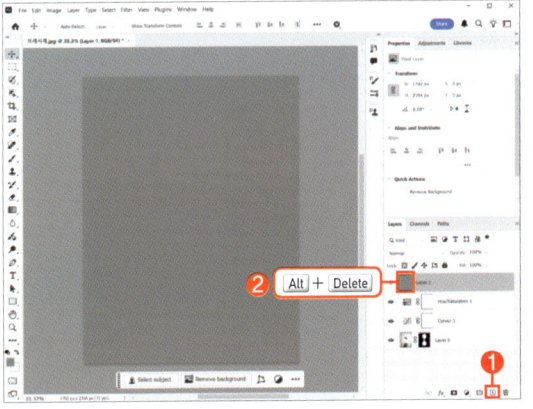 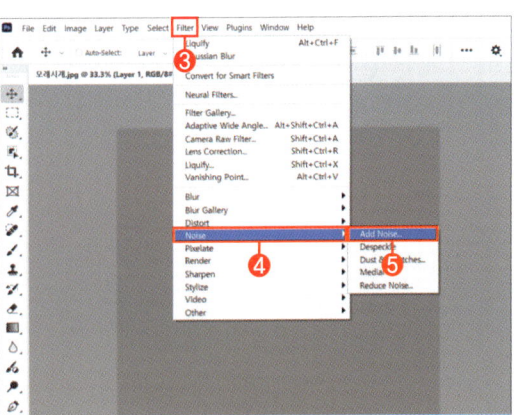

18 ❶~❸ 그림과 같이 설정한 후 ❹ [OK]를 클릭합니다.

- Amount: 15%
- Distribution: Gaussian
- Monochromatic: 체크

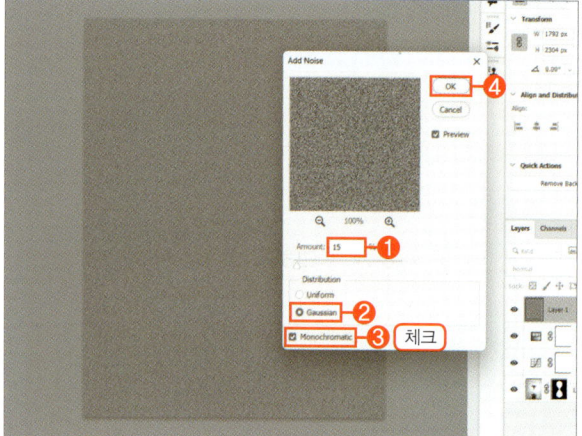

19 ❶ Ctrl + A를 눌러 전체 이미지를 선택하고 ❷ Ctrl + C를 눌러 복제합니다. **일러스트레이터**로 돌아와 ❸ Ctrl + V를 눌러 붙여넣고 ❹ 그림과 같이 크기를 조절합니다.

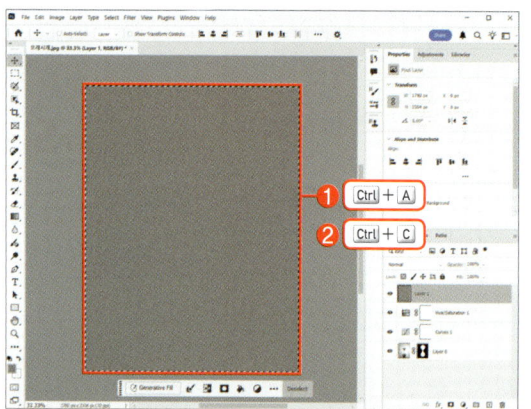 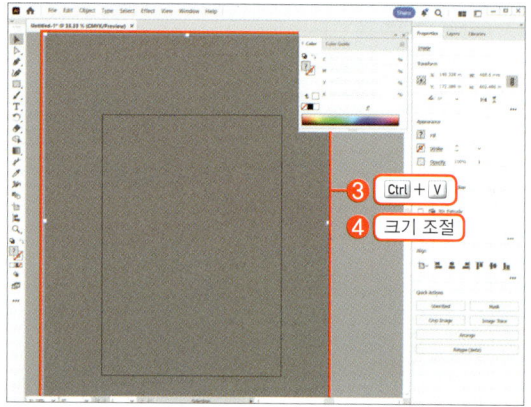

20 Properties 패널에서 ❶ [Opacity]를 클릭하고 ❷ 혼합 모드를 'Overlay'로 설정합니다.

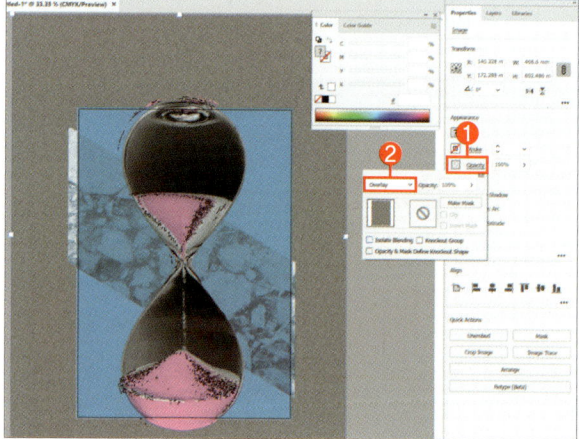

일러스트레이터에서 타이포그래피 수정하기

📁 준비 파일 부록 Appendix\포스터 텍스트.pdf

일러스트레이터에서 포스터의 타이포그래피를 수정하겠습니다. 포스터에 들어가는 문자가 많기 때문에 레이어를 분리한 후 작업합니다.

01 문자를 편하게 관리하기 위해 먼저 레이어를 분리하겠습니다. **일러스트레이터**의 ❶ Layers 패널을 클릭하고 ❷ 새 레이어 아이콘(□)을 클릭합니다.

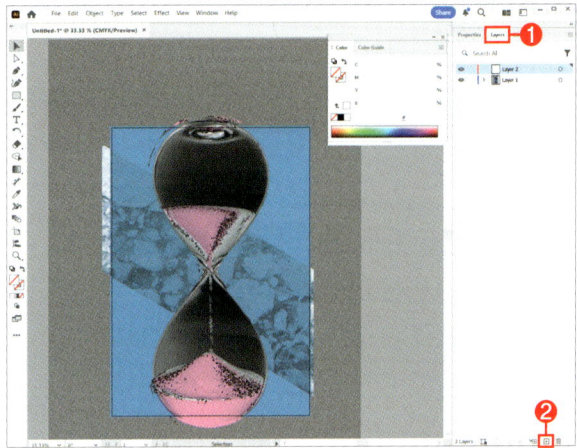

02 Layers 패널에서 ❶ 'Layer 1' 레이어의 〉아이콘을 클릭하고 맨 밑에 있는 ❷ 두 오브젝트의 ○ 을 각각 클릭, ❸ Shift + 클릭하여 중복 선택합니다.

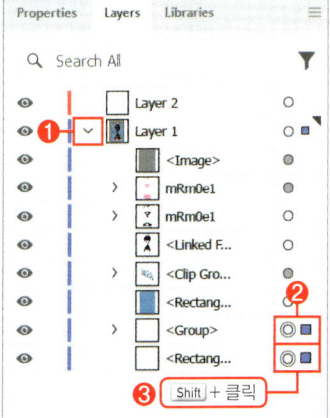

03 'Layer 1' 레이어의 ○ 을 'Layer 2' 레이어의 ○ 로 클릭 & 드래그합니다.

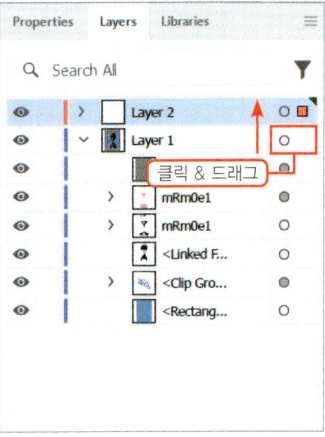

04 ❶ 'Layer 1' 레이어의 〉 아이콘을 클릭해 닫고, ❷ 이름을 더블 클릭한 후 '이미지'를 입력합니다. ❸ Enter를 누르고 ❹ 눈 아이콘(👁)을 클릭하여 끕니다.

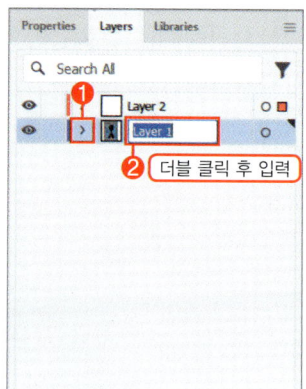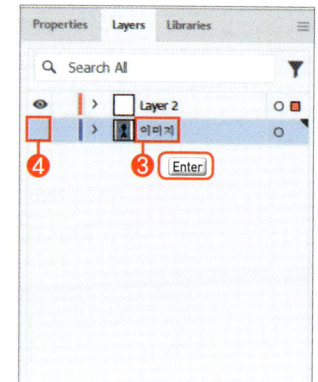

05 ❶ 'Layer 2' 레이어의 빈 공간을 더블 클릭합니다. ❷ Name을 '텍스트', ❸ Color를 'Green'으로 설정한 후 ❹ [OK]를 클릭합니다.

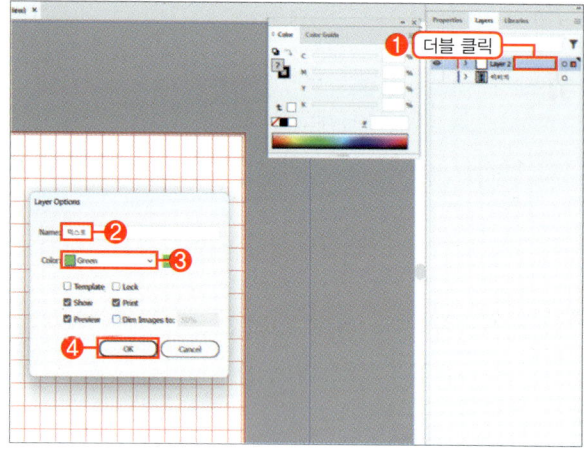

06 입력할 문자를 복사하기 위해 ❶ '포스터 텍스트.pdf' 파일을 실행합니다. 상단의 ❷ '흐르는 시간, 머무는 예술'을 클릭 & 드래그하여 선택하고 ❸ Ctrl + C를 눌러 복사합니다.

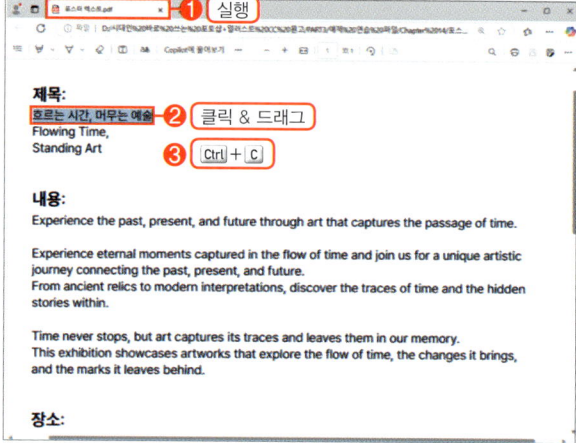

07 일러스트레이터로 돌아와 ❶ Type Tool(T.)을 클릭하고 ❷ 아트보드를 클릭한 후 Ctrl + V를 눌러 붙여넣습니다. ❸ 문자를 Ctrl + 클릭 & 드래그하여 선택하고 ❹ Properties 패널을 클릭한 후 ❺~❼ 그림과 같이 설정합니다.

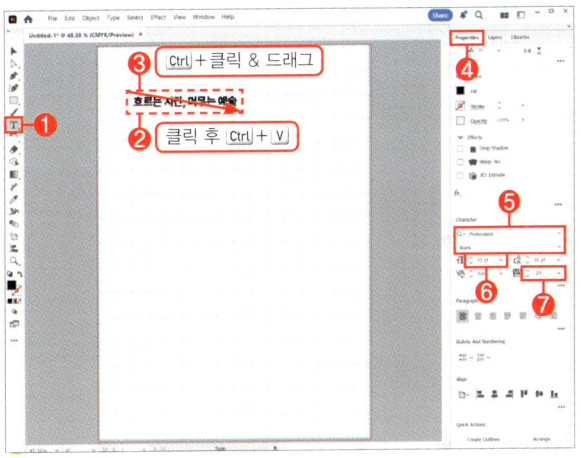

- 폰트: Pretendard Black
- 크기: 35 pt
- 자간: -25

08 다시 PDF 파일을 열어 ❶ 'Flowing Time,'을 클릭 & 드래그하여 선택하고 ❷ Ctrl + C를 눌러 복사합니다.

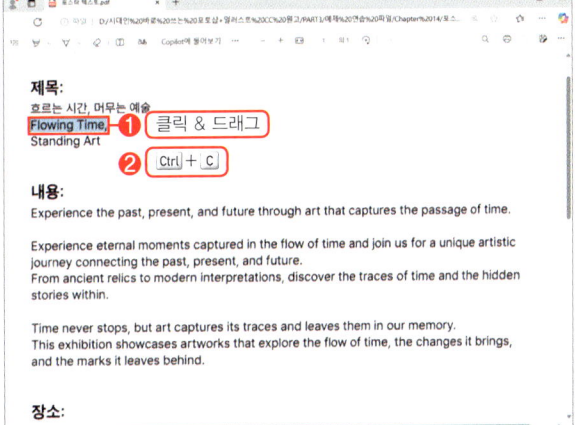

09 일러스트레이터의 ❶ 아트보드를 클릭하고 Ctrl + V를 눌러 문자를 붙여넣습니다. ❷ Ctrl + 클릭 & 드래그하여 텍스트를 선택한 후 Properties 패널에서 ❸ Character의 …을 클릭하고 ❹~❼ 그림과 같이 설정합니다.

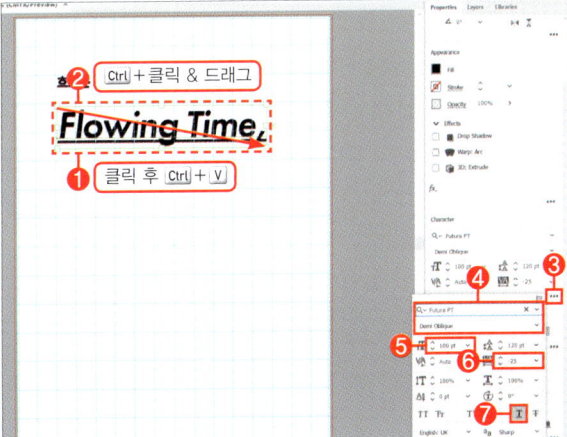

- 폰트: Futura PT Demi Oblique
- 크기: 100 pt
- 자간: -25
- 문자 옵션: T

10 ❶ [Effect] – ❷ [Warp] – ❸ [Flag]를 클릭합니다. ❹ Bend를 '20%'로 설정하고 ❺ [OK]를 클릭합니다.

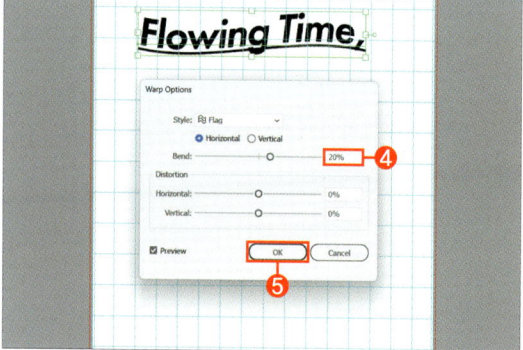

11 다시 PDF 파일을 열어 ❶ 'Standing Art'를 클릭 & 드래그해 선택하고 ❷ Ctrl + C를 눌러 복사합니다. **일러스트레이터로 돌아와** ❸ 'Flowing Time,' 문자를 Ctrl + Alt + 클릭 & 드래그하여 복제합니다.

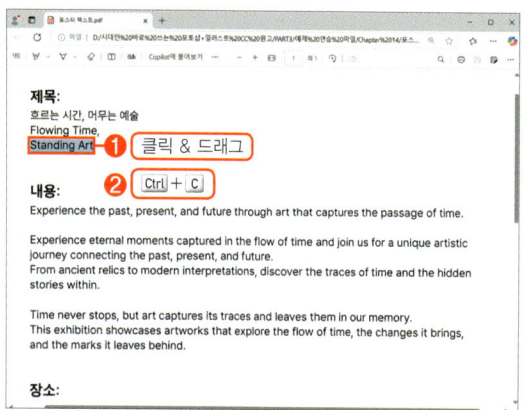

12 ❶ 11에서 복제한 문자를 더블 클릭한 후 ❷ Ctrl + V를 눌러 복사한 문자를 붙여넣습니다. ❸ Ctrl + 클릭 & 드래그하여 문자를 선택한 후 Properties 패널에서 ❹ 'Warp: Flag' 효과의 휴지통 아이콘(🗑)을 클릭해 효과를 삭제합니다.

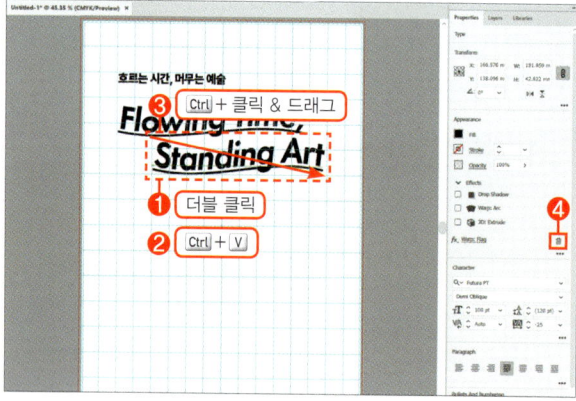

13 다시 PDF 파일을 열어 ❶ 첫 번째 영문 단락을 클릭 & 드래그해 선택하고 ❷ Ctrl + C 를 눌러 복사합니다.

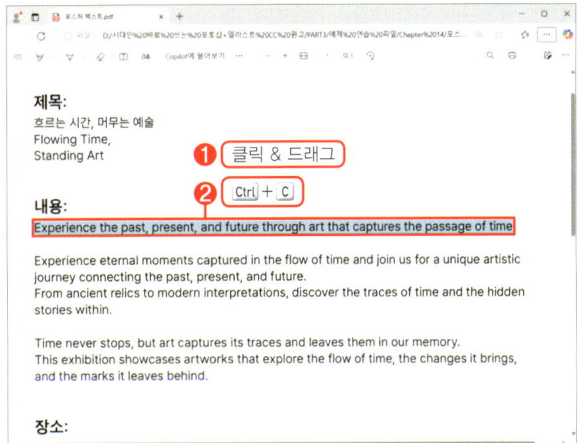

14 **일러스트레이터**로 돌아와 ❶ 아트보드를 클릭 & 드래그한 후 ❷ Ctrl + V 를 눌러 문자를 붙여넣습니다. ❸ Ctrl + 클릭 & 드래그하여 선택하고 Properties 패널에서 ❹~❽ 그림과 같이 설정합니다.

- 폰트: Futura PT Book Oblique
- 크기: 30 pt
- 행간: 29 pt
- 자간: −30
- 단락:

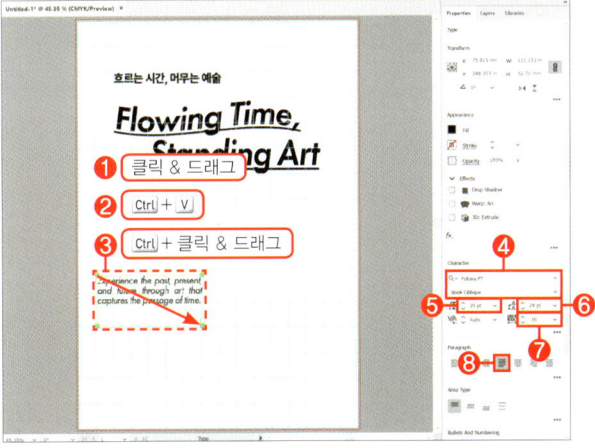

15 다시 PDF 파일을 열어 ❶ 두 번째와 세 번째 영문 단락을 클릭 & 드래그해 선택하고 ❷ Ctrl + C 를 눌러 복사합니다.

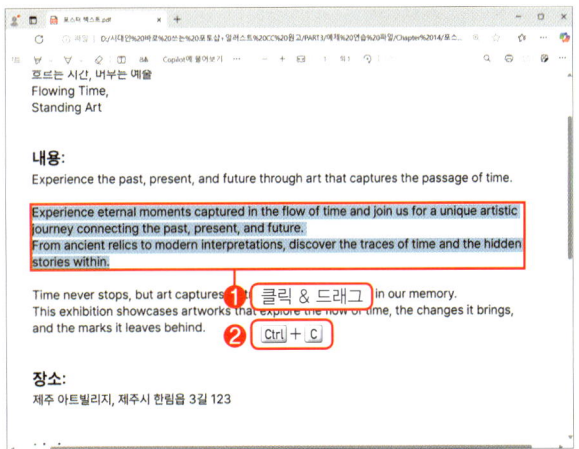

16 **일러스트레이터**로 돌아와 ❶ 아트보드를 클릭 & 드래그한 후 ❷ `Ctrl` + `V`를 눌러 문자를 붙여넣습니다. ❸ `Ctrl` + 클릭 & 드래그하여 문자를 선택한 후 Properties 패널에서 ❹~❼ 그림과 같이 설정합니다.

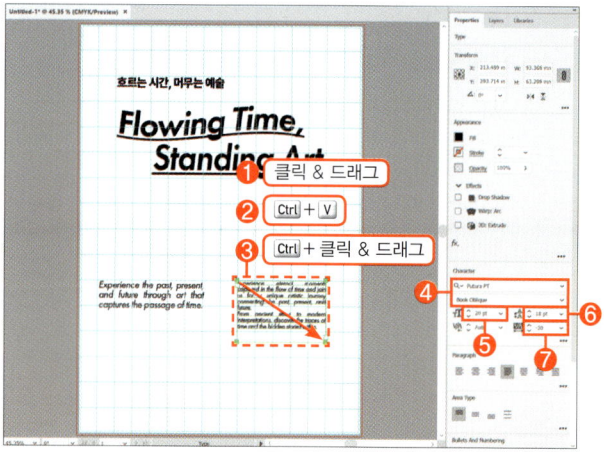

- 폰트: Futura PT Book Oblique
- 크기: 20 pt
- 행간: 18 pt
- 자간: -30

17 Properties 패널에서 ❶ Paragraph의 ⋯을 클릭하고 ❷ 단락 앞 공백을 '15 pt'로 설정합니다.

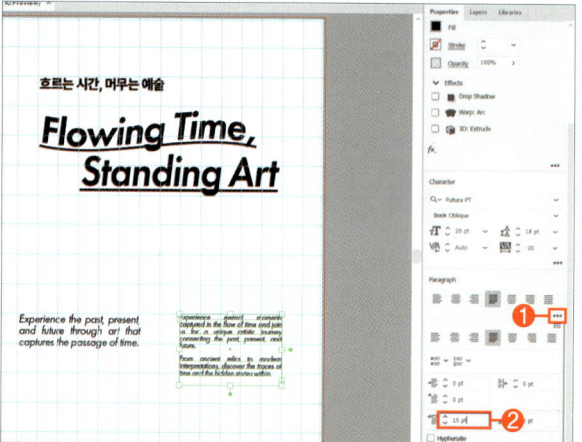

18 다시 PDF 파일을 열어 ❶ 네 번째 영문 단락을 클릭 & 드래그해 선택하고 ❷ `Ctrl` + `C`를 눌러 복사합니다.

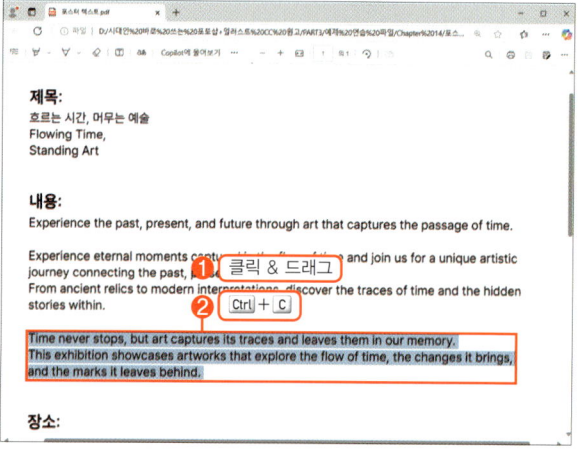

19 **일러스트레이터**로 돌아와 ❶ 아트보드를 클릭 & 드래그한 후 ❷ Ctrl + V를 눌러 문자를 붙여넣습니다. ❸ Ctrl + 클릭 & 드래그하여 문자를 선택한 후 Properties 패널에서 ❹~❼ 그림과 같이 설정합니다.

- 폰트: : Futura PT Light Oblique
- 크기: 20 pt
- 행간: 18 pt
- 자간: -30

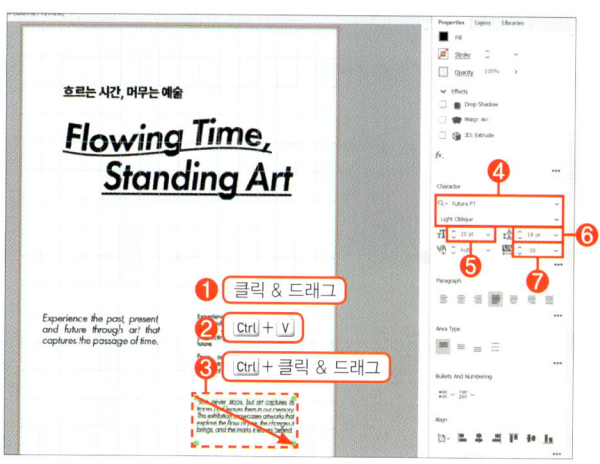

20 다시 PDF 파일을 열어 ❶ 장소 문자를 클릭 & 드래그해 선택하고 ❷ Ctrl + C를 눌러 복사합니다.

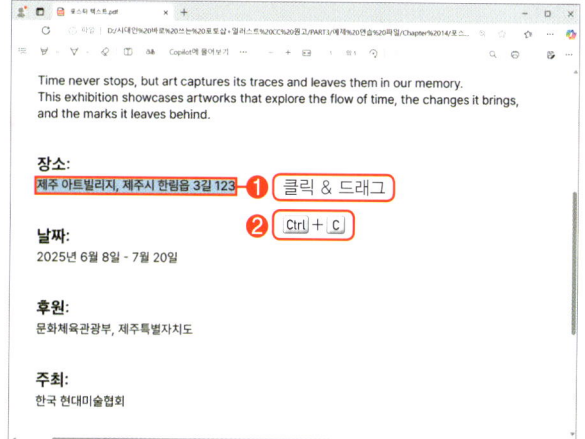

21 **일러스트레이터**로 돌아와 ❶ 아트보드를 클릭하고 Ctrl + V를 눌러 문자를 붙여넣습니다. ❷ Ctrl + 클릭 & 드래그하여 문자를 선택한 후 Properties 패널에서 ❸~❺ 그림과 같이 설정합니다.

- 폰트: Pretendard SemiBold
- 크기: 16 pt
- 자간: -30

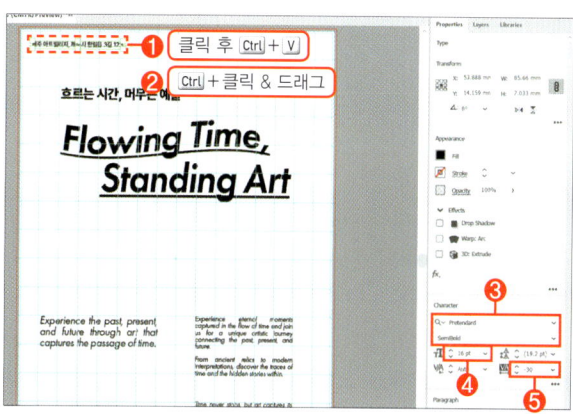

22 PDF 파일에 있는 나머지 문자도 **20~21**의 작업을 반복하여 가장자리에 각각 배치합니다.

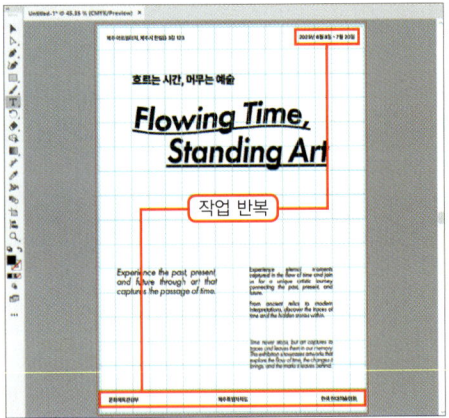

23 문자를 정렬하기 위해 ❶ Selection Tool(▶)을 클릭하고, 상단에 있는 ❷ 두 개의 문자를 클릭 & 드래그하여 모두 선택합니다. Properties 패널에서 ❸ Align의 기준 아이콘(▦)을 클릭하고 ❹ [Align to Selection]을 클릭한 후 ❺ 을 클릭해 세로 가운데로 정렬합니다.

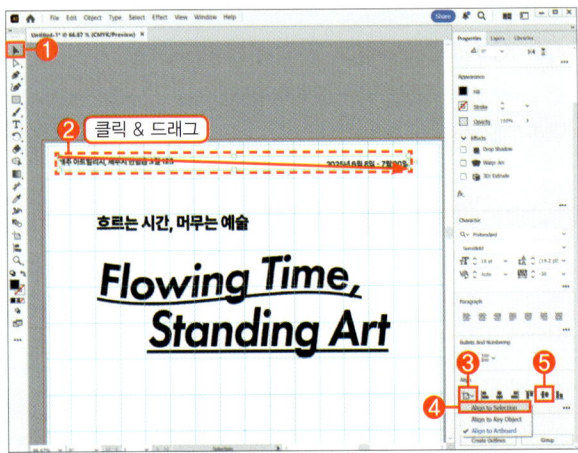

24 하단에 있는 ❶ 세 개의 문자를 클릭 & 드래그하여 모두 선택합니다. Properties 패널에서 ❷ Align의 을 클릭해 세로 가운데로 정렬합니다.

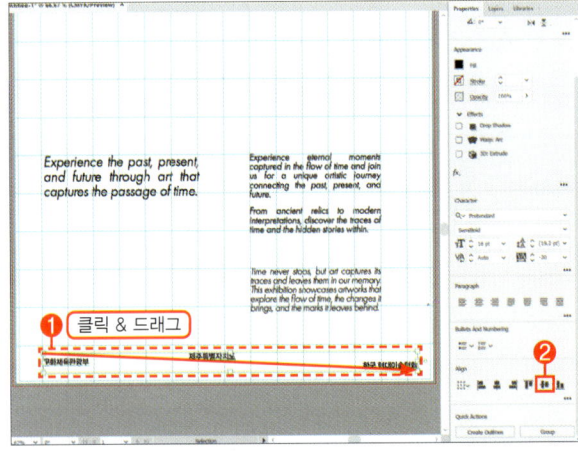

25 ❶ '제주 아트빌리지, 제주시 한림읍 3길 123' 문자를 클릭하고 ❷ '문화체육관광부'를 Shift + 클릭하여 중복 선택합니다. Properties 패널에서 ❸ Paragraph의 ≡을 클릭, ❹ Align의 ≡을 클릭해 왼쪽으로 정렬합니다.

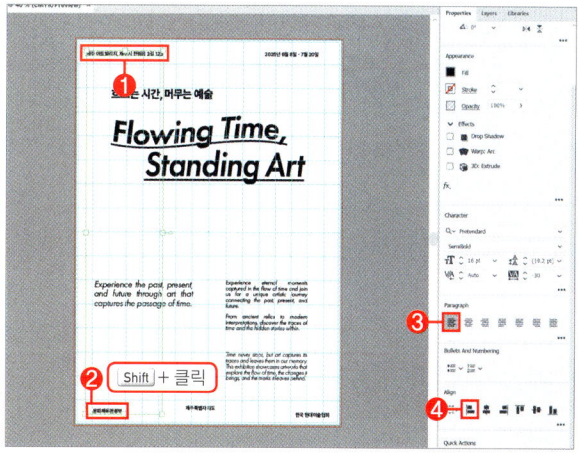

> **TIP!**
> 단락 정렬과 오브젝트 정렬을 통일해 두면, 문자를 수정할 때 정렬이 유지되어 수월하게 작업할 수 있습니다.

26 ❶ '제주특별자치도' 문자를 클릭한 후 Properties 패널에서 ❷ Align의 ≡을 클릭해 가로 가운데로 정렬합니다.

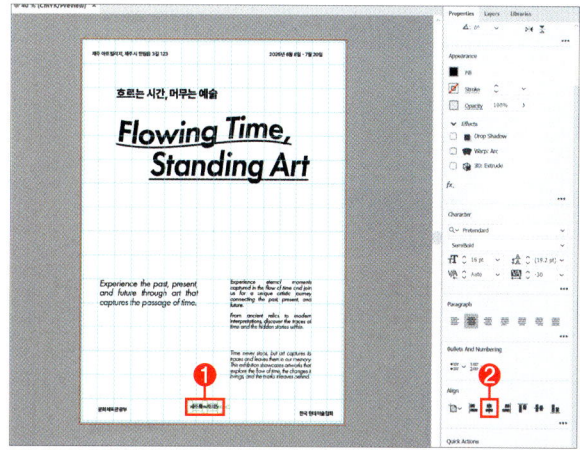

27 ❶ '2025년 6월 8일 – 7월 20일' 문자를 클릭, ❷ '한국 현대미술협회' 문자를 Shift + 클릭하여 중복 선택합니다. Properties 패널에서 ❸ Paragraph의 ≡을 클릭, ❹ Align의 ≡을 클릭해 오른쪽으로 정렬합니다.

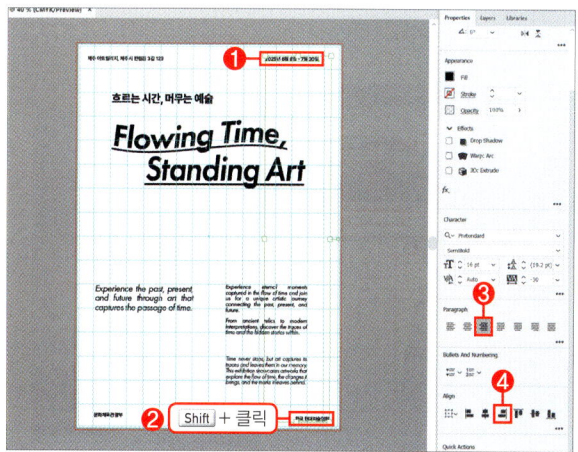

28 ❶ '제주 아트빌리지, 제주시 한림읍 3길 123'과 '문화체육관광부'를 각각 Shift + 클릭하여 중복 선택하고 ❷ Ctrl + G 를 눌러 네 개의 문자를 그룹으로 묶어 줍니다.

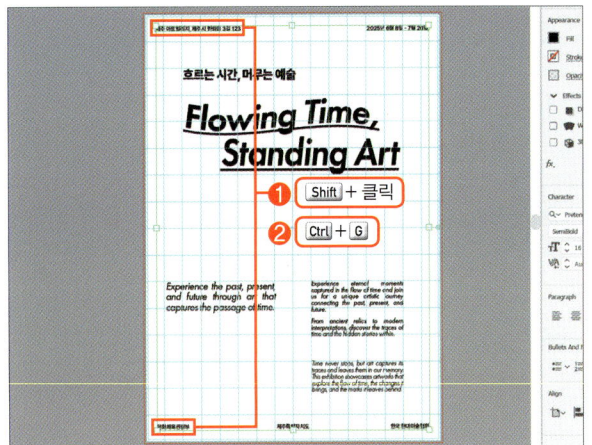

29 Properties 패널에서 ❶ Align의 ▤을 클릭해 아트보드의 가로 가운데로 정렬한 후 ❷ Ctrl + Shift + G 를 눌러 그룹을 해제합니다.

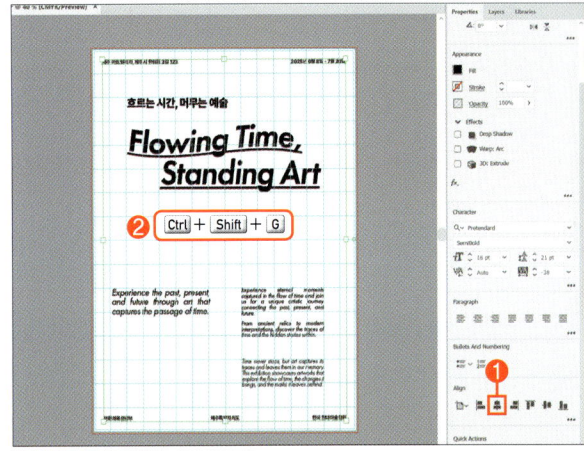

30 문자의 색상을 한 번에 바꾸기 위해 ❶ Layers 패널을 클릭하고 ❷ '이미지' 레이어의 눈 아이콘(👁)을 클릭하여 표시합니다. ❸ '텍스트' 레이어의 ○을 클릭하여 레이어에 있는 모든 오브젝트를 선택합니다. Color 패널에서 ❹ [칠 색상]을 클릭하고 ❺ 그림과 같이 설정합니다.

- C: 0%   • M: 0%   • Y: 0%   • K: 0%

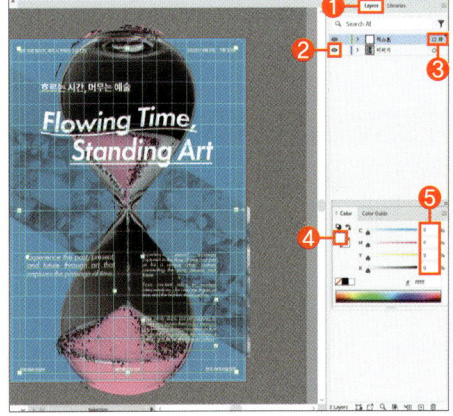

인쇄용 파일 설정 방법

마지막으로 인쇄용 파일의 설정 방법을 알아보겠습니다. 나중에 수정할 경우를 대비해 원본 파일을 복사하여 인쇄용 파일로 저장하는 것이 좋습니다.

01 먼저 원본 파일을 저장하기 위해 ❶ Ctrl + S 를 누르고 ❷ 경로를 설정한 후 ❸ 파일의 이름을 입력합니다. ❹ 파일 형식이 'AI'인 것을 확인하고 ❺ [저장]을 클릭합니다.

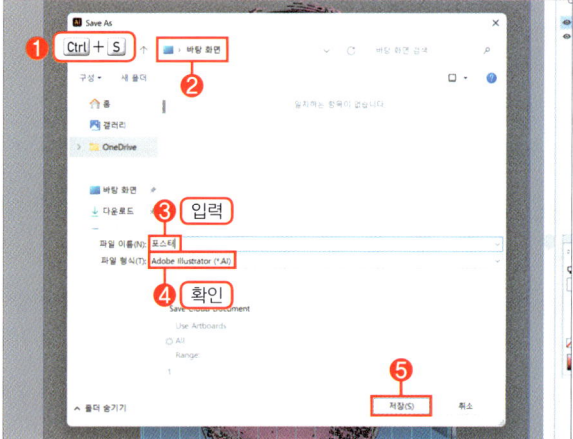

02 Illustrator Options 창에서 ❶ 일러스트레이터의 버전을 확인하고 ❷ [OK]를 클릭합니다.

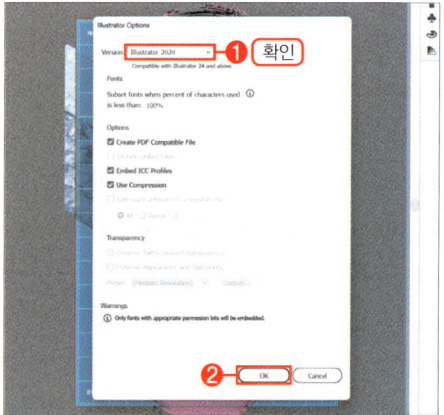

03 불필요한 견본을 삭제하기 위해 Swatches 패널에서 ❶ 옵션 아이콘(≡) - ❷ [Select All Unused]를 클릭하고 ❸ 휴지통 아이콘(🗑)을 클릭해 삭제합니다.

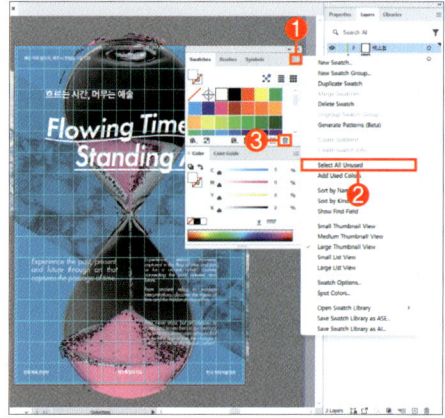

04 Ctrl + Y 를 눌러 윤곽선 보기 모드로 전환해 오브젝트 상태를 확인합니다. 검은색으로 표시되는 문자는 폰트 설치가 필요한 문자입니다. 인쇄 시에 문제가 없도록 모두 도형으로 변환하겠습니다.

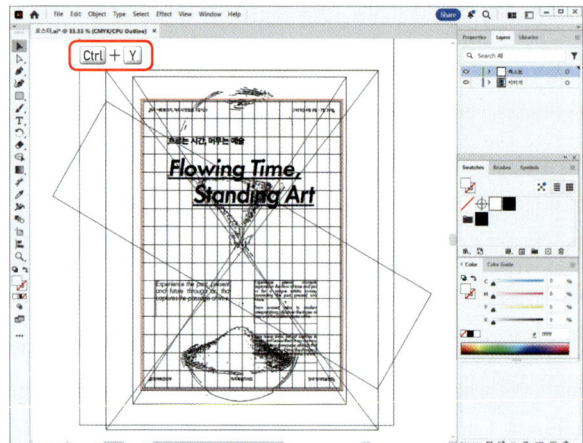

05 ❶ Ctrl + A 를 눌러 모두 선택한 후 ❷ Ctrl + Shift + O 를 누르고 ❸ Ctrl + 바깥쪽 클릭하여 선택을 해제합니다

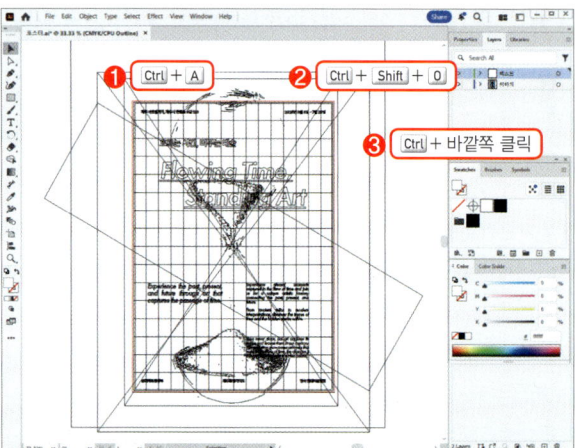

06 ❶ [Window] - ❷ [Links]를 클릭해 Links 패널을 활성화합니다.

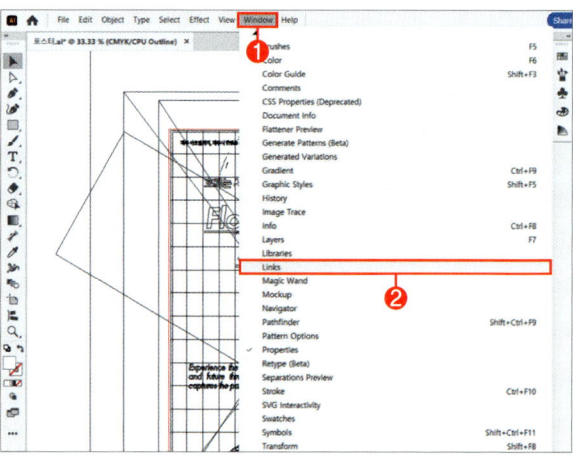

07 ❶ 링크 표시가 있는 이미지를 각각 클릭, ❷ Ctrl + 클릭해 중복 선택하고 Links 패널의 ❸ 옵션 아이콘(≡) - ❹ [Embed Image(s)]를 클릭합니다.

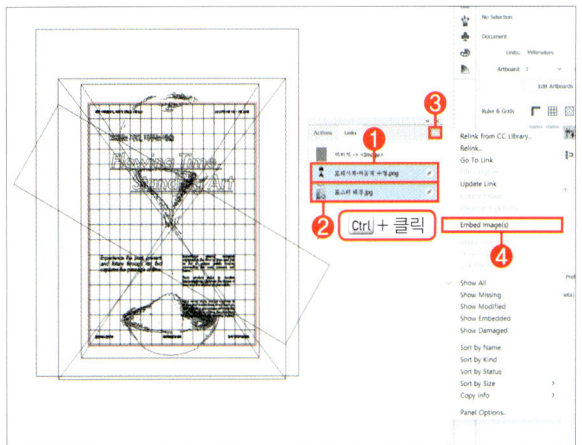

> **TIP!**
> 일러스트레이터로 가져온 파일은 'Linked File'로 설정되어 있으며, Ctrl + Y 를 누르면 X 박스로 표시됩니다. 다른 컴퓨터에서 이미지를 보이게 하려면 반드시 Embed Image 과정을 거쳐야 합니다. Ctrl + V 로 붙여넣은 이미지는 자동으로 포함되어 있습니다.

08 ❶ Ctrl + Y 를 눌러 미리 보기 모드로 돌아옵니다. ❷ [Window] - ❸ [Attributes]를 클릭합니다.

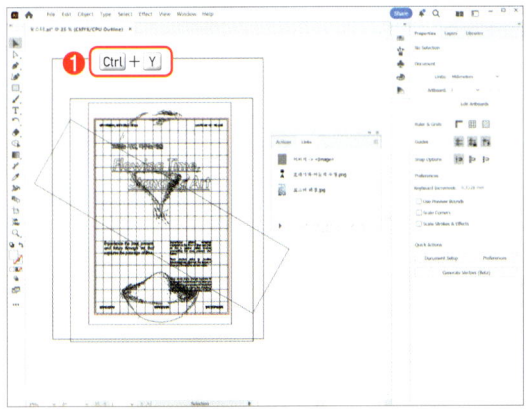 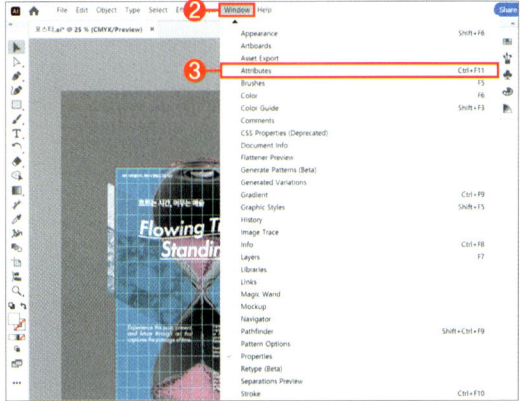

09 ❶ Ctrl + A 를 눌러 모든 오브젝트를 선택한 후 ❷ 'Overprint Fill'을 체크 해제합니다.

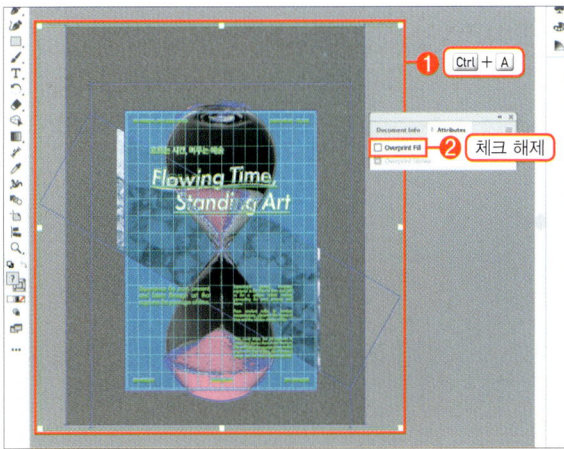

> **TIP!**
> Overprint Fill은 일반적인 인쇄가 아닌 잉크를 섞거나, 중첩된 효과를 만들 때 사용합니다.

471

10 ❶ Ctrl + Shift + S 를 누르고 ❷ 경로를 설정한 후에 ❸ 파일 이름을 입력합니다. ❹ 파일 형식이 'AI'인 것을 확인하고 ❺ [저장]을 클릭합니다.

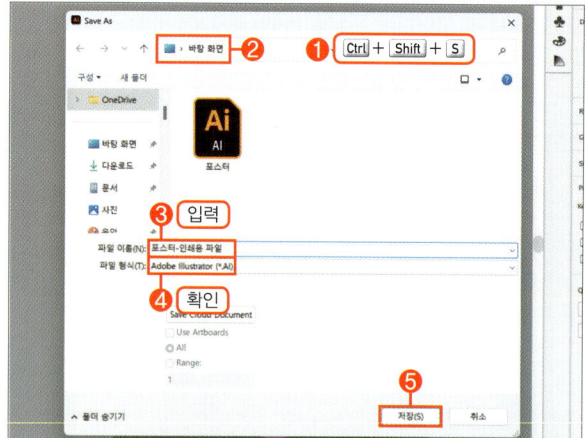

11 ❶ 인쇄소에서 요구하는 버전을 선택하고 ❷ [OK]를 클릭합니다.

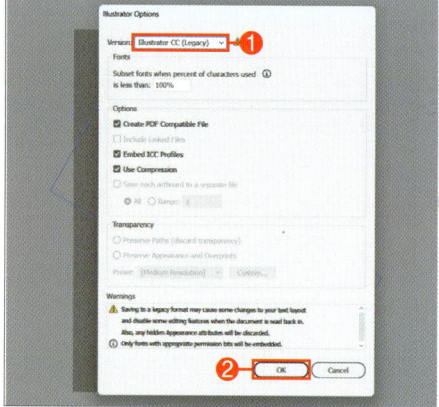

> **TIP!**
> 인쇄소에서는 보통 AI나 PDF 파일을 요구합니다. 일러스트레이터는 상위 버전에서 저장한 파일을 하위 버전에서 확인할 수 없으므로, 인쇄소에서 요구하는 형식과 버전에 맞춰 저장하는 것이 중요합니다.

12 포토샵과 일러스트를 사용한 감각적인 포스터 만들기를 완성했습니다.

03 포토샵 & 일러스트레이터 단축키 마스터하기

마지막으로 포토샵과 일러스트레이터의 필수 단축키와 빠르게 외우는 꿀팁을 알아보겠습니다. 책에서는 Windows를 기준으로 설명했지만, Windows와 Mac의 단축키 원리는 동일합니다. Windows의 Ctrl을 Mac의 ⌘로, Alt를 ⌥으로 이해하면 됩니다.

포토샵 필수 단축키 리스트

작업 시간을 효율적으로 단축시켜 주는 포토샵의 도구 단축키와 메뉴 단축키를 알아보겠습니다.

도구 단축키

- V Move Tool(이동 도구)
- M Marquee Tool(선택 윤곽 도구)
- L Lasso Tool(올가미 도구)
- W Object Selection Tool(개체 선택 도구)
- C Crop Tool(자르기 도구)
- K Frame Tool(프레임 도구)
- I Eyedropper Tool(스포이드 도구)
- J Spot Healing Brush Tool(스팟 복구 브러시 도구)
- B Brush Tool(브러시 도구)
- S Clone Stamp Tool(복제 도장 도구)
- Y History Brush Tool(작업 내역 브러시 도구)
- E Eraser Tool(지우개 도구)
- G Gradient Tool(그레이디언트 도구)
- O Dodge Tool(닷지 도구)
- P Pen Tool(펜 도구)
- T Type Tool(문자 도구)
- A Path Selection Tool(패스 선택 도구)
- U Shape Tool(모양 도구)
- H Hand Tool(손 도구)
- Z Zoom Tool(돋보기 도구)

메뉴 단축키

- **File 메뉴 단축키**

| Ctrl | + | N | New(새로 만들기) | | | | | Ctrl | + | Shift | + | S | Save As(다른 이름으로 저장) |
| Ctrl | + | O | Open(열기) | | | | | Ctrl | + | Alt | + | S | Save a Copy(사본 저장) |

Ctrl + N   New(새로 만들기)　　　　Ctrl + Shift + S   Save As(다른 이름으로 저장)
Ctrl + O   Open(열기)　　　　　　　Ctrl + Alt + S   Save a Copy(사본 저장)
Ctrl + W   Close(닫기)　　　　　　　F12   Revert(되돌리기)
Ctrl + Alt + W   Close All(모두 닫기)　　Ctrl + Shift + Alt + W   Export As(내보내기 형식)
Ctrl + Alt + P   Close Others(기타 항목 닫기)　Ctrl + Shift + Alt + S   Save for Web(웹용으로 저장)
Ctrl + S   Save(저장)　　　　　　　Ctrl + P   Print(인쇄)

- **Edit 메뉴 단축키**

Ctrl + Z   Undo(실행 취소)　　　　Ctrl + V   Paste(붙여넣기)
Ctrl + Shift + Z   Redo(다시 실행)　　Ctrl + Shift + V   Paste Special(특수 붙여넣기)
Ctrl + X   Cut(잘라내기)　　　　　Ctrl + F   Search(검색)
Ctrl + C   Copy(복사)　　　　　　Ctrl + T   Free Transform(자유 변형)
Ctrl + Shift + C   Copy Merged(병합하여 복사)　Ctrl + K   Preference(환경 설정)

- **Image 메뉴 단축키**

Ctrl + L   Levels(레벨)　　　　　　Ctrl + I   Invert(반전)
Ctrl + M   Curves(곡선)　　　　　　Ctrl + Shift + U   Desaturate(채도 감소)
Ctrl + U   Hue/Saturation(색조/채도)　Ctrl + Alt + I   Image Size(이미지 크기)
Ctrl + B   Color Balance(색상 균형)　Ctrl + Alt + C   Canvas Size(캔버스 크기)
Ctrl + Shift + Alt + B   Black & White(흑백)

• Layer 메뉴 단축키

[Ctrl]+[Shift]+[N] New Layer(새 레이어)
[Ctrl]+[J] Layer Via Copy(복사한 레이어)
[Ctrl]+[Shift]+[J] Layer Via Cut(오린 레이어)
[Ctrl]+[Alt]+[G] Create Clipping Mask
　　　　　　(클리핑 마스크 만들기)
[Ctrl]+[G] Group Layers(레이어 그룹화)

[Ctrl]+[Shift]+[G] Ungroup Layers
　　　　　　(레이어 그룹 해제)
[Ctrl]+[.] Hide Layers(레이어 숨기기)
[Ctrl]+[/] Lock Layers(레이어 잠그기)
[Ctrl]+[E] Merge Layers(레이어 병합)
[Ctrl]+[Shift]+[E] Merge Visible
　　　　　　(보이는 레이어 병합)

• Select 메뉴 단축키

[Ctrl]+[A] All(모두 선택)
[Ctrl]+[D] Deselect(선택 해제)
[Ctrl]+[Shift]+[D] Reselect(다시 선택)

[Ctrl]+[Shift]+[I] Inverse(반전 선택)
[Ctrl]+[Alt]+[A] All Layers(모든 레이어)
[Ctrl]+[Alt]+[R] Select and Mask(선택 및 마스크)

• Filter 메뉴 단축키

[Ctrl]+[Alt]+[F] Last Filter(마지막 필터)
[Ctrl]+[Shift]+[A] Camera Raw Filter(Camera Raw 필터)
[Ctrl]+[Shift]+[X] Liquify(픽셀 유동화)

• View 메뉴 단축키

[Ctrl]+[Y] Proof Colors(저해상도 인쇄 색상)
[Ctrl]+[Shift]+[Y] Gamut Warning(색상 영역 경고)
[Ctrl]+[+] Zoom In(확대)
[Ctrl]+[-] Zoom Out(축소)
[Ctrl]+[0] Fit on Screen(화면 크기에 맞게 조정)
[Ctrl]+[1] 100%
[Ctrl]+[H] Extras(표시자)

[Ctrl]+[;] Show/Hide Guides(안내선 표시/숨기기)
[Ctrl]+['] Show/Hide Grids(격자 표시/숨기기)
[Ctrl]+[R] Rulers(눈금자)
[Ctrl]+[Shift]+[;] Snaps(스냅)
[Ctrl]+[Alt]+[;] Lock/Unlock Guides
　　　　　　(안내선 잠그기/잠금 풀기)

일러스트레이터 필수 단축키 리스트

작업 시간을 효율적으로 단축시켜 주는 일러스트레이터의 도구 단축키와 메뉴 단축키를 알아보겠습니다.

도구 단축키

- [V] Selection Tool(선택 도구)
- [A] Direct Selection Tool(직접 선택 도구)
- [P] Pen Tool(펜 도구)
- [Shift]+[C] Anchor Point Tool(고정점 도구)
- [Shift]+[~] Curvature Tool(곡률 도구)
- [R] Rectangle Tool(사각형 도구)
- [L] Ellipse Tool(원형 도구)
- [\] Line Segment Tool(선분 도구)
- [B] Paintbrush Tool(페인트 브러시 도구)
- [Shift]+[B] Blob Brush Tool(물방울 브러시 도구)
- [N] Pencil Tool(연필 도구)
- [T] Type Tool(문자 도구)
- [R] Rotate Tool(회전 도구)
- [S] Scale Tool(크기 조절 도구)
- [O] Reflect Tool(반사 도구)
- [Shift]+[E] Eraser Tool(지우개 도구)
- [C] Scissors Tool(가위 도구)
- [Shift]+[M] Shape Builder Tool(도형 구성 도구)
- [G] Gradient Tool(그레이디언트 도구)
- [U] Mesh Tool(망 도구)
- [I] Eyedropper Tool(스포이드 도구)
- [Shift]+[W] Width Tool(폭 도구)
- [W] Blend Tool(블렌드 도구)
- [Shift]+[O] Artboard Tool(아트보드 도구)
- [Z] Zoom Tool(돋보기 도구)
- [H] Hand Tool(손 도구)
- [Shift]+[H] Rotate View Tool(회전 보기 도구)

메뉴 단축키

• File 메뉴 단축키

`Ctrl` + `N` New(새로 만들기)
`Ctrl` + `O` Open(열기)
`Ctrl` + `W` Close(닫기)
`Ctrl` + `Alt` + `W` Close All(모두 닫기)
`Ctrl` + `S` Save(저장)

`Ctrl` + `Shift` + `S` Save As(다른 이름으로 저장)
`Ctrl` + `Alt` + `S` Save a Copy(사본 저장)
`Ctrl` + `Shift` + `P` Place(가져오기)
`Ctrl` + `P` Print(인쇄)

• Edit 메뉴 단축키

`Ctrl` + `Z` Undo(실행 취소)
`Ctrl` + `Shift` + `Z` Redo(다시 실행)
`Ctrl` + `X` Cut(잘라내기)
`Ctrl` + `C` Copy(복사)
`Ctrl` + `V` Paste(붙여넣기)
`Ctrl` + `F` Paste in Front(앞에 붙이기)
`Ctrl` + `B` Paste in Back(뒤에 붙이기)
`Ctrl` + `Shift` + `V` Paste in Place(제자리에 붙이기)

`Ctrl` + `Alt` + `Shift` + `V` Paste on All Artboards
　　(모든 대지에 붙이기)
`Ctrl` + `Alt` + `V` Paste without Formatting
　　(서식 없이 붙여넣기)
`Ctrl` + `Alt` + `Shift` + `K` Keyboard Shortcuts
　　(키보드 단축키)
`Ctrl` + `K` Preference(환경 설정)

• Object 메뉴 단축키

`Ctrl` + `G` Group(그룹)
`Ctrl` + `Shift` + `G` Ungroup(그룹 풀기)
`Ctrl` + `2` Lock Selection(선택물 잠금)
`Ctrl` + `Alt` + `2` Unlock All(모든 잠금 풀기)
`Ctrl` + `3` Hide Selection(선택물 숨기기)
`Ctrl` + `Alt` + `3` Show All(모두 표시)
`Ctrl` + `J` Join Path(패스 연결)
`Ctrl` + `7` Make Clipping Mask(클리핑 마스크 만들기)

`Ctrl` + `Alt` + `7` Release Clipping Mask
　　(클리핑 마스크 풀기)
`Ctrl` + `8` Make Compound Path
　　(컴파운드 패스 만들기)
`Ctrl` + `Alt` + `Shift` + `8` Release Compound Path
　　(컴파운드 패스 풀기)

• Type 메뉴 단축키

`Ctrl` + `Shift` + `O` Create Outline(윤곽선 만들기)

• Select 메뉴 단축키

`Ctrl` + `A` Select All(모두 선택)
`Ctrl` + `Alt` + `A` Select All on Active Artboard(활성 대지의 모든 오브젝트 선택)

• Effect 메뉴 단축키

`Ctrl` + `Shift` + `E` Apply Last Effect(가장 최근 사용 효과 적용)
`Ctrl` + `Alt` + `Shift` + `E` Last Effect(마지막 사용 효과)

• View 메뉴 단축키

`Ctrl` + `Y` Outline(윤곽선 보기)
`Ctrl` + `+` Zoom In(확대)
`Ctrl` + `-` Zoom Out(축소)
`Ctrl` + `0` Fit Artboard in Window(창에 대지 맞추기)
`Ctrl` + `Alt` + `0` Fit All in Window(창에 모두 맞추기)
`Ctrl` + `Shift` + `B` Hide Bounding Box(테두리 상자 숨기기)
`Ctrl` + `Shift` + `D` Show Transparency Grid(투명 격자 표시)
`Ctrl` + `1` Actual Size(실제 크기)
`Ctrl` + `H` Show/Hide Edges(가장자리 표시/숨기기)
`Ctrl` + `U` Smart Guides(스마트 가이드)
`Ctrl` + `Shift` + `I` Show/Hide Perspective Grid(원근감 격자 표시/숨기기)
`Ctrl` + `Shift` + `H` Show/Hide Artboards(대지 표시/숨기기)
`Ctrl` + `R` Show/Hide Rulers(눈금자 표시/숨기기)
`Ctrl` + `;` Show/Hide Guides(안내선 표시/숨기기)
`Ctrl` + `Shift` + `;` Lock/Unlock Guides(안내선 잠그기/잠금 풀기)
`Ctrl` + `5` Make Guides(안내선 만들기)
`Ctrl` + `Alt` + `5` Release Guides(안내선 풀기)
`Ctrl` + `'` Show/Hide Grid(격자 표시/숨기기)
`Ctrl` + `Shift` + `'` Snap to Grid(격자에 물리기)
`Ctrl` + `Alt` + `"` Snap to Point(점에 물리기)

단축키를 쉽게 외우는 방법

단축키를 사용하다 보면 Ctrl, Shift, Alt 에 역할과 패턴이 있음을 알 수 있습니다. 이 패턴을 파악하면 포토샵과 일러스트레이터의 단축키를 쉽게 외울 수 있으니 참고합니다.

단축키의 기본 구조

Ctrl 은 단축키의 '기본 키'입니다. 예를 들어 Ctrl + G 는 'Group', Ctrl + S 는 'Save'의 단축키가 됩니다. 이때 Shift 나 Alt 를 함께 누르면 아래와 같이 관련 기능을 확장하여 사용할 수 있습니다.

- Ctrl + Shift + G → Ungroup
- Ctrl + Shift + S → Save As
- Ctrl + Alt + S → Save a Copy

Ctrl - 이동 및 선택 단축키

- 다른 도구가 활성화된 상태에서 Ctrl + 드래그하면 포토샵은 Move Tool(⊕)을, 일러스트레이터는 Selection Tool(▶)과 Direct Selection Tool(▷)을 사용할 수 있습니다.
- 포토샵에서 펜 도구나 모양 도구를 사용할 때 Ctrl + 클릭 또는 드래그하면 패스를 이동하거나 수정할 수 있는 Path Selection Tool(▶) 혹은 Direct Selection Tool(▷)을 사용할 수 있습니다.
- 일러스트레이터에서 Pen Tool(✎)을 사용할 때 Ctrl + 클릭 또는 드래그하면 Direct Selection Tool(▷)을 사용할 수 있습니다.

Shift - 고정 단축키

- 두 프로그램 모두 개체나 오브젝트를 이동할 때 Shift 를 누르면 수직·수평으로 정렬할 수 있습니다.
- 두 프로그램 모두 개체나 오브젝트를 회전할 때 Shift 를 누르면 포토샵은 '15°', 일러스트레이터는 '45°' 단위로 각도를 조절할 수 있습니다.
- 두 프로그램 모두 선택하거나 도형을 그릴 때 Shift 를 누르면 정비율 형태를 유지할 수 있습니다.

Alt - 복사 및 중심 정렬 단축키

- 포토샵의 Layers 패널에서 효과나 마스크를 Alt + 드래그하면 다른 레이어나 그룹으로 복사할 수 있습니다.
- 일러스트레이터의 Appearance 패널에서 속성이나 효과를 Alt + 드래그하면 동일한 설정을 복사할 수 있습니다.
- 두 프로그램 모두 개체나 오브젝트를 이동할 때 Alt 를 누르면 개체나 오브젝트가 복사되며, 선택하거나 도형을 그릴 때 Alt 를 누르면 클릭한 곳을 중심으로 선택하거나 그릴 수 있습니다.
- 두 프로그램 모두 크기를 조절하면서 Alt 를 누르면 중심을 고정한 상태에서 크기를 조절할 수 있습니다.

바로 쓰는 포토샵 & 일러스트레이터 CC 2025

초 판 발 행	2025년 05월 02일
발 행 인	박영일
책 임 편 집	이해욱
저 자	전하린(하디)
편 집 진 행	정민아
표 지 디 자 인	현수빈
편 집 디 자 인	김세연
발 행 처	시대인
공 급 처	(주)시대고시기획
출 판 등 록	제 10-1521호
주 소	서울시 마포구 큰우물로 75 [도화동 538 성지 B/D] 9F
전 화	1600-3600
홈 페 이 지	www.sdedu.co.kr

I S B N	979-11-383-9186-3(13000)
정 가	25,000원

※이 책은 저작권법에 의해 보호를 받는 저작물이므로, 동영상 제작 및 무단전재와 복제, 상업적 이용을 금합니다.
※이 책의 전부 또는 일부 내용을 이용하려면 반드시 저작권자와 (주)시대고시기획·시대인의 동의를 받아야 합니다.
※잘못된 책은 구입하신 서점에서 바꾸어 드립니다.

시대인은 종합교육그룹 (주)시대고시기획·시대교육의 단행본 브랜드입니다.